洛阳统计年鉴

LuoYang Statistical Yearbook

2009

总第 18 期

洛阳市统计局编

中国统计出版社
China Statistics Press

(京)新登字 041 号

图书在版编目(CIP)数据

洛阳统计年鉴-2009/洛阳市统计局编.
—北京:中国统计出版社,2009.9
ISBN 978-7-5037-5814-0

Ⅰ.洛...
Ⅱ.洛...
Ⅲ.统计资料-洛阳市-2009-年鉴
Ⅳ.C832.613-54

中国版本图书馆 CIP 数据核字(2009)第 172275 号

洛阳统计年鉴-2009

作　者 / 洛阳市统计局
责任编辑 / 郑森森　张　洁
E-mail / yearbook@stats.gov.cn
责任校对 / 李　鹏
封面设计 / 杨中岳
出版发行 / 中国统计出版社
通信地址 / 北京市西城区三里河月坛南街 57 号　中国统计出版社
邮　编 / 100826
电　话 / (010)63376907
印　刷 / 洛阳市统计局印刷厂
经　销 / 新华书店
开　本 / 880×1230 毫米 1/16
字　数 / 133 万字
印　张 / 37
印　数 / 1-2000
版　别 / 2009 年 8 月第 1 版
版　次 / 2009 年 8 月第 1 次印刷
书　号 / ISBN 978-7-5037-5814-0/C·2285
定　价 / 180.00 元

《洛阳统计年鉴》编委会组成人员

主　任： 吴中阳　　市委常委、常务副市长

副主任： 许新皎　　市政府秘书长

王守国　　市政府办公室副主任

张尚君　　市统计局局长

委　员： 李跃民　　市发展和改革委员会主任

孟红兵　　市建委主任

侯超英　　市教育局局长

谷树森　　市财政局局长

和剑光　　市工商局局长

邬晓芒　　市人事局局长

赵建国　　市国土资源管理局局长

王宇振　　市广播电视局局长

赵　震　　市交通局局长

李明智　　市环保局局长

魏立峰　　市旅游局局长

曾丹梅　　市商务局局长

史运升　　市粮食局局长

王忠道　　洛阳高新技术开发区管委会主任

张好富　　市公用事业局局长

王永兴　　市民营企业服务局局长

程亚男　　市人民银行行长

齐群跃　　市国税局局长

王学荣　　市地税局局长

刘峥伟　　市残联主席

《洛阳统计年鉴－2009》编委会
和编辑部人员名单

编 辑 说 明

一、《洛阳统计年鉴－2009年》（以下简称《年鉴》）是一部全面、系统、翔实地记载和反映2008年洛阳市国民经济和社会事业发展情况的大型文献史料和信息密集的综合性工具书。

二、为适应改革开放新形势和市场经济发展的要求，满足社会各界认识和了解洛阳的市情市力，研究全市社会经济发展情况的需要，本《年鉴》录入了一些工业、投资和施工企业情况表。与此同时，对编辑工作也进行了必要的改进，使之更加合理、适用。为便于查阅，特将主要统计指标解释置于各专业统计资料之前。

三、《年鉴》由以下四个部分组成：

（一）要文专载：内容包括2008年全市国民经济和社会发展统计公报；政府工作报告；国民经济和社会发展计划执行情况报告；财政预算执行情况报告等。

（二）统计资料：内容包括：1. 综合；2. 人口和劳动力；3. 工业；4. 农村经济；5. 固定资产投资和建筑业；6. 交通、邮电和城市公用事业；7. 批零贸易及餐饮业；8. 能源消费与库存；9. 外经和旅游业；10. 财政税收和金融保险业；11. 社会与科技事业；12. 人民生活和物价；13. 其它统计资料，包括全市各乡、镇、办事处、基本单位调查、河南省及各市主要经济指标。

（三）社会经济大事记。

（四）附录：内容包括全国、全省2008年国民经济和社会发展统计公报；洛阳市党政机关、有关部门及县（市）区主要领导人名单等。

四、使用本《年鉴》请注意以下几点：

（一）由于统计制度的变动，编辑本《年鉴》时，对以往年份的统计资料均按现行统计制度做了必要的订正。过去所有统计资料凡与本《年鉴》有出入的，均以本《年鉴》为准。

（二）本《年鉴》统计资料表式中的一些符号说明：

“#”表示其中项；

“—”表示本格不应填数字；

“…”表示数字不详或无该项数据；

（三）由于“要文专载”中的文件发表较早，文中部分数字与“统计资料”表中会有出入，使用时均以“统计资料”表中数字为准。

五、本《年鉴》编辑中，得到中国统计出版社、河南省统计局、市政府办公室、市财政、金融、税务、保险等有关部门的热情帮助和大力支持，在此，谨致谢意。由于时间仓促，业务水平有限，缺点和差错在所难免，恳请广大读者批评指正。

目　　录

要文专载

统计资料

一、综　合

二、人口与劳动力

三、工　业

四、农村经济

五、固定资产投资和建筑业

六、交通、邮电和城市公用事业

七、批零贸易及餐饮业

八、能源消费与库存

九、外经和旅游业

十、财政税收和金融保险业

十一、社会与科技事业

十二、人民生活和物价

十三、其它统计资料

社会经济大事记

附　　录

要文专载

SPECIAL　REPORT

洛阳市2008年国民经济与社会发展统计公报

洛阳市统计局

（2009年3月2日）

2008年，全市人民在市委、市政府的正确领导下，以党的十七大精神为指导，认真贯彻落实科学发展观，积极应对国际金融危机影响，坚定不移地实施工业强市、科教强市、旅游强市和项目引资双带动战略，全市经济较快增长，结构调整和产业升级步伐加快，质量稳步提高，经济活力不断增强，社会事业全面发展，人民生活继续改善。

一、综　合

初步核算，全市生产总值1919.6亿元，增长14.4%。人均生产总值30080元，增长13.8%。第一产业完成增加值167.5亿元，增长5.8%；第二产业完成增加值1172.6亿元，增长15.7%；第三产业完成增加值579.5亿元，增长13.9%。三次产业对经济增长的贡献率分别为3.2%、67.8%和29%。

2008年，全市居民消费价格涨幅基本呈前高后低走势，12月份价格涨幅降到全年最低水平。全年价格总水平上涨6.4%，比上年提高0.8个百分点。在所测算的八个类别中，食品类上涨幅度最大，达16.8%，交通通讯类、娱乐教育文化用品及服务类价格下降。

各类价格指数如下：（以2007年平均价格为100）

项　目	指　数
城市居民消费价格	106.4
# 服务项目	100.1
食　品	116.8
# 粮　食	106.5
肉禽及其制品	124.9
蛋　类	102.5
水产品	128.1
鲜　菜	107.9
鲜　果	121.7
烟酒及用品	101.8
衣　着	101.0
家庭设备用品及维修服务	104.3
医疗保健和个人用品	103.1
交通和通讯	98.5
娱乐教育文化用品及服务	99.1
居　住	102.3

年末全市城镇单位从业人员52万人，增长0.2%，城镇在岗职工49.9万人。在岗职工年平均工资为22883元，增长17.2%，扣除价格因素实际增长10.2%。通过实施再就业工程，全年有16.2万职工实现了再就业。

二、农　业

全年粮食作物播种面积770.2万亩，增长1.9%；蔬菜面积77.0万亩，油料面积66.1万亩，棉花面积6.3万亩，中药材面积43.2万亩；烟叶面积34万亩，增长8.4%；花卉苗木面积7.2万亩，增长24.9%。优质专用小麦150.5万亩，增长25.0%；优质玉米180.0万亩，增长11.1%。

全年粮食总产量达到230.8万吨，增产0.8%，连续六年总产量保持在200万吨以上。其中，夏粮产量108.5万吨，增产0.6%；秋粮产量122.3万吨，增产1.0%。

主要农产品产量如下：

产品名称	2008年产量	比上年±%
粮　食	230.8万吨	0.8
# 夏　粮	108.5万吨	0.6
秋　粮	122.3万吨	1.0
油　料	117371吨	-5.7
# 花　生	79747吨	-1.7
油菜籽	21887吨	12.7
芝　麻	9327吨	-1.6
棉　花	3800吨	-11.3
烟　叶	56090吨	8.4
水　果	60.3万吨	5.3
蔬　菜	204.4万吨	-3.3
中药材	73895吨	15.5
食用菌（干重）	11792吨	5.7

全市畜牧业产值88.4亿元，占农业总产值的比重达31.9%，比上年提高3.6个百分点。

主要畜产品产量和畜禽存（出）栏数量如下：

产品及畜禽名称	2008年产（存、出栏）量	比上年±%
肉类总产量	22.1万吨	7.2
# 猪牛羊肉	19.7万吨	7.0
奶类总产量	39.0万吨	9.9
# 牛 奶	34.0万吨	10.1
禽蛋总产量	13.0万吨	7.9
牛当年出栏数	34.5万头	1.1
牛年末存栏数	76.9万头	16.1
# 奶 牛	10.1万头	7.6

生猪当年出栏数	189.0万头	7.5
生猪年末存栏数	208.2万头	16.5
羊当年出栏数	71.1万只	1.6
羊年末存栏数	78.2万只	7.9
家禽当年出栏数	1611.5万只	10.0
家禽年末存栏数	2218.3万只	17.0
水产品产量	34658吨	18.8

全年完成造林面积45万亩,退耕还林面积6.6万亩,增长3.3%;零星植树622万株。

年末全市农业机械总动力达427.1万千瓦,比上年末增长3.2%;农用拖拉机和农用运输车分别达16.4万台和6.8万辆,分别比上年增长1.9%和2.6%;全年农村用电量19.1亿千瓦时,比上年增长7.4%;农田有效灌溉面积138.2千公顷,比上年增长0.5%,其中,节水灌溉面积75.5千公顷,增长3.1%。

三、工业和建筑业

全年完成全部工业增加值1045.4亿元,比上年增长16.6%。其中,规模以上工业企业完成增加值783.3亿元,增长20.7%。规模以上工业中,分经济类型看,国有及国有控股企业完成增加值403.9亿元,增长15.1%;集体企业完成增加值22.8亿元,下降0.3%;股份制企业完成增加值515.9亿元,增长24.3%。分轻重工业看,轻工业增加值97.5亿元,增长24.3%;重工业增加值685.8亿元,增长20.2%。大中型工业企业完成增加值537.6亿元,增长16.0%。

主要工业产品产量如下:

产品名称	2008年产量	比上年±%
纱	4.9万吨	15.1
布	11521万米	1.1
化学纤维	16.4万吨	-32.7
饮料酒	129261千升	7.0
卷　烟	112.0亿支	2.2
摩托车	64.9万辆	3.4
原　煤	396.4万吨	17.2
原油加工量	501.2万吨	-7.5
发电量	384.7亿千瓦小时	-7.8
钢	49.1万吨	-13.0
10种有色金属	109.1万吨	9.5
铝	107.6万吨	10.0
水　泥	594.4万吨	19.4
平板玻璃	1491.0万重量箱	-15.6
轴　承	19404.0万套	54.3
矿山机器总重量	16.0万吨	23.1
耐火材料	208.8万吨	21.1
化肥(折纯量)	10.3万吨	43.0
大中型拖拉机	45144台	1.5
黄　金	8980.0千克	3.4

全市规模以上工业企业实现主营业务收入2699.3亿元,增长30.4%。利税总额和利润总额分别达到232.4亿元和124.0亿元,分别下降19.3%和32.1%。规模以上工业产销率为97.1%,产销基本衔接。

全年规模以上工业企业新投产项目完成总产值161.9亿元,占全市工业总产值增量的26.4%;工业新产品产值达146.6亿元,比上年增长8.2%。高技术工业实现增加值23.4亿元,增长31.8%。

全市资质以上建筑业企业总产值484.6亿元,比上年增长41.5%。建筑企业效益继续提高,全年实现利税13.2亿元,增长4.4%;实现利润6.7亿元,增长20.1%。

四、固定资产投资

全年完成全社会固定资产投资1105.5亿元,比上年增长31.3%。其中,城镇固定资产投资979.2亿元,增长31.7%。

全市完成工业投资591.4亿元,增长29.3%。全年在建工业项目2080个,竣工1823个,其中,在建千万元以上工业项目1354个,竣工1106个。食品、电子、建材等行业投资分别增长140.4%、96.9%和67.5%。

全年第三产业投资342.5亿元,增长28.5%,其中,交通运输业投资34.5亿元,增长95.4%;水利、环境和公共设施管理业投资40.0亿元,增长10.4%;卫生、社会保障和社会福利业投资12.1亿元,增长103.1%。

全年民间投资完成630.6亿元,增长48.6%,占全市城镇固定资产投资的比重较上年提高7.6个百分点。

全年房地产开发完成投资110.2亿元,增长0.1%。商品房竣工面积达378.4万平方米,增长4.4%,销售面积达269.5万平方米,下降38.7%。商品房销售额达69.8亿元,下降32.8%。

五、国内贸易

全年累计实现社会消费品零售总额577.1亿元,比上年增长23.3%。分城乡看,城市消费品零售额317.7亿元,增长23.8%;县及县以下消费品零售额259.4亿元,增长22.8%。分行业看,批发零售贸易业零售额483.6亿元,增长22.2%;住宿和餐饮业零售额87.8亿元,增长28.7%。居民消费结构持续升级,家用轿车、体育保健产品、通讯产品以及教育、旅游成为持续升温的大众消费热点。

六、对外经济

全年进出口总值189398万美元,比上年增长38.4%。其中,出口总值135593万美元,增长29.6%;进口总值53805万美元,增长67.0%。

全年新批准设立外商投资企业28个;外商直接投资合同金额70021万美元,增长30.1%;实际利用外商投资金额89976万美元,增长41.3%。

七、交通、邮电和旅游

全年交通运输部门完成货物周转量75.0亿吨公里，比上年增长28.7%；完成旅客周转量达59.0亿人公里，增长22.4%。

全年完成邮电业务总量88.5亿元，比上年增长22.4%；本地电话年末用户达155.34万户，移动电话年末用户达269.1万户。

据旅游部门统计，全年接待国内外旅游总人数达4567万人次，比上年增长14.1%，其中接待外国及港澳台旅游者30.8万人次，比上年增长17.5%。旅游总收入达224亿元，比上年增长15.3%，其中接待外国及港澳台旅游者收入9399万美元，增长16.2%。

八、财政、金融和保险业

全市完成地方财政收入144.5亿元，增长15.3%；地方财政支出202.4亿元，增长16.1%。其中，一般预算收入116.6亿元，一般预算支出170.2亿元，分别比上年增长16.4%和18.8%。一般预算收入中，增值税17.0亿元，增长4.1%；营业税20.3亿元，增长14.9%；企业所得税17.8亿元，增长26.8%。

2008年，金融机构人民币各项存款余额1395.2亿元，比年初增加230.4亿元。其中，企业存款余额314.4亿元，比年初增加17.4亿元；城乡居民储蓄存款余额840.3亿元，比年初增加145.2亿元。金融机构人民币各项贷款余额663.3亿元，比年初增加98.2亿元。其中：短期贷款余额360.1亿元，比年初增加34.5亿元；中长期贷款余额205.8亿元，比年初增加46.5亿元。金融机构现金收入3296.8亿元，现金支出3281.7亿元，双双比上年下降11%，收支相抵，净回笼货币15.1亿元。

全年保费收入50.32亿元，其中，财产险保费收入6.65亿元，人寿险保费收入43.67亿元。全年赔付额14.13亿元，其中，财产险赔付额3.76亿元，人身险赔付额10.37亿元。

九、教育和科学技术

2008年，全市普通高中81所，招生4.4万人，在校生12.8万人。普通初中367所，招生10.8万人，在校生31.7万人。小学2286所，招生11.1万人，在校生63.0万人。幼儿园在园儿童10.4万人。中等专业技术学校105所，招生5.1万人，在校生13.4万人。特殊教育学校招生228人，在校生1192人。普通初中入学率99.8%，小学学龄儿童入学率100.0%。成人技术培训学校培训学员51.5万人次。

年末，全市国有企事业单位共有各类专业技术人员9.0万人。其中，中级以上职称专业技术人员3.0万人。全市拥有科学研究开发机构27个，从事科技活动人员2.0万人。全年科研经费支出32.0亿元，其中研究和发展经费支出16.0亿元。全年科技活动项目(课题)2100项，其中，市级以上科技成果鉴定226项，市级以上科技成果获奖223项。

十、文化、卫生和体育

年末，全市共有艺术表演团体16个，文化馆17个，公共图书馆11个，博物馆8个，档案馆17个。年末中、短波广播发射台和转播台1座，一千瓦以上电视发射台和转播台5座。全市广播人口覆盖率95.6%，电视人口覆盖率96.2%，有线电视用户69.3万户。市级电视台周播出时间410小时，市级广播电台日播出时间54.0小时。

年末，全市共有卫生机构437个，床位2.3万张。卫生防疫机构16个，妇幼卫生机构16个。卫生技术人员2.3万人，其中执业医师、助理执业医师8883人，注册护士7918人。卫生防疫防治机构人员1659人，妇幼卫生机构人员1336人。县、乡、村三级卫生服务网进一步加强和完善。农村乡(镇)共有卫生院152个，床位4191张，卫生技术人员4191人。

全市在校生体育达标率达99.8%。全年共举办县以上运动会及各种体育比赛119场次，参加运动员3.7万人次。我市运动员在国内外各项体育比赛中，获得省级以上金牌95枚，银牌67枚，铜牌59枚。

十一、环境保护

年末，全市环境保护系统共有1594人，环境监测人员369人，各级环境监测站10个。全市建成16个烟尘控制区，面积达208.5平方公里；建成环境噪声达标区11个，面积达216平方公里。城市日集中处理污水40万吨，工业废水排放达标率达95.7%，城市生活垃圾无害化处理率达90.2%。全年市区空气质量优良天数达到336天。

十二、人口、人民生活和社会保障

年末，全市户籍总人口654.4万人，常住人口642.0万人。全市出生人口6.86万人，出生率10.51‰；死亡人口3.55万人，死亡率5.43‰；全年净增人口3.31万人，自然增长率5.08‰。2008年，城镇居民人均可支配收入14672元，扣除价格因素实际增长8.0%；城镇居民人均生活消费支出9957元，增长12.7%。农民人均纯收入4597元，扣除价格因素实际增长7.0%；农民人均生活消费支出3578元，增长21.0%。全市参加失业保险职工59.1万人；参加养老保险职工73.8万人，增长6.0%；参加医疗保险职工86.2万人，增长15.5%。全市各类社会福利院床位达14473张，福利院收养11559人。国家抚恤、补助各类优抚对象30741人。全市拥有城镇各种社区服务设施689个，其中，社区服务中心13个。

注：1. 本公报各项统计数据为初步统计数。

2. 公报中生产总值、各产业增加值绝对数按现价计算，增长速度按可比价格计算；人均生产总值按常住人口计算。

政 府 工 作 报 告

——2009 年 3 月 6 日在洛阳市第十三届人民代表大会第一次会议上

洛阳市人民政府市长　郭洪昌

各位代表：

现在，我代表市人民政府向大会作工作报告，请予审议，并请各位政协委员和列席人士提出意见。

过去的五年，洛阳实现了跨越式发展

2004 年以来的五年，是我市改革发展进程中极不平凡的五年。在省委、省政府和市委的正确领导下，在市人大、市政协的监督支持下，全市上下深入贯彻落实科学发展观，抢抓发展机遇，积极应对挑战，奋力开拓进取，经济社会不仅实现了跨越式发展，而且特色鲜明、亮点纷呈。

五年拼搏，综合经济实力快速提升。2008 年，全市实现地区生产总值 1919.6 亿元，是 2003 年的 2.8 倍，年均增长 15.5%。财政一般预算收入 116.6 亿元，是 2003 年的 3.9 倍，年均增长 31%。全社会固定资产投资 1105.5 亿元，是 2003 年的 5.2 倍，年均增长 39.1%。社会消费品零售总额 577.1 亿元，是 2003 年的 2.5 倍，年均增长 17.6%。金融机构存款余额达到 1395.2 亿元，年均增长 15.2%。综合经济实力居全国大中城市第 43 位、中部城市第 4 位。

五年实干，项目建设取得重大进展。一大批工业项目建成投产。五年投入产业引导资金 2.3 亿元，实施千万元以上工业项目 3296 个、完成投资 1580.8 亿元。洛阳石化油品质量升级改造、华润首阳山 2×60 万千瓦机组、香江万基 120 万吨氧化铝一二期、中铝河南铝业 20 万吨铝板带、中硅公司 3000 吨多晶硅、尚德公司 120 兆瓦太阳能电池、中集凌宇 5000 台客车及专用车等一批重大项目竣工投产。中信重工新重机工程、LYC 新洛轴工程、一拖工业园、中铝洛铜 10 万吨高精度电子铜板带、725 所 5000 吨钛板带、中硅公司新 2000 吨多晶硅、洛钼集团 4 万吨钼冶炼、阿特斯 3000 吨长晶及切片等一批重大项目顺利推进。在项目建设的带动下，我市传统产业不断升级，优势产业不断壮大，新兴产业初具规模。一大批服务业项目加快实施。商贸流通业实施千万元以上项目 61 个、总投资 65 亿元。房地产业完成投资 578.7 亿元、年均增长 54.7%。丹尼斯、王府井等项目相继建成开业，宝龙城市广场等项目顺利推进。一大批交通基础设施项目如期竣工。五年累计投资 112.7 亿元，建成高速公路 124 公里、干线公路 760 公里、县乡公路 919 公里、“村村通”道路 6944 公里，环城高速和南部山区大环线已经贯通；交通扶贫五年完成投资 6.2 亿元，建成农村公路 2544 公里。一大批社会事业项目相继建成。河南科技大学、洛阳理工学院新校区等项目建成投用。7 个贫困县、缺水县县城供水项目全部建成。投资 4 亿多元，提前两年在全省率先完成了农村中小学 D 级危房改造。乡镇卫生院改造顺利完工。

五年奋斗，结构调整取得明显成效。工业实现了超常规发展。2008 年，工业经济占经济总量的比重达到 54.5%，比 2003 年提高 4.4 个百分点。规模以上工业增加值 783.3 亿元，是 2003 年的 4.1 倍；主营业务收入 2699.3 亿元，是 2003 年的 4.9 倍；工业总量居全国中心城市第 22 位。装备制造、能源电力、石油化工、有色金属、材料工业等五大优势产业占规模以上工业增加值的比重达到 75.1%。全市工业主营业务收入超亿元企业 353 家，其中超 50 亿元企业 9 家、超 100 亿元企业 5 家、超 200 亿元企业 1 家。新电集团、伊电集团、一拖集团跻身中国企业 500 强。我市被命名为新材料国家高技术产业基地，荣获 2008 中国制造业名城称号。旅游业实现转型升级。发挥历史文化和自然资源优势，加快景区建设和旅游产品开发，龙门石窟入选 5A 级旅游景区、全国文明风景旅游区，牡丹花会、河洛文化旅游节等节会的影响进一步扩大，“千年帝都、牡丹花城、丝路起点、山水洛阳”的城市品牌享誉海内外。2008 年，共接待游客 4567 万人次、其中入境游客 30.8 万人次，分别是 2003 年的 3.2 倍和 11.5 倍；旅游总收入 224 亿元，旅游创汇 9399 万美元，分别是 2003 年的 3.4 倍和 8.5 倍。洛阳正大步向国际化旅游目的地城市迈进。创新能力不断增强。五年承担国家、省各类科技项目 460 项，其中国家“863”计划和科技支撑计划 26 项。获国家、省科技进步奖 119 项，其中超薄浮法玻璃关键技术及装备研发、铝合金热连轧技术工艺开发获国家科技进步一等奖。市级以上各类研发机构已达 170 家。我市荣膺全国科技进步先进市、国家知识产权示范市称号。高新区成为全省第一家国家知识产权试点园区。节能减排成效显著。建立节能减排统计、监测和考核体系，实施碧水蓝天青山绿地工程，推动重点企业、重点行业、重点区域的节能降耗和环境整治。加快环保基础设施建设，9 县（市）污水处理厂、垃圾处理场全部建成投用。市区空气质量二级以上天数达到 336 天。省定节能减排目标全面完成。深入开展资源整合和土地“三项整治”，资源集约节约利用水平不断提高。

五年建设，城市面貌焕然一新。第三期城市总体规划顺利实施，科学编制第四期城市总体规划和土地利用总体规划。洛阳新区迅速崛起。按照以洛河为轴线、南北对应发展的思路，高起点规划、大手笔建设洛阳新区。五年累计开工各类工程 1580 项，完成投资 440 亿元，新建道路 96 公里、景观水系 60 公里、绿地 476 万平方米，开发面积 30 平方公里，聚集人口 25 万。新区行政中心、体育中心已经形成，洛阳歌剧院、开阳湖等一大批标志性工程建成投用，新区博物馆、新区医院、新区高中等项目进展顺利。滨河百栋高层累计开工 135 栋。经过全市上下的不懈努力，一座靓丽的现代化新城区已矗立在洛河之滨。旧城改造步伐加快。五年累计竣工各类项目 127 个，完成投资 200 亿元，新建、改扩建了一大批城市道路、背街小巷、广场绿地，实施了一大批城中村、城郊村改造和河渠整治项目。城市基础设施建设不断加强。定鼎门污水处理厂等一批项目建成投用，机场改扩建、郑西铁路客运南站、凌波桥、瀛洲桥等一批项目顺利实施。生态建设成效显著。累计投入8亿元，实施退耕还林、通道绿化、环市区苗木花卉林果产业带、北邙生态屏障等工程，周山、上清宫、隋唐城遗址植物园等森林公园相继建成，全市森林覆盖率42.8%，城市绿化覆盖率38.3%。城市形象大幅提升。深入开展城市创建活动，搞好绿化、亮化、美化，加强精细化管理，我市先后荣膺国家卫生城市、中国十大最佳魅力城市、倾国倾城·最值得向世界介绍的中国名城、欧洲人最喜爱的中国十大旅游城市等称号。

五年努力，新农村建设全面推进。县域经济实力显著增强。2008年，县（市、区）生产总值占全市的比重达到75.9%，比2003年提高12.3个百分点。偃师市、栾川县、新安县、伊川县与汝阳县、洛宁县、宜阳县、嵩县先后入选全省县域经济综合实力强县和先进县，孟津县在全省县域经济排序中由2003年的46位上升到39位。县城改造和小城镇建设加快推进。偃师市、嵩县、栾川县等城乡一体化试点进展顺利。现代农业稳步发展。粮食总产连续六年超200万吨。畜牧业、林果业、烟叶、牡丹花卉等特色产业不断壮大。农业产业化水平不断提高。实施"农村百万劳动力转移"工程，年劳务输出由2003年的40多万人次发展到140多万人次。农业基础设施建设加快推进。五年完成水利投资近15亿元，西霞院水库、小浪底南岸引水、陆浑西干渠、龙脖灌区、新安提黄、禹门河反调节水库等一批重点工程建成投用，前坪水库前期工作全面展开。农村公共服务不断完善。分类推进新农村建设，积极实施"村村整治千村达标百村示范"工程，农村社区服务中心、通组通户道路等公共设施建设加快推进。解决农村安全饮水64万人。农村户用沼气由6.1万座增加到45万座。"万村千乡市场工程"和"家电下乡"工作加快推进。全市基本实现了行政村通电话、通自来水、通水泥路、通客车、通广播电视。

五年探索，各项改革步伐加快。国企改革实现重大突破。加快国企战略重组，先后引进中铝公司、中钢集团、中集集团、中建材、中色总院、永煤集团等40多家优强企业，引进资金210亿元，盘活资产144亿元，国有经济控制力、影响力和带动力明显增强。先后有4家企业4支股票上市，募集资金89.6亿元。市属203户中小企业改革基本完成。其他领域改革不断加快。乡镇综合机构改革全面完成。行政管理体制和事业单位改革不断深化。财政部门预算、收支两条线、国库集中支付、政府采购等制度进一步完善。公路、公用、市政等领域改革迈出重要步伐。

五年开拓，对外开放不断深入。招商引资成效显著。五年共引进千万元以上项目1387个，总投资2448亿元。审批外商投资企业220家，实际利用外资19.5亿美元、市外境内资金588亿元，分别是上个五年的2.2倍、8.1倍和5.6倍。家乐福、沃尔玛、台塑集团等5家世界500强企业，中船重工、恒大地产等30家国内500强企业入驻我市。对外贸易成果丰硕。2008年，全市完成进出口总额18.9亿美元；其中出口13.6亿美元，是2003年的4.1倍。非公有制经济发展突飞猛进。2008年，非公有制经济完成营业收入、增加值、上缴税金分别是2003年的5.1倍、6.1倍和10.2倍，对全市经济的贡献率由2003年的28.7%提高到50.6%。

五年投入，民生质量得到新提高。人民生活不断改善。在办好省定实事的同时，坚持每年为城乡居民办好二十件实事。五年市级财政用于民生领域的支出达260.4亿元，占财政一般预算收入的65%以上。全市贫困人口由2003年的42.9万人下降到23.4万人。2008年，城镇居民人均可支配收入和农民人均纯收入分别达到14672元和4597元，比2003年增长1.9倍和2倍。社会保障体系日臻完善。五年新增城镇就业66.7万人，发放小额担保贷款3.8亿元。企业退休人员养老金、最低工资标准、城乡低保和五保户供养标准不断提高。城镇职工基本医疗保险、城镇居民基本医疗保险、新型农村合作医疗、城乡困难群众医疗救助等四大制度互为补充、覆盖城乡的医疗保障体系初步建立。以廉租住房、经济适用房、住房公积金为重点的住房保障体系不断完善。

五年积聚，社会事业全面进步。教育、卫生、文化等事业加快发展。认真落实"两免一补"资助政策，五年市财政用于教育的投入达到94.3亿元，是上个五年的2倍。小学、初中适龄儿童入学率分别达到100%和99.7%。我市代表河南省顺利通过国家"两基"验收。普通高招连创佳绩。职业教育稳步发展。成功组建洛阳理工学院。乡镇卫生院、村卫生室、社区卫生服务站等基层卫生服务网络不断完善，突发公共卫生事件防控能力明显提高。城乡文化活动蓬勃开展，涌现出了《河洛风》等一批优秀作品。河洛大鼓等7个项目入选国家非物质文化遗产名录。洛阳片区大遗址保护工程被列为国家大遗址保护重大项目，隋唐城遗址、汉魏故城整体保护规划已经完成，偃师商城、汉魏故城等保护展示工程初见成效，隋唐城宫城核心区等保护展示工程加快推进。丝绸之路和大运河洛阳段申报世界文化遗产工作取得阶段性进展。地方史志工作继续走在全省前列。各大公园免费开放。全民健身运动广泛开展。人口自然增长率稳定控制在6‰以内。民族宗教、外事侨务、新闻出版、统计、审计、人防、地震、气象、残疾人事业等工作都取得了新成绩。精神文明和民主法制建设不断加强。广泛开展"讲正气、树新风、建绩效"教育活动和"新解放、新跨越、新崛起"解放思想大讨论活动，全市人民精神面貌焕然一新。驻洛部队和武警部队为地方经济社会发展做出了重要贡献。我市荣获全国双拥模范城五连冠。自觉接受人大及其常委会的法律监督、工作监督和政协的民主监督，人大代表议案、建议和政协委员提案办结率100%、满意率98%以上。五年提请市人大及其常委会审议地方性法规22件，发布行政规章60件。"五五"普法教育深入开展。严查违法乱纪案件，党风廉政建设和反腐败斗争取得新成效。始终把稳定放在重中之重的位置，安全生产、社会治安和信访工作成效显著，社会大局基本稳定。

刚刚过去的2008年，洛阳更是在挑战中奋力前行。面对雨雪冰冻灾害、汶川特大地震、国际金融危机带来的困难和压力，全市上下迎难而上，积极应对，经济社会继续保持平稳较快发展，在洛阳改革发展史上谱写了令人难忘的一页。加强协调服务，经济运行总体平稳。面对急剧变化的经济形势，及时调整工作重点，加强经济即期调节，搞好生产要素衔接，积极为企业排忧解难。全年为企业退税、减税42亿元；组织银企洽谈会4次，签约资金267.6亿元。抢抓发展机遇，着力夯实发展基础。紧紧抓住中央新增1000亿元投资等机遇，围绕国家重点支持的领域，全市上下积极行动，筛选、申报重大项目78个，争取中央投资4.3亿元。*狠抓项目建设，支撑能力不断增强。*全年实施千万元以上项目2131个、完成投资773亿元。其中工业项目1354个、完成投资539亿元，中信重工冶铸基地等1106个项目竣工投产；伊电集团50万吨连铸连轧等112个项目加快推进；轴研科技精密重型机械轴承等1130个项目开工建设；华阳孟津电厂、洛阳石化45万吨PX等839个项目获国家、省、市核准备案；新奥薄膜太阳能电池、南车集团轨道交通装备等项目前期积极推进；超前谋划了河柴重工新能源气体发动机、尚德公司1000兆瓦太阳能电池组件等260个重大项目，总投资超过5000亿元。*高度重视"三农"工作，农村经济健康发展。*积极落实粮食直补、农机具购置补贴等一系列惠农政策，全年粮食总产230.8万吨，创历史新高。孟西灌区工程即将竣工，9座水库除险加固工程顺利实施。建成搬迁安置点55个、安置贫困人口万余人，搬迁扶贫工作经验在全国推广。*深化改革开放，外向型经济实力进一步壮大。*国机集团与一拖集团成功重组，第一批用于一拖新项目建设的17亿元资金已于2月28日到位。我市全年实际利用外资9亿美元、市外境内资金230.6亿元，分别增长41.3%和35.5%。中信银行、兴业银行、光大银行、长城保险等入驻洛阳。我市成为国家中西部加工贸易重点承接地。*着力改善民生，解决了一大批关系群众切身利益的问题。*市级财政投入5.8亿元，省定、市定实事圆满完成。就业再就业成效显著，社会保障体系和住房保障体系不断完善，各项社会事业取得新成绩。同时，全力做好抗震救灾和对口援建工作，成功组织了奥运会和残奥会火炬洛阳传递活动。

各位代表！过去的五年，是改革开放以来我市综合实力增长最快的五年，是城乡面貌变化最大的五年，是人民群众得到实惠最多的五年，是城市知名度和美誉度提升最快的五年，是社会稳定和谐的五年，一个充满活力、更具魅力的美好洛阳正呈现在世人面前。五年来，*我们始终坚持解放思想、与时俱进。*敢于冲破旧的观念束缚，大胆探索、勇于实践，创造性地提出了实施"工业强市、旅游强市、科教强市"三大战略，再造一个新洛阳、全面走在中原崛起前列的发展目标。*始终坚持抢抓机遇、科学发展。*牢牢把握发展这个第一要务，一刻也不放松地抓住项目建设这个载体，突出抓好结构调整、科技创新和节能减排，着力转变发展方式，发展能力不断提高。*始终坚持深化改革、扩大开放。*深化重点领域和关键环节改革，推进体制机制创新，加大招商引资力度，发展后劲明显增强。*始终坚持以人为本、促进和谐。*始终把实现好、维护好、发展好最广大人民的根本利益，作为一切工作的出发点和落脚点，认真解决好民生问题，加强和谐洛阳建设，让更多发展成果惠及广大人民群众。*始终坚持依法行政、勤政为民。*依法履行政府职能，规范行政行为，全面提高政府执行力，为人民群众服务的能力不断提高。

回顾这浓墨重彩的五年，我们为洛阳发生的巨大变化而骄傲，为全市人民创造的辉煌业绩而自豪！这是省委、省政府和市委正确领导的结果，是市人大、市政协和社会各界监督支持的结果，是全市人民团结奋斗的结果。在此，我代表市人民政府，向辛勤工作在各条战线的全市人民，向人大代表、政协委员，向各民主党派、人民团体，向离退休老领导、老同志，向驻洛部队、武警官兵和公安干警，向所有关心支持洛阳发展的社会各界和海内外朋友，表示衷心的感谢并致以崇高的敬意！

在总结成绩的同时，我们也清醒地看到，我市经济社会发展中还存在一些薄弱环节和突出问题：*科学发展的理念需要进一步明晰。*思想解放还不到位，开拓创新意识还需要增强，科学发展的能力有待进一步提高。*结构调整的步伐需要进一步加快。*产业结构不尽合理，第三产业比重逐年下降，且增速连续5年低于GDP增速。农业基础依然薄弱，现代农业总量偏小，农民持续增收难度加大。工业增长方式粗放，资源性、初加工型产业比重大，节能减排任务重；产业链条短，产业集中度不高，研发投入比重低于全国、全省平均水平，企业核心竞争力不强。文化资源优势尚未充分发挥，现代服务业发展缓慢。*制约发展的体制机制性障碍需要进一步破除。*改革攻坚的任务仍十分繁重，对外开放的深度和广度需进一步拓展。*民生方面存在的薄弱环节需要进一步加强。*就业形势依然严峻，社会保障压力较大，教育、医疗、住房等群众关心的热点难点问题还没有很好地解决，困难群体的救助帮扶机制还需要加快完善。*政府职能和机关作风需要进一步转变。*政府职能转变还不到位，个别部门和机关工作人员大局意识、服务意识不强，经济发展环境需进一步优化。对此，我们一定高度重视，采取有力措施，认真加以解决。

未来的五年，我们面临着新形势新任务

今后五年是我市全面完成"十一五"规划、科学编制和加快实施"十二五"规划、为全面实现小康社会宏伟目标奠定坚实基础的五年。当前，国际金融危机对实体经济的影响正在加深，全球经济增长明显减速，国内经济下行压力不断加大，发展的不确定因素明显增多。同时，我们也要看到，我们仍处在一个重要的战略机遇期，经济发展的基本态势并未因金融危机的影响而逆转。全球经济调整必将促进国际国内产业加速转移，有利于我们扩大开放，借力发展；危机形成的倒逼机制压力，有利于我们加快结构调整和产业升级；国家实行积极的财政政策和适度宽松的货币政策，有利于我们争取更多的支持；特别是经过30年的改革开放，我市综合实力显著提升，市场经济体制不断完善，为今后的发展奠定了坚实的思想基础和物质基础。挑战前所未有，机遇也前所未有。我们必须科学分析面临的新形势，积极顺应人民群众的新期待，凝心聚力，加快发展，努力实现全面走在中原崛起前列的宏伟目标。

今后五年经济社会发展的主要目标是：

——*综合实力显著增强。*在优化结构、提高效益、降低消耗、保护环境的基础上，到2013年，力争全市生产总值、财政一般预算收入、全社会固定资产投资比2008年翻一番。

——*经济结构明显优化。*转变发展方式取得实质性进展；特色农业加快发展，农业产业化占农业总产值的比重达到45%以上；工业优势更加突出，五大优势产业占规模以上工业增加值的比重达到80%以上，高技术产业占规模以上工业增加值的比重超过5%；服务业水平不断提升，第三产业占地区生产总值的比重达到32%。自主创新能力不断增强，创新型城市建设取得明显成效。

——*城乡发展更趋协调。*城乡居民生活水平和质量不断提高，绝对贫困现象基本消除。城镇居民人均可支配收入

年均增长8%以上,农民人均纯收入年均增长6.5%以上。城市功能更加完善,文化特色更加突出,集聚能力和带动作用更加明显。全市城镇化率达到50%以上,城乡一体化发展格局逐步形成。

——发展活力不断增强。国企改革进一步深化,现代企业制度更加完善;其他重点领域改革取得新成效。经济外向度明显提高,到2013年,实际利用外资15亿美元以上,引进市外境内资金1000亿元以上;外贸出口24亿美元。非公有制经济比重达到58%。市场体系更加完善,发展环境进一步优化。

——生态环境更加宜人。资源节约型、环境友好型社会建设取得明显成效。万元生产总值能耗下降16%以上,化学需氧量、二氧化硫排放量分别下降10%和30%。城市污水处理率、垃圾处理率分别达到90%和98%。城市空气质量优良天数稳定在300天以上。森林覆盖率和城市绿化覆盖率均达到45%,生态环境明显改善。

——社会建设不断进步。覆盖城乡的社会保障体系日趋完善。劳动就业更加充分,新增城镇就业60万人。教育、卫生、文化等社会事业全面发展,民主法制不断加强,文明程度明显提高,和谐洛阳建设全面推进。

实现上述目标,必须科学分析我市的比较优势,理清工作思路,突出工作重点,把握关键环节,一以贯之地加以推进:一是坚定不移地加快工业发展,靠工业增强实力。继续实施工业强市和项目引资双带动战略,积极谋划建设一批打基础、管长远、增实力的工业项目,提高企业创新能力,推动产业优化升级,不断增强综合竞争力。二是坚定不移地加快城市建设,靠城市提升形象。高标准建设"洛阳新区",加快洛北城区改造,进一步拉大城市框架,完善城市功能,改善城市环境,不断提升城市的承载力和美誉度,努力把洛阳建成山水园林相间、生态环境优美、人民生活舒适的最佳人居环境城市。三是坚定不移地加快文化旅游业发展,靠文化彰显特色。充分发挥洛阳丰富的历史人文资源优势,发展壮大文化旅游业。在城市建设中更多地融入历史文化元素,进一步延续历史文脉,彰显城市个性,着力打造国际知名城市品牌。四是坚定不移地抓好"三农"工作,靠农业稳固基础。认真贯彻落实党的十七届三中全会精神,坚持把解决好"三农"问题作为重中之重,加大农业基础设施建设力度,加快农业结构调整,千方百计增加农民收入,努力实现农业和农村经济持续健康发展。五是坚定不移地转变发展方式,靠调整促进转型。按照农业优质高效、工业优化升级、服务业优强发展的思路,努力在优化结构、创新发展等方面实现新突破,促进经济增长由主要依靠第二产业带动向三次产业协调发展转变。六是坚定不移地推进科技创新,靠科技提升竞争力。发挥洛阳的科研优势,加大研发投入,加强产学研结合,加快科技成果就地转化,大力发展高新技术产业,营造良好的创新环境,不断提高科技进步对经济增长的贡献率。七是坚定不移地把改善民生作为一切工作的出发点和落脚点,靠改善民生促进和谐发展。集中财力、物力,建成一批群众真正得到实惠的民心工程,解决好关系人民群众切身利益的热点难点问题,激发全市人民的积极性和创造性,促进社会和谐发展。

2009年,我们要全力保持经济社会平稳较快发展

2009年是新一届政府的开局之年。政府工作的总体要求是:**全面贯彻党的十七大、中央经济工作会议和省委八届九次全会、省十一届人大二次会议精神,深入学习实践科学发展观,积极顺应国家宏观调控政策,以保持经济平稳较快发展为政府工作的首要任务,抢抓机遇,应对挑战,共克时艰,大力实施项目引资双带动战略,加快转变发展方式,继续深化改革开放,认真解决关系群众切身利益的热点难点问题,促进经济社会又好又快发展。**

经济社会发展的主要预期目标是:地区生产总值增长11%左右;地方财政一般预算收入增长9%左右;全社会固定资产投资增长20%左右;社会消费品零售总额增长15%左右;外贸出口不断增长;城镇居民人均可支配收入增长7%,农民人均纯收入增长6%;城镇新增就业人数10万人,登记失业率控制在4.5%以内;万元生产总值能耗下降4.84%;居民消费价格涨幅控制在5%以内;人口自然增长率控制在6.5‰以内。

今年有可能是新世纪以来我市经济发展最为困难的一年,经济下滑已经成为制约我市加快发展的主要矛盾。我们必须增强抓机遇、谋发展的意识,充分做好打硬仗、攻难关的准备,努力营造负重奋进、加快发展的良好氛围。一是处理好保持经济增长与转变发展方式的关系。把扩内需、保增长与调结构、促转型紧密结合起来,依托产业集聚区建设,着力构建现代产业体系、现代城镇体系、自主创新体系,努力实现速度与结构、质量、效益的统一。二是处理好应对当前危机与谋划长远发展的关系。坚持远近结合、统筹兼顾,既要立足当前应对危机,办急事、抓大事,又要着眼长远谋划发展,强基础、增后劲,把应对危机的过程变成培育新的经济增长点的过程、变成推动科学发展的过程。三是处理好发展改革与保持稳定的关系。既要通过加快发展、深化改革解决人民群众关心的热点难点问题,以发展保稳定,又要创造和谐稳定的社会环境,以稳定促改革、促发展。四是处理好自力更生与借力发展的关系。既要充分挖掘自身潜力,苦练内功、艰苦创业,不断增强自我发展能力,又要眼睛向外,引进更多的资金、项目、技术、人才,借用外力加快发展。五是处理好扩大消费与改善民生的关系。既要把扩大消费作为改善民生、增加就业和社会保障的重要措施,又要把保障和改善民生作为扩大消费、促进增长的出发点、落脚点,切实提高人民群众生活水平。重点抓好以下工作:

(一)坚持投资拉动,不断增强经济发展后劲。加强项目建设、保持投资拉动,是促进经济平稳较快发展的最有效、最直接的措施。要紧紧围绕国家产业振兴规划、围绕构建现代产业体系,加快推进项目建设。突出抓好列入国家投资计划的项目。认真落实重点项目协调推进机制,加快项目建设进度,确保早建成、早见效。积极谋划一批事关长远发展的重大项目。加快吉利60万吨PTA、永骏新能源100万吨二甲醚、南车集团轨道交通装备、河柴重工船用高速大功率柴油机等重大项目前期工作。紧紧围绕国家5000亿元投资计划,抓紧谋划、申报一批技术水平高、带动能力强的项目。加快建设一批重点项目。工业方面计划实施千万元以上结构调整项目280个,总投资903.6亿元,当年完成投资370亿元。加快LYC新洛轴工程、华阳孟津电厂2×60万千瓦机组等140个项目建设,新开工洛阳石化260万吨柴油加氢和

14万吨聚丙烯、725所风电叶片、伊电集团2×60万千瓦机组等140个项目，确保中信重工锻造基地、洛钼集团4万吨钼冶炼、中硅公司新2000吨多晶硅等项目如期竣工。能源方面要开工西气东输二线洛阳支干线等项目；加快120万吨正村煤矿、新义煤矿等项目建设，确保年底前投产；做好核电项目前期准备工作。交通方面要完成投资80亿元，重点抓好连霍高速洛阳段扩宽改造，郑西铁路客运专线洛阳段，洛宜铁路改线，偃师至洛阳、洛阳至吉利快速通道等项目；加快洛阳机场改扩建，确保候机楼主体工程花会前完工。做好石人山至栾川高速、洛阳至栾川高速前期准备工作。抓紧谋划洛阳城市轻轨、郑洛城际轨道交通等项目。*进一步扩大政府投资*。将原计划后三年政府投资的基础设施、公共设施项目，集中到今年安排，加快廉租住房、公共卫生、教育文化等设施建设，形成项目建设高潮。全年计划实施项目900个，带动全社会固定资产投资1200亿元以上。

（二）*积极扩大消费需求，不断增强消费对经济的拉动作用*。认真落实国家一系列扩内需的政策措施，大力发展服务业，开拓消费市场。*提高居民消费能力*。推进事业单位工资制度改革，落实企业最低工资制度，健全农民工工资支付保障机制。落实优抚对象、建国前老党员等抚恤和生活补助政策、困难群众社会救助政策，再次提高企业退休人员基本养老金、城乡低保标准和农村五保集中供养标准。*加快发展生活性服务业*。加快八角楼金街、万达建业广场等项目建设，积极引进优强商业企业入驻我市。大力发展社区服务、文化娱乐等吸纳就业能力强的生活性服务业。加快发展新区服务业，重点抓好关林市场改造、丹尼斯等商贸设施建设；完善新区公交体系，增设各类服务网点，方便居民生活。加快推进“万村千乡市场工程”和“家电下乡”工作，支持商业连锁企业向农村延伸。*做大做强旅游业*。办好2009世界邮展暨第27届洛阳牡丹花会；加快伏牛山生态旅游开发、玄奘故里二期、西霞院景区等重点旅游项目建设；积极开发具有文化内涵、地域特色和产业基础的旅游商品，努力打造区域旅游中心城市和国际性旅游目的地城市。力争全年接待游客5024万人次，其中入境游36万人次，旅游总收入246亿元。*稳步发展房地产业*。认真落实国家、省促进房地产业健康发展的各项政策，对资信好的房地产企业给予政策扶持。力争完成房地产开发80亿元，商品房施工面积1200万平方米，竣工350万平方米。

（三）*加强经济运行协调，深入开展“企业服务年”活动*。千方百计支持企业，努力在保生存、保市场、保发展上下工夫，确保经济不出现大的回落。*加强运行监测调度*。认真研究金融危机给企业带来的影响，准确把握产业和市场走势，及时为企业提供预警信息。切实加强生产要素的供需衔接，确保企业特别是重点企业的正常生产。*加强分类指导*。鼓励生产经营形势好的企业抓住调整机遇，努力抢占更大的市场空间；生产经营暂时遇到困难的企业，千方百计多拿订单，力保市场份额不减少；资源类企业加快资源整合，组建企业集团或产业联盟，拉长产业链条；产能过剩、技术相对落后的企业，一方面要加快技术改造保生存，一方面要通过兼并联合、破产重组，寻求新的生机。*努力为企业排忧解难*。安排1.2亿元产业引导资金，支持企业结构调整、技术改造和项目建设。利用增值税转型和设备价格走低的时机，引导企业加快更新关键技术装备，提升产品附加值和市场竞争力。认真落实税收优惠、缓缴社保费、降低保险费率、增加社保补贴等政策，切实减轻企业负担。建立重点企业和重点项目沟通联系制度，做好重点项目建设环境专项治理工作，及时帮助企业解决问题。

（四）*加快转变发展方式，提高经济发展质量*。优化资源配置，加快产业升级，着力构建工业、服务业相互支撑、互动发展的现代产业体系。*发展壮大工业优势产业*。围绕五大优势产业，在硅材料及光伏、光电技术、生物制药、节能环保等领域实施一批高技术产业化专项，形成一批特色产业集群。完善洛阳动力谷发展规划，抓紧启动一批重大项目，尽快形成新的产业优势。*加快发展现代服务业*。完善扶持政策，扩大规模，优化结构，不断提高现代服务业占三产的比重。大力发展现代物流、设计策划、技术研发等生产性服务业，鼓励大中型企业、科研院所二、三产业分离，提高核心竞争力。加快洛龙科技园区软件园、中储物流园区等重点项目建设。*大力发展产业集聚区*。按照突出特色、培育集群、形成链条、实现循环的原则，抓紧编制17个省级产业集聚区总体规划和控制性详细规划，出台扶持产业集聚区建设的政策措施，引导重点项目优先向集聚区布局，加强基础设施建设，培育优势企业，增强产业集聚功能，打造区域经济增长极。*提高自主创新能力*。加大研发投入，新建研发中心20家，实施产学研合作项目200个。加大新产品开发力度，重点突破高效晶体硅太阳能电池产业化、兆瓦级风力发电轴承、铁路桥梁橡胶支座等60项关键技术。支持有条件的高等院校、科研机构和企业建立国家、省重点实验室和工程中心。加快知识产权示范工程建设。做好高新技术企业认定和国家、省研发中心的申报工作。大力实施质量兴市战略，培育更多的名牌产品。*加快推进节能减排*。严格实行节能减排问责制和一票否决制，确保完成省定节能减排目标。实施新电集团电机系统、万基铝业窑炉余热利用等项目，推进公共机构节能、政府节能和工程节能。严格项目环境准入，防止低水平重复建设和盲目扩张。加大环境执法力度，集中开展违法排污专项整治。加快企业排污在线监控、污水处理厂自动监控、污水管网等基础设施建设。力争城市环境空气质量优良天数310天以上。*大力发展循环经济*。搞好循环农业示范市和节水型试点城市建设，在重点领域、重点行业建设一批资源综合利用项目。加强矿产资源整合，提高资源利用效率。加强土地监管，优先保障重大项目建设用地，切实保护耕地和基本农田。建成标准化厂房40万平方米。*加强生态环境建设*。积极创建国家森林城市，力争通过国家验收。抓好生态林、生态廊道、环市区苗木花卉林果产业带等工程，完成造林57.7万亩、中幼林抚育和低效林改造21.1万亩。加快生态洛河建设步伐。

（五）*切实加强“三农”工作，促进农村经济健康发展*。高度重视“三农”工作，加大政策支持力度，加强农业基础设施建设和新农村建设，促进农业稳定发展、农民持续增收。*加大对“三农”的投入*。认真落实各项惠农政策，加强农民负担监督管理。全年市财政安排“三农”资金2亿元，比上年增加2183万元。*大力发展特色农业和品牌农业*。加快孟津、伊川国家优质粮食产业工程基地县建设，全年粮食总产稳定在200万吨左右。加快发展现代畜牧业，新增肉制品加工能力10万吨、乳制品加工能力3万吨。支持本地乳制品企业占领市场，打响洛阳乳业品牌。积极发展烟叶、中药材、花卉苗木、林果等特色产业。新发展蔬菜基地5000亩。大力培育农产品深加工企业，争取有20家企业达到省级龙头企业标准；新发展各类农民专业合作社40家。完成农民工培训20万人次，劳务输出135万人次，创收70亿元以上。探索建立地方性农业保险体系。*加强农田水利基础设施建设*。加快前坪水库前期工作，开工建设15座中小型水库除险加固工程。抓好灌区修复配套节水改造，新增有效灌溉面积3万亩、节水灌溉3万亩，改造中低产田5万亩，治理水土流失200平方公里。*加快新农村建设*。建好200个示范村和600个重点整治村。基本完成中心村规划设计；硬化通组通户道路2000公里；新建农村社区服务中心200个；新发展农家店350个；新建农村户用沼气5万座、各类沼气工程50座、全托服务试点500个；解决20万人安全饮水问题；抓好100个贫困村整村推进，完成2250户1万人的扶贫搬迁任务。

（六）*全面推进改革开放，进一步增强发展活力*。加快体制机制创新，拓展对外开放的深度和广度，力求在重点领域和关键环节取得突破。*加快企业兼并重组和改革改制*。鼓励关联产业、上下游企业联合重组，提高抗风险能力。积极培育拥有自主知识产权和知名品牌的企业集团，提高产业集中度和资源配置效率，增强市场竞争力。抓好一拖集团战略重组，完成增资扩股。稳步推进洛轴集团、河柴集团、春都集团、春都集团股份政策性破产重组和物产集团、明珠热电等企业破产改制工作。解决好市属中小企业改制遗留问题。加强国有资产监管，提高监管效能和运营效益。*深入推进其他领域改革*。积极稳妥地推进燃油税改革、医疗卫生体制改革和集体林权制度改革。加强土地承包经营权流转管理和服务，发展适度规模经营。*大力开展招商引资*。发挥企业、产业、科技、资源、区位、环境等优势，围绕高新技术产业、高成长性关联产业、现代服务业、文化旅游业、农产品加工业等，抓紧谋划一批新的招商项目。抓住国际、国内产业转移机遇，积极开展重点产业、重点企业、重点区域的招商活动，引导电子、家电、服装、玩具等产业向我市转移。组织好2009世界邮展暨第27届洛阳牡丹花会、河洛文化旅游节等经贸活动，积极参加中博会、豫商大会、中国国际投资贸易洽谈会等重大招商活动，力争全年实际利用外资、市外境内资金分别增长13%和8%。*进一步扩大外经外贸*。用足用好外贸发展资金，重点支持企业开拓国际市场。落实国家鼓励出口政策，积极争取配额，扩大出口规模。优化出口结构，扩大机电产品、高新技术产品和深加工产品的出口。加快制订服务外包发展规划，积极承接发达国家和地区的服务外包业务。支持有条件的企业组成竞争力强的联合体，参与国际工程承包。鼓励紧缺资源能源、先进技术和关键设备进口。*发展壮大县域经济*。偃师市、栾川县、新安县与汝阳县、洛宁县、宜阳县要努力保持全省县域经济综合实力强县和先进县地位，伊川县和嵩县要争取再次进入全省县域经济综合实力强县和先进县行列，孟津县要争取在全省县域经济排序中位次前移。*大力发展非公有制经济*。认真落实各项扶持政策，鼓励非公有制企业参与国有资本调整和战略重组，引导资金、技术、人才等要素向优势企业集聚，推动企业上规模、上水平。积极搭建服务平台，完善非公有制企业服务体系。力争非公有制企业新上千万元以上项目290个，其中超亿元项目50个；营业收入超亿元企业达到130家。

（七）*着力构建现代城镇体系，加快城乡一体化进程*。实施中心城市带动战略，加快第四期城市总体规划和土地利用总体规划修编，加强基础设施建设，促进城乡协调发展。*加快洛阳新区建设*。搞好规划、完善机构、强化责任，努力将洛阳新区建成全省经济发展的重要增长极、改革发展的综合试验区和国际旅游精品区。全年实施项目111个、完成投资80亿元。重点抓好瀛洲桥、凌波桥、郑西铁路客运南站、洛阳呼叫产业园、新区医院、新区高中、新区污水处理厂、公交停车场等基础设施建设，加快沿河百栋高层、开元大道两侧组团开发。*加快旧城改造步伐*。全年实施项目155个，完成投资56亿元。重点抓好九都东路大修、道北二路、华山北路、瀛洲北路、滨河路、西苑桥改扩建、东出口排水管网、瀍河治理等基础设施建设，开工建设洛浦公园西延伸工程。扩大以奖代补范围，加快南村、东涧沟、西小屯、五女冢等城中村、城郊村改造步伐，全年完成投资38亿元，新开工234万平方米。*加强城市精细化管理*。创新城市管理体制，提高城市管理水平。深入开展爱国卫生运动，巩固创建国家卫生城市成果。加强城市交通综合整治，切实缓解交通拥堵现象。*加快城乡一体化进程*。加快县城改造和小城镇建设，拆迁城中村120万平方米、开工建设250万平方米。完善优惠政策，积极推进户籍、就业、社会保障等制度的配套改革，促进农民向城镇集中，向二、三产业集聚。重点抓好偃师市、嵩县、栾川县城乡一体化试点工作。

（八）*加快文化强市建设，彰显洛阳城市特色*。发挥文化资源优势，推动文化发展与繁荣，进一步提升城市软实力。*加强历史文脉保护*。注重历史文化名城保护、开发和利用，加快偃师商城、汉魏故城和隋唐城宫城核心区、定鼎门等大遗址的保护展示，以及历史文化街区、工业文化遗产的保护展示，进一步提升城市文化品位。加强非物质文化遗产的发掘和保护，积极参与丝绸之路和大运河申报世界文化遗产工作。*发展壮大文化产业*。完善文化产业扶持政策，出台文化产业发展规划。重点发展现代传媒、演艺娱乐、文博会展等新兴产业，促进文化与其它产业的融合。大力发展文化产业集群，壮大唐三彩、澄泥砚、牡丹画等特色文化产业。积极发展文化创意产业，努力打造知名网络动漫品牌。开发各类衍生文化产品，形成新的文化产业链。加快龙门、汉魏故城、隋唐遗址、西霞院等文化旅游产业园区建设，做好龙门申报省级文化产业示范园区工作。大力培育重点文化企业，加快组建洛阳报业集团。*大力发展文化事业*。围绕河洛文化、丝路文化、牡丹文化、杜康文化，努力打造体现地域特色和时代精神的文化精品。加快匾额博物馆、丝绸之路博物馆、河南壁画馆等基础设施建设，建成并免费开放洛阳博物馆新馆。抓好新区图书馆、洛阳电视台演播中心等重大项目的前期工作。加强基层公共文化设施建设，实施农村数字电影放映工程和艺术团体百场公益性演出工程。广泛开展广场文化狂欢月、全民读书月等公益文化活动。*加快推进文化体制改革*。抓住我市被列为省文化体制改革试点市的机遇，分类推进文化单位改革。拓宽文化产业融资渠道，鼓励社会力量兴办文化经营实体。采取政府购买文化产品等措施，加快培育优势文化企业。

（九）*做好财政金融工作，切实增强保障能力*。大力组织财政收入。依法加强税收征管，规范非税收入管理，努力做到应收尽收。*优化财政支出结构*。重点加大对教育、卫生、社会保障、保障性安居工程等民生领域的支出，确保法定支出和省定、市定实事的需要。从严控制一般性支出，努力降低会议、接待、购车、出国等行政开支。*深化财税体制改革*。扩大国库集中支付、政府采购、投资评审等改革，实现政府公共预算、政府性基金预算和社会保障预算的有机衔接。*加大金融支持力度*。全面落实金融促进经济发展的政策措施，每季度组织召开不同层面的银企洽谈会，鼓励金融机构加大信贷投放力度，对有市场、有竞争力、发展前景好的企业给予支持，引导企业与金融机构建立稳定的合作关系。继续引进域外金融机构入驻洛阳。加快中信重工、北玻等企业上市步伐，鼓励上市公司再融资。支持有实力的企业发行债券，扩大信托融资规模。完善中小企业信用担保体系，引导社会资本投资设立担保机构。加快市商业银行改革和农村合作银行组建步伐，扩大村镇银行和小额贷款公司试点。

（十）*加强和谐社会建设，让人民群众得到更多实惠*。*全力办好省定、市定实事*。今年市财政将安排20亿元，切实解决关系人民群众切身利益的民生问题。各级各部门要进一步明确责任，强化措施，真正把实事办实、好事办好。*认真做好就业再就业工作*。全面落实社保补贴、税费减免等就业再就业优惠政策，全年发放小额担保贷款2亿元，新增城镇就业10万人。新开发公益性岗位1000个，确保零就业家庭至少有一人就业。鼓励劳动密集型产业特别是中小企业和服务业积极吸纳就业，引导大中型企业不裁员或少裁员。搞好就业培训、信息服务，为大中专毕业生、复转军人、待岗失业人员、失地农民创造良好的就业环境。落实农民工回乡创业各项优惠政策，大力支持农民工自主创业。*完善城乡社会保障体系*。加大社会保险扩面征缴和基金清欠力度，扩大企业养老保险、城镇职工基本医疗保险、城镇居民基本医疗保险和新型农村合作医疗的覆盖面。积极争取农村养老保险试点，加快实施失地农民社会保障制度。完善城乡社会救助体系和优抚保障制度，实现动态管理下的应保尽保。加大保障性住房建设力度，开工经济适用房32万平方米、廉租房14万平方米。国有大企业困难职工住房改造开工30万平方米、竣工15万平方米。改造农村困难群众危房7950间。*加快发展社会事业*。巩固提高义务教育，发展高中阶段教育，提高农村中小学生人均公用经费标准。加快学校标准化建设，改造农村初中和市直薄弱学校15所。开工建设2所新区初中。大力发展职业教育，提高劳动者素质。完善教育资助体系，认真解决农村特困户、城市低收入群众和农民工子女上学问题。落实教师绩效工资制度，切实提高教师待遇。加大公共卫生经费投入，加强基层卫生网络建设，改造标准化村卫生室1000个。推进优势医疗机构倍增计划，完善医疗服务体系和疾病控制体系。稳定低生育水平，综合治理出生人口性别比偏高问题。广泛开展全民健身活动，办好市第十一届运动会。*全力维护社会安全稳定*。加大对煤矿、非煤矿山、交通运输、尾矿库、人员密集场所等重点领域安全隐患的排查、治理力度，坚决遏制重特大安全事故发生。深入开展食品药品安全专项整治，确保人民群众食品药品安全。认真落实信访工作责任制，搞好矛盾纠纷排查化解，有效防范和处置群体性事件，着力维护群众合法权益。深入开展平安洛阳创建活动，加强治安防控体系建设，增强群众的安全感。*加强精神文明建设*。深入开展文明城市创建活动，着力打造诚信洛阳、礼仪洛阳、魅力洛阳。落实优抚安置政策，搞好双拥共建，支持国防和军队建设。依法保护妇女儿童、残疾人和未成年人合法权益。同时，继续做好对口支援江油灾后重建工作。

（十一）*深入开展“两转两提”活动，加强政府自身建设*。牢固树立执政为民的理念，进一步提高行政效能和服务水平，努力建设人民满意政府。加快转变政府职能。深化行政管理体制改革，加快推进政企分开、政事分开、政府与中介组织分开。争取上半年完成市级政府机构改革，年底前完成县级政府机构改革。加快事业单位分类改革。完善应急管理体系，*提高应对危机和抗风险能力*。提高依法行政水平。严格执行人大及其常委会的决议和决定，自觉接受市人大及其常委会的法律监督、工作监督和政协的民主监督，认真办理人大代表议案、建议和政协委员提案。完善沟通协商机制，广泛听取人大代表、政协委员和民主党派、工商联、无党派人士的意见，充分发挥各人民团体的桥梁纽带作用。完善立法机制，提高立法质量。加强行政执法培训，进一步提高执法水平。加强政府信用建设，提高政府公信力。*不断提高行政效能*。加快行政审批制度改革，取消和调整一批审批项目，加强对已取消审批项目的监管。优化项目审批程序，提高集中审批办结率。认真落实请办事项限时办结、首席服务官等优化环境的长效机制，做到多服务、少检查，多指导、少罚款。落实《政府信息公开条例》，提高政府工作的透明度。深入开展学习实践科学发展观主题教育活动，不断提高各级公务员推动科学发展的能力。进一步转变作风，深入基层，调查研究，做到问政于民、问需于民、问计于民。建立绩效考核评价机制，加大行政问责力度。*着力打造廉洁政府*。完善惩治和预防腐败体系，加大行政监察、审计力度，行政权力运行到哪里，监察就跟踪到哪里。严肃查处损害企业、投资者和群众利益的违法乱纪行为，重点解决环境保护、安全生产、土地征用与房屋拆迁等方面群众反映强烈的问题。

寄语洛城风日道，今年春色倍还人。各位代表！建设一个更温馨、更和谐、更美丽、更富强的新洛阳，是650万洛阳人民的共同愿望，也是各级政府义不容辞的责任。历史激励着我们，时代召唤着我们，人民期待着我们。让我们牢记使命，团结奋进，共同开创洛阳更加美好的未来！

关于洛阳市2008年国民经济和社会发展计划执行情况与2009年计划(草案)的报告

——2009年3月6日在洛阳市第十三届人民代表大会第一次会议上

市发展和改革委员会主任　李胜平

各位代表：

我受市人民政府委托，向大会报告2008年国民经济和社会发展计划执行情况与2009年计划(草案)，请予审议，并请市政协委员和其他人士提出意见。

一、2008年国民经济和社会发展计划执行情况

2008年是极不平凡的一年。面对复杂多变的严峻经济形势，全市上下深入贯彻落实科学发展观，全面落实中央省市一系列决策部署，快速反应、超前谋划，积极应对国际国内多方面挑战和冲击，保持了经济平稳较快发展和社会大局稳定，较好地完成了市十二届人大五次会议确定的各项任务。据统计，全年生产总值1919.6亿元，增长14.4%，高于全国、全省增速；规模以上工业增加值783.3亿元，增长20.7%；第三产业579.5亿元，增长13.9%；财政一般预算收入116.6亿元，增长16.4%。粮食总产230.8万吨，创历史新高。全社会固定资产投资1105.5亿元，增长31.3%，其中城镇投资979.2亿元、工业投资591.4亿元，分别增长31.7%和29.3%。社会消费品零售总额577.1亿元，增长23.3%；进出口总额18.9亿元、增长38.4%，其中出口13.5亿美元、增长29.6%。万元生产总值能耗下降4.84%。实际利用市外境内资金230.6亿元，同比增长35.5%；利用外资8.97亿美元，同比增长41.3%。全市金融机构存贷款余额按可比口径分别比年初增加230.4亿元和98.2亿元。市场物价基本稳定。城镇居民人均可支配收入、农民人均纯收入分别实际增长8%和7%。

加强经济运行即期调节，促进经济平稳增长。面对急剧变化的国际国内形势，及时调整工作重点，加强经济即期调节。全年为企业退税、减税42亿元；先后组织4次银企洽谈会，落实资金227亿元；筹措资金5800万元，支持中小企业担保机构建设，企业资金瓶颈制约得到有效缓解。及时建立经济形势分析、项目建设和经济运行周例会、重点企业经济运行旬报等制度，搞好生产要素衔接，规模以上工业完成主营收入2699亿元，增长30.4%；实现利税232亿元、利润125亿元。

抢抓国家政策机遇，为持续发展奠定基础。中央新增千亿投资扩内需、保增长政策出台后，市委立即部署，全市上下积极行动，围绕国家政策支持的8大领域谋划千万元以上项目726个并快速筛选上报，市领导分别带队赴省进京，千方百计争取国家千亿元资金4.3亿元，全年累计争取省以上各类资金超过11亿元。

分类推进新农村建设，农村经济健康发展。累计发放各项补贴5.32亿元。优质小麦、玉米种植面积不断扩大；畜牧业产值增长1.2倍。中药材、花卉、水果、烟叶等特色产业稳定增长。新发展产业化龙头企业20家，产业化收入占农民总收入的48%。完成劳务输出141万人次、创收71亿元。新增有效灌溉面积、改造中低产田各6.1万亩，治理水土流失200平方公里。孟西灌区总干渠即将竣工，9座水库除险加固工程进展顺利。扶贫开发投资4720万元，安置万余人，搬迁扶贫和整村推进扶贫模式在全国推广。新农村建设加快推进。完成1000个村镇建设规划编制，新建乡级便民服务中心52个、农村社区服务中心205个。发展户用沼气10.3万座、沼气工程225座，基本实现沼气服务全覆盖。建成县乡公路387公里、通村公路585公里、通组通户道路5100公里。

突出项目建设和结构调整，产业结构进一步优化。项目建设特别是工业项目建设加快推进。实施千万元以上项目2131个，完成投资773亿元；其中工业1354个、完成投资539亿元。中硅2000吨多晶硅、阿特斯3000吨长晶一期、石化油品质量升级改造等一批项目竣工投产。中信重型热处理、LYC新洛轴工程、世纪新源万吨多晶硅、金堆城钼业电子玻璃等一批项目开工建设。华阳孟津电厂、洛阳石化45万吨PX等839个项目获国家、省、市核准、备案，总投资1626亿元。新奥薄膜太阳能电池、南车集团城市轨道交通装备等项目前期工作积极推进。超前谋划了河柴重工新能源气体发动机、天空能源锂电池、尚德公司1000兆瓦太阳能电池组件等260个重大项目，总投资超过5000亿元。产业结构进一步优化。五大优势产业、高技术产业占规模以上工业增加值的比重分别达到75.1%和2.99%。17家企业跻身省百强企业，同比增加3家。我市被评为2008中国制造业名城。自主创新能力不断增强。新增省级研发机构3家、市级17家。获国家科技进步奖8项，占全省的42%。中硅获批我省唯一一家国家级工程实验室。我市荣膺国家高技术新材料产业基地、全国科技进步先进市和国家知识产权示范市称号。

加快发展服务业，产业层次进一步提升。文化旅游业健康发展。成功举办第26届牡丹花会和河洛文化旅游节，精心组织国内旅游交易会洛阳分会场等大型活动。2009世界邮展各项筹备工作扎实推进。全年接待游客4567万人次，其中入境游30.8万人次，分别增长14.1%和17.5%；旅游总收入224亿元，增长15.3%。商贸服务业发展迅速。全年完成投资16.1亿元，新增营业面积30.7万平方米。“万村千乡”市场工程和“家电下乡”工程顺利推进。新区竣工各类商铺30万平方米，新增商户90家。现代服务业发展初见成效。信息计算机、科技应用等现代服务业快速发展，中储

物流、大一物流等企业规模不断壮大，中信等4家银行保险机构入驻洛阳，河南移动客户服务中心开工建设。

坚持深化改革开放，发展活力进一步增强。国企改革稳步推进。一拖与国机集团战略重组完成股权划转，中联整合洛阳水泥工作取得积极进展。洛轴集团等四户企业政策性破产工作有序进行。中小企业改制遗留问题得到逐步解决。开放型经济快速发展。全年签订亿元以上招商引资合同项目167个，总投资782亿元、增长38.6%。新批外商投资企业28家；实际利用外资和市外境内资金分别达到8.97亿美元和230.6亿元，同比增长41.3%和35.5%。进出口18.9亿元、增长38.4%，其中出口增长29.6%。机电、高新技术产品占出口总额的64.7%。非公有制经济发展迅速。非公有制经济占全市的比重达到45.5%。营业收入超亿元的125家，其中超5亿元25家、超10亿元6家。

加强基础设施建设，城镇化进程不断加快。新区开发完成投资100亿元。新开工道路8条12公里，关林路延长线等35项公共设施建成投用。滨河百栋高层累计开工135栋，新区污水处理厂、客运南站、凌波桥、瀛洲桥、新区博物馆、医院、高中等项目加快推进。洛北城区改造完成投资83亿元。七一路雨水泵站、涧河治理、芳华路改造等项目竣工投用，华山路、瀍河治理等项目进展顺利。城中村、城郊村改造稳步推进。交通基础设施建设完成投资27.4亿元。洛阳至南阳高速、宜阳洛河大桥、洛宁王协洛河大桥等建成通车，连霍高速洛阳段、洛阳机场改扩建工程已经开工。城乡一体化有序推进。偃师、栾川等城乡一体化试点进展顺利，县城改造和小城镇建设成效明显。

加快推进节能减排，生态建设取得新进展。节能减排成绩显著。争取国家节能项目资金5965万元。在全省率先建立工业投资项目节能评估和审查制度，完成项目环评审批502个、环评验收71个。县城污水处理厂和垃圾处理场全部投入运行。化学需氧量、二氧化硫排放量分别下降20.2%、16.1%。土地综合利用工作顺利推进。累计建成标准化厂房96万平方米，入驻企业267家。复垦土地2.1万公顷。生态建设扎实开展。积极创建国家森林城市，完成林业生态建设136.2万亩、环市区苗木花卉林果产业带5814亩。

高度关注民生，各项社会事业全面发展。省定、市定实事圆满完成。社会保障能力进一步提高。新增就业16.2万人、再就业6.8万人，分别是省定目标的1.7倍和1.8倍。企业养老保险覆盖面不断扩大。城镇居民医疗保险参保62万人。新型农村合作医疗参合率98.4%，享受补助2.2亿元。进一步提高城乡低保标准，救助城乡困难群众33.1万人。社会事业全面发展。基础教育质量稳步提高，“两基”工作顺利通过国家验收。改造城镇薄弱学校12所、农村初中19所，完成了12所标准化学校建设任务。建成社区卫生服务中心48个，社区卫生服务覆盖率95%。大遗址等文化遗产保护取得新进展。信访、安全生产、食品安全形势总体平稳，平安洛阳建设扎实推进，社会大局保持稳定。

同时，国际金融危机对国内经济发展的冲击和我市经济发展中存在的问题不容忽视。主要有：一是社会需求下降，固定资产投资增速趋缓；二是工业增速明显放缓，经济效益下滑；三是经济结构性问题依然突出，节能减排的形势依然严峻；四是农民工回流增加，农民增收难度加大，就业问题更加突出。

二、2009年经济社会发展的指导思想和主要目标任务

指导思想：**全面贯彻中央经济工作和省委八届九次会议精神，深入学习实践科学发展观，积极落实扩内需、保增长、调结构的宏观调控政策，以保持经济平稳较快发展为经济工作的首要任务，抢抓机遇，应对挑战，共克时艰，大力实施项目引资双带动战略，加快转变发展方式，继续深化改革开放，认真解决关系群众切身利益的热点难点问题，推动经济社会又好又快发展。**

主要预期目标：地区生产总值增长11%左右；地方财政一般预算收入增长9%左右；全社会固定资产投资增长20%左右；社会消费品零售总额增长15%左右；外贸出口增长10%；实际利用外资9.11亿美元；城镇居民人均可支配收入增长7%，农民人均纯收入增长6%；城镇新增就业人数10万人，登记失业率控制在4.5%以内；万元GDP能耗下降4.84%；居民消费价格涨幅控制在5%以内；人口自然增长率控制在6.5‰以内。

实现上述目标，要做好以下工作：

（一）加强经济运行调节调控，千方百计帮助企业度难关。一是加强运行监测与分析。坚持月度运行监测分析与重点企业旬报监测分析制度，重点抓好石化、一拖等重点企业和铝、钢铁、玻璃、电力等重点行业和受市场供求关系波动大的重点产品运行监控，做好分析、研判、预测和预警，及时防范和化解运行中的各种风险。二是优化企业发展环境。大力开展“企业服务年”活动，主动上门服务，定期召开协调会议，及时解决企业生产经营中遇到的各种困难和问题。大力开展涉企收费清理活动，坚决取消不合理收费，对部分收费适当减免或缓征，切实减轻企业负担。落实财税优惠政策。三是着力保障生产要素供给。增加省内煤炭重点合同量，及时协调解决电煤和供热用煤以及运输问题。积极运用直供电等手段帮助骨干企业降成本。加强成品油、天然气供需衔接。抓好运力协调，增加30户重点企业、优势产品铁路运输量。加强银企对接，建立大额收贷提前告知和统一协调机制，力保重点企业资金链条不断裂。支持骨干企业发行债券或上市融资。完善应急预案，加强应急管理。四是积极帮助企业开拓市场。鼓励企业采取灵活销售措施，努力提高产销率。帮助和引导市内企业在生产配套和建设施工中优先选用本市优质产品，提高域内产品在市内的市场份额。强化扭亏增盈激励机制。

（二）进一步扩大内需，强化经济增长主拉动作用。首先，要在优化结构的前提下扩大投资规模。（1）**大力实施投资促进计划**。努力争取中央省投资并积极筹措财政资金，努力扩大市县投资规模。全年实施900多个建设项目，带动全社会固定资产投资1300亿元以上，力争完成城镇投资超过1180亿元。（2）**加大项目资金争取力度**。实行目标责任制和发改、国土、环保、规划等部门项目协调联动机制，组织好项目筛选、论证、前期准备和申报工作，确保前期工作深度达到国家要求，力争使争取资金规模有新突破。（3）**加强项目建设管理**。坚持重大项目建设部门协调联席会议制度，加强对项目建设的规划、环评、用地、林地、节能、市场准入等前置条件的衔接协调，强化项目监管，确保早开工、早见效。特别要抓好中央新增投资项目建设进度，各相关部门和企业要抓

紧组织项目建设实施，对项目资金下达后，要迅速形成有效工作量，同时确保项目质量和资金安全。(4)**加快谋划储备和推进一批重大项目前期工作**。全年策划项目330项，前期项目146项。推进一批重大项目进入前期程序，加快前期工作进度，完善各项手续报批工作，争取早开工。确保重大项目有序接替。

其次，要着力扩大消费尤其是居民消费。(1)**增加居民收入，提高消费能力**。提高粮食最低收购价。较大幅度提高农资综合直补等补贴标准，建立化肥、柴油等农资价格与农资直补的联动机制，确保农民生产收益。认真落实国家对低收入群体等的补助补贴政策。综合运用税费减免、小额贷款、担保、贷款贴息等手段，降低创业门槛，以创业促就业，全年发放小额担保贷款2亿元，新增城镇就业10万人、再就业4万人。加大财政投入，购买公益服务岗位，动态消除"零就业家庭"。农民工培训资金专款专用，实施技能培训20万人次，完成劳务输出135万人次。(2)**培育消费热点，拓展消费空间**。发展和完善鼓励消费的税收和信贷政策，积极扩大农村消费信贷市场。实施好大型农产品批发市场升级改造和"万村千乡市场工程"，建设一批农村便民超市和配送中心。扩大"家电下乡"补贴品种范围。组织好适合农村市场需求的工业品下乡活动。落实房贷优惠、契税营业税减免等涉房各项优惠政策，大力发展和繁荣普通自住房市场和二手房市场。对资信好、有品牌的大型房地产开发企业给予政策性扶持。积极扩大旅游消费。引导和促进汽车合理消费。大力发展社区商业、物业、家政等服务性消费。加快发展体育健身和老年服务产业。

(三)调整优化农业结构，促进农村经济全面发展。大力发展现代农业。粮食总产稳定在200万吨左右，优质粮食达到520万亩。搞好万亩蔬菜基地建设。切实抓好生猪、奶牛和肉牛标准化养殖场建设，努力使肉蛋奶总量增长10%。烟叶种植力争达到30万亩，烟农收入5.3亿元。稳定中药材、优质水果和花卉种植面积，完成催化牡丹30万盆。培育标准省级产业化龙头企业20家、市级65家。新发展各类农民专业组织40家。加快农村基础设施建设。积极做好前坪水库、小浪底南岸大型灌区等重大项目前期工作，争取尽早开工。新开工15座小型水库除险加固等工程。发展节水灌溉3万亩，改造中低产田5万亩，治理水土流失200平方公里。解决饮水安全20万人。扎实推进新农村建设。继续推进"村村整治、千村达标、百村示范"工程，完成1000个行政村规划设计及200个示范村、600个重点整治村建设任务。硬化通组通户道路2000公里，新建乡级便民服务中心40个、农村社区服务中心200个，新发展户用沼气5万座、大中型沼气工程50座，发展服务点500个。完成扶贫搬迁2250户1万人。

(四)加快工业结构调整，推动产业转型升级。努力完成工业投资600亿元以上，实施千万元以上结构调整项目280个，完成投资370亿元。重点抓好洛石化260万吨柴油加氢、中信重工轧机产业化、LYC轨道交通轴承单元、725所300套风电叶片等140个新开工项目建设。加快LYC新洛轴工程、轴研所重型机械轴承、华阳孟津电厂260万千瓦机组等140个在建项目建设进度。确保中信重工锻造基地、中铝洛铜10万吨电子铜板带、中硅高科新2000吨多晶硅等189个项目如期竣工。抓紧抓好中信重工核电装备、河柴重工新能源气体发动机产业化等56个重大项目前期工作，特别是机车厂轨道交通装备制造和铁路施工机械项目要提前至今年实施，督促各企业和部门抓紧完善前期准备，争取尽早开工建设。抓住有利时机重点抓好一批电力和60万吨PTA等项目核准工作。加大谋划策划力度，做好项目储备。重点抓好一拖工程机械、新型农业机械，中信重工能源化工成套装备，轴研科技动车组电动单元、洛轴高速轴承和风电轴承、尚德公司1000兆瓦太阳能电池组件、阿特斯和上海超日太阳能电池扩能等项目的谋划和推进工作。大力发展高新技术产业、高成长性关联产业和特色产业。重点抓好鸣海铸业第五代新型高导电、超耐磨高速电力机车滑板材料及制品、凯迈公司活性炭电极超级电容器研发及产业化、双瑞公司一万吨特种耐蚀耐热合金材料、北玻公司安全玻璃等项目建设。切实增强科技创新能力。力争省属百户重点企业和50户高成长性企业全部建立省级以上企业技术中心；做好725所钛及钛合金国家工程实验室、有色院国家工程研究中心、中铝洛铜工程实验室等一批国家级、省级工程实验室和企业技术中心的申报工作。加快产业集聚区建设。搞好产业集聚区空间布局和功能定位，推动新上项目向产业集聚区集中。积极争取国家省资金加快公共服务体系和基础设施建设。建设多层标准化厂房40万平方米，提高节约集约用地水平。

(五)加快发展服务业，努力提升发展水平。加快发展旅游业。抓住2009世界邮展、第27届洛阳牡丹花会、2009年国际民间艺术节的契机，吸引更多游客来洛。重点抓好旅游精品景区建设和线路优化，加快玄奘故里、汝阳恐龙遗址园和西霞院旅游区开发、龙门景区提升改造等重点项目建设进度。加快发展与旅游业密切相关的文化产业。全年接待游客5024万人次，增长10%。加快发展现代生产性服务业。积极推进中国移动河南客户服务中心(洛阳)、洛阳公路口岸物流园区、中储洛阳分公司生产物流园区、洛龙科技园区软件园等一批重点项目建设，促进我市生产性服务业加快发展。加快发展生活性服务业。重点推进关林市场升级改造、洛阳都市雅居建材和万达建业广场等重大项目建设；推动洛阳名车苑、申泰新世纪和亚威卓越国际广场等重大市场项目开业。加快发展农村生产生活和科技服务体系等服务业。加快发展新区服务业。大力发展公交体系，增加线路、运营班次和时间；增设通信、邮政、广电、银行、医疗卫生服务中心等服务网点，方便居民生活；发展文化娱乐业，丰富居民精神生活。

(六)加强基础设施建设，加快推进城乡一体化进程。新区建设重点抓好瀛洲桥、凌波桥、郑西客运南站、洛宜铁路改线、新区医院、学校、新区污水处理厂等重大基础设施建设，以及沿河百栋高层、开元大道两侧组团开发等，完成投资80亿元。洛北城区改造重点抓好九都东路大修、东出口排水管网、瀍河治理、西苑桥改造、华山路、瀛洲北路等市政基础设施和房地产开发、城中村改造等，完成投资56亿元。全年商品房施工1200万平方米，竣工350万平方米；建成经济适用房26万平方米、廉租房8万平方米。国有大企业困难职工住房改造竣工15万平方米。加快推进城中村、城郊村和县城改造，扩大以奖代补范围。积极推进交通建设。全年完成投资80亿元。重点抓好连霍高速洛阳段加宽改造、偃师至洛宁、洛阳至吉利快速通道等一批项目建设和县乡公路、农村公路改造建设。加快郑西客运专线洛阳段建设和洛阳机场改造工程,确保按时竣工;重点做好洛宜铁路(国铁)改建、洛阳城市轻轨、洛阳至栾川高速等重大项目的前期工作。推动城乡协调发展。积极推进户籍、就业、社会保障等制度的配套改革,重点抓好试点县镇的城乡一体化工作,完善优惠政策,以集中规划安置为重点,促进农民向城镇集中,向二三产业集聚,向产业聚集区集中,加快农民市民化进程。

(七)扎实推进节能降耗工作,提高可持续发展能力。一是严格实行节能减排问责制和"一票否决制",加强量化考核,确保完成今年节能减排目标任务。二是以冶金、煤炭、电力、化工、建材等高耗能行业和85家重点耗能企业以及建筑、交通等领域为重点,严格执行新上项目节能评估、审查及环境准入制,从源头上杜绝高耗能、高污染项目建设;综合运用产业政策、环境容量、差别电价等措施,加快淘汰落后生产能力。三是抓好骏马化工能量系统优化改造、洛玻集团玻璃窑余热发电等9项重点工程。再申报10个以上重点节能工程,努力争取各项资金3000万元以上。四是启动煤炭、电力和有色金属等高消耗行业循环经济推进计划,加快推进循环型示范企业、循环型产业示范园区等循环经济示范工程。五是强力推进林业生态市建设。加强天保林、退耕还林、荒山通道绿化等工程建设,全市新增生态造林50万亩以上。抓好重点区域、城市出入口等生态绿化建设,完善城市生态防护林8000亩。搞好偃师、新安、汝阳生态示范工程建设。抓好农村点面源治理、搞好矿区生态修复工程建设,做好野生动植物、自然保护区和黄河湿地保护工作。

(八)深化改革开放,进一步增强发展的动力和活力。继续深化重点领域的改革。重点抓好重组后的中铝洛铜、洛玻集团、中集凌宇和永安特钢等重大项目建设。用好增资扩股资金加快一拖工业园建设。组织实施好白马集团重组方案。深化投资体制改革,加快推行代建制,减少投资审批项目,完善核准制和备案制度。全面实施增值税转型改革。深化行政管理体制改革,减少审批事项,提高行政效率。深化农村综合改革,推进土地流转制度改革,发展多种形式的适度规模经营;全面推进集体林权制度改革,鼓励依法规范流转;加快水管体制改革,确保今年一季度前完成。

坚持把招商引资作为经济发展的主战略。围绕培育壮大战略支撑产业、骨干优势企业、重大产业基地和产业集聚区,谋划和筛选一批重点项目进行招商。继续引进具有一定技术含量的劳动密集型产业;积极推动承接产业转移由零散向集群化转变。在重视工业、房地产项目招商的同时,加大文化、旅游、现代服务业等项目的招商力度。重点抓好台塑集团、正大集团、华润集团后续项目以及一批国内外知名大型企业或企业集团来洛投资洽谈工作,力争取得实质性进展。结合关林市场引进、发展一批有来洛投资意愿的劳动密集型企业。努力转变外贸增长方式。加快口岸基地建设。用足用好1000万元专项资金。力争使机电、高新和深加工产品出口占全市的比重超过70%。鼓励企业扩大关键设备、先进技术、关键零部件和紧缺资源原材料的进口。支持有条件的大型企业在境外投资建设原材料和研发基地。大力发展非公有制经济。落实优惠政策,优化信贷服务,鼓励和支持非公有制经济和中小企业发展。各县(市区)要加大对担保公司的投入,不断完善中小企业信用担保体系。争取非公有制经济增加值增长13%,非公有制经济占全市GDP的比重达到47%以上。

(九)加强价格监管调控,优化经济发展和消费环境。认真落实国务院和省政府取消、停收、降低的行政事业和经营服务性收费,严格控制新增收费项目。加快推进资源性产品价格和环保收费改革,特别是要做好成品油税费和价格形成机制改革的相关工作。推进水价改革,提高排污、污水和垃圾处理等环保收费标准,加大征收力度。加大价格调节基金征收力度,适时运用好对困难群众的补贴。加强价格监督检查,开展涉农价费政策落实情况、农资、电力、成品油、液化气价格和电信邮政资费等专项检查,查处价格违法行为。

(十)加强和改善民生,促进社会和谐稳定。认真抓好省定和市定实事的落实,努力解决群众最关心、最直接、最迫切的问题。优先发展教育。进一步加强城乡中小学建设,提高城乡义务教育质量。加快新区4所初、高中建设。整合职业教育资源,筹建洛阳职业技术高等学校,提升职业教育的综合实力。建设好市县特殊教育学校。加强医疗卫生文化事业发展。进一步加强农村医疗卫生服务体系的建设,重点做好县级医疗机构、中心乡卫生院和村卫生室的建设,完成一批社区卫生服务中心标准化建设。启动"全市优质医疗机构倍增计划",推动河科大二附院病房楼、第一中医院门诊楼尽早开工建设。进一步提高城镇医疗和农村新农合参保率,逐步提高保障标准。全面推进广播电视村村通、乡镇综合文化站和农民体育健身工程等惠民工程,进一步完善农村公共文化服务体系。完善社会保障体系。进一步完善社会保障制度,全面实行省级统筹;建立完善城乡居民养老保险,完善农民工养老保险办法,将失地农民纳入就业和社会保障体系。提高新型农村合作医疗、城镇居民基本医疗保险参保率,将在校大学生全部纳入城镇居民医保范围,努力实现医保全覆盖。

全面启动"十二五"规划编制工作。落实安全生产责任制、健全重大危险源和重大事故隐患排查机制,杜绝重特大事故。健全应急管理机制,维护社会大局稳定。完善社会治安防控体系,严厉打击严重刑事犯罪活动,努力建设平安洛阳。

各位代表,2009年全市国民经济和社会发展任务相当繁重。我们坚信,在市委的正确领导下,在市人大、政协的监督、支持下,经过全市人民的共同努力,一定能够克服各种困难,完成2009年国民经济和社会发展计划的各项目标任务。

关于洛阳市2008年财政预算执行情况和2009年财政预算(草案)的报告

——2009年3月6日在洛阳市第十三届人民代表大会第一次会议上

市财政局局长　谢留峰

各位代表:

我受市人民政府委托,向大会作洛阳市2008年财政预算执行情况和2009年财政预算草案的报告,请予审议,并请各位政协委员和其他列席人士提出意见。

一、2008年全市和市本级预算执行情况

2008年,全市各级紧紧围绕市委重大战略部署,深入贯彻科学发展观,积极应对各种困难和挑战,创造性开展工作,全市国民经济保持健康发展,财政收支同步增长,财政保障能力进一步增强,预算执行情况较好。

(一)全市一般预算收支完成情况

全市一般预算收入完成1165655万元,为预算的103.5%,比上年增长16.4%,增收163910万元。在组织收入过程中,坚持实事求是,严格依法征税,落实税费优惠政策,规范非税收入管理,努力实现财政经济协调增长。

分级完成情况:市级一般预算收入完成299057万元,为预算的104.3%,增长10.6%,增收28757万元,占全市一般预算收入的25.7%。县(市)级完成630026万元,为预算的103%,增长17.5%,占全市一般预算收入的54%。区级完成236572万元,为预算的103.9%,增长21.2%,占全市一般预算收入的20.3%。

分项完成情况:全市地方税收收入完成874171万元,增长18.4%,增收135570万元。其中:增值税170073万元,增长4.1%;营业税203286万元,增长14.9%;企业所得税178147万元,增长26.8%。税收占一般预算收入比重75%,比上年提高1.3个百分点。

全市非税收入完成291484万元,增长10.8%,增收28340万元。

全市在完成一般预算收入116.6亿元的基础上,积极争取上级支持,省对我市各项补助72.2亿元,比上年增加10.1亿元,加上预算外调入资金0.8亿元、上年结转结余5.7亿元;减去上解省支出16.9亿元,全市收入总计178.4亿元。其中:市级50亿元。

全市一般预算支出完成1704086万元,为调整预算1773869万元的96.1%,增长19%,增支271850万元。预算执行中,积极争取上级补助,加快支出进度,确保重点支出,财政支出进一步向民生倾斜。

分级完成情况:市级一般预算支出完成453166万元,为调整预算的90.6%,增长15.6%;占全市一般预算支出的26.6%。县(市)级一般预算支出完成994545万元,增长19.8%,占全市一般预算支出的58.4%。区级一般预算支出完成256375万元,增长22.2%,占全市一般预算支出的15%。

全市主要支出完成情况:教育支出完成324130万元,增长19.1%;科技支出完成30751万元,增长29.3%;农林水支出完成160529万元,增长46.8%;社会保障与就业支出完成142634万元,增长23.4%;环境保护支出完成60222万元,增长24.6%;一般公共服务支出完成269003万元,增长15.6%;公共安全支出完成115559万元,增长18.5%。

(二)基金预算收支完成情况。

全市基金预算收入279359万元,增长11.1%;基金预算支出317697万元,增长2.1%。市级基金预算收入223555万元,下降0.5%;基金预算支出227775万元,下降9%。

总的来看,2008年,全市财政收入实现平稳增长,财政支出结构进一步优化,政府预算运行比较理想,全市可以实现收支平衡。待收支决算汇总后,再向市人大常委会报告。

回顾过去的一年,全市财政部门坚持以科学发展观为指导,努力克服经济运行中的各项不利因素,坚持增收节支,坚持深化改革,不断提高财政保障能力和可持续发展能力,财政工作取得了一些新的进展。

1. 适时应对,主动出击,千方百计支持经济发展。一年来,面对国际金融危机带来的严峻挑战,我们积极发挥财政职能,适时提出政策建议,全力服务全市经济平稳增长。筹措产业发展资金1.2亿元,专项用于节能减排、工业结构调整、高新技术产业化、出口创汇、项目引导创新、非公有制经济及服务业发展。不折不扣执行税收政策、财会政策,对企业政策性减免税、退税、返还42亿元。落实促进房地产业税收政策,下调契税税率,暂免征收个人购销住房印花税、免征销房土地增值税。坚决执行省政府常务会议确定的取消(停止征收)100项行政事业性收费、降低56项行政事业收费标准,切实减轻企业负担。稳健财政政策转为积极财政政策后,我们迅速跟进,积极配合支持有关部门筛选申报项目,争取中央支持2.47亿元,促进经济平稳发展。

2. 审时度势,周密服务,确保财政收入稳定增长。坚持内聚外争,紧紧围绕组织收入做文章。加强经济运行情况的科学分析,努力拓宽信息来源渠道,及时关注经济、财政热点问题,多层次、多角度对预算执行进行广度和深度分析,准确把握收入发展变化的趋势。面对严峻经济形势,坚持实事求是,适时调整目标任务,严格依法组织收入,坚决反对虚收空转,在十分困难的情况下努力保持了财政收入的平稳增长。

3. 调整支出,倾斜民生,服务社会和谐。坚持把保障和改善民生作为财政保障重点,市级投入资金5.8亿元,确保省定十大实事和市定二十件实事资金足额配套。落实粮食

直补、综合直补、良种补贴、家电补贴等惠农补贴3.51亿元。筹集“两免一补”资金3.57亿元,农村中小学校舍维修改造和充实教学仪器设备资金4823万元。新型农村合作医疗在上年实现全面覆盖的基础上,参保率再创新高,达到96.35%。投入资金1200多万元,建成社区卫生服务中心48个,卫生服务站92个,覆盖率超过95%。筹集再就业资金8464万元。发放各项社会保障资金35.2亿元,保障了13万城市低保人员和19.6万农村低保人员的基本生活不受物价上涨影响,20万余名离退休职工养老金的按时足额发放,74.6万城镇职工得到了医疗保障,2.03万余名失业人员及时领取失业救济金。

4. **适应形势,迎接挑战,提升财政应急能力。**汶川地震发生后,立即启动应急预案,迅速行动,特事特办,为建设活动板房、慰问抗震救灾前线部队等筹措资金5828万元,以实际行动支持抗震救灾工作。全力落实婴幼儿奶粉事件免费救治政策,筹集专项补助资金922万元。应对成品油价格调整,向渔业、林业、城市公交、农村客运、城市出租车发放成品油价格补贴资金1.03亿元。同时,顺应宏观调控,创新融资手段,多渠道筹集资金40多亿元,支持新区开发和城市建设。

5. **做细管严,规范管理,深化财政管理制度改革。**完善市与县(市、区)财政体制,执行完整的分税制财政管理体制。深化票款分离改革,规范执收执罚行为。完善国库收付体系,建立城域支付网络,111个试点单位试行网上支付。继续强化财政投资评审职能,市直审查工程项目525个,审减金额6.69亿元,平均审减率达25%。进一步扩大政府采购范围和规模,节约资金2.38亿元,节支率12.9%。

6. **完善制度,狠抓落实,提升财政部门执行力。**采取铁的手腕推行和完善AB角顶岗制、首问责任制和效能责任追究制度,进一步加强机关效能建设。建立抓落实的长效机制,对布置的每一件工作都分解细化,交办的每一个事项都跟踪问效,保证了上级各项工作部署和事关群众利益的事情得到有效落实。创新形式,搭建平台,通过制度约束、教育引导等方式加快了以提高执行力为目的的文化建设,高扬主流文化和核心价值,不断提升财政部门整体执行力。

总而言之,在各级、各部门的共同努力下,全市财政改革与发展取得一定的进步。这是市委的正确领导,市人大、市政协的监督指导,各县(市、区)党委、政府、人大、政协的大力支持,市直各部门共同努力,全市人民艰苦奋斗的结果。

在肯定成绩的同时,我们也清醒地看到财政工作中还存在一些迫切需要解决的问题。受经济增长下滑影响,财政收入增长明显放慢;财政保障能力与经济社会发展之间的矛盾进一步加剧,支出压力进一步加大;财政对经济的调控作用需要进一步增强;全市人均财政收支水平仍比较低,收入结构有待进一步优化;县域经济发展不平衡问题还比较突出;预算编制还不够科学、精细;财政专项资金使用分散,绩效有待提高等等。这些问题有的是多年积累下来的,有的是发展过程中新出现的,对此,我们务必保持清醒头脑,防止盲目乐观,采取有效措施,认真加以解决。

二、2009年财政预算安排情况

2009年可能是新世纪以来经济发展最为困难的一年。经济下行与政策性减收交织叠加,将使财政收入增幅下降。增加政府投资规模,保障和改善民生,加强“三农”、教育、社会保障、医疗卫生、科技、节能减排等经济社会发展重点领域,缓解部分行业和企业经营困难,支持对口援建,规范收入分配秩序等,都需要财政加大投入力度,财政支出基数大、刚性强,也增加了财政支出压力。预计全市财政收入增幅将明显下降,持续多年的高增长局面将发生改变,支出压力会进一步加大,收支紧张矛盾将非常突出。与此同时,也要看到,我市经济发展的基本态势没有因为金融危机而逆转,重要战略机遇期仍然存在。国家实施积极的财政政策和适度宽松的货币政策,立足扩大内需保持经济平稳较快增长,加大对中西部地区和“三农”工作的倾斜,为我们进一步做大做优财政“蛋糕”、加快推进财政事业科学发展创造了条件。面对前所未有的挑战和机遇,我们既要立足于应对挑战,把困难估计得更充分一些,把措施准备得更周密一些,更要抢抓发展机遇,坚定信心,积极稳妥地安排收支预算。

根据全市经济社会发展目标,财政工作和预算安排的指导思想是:深入贯彻落实党的十七大、十七届三中全会精神,全面贯彻科学发展观,按照“防冷消滞、保暖促长”的要求,认真落实积极财政政策,保增长,促调整;保投资,促内需;保收入,促保障;保民生支出,促进社会和谐。坚持增收节支、统筹兼顾、留有余地的方针,加强财政科学管理,提高财政资金绩效,为保持经济平稳较快发展、保持经济社会跨越式发展良好态势、实现我市全面走在中原崛起前列的宏伟目标提供坚强保障。

2009年,财政预算安排的基本原则和重点是:

——坚持实事求是、积极稳妥的原则,科学合理安排财政收支计划。

——坚持民生为主、力促和谐的原则,足额安排人员工资福利性支出、省“十大实事”和市“十大实事60项具体工作”等各项民生支出。足额安排地震灾区恢复重建对口援建资金。保中央投资项目配套,保运转支出需要。

——坚持优化结构、统筹兼顾的原则,确保教育、科技、农业支出按法定要求增长。增加就业、社会保障、医疗卫生、文化发展和计划生育支出。加大节能减排、环境治理投入。加大公共安全投入。

——坚持艰苦奋斗、勤俭办事的原则,严格控制一般性支出,勤俭办一切事业。

——坚持量力而行、尽力而为的原则,集中财力,科学配置,统筹安排一般预算财力、各项政府非税收入、一般转移支付等各类财政资金,集中财力办大事。

按照上述原则,我们编制了2009年全市财政预算草案:

2009年全市地方财政一般预算收入预期目标为127亿元,增长9%,预计全市财政总财力为143亿元,全部安排支出。

2009年,市级财政一般预算收入按增长6%编列,一般预算收入预期目标31.7亿元,财政总财力预计为39.8亿元(不含预算执行中上级追加),比2008年新增可支配财力1.4亿元。

主要收入项目安排情况:增值税34400万元,增长14.5%;营业税98890万元,增长17.2%;企业所得税33150万元,增长17.7%;个人所得税17100万元,增长13.2%;城市维护建设税19000万元,增长13.2%。

2009年基本支出安排14.2亿元,其中:工资福利支出9.7亿元;对个人和家庭的补助支出3.4亿元;商品和服务支出1.1亿元。主要支出项目安排情况是:农林水支出20133万元,增加2183万元,增长12.2%。科技支出4304万元,增加455万元,增长11.8%;教育支出62675万元,增加5932万元,增长10.5%;社会保障和就业支出17857万元,增加4958万元,增长38.4%。

按照《预算法》规定安排总预备费1.2亿元。

根据经济社会发展需要和市委、市政府关于有效整合各项资金的要求,安排产业发展专项资金1.2亿元。其中:将节能减排、环境治理、落实市政府支持出口创汇、轴承产业、三车零部件、上市后备企业、劳动密集型企业等各项优惠政策、民营经济发展专项资金、工业结构调整及高新技术产业化资金统一整合为产业发展专项资金,统筹安排,捆绑使用。

根据国家燃油税改革政策,今年不再编列养路费和公路客运附加收支预算,待该项上级转移支付下达后,再调整有关预算支出。

三、突出重点,狠抓落实,努力完成全年财政工作任务

2009年,财政工作的首要任务是落实好积极的财政政策,紧紧围绕全市经济社会发展大局,抢抓机遇,克服困难,立足当前,着眼长远,创造性地开展工作。

(一)保增长、促调整

坚持好字当头、好中求快,把"扩内需、保增长"与"调结构、促转型"结合起来。全力支持企业健康发展,建立和完善包括企业改制、破产、重组,自主创新、节能减排等在内的各项财政支持企业改革发展的政策体系。继续安排产业发展资金1.2亿元,创新支持手段,支持企业改革、产业升级,提升全市经济整体素质和核心竞争力。支持以企业为主体、市场为导向、产学研相结合的技术创新体系建设,支持基础研究、前沿技术研究、社会公益性技术研究,加大对重大研发项目的投入力度。加快企业改革改制进程,妥善安排困难职工,对特困企业进行救助等。继续安排2000万元环保专项资金,追求实效。落实鼓励能源、资源节约和环境保护的财税政策,扶持循环经济发展,推进资源节约型和环境友好型社会建设。同时,支持建立完善中小企业信用担保体系。安排3000万元,以入股或委托经营等方式,支持中小企业担保体系建设。安排专项经费500万元,采取"以奖代补"的方式,支持县(市、区)向上争取中小企业信用担保资金。

(二)保投资、促内需

认真落实积极财政政策和宽松的货币政策,用好国家扩大政府投资政策,扩大政府公共投资。抓住国家增加国债和基本建设投入的机遇,积极争取中央投资。支持配合有关部门抓紧筛选一批既符合中央投资方向又能有效带动社会投资、引导相关产业发展和改善民生的重大项目。安排项目前期经费2000万元,支持项目设计论证。按规定足额落实配套资金,确保项目顺利实施。加大市级投资力度。千方百计筹措资金30亿元,支持瀛洲大桥、凌波大桥、孙辛路、牡丹大道、洛浦公园西延长线、引黄入洛工程等一批基础设施建设,拉动经济增长。加大家电下乡、农机购置的补贴力度,除洗衣机外,再将电脑、摩托车等产品纳入家电下乡补贴范围,开拓农村消费市场。支持实施"万村千乡市场工程",促进农村现代流通体系建设。增加粮食直补、农资综合补贴、良种补贴等惠农补贴和社会保障对象财政补助,提高城乡居民特别是低收入群体收入。实施积极的就业政策,努力扩大就业和创业。进一步优化财政支出结构,优先保障和改善民生,重点加大对保障性安居工程、教育、医疗卫生、社会保障等民生领域的支出,改善消费预期。同时,全面实施消费型增值税,落实好促进就业、中小企业发展、住房交易相关税收优惠和出口退税等政策,促进企业增加投资,扩大居民消费。全面实施燃油税费改革。取消养路费等六项收费和政府还贷二级公路收费。巩固清理规范行政事业性收费政策成果,继续清理、整合和规范现行收费,进一步优化经济发展环境。

(三)保收入,促保障

今年刚性减收增支矛盾突出,我们必须积极采取措施,增收节支,确保重点支出,努力把紧日子过好。严格依法组织收入。继续支持税务部门依法加强税收征管,推进财税库银电子缴库横向联网,完善征管手段,堵塞征管漏洞,做到应收尽收。坚决制止和纠正越权减免税收,严厉打击偷逃税行为。健全非税收入票据和银行账户管理制度,确保政府非税收入按规定缴入国库或财政专户,防止应收不收、应罚不罚和乱收乱罚。正确处理组织收入与促进经济发展关系,把促进企业健康发展、正常运行放在突出位置,充分考虑企业承受能力,严格按规定落实税费优惠政策,严禁征过头税和优惠政策棚架,坚决反对盲目追求收入增长的"竭泽而渔"行为。

同时,集中财力办大事、办实事,切实解决财政资金投入"散"和"碎"的问题。规范预算追加审批程序,强化预算约束和支出管理。牢固树立过紧日子的思想,压缩不必要的开支,坚决反对铺张浪费。加大对"人、车、会、话、招待"等重点控制支出管理的力度,坚决对出国人员经费实行"零增长"政策。研究完善均衡支出的制度办法,加快支出进度,促进财政资金的高效配置和利用。

(四)保民生支出,促进社会和谐

坚持以人为本,优化支出结构,以落实好省"十大实事"和市"十大实事60项具体工作"为重点,着力解决涉及群众切身利益的问题,加快推进社会事业发展。**推动教育优先发展**。进一步提高中小学校公用经费标准。继续对农村义务教育阶段学生实施"两免一补"和免除城市义务教育阶段学生学杂费。支持解决城乡中小学校舍安全问题。投资1.5亿元,开工建设新区初中2所,加快新区高中建设。**加快发展医疗卫生事业**。扩大城镇职工基本医疗保险和城镇居民基本医疗保险覆盖面。加大城乡医疗救助支持力度,并与新型农村合作医疗、城镇居民基本医疗保险制度有机衔接。加强基层医疗卫生服务体系制度建设。积极筹措资金支持新区医院建设。采取贴息方式,支持中心医院、河科大二附院等二级以上医院加快建设,落实倍增计划。**积极促进就业和创业**。认真落实扩大就业和全民创业财政政策。继续对职业介绍、职业培训、公益性岗位开发和农民工技能培训等给予补贴。加大就业援助,重点做好就业困难人群、零就业家庭就业的帮扶工作。**完善社会保障制度**。继续提高企业退休人员基本养老金水平,人均月增加100元以上。落实提高城乡低保补助水平、提高优抚对象和建国前老党员抚恤和生活补助标准等政策。**支持实施保障性安居工程**。加大保障性住房特别是廉租住房的投资建设力度,安排5500万元,加

快廉租房建设步伐，力争新开工廉租住房 14 万平方米，竣工 8 万平方米。继续落实廉租住房建设税费优惠政策，解决城市低收入住房困难家庭的住房问题。落实促进房地产业健康发展税费优惠政策。

（五）坚持改革创新，促依法理财、科学理财、民主理财

进一步加大改革创新力度，完善公共财政体系，把日常财政行为纳入制度化、规范化和法治化的轨道。深化部门预算编制改革，细化预算编制项目，增加预算编制的提前量，努力实现预算编制过程的规范、透明，提高预算编制水平。改进国库集中收付制度，全面实现网上支付。加强对预算支出执行进度的检查考核，确保重点支出尽早发挥效益。完善政府采购制度，注意从单纯强调节约资金的目标向节约资金和保障民生的双重目标迈进。进一步加强投资评审、绩效评价等改革与财政改革的统筹协调与衔接配合。

（六）坚持健全机制，促环境优化、执行力提升

建立健全责任机制和督导机制，提高执行效率、执行意识。对市委、市政府的决策部署，上级财政部门的政策法规，需要财政部门落实的事项，均设立明确的目标和速度，进行量化分解，从局长到普通工作人员实行责任"无缝覆盖"。对每一项日常工作提出质量标准，尤其是对办理程序、办理态度、办理时限、办理效果等做出明确规定，让每一项工作有标准可依，有规矩可循，尽可能减少工作的随意性和盲目性。做到可衡量，可检查，不模棱两可，用责任的压力促进执行力的提高。建立完善的备忘、督导、跟踪、反馈制度，量化办事件数，制定办事办文的质量标准，比效率、比质量、比市委、市政府满意率，比人民群众的满意率，促进整体执行力提高。落实"一岗双责"，抓好廉政建设，确保财政资金安全，确保干部队伍安全。

各位代表，今年财政工作任务繁重而又光荣。我们有决心和信心在十七大和十七届三中全会精神的指引下，在市委的正确领导下，在市人大、市政协的监督指导下，按照科学发展观的要求，坚持为民、务实、清廉，脚踏实地，锐意进取，全面完成各项财政工作任务，为洛阳经济又好又快发展做出新的更大的贡献。

统计资料

STATISTICS

一、综　合

GENERAL　SURVEY

资料整理：郭俊良　张　艳　李兵兵

主要统计指标解释

1. **国民经济行业分类** 按经济活动性质的同一性进行的分类，即主要按企业、事业单位、机关团体和个体从业人员所从事的生产经营活动或其他社会经济活动性质进行的分类。目前我国执行的国民经济行业分类标准为于2002年8月修改结束的GB/T4754－2002，共分20个门类，95个大类，369个中类，913个小类。

2. **总产出** 是指一定时期内生产的所有货物和服务的价值。它是货物和服务的全部价值，包括转移价值和新增价值两部分。一般按生产者价格计算。

3. **生产总值** 是指一个国家（地区）领土范围内，本国居民和外国居民在一定时期内所生产和提供最终使用的产品和劳务的价值。其计算范围包括三次产业，我国三次产业的划分如下：

第一产业 包括农业、林业、牧业、渔业、和农林牧渔服务业。

第二产业 工业（包括采矿业、制造业、以及电力、燃气及水的生产和供应业）和建筑业（包括建筑安装企业和自营建设单位，以及为建筑安装工程服务的地质勘探和勘探设计等）。

第三产业 除上述一、二产业以外的其他各业。

生产总值从生产角度来说，它是国民经济各部门的增加值之和；从分配角度来说，是国民经济各部门增加值的构成项目，即劳动者报酬、生产税净额、固定资产折旧、营业盈余之和；从最终使用角度来说，它包括最终消费、资本形成总额和产品、劳务的净出口等。

4. **最终消费** 指常住单位在一定时期内对货物和服务的全部最终消费。最终消费分为居民消费和政府消费。

居民消费 是指常住居民在核算期内对于货物和服务的全部最终消费。包括农村居民消费和城镇居民消费。具体又可分为商品性消费、自给性消费、文化生活服务性消费、住房水电消费等。

政府消费 指政府部门的总产出扣除销售收入后的价值。即指社会公共服务部门将其生产活动总成果提供给政府，由政府部门购买并提供给全社会享用的消费品和劳务。

5. **资本形成总额** 是指常住单位在核算期内对固定资产和库存的投资支出合计，分为固定资产形成总额和库存增加两项。

6. **现行价格** 是指计算产值时采用的报告期内的产品实际销售价格。

7. **不变价格** 是指在计算不同时期的总产值时，采用同一时期或同一时点的产品出厂价格。又称“固定价格”。

1－1 土地面积

单位:平方公里

	土地总面积	平地面积	山地面积	丘陵面积
总 计	**15208.6**	**2093.2**	**6920.7**	**6194.7**
市 区	544.0	363.4	23.7	156.9
老城区	4.7	4.7		
西工区	15.8	15.8		
瀍河区	6.1	6.1		
涧西区	22.1	22.1		
吉利区	80.0	61.0		19.0
郊 区	415.3	253.7	23.7	137.9
偃师市	943.0	296.0	157.5	489.5
孟津县	667.0	163.4	174.8	328.8
新安县	1160.3	104.4	222.8	833.1
栾川县	2365.0	201.0	1664.0	500.0
嵩 县	2866.0	163.0	1883.0	820.0
汝阳县	1360.0	118.0	775.0	467.0
宜阳县	1666.3	240.0	419.9	1006.4
洛宁县	2394.0	168.0	1433.0	793.0
伊川县	1243.0	276.0	167.0	800.0

注:本表为老区划数。

1－2 行政区划

(2008年)

单位:个

	县市区级	乡镇办事处级				村居委会级		
			乡	镇	办事处		村委会	居委会
总 计	**15**	**180**	**81**	**62**	**37**	**3157**	**2980**	**177**
市 区	6	51	8	6	37	420	262	158
老城区	1	8		1	7	45	23	22
西工区	1	10	2		8	64	26	38
瀍河区	1	8	1		7	25	11	14
涧西区	1	13	2		11	86	31	55
吉利区	1	2	1		1	37	29	8
洛龙区	1	10	2	5	3	163	142	21
偃师市	1	16	3	13		332	332	
孟津县	1	10	1	9		227	227	
新安县	1	11	6	5		304	296	8
栾川县	1	14	7	7		213	209	4
嵩 县	1	16	10	6		318	318	
汝阳县	1	13	9	4		217	216	1
宜阳县	1	17	11	6		369	363	6
洛宁县	1	18	15	3		388	388	
伊川县	1	14	10	4		369	369	

1－3 分县(市、区)乡、镇、办事处一览表

(2008 年)

县(市、区)	乡、镇、办事处
老城区	西关办事处、西南隅办事处、西北隅办事处、东南隅办事处、东北隅办事处、南关办事处、洛浦办事处、邙山镇
西工区	王城路办事处、金谷园办事处、西工办事处、邙岭路办事处、道北路办事处、唐宫路办事处、凯旋东路办事处、汉屯路办事处、红山乡、洛北乡
瀍河回族区	东关办事处、瀍西办事处、五股路办事处、北窑办事处、塔湾办事处、杨文办事处、华林办事处、瀍河回族乡
涧西区	长春路办事处、天津路办事处、湖北路办事处、南昌路办事处、长安路办事处、周山路办事处、重庆路办事处、郑州路办事处、武汉路办事处、徐家营办事处、珠江路办事处、工农乡、孙旗屯乡
吉利区	大庆路办事处、吉利乡
洛龙区	龙门镇、关林镇、白马寺镇、安乐镇、辛店镇、李楼乡、古城乡、安乐办事处、开元路办事处、龙门石窟办事处
偃师市	城关镇、首阳山镇、顾县镇、高龙镇、寇店镇、庞村镇、府店镇、岳滩镇、缑氏镇、翟镇镇、李村镇、诸葛镇、佃庄镇、山化乡、邙岭乡、大口乡
孟津县	城关镇、平乐镇、会盟镇、白鹤镇、麻屯镇、朝阳镇、横水镇、马屯镇、送庄镇、常袋乡
新安县	城关镇、铁门镇、石寺镇、磁涧镇、五头镇、石井乡、仓头乡、北冶乡、曹村乡、正村乡、南李村乡
栾川县	城关镇、潭头镇、三川镇、冷水镇、陶湾镇、合峪镇、赤土店镇、庙子乡、栾川乡、狮子庙乡、白土乡、秋扒乡、叫河乡、石庙乡
嵩　县	城关镇、田湖镇、车村镇、旧县镇、闫庄镇、德亭乡、大坪乡、何村乡、库区乡、九店乡、黄庄乡、木植街乡、白河乡、纸房乡、大章乡、饭坡乡
汝阳县	城关镇、上店镇、小店镇、付店镇、柏树乡、十八盘乡、靳村乡、王坪乡、三屯乡、刘店乡、陶营乡、内埠乡、蔡店乡
宜阳县	城关镇、丰李镇、柳泉镇、白杨镇、韩城镇、寻村镇、城关乡、盐镇乡、莲庄乡、赵堡乡、董王庄乡、樊村乡、高村乡、三乡乡、张坞乡、穆册乡、上观乡
洛宁县	城关镇、王范回族镇、上戈镇、河底乡、东宋乡、城郊乡、马店乡、小界乡、长水乡、兴华乡、罗岭乡、下峪乡、故县乡、西山底乡、涧口乡、底张乡、赵村乡、陈吴乡
伊川县	城关镇、水寨镇、彭婆镇、鸣皋镇、江左乡、鸦岭乡、高山乡、平等乡、葛寨乡、酒后乡、白元乡、白沙乡、半坡乡、吕店乡

1－4　历届洛阳市人民代表大会的代表人数及构成

单位:人

届　次	年　份	代表总数	妇女代表	占总数%	少数民族	占总数%
第一届	1954 年	213	41	19.3		
第二届	1957 年	237	50	21.1		
第三届	1958 年	250	40	16.0		
第四届	1962 年	470	103	21.9		
第五届	1963 年	470	108	23.0		
第六届	1968 年					
第七届	1980 年	552	113	20.5		
第八届	1984 年	530	138	26.0	25	4.7
第九届	1989 年	497	114	22.9	32	6.8
第十届	1994 年	492	121	24.6	30	6.1
第十一届	1999 年	469	114	24.3	27	6.4
第十二届	2004 年	480	91	19.0	29	6.0
第十三届	2009 年	498	89	18.0	29	6.0

注:洛阳市第六届人民代表大会应于 1966 年召开,由于“文化大革命”干扰,人民代表大会停止活动。1968 年 1 月 29 日,洛阳市革委会成立,1980 年 8 月,经请示省人大常委会并经中共洛阳市委同意,将此事件列为洛阳市第六届人民代表大会。

1－5　历届洛阳市政治协商会议的委员人数及构成

单位:人

届　次	年　份	委员总数	中共党员	占总数%	妇女代表	占总数%
第一届	1955 年	75	25	33.3	8	10.7
第二届	1959 年	153	51	33.3	15	9.8
第三届	1962 年	250	71	28.4	32	12.8
第四届	1965 年	265	73	27.0	34	12.8
第五届	1980 年	289	105	36.3	39	13.5
第六届	1984 年	338	133	39.4	48	14.2
第七届	1989 年	390	155	39.7	68	17.4
第八届	1994 年	382	132	34.6	63	16.7
第九届	1999 年	396	151	38.1	85	21.5
第十届	2004 年	390	154	39.5	84	21.5
第十一届	2009 年	390	157	40.3	82	21.0

1－6 国民经济和社会事业主要指标

	单 位	2001 年	2002 年	2003 年	2004 年	2005 年	2006 年	2007 年	2008 年
综 合									
年末总人口	万人	628.4	632.1	636.2	638.4	641.7	646.0	650.5	654.4
# 市区人口	万人	143.1	144.7	145.7	146.6	147.4	151.0	152.8	155.1
# 农业人口	万人	472.6	472.4	465.1	464.3	466.1	464.5	465.6	466.4
非农业人口	万人	155.8	159.7	171.1	174.1	175.6	181.5	184.9	188.0
# 市区非农业人口	万人	104.2	106.0	106.2	106.5	106.5	110.0	111.1	113.7
# 城镇人口	万人	191.0	200.4	214.4	226.8	243.9	252.1	260.9	273.3
城镇化率	%	30.4	31.7	33.7	35.6	38.0	39.6	41.1	42.6
人口自然增长率	‰	7.41	5.17	5.43	4.55	5.16	5.23	5.44	5.08
人口密度	人/平方公里	413	416	418	420	422	425	428	430
生产总值	亿元	465.2	535.0	686.3	905.2	1112.4	1333.7	1595.3	1919.6
第一产业	亿元	40.0	54.5	69.7	88.7	110.5	130.0	144.1	167.6
第二产业	亿元	250.6	286.5	389.6	531.8	648.4	801.2	969.8	1172.6
第三产业	亿元	174.5	194.0	227.0	284.6	353.5	402.5	481.4	579.5
工 业									
全部工业总产值	亿元	661.7	756.1	1015.9	1380.0	1807.0	2364.9	2964.2	3541.7
轻工业	亿元	204.4	232.3	284.3	332.2	397.3	507.1	576.3	695.0
重工业	亿元	457.3	523.8	731.6	1047.8	1409.8	1857.7	2387.9	2846.8
全部工业增加值	亿元	209.9	245.0	334.1	438.3	566.1	706.7	864.6	1045.4
规模以上工业增加值	亿元	121.6	142.8	193.1	256.3	359.8	480.0	620.7	783.3
规模以上工业主营业务收入	亿元	348.4	388.1	554.8	771.1	1113.3	1595.3	2087.5	2699.3
规模以上工业利润总额	亿元	1.1	8.9	16.9	33.4	51.5	77.8	177.8	124.0
规模以上工业利税总额	亿元	26.3	37.3	50.5	73.6	104.6	148.4	283.5	225.3
农 业									
耕地面积	千公顷	382.5	369.1	360.2	358.3	358.0	371.3	356.1	355.6
乡村从业人员	万人	301.3	296.6	298.2	298.6	298.5	301.8	303.3	306.8
农林牧渔业总产值	亿元	68.3	92.2	115.6	147.8	184.1	205.8	236.8	277.2
粮食总产量	万吨	164.2	166.9	204.8	208.0	210.5	229.4	228.9	230.8
# 夏粮	万吨	85.1	67.8	100.4	100.3	96.5	107.2	107.8	108.5
秋粮	万吨	79.2	99.2	104.4	107.8	114.0	122.2	121.1	122.3
棉花总产量	吨	3235	3856	4352	4369	4341	5042	4286	3800
油料总产量	吨	50844	59248	64530	82626	97422	113880	124509	117371
烟叶总产量	吨	33740	29019	37263	46550	56689	70632	51753	56090
蔬菜总产量	万吨	98.3	131.4	152.7	177.6	201.2	222.3	211.4	204.4
年末大牲畜存栏	万头	77.4	83.4	88.9	94.2	95.8	69.0	67.4	69.1
年末生猪存栏	万头	175.6	179.4	194.8	207.2	198.0	211.5	178.8	190.8
农业机械总动力	万千瓦	318.9	328.5	341.8	364.5	384.2	396.2	413.8	427.1
固定资产投资									
全社会投资总额	亿元	132.6	156.3	212.3	372.6	480.1	625.4	841.7	1105.5
城镇投资	亿元	81.6	99.3	158.2	270.2	400.9	551.0	747.3	979.2
工业投资	亿元	32.5	42.4	51.0	140.0	209.3	298.2	457.3	591.4
公路运输、邮电									
货物运输量	万吨	4226	5000	5048	5158	5400	5950	6500	8303
货运周转量	亿吨公里	35.2	35.0	39.6	42.2	44.3	49.6	58.3	75.0

1-6 续表

	单　位	2001 年	2002 年	2003 年	2004 年	2005 年	2006 年	2007 年	2008 年
旅客运输量	万人	8812	8900	7199	7562	8225	8970	9815	12049
客运周转量	亿人公里	34.9	35.8	32.1	36.6	38.7	42.8	48.2	59.0
邮电业务总量	万元	121862	161428	220432	280908	368670	540579	721155	884582
内外贸易									
社会消费品零售总额	亿元	175.7	194.6	226.8	288.8	340.7	394.8	467.9	577.1
进出口总额	万美元	22737	25433	44702	75083	96015	131703	136873	189398
# 出口总额	万美元	12619	15339	32860	58936	72374	78075	104654	135593
进口总额	万美元	10118	10094	11842	16147	23641	53628	32219	53805
财政、金融									
地方财政收入	万元	258775	272229	319541	481688	655252	877829	1253162	1445018
# 一般预算收入	万元	242203	260354	302095	428068	609566	766193	1001745	1165658
地方财政支出	万元	374645	471992	522783	689931	964887	1260365	1774775	2021766
# 一般预算支出	万元	357462	457972	503801	628233	888674	1123243	1463519	1704086
金融机构年末存款余额	亿元	512.2	590.2	686.8	786.4	914.8	1058.9	1164.9	1395.2
金融机构年末贷款余额	亿元	333.3	379.0	441.0	492.0	480.3	547.9	614.8	663.3
城乡居民储蓄余额	亿元	341.2	389.3	452.8	518.8	595.2	665.0	695.0	840.3
劳动工资和人民生活									
从业人员年末人数	万人	57.6	55.4	53.5	51.8	51.0	52.0	51.9	52.0
# 国有职工	万人	33.7	31.9	30.7	30.9	31.2	33.3	30.8	29.4
从业人员劳动报酬	万元	451720	523835	556358	656290	719422	821553	980320	1177491
# 国有职工	万元	289460	334889	348345	442132	474469	583710	639802	725619
在岗职工平均工资	元/人	8128	9472	10746	13030	14641	16376	19517	22883
# 国有职工年平均工资	元/人	8985	10597	11764	14834	15822	17829	21499	24973
集体职工年平均工资	元/人	6102	7557	8427	9515	11325	12456	16571	19519
城镇居民人均可支配收入	元	5770	6848	7640	8622	9720	10982	12770	14672
城市居民人均可支配收入	元	6185	7161	8005	9032	10175	11490	13302	15284
城镇居民人均生活消费支出	元	4421	5147	5604	6074	6837	7548	8833	9957
城市居民人均生活消费支出	元	4717	5387	5884	6371	7176	7885	9237	10318
城市居民人均住房使用面积	平方米	19.45	19.51	20.88	22.03	22.21	22.33	22.53	27.85
农民人均纯收入	元	2007	2122	2277	2585	2903	3408	4038	4597
农民人均生活消费支出	元	1429	1520	1647	1867	2144	2508	2956	3578
农民人均住房面积	平方米	27.5	28.7	29.7	31.0	32.4	34.2	35.2	36.5
教育、卫生、旅游									
各类学校数	所	3696	3631	3531	3456	3310	5588	5460	5558
在校学生数	万人	130.2	138.8	137.6	140.0	138.7	169.5	189.6	191.0
学龄儿童入学率	%	98.7	99.8	99.7	99.9	99.9	99.9	100	100
年末卫生机构床位数	张	17201	17393	17892	18329	18264	20615	21047	23166
年末卫生技术人员	人	20249	18251	20059	20204	22135	22387	21924	24103
接待外国人、华侨、港澳台胞	人	106406	121118	26923	90051	138291	216324	261995	307900

注：自 2006 年起各类学校数在校学生数含各类成人教育短期培训班。

1－7 国民经济和社会事业发展指数

（以上年为100）

	2001年	2002年	2003年	2004年	2005年	2006年	2007年	2008年
综　合								
年末总人口	100.7	100.6	100.6	100.3	100.5	100.7	100.7	100.6
# 市区人口	100.6	101.1	100.7	100.6	100.5	102.4	101.2	101.5
# 农业人口	100.5	100.0	98.5	99.8	100.4	99.7	100.2	100.2
非农业人口	101.1	102.5	107.1	101.7	100.9	103.4	101.9	101.7
# 市区非农业人口	100.4	101.7	100.2	100.3	持平	103.3	101.0	102.3
# 城镇人口	103.0	104.0	106.0	105.8	107.5	103.4	103.5	104.8
人口密度	100.7	100.7	100.5	100.5	100.5	100.7	100.7	100.5
生产总值	108.6	111.0	116.6	116.2	115.1	115.7	116.2	114.4
第一产业	101.0	106.9	112.8	106.3	107.0	107.5	104.5	105.8
第二产业	108.6	111.3	120.6	118.9	117.3	119.8	119.1	115.7
第三产业	110.6	111.5	111.7	114.6	113.6	110.9	113.8	113.9
工　业								
全部工业总产值	107.7	110.9	122.2	117.6	121.1	118.9	121.1	112.9
轻工业	112.7	116.4	108.4	102.2	115.5	123.0	126.6	114.8
重工业	105.9	110.2	128.3	123.7	122.8	118.0	119.0	112.5
全部工业增加值	108.8	112.0	125.0	123.0	118.9	120.9	121.1	116.7
规模以上工业增加值	108.6	112.0	130.1	131.8	124.2	126.5	126.5	120.7
规模以上工业主营业务收入	107.8	111.4	143.0	139.0	144.4	143.3	130.9	129.3
规模以上工业利润总额	33.3	809.1	189.9	197.6	154.2	151.1	228.5	69.8
规模以上工业利税总额	114.3	141.8	135.4	145.7	142.1	141.9	191.0	79.5
农　业								
耕地面积	98.7	96.5	97.6	99.5	99.9	103.7	95.9	99.9
乡村从业人员	100.0	98.5	100.5	100.1	100.0	101.1	100.5	101.2
农林牧渔业总产值	101.5	106.6	112.6	106.3	107.0	107.5	104.6	105.8
粮食总产量	82.5	101.6	122.7	101.6	101.2	109.0	103.3	100.8
# 夏粮	107.2	79.7	148.2	99.8	96.3	111.1	97.2	100.6
秋粮	66.2	125.3	105.2	103.3	105.8	107.2	109.6	101.0
棉花总产量	61.4	119.2	112.9	100.4	99.4	116.1	87.7	88.7
油料总产量	79.1	116.5	108.9	128.0	117.9	116.9	113.4	94.3
烟叶总产量	99.1	86.0	128.4	124.9	121.8	124.6	106.3	108.4
蔬菜总产量	105.5	133.7	116.7	116.4	113.3	110.5	104.9	96.7
年末大牲畜存栏	104.6	107.8	106.6	106.0	101.8	72.0	97.7	102.5
年末生猪存栏	105.8	102.2	108.5	106.4	106.2	106.8	105.9	106.7
农业机械总动力	105.7	103.0	104.1	106.7	105.4	103.1	104.4	103.2
固定资产投资								
全社会投资总额	104.8	117.8	134.5	146.8	145.5	137.4	134.6	131.3
城镇投资	97.9	121.7	159.3	170.7	148.4	139.8	135.6	131.0
工业投资	83.6	130.4	120.2	274.5	149.5	142.5	153.4	129.3
公路运输、邮电								
货物运输量	94.9	118.3	101.0	102.2	104.7	110.2	109.2	127.7
货运周转量	98.6	99.4	113.0	106.6	105.0	112.0	117.5	128.7

1－7 续表 （以上年为100）

	2001年	2002年	2003年	2004年	2005年	2006年	2007年	2008年
旅客运输量	99.9	101.0	80.9	105.0	108.8	109.1	109.4	122.8
客运周转量	95.7	102.6	89.7	114.0	105.7	110.5	112.6	122.4
邮电业务总量	103.3	132.5	136.6	127.4	131.3	146.6	133.4	122.7
内外贸易								
社会消费品零售总额	109.8	110.8	111.5	116.2	114.4	115.9	118.5	123.3
进出口总额	110.7	111.9	175.8	168.0	127.9	137.2	103.9	138.4
# 出口总额	88.1	121.6	214.2	179.4	122.8	107.9	134.0	129.6
进口总额	162.5	99.8	117.3	136.4	146.4	226.8	60.1	167.0
财政、金融								
地方财政收入	114.5	119.2	120.2	145.1	135.4	134.0	142.8	115.3
# 一般预算收入	114.3	122.9	118.9	136.2	141.7	125.7	130.7	116.4
地方财政支出	123.4	128.1	110.8	132.0	138.8	130.6	140.8	113.9
# 一般预算支出	124.6	128.1	110.0	124.7	141.5	126.4	130.3	116.4
金融机构年末存款余额	112.5	115.2	116.4	114.5	115.6	115.8	110.0	119.8
金融机构年末贷款余额	109.2	113.7	116.4	111.5	105.1	114.1	112.2	107.9
城乡居民储蓄余额	113.0	114.1	116.3	114.6	114.7	111.7	104.5	120.9
劳动工资和人民生活								
从业人员年末人数	97.5	96.2	96.6	96.8	98.5	102.0	99.8	100.2
# 国有职工	101.8	94.7	96.2	100.7	101.0	106.7	92.5	95.5
从业人员劳动报酬	104.1	116.0	106.2	118.0	109.6	114.2	119.3	120.1
# 国有职工	108.4	115.7	104.0	126.9	107.3	123.0	109.6	113.4
在岗职工平均工资	108.7	116.5	113.5	121.3	112.4	111.9	119.2	117.2
# 国有职工年平均工资	112.5	117.9	111.0	126.1	106.7	112.7	120.6	116.2
集体职工年平均工资	103.9	123.8	111.5	119.4	119.0	110.0	133.0	117.8
城镇居民人均可支配收入	110.9	118.7	111.6	112.8	112.7	113.0	116.3	114.9
城市居民人均可支配收入	108.5	115.8	111.8	112.8	112.7	112.9	115.8	114.9
城镇居民人均生活消费支出	103.7	116.4	108.9	108.4	112.6	110.4	117.0	112.7
城市居民人均生活消费支出	99.8	114.2	109.2	108.3	112.6	109.9	117.1	111.7
城市居民人均住房使用面积	102.0	100.0	107.0	105.5	100.8	100.5	100.9	123.6
农民人均纯收入	101.6	105.7	107.3	113.5	112.3	117.4	118.5	113.8
农民人均生活消费支出	106.9	106.4	108.4	113.4	114.8	117.0	117.9	121.0
农民人均住房面积	105.4	104.4	103.5	104.4	104.3	105.6	102.9	103.8
教育、卫生、旅游								
各类学校数	100.0	98.2	97.8	97.9	97.3	95.4	97.7	101.8
在校学生数	98.1	106.6	99.1	101.7	101.9	100.1	111.9	100.7
年末卫生机构床位数	100.4	101.1	112.2	102.4	99.6	112.9	102.1	110.1
年末卫生技术人员	102.1	90.1	109.9	100.7	109.6	109.2	97.9	109.9
接待外国人、华侨、港澳台胞	124.4	113.8	22.2	333.3	153.6	156.4	121.1	117.5

1－8　生产总值发展情况

（按当年价格计算）

年　份	生产总值（万元）	第一产业	第二产业	第三产业	人均生产总值（元）
1978 年	168521	35955	91656	40910	357
1979 年	185820	42334	99643	43843	388
1980 年	191198	43358	101442	46398	395
1981 年	190804	50675	91530	48599	388
1982 年	200656	44785	102570	53301	402
1983 年	243447	65619	112726	65102	482
1984 年	291250	75635	139055	76560	570
1985 年	339210	67832	179186	92192	656
1986 年	365880	55690	205400	104790	697
1987 年	440193	75278	236086	128829	823
1988 年	578158	101451	308127	168580	1060
1989 年	707210	119462	380498	207250	1273
1990 年	744611	125620	375327	243664	1316
1991 年	855096	109148	457148	288800	1487
1992 年	1035244	109349	586473	339422	1779
1993 年	1463164	178391	856831	427942	2492
1994 年	1918025	206243	1121212	590570	3239
1995 年	2450457	225949	1434108	790400	4107
1996 年	2893444	323492	1614153	955799	4814
1997 年	3350102	310703	1895140	1144259	5538
1998 年	3648262	401909	1973276	1273077	5994
1999 年	3774544	372936	2023694	1377914	6158
2000 年	4227640	392992	2309496	1525152	6830
2001 年	4651893	400246	2506450	1745197	7426
2002 年	5350145	545435	2864982	1939728	8489
2003 年	6863165	679031	3896026	2270108	10823
2004 年	9051980	887496	5317991	2846493	14204
2005 年	11123986	1105013	6484214	3534759	17486
2006 年	13336929	1300293	8011898	4024738	20980
2007 年	15953222	1441342	9698097	4813783	25120
2008 年	19196384	1675689	11725998	5794697	30084

1－9 生产总值指数

年 份	以上年为100					以1978年为100				
	生产总值	第一产业	第二产业	第三产业	人均GDP	生产总值	第一产业	第二产业	第三产业	人均GDP
1978年	107.7	90.9	118.1	104.8	106.2	100.0	100.0	100.0	100.0	100.0
1979年	107.3	112.8	107.9	102.6	105.8	107.3	112.8	107.0	102.6	105.8
1980年	99.0	91.0	101.3	99.9	97.9	106.2	102.6	109.0	102.5	103.6
1981年	97.0	109.3	89.6	101.8	95.5	103.0	112.1	97.0	104.3	98.9
1982年	103.7	88.1	110.3	106.5	102.0	106.8	98.8	108.0	111.1	100.9
1983年	120.0	146.3	109.8	118.7	118.7	128.2	144.5	118.0	131.9	119.8
1984年	115.5	110.0	120.4	112.0	114.1	148.1	159.0	142.0	147.7	136.6
1985年	107.5	85.6	116.0	112.5	106.2	159.2	136.1	165.0	166.2	145.1
1986年	103.5	74.1	109.9	112.8	101.9	164.8	100.9	182.0	187.5	147.9
1987年	113.8	130.7	111.3	110.3	111.8	187.5	131.9	202.0	206.8	165.3
1988年	118.5	111.4	122.1	115.4	116.2	222.2	146.9	247.0	238.6	192.1
1989年	109.8	110.1	111.7	105.5	107.7	244.0	161.7	276.0	251.7	206.9
1990年	106.2	100.4	105.4	111.5	104.3	259.1	162.3	291.0	280.6	215.8
1991年	110.0	87.4	118.8	108.6	108.3	282.0	141.9	345.0	304.7	233.7
1992年	113.9	95.4	119.1	113.0	112.6	324.6	135.4	412.0	344.3	263.2
1993年	119.1	144.5	116.7	114.1	118.0	386.6	195.7	480.0	392.8	310.5
1994年	113.9	91.9	117.1	118.5	112.8	440.3	179.8	563.0	465.5	350.3
1995年	115.0	98.9	118.2	115.1	114.2	506.3	177.8	665.0	535.8	400.0
1996年	112.5	140.0	108.1	112.2	111.8	569.6	248.9	719.0	601.2	447.2
1997年	114.3	101.8	116.7	114.2	113.5	651.1	253.4	839.0	686.6	507.2
1998年	111.5	129.4	107.8	112.5	110.8	726.0	327.9	905.0	772.4	562.4
1999年	108.2	94.6	110.8	108.2	107.5	785.5	310.2	1002.0	835.7	604.6
2000年	109.6	109.4	110.2	108.7	108.4	860.9	339.4	1105.0	908.4	655.4
2001年	108.6	101.0	108.6	110.6	107.4	934.9	342.8	1200.0	1004.7	703.9
2002年	111.0	106.9	111.3	111.5	110.3	1037.7	366.5	1335.0	1120.2	776.4
2003年	116.6	112.8	120.6	111.7	115.9	1210.0	413.4	1610.0	1251.3	899.8
2004年	116.2	106.3	118.9	114.6	115.6	1406.0	439.4	1915.0	1434.0	1041.1
2005年	115.1	107.0	117.3	113.6	115.4	1618.3	470.2	2246.3	1629.0	1201.4
2006年	115.7	107.5	119.8	110.9	115.8	1872.4	505.4	2691.1	1806.6	1391.3
2007年	116.2	104.5	119.1	113.8	116.3	2176.0	527.9	3206.3	2056.6	1618.0
2008年	114.4	105.8	115.7	113.9	113.8	2489.3	558.5	3709.7	2342.5	1841.3

1－10 生产总值构成表

年 份	生产总值	第一产业	第二产业	第三产业
1978 年	100	21.3	54.4	24.3
1979 年	100	22.8	53.6	23.6
1980 年	100	22.7	53.1	24.2
1981 年	100	26.5	48.0	25.5
1982 年	100	22.3	51.1	26.6
1983 年	100	27.0	46.3	26.7
1984 年	100	26.0	47.7	26.3
1985 年	100	20.0	52.8	27.2
1986 年	100	15.2	56.2	28.6
1987 年	100	17.1	53.6	29.3
1988 年	100	17.5	53.3	29.2
1989 年	100	16.9	53.8	29.3
1990 年	100	16.9	50.4	32.7
1991 年	100	12.8	53.5	33.7
1992 年	100	10.6	56.7	32.7
1993 年	100	12.2	58.6	29.2
1994 年	100	10.8	58.5	30.8
1995 年	100	9.2	58.5	32.3
1996 年	100	11.2	55.8	33.0
1997 年	100	9.3	56.5	34.2
1998 年	100	11.0	54.1	34.9
1999 年	100	9.9	53.6	36.5
2000 年	100	9.3	54.6	36.1
2001 年	100	8.6	53.9	37.5
2002 年	100	10.2	53.5	36.3
2003 年	100	10.1	56.8	33.1
2004 年	100	9.8	58.8	31.4
2005 年	100	9.9	58.3	31.8
2006 年	100	9.7	60.1	30.2
2007 年	100	9.0	60.8	30.2
2008 年	100	8.7	61.1	30.2

1－11　生产总值及构成

（2008 年）

	各行业增加值（万元）	构　成（%）	2008 年为 2007 年%
地区生产总值	**19196384**	**100**	**114.4**
第一产业	1675689	8.7	105.8
第二产业	11725998	61.1	115.7
工　业	10453736	54.5	116.6
建筑业	1272262	6.6	107.9
第三产业	5794697	30.2	113.9
交通运输、仓储和邮政业	1366691	7.1	117.0
批发和零售业	897665	4.7	109.2
住宿和餐饮业	569243	3.0	112.8
金融业	326136	1.7	103.1
房地产业	300539	1.6	100.2
其他服务业	2334423	12.2	117.7

二、人口与劳动力

POPULATION AND LABOUR FORCE

资料整理：解文波 朱 朴

主要统计指标解释

1. **人口数** 指一定时点、一定地区范围内的有生命的个人的总和。年度统计的年末人口数是指每年12月31日24时的人口数。

2. **人口密度** 指一定时点一定地区的人口与该地区的土地面积数之比,即一定时点的单位土地面积上的人口数,通常以每平方公里的居民人数来表示:人口密度=该地区的人口数/一定地区的土地面积。

3. **出生率(又称粗出生率)** 指在一定时期(通常为一年内)平均每千人所出生人数的比率,一般用千分率表示。计算公式:

出生率=年出生人数/年平均人数×1000‰

4. **死亡率** 指在一定时期内(通常为一年内)一定地区的死亡人数与同期平均人数或期中人数之比,一般用千分率表示。计算公式:

死亡率=年死亡人数/年平均人数×1000‰

5. **人口自然增长率** 在一定时期内(通常为一年内)人口自然增加数(出生人数减死亡人数)与平均人数(或期中人数)之比、一般用千分率表示。计算公式:

人口自然增长率=(本年出生人口数-本年死亡人口数)/年平均人数×1000‰

人口自然增长率=人口出生率-人口死亡率

6. **城镇人口和乡村人口**:以国务院关于市镇建制的规定和我国的行政区划为基础,以民政部门确认的居民委员会和村民委员会为最小划分单元,将我国的地域划分为城镇和乡村。居住在城镇的人口为城镇人口,居住在乡村的人口为乡村人口。城镇包括城区和镇区。

城区是指在市辖区和不设区的市中包括:街道办事处所辖的社区(居民)委员会地域;城市公共设施、居住设施等连接到的其他居民委员会地域和村民委员会地域。

镇区是指在城区以外的镇和其他区域。镇区包括:镇所辖的社区(居民)委员会地域;镇的公共设施、居住设施等连接到的村民委员会地域;

常住人口在3000人以上独立的工矿区、开发区、科研单位、大专院校、农场、林场等特殊区域。

乡村是指划定的城镇以外的其他区域。

7. **全社会从业人数** 指从事一定社会劳动并取得劳动报酬或经营收入的全部劳动力。包括:(1)全部职工;(2)城镇私营企业从业人员;(3)城镇个体劳动者;(4)农村社会劳动者;(5)其他社会劳动者。

8. **在岗职工** 指在本单位工作并由单位支付工资的人员,以及有工作岗位,但由于学习,病伤产假等原因暂未工作仍由单位支付工资的人员。

9. **从业人员劳动报酬** 指各单位在一定时期内直接支付给本单位全部从业人员的劳动报酬总额。包括职工工资总额和本单位其他从业人员劳动报酬两部分。

10. **工资总额** 指各单位在一定时期内直接支付给本单位全部职工的劳动报酬总额。具体包括:

(1)计时和计件标准工资指按照计时或计件标准支付给个人的劳动报酬,包括行政、事业单位支付给职工的基础职务工资;新参加工作人员的见习工资。

(2)奖金:指支付给职工的超额劳动报酬和增收节支奖。包括企业的生产奖、节约奖、劳动竞赛奖、机关事业单位的奖励工资、实行计件工资单位计件超额工资。

(3)津贴和补贴指为了补偿职工特殊或额外的劳动消耗和因其他原因支付给职工的津贴,以及为了保证职工工资水平不受物价上涨影响而支付给职工的各种补贴。

(4)其他工资如加班加点工资、附加工资、保留工资等。

2－1 全市人口、劳动就业总量与指数

	单位	2002年	2003年	2004年	2005年	2006年	2007年	2008年
年末总户数	**万户**	**168.6**	**173.4**	**176.0**	**178.4**	**184.1**	**189.5**	**194.1**
年末总人口	**万人**	**632.1**	**636.2**	**638.4**	**641.7**	**646.0**	**650.5**	**654.4**
# 男性人口	万人	325.7	328.3	328.5	330.2	332.2	334.6	336.3
女性人口	万人	306.4	307.9	309.9	311.5	313.8	315.9	318.1
# 农业人口	万人	472.4	465.1	464.3	466.1	464.5	465.6	466.4
非农业人口	万人	159.7	171.1	174.1	175.6	181.5	184.9	188.0
# 城镇人口	万人	200.4	214.4	226.8	243.9	252.1	260.9	273.3
从业人员年末人数	**万人**	**55.4**	**53.5**	**51.8**	**51.0**	**52.0**	**51.9**	**52.0**
# 国有职工	万人	31.9	30.7	30.9	31.2	33.3	30.8	29.4
集体职工	万人	8.2	7.0	6.3	5.3	5.1	5.3	4.3
从业人员劳动报酬	**万元**	**523835**	**556358**	**656290**	**719422**	**821553**	**980320**	**1177491**
# 国有职工	万元	334889	348345	442132	474469	583710	639802	725619
集体职工	万元	59531	55952	57684	56150	62657	84046	79924
在岗职工平均工资	**元**	**9472**	**10746**	**13030**	**14641**	**16376**	**19517**	**22883**
# 国有职工	元	10597	11764	14834	15822	17829	21499	24973
集体职工	元	7557	8427	9515	11325	12456	16571	19519

2－1 续表

	速度指标(%)									
	指数(2008 年为以下各年)						平均增长速度			
	2002 年	2003 年	2004 年	2005 年	2006 年	2007 年	1985－1990	1990－1995	1995－2000	2000－2005
年末总户数	**115.1**	**111.9**	**110.3**	**108.8**	**105.4**	**102.4**	**3.0**	**2.8**	**1.3**	**1.9**
年末总人口	**103.5**	**102.9**	**102.5**	**101.9**	**101.3**	**100.6**	**1.8**	**1.0**	**0.8**	**0.6**
# 男性人口	103.3	102.5	102.4	101.8	101.2	100.5	1.9	1.1	0.8	0.6
女性人口	103.8	103.3	102.6	102.1	101.4	100.7	1.8	0.9	0.9	0.6
# 农业人口	98.7	100.2	100.4	100.1	100.4	100.2	1.5	0.2	0.04	－0.1
非农业人口	117.7	109.9	107.9	107.1	103.4	101.7	3.4	3.9	3.5	2.2
# 城镇人口	136.4	127.5	120.5	112.1	108.4	104.8	2.9	8.0	6.2	5.7
从业人员年末人数	**93.9**	**97.2**	**100.4**	**102.0**	**100.0**	**100.2**	**2.8**	**2.3**	**－3.6**	**－2.9**
# 国有职工	92.2	95.8	95.1	94.2	88.3	95.4	2.1	0.8	－5.9	－1.2
集体职工	52.4	61.4	68.2	81.1	84.3	81.1	16.9	23.7	3.5	－10.4
从业人员劳动报酬	**224.8**	**211.6**	**179.4**	**163.7**	**143.3**	**120.1**	**17.1**	**23.3**	**1.6**	**10.6**
# 国有职工	216.7	208.3	164.1	152.9	124.3	113.4	15.8	19.1	2.9	12.2
集体职工	134.2	142.8	138.5	142.3	127.5	95.1	13.5	20.7	7.5	1.1
在岗职工平均工资	**241.6**	**212.9**	**175.6**	**156.3**	**139.7**	**117.2**	**13.6**	**20.7**	**7.7**	**2.3**
# 国有职工	235.7	212.3	168.3	157.8	140.1	116.1	12.9	19.2	9.5	14.6
集体职工	258.3	231.6	205.1	172.3	156.7	117.8	12.9	19.2	8.9	14.0

2-2 分县(市)区人口与劳动就业总量

(2008年)

	单位	全　市	老城区	西工区	瀍河区	涧西区	吉利区	洛龙区
年末总户数	**万户**	**194.1**	**5.4**	**10.7**	**6.3**	**13.5**	**2.1**	**9.9**
年末总人口	**万人**	**654.4**	**14.3**	**34.4**	**17.1**	**42.1**	**6.8**	**32.4**
# 男性人口	万人	336.3	7.0	17.9	8.8	21.6	3.4	16.2
女性人口	万人	318.1	7.3	16.5	8.3	20.5	3.4	16.1
# 农业人口	万人	466.4	4.5	2.7	2.7	0.6	3.4	21.6
非农业人口	万人	188.0	9.8	31.7	14.4	41.4	3.4	10.8
# 城镇人口	万人	273.3	14.0	35.3	17.8	41.9	3.7	22.9
从业人员年末人数	**人**	**520290**	**5818**	**13160**	**8550**	**17664**	**12496**	**9541**
# 国有职工	人	293924	2846	4569	2517	4866	2851	6223
集体职工	人	42779	903	2946	1239	2429	4388	1726
从业人员劳动报酬	**万元**	**1177491**	**10812**	**24447**	**16778**	**30231**	**33289**	**19908**
# 国有职工	万元	725619	6008	12614	6100	9422	6169	15888
集体职工	万元	79924	1565	4052	1482	3366	12417	1343
在岗职工平均工资	**元**	**22883**	**18663**	**18718**	**19972**	**15399**	**28309**	**21880**
# 国有职工	元	24973	14733	27948	26173	19506	21601	26467
集体职工	元	19519	17341	13471	11925	13984	32786	9145
从业人员按企业、事业、机关分								
企　业	人	330693	3248	9658	6673	13418	9816	3697
事　业	人	134569	1631	2410	1029	2588	1451	3827
机　关	人	55028	939	1092	848	1658	1229	2017
从业人员按国民经济行业分								
农林牧渔业	人	2406		10				32
采矿业	人	15227						
制造业	人	154608	2905	2444	4035	6716	3935	1606
电力燃气及水的生产和供应业	人	34845					34	384
建筑业	人	34294	36	1844	451	1171	2232	11
交通运输仓储和邮政业	人	17732		94	291	38	258	
信息传输计算机服务和软件业	人	1806				3		
批发与零售业	人	20795	62	863	1648	3414	53	19
住宿和餐饮业	人	7458	27	1945	145	1110	18	508
金融业	人	16415						
房地产业	人	4507	28	242	110	208	1144	27
租赁与商务服务业	人	8146	233	662	7	182	2208	1158
科学研究技术服务与地质勘查业	人	22318		66		416	73	203
水利环境和公共设施管理业	人	9811	519	1205	332	1319		283
居民服务和其他服务业	人	1980	19	1500		167		
教　育	人	69088	527	934	504	772	528	2543
卫生社会保障和社会福利业	人	26823	486	258	43	227	444	256
文化体育与娱乐业	人	4466	9	25	11	29	88	41
公共管理与社会组织	人	67565	967	1068	973	1892	1481	2470
国际组织	人							

注:因城镇化率为抽样调查数据,所以推算得出的城镇人口分项不等于总计。

2－2 续表　　　　　　　　　　　　　　（2008 年）

	单位	偃师市	孟津县	新安县	栾川县	嵩　县	汝阳县	宜阳县	洛宁县	伊川县
年末总户数	**万户**	**23.9**	**13.6**	**14.7**	**9.8**	**15.8**	**12.1**	**18.5**	**12.8**	**22.3**
年末总人口	**万人**	**85.2**	**46.0**	**50.2**	**32.9**	**55.2**	**43.1**	**66.4**	**45.2**	**75.2**
# 男性人口	万人	43.6	23.2	25.8	17.2	28.9	22.4	34.2	23.4	38.7
女性人口	万人	41.6	22.8	24.4	15.7	26.3	20.7	32.1	21.8	36.4
# 农业人口	万人	74.6	40.0	38.1	28.5	49.6	37.1	56.6	39.3	61.3
非农业人口	万人	10.7	6.0	12.1	4.4	5.6	6.0	9.8	5.9	13.9
# 城镇人口	万人	40.3	12.8	14.0	10.2	12.2	9.1	15.2	9.2	17.8
从业人员年末人数	**人**	**35210**	**24409**	**33402**	**25514**	**19134**	**15193**	**25136**	**18049**	**27507**
# 国有职工	人	20965	13777	14029	19939	12153	9887	13442	12944	25439
集体职工	人	5477	1609	1359	3067	2885	3273	4370	3054	1591
从业人员劳动报酬	**万元**	**68839**	**50850**	**62280**	**81708**	**35524**	**28145**	**51434**	**31136**	**51597**
# 国有职工	万元	37509	30956	29252	69573	21972	18570	30134	22477	48820
集体职工	万元	8318	2838	2403	8923	5431	6448	9591	3959	2310
在岗职工平均工资	**元**	**20133**	**20760**	**18835**	**32275**	**19156**	**17640**	**20492**	**17958**	**17907**
# 国有职工	元	18107	22228	21161	35416	18738	18844	22479	17649	18073
集体职工	元	15828	17190	18255	29019	19020	18910	21946	15847	17398
从业人员按企业、事业、机关分										
企　业	人	15801	13365	21307	14781	6794	5018	9874	6743	11107
事　业	人	13692	8523	8648	6673	8563	7112	10504	7790	12339
机　关	人	5717	2521	3447	4060	3777	3063	4758	3516	4061
从业人员按国民经济行业分										
农林牧渔业	人	546	174	8	149	273	115	153	496	223
采矿业	人	3670			2567	3660	422	451	1552	1289
制造业	人	3295	9718	4504	7736	330	2050	5113	230	536
电力燃气及水的生产和供应业	人	2623	720	14376	477	565	325	1337	870	6343
建筑业	人	2488	992		1590	19	595	493	1081	28
交通运输仓储和邮政业	人	654	231	329	705	591	359	433	593	130
信息传输计算机服务和软件业	人		102							
批发与零售业	人	2005	1076	980	957	1011	696	1286	1692	1675
住宿和餐饮业	人	380	65	166	412	279	110	165	76	122
金融业	人	962	489	545	499	797	459	588	473	758
房地产业	人	273	130	97	49	48		53	122	
租赁与商务服务业	人	481	29	552	133	113	48	183	181	349
科学研究技术服务与地质勘查业	人	657	520	87	251	73	39	372	198	139
水利环境和公共设施管理业	人	919	375	531	544	358	464	577	202	460
居民服务和其他服务业	人	132		34			20		26	15
教　育	人	8194	4737	4660	3941	4990	4469	6446	3892	6799
卫生社会保障和社会福利业	人	1782	1303	1612	1141	1540	1332	1879	1521	2087
文化体育与娱乐业	人	365	88	313	256	68	72	67	415	409
公共管理与社会组织	人	5784	3660	4608	4107	4419	3618	5540	4429	6145
国际组织	人									

2-3　年末总户数

单位:万户

	2002 年	2003 年	2004 年	2005 年	2006 年	2007 年	2008 年
总　计	**168.6**	**173.4**	**176.0**	**178.4**	**184.1**	**189.5**	**194.1**
市区合计	**44.9**	**45.5**	**46.2**	**47.3**	**48.6**	**49.4**	**50.6**
老城区	5.0	5.0	5.1	5.2	5.2	5.3	5.4
西工区	9.7	9.9	10.1	10.3	10.5	10.6	10.7
瀍河区	5.9	5.8	6.0	6.2	6.2	6.2	6.3
涧西区	12.9	13.2	13.5	13.9	15.3	13.2	13.5
吉利区	2.1	2.1	2.1	2.1	2.1	2.1	2.1
洛龙区	9.3	9.5	9.5	9.6	9.3	9.4	9.9
高新区						2.6	2.7
县(市)合计	**123.7**	**127.9**	**129.8**	**131.1**	**135.5**	**140.1**	**143.5**
偃师市	21.3	21.7	22.0	22.2	22.9	23.5	23.9
孟津县	11.5	12.1	12.3	12.5	12.6	13.2	13.6
新安县	12.8	15.4	13.3	13.5	13.9	14.3	14.7
栾川县	8.9	8.9	9.1	9.3	9.5	9.6	9.8
嵩　县	14.0	14.6	14.6	14.8	15.2	15.6	15.8
汝阳县	11.0	11.0	11.2	11.4	11.5	11.8	12.1
宜阳县	15.4	14.6	16.8	17.4	17.5	17.9	18.5
洛宁县	10.9	11.1	11.2	11.2	11.9	12.5	12.8
伊川县	17.9	18.5	19.1	18.8	20.5	21.7	22.3

2-4 年末户籍人口数

单位:万人

	2002年	2003年	2004年	2005年	2006年	2007年	2008年
总　计	**632.1**	**636.2**	**638.4**	**641.7**	**646.0**	**650.5**	**654.4**
市区合计	**144.7**	**145.7**	**146.6**	**147.4**	**151.0**	**152.8**	**155.1**
老城区	14.0	14.0	14.1	14.1	14.2	14.2	14.3
西工区	32.9	33.2	33.5	33.7	33.8	34.1	34.4
瀍河区	16.9	16.7	16.7	16.8	16.9	17.0	17.1
涧西区	43.5	43.9	44.2	44.5	49.1	41.7	42.1
吉利区	6.6	6.6	6.6	6.6	6.7	6.7	6.8
洛龙区	30.8	31.3	31.6	31.7	30.3	30.9	32.4
高新区						8.1	8.1
县(市)合计	**487.4**	**490.5**	**491.8**	**494.3**	**494.9**	**497.7**	**499.3**
偃师市	82.6	83.1	83.3	83.8	84.3	84.8	85.2
孟津县	44.8	44.9	45.0	45.2	45.4	45.7	46.0
新安县	48.8	49.1	49.2	49.4	49.6	49.9	50.2
栾川县	32.0	32.1	32.2	32.4	32.6	32.7	32.9
嵩　县	53.5	53.9	54.1	54.3	54.6	54.9	55.2
汝阳县	41.8	42.1	42.2	42.4	42.6	42.8	43.1
宜阳县	66.7	67.3	67.5	67.9	65.9	66.1	66.4
洛宁县	44.0	44.3	44.4	44.6	44.9	45.0	45.2
伊川县	73.2	73.7	73.9	74.3	75.1	75.7	75.2

2-5 年末男性人口数

单位:万人

	2002年	2003年	2004年	2005年	2006年	2007年	2008年
总　计	**325.7**	**328.3**	**328.5**	**330.2**	**332.2**	**334.6**	**336.3**
市区合计	**73.9**	**74.4**	**74.6**	**75.0**	**76.8**	**77.7**	**78.8**
老城区	6.9	6.9	6.9	6.9	7.0	7.0	7.0
西工区	17.2	17.4	17.3	17.5	17.6	17.7	17.9
瀍河区	8.7	8.6	8.6	8.7	8.8	8.8	8.8
涧西区	22.4	22.5	22.6	22.7	24.9	21.3	21.6
吉利区	3.3	3.3	3.3	3.3	3.3	3.4	3.4
洛龙区	15.4	15.7	15.8	15.9	15.2	15.5	16.2
高新区						4.0	3.9
县(市)合计	**251.8**	**253.9**	**254.0**	**255.2**	**255.4**	**256.9**	**257.5**
偃师市	42.0	42.2	42.4	42.7	43.0	43.3	43.6
孟津县	22.6	22.7	22.7	22.8	22.9	23.1	23.2
新安县	25.3	25.4	25.4	25.6	25.6	25.7	25.8
栾川县	16.8	16.9	16.9	17.0	17.0	17.1	17.2
嵩　县	28.2	28.4	28.6	28.6	28.7	28.8	28.9
汝阳县	21.8	22.0	22.1	22.2	22.3	22.3	22.4
宜阳县	34.6	35.0	34.9	35.0	34.0	34.2	34.2
洛宁县	22.8	23.0	23.0	23.1	23.3	23.3	23.4
伊川县	37.7	38.3	38.0	38.2	38.6	39.1	38.7

2－6　年末女性人口数

单位:万人

	2002年	2003年	2004年	2005年	2006年	2007年	2008年
总　计	**306.4**	**307.9**	**309.9**	**311.5**	**313.8**	**315.9**	**318.1**
市区合计	**70.8**	**71.3**	**72.0**	**72.4**	**74.2**	**75.1**	**76.3**
老城区	7.1	7.1	7.2	7.2	7.2	7.2	7.3
西工区	15.7	15.8	16.2	16.2	16.2	16.4	16.5
瀍河区	8.2	8.1	8.1	8.1	8.1	8.2	8.3
涧西区	21.1	21.4	21.6	21.8	24.3	20.4	20.5
吉利区	3.3	3.3	3.3	3.3	3.3	3.4	3.4
洛龙区	15.4	15.6	15.8	15.8	15.1	15.4	16.1
高新区						4.1	4.2
县(市)合计	**235.6**	**236.6**	**237.8**	**239.1**	**239.6**	**240.8**	**241.8**
偃师市	40.6	40.9	40.9	41.1	41.3	41.5	41.6
孟津县	22.2	22.2	22.3	22.4	22.5	22.6	22.8
新安县	23.5	23.7	23.7	23.8	24.0	24.2	24.4
栾川县	15.2	15.2	15.3	15.4	15.6	15.6	15.7
嵩　县	25.3	25.5	25.5	25.7	25.9	26.1	26.3
汝阳县	20.0	20.1	20.2	20.2	20.4	20.5	20.7
宜阳县	32.1	32.3	32.6	32.9	31.8	32.0	32.1
洛宁县	21.2	21.3	21.4	21.5	21.6	21.7	21.8
伊川县	25.5	35.4	35.9	36.1	36.5	36.6	36.4

2－7 年末农业人口数

单位:万人

	2002 年	2003 年	2004 年	2005 年	2006 年	2007 年	2008 年
总　计	**472.4**	**465.1**	**464.3**	**466.1**	**464.5**	**465.6**	**466.4**
市区合计	**38.7**	**39.5**	**40.1**	**40.9**	**41.0**	**41.7**	**41.4**
老城区	4.6	4.6	4.7	4.8	4.7	4.6	4.5
西工区	2.7	3.0	3.1	3.2	3.0	2.7	2.7
瀍河区	2.4	2.4	2.5	2.7	2.7	2.7	2.7
涧西区	2.4	2.5	2.6	2.7	6.7	0.9	0.6
吉利区	3.2	3.2	3.2	3.2	3.2	3.3	3.4
洛龙区	23.4	23.8	23.9	24.3	20.7	21.5	21.6
高新区						6.0	5.9
县(市)合计	**433.7**	**425.6**	**424.2**	**425.2**	**423.5**	**423.9**	**425.0**
偃师市	73.9	73.7	73.5	73.8	73.9	74.1	74.6
孟津县	39.8	39.7	39.7	39.6	39.8	39.8	40.0
新安县	41.8	39.2	38.6	38.7	38.7	38.1	38.1
栾川县	28.2	28.1	28.0	28.2	28.3	28.3	28.5
嵩　县	49.2	49.0	48.9	49.0	49.2	49.4	49.6
汝阳县	36.7	36.8	36.7	36.8	36.7	36.8	37.1
宜阳县	58.0	58.4	58.4	58.9	56.6	56.5	56.6
洛宁县	39.4	39.5	39.4	39.6	39.2	39.2	39.3
伊川县	66.7	61.2	61.0	60.6	61.1	61.7	61.3

2－8 年末非农业人口数

单位:万人

	2002 年	2003 年	2004 年	2005 年	2006 年	2007 年	2008 年
总　计	**159.7**	**171.1**	**174.1**	**175.6**	**181.5**	**184.9**	**188.0**
市区合计	**106.0**	**106.2**	**106.5**	**106.5**	**110.0**	**111.1**	**113.7**
老城区	9.4	9.4	9.3	9.3	9.5	9.7	9.8
西工区	30.2	30.2	30.4	30.5	30.8	31.4	31.7
瀍河区	14.5	14.3	14.2	14.1	14.2	14.3	14.4
涧西区	41.1	41.4	41.6	41.8	42.4	40.8	41.4
吉利区	3.4	3.4	3.4	3.4	3.5	3.4	3.4
洛龙区	7.4	7.5	7.7	7.4	9.6	9.4	10.8
高新区						2.1	2.2
县(市)合计	**53.7**	**64.9**	**67.6**	**69.1**	**71.5**	**73.8**	**74.3**
偃师市	8.7	9.4	9.8	10.0	10.4	10.7	10.7
孟津县	5.0	5.2	5.3	5.7	5.6	5.9	6.0
新安县	7.0	9.9	10.6	10.7	10.9	11.9	12.1
栾川县	3.8	4.0	4.2	4.3	4.3	4.4	4.4
嵩　县	4.3	4.9	5.2	5.3	5.4	5.5	5.6
汝阳县	5.1	5.3	5.5	5.6	5.9	6.0	6.0
宜阳县	8.7	8.9	9.1	9.1	9.3	9.6	9.8
洛宁县	4.6	4.8	5.0	5.1	5.7	5.9	5.9
伊川县	6.5	12.5	12.9	13.7	14.0	14.1	13.9

2－9　人口自然变动情况

（2008 年）

	出生数（人）	出生率（‰）	死亡数（人）	死亡率（‰）	自然增长数（人）	人口自然增长率（‰）
总　计	**68569**	**10.51**	**35426**	**5.43**	**33143**	**5.08**
市区合计	**13951**	**8.03**	**6676**	**3.54**	**7276**	**5.49**
老城区	1236	6.63	434	3.04	802	5.62
西工区	2997	6.66	1229	3.20	1768	5.55
瀍河区	1423	5.49	668	3.47	755	4.88
涧西区	3718	8.86	1686	3.52	2032	5.34
吉利区	694	10.29	312	4.63	382	5.66
洛龙区	3178	9.87	2080	5.22	1098	4.65
高新区	706	8.77	267	3.76	439	5.01
县(市)合计	**54618**	**10.97**	**28750**	**5.77**	**25867**	**5.20**
偃师市	8482	9.98	4924	4.67	3558	5.31
孟津县	5204	11.35	2356	6.46	2848	4.89
新安县	5403	10.11	3155	6.30	2248	4.49
栾川县	4054	12.36	2034	6.20	2020	6.16
嵩　县	6049	10.99	3319	6.03	2730	4.96
汝阳县	4612	10.75	2265	5.28	2347	5.47
宜阳县	7260	10.96	3319	5.01	3941	4.56
洛宁县	4934	10.42	2877	6.38	2057	5.04
伊川县	8619	11.05	4501	6.01	4118	5.04

2－10　按登记注册类型分组的单位从业人员变动情况

（2008 年）　　　　单位：人

	按登记注册类型分			
	合　计	国　有 单　位	城镇集体 单　位	其　他 单　位
从业人员增加人数	**44424**	**17052**	**3781**	**23591**
从农村招收	11999	2001	1367	8631
从城镇招收	4909	1461	1022	2426
录用的复员转业军人	1343	918	90	335
录用的大、中专、技工学校毕业生	10369	4575	387	5407
调入人员	3655	2653	249	753
# 由外省、自治区、直辖市调入	106	72	1	33
其　他	12149	5444	666	6039
从业人员减少人数	**40701**	**15714**	**3335**	**21652**
离休、退休、退职	9295	4932	989	3374
开除、除名、辞退	1915	1105	85	725
终止、解除合同	12498	2069	1545	8884
死　亡	565	346	49	170
离开本单位仍保留劳动关系的职工	1954	962	145	847
调出人员	3592	2539	160	893
# 调到外省、自治区、直辖市	131	88	3	40
其　他	10882	3761	362	6759

2－11　按城乡划分的全社会从业人员

（2008年）　　　　　　　　　　　　单位:人

	全社会从业人员								
	合计	城镇单位				从事私营个体劳动者			乡村
			国有单位	集体单位	其他单位	私营个体	#城镇私营	#城镇个体	
总　计	**4055368**	**520290**	**293924**	**42779**	**183587**	**466909**	**154236**	**148709**	**3068169**
按国民经济行业分									
农林牧渔业	1629000	2406	2226	132	48	7551	2000	319	1619043
采矿业	23737	15227	5171	36	10020	8510	2462	78	
制造业	793022	154608	29590	7734	117284	107870	34028	10663	530544
电力燃气及水的生产和供应业	35598	34845	18262	58	16525	753	228	4	
建筑业	342639	34294	14018	4291	15985	14816	7834	302	293529
交通运输仓储和邮政业	160439	17732	16865	633	234	7624	2054	2933	135083
信息传输计算机服务和软件业	20816	1806	1723		83	8496	5847	640	10514
批发与零售业	417154	20795	9031	3947	7817	209804	67582	91766	186555
住宿和餐饮业	135103	7458	2505	854	4099	36857	2808	22388	90788
金融业	16446	16415	7604	3370	5441	31	31		
房地产业	10182	4507	1419	1260	1828	5675	5083	24	
租赁与商务服务业	23186	8146	3251	2446	2449	15040	14726	634	
科学研究技术服务与地质勘查业	23620	22318	21556	81	681	1302	1241		
水利、环境和公共设施管理业	9944	9811	9646	143	22	133	112		
居民服务和其他服务业	236207	1980	269	1304	407	32114	5559	16516	202113
教　育	69113	69088	54430	14536	122	25	25		
卫生、社会保障和社会福利业	26916	26829	24711	1674	444	87	39	2	
文化、体育与娱乐业	14687	4466	4318	50	98	10221	2577	2440	
公共管理与社会组织	67559	67559	67329	230					
国际组织									
按三次产业分									
第一产业	1629000	2406	2226	132	48	7551	2000	319	1619043
第二产业	1194996	238974	67041	12119	159814	131949	44552	11047	824073
第三产业	1231372	278910	224657	30528	23725	327409	107684	137343	625053

2－11 续表 1　　单位:人

	各县(市)区全社会从业人员						
	合　计	老城区	西工区	瀍河区	涧西区	吉利区	洛龙区
总　计	**4055368**	**47867**	**49342**	**39821**	**81676**	**39053**	**180766**
按国民经济行业分							
农林牧渔业	1629000	10497	6595	9149	1901	8495	56530
采矿业	23737						
制造业	793022	14206	6907	9463	16894	8198	29912
电力燃气及水的生产和供应业	35598					34	386
建筑业	342639	2214	3391	2345	2734	4961	13321
交通运输仓储和邮政业	160439	1979	882	1228	6707	1631	8049
信息传输计算机服务和软件业	20816	70	208	552	549	291	882
批发与零售业	417154	9913	15077	7825	37390	5689	36508
住宿和餐饮业	135103	3217	4895	3429	9111	1175	16211
金融业	16446						
房地产业	10182	28	266	208	208	1214	27
租赁与商务服务业	23186	233	1136	544	1420	2355	3093
科学研究技术服务与地质勘查业	23620		76	20	416	73	203
水利、环境和公共设施管理业	9944	519	1206	332	1319		283
居民服务和其他服务业	236207	3002	6410	3171	6903	2345	5402
教　育	69113	527	934	504	772	528	2711
卫生、社会保障和社会福利业	26916	486	259	53	227	444	2606
文化、体育与娱乐业	14687	9	32	25	29	139	198
公共管理与社会组织	67559	967	1068	973	1892	1481	4444
国际组织							
按三次产业分							
第一产业	1629000	10497	6595	9149	1901	8495	56530
第二产业	1618063	16420	10298	11486	19628	13193	43619
第三产业	808305	20950	32449	19186	60147	17365	80617

2－11 续表 2 单位:人

	各县(市)区全社会从业人员								
	偃师市	孟津县	新安县	栾川县	嵩　县	汝阳县	宜阳县	洛宁县	伊川县
总　计	**536424**	**257447**	**337508**	**222254**	**347159**	**292566**	**425881**	**331766**	**460271**
按国民经济行业分									
农林牧渔业	133030	100746	173690	97224	209966	189592	227422	166070	2442528
采矿业	3836		14061	38676	26558	991	3310	5860	26735
制造业	189234	62443	23791	9897	5935	27179	50397	32901	42059
电力燃气及水的生产和供应业	2623	720	27781	560	9136	727	1722	919	7018
建筑业	30747	29579	28081	2056	21575	18695	47070	22655	62192
交通运输仓储和邮政业	37746	8810	13818	866	11135	7424	15011	11629	8252
信息传输计算机服务和软件业	1769	1584	719	380	2023	419	1809	981	1651
批发与零售业	60919	15134	26427	17277	19842	12895	32656	28381	26643
住宿和餐饮业	25927	5712	9510	7713	9250	3166	13396	9593	4730
金融业	962	489	545	514	797	459	588	473	1561
房地产业	329	130	231	166	6998	137	149	210	15
租赁与商务服务业	581	98	1025	428	1813	259	710	297	2375
科学研究技术服务与地质勘查业	657	520	112	2593	73	39	421	198	139
水利、环境和公共设施管理业	1688	375	537	578	2658	464	577	202	460
居民服务和其他服务业	29652	21295	5907	19163	1840	20629	14765	41126	5121
教　育	8194	4737	4683	3941	7504	4469	6446	3892	9599
卫生、社会保障和社会福利业	2276	1303	1608	1451	3040	1332	3740	1521	5587
文化、体育与娱乐业	370	112	364	331	2597	72	67	429	1931
公共管理与社会组织	6025	3660	4608	4107	4419	3618	5625	4429	9945
国际组织									
按三次产业分									
第一产业	133030	100746	173690	97224	209966	189592	227422	166070	244258
第二产业	226440	92742	93714	58951	63204	47592	102499	62335	138004
第三产业	176954	63959	70104	66079	73989	55382	95960	103361	78009

2-12 按登记注册类型分组的单位从业人员

（2008 年） 单位：人

	从业人员			
	合计	国有单位	城镇集体单位	其他单位
总计	**520290**	**293924**	**42779**	**183587**
按企业、事业、机关分				
企业	330693	121102	26398	183193
事业	134569	117900	16275	394
机关	55028	54922	106	
按国民经济行业分				
农林牧渔业	2406	2226	132	48
采矿业	15227	5171	36	10020
制造业	154608	29590	7734	117284
电力燃气及水的生产和供应业	34845	18262	58	16525
建筑业	34294	14018	4291	15985
交通运输仓储和邮政业	17732	16865	633	234
信息传输计算机服务和软件业	1806	1723		83
批发与零售业	20795	9031	3947	7817
住宿和餐饮业	7458	2505	854	4099
金融业	16415	7604	3370	5441
房地产业	4507	1419	1260	1828
租赁与商务服务业	8146	3251	2446	2449
科学研究技术服务与地质勘查业	22318	21556	81	681
水利环境和公共设施管理业	9811	9646	143	22
居民服务和其他服务业	1980	269	1304	407
教育	69088	54430	14536	122
卫生社会保障和社会福利业	26823	24705	1674	444
文化体育与娱乐业	4466	4318	50	98
公共管理与社会组织	67565	67335	230	
国际组织				
按三次产业分				
第一产业	2406	2226	132	48
第二产业	238974	67041	12119	159814
第三产业	278910	224657	30528	23725

2－13　分县（市）区单位从业人员

（2008 年）　　单位：人

	按登记注册类型分				按三次产业分		
	合　计	国有单位	城镇集体单位	其他单位	第一产业	第二产业	第三产业
总　计	**520290**	**293924**	**42779**	**183587**	**2406**	**238974**	**278910**
市　直	229507	127477	2463	99573	227	129161	100119
老城区	5818	2846	903	2069		2905	2913
西工区	13160	4569	2946	5645	10	4288	8862
瀍河区	8550	2517	1239	4794		4486	4064
涧西区	17664	4866	2429	10369		7887	9777
吉利区	12496	2851	4388	5257	0	6201	6295
洛龙区	9541	6223	1726	1592	32	2001	7508
偃师市	35210	20965	5477	8768	546	12076	22588
孟津县	24409	13777	1609	9023	174	11430	12805
新安县	33402	14029	1359	18014	8	18880	14514
栾川县	25514	19939	3067	2508	149	12370	12995
嵩　县	19134	12153	2885	4090	273	4574	14287
汝阳县	15193	9887	3273	2033	115	3392	11686
宜阳县	25136	13442	4370	7324	153	7394	17589
洛宁县	18049	12944	3054	2051	496	3733	13820
伊川县	27507	25439	1591	477	223	8196	19088

2－14　按登记注册类型分组的在岗职工人数

（2008年）　　　　单位：人

	在岗职工人数			
	合　计	国有单位	城镇集体单　　位	其他单位
总　计	**499185**	**282656**	**39438**	**177091**
按企业、事业、机关分				
企　业	314961	115172	23077	176712
事　业	131620	114986	16255	379
机　关	52604	52498	106	
按国民经济行业分				
农林牧渔业	2328	2178	102	48
采矿业	15095	5113	36	9946
制造业	150046	29258	7511	113277
电力燃气及水的生产和供应业	34005	17507	44	16454
建筑业	32430	13529	3003	15898
交通运输仓储和邮政业	15728	14863	631	234
信息传输计算机服务和软件业	1806	1723		83
批发与零售业	19533	8356	3456	7721
住宿和餐饮业	7220	2426	819	3975
金融业	13139	6577	2931	3631
房地产业	3694	1413	510	1771
租赁与商务服务业	7911	3176	2409	2326
科学研究技术服务与地质勘查业	21708	20984	72	652
水利环境和公共设施管理业	9260	9095	143	22
居民服务和其他服务业	1965	260	1302	403
教　育	68176	53522	14536	118
卫生社会保障和社会福利业	25799	23708	1657	434
文化体育与娱乐业	4337	4193	46	98
公共管理与社会组织	65005	64775	230	
国际组织				
按三次产业分				
第一产业	2328	2178	102	48
第二产业	231576	65407	10594	155575
第三产业	265281	215071	28742	21468

2－15 分县(市)区在岗职工人数

(2008年)　　单位:人

	按登记注册类型分				按三次产业分		
	合计	国有单位	城镇集体单位	其他单位	第一产业	第二产业	第三产业
总计	**499185**	**282656**	**39438**	**177091**	**2328**	**231576**	**265281**
市直	219275	122487	2368	94420	222	125337	93716
老城区	5772	2825	901	2046		2891	2881
西工区	12835	4499	2909	5427	10	4188	8637
瀍河区	7900	2045	1123	4732		4308	3542
涧西区	17036	4775	2347	10184		7750	9286
吉利区	11698	2841	3632	5225	0	6169	5529
洛龙区	9273	6007	1716	1550	30	1957	7286
偃师市	33905	20070	5116	8719	528	9404	23973
孟津县	23804	13515	1607	8682	174	11095	12535
新安县	32659	13634	1246	17779	8	18621	14030
栾川县	24689	19203	3004	2482	144	12370	12175
嵩县	18142	11319	2788	4035	273	4574	13295
汝阳县	14269	9441	2805	2023	115	2898	11256
宜阳县	25051	13361	4370	7320	153	7394	17504
洛宁县	16965	12665	2336	1964	487	2972	13506
伊川县	25627	23995	1171	461	223	7508	17896

2－16　按登记注册类型分组的单位从业人员劳动报酬

（2008 年）　　单位:万元

	从业人员劳动报酬			
	合　计	国有单位	城镇集体单　　位	其他单位
总　计	**1177491.1**	**725618.7**	**79924.0**	**371948.4**
按企业、事业、机关分				
企　业	761108.4	346934.4	42764.7	371409.3
事　业	281851.3	244416.0	36896.2	539.1
机　关	134531.4	134268.3	263.1	
按国民经济行业分				
农林牧渔业	3375.9	3166.8	119.4	89.7
采矿业	37292.5	10759.1	72.1	26461.3
制造业	355626.0	102611.7	15423.7	237590.6
电力燃气及水的生产和供应业	94910.3	63540.7	175.0	31194.6
建筑业	75565.9	38597.7	6077.1	30891.1
交通运输仓储和邮政业	25888.5	24526.5	1055.8	306.2
信息传输计算机服务和软件业	5675.7	5555.0		120.7
批发与零售业	35645.8	22048.6	3114.7	10482.5
住宿和餐饮业	8833.0	2706.0	1122.5	5004.5
金融业	58453.3	32111.8	8898.2	17443.3
房地产业	9073.5	2375.1	2392.6	4305.8
租赁与商务服务业	11777.6	4674.9	2644.6	4458.1
科学研究技术服务与地质勘查业	60052.6	57717.6	331.2	2003.8
水利环境和公共设施管理业	15915.7	15714.4	175.5	25.8
居民服务和其他服务业	2078.4	451.7	1107.4	519.3
教　育	158331.2	124538.2	33647.0	146.0
卫生社会保障和社会福利业	54475.8	50615.7	3102.5	757.6
文化体育与娱乐业	7061.6	6902.1	12.0	147.5
公共管理与社会组织	157457.8	157005.1	452.7	
国际组织				
按三次产业分				
第一产业	3375.9	3166.8	119.4	89.7
第二产业	563394.7	215509.2	21747.9	326137.6
第三产业	610720.5	506942.7	58056.7	45721.1

2-17 分县(市)区单位从业人员劳动报酬

(2008年) 单位:万元

	按登记注册类型分				按三次产业分		
	合　计	国有单位	城镇集体单位	其他单位	第一产业	第二产业	第三产业
总　计	**1177491.1**	**725618.7**	**79924.0**	**371948.4**	**3375.9**	**563394.7**	**610720.5**
市　直	580506.8	360149.1	5480.2	214877.5	415.4	318044.1	262047.3
老城区	10812.4	6008.4	1565.2	3238.8		4317.4	6495.0
西工区	24447.3	12613.5	4051.8	7782.0	23.0	7296.4	17127.9
瀍河区	16777.8	6099.5	1481.6	9196.7		7778.8	8999.0
涧西区	30230.6	9421.6	3366.4	17442.6		14369.1	15861.5
吉利区	33288.5	6168.5	12416.5	14703.5		19861.7	13426.8
洛龙区	19907.7	15887.7	1343.2	2676.8	66.8	2689.0	17151.9
偃师市	68839.1	37508.9	8317.6	23012.6	869.5	28308.0	39661.6
孟津县	50850.1	30956.1	2837.5	17056.5	311.7	23930.7	26607.7
新安县	62279.9	29252.4	2402.6	30624.9	19.4	33295.9	28964.6
栾川县	81707.8	69573.3	8923.2	3211.3	201.1	47694.2	33812.5
嵩　县	35523.5	21971.8	5430.5	8121.2	391.2	9322.5	25809.8
汝阳县	28145.2	18569.8	6448.1	3127.3	226.1	5335.4	22583.7
宜阳县	51434.1	30133.7	9590.6	11709.8	201.4	12152.7	39080.0
洛宁县	31135.6	22476.9	3959.3	4699.4	453.3	7618.1	23064.2
伊川县	51596.7	48819.5	2309.7	467.5	197.0	19166.4	32233.3

2－18 按登记注册类型分组的在岗职工工资总额

（2008年） 单位:万元

	合计	国有单位	城镇集体单位	其他单位
总计	**11516270.0**	**709818.8**	**77302.6**	**364505.6**
按企业、事业、机关分				
企业	743255.5	339105.6	40162.0	363987.9
事业	278855.4	241460.2	36877.5	517.7
机关	129516.1	129253.0	263.1	
按国民经济行业分				
农林牧渔业	3331.2	3133.5	108.0	89.7
采矿业	37124.3	10693.6	72.1	26358.6
制造业	350499.9	102286.0	15166.0	233047.9
电力燃气及水的生产和供应业	93781.9	62587.5	162.5	31031.9
建筑业	73618.3	37697.7	5168.9	30751.7
交通运输仓储和邮政业	25224.5	23863.5	1054.8	306.2
信息传输计算机服务和软件业	5675.7	5555.0		120.7
批发与零售业	34558.1	21386.9	2755.1	10416.1
住宿和餐饮业	8665.4	2664.5	1122.5	4878.4
金融业	53525.4	29482.5	8428.0	15614.9
房地产业	8447.9	2369.3	1894.5	4184.1
租赁与商务服务业	11382.5	4572.9	2614.8	4194.8
科学研究技术服务与地质勘查业	58285.6	56064.5	279.3	1941.8
水利环境和公共设施管理业	15609.4	15408.1	175.5	25.8
居民服务和其他服务业	2059.2	443.1	1104.8	511.3
教育	156978.6	123194.3	33647.0	137.3
卫生社会保障和社会福利业	53594.4	49762.6	3084.9	746.9
文化体育与娱乐业	6989.8	6831.1	11.2	147.5
公共管理与社会组织	152274.9	151822.2	452.7	
国际组织				
按三次产业分				
第一产业	3331.2	3133.5	108.0	89.7
第二产业	555024.4	213264.8	20569.5	321190.1
第三产业	10957914.4	493420.5	56625.1	43225.8

2-19 分县(市)区在岗职工工资总额

(2008年)　　单位:万元

	按登记注册类型分				按三次产业分		
	合　计	国有单位	城镇集体单　　位	其他单位	第一产业	第二产业	第三产业
总　计	**11516270.0**	**709818.8**	**77302.6**	**364505.6**	**3331.2**	**555024.4**	**10957914.4**
市　直	567836.2	353197.3	5357.7	209281.2	409.9	313551.4	253874.9
老城区	10772.7	5997.1	1562.4	3213.2		4301.7	6471.0
西工区	24024.0	12573.7	3918.7	7531.6	23.0	7210.9	16790.1
瀍河区	15907.4	5473.4	1377.3	9056.7		7528.5	8378.9
涧西区	29782.5	9288.8	3280.6	17213.1		14178.6	15603.9
吉利区	32719.8	6160.7	11908.0	14651.1		19801.7	12918.1
洛龙区	19714.0	15766.5	1333.4	2614.1	65.9	4776.6	14871.5
偃师市	67472.2	36466.6	8116.7	22888.9	861.9	16578.2	50032.1
孟津县	50216.2	30725.8	2836.4	16654.0	311.7	23537.0	26367.5
新安县	61514.8	28851.3	2274.6	30388.9	19.4	33054.1	28441.3
栾川县	78262.6	66178.5	8911.8	3127.3	199.4	47694.2	30369.0
嵩　县	34558.5	21171.7	5289.6	8097.2	363.2	9486.0	24709.3
汝阳县	26966.3	18042.8	5803.5	3120.0	226.1	4631.5	22108.7
宜阳县	51334.4	30034.0	9590.6	11709.8	201.4	12152.7	38980.3
洛宁县	30429.7	22267.7	3697.1	4464.9	452.3	7112.5	22864.9
伊川县	49850.7	47397.9	2004.2	448.6	197.0	18272.7	31422.0

2－20　按登记注册类型分组的在岗职工平均工资

（2008 年）　　单位:元

	合　计	国有单位	城镇集体单位	其他单位
总　计	**22883**	**24973**	**19519**	**20315**
按企业、事业、机关分				
企　业	23255	28874	17268	20329
事　业	21254	21099	22709	13552
机　关	24692	24692	24821	
按国民经济行业分				
农林牧渔业	14340	14453	10093	18688
采矿业	24199	19966	1975	27400
制造业	22835	34557	19905	20020
电力燃气及水的生产和供应业	26340	31798	40625	21714
建筑业	22649	28126	17212	19103
交通运输仓储和邮政业	16212	16271	15958	13198
信息传输计算机服务和软件业	31904	32240		21554
批发与零售业	17644	25589	7924	13438
住宿和餐饮业	11910	11019	13098	12193
金融业	41383	44772	30154	43936
房地产业	22630	16685	37589	23129
租赁与商务服务业	14842	14358	11805	18487
科学研究技术服务与地质勘查业	27054	26928	38792	29782
水利环境和公共设施管理业	16993	17080	12273	11727
居民服务和其他服务业	10609	17042	8485	13491
教　育	23064	23061	23171	11347
卫生社会保障和社会福利业	21029	21252	18799	17370
文化体育与娱乐业	15980	16149	2435	15051
公共管理与社会组织	23521	23538	19264	
国际组织				
按三次产业分				
第一产业	14340	14453	10093	18688
第二产业	23424	33293	18654	20328
第三产业	22472	23055	19765	20223

2－21　分县(市)区在岗职工平均工资

(2008年)　　　　单位:元

	按登记注册类型分				按三次产业分		
	合　计	国有单位	城镇集体单位	其他单位	第一产业	第二产业	第三产业
总　计	**22883**	**24973**	**19519**	**20315**	**14340**	**23424**	**22472**
市　直	25758	28964	22075	21781	18548	24648	28277
老城区	18663	14733	17341	15704		14880	22461
西工区	18718	27948	13471	13878	23000	17218	19439
瀍河区	19972	26173	11925	19035		17391	23044
涧西区	15399	19506	13984	15841		18295	16804
吉利区	28309	21601	32786	28875		32499	23638
洛龙区	21880	26467	9145	16389	20594	23800	21327
偃师市	20133	18107	15828	27758	16110	14235	23454
孟津县	20760	22228	17190	19107	17914	21214	21035
新安县	18835	21161	18255	17093	24250	17751	20272
栾川县	32275	35416	29019	12730	14470	39630	25142
嵩　县	19156	18738	19020	20447	15521	21162	18725
汝阳县	17640	18844	18910	11805	19661	15982	19891
宜阳县	20492	22479	21946	15997	13163	16436	22269
洛宁县	17958	17649	15847	22380	9345	24078	16928
伊川县	17941	18110	17398	9710	8795	18568	17656

2－22 离开本单位仍保留劳动关系的职工人数

（2008 年）　　单位：人

	离开本单位仍保留劳动关系的职工人数			
	合　计	国有单位	城镇集体单位	其他单位
总　计	**47880**	**21143**	**7175**	**19562**
按企业、事业、机关分				
企　业	44505	17915	7034	19556
事　业	2299	2152	141	6
机　关	1076	1076		
按国民经济行业分				
农林牧渔业	534	138	391	5
采矿业	1261	933	34	294
制造业	19574	3237	1347	14990
电力燃气及水的生产和供应业	1345	1334		11
建筑业	3824	2572	327	925
交通运输仓储和邮政业	2721	2669	52	
信息传输计算机服务和软件业	178	178		
批发与零售业	11522	4342	4469	2711
住宿和餐饮业	953	734	138	81
金融业	1353	1027	99	227
房地产业	257	182	7	68
租赁与商务服务业	666	281	145	240
科学研究技术服务与地质勘查业	888	879	1	8
水利环境和公共设施管理业	193	184	7	2
居民服务和其他服务业	46	28	18	
教　育	109	91	18	
卫生社会保障和社会福利业	939	817	122	
文化体育与娱乐业	306	306		
公共管理与社会组织	1211	1211		
国际组织				
按三次产业分				
第一产业	534	138	391	5
第二产业	26004	8076	1708	16220
第三产业	21342	12929	5076	3337

2-23 离开本单位仍保留劳动关系的职工生活费

(2008年) 单位:万元

	离开本单位仍保留劳动关系的职工生活费			
	合 计	国有单位	城镇集体单 位	其他单位
总 计	**20020.0**	**12964.5**	**991.5**	**6064.0**
按企业、事业、机关分				
企 业	18075.8	11057.8	955.0	6063.0
事 业	1193.0	1156	36.5	1.0
机 关	751.2	751.2		
按国民经济行业分				
农林牧渔业	59.4	38.2	19.1	2.1
采矿业	151.2	14.1		137.1
制造业	6231.4	1677.9	240.0	4313.5
电力燃气及水的生产和供应业	2214.1	2195.6		18.5
建筑业	1758.5	952.5	70.6	735.4
交通运输仓储和邮政业	1569	1564.0	4.8	
信息传输计算机服务和软件业	281.3	281.3		
批发与零售业	1606	1103.1	301	201.9
住宿和餐饮业	224.2	164.1	26.2	33.9
金融业	3193.7	2509.9	183	500.8
房地产业	190.1	147.5	21	22
租赁与商务服务业	244	76.6	70.6	97
科学研究技术服务与地质勘查业	653.2	652		1.2
水利环境和公共设施管理业	167.4	160.6	5.8	1.0
居民服务和其他服务业	20	5.1	14.9	
教 育	57.6	25.2	32.4	
卫生社会保障和社会福利业	449	446.9	2.1	
文化体育与娱乐业	113.6	113.6		
公共管理与社会组织	836.3	836.3		
国际组织				
按三次产业分				
第一产业	59.4	38.2	19.1	2.1
第二产业	10355.2	4840.1	310.6	5204.5
第三产业	9605.4	8086.2	661.8	857.4

2－24 离休、退休、退职人员人数及保险福利费用构成情况

（2008 年）

	离退休人数				保险福利费用构成			
	合 计（人）	女 性	离 休 人 员（人）	退 休 人 员（人）	合 计（千元）	离休金（千元）	退休金（千元）	其他费用（千元）
总 计	**283680**	**121714**	**7126**	**276554**	**4090921**	**301985**	**3762748**	**26188**
企 业（含私营企业）	216064	95765	3549	212515	2816094	199789	2609705	6600
事 业	49292	20660	1955	47337	917048	50745	858323	7980
机 关	14879	4190	1622	13257	322997	51451	259938	11608
其 他（以个人身份参保人员）	3445	1099		3445	34782		34782	

2－25 按登记注册类型分组社会保险基本情况

（2008 年）

年 份	年末参加养老保险人数（万人）			养老保险基金收支情况（万元）		
	合 计	职 工	离退休人员	基金收入	基金支出	累计结余
2001	60.57	46.88	13.69	88852	85732	52826
2002	61.51	46.72	14.79	111525	107772	56890
2003	63.93	48.35	15.58	117049	112067	64275
2004	66.40	49.97	16.43	139737	123360	79503
2005	67.82	50.27	17.55	156776	134446	101176
2006	72.35	53.54	18.82	191450	172412	120214
2007	76.80	56.76	20.04	165474	206096	44250
2008	81.59	60.90	20.69	193652	267652	134181
企业						
2001	54.95	41.92	13.03	80167	79401	41309
2002	55.97	41.89	14.08	100666	100046	41929
2003	58.47	43.66	14.81	106262	103712	44479
2004	60.71	45.15	15.56	126751	114230	57000
2005	61.66	45.07	16.59	143082	124095	75987
2006	66.01	48.37	17.65	173873	159105	90755
2007	69.56	50.90	18.66	143844	186280	42436
2008	73.83	54.66	19.17	168621	244333	99926
机关事业						
2001	5.62	4.96	0.66	8685	6331	11517
2002	5.54	4.84	0.70	10859	7726	14961
2003	5.46	4.69	0.77	10787	8355	19796
2004	5.70	4.82	0.87	12986	9130	22503
2005	6.16	5.20	0.96	13694	10351	25189
2006	6.34	5.17	1.17	17577	13307	29459
2007	7.24	5.86	1.38	21630	19816	1814
2008	7.76	6.24	1.52	25031	23319	34255

2－26 失业、医疗、工伤社会保险基本情况

（2008 年）

年份	失业保险			基本医疗保险		工伤保险		
	年末参保职工人数（万人）	全年发放失业保险金人数（万人）	全年发放失业保险金（万元）	年末参保职工人数（万人）	年末参保离退休人数（万人）	年末参保职工人数（万人）	年末享受工伤待遇人数（万人）	年末参加生育保险职工人数（万人）
2001	60.33	1.11	4971.30	33.24	8.90	27.97	0.10	40.46
2002	59.17	2.22	7688.13	37.81	11.20	26.79	0.19	41.11
2003	58.35	3.35	9260.83	41.63	14.28	28.58	0.12	37.38
2004	60.31	4.68	12051.80	43.63	15.98	33.85	0.18	35.25
2005	60.20	5.73	13677.10	46.68	17.88	36.75	0.08	33.82
2006	58.44	6.80	18749.00	48.90	19.36	38.02	0.22	35.02
2007	59.71	5.69	17731.00	74.64	21.72	43.31	0.25	35.52
2008	59.10	4.33	15002.00	86.18	24.16	45.72	0.17	40.00

三、工　业

INDUSTRY

资料整理：张文军　王继军　刘予军　李海阳　郭　静

主要统计指标解释

1. **工业**　工业是从事物质产品生产活动的部门。工业生产活动主要包括以下四个方面。(1)对自然资源的开采;(2)对农副产品的加工、再加工;(3)对采掘品的加工、再加工;(4)对工业品的修理、翻新。

2. **规模以上工业企业**　指全部年主营业务收入500万元以上的工业企业。

3. **轻工业**　指提供生活消费品和制作手工工具的工业,是为满足人们吃、穿、用需要的工业。按其所使用的原料不同,可分为两大类:(1)以农产品为原料的工业。(2)以非农产品为原料的轻工业,是指以工业品为原料的轻工业。

4. **重工业**　指生产生产资料的工业,是为国民经济各部门提供物质技术基础的工业。按其生产和产品用途,可分为采掘(伐)工业、原材料工业、加工工业。

5. **工业总产值**　工业总产值是指以货币表现的工业企业在报告期内生产的工业产品总量。工业总产值包括在报告期内已完成全部生产过程,经检验、包装(规定不需包装的产品除外)入库的产品价值,在报告期内生产性劳动劳务形式表现的工业性作业价值及生产周期在六个月以上的自制半成品、在产品期末期初差额价值。

6. **工业销售产值**　工业销售产值是以货币表现的工业企业在一定时期内销售的本企业生产的工业产品总量。包括已销的成品、半成品价值,对外提供的工业性作业价值和对本企业基本建设部门,生活福利部门提供的产品和工业性作业及自制设备的价值。

7. **工业增加值**　工业增加值是工业企业在报告期内以货币表现的工业生产活动的最终成果。工业增加值有两种计算方法:一是生产法,即以工业总产出减去工业中间投入;二是收入法,即从收入的角度出发,根据生产要素在生产过程中应得到的收入份额计算,具体构成项目有固定资产折旧、劳动者报酬、生产税净额、营业盈余,这种方法也称要素分配法。

8. **资本金**　资本金是指企业在工商行政管理部门登记的注册资金。企业筹集的资金主要分为国家资本金、法人资本金、个人资本金以及外商资本金等。

9. **流动资产**　流动资产是指可以在一年或者超过一年的一个营业周期内变现或者耗用的资产,包括现金和各种存款、短期投资、应收及预付货款、存货等。流动资产的一个重要特点是它在参加生产经营时,其价值一次性转移到产品成本或费用中去。

10. **流动资产平均余额**　指全部流动资产报告期平均余额。

流动资产年平均余额=1至12月各月初、月末流动资产余额之和/24

11. **固定资产原值**　固定资产原值指企业在建造、购置、安装、改建、扩建、技术改造某项固定资产时所支出的全部货币总额。它一般包括买价、包装费、运杂费和安装费等。

12. **固定资产净值**　指固定资产原价减去历年所提折旧的净额。

13. **流动负债**　流动负债是指将在一年或者超过一年的一个营业周期内偿还的债务。包括短期借款、应付票据、应付帐款、预付货款、应付工资、应交税金、应付利润、其他应付款、预提费用等。

14. **所有者权益**　所有者权益是指企业投资人对企业净资产的所有权,包括企业所有者投入资金以及留存收益等。

15. **主营业务收入**　指企业销售产品和提供劳务等主要经营业务取得的业务总额。

3－1 全部工业总产值(当年价格)

单位:万元

	2003 年	2004 年	2005 年	2006 年	2007 年	2008 年
总　计	**10159005**	**13800205**	**18070327**	**23648603**	**29641907**	**35417414**
在总计中:轻工业	2843491	3322353	3972724	5071259	5763323	6949780
重工业	7315514	10477789	14097603	18577344	23878584	28467634
在总计中:老城区	93453	127439	173907	227763	302214	430474
西工区	85757	119581	170449	241183	294673	370966
瀍河区	195466	256687	392019	575385	668327	163080
涧西区	323644	401040	322564	375467	570703	820544
吉利区	118878	148756	210211	297801	418208	350911
洛龙区	181780	265541	437090	599882	743590	1038202
高新区	182264	248076	374013	684297	1053385	1340475
偃师市	2386782	2945551	3450847	4491321	5405169	6572429
孟津县	315243	400128	557567	780919	1083682	1270960
新安县	1077548	1765474	2523153	3424886	3998667	4938641
栾川县	208906	413969	839579	1082658	1901051	2171142
嵩　县	144513	200381	366463	450577	636563	867643
汝阳县	137134	219320	348081	419698	739873	932989
宜阳县	148877	230207	409199	535081	881577	1084706
洛宁县	102804	166198	297625	358617	590527	833080
伊川县	1040484	1555952	2214163	2908570	3890804	4190157

3－2　全部工业总产值指数（当年可比价格）

（以上年为100）

	2003年	2004年	2005年	2006年	2007年	2008年
总　计	**122.2**	**117.6**	**121.1**	**118.9**	**121.1**	**112.9**
在总计中：轻工业	108.4	102.2	115.5	123.0	114.3	114.8
重工业	128.3	123.7	122.8	118.0	122.0	112.5
在总计中：老城区	119.8	118.6	123.4	119.9	123.1	122.2
西工区	116.3	114.6	121.0	121.0	123.7	128.9
瀍河区	335.1	113.9	137.9	119.9	125.1	126.1
涧西区	104.2	123.5	124.7	113.3	124.4	131.0
吉利区	129.0	118.1	142.8	133.6	128.4	118.1
洛龙区	114.9	113.5	134.8	122.9	121.1	126.1
高新区		111.8	150.8	127.9	123.9	126.5
偃师市	121.6	106.8	124.4	122.3	115.7	118.7
孟津县	114.9	111.1	124.0	127.0	126.6	122.5
新安县	131.4	136.0	130.5	122.9	122.3	117.2
栾川县	116.6	122.5	123.6	127.4	135.9	120.6
嵩　县	121.8	118.4	139.5	115.5	123.1	113.4
汝阳县	121.0	129.6	120.0	114.9	125.1	108.8
宜阳县	100.3	137.5	127.5	118.4	126.0	113.0
洛宁县	115.3	139.5	139.4	117.9	126.1	118.9
伊川县	153.8	123.5	125.0	120.1	126.1	113.0

3-3 全部工业总产值构成(当年价格)

单位:%

	2003年	2004年	2005年	2006年	2007年	2008年
总　计	**100.0**	**100.0**	**100.0**	**100.0**	**100.0**	**100.0**
在总计中:轻工业	28.0	24.1	22.0	21.4	19.4	19.6
重工业	72.0	75.9	78.0	78.6	80.6	80.4
在总计中:老城区	0.9	0.9	1.0	1.0	1.0	1.2
西工区	0.8	0.9	0.9	1.0	1.0	1.0
瀍河区	1.9	1.9	2.2	2.4	2.3	0.5
涧西区	3.2	2.9	1.8	1.6	1.9	2.3
吉利区	1.2	1.1	1.2	1.3	1.4	1.0
洛龙区	1.8	1.9	2.4	2.9	2.5	2.9
高新区	3.1	2.9	3.1	3.3	3.6	3.8
偃师市	23.5	21.3	19.1	19.0	18.2	18.6
孟津县	3.1	2.9	3.1	3.3	3.7	3.6
新安县	10.6	12.8	14.0	14.5	13.5	13.9
栾川县	2.1	3.0	4.6	4.6	6.4	6.1
嵩　县	1.4	1.5	2.0	1.9	2.1	2.4
汝阳县	1.3	1.6	1.9	1.8	2.5	2.6
宜阳县	1.5	1.7	2.3	2.3	3.0	3.1
洛宁县	1.0	1.2	1.6	1.5	2.0	2.4
伊川县	10.2	11.3	12.3	12.3	13.1	11.8

3－4 全部工业增加值(当年价格)

单位:万元

	2003 年	2004 年	2005 年	2006 年	2007 年	2008 年
总　计	**3341341**	**4382925**	**5660728**	**7067096**	**8646230**	**10453886**
在总计中:轻工业	863369	1003914	1175998	1459310	1666181	2033797
重工业	2477972	3379011	4484730	5607785	6980049	8420089
老城区	25485	36439	49663	62078	83150	121678
西工区	24794	36776	54697	71067	84617	103128
瀍河区	60663	54221	74100	98587	96621	48339
涧西区	96147	116425	88295	101368	153345	212850
吉利区	35782	44425	67704	97223	118893	92681
洛龙区	51617	86186	127153	165534	201292	274611
高新区	52338	76107	108793	186577	278102	351884
偃师市	720763	926939	1048364	1334856	1592832	1942683
孟津县	91441	125364	179511	237023	324251	377077
新安县	382729	612985	825650	992864	1207569	1441148
栾川县	70244	156147	380292	510205	859834	1073157
嵩　县	44492	63793	121999	165119	235143	358459
汝阳县	43029	70802	105962	131354	236838	315416
宜阳县	50342	76571	131331	180232	275995	361721
洛宁县	32611	53313	88743	107164	173141	248006
伊川县	398350	554266	759970	913213	1198268	1287655

3－5　全部工业增加值指数(当年可比价格)

(以上年为100)

	2003年	2004年	2005年	2006年	2007年	2008年
总　计	**125.0**	**123.0**	**118.9**	**120.8**	**121.1**	**116.7**
在总计中:轻工业	112.0	110.3	110.1	121.6	114.5	114.7
重工业	130.1	135.6	121.5	120.7	123.0	117.6
老城区	120.5	120.2	108.1	119.0	123.1	123.3
西工区	115.8	123.1	119.1	121.7	123.7	125.1
瀍河区	349.4	120.6	125.8	119.3	125.1	121.2
涧西区	107.5	117.6	115.4	112.2	124.4	125.9
吉利区	124.8	132.2	144.0	138.8	128.4	118.8
洛龙区	116.4	122.9	125.8	120.4	121.1	122.5
高新区	–	125.3	143.0	120.1	136.7	124.7
偃师市	117.9	111.0	116.6	123.2	115.7	116.8
孟津县	116.1	118.6	121.3	125.9	126.6	120.4
新安县	134.9	153.7	122.3	123.0	122.3	120.6
栾川县	119.4	144.7	129.4	141.0	135.9	128.0
嵩　县	120.4	126.6	127.6	128.6	123.1	122.2
汝阳县	123.1	136.0	119.5	118.3	125.1	120.0
宜阳县	107.9	137.6	123.4	127.8	126.0	121.0
洛宁县	119.1	142.7	126.6	121.9	126.1	119.2
伊川县	162.3	135.3	132.4	127.2	126.1	120.0

3－6 全部工业增加值构成(当年价格)

单位:%

	2003 年	2004 年	2005 年	2006 年	2007 年	2008 年
总 计	**100.0**	**100.0**	**100.0**	**100.0**	**100.0**	**100.0**
在总计中:轻工业	25.8	22.9	20.8	20.6	19.3	19.5
重工业	74.2	77.1	79.2	79.4	80.7	80.5
老城区	0.8	0.8	0.9	0.9	1.0	1.2
西工区	0.7	0.8	1.0	1.0	1.0	1.0
瀍河区	1.8	1.2	1.3	1.4	1.1	0.5
涧西区	2.9	2.7	1.6	1.4	1.8	2.0
吉利区	1.1	1.0	1.2	1.4	1.4	0.9
洛龙区	1.5	2.0	2.2	2.3	2.3	2.6
高新区	1.6	1.7	1.9	2.6	3.2	3.4
偃师市	21.6	21.1	18.5	18.9	18.4	18.6
孟津县	2.7	2.9	3.2	3.4	3.8	3.6
新安县	11.5	14.0	14.6	14.0	14.0	13.8
栾川县	2.1	3.6	6.7	7.2	9.9	10.3
嵩 县	1.3	1.5	2.2	2.3	2.7	3.4
汝阳县	1.3	1.6	1.9	1.9	2.7	3.0
宜阳县	1.5	1.7	2.3	2.6	3.2	3.5
洛宁县	1.0	1.2	1.6	1.5	2.0	2.4
伊川县	11.9	12.6	13.4	12.9	13.9	12.3

3-7 分县(市)区全部工业企业单位数

(2008年) 单位:个

	总 计	规模以上工业企业	规模以下工业企业	个 体 合作工业
总 计	**56065**	**1424**	**6000**	**48641**
市 区	**4617**	**419**	**1542**	**2656**
市 直	38	38		
老城区	355	49	120	186
西工区	577	53	187	337
瀍河区	368	34	107	227
涧西区	666	39	259	368
吉利区	333	25	108	200
洛龙区	1598	95	433	1070
高新区	682	86	328	268
九 县	**51448**	**1005**	**4458**	**45985**
偃师市	16507	354	981	15172
孟津县	3523	134	532	2857
新安县	8868	140	1079	7649
栾川县	1986	86	195	1705
嵩 县	2586	46	284	2256
汝阳县	3201	46	295	2860
宜阳县	3459	81	309	3069
洛宁县	1686	28	209	1449
伊川县	9632	90	574	8968

3－8 分县(市)区全部工业总产值

（2008 年）　　　　单位：万元

	总计	规模以上工业企业	规模以下工业企业	个体合作工业
总　计	**35417414**	**26823788**	**2519518**	**6074108**
市　区	**12552368**	**11940719**	**461837**	**149812**
市　直	8037717	8037717		
老城区	430474	379024	41759	9691
西工区	370966	296406	58027	16533
瀍河区	163080	122939	33356	6785
涧西区	820544	701726	108048	10769
吉利区	350911	301433	39783	9695
洛龙区	1038202	837274	108526	92401
高新区	1340475	1264200	72337	3938
九　县	**22861748**	**14883069**	**2042967**	**5935712**
偃师市	6572429	3586791	362866	2622772
孟津县	1270960	895908	231729	143324
新安县	4938641	3562798	452253	923590
栾川县	2171142	1963395	137669	70078
嵩　县	867643	520623	134439	212581
汝阳县	932989	542664	156814	233511
宜阳县	1084706	749934	176515	158257
洛宁县	833080	494296	105673	233111
伊川县	4190157	2566660	285010	1338487

3－9 分县(市)区全部工业总产值指数

(2008年) 单位:%

	总计	规模以上工业企业	规模以下工业企业	个体合作工业
总计	**112.9**	**114.9**	**109.6**	**105.5**
市区	**108.9**	**108.9**	**113.6**	**106.9**
市直	99.1	99.1	100.0	100.0
老城区	122.2	123.8	111.3	111.9
西工区	128.9	134.4	108.2	122.4
瀍河区	126.1	130.9	128.4	71.9
涧西区	131.0	134.9	112.7	104.2
吉利区	118.1	121.1	102.5	103.6
洛龙区	126.1	129.8	118.7	106.7
高新区	126.5	127.5	112.0	108.7
九县	**116.9**	**123.4**	**118.8**	**106.9**
偃师市	118.7	129.8	109.3	107.4
孟津县	122.5	129.7	108.1	108.0
新安县	117.2	123.4	98.9	106.1
栾川县	120.6	123.3	314.4	42.9
嵩县	113.4	118.7	98.2	112.2
汝阳县	108.8	109.0	107.1	109.6
宜阳县	113.0	124.3	108.0	82.0
洛宁县	118.9	129.1	106.3	106.8
伊川县	113.0	115.2	104.0	111.1

3－10　分县(市)区全部工业增加值

（2008年）　　　　单位:万元

	总　计	规模以上工业企业	规模以下工业企业	个　　体合作工业
总　计	**10453886**	**7832681**	**778937**	**1842268**
市　区	**3047510**	**2865967**	**137172**	**44371**
市　直	1842339	1842339		
老城区	121678	106472	12375	2831
西工区	103128	80693	17573	4862
瀍河区	48339	36527	9769	2043
涧西区	212850	178098	31559	3193
吉利区	92681	77583	12188	2910
洛龙区	274611	215259	31971	27381
高新区	351884	328996	21737	1151
九　县	**6117667**	**4166432**	**547846**	**1403389**
偃师市	1942683	1040738	109025	792920
孟津县	377077	264587	69121	43369
新安县	1441148	1023799	144387	272962
栾川县	1073157	1004514	44866	23777
嵩　县	358459	250295	42748	65416
汝阳县	315416	196128	49489	69799
宜阳县	361721	243456	53993	64272
洛宁县	248006	142915	34216	70875
伊川县	1287655	800282	90314	397059

3－11 分县(市)区全部工业增加值指数

（2008年） 单位:%

	总 计	规模以上工业企业	规模以下工业企业	个 体合作工业
总 计	**116.7**	**120.7**	**108.4**	**105.2**
市 区	**108.0**	**108.3**	**107.8**	**104.0**
市 直	97.7	97.7	100.0	100.0
老城区	123.3	126.3	105.5	107.5
西工区	125.1	131.1	104.8	118.3
瀍河区	121.2	126.4	120.4	71.2
涧西区	125.9	131.0	105.4	101.5
吉利区	118.8	123.1	100.5	102.2
洛龙区	122.5	127.2	111.9	104.0
高新区	124.7	126.1	107.7	104.5
九 县	**120.6**	**129.1**	**119.7**	**106.0**
偃师市	116.8	128.2	103.8	106.3
孟津县	120.4	128.5	103.2	107.4
新安县	120.6	130.1	101.1	103.1
栾川县	128.0	129.6	327.8	47.8
嵩 县	122.2	129.7	99.9	113.5
汝阳县	120.0	128.7	108.1	107.7
宜阳县	121.0	128.7	105.7	109.4
洛宁县	119.2	129.2	110.1	106.7
伊川县	120.0	128.8	105.4	108.4

3-12 分县(市)区规模以上工业总产值、销售产值、增加值

(2008年) 单位:万元

	单位数(个)	工业总产值(当年价格)	工业销售产值(当年价格)	工业增加值(当年价格)
总计	**1424**	**26823788**	**26049947**	**7832681**
市直	38	8037717	8121147	1842339
老城区	49	379024	373053	106472
西工区	53	296406	287327	80693
瀍河区	34	122939	122445	36527
涧西区	39	701726	688809	178098
吉利区	25	301433	299416	77583
洛龙区	95	837274	813936	215259
高新区	86	1264200	1174473	328996
偃师市	354	3586791	3470541	1040738
孟津县	134	895908	840217	264587
新安县	140	3562798	3455710	1023799
栾川县	86	1963395	1863220	1004514
嵩县	46	520623	513158	250295
汝阳县	46	542664	451750	196128
宜阳县	81	749934	718238	243456
洛宁县	28	494296	486680	142915
伊川县	90	2566660	2369827	800282
轻工业	**314**	**3416863**	**3232217**	**974720**
市直	9	581333	518427	177794
老城区	7	128106	124224	36732
西工区	3	10869	10762	2862
瀍河区	7	13396	12983	3863
涧西区	2	16985	15752	4129
吉利区	8	22544	20689	6038
洛龙区	21	120616	118955	31970
高新区	8	49254	46142	17603
偃师市	185	2019348	1927020	556308
孟津县	13	70829	69954	20103
新安县	6	57953	56909	16247
栾川县	2	3672	3646	1174
嵩县	9	12451	12098	3604
汝阳县	8	92172	78023	33065
宜阳县	10	41381	41290	12411
洛宁县	8	157034	157163	45188
伊川县	8	18920	18180	5629

	单位数（个）	工业总产值（当年价格）	工业销售产值（当年价格）	工业增加值（当年价格）
重工业	**1110**	**23406925**	**22817730**	**6857961**
市　直	29	7456387	7602719	1664543
老城区	42	250918	248829	69741
西工区	50	285537	276565	77832
瀍河区	27	109543	109463	32664
涧西区	37	684741	673057	173968
吉利区	17	278889	278727	71545
洛龙区	74	716657	694981	183288
高新区	78	1214946	1128331	311393
偃师市	169	1567443	1543521	484430
孟津县	121	825079	770263	244484
新安县	134	3504845	3398801	1007552
栾川县	84	1959723	1859574	1003340
嵩　县	37	508172	501061	246691
汝阳县	38	450491	373727	163064
宜阳县	71	708553	676947	231046
洛宁县	20	337261	329517	97727
伊川县	82	2547740	2351647	794653
国有控股企业	**168**	**14483587**	**14181520**	**4039196**
市　直	30	7323312	7400491	1767753
老城区	3	13802	13743	3795
西工区	4	63914	60899	16102
瀍河区	7	15721	16620	4488
涧西区	7	49238	49018	13636
吉利区	3	21950	19655	6284
洛龙区	7	188601	185773	45573
高新区	18	782247	728773	186179
偃师市	19	170379	163111	48436
孟津县	16	200612	192820	62941
新安县	13	1783508	1742217	495408
栾川县	11	1348558	1280414	649149
嵩　县	10	167945	168771	37603
汝阳县	5	266612	201308	111697
宜阳县	7	120483	117871	39279
洛宁县	3	15256	15257	3649
伊川县	5	1951449	1824779	547224

	单位数(个)	工业总产值(当年价格)	工业销售产值(当年价格)	工业增加值(当年价格)
非公有制	**1146**	**11326826**	**10866114**	**3487311**
市　直	8	724500	730838	77028
老城区	41	344154	338345	96439
西工区	40	139100	135000	40387
瀍河区	19	73468	72189	22155
涧西区	21	417499	406426	104105
吉利区	20	53344	52719	14905
洛龙区	74	622715	602427	161964
高新区	64	472571	437430	138488
偃师市	319	3304466	3198198	959697
孟津县	111	654799	607645	190231
新安县	115	1745156	1679551	516897
栾川县	70	567472	536344	333385
嵩　县	31	294717	287452	178163
汝阳县	36	245807	220787	75457
宜阳县	72	607910	578708	198265
洛宁县	24	467205	459588	136368
伊川县	81	591943	522467	243377
大型企业	**20**	**10466461**	**10392366**	**2864010**
市　直	14	5850293	5924600	1360175
涧西区	1	152722	152702	35560
高新区	2	491335	472146	104424
新安县	1	1476279	1435756	418877
栾川县	1	1031500	986937	494213
伊川县	1	1464332	1420225	450761
中型企业	**144**	**8083757**	**7653267**	**2511494**
市　直	21	1704746	1700673	457737
老城区	3	125868	122106	35857
西工区	5	117762	116760	29570
瀍河区	2	40981	40981	13398
涧西区	5	140594	139349	37824
吉利区	3	245280	246184	62284
洛龙区	12	454364	452572	108379
高新区	15	504144	465104	142939
偃师市	24	1052039	1013340	316843
孟津县	7	327044	285011	101126
新安县	9	1140810	1087917	333539
栾川县	10	454586	423429	257460
嵩　县	5	314779	311907	143337
汝阳县	7	358529	290493	137421
宜阳县	9	222670	216744	65212
洛宁县	3	77875	71418	22724
伊川县	4	801686	669279	245844

	单位数（个）	工业总产值（当年价格）	工业销售产值（当年价格）	工业增加值（当年价格）
小型企业	**1260**	**8273571**	**8004314**	**2457177**
市　直	3	482685	495874	24424
老城区	46	253156	250947	70616
西工区	48	178645	170567	51123
瀍河区	32	81958	81464	23129
涧西区	33	408409	396757	104714
吉利区	22	56152	53232	15299
洛龙区	83	382909	361364	106880
高新区	69	268721	237224	81633
偃师市	330	2534752	2457201	723895
孟津县	127	568863	555205	163462
新安县	130	945709	932037	271383
栾川县	75	477309	452854	252841
嵩　县	41	205843	201252	106958
汝阳县	39	184135	161256	58708
宜阳县	72	527264	501494	178244
洛宁县	25	416420	415262	120191
伊川县	85	300641	280324	103677
高技术产业	**39**	**806138**	**733491**	**234300**
市　直	2	60753	29065	18381
西工区	1	11086	8194	3749
瀍河区	2	1091	800	338
涧西区	1	18528	14631	5983
吉利区	1	871	911	297
洛龙区	3	119155	119160	21246
高新区	17	378624	364010	121955
偃师市	6	196223	177216	56276
孟津县	1	2841	2641	969
栾川县	1	3260	3234	1009
嵩　县	1	4781	4587	1479
宜阳县	1	8248	8220	2411
洛宁县	1	522	651	162
伊川县	1	155	171	45

3－13　全市规模以上工业分行业总产值、销售产值、增加值

（2008 年）　　　　单位：万元

	单位数（个）	工业总产值（当年价格）	工业销售产值（当年价格）	工业增加值（当年价格）
总　计	**1424**	**26823788**	**26049947**	**7832681**
在总计中：轻工业	314	3416863	3232217	974720
重工业	1110	23406925	22817730	6857961
在总计中：大型企业	20	10466461	10392366	2864010
中型企业	144	8083757	7653267	2511494
小型企业	1260	8273571	8004314	2457177
煤炭开采和洗选业	49	708368	531357	335908
黑色金属矿采选业	17	107931	97793	34225
有色金属矿采选业	96	1995089	1444291	1111547
非金属矿采选业	20	127347	115972	49823
农副食品加工业	31	282795	283310	76490
食品制造业	15	86529	82200	25622
饮料制造业	6	99068	85921	36412
烟草制品业	2	143476	141793	82470
纺织业	23	289908	256421	78757
纺织服装、鞋、帽制造业	16	132322	154266	52881
皮革毛皮羽毛(绒)及其制品业	1			
木材加工及木竹藤棕草制品业	17	168970	167827	52464
家具制造业	72	763338	737611	222971
造纸及纸制品业	16	87789	85842	26443
印刷业和记录媒介的复制	4	10182	9114	3462
文教体育用品制造业	1	29450	29450	7866
石油加工、炼焦及核燃料加工业	13	2388538	2782366	461943
化学原料及化学制品制造业	103	1331999	942559	360146
医药制造业	15	82481	80218	25931
化学纤维制造业	9	97758	29051	15266
橡胶制品业	4	9606	9777	2611
塑料制品业	25	153982	123848	43677
非金属矿物制品业	212	1885828	1503433	612495
黑色金属冶炼及压延加工业	46	1988042	1550642	542174
有色金属冶炼及压延加工业	100	4728618	4216064	1009920
金属制品业	41	271927	259316	87019
通用设备制造业	191	1640888	1243836	478956
专用设备制造业	103	1814389	2443363	446221
交通运输设备制造业	78	1207596	1123863	266355
电气机械及器材制造业	28	281749	261441	75741
通信计算机及其他电子设备制造业	11	295789	292290	77241
仪器仪表及文化办公用机械制造业	10	130982	86236	46551
工艺品及其他制造业	3	57546	16558	15671
电力、热力的生产和供应业	35	3364989	4811585	1050069
燃气生产和供应业	3	36180	28133	7941
水的生产和供应业	8	22342	22203	9413

3－14　全市非公有制工业分行业总产值、销售产值、增加值

（2008 年）　　　　单位:万元

	单位数（个）	工业总产值（当年价格）	工业销售产值（当年价格）	工业增加值（当年价格）
总　计	**1146**	**11326826**	**10866114**	**3487311**
在总计中:轻工业	269	2776784	2677311	762251
重工业	877	8550042	8188803	2725060
在总计中:大型企业	2	305203	305188	65007
中型企业	69	4059055	3835888	1373662
小型企业	1075	6962568	6725038	2048642
煤炭开采和洗选业	42	521184	463010	247146
黑色金属矿采选业	17	107931	97793	34225
有色金属矿采选业	79	1000290	955895	546429
非金属矿采选业	17	116141	111415	45675
农副食品加工业	24	225967	223233	61248
食品制造业	9	60236	58054	18097
饮料制造业	5	37529	36281	13690
纺织业	20	216090	182653	58850
纺织服装、鞋、帽制造业	15	125255	148413	50594
皮革毛皮羽毛(绒)及其制品业	1			
木材加工及木竹藤棕草制品业	17	168970	167827	52464
家具制造业	71	761745	736090	222481
造纸及纸制品业	15	87589	85591	26385
印刷业和记录媒介的复制	3	9204	8137	3130
文教体育用品制造业	1	29450	29450	7866
石油加工、炼焦及核燃料加工业	10	137151	136420	26525
化学原料及化学制品制造业	79	631777	595433	178589
医药制造业	13	75770	73566	23765
化学纤维制造业	8	25670	25026	5375
橡胶制品业	3	7151	7406	1983
塑料制品业	23	117838	115016	34069
非金属矿物制品业	173	1018206	954347	334593
黑色金属冶炼及压延加工业	39	1520247	1444908	416543
有色金属冶炼及压延加工业	75	1177147	1136429	245516
金属制品业	36	202094	194469	65302
通用设备制造业	151	691277	673770	202694
专用设备制造业	83	692258	668063	172479
交通运输设备制造业	63	751305	731939	151762
电气机械及器材制造业	26	266355	258134	71551
通信设备、计算机及其他电子设备制造业	9	283425	281697	73137
仪器仪表及文化办公用机械制造业	5	21124	20554	6932
工艺品及其他制造业	3	16756	16558	4890
电力、热力的生产和供应业	9	223081	227939	83193
燃气生产和供应业	2	612	601	134

3－15　全市高技术产业分行业总产值、增加值

（2008 年）　　　　单位：万元

	单位数	工业总产值（当年价格）	工业增加值（当年价格）
总　计	**39**	**806138**	**234300**
核燃料加工			
信息化学品制造	2	188995	53051
医药制造业	15	82481	25931
化学药品制造	6	48274	15328
中成药制造	6	24284	7514
生物、生化制品的制造	1	826	282
航空航天器制造	1	107892	31526
飞机制造及修理	1	107892	31526
航天器制造			
其他飞行器制造			
电子及通信设备制造业	11	295789	77241
通信设备制造	1	563	117
其中：通信传输设备制造			
通信交换设备制造			
通信终端设备制造	1	563	117
移动通信及终端设备制造			
雷达及配套设备制造			
广播电视设备制造			
电子器件制造	4	122218	20777
电子真空器件制造			
半导体分立器件制造	1	3151	536
集成电路制造	1	9068	1542
光电子器件及其他电子器件制造	2	109999	18700
电子元件制造	5	161509	52458
家用视听设备制造			
其他电子设备制造	1	11499	3889
电子计算机及办公设备制造业	1		
电子计算机整机制造			
计算机网络设备制造			
电子计算机外部设备制造			
办公设备制造	1		
医疗设备及仪器仪表制造业	9	130982	46551
医疗设备及器械制造			
仪器仪表制造	9	130982	46551
公共软件服务			

3－16　全市规模以上工业企业分类型指标(一)

（2008 年）　　　　单位:万元

	单位数(个)	亏损企业	从业人员年平均人数(人)	应收及预付款	其中:应收账款
总　计	**1424**	**154**	**351218**	**2368654**	**1607983**
内资企业	1385	142	339107	2244680	1516606
国有企业	80	14	62493	620851	356325
中央企业	9	3	23959	343967	219914
地方企业	71	11	38534	276885	136411
集体企业	83	11	14088	89849	71671
股份合作企业	12	2	1231	11314	10074
联营企业	12	2	2143	13741	10773
国有联营企业	4	1	894	7175	6614
集体联营企业	1	1	40	676	189
国有与集体联营企业	1		180	414	414
其他联营企业	6		1029	5476	3557
有限责任公司	325	47	142647	792923	528975
国有独资公司	9	2	21745	84010	45073
其他有限责任公司	316	45	120902	708913	483902
股份有限公司	36	7	25318	258059	187055
私营企业	834	59	90822	456958	351066
私营独资企业	221	6	18751	68271	54550
私营合伙企业	63	5	7161	24365	18241
私营有限责任公司	517	46	60038	351906	268487
私营股份有限公司	33	2	4872	12415	9788
其他企业	3		365	985	667
港、澳、台商投资企业	15	6	5000	21356	16369
合资经营企业(港或澳、台资)	12	6	4605	17501	14461
港澳台商独资经营企业	3		395	3855	1908
港澳台商投资股份有限公司					
外商投资企业	24	6	7111	102618	75008
中外合资经营企业	13	3	5372	73052	55994
中外合作经营企业	3		500	7968	104
外资企业	8	3	1239	21598	18910

	单位数（个）	亏损企业	从业人员年平均人数（人）	应收及预付款	其中：应收账款
独资企业	395	34	96966	804425	503363
国有企业	80	14	62493	620851	356325
集体企业	83	11	14088	89849	71671
私营独资企业	221	6	18751	68271	54550
港澳台商独资经营企业	3		395	3855	1908
外资企业	8	3	1239	21598	18910
合作、合伙企业	93	9	11400	58374	39859
股份合作企业	12	2	1231	11314	10074
国有联营企业	4	1	894	7175	6614
集体联营企业	1	1	40	676	189
国有与集体联营企业	1		180	414	414
其他联营企业	6		1029	5476	3557
私营合伙企业	63	5	7161	24365	18241
中外合作经营企业	3		500	7968	104
其他企业（内资）	3		365	985	667
股份有限公司	69	9	30190	270474	196843
股份有限公司（内资）	36	7	25318	258059	187055
私营股份有限公司	33	2	4872	12415	9788
港澳台商投资股份有限公司					
有限责任公司	867	102	212662	1235381	867918
国有独资公司	9	2	21745	84010	45073
私营有限责任公司	517	46	60038	351906	268487
合资经营企业（港或澳、台资）	12	6	4605	17501	14461
中外合资经营企业	13	3	5372	73052	55994
其他有限责任公司	316	45	120902	708913	483902
在总计中：亏损企业	154	154	50304	344752	270940
在总计中：国有控股企业	168	37	182822	1453547	923040
在总计中：农村工业	102	11	12869	72914	60579

3－17 全市规模以上工业企业分类型指标(二)

(2008 年)　　单位:万元

	资产总计	流动资产平均余额	负债总计	流动负债平均余额	本年折旧
总　计	**21780466**	**9251272**	**13378498**	**10060544**	**786796**
内资企业	20638129	8849379	12700425	9650667	735332
国有企业	7131783	2511929	4238807	3039045	259575
中央企业	3049207	1041473	1501790	1019027	91692
地方企业	4082576	1470456	2737017	2020018	167882
集体企业	352328	214208	235974	219045	10298
股份合作企业	38171	21333	19188	17358	2857
联营企业	46153	29147	31189	34251	1032
国有联营企业	26295	14632	20895	13846	411
集体联营企业	1762	3028	400	1870	37
国有与集体联营企业	2954	1426	1522	12732	118
其他联营企业	15143	10061	8372	5803	467
有限责任公司	7505450	3128733	5072110	3663564	250419
国有独资公司	2136108	604140	1558456	782743	104133
其他有限责任公司	5369342	2524593	3513654	2880821	146285
股份有限公司	3022365	1566367	1787734	1612401	131090
私营企业	2537791	1375299	1314620	1064276	79863
私营独资企业	349499	191316	131888	101256	11022
私营合伙企业	135556	65050	67336	55383	3810
私营有限责任公司	1843744	999363	996745	795142	51046
私营股份有限公司	208993	119571	118652	112495	13986
其他企业	4088	2363	802	728	198
港、澳、台商投资企业	249781	82449	169705	142347	10214
合资经营企业(港或澳、台资)	234633	74946	162975	138651	9864
港澳台商独资经营企业	15148	7504	6730	3696	351
港澳台商投资股份有限公司					
外商投资企业	892556	319444	508369	267530	41250
中外合资经营企业	683094	220670	427334	218272	38882
中外合作经营企业	71427	29884	15619	17213	893
外资企业	138034	68890	65416	32045	1475

3－17 续表　　　　（2008 年）　　　　单位:万元

	资产总计	流动资产平均余额	负债总计	流动负债平均余额	本年折旧
独资企业	7986791	2993846	4678815	3395086	282719
国有企业	7131783	2511929	4238807	3039045	259575
集体企业	352328	214208	235974	219045	10298
私营独资企业	349499	191316	131888	101256	11022
港澳台商独资经营企业	15148	7504	6730	3696	351
外资企业	138034	68890	65416	32045	1475
合作、合伙企业	295396	147777	134133	124934	8790
股份合作企业	38171	21333	19188	17358	2857
国有联营企业	26295	14632	20895	13846	411
集体联营企业	1762	3028	400	1870	37
国有与集体联营企业	2954	1426	1522	12732	118
其他联营企业	15143	10061	8372	5803	467
私营合伙企业	135556	65050	67336	55383	3810
中外合作经营企业	71427	29884	15619	17213	893
其他企业(内资)	4088	2363	802	728	198
股份有限公司	3231358	1685938	1906386	1724895	145076
股份有限公司(内资)	3022365	1566367	1787734	1612401	131090
私营股份有限公司	208993	119571	118652	112495	13986
港澳台商投资股份有限公司					
有限责任公司	10266921	4423711	6659164	4815629	350210
国有独资公司	2136108	604140	1558456	782743	104133
私营有限责任公司	1843744	999363	996745	795142	51046
合资经营企业(港或澳、台资)	234633	74946	162975	138651	9864
中外合资经营企业	683094	220670	427334	218272	38882
其他有限责任公司	5369342	2524593	3513654	2880821	146285
在总计中:亏损企业	4107510	1478490	3726103	2944465	241530
在总计中:国有控股企业	16010503	6484427	10159476	7575366	575125
在总计中:农村工业	320806	193264	185883	177589	8362

3－18　全市规模以上工业企业分类型指标（三）

（2008 年）　　　　单位：万元

	主营业务收入	主营业务成本	营业费用	主营业务税金及附加	主营业务利润	管理费用
总　计	**26992743**	**23888651**	**548508**	**306552**	**2216175**	**845382**
内资企业	26089666	23105207	530252	300061	2120249	814880
国有企业	5189781	4560011	45822	74781	449761	216253
中央企业	1544786	1323992	24291	6525	159172	97132
地方企业	3644995	3236019	21531	68256	290589	119120
集体企业	772233	703922	18806	3485	45953	18512
股份合作企业	115118	102951	2260	677	9355	1648
联营企业	76037	64759	1461	291	9527	2705
国有联营企业	22050	17891	822	78	3259	1873
集体联营企业	19708	19964	40	63	－359	143
国有与集体联营企业	7169	4642	492	45	1990	424
其他联营企业	27111	22261	107	106	4637	265
有限责任公司	8140548	7177280	149617	39060	792984	295841
国有独资公司	1833601	1706969	19281	5585	104263	37766
其他有限责任公司	6306947	5470311	130335	33474	688721	258076
股份有限公司	4338130	4278793	38208	105825	－90235	146303
私营企业	7443156	6205359	274037	75841	900517	133468
私营独资企业	1552861	1250707	83879	26213	205711	23825
私营合伙企业	421675	340374	8658	5989	65228	9601
私营有限责任公司	4848036	4063104	176742	40536	567866	89578
私营股份有限公司	620584	551174	4759	3103	61712	10464
其他企业	14665	12133	43	101	2388	150
港、澳、台商投资企业	129611	113489	3342	810	11641	5506
合资经营企业（港或澳、台资）	88739	81218	1952	41	5198	4283
港澳台商独资经营企业	40872	32271	1389	769	6443	1223
港澳台商投资股份有限公司						
外商投资企业	773467	669956	14914	5681	84285	24996
中外合资经营企业	559659	511564	11672	5667	30618	17381
中外合作经营企业	63303	23922	90	13	39278	3164
外资企业	150504	134471	3152	1	14390	4451

	主营业务收入	主营业务成本	营业费用	主营业务税金及附加	主营业务利润	管理费用
独资企业	7706251	6681381	153048	105249	722257	264264
国有企业	5189781	4560011	45822	74781	449761	216253
集体企业	772233	703922	18806	3485	45953	18512
私营独资企业	1552861	1250707	83879	26213	205711	23825
港澳台商独资经营企业	40872	32271	1389	769	6443	1223
外资企业	150504	134471	3152	1	14390	4451
合作、合伙企业	690798	544137	12512	7072	125776	17268
股份合作企业	115118	102951	2260	677	9355	1648
国有联营企业	22050	17891	822	78	3259	1873
集体联营企业	19708	19964	40	63	－359	143
国有与集体联营企业	7169	4642	492	45	1990	424
其他联营企业	27111	22261	107	106	4637	265
私营合伙企业	421675	340374	8658	5989	65228	9601
中外合作经营企业	63303	23922	90	13	39278	3164
其他企业(内资)	14665	12133	43	101	2388	150
股份有限公司	4958713	4829967	42967	108928	－28523	156767
股份有限公司(内资)	4338130	4278793	38208	105825	－90235	146303
私营股份有限公司	620584	551174	4759	3103	61712	10464
港澳台商投资股份有限公司						
有限责任公司	13636982	11833166	339982	85303	1396665	407083
国有独资公司	1833601	1706969	19281	5585	104263	37766
私营有限责任公司	4848036	4063104	176742	40536	567866	89578
合资经营企业(港或澳、台资)	88739	81218	1952	41	5198	4283
中外合资经营企业	559659	511564	11672	5667	30618	17381
其他有限责任公司	6306947	5470311	130335	33474	688721	258076
在总计中:亏损企业	4955960	5366332	40736	65410	－512784	153258
在总计中:国有控股企业	14988617	13833546	179567	200449	733799	572371
在总计中:农村工业	703470	605283	18690	4519	74758	15457

3－19 全市规模以上工业企业分类型指标(四)

(2008年) 单位:万元

	财务费用	其中:利息支出	利润总额	亏损企业亏损总额	利税总额
总 计	**437296**	**404943**	**1240401**	**707066**	**2252534**
内资企业	413463	385282	1189700	697740	2161184
国有企业	108294	111171	261643	7870	511108
中央企业	19624	28300	99620	2636	146142
地方企业	88671	82871	162023	5234	364966
集体企业	5622	4350	27785	1097	48691
股份合作企业	412	269	7537	143	12455
联营企业	480	485	6408	695	9798
国有联营企业	388	395	989	208	1504
集体联营企业	11	9	－488	488	358
国有与集体联营企业	46	46	1520		1917
其他联营企业	35	35	4387		6019
有限责任公司	177877	171870	366708	119140	645792
国有独资公司	64678	64603	13877	30125	78575
其他有限责任公司	113199	107267	352832	89015	567217
股份有限公司	70423	51701	－221820	559365	－85638
私营企业	50325	45428	739230	9430	1015463
私营独资企业	11204	10423	170777	2185	258305
私营合伙企业	1727	1200	52213	94	71791
私营有限责任公司	34879	31052	459791	7051	609797
私营股份有限公司	2514	2753	56450	100	75570
其他企业	30	8	2209		3516
港、澳、台商投资企业	8277	8405	－426	6424	4959
合资经营企业(港或澳、台资)	7741	7893	－5110	6424	－1587
港澳台商独资经营企业	536	512	4684		6547
港澳台商投资股份有限公司					
外商投资企业	15556	11256	51127	2902	86391
中外合资经营企业	11443	12003	10532	2500	37881
中外合作经营企业	－1009	－1009	36127		43028
外资企业	5122	262	4468	402	5482

（2008 年）

单位：万元

	财务费用	其中：利息支出	利润总额	亏损企业亏损总额	利税总额
独资企业	130779	126717	469357	11553	830132
国有企业	108294	111171	261643	7870	511108
集体企业	5622	4350	27785	1097	48691
私营独资企业	11204	10423	170777	2185	258305
港澳台商独资经营企业	536	512	4684		6547
外资企业	5122	262	4468	402	5482
合作、合伙企业	1639	954	104493	933	140588
股份合作企业	412	269	7537	143	12455
国有联营企业	388	395	989	208	1504
集体联营企业	11	9	－488	488	358
国有与集体联营企业	46	46	1520		1917
其他联营企业	35	35	4387		6019
私营合伙企业	1727	1200	52213	94	71791
中外合作经营企业	－1009	－1009	36127		43028
其他企业(内资)	30	8	2209		3516
股份有限公司	72937	54453	－165370	559465	－10068
股份有限公司(内资)	70423	51701	－221820	559365	－85638
私营股份有限公司	2514	2753	56450	100	75570
港澳台商投资股份有限公司					
有限责任公司	231941	222818	831921	135115	1291883
国有独资公司	64678	64603	13877	30125	78575
私营有限责任公司	34879	31052	459791	7051	609797
合资经营企业(港或澳、台资)	7741	7893	－5110	6424	－1587
中外合资经营企业	11443	12003	10532	2500	37881
其他有限责任公司	113199	107267	352832	89015	567217
在总计中：亏损企业	156379	140804	－707066	707066	－635814
在总计中：国有控股企业	338342	318473	74477	683169	609356
在总计中：农村工业	4821	4110	59543	1580	88479

3-20 全市规模以上工业企业分类型指标(五)

(2008年)　　　　单位:万元

	应交增值税	存货	其中:产成品	应付及预收款	从业人员劳动报酬
总　计	**705581**	**2425896**	**788452**	**2368654**	**769687**
内资企业	671423	2348794	767033	2244680	746556
国有企业	174683	576242	111651	620851	202846
中央企业	39997	320553	71928	343967	94798
地方企业	134687	255689	39724	276885	108049
集体企业	17421	50358	22179	89849	20224
股份合作企业	4241	5486	4005	11314	2737
联营企业	3099	8649	1485	13741	3211
国有联营企业	438	2597	164	7175	1873
集体联营企业	783	461	387	676	60
国有与集体联营企业	352	453	193	414	180
其他联营企业	1526	5139	740	5476	1098
有限责任公司	240024	963676	324587	792923	283671
国有独资公司	59113	155716	54311	84010	44920
其他有限责任公司	180911	807960	270276	708913	238751
股份有限公司	30357	367024	124204	258059	98719
私营企业	200392	376622	178453	456958	134770
私营独资企业	61315	45946	27237	68271	23940
私营合伙企业	13590	23073	9488	24365	8536
私营有限责任公司	109471	277064	126967	351906	92825
私营股份有限公司	16017	30538	14761	12415	9469
其他企业	1207	737	470	985	377
港、澳、台商投资企业	4576	15316	5819	21356	5818
合资经营企业(港或澳、台资)	3482	10796	3148	17501	5172
港澳台商独资经营企业	1094	4520	2671	3855	647
港澳台商投资股份有限公司					
外商投资企业	29583	61787	15600	102618	17313
中外合资经营企业	21682	34356	8660	73052	12034
中外合作经营企业	6888	3744	672	7968	2334
外资企业	1013	23687	6268	21598	2945

	应交增值税	存货	其中:产成品	应付及预收款	从业人员劳动报酬
独资企业	255526	700752	170006	804425	250602
国有企业	174683	576242	111651	620851	202846
集体企业	17421	50358	22179	89849	20224
私营独资企业	61315	45946	27237	68271	23940
港澳台商独资经营企业	1094	4520	2671	3855	647
外资企业	1013	23687	6268	21598	2945
合作、合伙企业	29024	41690	16120	58374	17196
股份合作企业	4241	5486	4005	11314	2737
国有联营企业	438	2597	164	7175	1873
集体联营企业	783	461	387	676	60
国有与集体联营企业	352	453	193	414	180
其他联营企业	1526	5139	740	5476	1098
私营合伙企业	13590	23073	9488	24365	8536
中外合作经营企业	6888	3744	672	7968	2334
其他企业(内资)	1207	737	470	985	377
股份有限公司	46374	397562	138965	270474	108188
股份有限公司(内资)	30357	367024	124204	258059	98719
私营股份有限公司	16017	30538	14761	12415	9469
港澳台商投资股份有限公司					
有限责任公司	374658	1285893	463361	1235381	393701
国有独资公司	59113	155716	54311	84010	44920
私营有限责任公司	109471	277064	126967	351906	92825
合资经营企业(港或澳、台资)	3482	10796	3148	17501	5172
中外合资经营企业	21682	34356	8660	73052	12034
其他有限责任公司	180911	807960	270276	708913	238751
在总计中:亏损企业	5842	498535	160433	344752	109248
在总计中:国有控股企业	334430	1665644	478036	1453547	495891
在总计中:农村工业	24417	54654	30000	72914	19183

3－21 全市规模以上工业企业分行业指标(一)

(2008年)　　　　单位:万元

	单位数(个)	亏损企业	从业人员年平均人数(人)	应收及预付款	其中:应收账款
总　计	**1424**	**154**	**351218**	**2368654**	**1607983**
在总计中:轻工业	314	18	60738	158508	128292
重工业	1110	136	290480	2210146	1479691
在总计中:大型企业	20	4	125068	998649	633193
中型企业	144	32	97382	642140	432584
小型企业	1260	118	128768	727865	542205
煤炭开采和洗选业	49	1	16199	41830	37750
黑色金属矿采选业	17	1	1515	5467	3883
有色金属矿采选业	96	14	20363	152561	51804
非金属矿采选业	20	2	2025	5479	4871
农副食品加工业	31	5	4490	10694	7790
食品制造业	15		2189	4101	3608
饮料制造业	6		1842	20886	17400
烟草制品业	2		1005	－3540	－3564
纺织业	23	2	8782	20682	17606
纺织服装、鞋、帽制造业	16		3039	3933	3198
木材加工及木、竹、藤、棕、草制品业	17		2423	8090	6425
家具制造业	72		12810	16173	13304
造纸及纸制品业	16	2	1056	2161	2029
印刷业和记录媒介的复制	4		178	522	416
文教体育用品制造业	1		261	2659	1374
石油加工、炼焦及核燃料加工业	13	1	5251	99009	87891
化学原料及化学制品制造业	103	13	16314	66507	51710
医药制造业	15	1	2079	5365	4026
化学纤维制造业	9	3	561	1198	1186
橡胶制品业	4		431	1107	897
塑料制品业	25		2071	11191	8682
非金属矿物制品业	212	27	39465	167284	125131
黑色金属冶炼及压延加工业	46	9	10020	42639	26688
有色金属冶炼及压延加工业	100	17	30932	429903	278134
金属制品业	41	2	5192	35712	23681
通用设备制造业	191	20	38423	223690	188975
专用设备制造业	103	9	48059	442318	271243
交通运输设备制造业	78	2	24334	129950	117117
电气机械及器材制造业	28	2	2296	18684	14014
通信设备、计算机及其他电子设备制造业	11	2	3358	69554	56918
仪器仪表及文化、办公用机械制造业	10		1468	37142	33248
工艺品及其他制造业	3		130	1065	193
电力、热力的生产和供应业	35	16	39645	284235	143280
燃气生产和供应业	3		427	6380	3271
水的生产和供应业	8	3	2585	4023	3805

3－22　全市规模以上工业企业分行业指标(二)

(2008 年)　　单位:万元

	资产总计	流动资产平均余额	负债总计	流动负债平均余额	本年折旧
总　计	**21780466**	**9251272**	**13378498**	**10060544**	**786796**
在总计中:轻工业	1589048	719230	643059	524778	45946
重工业	20191418	8532042	12735439	9535767	740850
在总计中:大型企业	10441263	4988172	7227995	5842386	337985
中型企业	7633219	2470000	4195066	2617991	343673
小型企业	3705985	1793101	1955438	1600167	105138
煤炭开采和洗选业	348451	80086	192990	120167	7185
黑色金属矿采选业	49626	22953	22249	19387	1576
有色金属矿采选业	1225093	555628	528294	411742	30970
非金属矿采选业	38088	23634	15053	12772	1145
农副食品加工业	112143	45131	89158	87448	2457
食品制造业	39622	20431	21545	18594	1009
饮料制造业	128850	46857	42488	37798	1397
烟草制品业	95178	55528	40623	39753	2021
纺织业	177542	96967	83487	75902	5501
纺织服装、鞋、帽制造业	29806	17782	8124	7250	890
木材加工及木、竹、藤、棕、草制品业	60667	29754	29856	19289	2091
家具制造业	101980	46063	19763	15097	3736
造纸及纸制品业	19851	9564	7179	5962	468
印刷业和记录媒介的复制	4995	1728	1908	1654	305
文教体育用品制造业	9699	4966	4353	2518	246
石油加工、炼焦及核燃料加工业	918052	399579	1163373	1140344	64668
化学原料及化学制品制造业	609790	280895	261301	232688	28297
医药制造业	75878	30140	40859	28804	2027
化学纤维制造业	8683	5258	3741	3584	478
橡胶制品业	5981	4318	4197	3768	101
塑料制品业	50211	31307	32591	32337	1247
非金属矿物制品业	1301799	581661	882346	791484	52544
黑色金属冶炼及压延加工业	432800	251070	314025	272636	16125
有色金属冶炼及压延加工业	3681507	1832959	1764369	1114688	80547
金属制品业	137765	73262	82405	63631	7699
通用设备制造业	883815	551811	553662	474803	25113
专用设备制造业	2395781	1438081	1682743	1526624	46719
交通运输设备制造业	702848	451328	327414	321318	14631
电气机械及器材制造业	99286	43758	63693	34459	1801
通信设备、计算机及其他电子设备制造业	237561	150140	162510	134204	8312
仪器仪表及文化、办公用机械制造业	84107	49263	56257	40304	1228
工艺品及其他制造业	4699	3295	3538	3055	63
电力、热力的生产和供应业	7451447	1953975	4800394	2937371	365766
燃气生产和供应业	54846	10135	24677	16933	1260
水的生产和供应业	202021	51966	47335	12178	7176

3－23　全市规模以上工业企业分行业指标(三)

（2008 年）

单位:万元

	主营业务收入	主营业务成本	营业费用	主营业务税金及附加	主营业务利润	管理费用
总　计	**26992743**	**23888651**	**548508**	**306552**	**2216175**	**845382**
在总计中:轻工业	3381533	2646658	177236	101726	467632	90761
重工业	23611211	21241993	371271	204826	1748543	754621
在总计中:大型企业	11298790	10633403	143285	124127	386445	410324
中型企业	7423421	6291683	137113	97810	862925	237586
小型企业	8270533	6963565	268110	84615	966805	197472
煤炭开采和洗选业	420144	313987	10009	2923	92096	16306
黑色金属矿采选业	108210	86931	960	1293	18779	2757
有色金属矿采选业	1394439	890663	5781	18317	479650	60823
非金属矿采选业	141924	103939	5465	3501	29508	3905
农副食品加工业	272548	242123	7267	1116	13227	6310
食品制造业	92742	80435	3111	248	9448	2493
饮料制造业	84743	56161	3974	5051	20028	2629
烟草制品业	147721	58569	3391	58741	27020	11810
纺织业	318013	287174	6950	1333	23913	7548
纺织服装、鞋、帽制造业	163148	144521	3460	804	14363	1076
木材加工及木、竹、藤、棕、草制品业	152695	119662	3434	2476	27121	2927
家具制造业	789645	577527	99333	20354	104334	8454
造纸及纸制品业	83348	64225	5553	2295	11192	2142
印刷业和记录媒介的复制	8738	6944	374	311	1107	387
文教体育用品制造业	26161	21067	582	226	4287	657
石油加工、炼焦及核燃料加工业	2802169	3213319	6297	62018	－479466	73563
化学原料及化学制品制造业	1007366	779040	34574	6665	177824	34180
医药制造业	77819	54076	6013	318	19356	4560
化学纤维制造业	30702	27481	784	204	2256	605
橡胶制品业	10217	7489	857	224	1647	606
塑料制品业	116839	104085	2653	1413	8500	2605
非金属矿物制品业	1508308	1278391	67185	17929	145207	64998
黑色金属冶炼及压延加工业	1604611	1518223	21842	5203	61533	15408
有色金属冶炼及压延加工业	4011866	3403160	46480	50386	471378	100260
金属制品业	256852	233377	7194	1303	26136	6537
通用设备制造业	1311015	1137644	37539	6082	126553	58930
专用设备制造业	2987316	2652619	69228	9234	292441	163745
交通运输设备制造业	1170861	1005983	32333	6104	131463	44467
电气机械及器材制造业	277725	203585	31217	4283	36997	8765
通信设备、计算机及其他电子设备制造业	308237	285072	1413	326	21556	11552
仪器仪表及文化、办公用机械制造业	88981	67781	1942	220	19033	9449
工艺品及其他制造业	17314	15402	511	22	1380	360
电力、热力的生产和供应业	5136068	4794988	19941	14233	267323	108166
燃气生产和供应业	40496	32091	684	287	7434	2064
水的生产和供应业	23762	20917	181	1111	1553	4341

3－24　全市规模以上工业企业分行业指标(四)

(2008年)　　　　单位:万元

	财务费用	其中:利息支出	利润总额	亏损企业亏损总额	利税总额
总　计	**437296**	**404943**	**1240401**	**707066**	**2252534**
在总计中:轻工业	27216	22939	367627	10542	554624
重工业	410080	382003	872774	696524	1697910
在总计中:大型企业	254817	233738	－105057	598467	222060
中型企业	126487	124682	583587	92067	937389
小型企业	55993	46523	761871	16531	1093085
煤炭开采和洗选业	1400	868	69177	208	94406
黑色金属矿采选业	215	157	14899	2	20533
有色金属矿采选业	3741	3507	432568	1897	540385
非金属矿采选业	686	530	25843	89	39143
农副食品加工业	960	909	10192	7262	13579
食品制造业	731	678	6339		8285
饮料制造业	167	166	18646		29637
烟草制品业	1175	1237	14291		89291
纺织业	2715	2243	12589	428	19340
纺织服装、鞋、帽制造业	272	255	12630		14731
木材加工及木、竹、藤、棕、草制品业	1314	1280	23507		32488
家具制造业	13395	12603	82731		111969
造纸及纸制品业	735	616	8303	107	13309
印刷业和记录媒介的复制	98	41	721		1183
文教体育用品制造业	144	144	3486		4049
石油加工、炼焦及核燃料加工业	60593	47178	－539735	548699	－544669
化学原料及化学制品制造业	7806	6353	151504	3669	205189
医药制造业	603	558	10304	278	14399
化学纤维制造业	139	138	1480	348	2153
橡胶制品业	130	129	894		1385
塑料制品业	1148	1097	4215		7269
非金属矿物制品业	31763	26555	89988	28663	179293
黑色金属冶炼及压延加工业	6858	6685	42942	4059	67929
有色金属冶炼及压延加工业	50601	43477	379983	36964	568051
金属制品业	4330	1721	14979	1669	21277
通用设备制造业	9592	8258	67599	1522	108450
专用设备制造业	31800	33659	80624	895	137872
交通运输设备制造业	5033	4213	84266	1862	109780
电气机械及器材制造业	4616	4613	25094	47	34567
通信设备、计算机及其他电子设备制造业	7540	709	3014	4014	8439
仪器仪表及文化、办公用机械制造业	528	572	9258		11574
工艺品及其他制造业	91	83	957		1271
电力、热力的生产和供应业	185888	192997	71368	64240	276922
燃气生产和供应业	588	613	5451		6379
水的生产和供应业	－97	99	297	144	2681

3－25 全市规模以上工业企业分行业指标(五)

(2008年) 单位:万元

	应交增值税	存货	其中:产成品	应付及预收款	从业人员劳动报酬
总 计	**705581**	**2425896**	**788452**	**2368654**	**769687**
在总计中:轻工业	85271	198081	70364	158508	95720
重工业	620310	2227815	718087	2210146	673967
在总计中:大型企业	202991	1299737	393113	998649	332350
中型企业	255992	608703	166629	642140	250412
小型企业	246599	517456	228709	727865	186925
煤炭开采和洗选业	22306	9853	4281	41830	35507
黑色金属矿采选业	4341	9231	5159	5467	2010
有色金属矿采选业	89500	119421	48014	152561	45858
非金属矿采选业	9799	8026	5142	5479	2938
农副食品加工业	2272	18008	7024	10694	4489
食品制造业	1698	4943	1910	4101	2201
饮料制造业	5940	9328	3295	20886	2240
烟草制品业	16259	50362	1408	－3540	7424
纺织业	5419	29899	13930	20682	11463
纺织服装、鞋、帽制造业	1297	4568	2969	3933	3615
木材加工及木、竹、藤、棕、草制品业	6504	10857	4981	8090	3312
家具制造业	8883	6727	4866	16173	20436
造纸及纸制品业	2712	4241	2512	2161	952
印刷业和记录媒介的复制	150	287	92	522	263
文教体育用品制造业	337	3152	1510	2659	524
石油加工、炼焦及核燃料加工业	－66953	165524	58296	99009	25920
化学原料及化学制品制造业	47019	57561	25754	66507	27473
医药制造业	3778	11152	5802	5365	2774
化学纤维制造业	468	1514	952	1198	730
橡胶制品业	266	1268	1046	1107	533
塑料制品业	1641	4995	2449	11191	2259
非金属矿物制品业	71377	157567	83042	167284	54379
黑色金属冶炼及压延加工业	19784	110776	41495	42639	12246
有色金属冶炼及压延加工业	137683	417597	124343	429903	111398
金属制品业	4996	27442	8181	35712	6870
通用设备制造业	34769	222158	99894	223690	73612
专用设备制造业	48014	543989	133425	442318	109572
交通运输设备制造业	19410	87707	31159	129950	55044
电气机械及器材制造业	5190	12062	6491	18684	3213
通信设备、计算机及其他电子设备制造业	5099	40771	7940	69554	5789
仪器仪表及文化、办公用机械制造业	2096	14289	1515	37142	4852
工艺品及其他制造业	293	584	294	1065	128
电力、热力的生产和供应业	191321	257860	49169	284235	123895
燃气生产和供应业	641	1940	115	6380	926
水的生产和供应业	1273	239		4023	4845

3－26　全市国有控股工业企业分行业指标(一)

(2008年)　　　　单位:万元

	单位数(个)	亏损企业	从业人员年平均人数(人)	应收及预付款	其中:应收账款
总　计	**168**	**37**	**182822**	**1453547**	**923040**
在总计中:轻工业	29	6	16160	38888	32588
重工业	139	31	166662	1414660	890452
在总计中:大型企业	18	4	119407	980804	618292
中型企业	66	18	49586	358169	246232
小型企业	84	15	13829	114574	58516
煤炭开采和洗选业	5	1	6524	24801	24630
有色金属矿采选业	12		5938	69526	26043
非金属矿采选业	1		240	287	287
农副食品加工业	5	2	2038	3368	2683
食品制造业	2		574	1965	1963
饮料制造业	1		833	10112	9756
烟草制品业	1		697	－4025	－4049
纺织业	2		5416	7421	5981
木材加工及木、竹、藤、棕、草制品业					
家具制造业	1		82	596	452
印刷业和记录媒介的复制	1		57	172	171
文教体育用品制造业					
石油加工、炼焦及核燃料加工业	2	1	4099	51693	43385
化学原料及化学制品制造业	14	1	4550	21089	13521
医药制造业	2		312	2159	1927
橡胶制品业	1		242	751	751
塑料制品业	2		170	862	812
非金属矿物制品业	23	12	18153	64496	46491
黑色金属冶炼及压延加工业	1		1327	787	55
有色金属冶炼及压延加工业	14	1	24510	345850	217843
金属制品业	4	1	515	11277	7239
通用设备制造业	14	3	18623	99387	82727
专用设备制造业	9	1	33664	352981	203693
交通运输设备制造业	10		11529	70364	61708
电气机械及器材制造业					
通信设备、计算机及其他电子设备制造业	2	1	1423	26143	24886
仪器仪表及文化、办公用机械制造业	4		880	28533	25535
电力、热力的生产和供应业	26	10	37456	252800	117728
燃气生产和供应业	1		385	6129	3019
水的生产和供应业	8	3	2585	4023	3805

3－27　全市国有控股工业企业分行业指标(二)

（2008 年）　　　　单位:万元

	资产总计	流动资产平均余额	负债总计	流动负债平均余额	本年折旧
总　计	**16010503**	**6484427**	**10159476**	**7575366**	**575125**
在总计中:轻工业	684810	253247	278005	221779	20490
重工业	15325693	6231180	9881471	7353586	554634
在总计中:大型企业	10301830	4898223	7151082	5764370	336201
中型企业	4829905	1308848	2559421	1419464	212670
小型企业	878768	277356	448974	391532	26254
煤炭开采和洗选业	134358	34046	96313	54631	2279
有色金属矿采选业	438200	160814	217009	161759	5744
非金属矿采选业	3100	2103	2491	2411	
农副食品加工业	31935	12752	34515	34976	1223
食品制造业	11078	3509	5459	5275	84
饮料制造业	77534	18998	19779	15890	121
烟草制品业	90642	52915	37899	37007	1804
纺织业	106068	52587	58591	53592	3042
木材加工及木、竹、藤、棕、草制品业					
家具制造业	1990	1813	1871	1622	70
印刷业和记录媒介的复制	2665	392	466	500	201
文教体育用品制造业					
石油加工、炼焦及核燃料加工业	819199	342899	1110628	1092859	62707
化学原料及化学制品制造业	184895	88132	71223	63245	10432
医药制造业	7586	4034	2480	2141	368
橡胶制品业	3167	2969	2599	2576	15
塑料制品业	7361	2718	4347	4122	119
非金属矿物制品业	834343	320810	663706	597788	39193
黑色金属冶炼及压延加工业	81422	41743	54438	40832	1826
有色金属冶炼及压延加工业	3060019	1582619	1322169	837293	48537
金属制品业	52449	22367	41795	29425	4048
通用设备制造业	485435	313790	304744	266365	8893
专用设备制造业	2025925	1214574	1458245	1318787	38108
交通运输设备制造业	414907	235976	193620	176243	7683
电气机械及器材制造业					
通信设备、计算机及其他电子设备制造业	71692	57348	66446	66131	749
仪器仪表及文化、办公用机械制造业	65568	34008	47006	29857	1002
电力、热力的生产和供应业	6747057	1818896	4270108	2651314	328507
燃气生产和供应业	49887	9653	24198	16547	1195
水的生产和供应业	202021	51966	47335	12178	7176

3－28　全市国有控股工业企业分行业指标(三)

（2008 年）　　　　单位:万元

	主营业务收入	主营业务成本	营业费用	主营业务税金及附加	主营业务利润	管理费用
总　计	**14988617**	**13833546**	**179567**	**200449**	**733799**	**572371**
在总计中:轻工业	550065	428570	14510	61190	50170	33000
重工业	14438552	13404976	165057	139259	683629	539371
在总计中:大型企业	10990152	10346746	136274	120302	375299	399402
中型企业	3222964	2817652	33218	74050	263031	131317
小型企业	775502	669148	10075	6097	95469	41652
煤炭开采和洗选业	62554	33733	786	1110	26925	9669
有色金属矿采选业	372278	265315	312	6047	100603	16307
非金属矿采选业	1037	589	17	6	426	322
农副食品加工业	48060	45692	2329	7	－9351	2021
食品制造业	19669	18916	169	15	569	166
饮料制造业	38118	29122	178	257	8740	201
烟草制品业	142503	54194	3391	58712	26206	10869
纺织业	120842	109989	2324	690	7839	5561
木材加工及木、竹、藤、棕、草制品业						
家具制造业	1590	1174	84	25	307	84
印刷业和记录媒介的复制	1036	664		9	363	122
文教体育用品制造业						
石油加工、炼焦及核燃料加工业	2610536	3041506	2550	59753	－493273	69554
化学原料及化学制品制造业	156692	131135	2283	380	21971	9147
医药制造业	5838	2976	1916	51	934	430
橡胶制品业	2286	1717	98	100	370	337
塑料制品业	9236	7869	274	48	1044	235
非金属矿物制品业	511191	461377	23369	2682	20797	39025
黑色金属冶炼及压延加工业	64094	59627	760	2	4465	2669
有色金属冶炼及压延加工业	2704202	2185136	33836	46425	397830	84983
金属制品业	54667	59471	916	60	5060	1969
通用设备制造业	494340	427143	16626	1294	49300	36064
专用设备制造业	2141972	1888010	53915	6197	232089	134588
交通运输设备制造业	373128	316711	10683	977	47259	24739
电气机械及器材制造业						
通信设备、计算机及其他电子设备制造业	14199	10547	715	106	2831	4526
仪器仪表及文化、办公用机械制造业	67378	52195	1405	95	13683	7279
电力、热力的生产和供应业	4907553	4576263	19792	14003	257911	105129
燃气生产和供应业	39856	31559	658	287	7352	2037
水的生产和供应业	23762	20917	181	1111	1553	4341

3－29　全市国有控股工业企业分行业指标(四)

（2008年）　　　　　　　　　　　　　　　　单位:万元

	财务费用	其中:利息支出	利润总额	亏损企业亏损总额	利税总额
总　计	**338342**	**318473**	**74477**	**683169**	**609356**
在总计中:轻工业	6903	3878	19000	8724	105143
重工业	331439	314595	55477	674446	504213
在总计中:大型企业	255340	234790	－112372	598467	202755
中型企业	74213	77623	118092	80471	305503
小型企业	8789	6060	68757	4231	101098
煤炭开采和洗选业	354	386	17567	208	24495
有色金属矿采选业	650	697	95712		116524
非金属矿采选业	43	43	54		153
农副食品加工业	75	63	－7004	7008	－6944
食品制造业	109	59	167		261
饮料制造业	35	35	8504		9682
烟草制品业	1154	1216	14168		88854
纺织业	2247	1499	583		4717
木材加工及木、竹、藤、棕、草制品业					
家具制造业	13	13	210		366
印刷业和记录媒介的复制	25	26	245		342
文教体育用品制造业					
石油加工、炼焦及核燃料加工业	58621	45254	－548173	548699	－558227
化学原料及化学制品制造业	2403	2359	13130	1505	19023
医药制造业	16	－2	472		1053
橡胶制品业	8	8	9		201
塑料制品业	126	126	683		928
非金属矿物制品业	24956	21244	－12539	27725	10850
黑色金属冶炼及压延加工业	359	359	771		773
有色金属冶炼及压延加工业	39098	33099	326615	35611	478283
金属制品业	2615	144	365	1572	611
通用设备制造业	3562	3451	13148	636	25474
专用设备制造业	28840	31375	42513	246	78997
交通运输设备制造业	4021	4063	20407		29032
电气机械及器材制造业					
通信设备、计算机及其他电子设备制造业	296	316	－1325	2960	1501
仪器仪表及文化、办公用机械制造业	546	580	5992		6986
电力、热力的生产和供应业	167678	171349	76512	56857	266424
燃气生产和供应业	588	613	5396		6319
水的生产和供应业	－97	99	297	144	2681

3－30 全市国有控股工业企业分行业指标(五)

(2008年) 单位:万元

	应交增值税	存货	其中:产成品	应付及预收款	从业人员劳动报酬
总计	**334430**	**1665644**	**478036**	**1453547**	**495891**
在总计中:轻工业	24953	92619	17262	38888	30081
重工业	309477	1573025	460773	1414660	465810
在总计中:大型企业	194825	1281471	385178	980804	321557
中型企业	113361	330432	80132	358169	147086
小型企业	26244	53741	12726	114574	27249
煤炭开采和洗选业	5819	1743	838	24801	15345
有色金属矿采选业	14764	27922	4196	69526	13747
非金属矿采选业	92	982	555	287	305
农副食品加工业	53	4304		3368	1543
食品制造业	78	1324	1061	1965	500
饮料制造业	922	790	590	10112	778
烟草制品业	15973	48937	523	－4025	6289
纺织业	3444	19972	9344	7421	7329
木材加工及木、竹、藤、棕、草制品业					
家具制造业	131	253	163	596	83
印刷业和记录媒介的复制	88	46		172	96
文教体育用品制造业					
石油加工、炼焦及核燃料加工业	－69806	161135	56602	51693	22795
化学原料及化学制品制造业	5513	21536	8039	21089	7499
医药制造业	531	1217	754	2159	405
橡胶制品业	91	874	765	751	360
塑料制品业	197	488	263	862	143
非金属矿物制品业	20707	95050	45759	64496	25209
黑色金属冶炼及压延加工业		42011	14502	787	2227
有色金属冶炼及压延加工业	105243	300814	98752	345850	98702
金属制品业	186	8040	226	11277	1294
通用设备制造业	11032	138971	60414	99387	43357
专用设备制造业	30288	468218	113478	352981	84457
交通运输设备制造业	7648	52409	12771	70364	32115
电气机械及器材制造业					
通信设备、计算机及其他电子设备制造业	2719	17648	1324	26143	2652
仪器仪表及文化、办公用机械制造业	899	11366	395	28533	3307
电力、热力的生产和供应业	175908	237594	46721	252800	119606
燃气生产和供应业	635	1764		6129	904
水的生产和供应业	1273	239		4023	4845

3－31 全市规模以上集体工业企业分行业指标(一)

（2008年） 单位:万元

	单位数（个）	亏损企业	从业人员年平均人数（人）	应收及预付款	其中:应收账款
总 计	**96**	**14**	**15359**	**101839**	**81934**
在总计中:轻工业	13	1	1920	5728	4213
重工业	83	13	13439	96111	77722
在总计中:中型企业	8	2	4166	35828	24939
小型企业	88	12	11193	66011	56995
煤炭开采和洗选业	2		440	23	10
有色金属矿采选业	5		463	1899	1545
非金属矿采选业	2	1	285	489	492
农副食品加工业	2	1	148	1931	1405
食品制造业	3		391	282	270
烟草制品业	1		308	485	485
纺织业	1		68	144	96
纺织服装、鞋、帽制造业	1		312	1400	779
造纸及纸制品业					
化学原料及化学制品制造业	10	1	2214	15612	13197
化学纤维制造业	1		70	113	93
塑料制品业					
非金属矿物制品业	14		1680	7358	6318
黑色金属冶炼及压延加工业	6	2	2768	4156	3116
有色金属冶炼及压延加工业	10	7	597	28620	22498
金属制品业	1		351	556	548
通用设备制造业	24	1	3192	21813	20578
专用设备制造业	5	1	678	9605	4456
交通运输设备制造业	4		775	1962	1762
电气机械及器材制造业	3		210	2661	2645
工艺品及其他制造业					

3－32 全市规模以上集体工业企业分行业指标（二）

（2008 年）　　单位：万元

	资产总计	流动资产平均余额	负债总计	流动负债平均余额	本年折旧
总　计	**392262**	**238569**	**255562**	**238273**	**13192**
在总计中：轻工业	32534	20130	17784	19448	625
重工业	359728	218439	237778	218825	12567
在总计中：中型企业	194523	102546	137988	128329	9901
小型企业	197739	136023	117574	109944	3292
煤炭开采和洗选业	3485	1210	1385	411	87
有色金属矿采选业	17800	5609	5930	4338	281
非金属矿采选业	1765	1134	699	380	72
农副食品加工业	9399	6000	7363	9895	34
食品制造业	3515	1669	2300	2197	99
烟草制品业	4536	2613	2724	2746	218
纺织业	892	481	410	400	31
纺织服装、鞋、帽制造业	7898	5973	1789	1359	9
造纸及纸制品业					
化学原料及化学制品制造业	111871	55667	84623	77428	6585
化学纤维制造业	729	325	481	397	39
塑料制品业					
非金属矿物制品业	29247	15651	13900	12114	242
黑色金属冶炼及压延加工业	18413	13739	10510	9357	486
有色金属冶炼及压延加工业	56557	52445	51741	51994	529
金属制品业	2453	1850	2573	2567	97
通用设备制造业	59988	38691	27491	24931	3250
专用设备制造业	34204	20803	23219	18758	290
交通运输设备制造业	6887	4761	3946	4024	168
电气机械及器材制造业	8491	4317	5796	5535	102
工艺品及其他制造业					

3－33 全市规模以上集体工业企业分行业指标(三)

(2008 年)

单位:万元

	主营业务收入	主营业务成本	营业费用	主营业务税金及附加	主营业务利润	管理费用
总 计	**907058**	**826836**	**21106**	**4225**	**54948**	**20304**
在总计中:轻工业	64947	51660	4569	718	8001	2107
重工业	842110	775177	16537	3506	46947	18197
在总计中:中型企业	382222	357366	9314	1054	14495	10452
小型企业	524836	469471	11792	3171	40454	9852
煤炭开采和洗选业	10649	6888	106	79	3576	62
有色金属矿采选业	99505	86910	1027	719	10849	915
非金属矿采选业	3772	3228	100	29	415	183
农副食品加工业	12097	11614	115	5	363	123
食品制造业	9769	8598	451	22	698	179
烟草制品业	5219	4375		29	815	941
纺织业	4229	2880	601	96	653	130
纺织服装、鞋、帽制造业	8849	5459	680	195	2515	251
造纸及纸制品业						
化学原料及化学制品制造业	221246	205539	8506	828	6382	4950
化学纤维制造业	4209	3483	290	18	419	23
塑料制品业						
非金属矿物制品业	43840	36799	2282	575	4184	2296
黑色金属冶炼及压延加工业	54735	49024	1529	421	3760	1326
有色金属冶炼及压延加工业	173818	172140	297	195	1180	1191
金属制品业	1679	1385	27	11	256	364
通用设备制造业	110694	100019	2132	450	8145	2379
专用设备制造业	56974	51467	1340	166	4001	1644
交通运输设备制造业	17049	13864	1054	132	2000	997
电气机械及器材制造业	10703	8993	172	68	1470	576
工艺品及其他制造业						

3－34　全市规模以上集体工业企业分行业指标(四)

(2008年)　　单位:万元

	财务费用	其中:利息支出	利润总额	亏损企业亏损总额	利税总额
总　计	**6046**	**4628**	**34834**	**1728**	**61503**
在总计中:轻工业	719	704	5404	196	7166
重工业	5326	3924	29430	1531	54338
在总计中:中型企业	3295	2135	4287	449	13109
小型企业	2750	2493	30547	1278	48394
煤炭开采和洗选业			3514		4977
有色金属矿采选业	70	70	9665		14185
非金属矿采选业	15	15	208	9	450
农副食品加工业	144	144	149	196	222
食品制造业	34	34	485		693
烟草制品业	21	21	123		437
纺织业	84	84	439		616
纺织服装、鞋、帽制造业	107	95	2156		2351
造纸及纸制品业					
化学原料及化学制品制造业	2157	1117	1684	349	7253
化学纤维制造业	36	35	339		398
塑料制品业					
非金属矿物制品业	264	148	2789		4769
黑色金属冶炼及压延加工业	285	280	2294	551	3994
有色金属冶炼及压延加工业	1741	1675	－511	587	1472
金属制品业	23	23	26		142
通用设备制造业	397	226	6029	6	10817
专用设备制造业	73	73	2488	29	3547
交通运输设备制造业	106	105	903		1577
电气机械及器材制造业	228	227	667		1022
工艺品及其他制造业					

3－35　全市规模以上集体工业企业分行业指标(五)

(2008 年)　　单位:万元

	应交增值税	存货	其中:产成品	应付及预收款	从业人员劳动报酬
总　计	**22445**	**56304**	**26571**	**101839**	**23022**
在总计中:轻工业	1043	7133	3841	5728	2389
重工业	21402	49171	22730	96111	20632
在总计中:中型企业	7769	18584	6095	35828	12069
小型企业	14676	37720	20476	66011	10953
煤炭开采和洗选业	1384	17	17	23	763
有色金属矿采选业	3801	1405	821	1899	763
非金属矿采选业	214	429	75	489	246
农副食品加工业	69	2376	1114	1931	112
食品制造业	186	747	255	282	461
烟草制品业	286	1424	885	485	1135
纺织业	80	120	80	144	72
纺织服装、鞋、帽制造业		1599	987	1400	92
造纸及纸制品业					
化学原料及化学制品制造业	4742	6470	1497	15612	5187
化学纤维制造业	41	169	90	113	100
塑料制品业					
非金属矿物制品业	1405	2106	765	7358	2050
黑色金属冶炼及压延加工业	1279	4192	1563	4156	816
有色金属冶炼及压延加工业	1788	13783	8683	28620	1087
金属制品业	106	589	500	556	308
通用设备制造业	4338	10232	7022	21813	4955
专用设备制造业	893	7734	936	9605	1342
交通运输设备制造业	543	1200	371	1962	1266
电气机械及器材制造业	287	1496	776	2661	425
工艺品及其他制造业					

3－36　全市规模以上“三资”工业企业分行业指标(一)

（2008年）　　　　单位:万元

	单位数（个）	亏损企业	从业人员年平均人数（人）	应收及预付款	其中：应收账款
总　计	**39**	**12**	**12111**	**123974**	**91377**
在总计中:轻工业	10	2	6642	21564	14536
重工业	29	10	5469	102410	76841
在总计中:大型企业	1		2894	6064	5046
中型企业	10	5	4389	85088	58762
小型企业	28	7	4828	32822	27569
有色金属矿采选业	2		470	7413	15
农副食品加工业	1		136	279	229
食品制造业					
饮料制造业	1		490	2974	2
纺织业	2	1	524	8399	7380
造纸及纸制品业	1		83	349	340
化学原料及化学制品制造业	3	1	304	486	475
医药制造业					
非金属矿物制品业	8	3	3210	11464	9993
黑色金属冶炼及压延加工业	1		60	698	401
有色金属冶炼及压延加工业					
通用设备制造业	2	1	172	4739	4067
专用设备制造业	4		404	6263	6132
交通运输设备制造业	1		2894	6064	5046
电气机械及器材制造业					
仪器仪表及文化、办公用机械制造业	1		115	750	566
电力、热力的生产和供应业	5	5	1582	28838	24450

3－37　全市规模以上“三资”工业企业分行业指标(二)

（2008年）　　　　　　单位:万元

	资产总计	流动资产平均余额	负债总计	流动负债平均余额	本年折旧
总　计	**1142337**	**401893**	**678074**	**409877**	**51464**
在总计中:轻工业	174131	109047	59492	59073	3473
重工业	968206	292846	618582	350805	47991
在总计中:大型企业	80885	59311	32432	36178	727
中型企业	891576	265900	565980	326571	45085
小型企业	169877	76681	79662	47129	5653
有色金属矿采选业	70901	29367	15430	17024	892
农副食品加工业	6119	3805	1941	2525	27
食品制造业					
饮料制造业	29789	11316	8959	9352	1004
纺织业	37239	24264	6447	4211	1153
造纸及纸制品业	3791	1780	1739	1012	47
化学原料及化学制品制造业	9787	3337	4960	4112	535
医药制造业					
非金属矿物制品业	53200	27158	15150	13117	2429
黑色金属冶炼及压延加工业	1651	889	1366	1366	85
有色金属冶炼及压延加工业					
通用设备制造业	11042	7348	3686	3686	2
专用设备制造业	18318	14535	9525	9363	348
交通运输设备制造业	80885	59311	32432	36178	727
电气机械及器材制造业					
仪器仪表及文化、办公用机械制造业	1732	1071	864	691	39
电力、热力的生产和供应业	649041	123763	482955	243005	36629

3-38 全市规模以上"三资"工业企业分行业指标(三)

(2008年) 单位:万元

	主营业务收入	主营业务成本	营业费用	主营业务税金及附加	主营业务利润	管理费用
总　计	**903078**	**783445**	**18255**	**6491**	**95926**	**30502**
在总计中:轻工业	288838	246897	13274	6403	23301	12907
重工业	614240	536548	4981	88	72625	17595
在总计中:大型企业	153788	136890	6174	3505	7219	7756
中型企业	553885	483220	3181	2121	65363	13603
小型企业	195404	163335	8899	865	23345	9143
有色金属矿采选业	63048	23721	90	13	39223	3104
农副食品加工业	30126	26783	1036		2308	644
食品制造业						
饮料制造业	24395	14447	2204	2107	5638	1656
纺织业	27292	25231	1716		1702	915
造纸及纸制品业	9421	7476	351	528	1066	279
化学原料及化学制品制造业	12702	10418	842	53	1249	528
医药制造业						
非金属矿物制品业	48771	42084	3470	41	2845	4825
黑色金属冶炼及压延加工业	3403	3041			362	126
有色金属冶炼及压延加工业						
通用设备制造业	9376	8918	153		459	60
专用设备制造业	22732	17414	987		4331	1213
交通运输设备制造业	153788	136890	6174	3505	7219	7756
电气机械及器材制造业						
仪器仪表及文化、办公用机械制造业	1309	643	134		532	277
电力、热力的生产和供应业	212992	205768		3	7222	2060

3－39 全市规模以上“三资”工业企业分行业指标(四)

(2008年) 单位:万元

	财务费用	其中:利息支出	利润总额	亏损企业亏损总额	利税总额
总　计	**23834**	**19661**	**50701**	**9326**	**91350**
在总计中:轻工业	－716	－858	14192	629	28143
重工业	24549	20519	36509	8696	63207
在总计中:大型企业	－1058	－1532	4380		11725
中型企业	21622	18595	34693	5974	61408
小型企业	3270	2599	11628	3352	18217
有色金属矿采选业	－1009	－1009	36126		43028
农副食品加工业	－51		1725		1725
食品制造业					
饮料制造业	21	20	3564		7875
纺织业	－225	114	－218	227	－169
造纸及纸制品业	362	337	425		1489
化学原料及化学制品制造业	299	219	519	66	784
医药制造业					
非金属矿物制品业	360	50	376	600	3100
黑色金属冶炼及压延加工业	－6		242		289
有色金属冶炼及压延加工业					
通用设备制造业	390		－1	1	－1
专用设备制造业	128	78	2990		3661
交通运输设备制造业	－1058	－1532	4380		11725
电气机械及器材制造业					
仪器仪表及文化、办公用机械制造业	2	1	259		334
电力、热力的生产和供应业	17588	21048	－7377	7377	7295

3－40 全市规模以上“三资”工业企业分行业指标（五）

（2008 年） 单位：万元

	应交增值税	存货	其中：产成品	应付及预收款	从业人员劳动报酬
总 计	**34158**	**77102**	**21418**	**123974**	**23131**
在总计中：轻工业	7548	20484	8800	21564	11494
重工业	26610	56618	12618	102410	11637
在总计中：大型企业	3840	6673	3636	6064	7027
中型企业	24595	47248	8915	85088	8774
小型企业	5724	23182	8867	32822	7330
有色金属矿采选业	6888	3293	654	7413	2273
农副食品加工业		927	300	279	268
食品制造业					
饮料制造业	2204	3572	250	2974	1021
纺织业	49	3555	1677	8399	851
造纸及纸制品业	535	1075	998	349	70
化学原料及化学制品制造业	212	1686	1493	486	460
医药制造业					
非金属矿物制品业	2683	8574	3988	11464	3817
黑色金属冶炼及压延加工业	47	173		698	100
有色金属冶炼及压延加工业					
通用设备制造业		2057	167	4739	597
专用设备制造业	671	3261	97	6263	758
交通运输设备制造业	3840	6673	3636	6064	7027
电气机械及器材制造业					
仪器仪表及文化、办公用机械制造业	75	346	153	750	240
电力、热力的生产和供应业	14669	16743	48	28838	2860

3－41　全市规模以上非公有制工业企业分行业指标(一)

(2008 年)　　　　单位:万元

	单位数(个)	亏损企业	从业人员年平均人数(人)	应收及预付款	其中:应收账款
总　计	**1146**	**98**	**150900**	**802323**	**593134**
在总计中:轻工业	269	10	42543	113812	91452
重工业	877	88	108357	688511	501682
在总计中:大型企业	2		5661	17844	14901
中型企业	69	11	43028	244219	157671
小型企业	1075	87	102211	540260	420561
煤炭开采和洗选业	42		9235	17007	13110
黑色金属矿采选业	17	1	1515	5467	3883
有色金属矿采选业	79	14	13962	81136	24217
非金属矿采选业	17	1	1500	4702	4092
农副食品加工业	24	2	2304	5396	3702
食品制造业	9		1174	1814	1376
饮料制造业	5		1009	10774	7644
纺织业	20	2	3298	13118	11530
纺织服装、鞋、帽制造业	15		2727	2533	2419
木材加工及木、竹、藤、棕、草制品业	17		2423	8090	6425
皮革毛皮羽毛(绒)及其制品业	1				
家具制造业	71		12728	15577	12852
造纸及纸制品业	15	1	991	2121	1989
印刷业和记录媒介的复制	3		121	350	245
石油加工、炼焦及核燃料加工业	10		743	44585	42864
化学原料及化学制品制造业	79	11	9550	29807	24992
医药制造业	13	1	1767	3206	2099
化学纤维制造业	8	3	491	1085	1093
橡胶制品业	3		189	356	146
塑料制品业	23		1901	10329	7870
非金属矿物制品业	173	14	19472	93731	71053
黑色金属冶炼及压延加工业	39	7	5925	37695	23518
有色金属冶炼及压延加工业	75	9	5825	55433	37794
金属制品业	36	1	4326	23879	15894
通用设备制造业	150	16	16320	101026	84365
专用设备制造业	83	4	12813	74664	58300
交通运输设备制造业	63	2	11200	53420	49709
电气机械及器材制造业	26	2	2168	17207	12545
通信设备、计算机及其他电子设备制造业	9	1	1935	43411	32032
仪器仪表及文化、办公用机械制造业	5		588	8609	7713
工艺品及其他制造业	3		130	1065	193
电力、热力的生产和供应业	9	6	2189	31435	25552
燃气生产和供应业	2		42	252	252

3－42 全市规模以上非公有制工业企业分行业指标(二)

(2008 年)　　单位:万元

	资产总计	流动资产平均余额	负债总计	流动负债平均余额	本年折旧
总　计	**5329397**	**2492782**	**2937366**	**2216262**	**196691**
在总计中:轻工业	870707	445482	346409	282820	24831
重工业	4458690	2047300	2590957	1933442	171860
在总计中:大型企业	139433	89949	76913	78016	1784
中型企业	2586406	1043350	1486826	1057935	120589
小型企业	2603559	1359483	1373627	1080311	74318
煤炭开采和洗选业	210608	44831	95292	65126	4819
黑色金属矿采选业	49626	22953	22249	19387	1576
有色金属矿采选业	769093	389206	305356	245645	24945
非金属矿采选业	33224	20397	11863	9981	1074
农副食品加工业	70809	26379	47280	42577	1200
食品制造业	24640	15081	13507	10969	825
饮料制造业	51316	27859	22709	21909	1275
纺织业	70582	43899	24486	21909	2428
纺织服装、鞋、帽制造业	21908	11809	6335	5891	881
木材加工及木、竹、藤、棕、草制品业	60667	29754	29856	19289	2091
皮革毛皮羽毛(绒)及其制品业					
家具制造业	99990	44250	17892	13475	3666
造纸及纸制品业	19243	9365	6597	5385	468
印刷业和记录媒介的复制	2330	1336	1442	1154	104
石油加工、炼焦及核燃料加工业	84719	51049	44063	38041	1382
化学原料及化学制品制造业	313024	137096	105456	92015	11280
医药制造业	68292	26106	38379	26663	1659
化学纤维制造业	7954	4933	3260	3188	439
橡胶制品业	2814	1349	1598	1193	86
塑料制品业	42850	28590	28244	28215	1128
非金属矿物制品业	434896	243318	202625	179495	12903
黑色金属冶炼及压延加工业	332965	195589	249077	222448	13814
有色金属冶炼及压延加工业	564931	197895	390460	225401	31481
金属制品业	82864	49046	38037	31639	3555
通用设备制造业	333516	195353	218516	180770	12776
专用设备制造业	306160	183945	186781	174724	7436
交通运输设备制造业	268551	197736	122376	128833	6191
电气机械及器材制造业	92730	40886	58894	29642	1710
通信设备、计算机及其他电子设备制造业	165869	92792	96064	68073	7563
仪器仪表及文化、办公用机械制造业	18540	15256	9251	10447	227
工艺品及其他制造业	4699	3295	3538	3055	63
电力、热力的生产和供应业	704389	135080	530286	286057	37259
燃气生产和供应业	4959	482	479	386	65

3－43 全市规模以上非公有制工业企业分行业指标(三)

(2008 年)　　单位:万元

	主营业务收入	主营业务成本	营业费用	主营业务税金及附加	主营业务利润	管理费用
总　计	**10952822**	**9088781**	**347246**	**101510**	**1423742**	**249087**
在总计中:轻工业	2762962	2163180	157946	39813	409367	55536
重工业	8189860	6925601	189300	61697	1014375	193551
在总计中:大型企业	308638	286657	7011	3825	11146	10922
中型企业	3740493	3038441	94531	22673	585965	95034
小型企业	6903691	5763684	245704	75012	826631	143131
煤炭开采和洗选业	346942	273365	9117	1735	61595	6575
黑色金属矿采选业	108210	86931	960	1293	18779	2757
有色金属矿采选业	922656	538438	4442	11551	368198	43601
非金属矿采选业	137116	100123	5348	3466	28667	3400
农副食品加工业	212392	184817	4823	1105	22215	4165
食品制造业	60004	49933	2306	208	8058	2045
饮料制造业	46625	27040	3796	4794	11289	2428
纺织业	192942	174306	4025	546	15421	1858
纺织服装、鞋、帽制造业	154299	139062	2780	609	11848	825
木材加工及木、竹、藤、棕、草制品业	152695	119662	3434	2476	27121	2927
皮革毛皮羽毛(绒)及其制品业						
家具制造业	788055	576353	99249	20329	104027	8370
造纸及纸制品业	83090	63965	5527	2294	11221	2128
印刷业和记录媒介的复制	7703	6280	374	302	744	265
石油加工、炼焦及核燃料加工业	133607	117640	3350	2077	10540	2234
化学原料及化学制品制造业	629427	442366	23785	5458	149472	20084
医药制造业	71981	51101	4097	267	18422	4130
化学纤维制造业	26493	23998	495	187	1837	582
橡胶制品业	7931	5772	758	124	1277	270
塑料制品业	107603	96216	2379	1365	7455	2370
非金属矿物制品业	947961	775271	41534	14642	119884	23436
黑色金属冶炼及压延加工业	1485782	1409573	19553	4779	53308	11414
有色金属冶炼及压延加工业	1133846	1045884	12346	3766	72368	14086
金属制品业	200506	172521	6251	1232	20820	4204
通用设备制造业	699313	605055	18781	4316	67885	19667
专用设备制造业	678103	604143	13509	2690	55849	25839
交通运输设备制造业	757311	654466	20590	4853	79915	17632
电气机械及器材制造业	269991	197021	31136	4222	35968	8422
通信设备、计算机及其他电子设备制造业	294038	274525	698	220	18725	7026
仪器仪表及文化、办公用机械制造业	21603	15586	537	125	5350	2170
工艺品及其他制造业	17314	15402	511	22	1380	360
电力、热力的生产和供应业	228515	218724	148	231	9412	3037
燃气生产和供应业	640	532	26		82	27

3－44　全市规模以上非公有制工业企业分行业指标(四)

(2008年)　　　　单位:万元

	财务费用	其中:利息支出	利润总额	亏损企业亏损总额	利税总额
总　计	**92537**	**81545**	**1129817**	**21868**	**1578468**
在总计中:轻工业	19593	18356	343248	1577	442290
重工业	72944	63189	786569	20291	1136178
在总计中:大型企业	－524	－1052	7315		19306
中型企业	48846	44737	461437	10919	618607
小型企业	44215	37860	661065	10950	940556
煤炭开采和洗选业	1046	482	48097		64935
黑色金属矿采选业	215	157	14899	2	20533
有色金属矿采选业	3021	2740	327191	1897	409676
非金属矿采选业	628	472	25580	80	38540
农副食品加工业	741	702	17046	58	20301
食品制造业	587	586	5666		7276
饮料制造业	133	132	10142		19954
纺织业	384	660	11567	428	14008
纺织服装、鞋、帽制造业	165	160	10474		12380
木材加工及木、竹、藤、棕、草制品业	1314	1280	23507		32488
皮革毛皮羽毛(绒)及其制品业					
家具制造业	13382	12590	82521		111603
造纸及纸制品业	734	615	8347	62	13339
印刷业和记录媒介的复制	73	15	477		841
石油加工、炼焦及核燃料加工业	1711	1668	7050		10976
化学原料及化学制品制造业	3245	2876	136691	1815	178913
医药制造业	587	560	9832	278	13346
化学纤维制造业	103	103	1141	348	1755
橡胶制品业	122	121	885		1184
塑料制品业	1022	971	3532		6341
非金属矿物制品业	6496	5121	99684	936	163292
黑色金属冶炼及压延加工业	6214	6046	39877	3508	63162
有色金属冶炼及压延加工业	9763	8704	53880	765	88296
金属制品业	1692	1554	14588	97	20524
通用设备制造业	5653	4559	47499	881	71101
专用设备制造业	2673	1987	35343	367	54141
交通运输设备制造业	755	20	62003	1862	77606
电气机械及器材制造业	4408	4406	24614	47	33815
通信设备、计算机及其他电子设备制造业	7244	393	4339	1054	6938
仪器仪表及文化、办公用机械制造业	－18	－7	3266		4588
工艺品及其他制造业	91	83	957		1271
电力、热力的生产和供应业	18210	21648	－5144	7383	10498
燃气生产和供应业			55		61

3－45　全市规模以上非公有制工业企业分行业指标(五)

（2008 年）　　单位:万元

	应交增值税	存货	其中:产成品	应付及预收款	从业人员劳动报酬
总　计	**347142**	**697199**	**281944**	**802323**	**246979**
在总计中:轻工业	59230	98239	49245	113812	63211
重工业	287912	598960	232699	688511	183768
在总计中:大型企业	8166	18266	7935	17844	10793
中型企业	134498	255419	78322	244219	90347
小型企业	204479	423514	195686	540260	145839
煤炭开采和洗选业	15103	8093	8093	17007	19398
黑色金属矿采选业	4341	9231	9231	5467	2010
有色金属矿采选业	70935	90093	90093	81136	31348
非金属矿采选业	9493	6616	6616	4702	2388
农副食品加工业	2150	11328	11328	5396	2834
食品制造业	1402	2851	2851	1814	1217
饮料制造业	5018	8538	8538	10774	1462
纺织业	1895	9807	9807	13118	4062
纺织服装、鞋、帽制造业	1297	2969	2969	2533	3522
木材加工及木、竹、藤、棕、草制品业	6504	10857	10857	8090	3312
皮革毛皮羽毛(绒)及其制品业					
家具制造业	8752	6474	6474	15577	20353
造纸及纸制品业	2698	4173	4173	2121	936
印刷业和记录媒介的复制	62	242	242	350	167
石油加工、炼焦及核燃料加工业	1849	4174	4174	44585	1281
化学原料及化学制品制造业	36764	29555	29555	29807	14787
医药制造业	3247	9935	9935	3206	2369
化学纤维制造业	428	1345	1345	1085	631
橡胶制品业	175	395	395	356	173
塑料制品业	1444	4507	4507	10329	2116
非金属矿物制品业	48967	60060	60060	93731	26893
黑色金属冶炼及压延加工业	18505	64573	64573	37695	9204
有色金属冶炼及压延加工业	30651	103000	103000	55433	11609
金属制品业	4704	18814	18814	23879	5268
通用设备制造业	19286	72409	72409	101026	24813
专用设备制造业	16108	62897	62897	74664	22300
交通运输设备制造业	10751	32557	32557	53420	19937
电气机械及器材制造业	4979	11215	11215	17207	2922
通信设备、计算机及其他电子设备制造业	2380	23124	23124	43411	3137
仪器仪表及文化、办公用机械制造业	1197	2923	2923	8609	1546
工艺品及其他制造业	293	584	584	1065	128
电力、热力的生产和供应业	15412	20266	20266	31435	4289
燃气生产和供应业	6	176	115	252	22

3-46 分县(市)区规模以上工业企业指标(一)

(2008年)　　单位:万元

	单位数(个)	亏损企业	从业人员年平均人数(人)	应收及预付款	其中:应收账款
总　计	**1424**	**154**	**351218**	**2368654**	**1607983**
市　直	38	11	110117	819777	557051
老城区	49	2	5134	42334	37223
西工区	53	5	5730	50228	39629
瀍河区	34	1	3857	16423	14004
涧西区	39	3	8316	57020	43170
吉利区	25	10	4154	29639	23521
洛龙区	95	9	13761	118189	104083
高新区	86	7	20083	253247	218431
偃师市	354	9	51204	142736	117616
孟津县	134	12	17315	77875	64846
新安县	140	20	35504	139949	57842
栾川县	86	28	21043	243939	116650
嵩　县	46	5	7344	15074	9418
汝阳县	46	3	7303	47554	39361
宜阳县	81	14	13080	91575	65430
洛宁县	28	2	6303	44774	12001
伊川县	90	13	20970	178322	87708

3-47 分县(市)区规模以上工业企业指标(二)

(2008年)　　单位:万元

	资产总计	流动资产平均余额	负债总计	流动负债平均余额	本年折旧
总　计	**21780466**	**9251272**	**13378498**	**10060544**	**786796**
市　直	7068382	3129148	5660556	4525784	273148
老城区	122659	75133	90469	76611	2525
西工区	174276	113046	120616	109505	6101
瀍河区	66797	48113	39312	42531	1266
涧西区	251412	141484	162829	129903	6570
吉利区	186576	84948	115089	108785	10467
洛龙区	571881	277847	277673	281882	14388
高新区	1382671	715243	894959	573770	35029
偃师市	1584546	525649	838294	499830	81279
孟津县	1690453	354733	474976	223015	65744
新安县	2527958	869381	1716330	985407	127944
栾川县	2371200	1287160	620246	507106	45439
嵩　县	217613	102010	98960	70417	6512
汝阳县	337176	147006	156902	129495	6120
宜阳县	617079	214874	361474	261637	22577
洛宁县	290071	107886	130071	99057	7058
伊川县	2319717	1057611	1619742	1435810	74628

3-48 分县(市)区规模以上工业企业指标(三)

(2008 年)　　单位:万元

	主营业务收入	主营业务成本	营业费用	主营业务税金及附加	主营业务利润	管理费用
总　计	**26992743**	**23888651**	**548508**	**306552**	**2216175**	**845382**
市　直	8949089	8748344	124634	144980	-104233	355944
老城区	360387	342541	3334	604	13957	5611
西工区	308719	279901	7013	1502	20411	9793
瀍河区	127296	109638	4787	532	12442	5561
涧西区	708543	679194	4413	2046	22113	15173
吉利区	320823	294308	10019	1096	16640	10962
洛龙区	811129	758543	10848	2057	39680	20251
高新区	1124002	968569	30629	2726	124347	69885
偃师市	3663623	2866440	235702	52531	511963	74906
孟津县	829174	714097	15161	3871	83537	33419
新安县	3647699	3292366	44964	20114	295143	58487
栾川县	2029223	1386732	5981	50864	585646	68232
嵩　县	395241	289259	1090	1632	103260	16828
汝阳县	430079	346153	4142	6188	74539	10730
宜阳县	728616	572904	23243	6088	129250	27486
洛宁县	428257	325744	6974	3945	91567	15551
伊川县	2130845	1913919	15574	5776	195911	46565

3-49 分县(市)区规模以上工业企业指标(四)

(2008 年)　　单位:万元

	财务费用	其中:利息支出	利润总额	亏损企业亏损总额	利税总额
总　计	**437296**	**404943**	**1240401**	**707066**	**2252534**
市　直	174469	163137	-470540	628532	-230693
老城区	1265	1175	7550	33	13809
西工区	2643	1618	9379	366	18002
瀍河区	1084	431	5852	53	9273
涧西区	2373	2072	12311	264	25373
吉利区	2792	1858	3852	1314	11888
洛龙区	10791	6662	11147	422	24326
高新区	29339	26155	30209	38888	57075
偃师市	49341	48452	406510	10825	549847
孟津县	15267	17332	60162	3527	83929
新安县	60200	59993	212491	7929	378647
栾川县	5140	-781	532079	3615	709103
嵩　县	1777	1739	88855	474	114206
汝阳县	4904	4632	62023	4024	87356
宜阳县	12705	10935	93241	5135	145124
洛宁县	1734	1733	76669	751	93349
伊川县	61475	57799	98612	914	161920

3－50　分县(市)区规模以上工业企业指标(五)

(2008年)　　　　单位:万元

	应　交 增值税	存　货	其中: 产成品	应付及 预收款	从业人员 劳动报酬
总　计	**705581**	**2425896**	**788452**	**2368654**	**769687**
市　直	94868	1134857	304917	819777	315616
老城区	5655	23044	9600	42334	7398
西工区	7121	35989	17272	50228	10793
瀍河区	2889	9459	1989	16423	6466
涧西区	11016	51993	17878	57020	15203
吉利区	6941	13915	4172	29639	12687
洛龙区	11122	77405	29010	118189	21069
高新区	24140	197960	50502	253247	60803
偃师市	90807	108642	56751	142736	80815
孟津县	19896	78143	29450	77875	24643
新安县	146041	223175	76825	139949	62883
栾川县	126160	177373	88872	243939	62472
嵩　县	23719	17163	7433	15074	13590
汝阳县	19145	59696	31851	47554	10514
宜阳县	45794	58119	20893	91575	20439
洛宁县	12735	29117	13338	44774	12652
伊川县	57533	129847	27698	178322	31642

3－51　分县(市)区国有控股工业企业指标(一)

(2008年)　　　　单位:万元

	单位数 (个)	亏　损 企　业	从业人员 年平均人数 (人)	应收及 预付款	其中: 应收账款
总　计	**168**	**37**	**182822**	**1453547**	**923040**
市　直	30	8	104499	790548	539130
老城区	3		711	8303	6766
西工区	4		1014	13038	10375
瀍河区	7	1	990	3925	2776
涧西区	7		1170	10347	6590
吉利区	3		456	982	824
洛龙区	7	2	2615	16327	14932
高新区	18	3	11406	144282	131451
偃师市	19	5	3942	13468	10272
孟津县	16	2	4602	16996	12346
新安县	13	7	18786	71864	16787
栾川县	11	1	9413	164405	71480
嵩　县	10	3	4339	6327	5159
汝阳县	5	1	2546	16678	11594
宜阳县	7	2	3641	41257	29093
洛宁县	3	1	643	1863	332
伊川县	5	1	12049	132938	53133

3－52　分县(市)区国有控股工业企业指标(二)

(2008 年)　　单位:万元

	资产总计	流动资产平均余额	负债总计	流动负债平均余额	本年折旧
总　计	**16010503**	**6484427**	**10159476**	**7575366**	**575125**
市　直	6836178	2991246	5524869	4403691	269855
老城区	11616	9189	12646	11923	56
西工区	55292	37530	40905	34261	1668
瀍河区	14291	7429	8184	8035	387
涧西区	58162	27396	38044	16812	1995
吉利区	22913	4635	7559	7785	1761
洛龙区	202733	48523	54084	93082	6595
高新区	1024522	493744	716591	404606	20140
偃师市	202179	63592	151569	131230	22493
孟津县	1431150	190146	307376	59779	50702
新安县	1813266	572759	1268908	697509	85885
栾川县	1748921	950292	312870	253149	22718
嵩　县	71016	19697	45794	29318	3187
汝阳县	180010	59507	73111	58541	3460
宜阳县	199978	67670	115347	62122	10623
洛宁县	58336	9033	7446	4406	2721
伊川县	2079941	932038	1474174	1299119	70880

3－53　分县(市)区国有控股工业企业指标(三)

(2008 年)　　单位:万元

	主营业务收入	主营业务成本	营业费用	主营业务税金及附加	主营业务利润	管理费用
总　计	**14988617**	**13833546**	**179567**	**200449**	**733799**	**572371**
市　直	8169042	8003166	113115	139035	－123931	340933
老城区	17463	16257	397	31	801	746
西工区	61857	50448	3718	178	7513	4752
瀍河区	16791	13934	118	99	2590	827
涧西区	57506	51318	1105	165	4918	4133
吉利区	19529	15897	959	117	2557	1413
洛龙区	181718	172694	2604	284	6137	3707
高新区	668681	583615	17359	1670	66038	39383
偃师市	177273	160713	4356	709	10580	14996
孟津县	185535	148069	2106	1389	26056	16572
新安县	1893754	1762375	14973	5110	112938	36661
栾川县	1369973	955470	5163	46072	363268	35813
嵩　县	129318	110278	231	182	18628	10357
汝阳县	148366	117390	1200	1273	28761	4196
宜阳县	132749	91112	3726	1286	39984	15070
洛宁县	14723	14839	54	77	－247	1886
伊川县	1744340	1565972	8386	2773	167209	40928

3－54　分县(市)区国有控股工业企业指标(四)

(2008年)　　单位:万元

	财务费用	其中:利息支出	利润总额	亏损企业亏损总额	利税总额
总　计	**338342**	**318473**	**74477**	**683169**	**609356**
市　直	174018	163844	－478623	626520	－251861
老城区	103	101	148		481
西工区	525	347	2885		5669
瀍河区	78	22	1859	53	2934
涧西区	1218	1181	2737		4165
吉利区	445	450	867		1943
洛龙区	1862	1899	1059	15	5286
高新区	24355	24255	5715	37521	18990
偃师市	6628	3818	－2056	6861	3083
孟津县	11878	14758	14205	1512	19103
新安县	49869	49821	49045	7357	115303
栾川县	1817	－3975	338693	79	472109
嵩　县	687	691	11787	464	13154
汝阳县	1724	1727	21791	2034	29985
宜阳县	3786	3791	21686	222	31087
洛宁县	56	56	－271	486	699
伊川县	59294	55686	82950	46	137226

3－55　分县(市)区国有控股工业企业指标(五)

(2008年)　　单位:万元

	应交增值税	存货	其中:产成品	应付及预收款	从业人员劳动报酬
总　计	**334430**	**1665644**	**478036**	**1453547**	**495891**
市　直	87727	1091774	295607	790548	304081
老城区	302	1006	230	8303	562
西工区	2606	15551	6619	13038	2729
瀍河区	976	3280	626	3925	2065
涧西区	1263	12120	2087	10347	3605
吉利区	960	1793	846	982	925
洛龙区	3943	15577	7232	16327	3907
高新区	11604	146668	36108	144282	43143
偃师市	4430	20486	8960	13468	7076
孟津县	3508	10862	5474	16996	8844
新安县	61148	126877	49070	71864	34677
栾川县	87345	92531	45089	164405	35996
嵩　县	1185	5854	751	6327	9784
汝阳县	6921	15208	7489	16678	4551
宜阳县	8116	12705	3332	41257	8253
洛宁县	893	396		1863	2513
伊川县	51503	92956	8515	132938	23180

3－56 分县(市)区规模以上集体工业企业指标(一)

(2008 年)　　单位:万元

	单位数(个)	亏损企业	从业人员年平均人数(人)	应收及预付款	其中:应收账款
总　计	**96**	**14**	**15359**	**101839**	**81934**
市　直					
老城区	2		64	2156	1929
西工区	9	2	1259	12915	9134
瀍河区	6		759	1745	1649
涧西区	8		1844	19998	14247
吉利区	2	1	1605	13921	10922
洛龙区	11	2	1165	4335	4126
高新区	4		465	5899	5843
孟津县	7	1	648	1983	1645
新安县	9		3029	3989	3540
栾川县	5	4	228	15121	13165
嵩　县	5	1	518	1260	1263
汝阳县	5		682	3785	2926
宜阳县	2	1	204	1083	247
洛宁县	1		181	981	650
伊川县	4	2	118	5494	4117
偃师市	16		2590	7176	6534

3－57 分县(市)区规模以上集体工业企业指标(二)

(2008 年)　　单位:万元

	资产总计	流动资产平均余额	负债总计	流动负债平均余额	本年折旧
总　计	**392262**	**238569**	**255562**	**238273**	**13192**
市　直					
老城区	2691	2462	1347	1296	17
西工区	44195	29732	30570	31369	3061
瀍河区	5533	4228	3174	3153	62
涧西区	61387	38209	39306	33709	268
吉利区	114229	53788	86150	80139	6885
洛龙区	13183	8846	7785	8273	336
高新区	10243	8084	3605	3534	248
孟津县	15550	8652	6890	6422	255
新安县	15630	10457	11160	7132	466
栾川县	24486	22934	24462	23496	146
嵩　县	5971	3646	4267	3331	197
汝阳县	27780	13811	6711	4855	120
宜阳县	4183	3748	1810	2323	126
洛宁县	2331	1139	1796	979	36
伊川县	13628	12269	13015	15437	62
偃师市	31243	16564	13513	12826	909

3－58 分县(市)区规模以上集体工业企业指标(三)

(2008 年)　　单位:万元

	主营业务收入	主营业务成本	营业费用	主营业务税金及附加	主营业务利润	管理费用
总 计	**907058**	**826836**	**21106**	**4225**	**54948**	**20304**
市 直						
老城区	10570	9862	198	31	479	187
西工区	103448	98078	1109	258	4005	1666
瀍河区	11433	9990	193	83	1168	906
涧西区	128547	122291	1739	348	4035	3741
吉利区	244799	230558	7093	587	6561	5876
洛龙区	21516	19585	663	92	1177	957
高新区	8543	7334	22	52	1135	1132
孟津县	38285	34320	277	119	3624	539
新安县	33383	26420	889	155	5919	865
栾川县	52161	51843	6	48	264	302
嵩 县	44481	39789	103	176	4414	847
汝阳县	35638	27035	947	465	7317	580
宜阳县	22652	22609	53	79	－89	352
洛宁县	8476	7009	111	69	1287	51
伊川县	24582	24285	216	49	32	300
偃师市	118546	95829	7489	1615	13620	2006

3－59 分县(市)区规模以上集体工业企业指标(四)

(2008 年)　　单位:万元

	财务费用	其中:利息支出	利润总额	亏损企业亏损总额	利税总额
总 计	**6046**	**4628**	**34834**	**1728**	**61503**
市 直					
老城区	3	3	289		627
西工区	1081	916	1549	256	4337
瀍河区	16	1	324		911
涧西区	136	73	1595		4624
吉利区	2166	1123	1039	349	6518
洛龙区	175	175	70	93	758
高新区	21	21	352		847
孟津县	178	174	3064	6	3439
新安县	142	117	5019		7086
栾川县	763	746	－167	228	830
嵩 县	14	14	3344	9	6253
汝阳县	204	153	7186		9079
宜阳县	70	49	－415	488	649
洛宁县	20	20	1216		1321
伊川县	76	74	－149	299	207
偃师市	981	970	10517		14020

3－60　分县(市)区规模以上集体工业企业指标(五)

(2008年)　　单位:万元

	应交增值税	存货	其中:产成品	应付及预收款	从业人员劳动报酬
总　计	**22445**	**56304**	**26571**	**101839**	**23022**
市　直					
老城区	307	314	16	2156	95
西工区	2530	6346	4598	12915	2799
瀍河区	504	942	246	1745	1276
涧西区	2681	11800	3232	19998	2833
吉利区	4891	5461	1104	13921	6301
洛龙区	596	2341	1321	4335	977
高新区	442	1609	993	5899	1428
孟津县	257	3677	2598	1983	813
新安县	1912	1930	27	3989	1221
栾川县	949	6011	4637	15121	352
嵩　县	2734	1013	561	1260	666
汝阳县	1428	4663	3302	3785	619
宜阳县	985	754	432	1083	283
洛宁县	36	751	235	981	115
伊川县	306	4782	867	5494	146
偃师市	1887	3913	2403	7176	3102

3－61　分县(市)区规模以上“三资”工业企业指标(一)

(2008年)　　单位:万元

	单位数(个)	亏损企业	从业人员年平均人数(人)	应收及预付款	其中:应收账款
总　计	**39**	**12**	**12111**	**123974**	**91377**
市　直	2		3384	9038	5048
西工区	1	1	142	4184	3977
瀍河区	1		30	555	90
吉利区	4	2	123	2430	2426
洛龙区	2		1200	14545	11490
高新区	8	2	1081	46941	37546
偃师市	8	3	1917	31746	26660
孟津县	4		481	876	728
新安县	2		384	1692	401
宜阳县	4	4	2638	1895	1623
洛宁县	3		731	10072	1389

3－62　分县(市)区规模以上“三资”工业企业指标(二)

(2008年)　　单位:万元

	资产总计	流动资产平均余额	负债总计	流动负债平均余额	本年折旧
总　计	**1142337**	**401893**	**678074**	**409877**	**51464**
市　直	110674	70627	41391	45529	1731
西工区	10516	6831	3497	3497	
瀍河区	526	517	189	189	2
吉利区	14424	4675	4088	1683	564
洛龙区	114808	63314	57646	27692	1186
高新区	112055	73470	47767	51601	8230
偃师市	552289	102877	381407	138328	32529
孟津县	12094	7468	5748	4829	202
新安县	5825	1884	2481	2381	215
宜阳县	128525	35897	114076	114605	5668
洛宁县	80600	34332	19783	19542	1138

3－63　分县(市)区规模以上“三资”工业企业指标(三)

(2008年)　　单位:万元

	主营业务收入	主营业务成本	营业费用	主营业务税金及附加	主营业务利润	管理费用
总　计	**903078**	**783445**	**18255**	**6491**	**95926**	**30502**
市　直	178183	151337	8378	5611	12856	9412
西工区	9121	8717	153		404	
瀍河区	255	201			55	60
吉利区	8591	6935	1435		1578	497
洛龙区	132201	122091	360		9750	1747
高新区	174938	158867	2976	7	13088	9269
偃师市	234096	224503	2373	621	6599	1782
孟津县	43742	38564	1239		3800	987
新安县	4992	4257	181	12	543	260
宜阳县	27750	23186	488		3744	2727
洛宁县	89209	44788	672	239	43510	3761

3－64　分县(市)区规模以上“三资”工业企业指标(四)

(2008 年)　　单位:万元

	财务费用	其中:利息支出	利润总额	亏损企业亏损总额	利税总额
总　计	**23834**	**19661**	**50701**	**9326**	**91350**
市　直	－1037	－1512	7945		19600
西工区	391		－1	1	－1
瀍河区	－1				
吉利区	4	110	－238	293	－161
洛龙区	4277	172	3814		3814
高新区	2697	80	2080	1228	5487
偃师市	12217	15611	－1808	3923	14201
孟津县	25		2925		3186
新安县	28		254		461
宜阳县	6097	6065	－3881	3881	－2311
洛宁县	－864	－864	39612		47076

3－65　分县(市)区规模以上“三资”工业企业指标(五)

(2008 年)　　单位:万元

	应交增值税	存货	其中:产成品	应付及预收款	从业人员劳动报酬
总　计	**34158**	**77102**	**21418**	**123974**	**23131**
市　直	6044	10245	3885	9038	8048
西工区		1606	149	4184	535
瀍河区		451	18	555	62
吉利区	77	957	687	2430	279
洛龙区		20431	5359	14545	1786
高新区	3400	11629	4594	46941	2809
偃师市	15388	20115	3422	31746	2726
孟津县	262	1898	692	876	826
新安县	195	391	83	1692	579
宜阳县	1569	2935	366	1895	2685
洛宁县	7225	6445	2165	10072	2797

3－66 分县(市)区规模以上非公有制工业企业指标(一)

(2008 年) 单位:万元

	单位数(个)	亏损企业	从业人员年平均人数(人)	应收及预付款	其中:应收账款
总 计	**1146**	**98**	**150900**	**802323**	**593134**
市 直	8	3	5618	29230	17922
老城区	41	2	4120	30292	27316
西工区	40	3	3457	24275	20121
瀍河区	19		1278	6549	5640
涧西区	21	1	4583	22098	17992
吉利区	20	9	2093	14736	11775
洛龙区	74	4	9706	96410	83975
高新区	64	4	8212	103066	81138
偃师市	319	4	44713	123260	101981
孟津县	111	9	12065	58896	50855
新安县	115	11	13574	63467	37013
栾川县	70	23	11402	64413	32005
嵩 县	31	1	2487	7487	2997
汝阳县	36	2	4075	27091	24841
宜阳县	72	11	9235	49234	36089
洛宁县	24	1	5479	41930	11018
伊川县	81	10	8803	39890	30458

3－67 分县(市)区规模以上非公有制工业企业指标(二)

(2008 年) 单位:万元

	资产总计	流动资产平均余额	负债总计	流动负债平均余额	本年折旧
总 计	**5329397**	**2492782**	**2937366**	**2216262**	**196691**
市 直	232204	137902	135687	122093	3293
老城区	104675	61232	74285	61637	2283
西工区	74788	45785	49141	43875	1373
瀍河区	34470	23600	20482	19126	228
涧西区	104800	58766	72407	66143	3508
吉利区	49434	26524	21380	20861	1822
洛龙区	351426	217206	213077	177979	7339
高新区	347907	213415	174763	165630	14641
偃师市	1352628	446858	674169	356453	57846
孟津县	243753	155935	160711	156814	14787
新安县	697037	284795	434673	279204	41512
栾川县	597792	313935	282914	230461	22575
嵩 县	140626	78667	48899	37768	3128
汝阳县	129386	73689	77080	66099	2541
宜阳县	412918	143455	244318	197193	11828
洛宁县	229405	97714	120829	93672	4301
伊川县	226148	113304	132553	121254	3687

3－68 分县(市)区规模以上非公有制工业企业指标(三)

(2008 年)　　单位:万元

	主营业务收入	主营业务成本	营业费用	主营业务税金及附加	主营业务利润	管理费用
总　计	**10952822**	**9088781**	**347246**	**101510**	**1423742**	**249087**
市　直	780046	745178	11519	5946	19699	15011
老城区	323112	308111	2554	497	11976	4095
西工区	143415	131375	2185	1066	8893	3376
瀍河区	75700	64772	4472	208	6396	2730
涧西区	417904	400834	1490	1476	13460	6174
吉利区	56495	47853	1967	392	7522	3674
洛龙区	602938	562222	7557	1660	31499	14850
高新区	446777	377620	13248	1004	57174	29370
偃师市	3367473	2610016	223563	50107	487707	58008
孟津县	605354	531708	12779	2363	53857	16308
新安县	1718807	1502011	29102	14846	176214	20781
栾川县	607090	379419	813	4744	222114	32117
嵩　县	221441	139193	755	1275	80219	5624
汝阳县	246075	201728	1995	4450	38461	5954
宜阳县	573215	459183	19464	4724	89355	12063
洛宁县	405058	303896	6810	3799	90527	13615
伊川县	361922	323662	6972	2953	28670	5337

3－69 分县(市)区规模以上非公有制工业企业指标(四)

(2008 年)　　单位:万元

	财务费用	其中:利息支出	利润总额	亏损企业亏损总额	利税总额
总　计	**92537**	**81545**	**1129817**	**21868**	**1578468**
市　直	450	－707	8082	2011	21169
老城区	1139	1057	7015	33	12166
西工区	1037	354	4946	110	7996
瀍河区	839	382	2715		3864
涧西区	867	611	8012	17	16067
吉利区	180	285	1946	965	3428
洛龙区	8776	4566	9867	270	17994
高新区	4963	1879	24141	1368	37238
偃师市	41684	43659	397937	3964	532483
孟津县	3211	2401	42893	2009	61388
新安县	10169	10034	158436	564	256219
栾川县	2560	2449	193553	3309	236164
嵩　县	1076	1035	73725	1	94800
汝阳县	2976	2751	33046	1990	48292
宜阳县	8848	7094	71970	4425	113388
洛宁县	1657	1657	75724	265	91329
伊川县	2105	2039	15811	569	24488

3－70 分县(市)区规模以上非公有制工业企业指标(五)

(2008年)　　单位:万元

	应交增值税	存货	其中:产成品	应付及预收款	从业人员劳动报酬
总计	**347142**	**697199**	**281944**	**802323**	**246979**
市直	7141	43083	9309	29230	11535
老城区	4654	21368	9330	30292	6242
西工区	1984	14092	6055	24275	5266
瀍河区	940	3696	1116	6549	1400
涧西区	6578	23298	10479	22098	7726
吉利区	1090	6662	2223	14736	5462
洛龙区	6467	59143	20367	96410	15704
高新区	12093	49683	13401	103066	16232
偃师市	84439	84881	45752	123260	70747
孟津县	16131	63604	21378	58896	14987
新安县	82937	93997	27656	63467	26827
栾川县	37866	78831	39146	64413	26123
嵩县	19801	10296	6122	7487	3141
汝阳县	10796	39825	21060	27091	5344
宜阳县	36694	44660	17129	49234	11904
洛宁县	11807	27971	13103	41930	10024
伊川县	5723	32110	18316	39890	8316

3－71　全市主要工业产品产量

产品名称	单　位	2007 年	2008 年	2008 年为 2007 年%
钢	吨	563379	490749	87.1
成品钢材	吨	1884616	1963602	104.2
铁合金	吨	36939	37607	101.8
十种有色金属	吨	1002875	1090709	108.8
铜	吨	11827	9647	81.6
铝	吨	978280	1076305	110.0
黄金	千克	8687	9035	104.0
耐火材料	吨	1716777	2087713	121.6
发电量	万 KWH	4169086	3846651	92.3
原煤	万吨	338	396	117.2
原油加工量	万吨	531	501	94.4
汽油	吨	1162350	1175267	101.1
柴油	吨	1915839	1914711	99.9
燃料油	吨	353311	144577	40.9
润滑油	吨	43949	51272	116.7
硫酸(100%)	吨	83362	119501	143.4
合成氨(混合量)	吨	158438	67504	42.6
化肥(折 100%)	吨	181348	103360	57.0
氮肥	吨	171001	95892	56.1
磷肥	吨	10347	7468	72.2
塑料	吨	117843	79527	67.5
染料	吨	10001	11380	113.8
中成药(实重吨)	吨	2058	2116	102.8
钼精矿折含量(含纯钼 45%)	吨	70535	82731	117.3
钨精矿折含量(折三氧化钨 65%)	吨	2964	5439	183.5
矿山机器总重量	吨	130194	160118	123.0
矿山设备	吨	34721	42121	121.3

3－71 续表

产品名称	单　位	2007 年	2008 年	2008 年为2007 年%
泵	台	3167	3921	123.8
滚动轴承	万套	6957	19404	278.9
大中型拖拉机	台	44475	45144	101.5
小型拖拉机	台	105182	77980	74.1
汽车	辆	9049	7524	83.1
摩托车	辆	562744	648756	115.3
压路机	台	3848	3937	102.3
电话机	部	118792	36045	30.3
内燃机	万千瓦	525	601	114.5
水泥	万吨	491	594	121.0
平板玻璃	万重量箱	1879	1491	79.4
砖	万块	266784	242139	90.8
日用陶瓷器	万件	4675	2942	62.9
人造板	立方米	143771	123436	85.9
纱	吨	50372	49421	98.1
布	万米	13277	11521	86.8
畜肉制品	吨	8947	22788	254.7
机制纸及纸板	吨	19515	17343	88.9
卷烟	万支	1095782	1119775	102.2
饮料酒	吨	119706	129261	108.0
白酒	吨	25903	32814	126.7
啤酒	吨	93803	96447	102.8
食用植物油	吨	7091	4900	69.1
塑料制品	吨	72071	86409	119.9
配混合饲料	吨	195663	293837	150.2
小麦粉	万吨	17	22	129.4

3－72 主营业务收入前100家工业企业

（2008年） 单位：万元

企业名称	主营收入	企业名称	主营收入
1 中国石油化工股份有限公司洛阳分公司	2600457	26 洛阳伟业轧钢有限公司	140129
2 洛阳新安电力集团有限公司	1579809	27 洛阳尚德太阳能电力有限公司	136247
3 伊川电力集团总公司	1549954	28 伊川县天源集团有限公司	129655
4 中国一拖集团有限公司	1260013	29 洛阳钼都矿冶有限公司	127899
5 洛阳栾川钼业集团股份有限公司	1010000	30 嵩县丰源钼业有限公司	125479
6 河南省电力公司洛阳供电公司	996238	31 洛阳香江铝业有限公司	119194
7 中信重型机械公司	806681	32 中色科技股份有限公司	116799
8 洛阳市紫金银辉黄金冶炼有限公司	521460	33 阿特斯光伏电力（洛阳）有限公司	112305
9 中铝洛阳铜业有限公司	515009	34 洛阳白马集团有限责任公司	108202
10 河南兴安线材有限公司	469069	35 中航光电科技股份有限公司	107544
11 洛阳国泰钢铁有限公司	404271	36 河南通达电缆有限公司	96709
12 洛阳 LYC 轴承有限公司	332076	37 洛阳洛钢集团钢铁有限公司	90823
13 中铝河南铝业有限公司	310998	38 南车洛阳机车有限公司	88491
14 中国船舶重工集团公司第七二五研究所	222191	39 洛阳双源热电有限责任公司	86263
15 洛阳石油化工总厂宏达实业总公司	186773	40 水利部小浪底水利枢纽管理局（洛阳）	80396
16 偃师市庞村广龙钢制家俱有限公司	184066	41 洛阳钰隆集团有限公司	77742
17 中铝河南铝业有限公司洛阳热轧厂	179336	42 大唐洛阳热电有限责任公司	76943
18 中国洛阳浮法玻璃集团有限责任公司	175874	43 洛阳市亿丰石油化工有限责任公司	74535
19 大唐洛阳首阳山发电厂	172927	44 中钢集团洛阳耐火材料有限公司	74489
20 河南华润电力首阳山有限公司	172080	45 栾川龙宇钼业有限公司	73185
21 洛阳中色万基铝加工有限公司	156850	46 洛新耐火材料厂	72167
22 洛阳一拖东方实业有限公司	154850	47 洛阳市金顺来针织有限公司	69179
23 洛阳北方易初摩托车有限公司	153788	48 栾川县电业局	68373
24 洛阳中硅高科有限公司	147682	49 洛阳富川矿业有限公司	65224
25 河南中烟工业公司洛阳卷烟厂	142503	50 一拖（洛阳）彪马汽车基地有限公司	65150

3－72 续表

单位:万元

企业名称	主营收入	企业名称	主营收入
51 洛阳永安特钢有限公司	64094	76 栾川县福利化工厂	42175
52 洛阳市玉华铁合金厂	62057	77 洛阳中集凌宇汽车有限公司	41523
53 洛阳北方玻璃技术股份有限公司	61517	78 河南省偃师市府店镇联办铝矿	40826
54 洛阳浩宇管道有限公司	59552	79 偃师市供电有限公司	40291
55 河南洛染股份有限公司	58273	80 洛阳春都投资股份有限公司	39925
56 洛阳金达石化有限责任公司	58026	81 洛阳新奥华油燃气有限公司	39856
57 洛阳北方企业集团有限公司	57835	82 洛阳市洛北铸钢厂	39061
58 洛阳北易三轮摩托车有限公司	57392	83 汝阳杜康集团	38118
59 河南发恩德矿业有限公司	56015	84 汝阳县博华铁合金厂	37273
60 河南嵩声电缆有限公司	56013	85 洛阳力帆大河三轮摩托车有限公司	36529
61 洛阳高科钼钨材料有限公司	53542	86 洛阳珠峰华鹰三轮摩托车有限公司	36279
62 洛阳钼都钨钼科技有限公司	51304	87 洛宁华泰矿业开发有限公司	36126
63 洛阳双瑞特钢科技有限公司	50025	88 洛阳市永卓钨钼材料有限公司	36075
64 栾川县大东坡钨钼矿业有限公司	49050	89 嵩县有色金属材料加工厂	36000
65 洛阳黄河同力水泥有限责任公司	49010	90 洛阳花都金柜集团有限公司	35953
66 河南柴油机集团有限责任公司	47516	91 洛阳市汝化化工有限公司	35448
67 洛阳龙羽山川钼业有限公司	45650	92 栾川县双丰矿业有限公司	35128
68 洛阳市金纺纺织有限公司	45384	93 河南永华能源有限公司	34890
69 洛阳兴起铸锻件机械有限公司	44264	94 洛玻集团洛阳龙昊玻璃有限公司	34785
70 栾川县三强钼钨有限公司	43684	95 新安县电业公司	34102
71 洛阳市环城供电局	43541	96 洛阳市兴荣工业有限公司	34069
72 中信重机洛阳实业有限公司公司	43228	97 洛阳利祥冶金建材设备有限公司	33817
73 偃师市中岳耐火材料有限公司	42942	98 河南金源黄金矿业有限公司	33484
74 嵩县金牛有限责任公司	42853	99 洛阳海格尔耐火材料有限责任公司	33275
75 洛阳六和饲料有限责任公司	42330	100 洛阳骏马化工有限公司	33180

3－73　实现利税前100家工业企业

（2008年）　　单位：万元

企业名称	实现利税	企业名称	实现利税
1 洛阳栾川钼业集团股份有限公司	373441	26 栾川县瑞达矿业有限公司	15370
2 伊川电力集团总公司	121056	27 水利部小浪底水利枢纽管理局(洛阳)	15271
3 洛阳中硅高科有限公司	117358	28 洛阳 LYC 轴承有限公司	15262
4 洛阳新安电力集团有限公司	94377	29 河南永华能源有限公司	14302
5 河南中烟工业公司洛阳卷烟厂	88854	30 义马煤业集团宜阳义络煤业有限责任公司	13937
6 嵩县丰源钼业有限公司	74549	31 河南通达电缆有限公司	13630
7 中国船舶重工集团公司第七二五研究所	57743	32 中铝河南铝业有限公司洛阳热轧厂	13399
8 洛阳富川矿业有限公司	46813	33 伊川县天源集团有限公司	13092
9 中信重型机械公司	46545	34 金堆成钼业汝阳责任有限公司	11934
10 河南省电力公司洛阳供电公司	43137	35 洛阳北方易初摩托车有限公司	11725
11 洛阳钼都矿冶有限公司	41822	36 洛阳黄河同力水泥有限责任公司	11430
12 河南发恩德矿业有限公司	39330	37 栾川县九扬矿业有限公司	11370
13 中国一拖集团有限公司	31487	38 大唐洛阳首阳山发电厂	11274
14 栾川龙宇钼业有限公司	30358	39 中铝洛阳铜业有限公司	10985
15 栾川县大东坡钨钼矿业有限公司	29176	40 河南华润电力首阳山有限公司	10820
16 栾川县三强钼钨有限公司	24534	41 洛阳双瑞特钢科技有限公司	10624
17 河南兴安线材有限公司	24224	42 新安千山矿业有限公司	10563
18 偃师市庞村广龙钢制家俱有限公司	23911	43 洛阳双瑞精铸钛业有限公司	9891
19 洛阳香江铝业有限公司	22165	44 汝阳杜康集团	9682
20 栾川县长青钨钼有限责任公司	20966	45 洛阳北方玻璃技术股份有限公司	9461
21 洛阳中色万基铝加工有限公司	17675	46 栾川县龙沟钼矿	9001
22 中航光电科技股份有限公司	17504	47 洛阳浩宇管道有限公司	8738
23 中色科技股份有限公司	16858	48 新安县恒基铝业有限公司	8636
24 洛阳龙羽山川钼业有限公司	16124	49 栾川县启源矿业有限公司	8154
25 栾川县天罡矿业有限公司	15635	50 洛阳北易三轮摩托车有限公司	8069

单位:万元

企业名称	实现利税	企业名称	实现利税
51 洛阳亚洲啤酒有限公司	7875	76 栾川县华隆选矿有限公司	5851
52 洛阳市汝化化工有限公司	7827	77 南车洛阳机车有限公司	5788
53 洛阳龙门煤业有限公司	7803	78 新安县源博粘土矿	5650
54 洛阳三江花园春酒业有限公司	7631	79 洛阳康鑫矿业开发有限公司	5552
55 河南洛染股份有限公司	7627	80 新安县鸿发粘土矿	5498
56 洛阳一拖东方实业有限公司	7581	81 洛阳新强联回转支承有限公司	5459
57 河南嵩声电缆有限公司	7244	82 洛阳开拓者矿业有限公司	5401
58 洛阳中乾木业有限公司	7225	83 偃师市中岳耐火材料有限公司	5309
59 新安县鑫石矿产品开发公司	7103	84 洛新耐火材料厂	5293
60 河南中昌陶粒有限公司	7054	85 栾川钼城选矿有限责任公司	5289
61 新安县铸成耐火厂	6937	86 嵩县有色金属材料加工厂	5249
62 栾川宏发矿业有限公司	6864	87 新安县明达铝业有限公司	5246
63 洛阳恒基铝业有限公司	6824	88 洛阳大洋耐火材料有限公司	5211
64 洛阳国泰钢铁有限公司	6719	89 新安县黄河神龙耐火材料厂	5191
65 栾川县沪七矿业有限公司	6691	90 洛阳星启重型机械制造有限公司	5187
66 宜阳龙翔建材有限公司	6595	91 栾川县众鑫矿业有限公司	5138
67 河南世林陶粒有限公司	6591	92 洛阳轴研科技股份有限公司	5097
68 汝阳县开来玄武石料有限公司	6571	93 新安县江春煤矿	4977
69 洛阳普莱柯生物工程有限公司	6468	94 河南省花城办公家具有限公司	4905
70 洛阳新奥华油燃气有限公司	6319	95 中钢集团洛阳耐火材料有限公司	4897
71 洛阳市诺铭耐火材料有限公司	6121	96 洛阳力帆大河三轮摩托车有限公司	4884
72 洛阳煤电集团有限公司	6096	97 洛阳珠峰华鹰三轮摩托车有限公司	4851
73 栾川县电业局	6040	98 栾川县豫鹭矿业有限责任公司	4830
74 汝阳县宏运矿业有限公司	5965	99 洛阳功成耐火材料有限公司	4829
75 栾川县天和矿业有限公司	5947	100 洛阳骏马化工有限公司	4783

3－74　实现利润前100家工业企业

（2008年）　　单位：万元

企业名称	实现利润	企业名称	实现利润
1 洛阳栾川钼业集团股份有限公司	261009	26 中铝河南铝业有限公司洛阳热轧厂	11530
2 洛阳中硅高科有限公司	96967	27 洛阳香江铝业有限公司	10415
3 伊川电力集团总公司	69410	28 义马煤业集团宜阳义络煤业有限责任公司	10329
4 嵩县丰源钼业有限公司	59257	29 河南通达电缆有限公司	10223
5 中国船舶重工集团公司第七二五研究所	45652	30 河南永华能源有限公司	10091
6 洛阳新安电力集团有限公司	38015	31 栾川县九扬矿业有限公司	10040
7 洛阳富川矿业有限公司	36819	32 洛阳双瑞精铸钛业有限公司	9178
8 洛阳钼都矿冶有限公司	35571	33 汝阳杜康集团	8504
9 中信重型机械公司	35158	34 金堆成钼业汝阳责任有限公司	8400
10 河南发恩德矿业有限公司	33173	35 洛阳北方玻璃技术股份有限公司	8365
11 栾川县大东坡钨钼矿业有限公司	25371	36 栾川县龙沟钼矿	7650
12 栾川龙宇钼业有限公司	23082	37 洛阳北易三轮摩托车有限公司	7461
13 栾川县三强钼钨有限公司	21250	38 洛阳黄河同力水泥有限责任公司	7161
14 河南兴安线材有限公司	19752	39 洛阳 LYC 轴承有限公司	6938
15 偃师市庞村广龙钢制家俱有限公司	18407	40 栾川县启源矿业有限公司	6851
16 栾川县长青钨钼有限责任公司	18020	41 洛阳双瑞特钢科技有限公司	6827
17 中航光电科技股份有限公司	14498	42 洛阳市汝化化工有限公司	6664
18 河南中烟工业公司洛阳卷烟厂	14168	43 新安千山矿业有限公司	6518
19 水利部小浪底水利枢纽管理局(洛阳)	14069	44 栾川宏发矿业有限公司	6485
20 洛阳中色万基铝加工有限公司	13958	45 新安县恒基铝业有限公司	6011
21 洛阳龙羽山川钼业有限公司	13500	46 中国一拖集团有限公司	5900
22 栾川县瑞达矿业有限公司	13493	47 栾川县沪七矿业有限公司	5674
23 中色科技股份有限公司	12916	48 洛阳新奥华油燃气有限公司	5396
24 栾川县天罡矿业有限公司	12716	49 洛阳龙门煤业有限公司	5389
25 伊川县天源集团有限公司	11734	50 洛阳市诺铭耐火材料有限公司	5389

3－74 续表

单位:万元

企业名称	实现利润	企业名称	实现利润
51 河南嵩声电缆有限公司	5343	76 洛阳开拓者矿业有限公司	3703
52 河南洛染股份有限公司	5317	77 河南省电力公司洛阳供电公司	3702
53 栾川县华隆选矿有限公司	5221	78 河南省偃师市府店镇联办铝矿	3683
54 栾川县天和矿业有限公司	5173	79 栾川县众鑫矿业有限公司	3673
55 宜阳龙翔建材有限公司	5049	80 洛阳星启重型机械制造有限公司	3657
56 洛阳普莱柯生物工程有限公司	4817	81 凯迈(洛阳)测控有限公司	3626
57 洛阳三江花园春酒业有限公司	4816	82 洛阳花都金柜集团有限公司	3596
58 洛阳力帆大河三轮摩托车有限公司	4749	83 洛阳亚洲啤酒有限公司	3564
59 洛阳新强联回转支承有限公司	4722	84 洛阳中乾木业有限公司	3551
60 洛阳珠峰华鹰三轮摩托车有限公司	4716	85 嵩县金牛有限责任公司	3532
61 洛阳国泰钢铁有限公司	4681	86 新安县江春煤矿	3514
62 栾川钼城选矿有限责任公司	4667	87 洛新耐火材料厂	3513
63 洛阳恒基铝业有限公司	4551	88 中扩赠品玩具(洛宁)有限公司	3486
64 洛阳浩宇管道有限公司	4529	89 新安县明达铝业有限公司	3470
65 汝阳县开来玄武石料有限公司	4450	90 栾川县振凯矿业有限公司	3466
66 洛阳北方易初摩托车有限公司	4380	91 新安县鑫石矿产品开发公司	3372
67 洛阳骏马化工有限公司	4342	92 洛阳天昌生物工程有限公司	3341
68 河南金源黄金矿业有限公司	4148	93 汝阳县伟鑫矿业有限公司	3323
69 洛阳康鑫矿业开发有限公司	4104	94 洛阳煤电集团有限公司	3292
70 栾川县豫鹭矿业有限责任公司	4017	95 洛阳大洋耐火材料有限公司	3218
71 栾川县宏达矿业有限公司	3969	96 河南中昌陶粒有限公司	3216
72 偃师市中岳耐火材料有限公司	3957	97 新安县源博粘土矿	3208
73 洛阳轴研科技股份有限公司	3844	98 河南省花城办公家具有限公司	3195
74 阿特斯光伏电力(洛阳)有限公司	3806	99 宜阳鑫露化工有限公司	3180
75 洛阳功成耐火材料有限公司	3760	100 新安县鸿发粘土矿	3120

四、农村经济

RURAL ECONOMY

资料整理：张秋光　李少东

主要统计指标解释

1. **乡村户数** 指户口在农村的常住户数,包括参加乡村各级举办的各种行业的合作经济组织,并从中取得实物或货币收入的家庭户数。但不包括在乡村地区内的国有经济的机关、团体、学校、企业、事业单位的集体户。

2. **乡村人口** 指乡村户数内的常住人口。包括常住人口中外出的民工、工人合同工、户口在家的在外学生等,但不包括户口在家领取工资的国家职工和户口迁入农村领取国家津贴的离退休职工。

3. **农林牧渔业总产值** 以货币表现的农林牧渔业的全部产品产量和对农林牧渔业生产活动进行的各种支持性服务活动的价值。

4. **农林牧渔业增加值** 指农、林、牧、渔及农林牧渔服务业生产货物或提供服务活动而增加的价值。

5. **年末实有耕地面积** 是指年末实有能够种植农作物,经常进行耕锄的田地。包括熟地、当年新开荒地、连续撩荒未满三年的耕地和当年的休闲地(轮歇地)。以种植农作物为主并附带种植桑树、果树和其他林木的土地以及沿海、沿湖地区已围垦利用"海涂"、"湖田"等也包括在内。但不包括专业性的桑园、茶园、果园、果木苗圃、林地、芦苇地、天然草原等。

6. **播种面积** 是指实际播种或移植有农作物的面积。

7. **粮食产量** 指全社会的产量。包括国营农场经营的、集体统一经营的和农民家庭经营的粮食产量,还包括工矿企业家属办的农场和其他生产单位的产量。粮食除包括稻谷、小麦、玉米、高粱、谷子及其他杂粮外,还包括薯类和大豆。其产量计算方法,豆类按去豆荚后的干豆计算;薯类(包括甘薯和马铃薯,不包括芋头和木薯)按5公斤鲜薯折1公斤粮食计算。其他粮食一律按脱粒后的原粮计算。

8. **水果产量** 是指本年度内从果树上收获的全部水果产量。不论自食的或出售的,都应计算在内。但不包括果用瓜(如西瓜、甜瓜、白兰瓜、哈密瓜、脆瓜等)和主要作蔬菜食用的藕、西红柿等。也不包括采集的野生水果。水果的产量按鲜果计算,干枣、葡萄干、柿饼、桔饼等应统一折成鲜果计算。

9. **猪、牛、羊肉产量** 指当年出栏并已屠宰的猪、牛、羊的肉产量。即屠宰后除去头蹄下水后带骨肉(即胴体重)的重量。

10. **水产品产量** 指人工养殖的水产品和天然生长的水产品的捕捞量。包括海水的鱼类、虾蟹类、贝类和藻类以及淡水的鱼类、虾蟹类和贝类,不包括淡水水生植物。

11. **灌溉面积** 指有效灌溉面积,即具有一定的水源,地块比较平整,灌溉工程或设备已经配套,在一般年景下能够进行正常灌溉的耕地面积。

12. **农业机械总动力** 指主要用于农、林、牧、渔业的各种动力机械的动力总和。

4－1 农村经济发展情况

	单位	总量指标								
		1980年	1985年	1990年	1995年	2000年	2005年	2006年	2007年	2008年
乡(镇)政府数	个	153	155	156	157	148	148	134	134	134
# 镇政府数	个	12	14	16	42	52	51	51	51	52
村民委员会	个	2861	2957	2985	3000	2984	2991	2992	2989	2983
乡村人口	万人	416.03	434.77	458.58	473.87	478.14	488.74	492.30	493.40	496.60
# 从业人员	万人	157.55	182.28	208.30	237.00	301.26	298.54	301.77	303.26	306.82
常用耕地面积	千公顷	406.47	394.91	385.58	370.00	387.22	357.98	371.32	356.07	355.58
农业机械总动力	万千瓦	82.31	104.13	149.58	179.15	301.62	384.24	396.18	413.78	427.05
大中型拖拉机	台	4165	3101	1927	1853	2654	4200	4200	5300	5900
小型及手扶拖拉机	台	6963	19530	41700	52200	93300	141300	147000	156500	157900
粮食总产量	吨	1335948	1155465	1484836	1014205	1990011	2105266	2294317	2288670	2307995
夏　粮	吨	494523	603650	760555	450196	793464	965472	1072492	1078036	1084992
秋　粮	吨	841425	551815	724281	564009	1196547	1139794	1221825	1210634	1223003
棉花总产量	吨	16102	6005	4232	3034	5269	4341	5042	4286	3800
油料总产量	吨	21840	33985	32602	32228	64283	97422	113880	124509	117371
烟叶总产量	吨	1478	43810	34895	15396	34030	56689	70632	51753	56090
蔬菜总产量	吨	294450	274560	410030	453627	931806	2012148	2223424	2114165	2044258
肉类总产量	吨	40889	47026	76600	133403	187410	256339	275566	205918	220744
禽蛋总产量	吨	8161	16044	27279	60455	106700	151430	161158	120000	129480
奶类总产量	吨	2548	9945	13193	9710	23686	217281	304232	354550	389570
年末牛存栏	万头	27.98	46.18	65.21	72.40	72.25	94.25	97.39	66.23	68.27
年末生猪存栏	万头	108.34	115.46	116.95	153.79	166.01	198.00	211.47	178.81	190.80
年末羊存栏	万只	84.49	26.21	40.35	51.69	77.54	142.01	151.00	72.51	78.22
年末家禽存栏	万只	366.91	830.25	830.46	1253.07	1681.97	2325.24	2472.27	1896.17	2218.32

注:2000年以后乡镇政府个数不包括县城所在地的城关镇和洛浦办事处。
　2002年以前常用耕地面积为年末实有耕地面积。

4－2 农村经济发展指数

指　标	速　度（%）							
	指　数(2008年为以下各年)							1980年－2008年平均发展速度
	1980年	1985年	1990年	1995年	2000年	2005年	2007年	
乡(镇)政府数	87.6	86.5	85.9	85.4	90.5	90.5	100.0	99.5
# 镇政府数	433.3	371.4	325.0	123.8	100.0	102.0	102.0	105.4
村民委员会	104.3	100.9	99.9	99.4	100.0	99.7	99.8	100.1
乡村人口	119.4	114.2	108.3	104.8	103.9	101.6	100.6	100.6
# 从业人员	194.7	168.3	147.3	129.5	101.8	102.8	101.2	102.4
常用耕地面积	87.5	90.0	92.2	96.1	91.8	99.3	99.9	99.5
农业机械总动力	518.8	410.1	285.5	238.4	141.6	111.1	103.2	106.1
大中型拖拉机	141.7	190.3	306.2	318.4	222.3	140.5	111.3	101.3
小型及手扶拖拉机	2267.7	808.5	378.7	302.5	169.2	111.7	100.9	111.8
粮食总产量	172.8	199.7	155.4	227.6	116.0	109.6	100.8	102.0
夏　粮	219.4	179.7	142.7	241.0	136.7	112.4	100.6	102.8
秋　粮	145.3	221.6	168.9	216.8	102.2	107.3	101.0	101.3
棉花总产量	23.6	63.3	89.8	125.2	72.1	87.5	88.7	95.0
油料总产量	537.4	345.4	360.0	364.2	182.6	120.5	94.3	106.2
烟叶总产量	3795.0	128.0	160.7	364.3	164.8	98.9	108.4	113.9
蔬菜总产量	694.3	744.6	498.6	450.6	219.4	101.6	96.7	107.2
肉类总产量	539.9	469.4	288.2	165.5	118.1	86.1	107.2	106.2
禽蛋总产量	1586.6	807.0	474.7	214.2	121.3	85.5	107.9	110.4
奶类总产量	15289.2	3917.2	2952.9	4012.0	1644.7	179.3	109.9	119.7
年末牛存栏	244.0	147.8	104.7	94.3	94.5	72.4	103.1	103.2
年末生猪存栏	176.1	165.3	163.1	124.1	114.9	96.4	106.7	102.0
年末羊存栏	92.6	298.4	193.9	151.3	100.9	55.1	107.9	99.7
年末家禽存栏	604.6	267.2	267.1	177.0	131.9	95.4	117.0	106.6

4－3　农林牧渔业总产值发展情况

单位:万元

	2001年	2002年	2003年	2004年	2005年	2006年	2007年	2008年
农林牧渔业总产值(现价)	**683011**	**922482**	**1156300**	**1478433**	**1841410**	**2057610**	**2368416**	**2772184**
农业产值	399707	525360	653914	836562	1009862	1182984	1342469	1444274
林业产值	39342	48416	83612	99951	135567	175067	217825	267566
牧业产值	237190	299524	362624	469558	600712	580214	669648	883366
渔业产值	6772	6568	6931	8973	12736	18518	20428	29538
服务业产值		42614	49219	63389	82533	100827	118046	147440
按区划分								
老城区	5345	10655	12305	14679	17311	17102	18930	23415
西工区	2773	4035	4477	4143	5258	4374	3930	4366
瀍河区	2392	3521	3853	4203	5234	5678	6139	7959
涧西区	1761	1046	1005	909	633	629	576	647
吉利区	7480	8240	8914	11848	15171	17460	18826	22537
洛龙区	39752	54746	58496	64569	85038	77353	90562	98666
孟津县	48137	69737	88067	117497	142369	181427	238726	275222
新安县	46504	66241	99456	131680	167648	195335	233283	277480
栾川县	39351	58684	73724	82620	95113	107814	128252	158581
嵩　县	57227	99032	127735	162020	209516	226667	252543	303403
汝阳县	52059	72059	89095	106619	127780	117303	122328	147499
宜阳县	86878	103322	146163	182442	215670	260599	288740	351072
洛宁县	61281	86162	108224	151769	181643	214680	246691	283279
伊川县	89424	111338	139235	189143	249868	294785	351253	406462
偃师市	140008	167188	190903	249739	305209	319575	358128	408623
高新区	2639	2738	3777	4830	5342	16297	17776	25653

注:本表中从2002年开始应用新口径计算,且2002年基数重新调整。

因与农业普查数据衔接,2006年农林牧渔业总产值进行调整。

4－4　农林牧渔业总产值发展指数

	2001年	2002年	2003年	2004年	2005年	2006年	2007年	2008年
农林牧渔业总产值	**101.5**	**106.6**	**112.6**	**106.3**	**107.0**	**107.5**	**104.6**	**105.8**
农业产值	98.5	104.2	114.1	108.6	105.5	107.8	104.1	103.3
林业产值	90.7	110.1	116.9	107.8	112.7	109.1	108.3	111.3
牧业产值	108.1	109.4	111.9	103.7	108.5	107.0	104.2	108.8
渔业产值	110.7	109.5	105.2	107.0	115.6	112.9	108.9	113.5
服务业产值			104.5	101.3	106.6	105.3	105.6	107.9
按区划分								
老城区	111.1	113.9	111.0	105.0	105.8	105.1	103.5	105.0
西工区	111.9	112.7	105.1	80.0	107.8	108.3	104.1	105.3
瀍河区	83.2	114.8	105.6	101.1	107.7	104.7	104.4	104.5
涧西区	36.0	97.9	90.9	81.7	76.1	56.4	104.5	101.4
吉利区	100.1	105.9	107.7	106.9	108.0	107.5	104.2	105.1
洛龙区	108.7	109.1	105.2	99.1	100.9	107.1	103.6	105.5
孟津县	104.4	109.5	116.7	109.1	105.6	108.3	105.0	105.8
新安县	90.3	104.6	135.3	107.9	107.1	104.6	104.2	104.1
栾川县	114.1	107.1	105.6	105.3	106.3	107.6	105.0	107.5
嵩　县	98.6	111.8	118.6	109.0	108.1	107.4	104.5	105.5
汝阳县	100.4	109.6	110.0	105.0	107.9	108.1	103.8	108.8
宜阳县	98.5	105.0	116.3	108.0	106.4	108.0	104.6	105.5
洛宁县	90.6	105.5	112.2	110.7	107.1	107.3	104.4	107.6
伊川县	97.1	106.0	115.5	106.9	107.4	106.5	104.8	105.1
偃师市	107.7	103.6	108.5	105.0	107.1	108.1	104.6	106.2
高新区		107.3	101.8	117.1	106.4	106.6	104.2	104.9

注:2005年以后采用可比价速度,以前年份为90年不变价速度。

4－5　主要农产品发展情况

单位：吨

	2001年	2002年	2003年	2004年	2005年	2006年	2007年	2008年
粮食总产量	**1642497**	**1669437**	**2048286**	**2080043**	**2105266**	**2294317**	**2288670**	**2307995**
老城区	8089	7245	8347	8528	8046	7965	8051	7858
西工区	6639	4518	6482	6814	6751	6565	4723	4515
瀍河区	3001	2967	2945	2854	3094	3169	3512	3431
涧西区	2125	1525	1179	1200	709	530	752	758
吉利区	14425	12956	12983	13126	14495	14545	14334	15197
洛龙区	70505	67298	63821	57355	55379	47479	47893	49875
孟津县	160742	128034	174626	193373	180481	208519	225179	228632
新安县	110827	95246	189273	189555	190293	207935	203249	206861
栾川县	72289	64173	51148	51346	64023	69720	66464	70634
嵩　县	131040	148672	180578	174953	188825	210636	204906	211314
汝阳县	116680	125956	142684	142455	150950	168395	167071	170703
宜阳县	199559	217587	342902	343596	321688	358958	354120	354419
洛宁县	157400	163764	203276	221387	222851	242693	247913	258884
伊川县	229609	277249	316709	315729	327732	353683	342396	344637
偃师市	354632	346900	345772	351419	363832	367776	372694	363999
高新区	4935	5347	5561	6353	6117	25749	25412	23334
夏粮产量	**850752**	**677665**	**1004496**	**1002500**	**965472**	**1072492**	**1078036**	**1084992**
老城区	4799	4013	4632	4445	4428	4444	4396	3920
西工区	3882	2201	3161	3363	3341	3149	2594	2546
瀍河区	1664	1586	1600	1457	1524	1556	1786	1748
涧西区	1055	951	627	609	298	269	360	406
吉利区	7577	7193	6966	6925	7156	7283	6521	7807
洛龙区	35089	33065	33440	29911	26279	23430	23075	23786
孟津县	84510	67010	86652	105311	98969	111342	117452	119038
新安县	57142	43866	94713	87998	81563	89394	88418	88924
栾川县	29216	23753	24843	21056	25167	25850	21305	25075
嵩　县	66487	42046	86704	76855	83624	92516	91781	94912
汝阳县	51985	38743	71217	66546	67485	77415	77079	79036
宜阳县	110693	87101	163520	163873	137538	161120	165535	160672
洛宁县	102310	67611	114201	118951	113790	124729	121189	130936
伊川县	105235	82186	132398	130496	131328	151020	154886	153494
偃师市	186439	175220	176943	181915	180741	187007	190743	179620
高新区	2669	1120	2879	2789	2241	11968	10916	9863

4－5 续表 1 单位:吨

	2001 年	2002 年	2003 年	2004 年	2005 年	2006 年	2007 年	2008 年
油料产量	**50844**	**59248**	**64530**	**82626**	**97422**	**113880**	**124509**	**117371**
老城区	416	230	200	190	129	129	115	103
西工区	146	261	244	338	261	227	102	63
瀍河区	22	45	18	19	16	37	6	6
涧西区	45	47	27	22	14	11	10	9
吉利区	774	479	166	105	181	90	86	49
洛龙区	329	323	295	369	500	116	136	333
孟津县	8094	5014	6906	7952	6283	6841	10101	8108
新安县	2183	2932	3743	5112	4800	12871	14834	6267
栾川县	442	410	489	307	442	498	450	475
嵩　县	4129	5525	4547	5660	5957	8404	8220	8548
汝阳县	6529	8712	8118	9620	10859	11203	11308	9980
宜阳县	14657	18426	21083	27877	41113	47029	49109	53654
洛宁县	2776	2399	2775	6444	6681	8072	7901	7629
伊川县	4024	7154	8191	10024	10053	9553	13065	10402
偃师市	5995	7037	7510	8415	9942	8175	8372	7747
高新区	283	254	218	172	191	624	694	386
烟叶总产量	**33740**	**29019**	**37263**	**46550**	**56689**	**70632**	**51753**	**56090**
老城区								
西工区								
瀍河区								
涧西区								
吉利区								
洛龙区								
孟津县	2025	1675	1599	1449	2188	2315	1090	1157
新安县	2275	1883	2293	2285	3000	3873	2471	2718
栾川县	406	276	330	645	658	680	515	527
嵩　县	1399	975	1551	2190	2871	4368	3112	3942
汝阳县	2717	1914	1689	2286	3429	5685	4152	5629
宜阳县	8557	7633	13237	14778	20179	24639	18300	18474
洛宁县	7577	7977	9111	12447	14295	20381	15467	16325
伊川县	8263	6683	7453	10470	10069	8691	6645	7318
偃师市	521	3						
高新区								

4－5 续表2

单位：吨

	2001 年	2002 年	2003 年	2004 年	2005 年	2006 年	2007 年	2008 年
蔬菜总产量	**983195**	**1308296**	**1526523**	**1776390**	**2012148**	**2223424**	**2114165**	**2044258**
老城区	2430	3335	3859	4245	4342	4464	4166	4003
西工区	6171	8484	9421	9616	9315	6334	2815	2223
瀍河区	16185	15962	15952	16842	20666	24033	24467	23280
涧西区	10470	7910	7159	3744	1403	3066	2304	2207
吉利区	8047	5884	6166	6063	4827	4114	3471	3274
洛龙区	183309	183629	190918	184787	184257	169781	159665	152732
孟津县	28350	56430	78641	110849	116762	140387	134303	133150
新安县	49831	113296	187188	249913	291632	312596	278128	274167
栾川县	28002	33422	42873	61166	58519	59911	57159	56866
嵩　县	35552	100129	108240	132446	151459	185583	190378	200939
汝阳县	21515	25088	26674	31539	33854	37191	32364	27945
宜阳县	150164	220433	244574	272919	401352	481622	541016	489790
洛宁县	11262	30066	36973	48975	63605	77598	70885	65627
伊川县	81713	112150	128127	161261	169839	186724	177077	178779
偃师市	346814	390176	439016	481202	499758	516382	426164	419594
高新区	3380	1902	742	823	558	13637	9802	9682
肉类总产量	**194269**	**207202**	**233647**	**250213**	**256339**	**275566**	**205918**	**220744**
老城区	738	809	1039	849	776	655	763	741
西工区	812	869	1036	880	892	714	326	307
瀍河区	819	842	963	838	900	1079	380	430
涧西区	144	155	171	154	86	85	51	57
吉利区	2584	2977	3410	3740	3782	4287	2456	2656
洛龙区	7315	8049	9274	8348	6951	4706	3096	3517
孟津县	13031	14366	16734	17948	18286	20678	18706	19861
新安县	12397	14101	16740	17792	18325	20634	17070	18152
栾川县	10010	9975	10459	11726	10692	10229	6506	6794
嵩　县	20501	20480	23263	24953	26553	28483	25698	27519
汝阳县	17395	17901	19972	20499	21376	22828	9430	9569
宜阳县	18740	20787	23983	26234	27382	31061	31937	33976
洛宁县	19384	20221	23018	25477	25604	28126	22237	23832
伊川县	37951	40426	44037	47673	50457	51793	33322	36546
偃师市	31725	34506	38703	42210	43313	46541	33062	35623
高新区	723	738	845	891	964	3667	1082	1164

4－5 续表 3

单位：吨

	2001 年	2002 年	2003 年	2004 年	2005 年	2006 年	2007 年	2008 年
禽蛋总产量	**114170**	**125352**	**138876**	**141376**	**151430**	**161158**	**120000**	**129480**
老城区	544	482	506	511	406	715	810	812
西工区	690	542	617	561	602	512	937	940
瀍河区	813	829	953	970	1079	1442	873	886
涧西区	99	102	118	114	129	133	32	34
吉利区	1497	1702	1779	1845	1995	1679	1171	1273
洛龙区	4762	5132	6526	4510	5249	4572	2778	3004
孟津县	6904	7480	8363	8531	9430	13394	11271	12469
新安县	10073	11529	13846	14154	15561	19813	11043	12098
栾川县	4256	4554	5060	5151	2532	4767	4924	5223
嵩　县	6008	6441	7306	7466	8247	10489	10094	10702
汝阳县	9257	10785	12197	12480	13768	17646	4879	5388
宜阳县	10156	11937	12788	13091	13117	14957	14440	15451
洛宁县	9770	10044	10855	11127	12161	13731	11366	12806
伊川县	13528	15151	16617	17419	18919	20539	16565	17526
偃师市	35552	38373	41037	43047	47999	35669	27915	29966
高新区	261	269	308	400	236	1100	901	902
水果总产量	**157624**	**325925**	**349869**	**426178**	**473940**	**500007**	**572941**	**603329**
老城区	3268	3953	3879	3300	2330	2367	1861	1882
西工区	1003	1441	1480	1544	2003	2200	3681	3305
瀍河区	94	561	859	814	738	440	475	213
涧西区	30	134	91	40	43	46	27	19
吉利区	1524	1236	1174	917	789	948	792	420
洛龙区	2805	4107	6415	6544	7817	4026	3969	3444
孟津县	18460	23717	25600	27462	31271	36190	42510	42397
新安县	12338	21561	29694	30904	37583	48014	55808	58917
栾川县	6226	13131	11362	11666	11932	11929	13612	14463
嵩　县	8079	35817	34390	37829	49124	41865	59700	64735
汝阳县	5357	3230	3482	5033	6212	7211	6668	6527
宜阳县	30858	42745	47102	60078	67860	72137	87881	92129
洛宁县	36273	119321	121160	174535	186265	213317	233149	248686
伊川县	7888	6422	6541	7864	9134	9866	11649	12208
偃师市	23176	47511	55793	56350	58287	42923	44000	46177
高新区	245	1038	847	1298	2552	6528	7159	7807

4－6　主要农产品发展指数

（以上年为100）

	2001年	2002年	2003年	2004年	2005年	2006年	2007年	2008年
粮食总产量	**82.5**	**101.6**	**122.7**	**101.6**	**101.2**	**109.0**	**103.3**	**100.8**
老城区	97.7	89.6	115.2	102.2	94.3	99.0	101.3	97.6
西工区	64.7	68.1	143.5	105.1	99.1	97.2	74.2	95.6
瀍河区	76.0	98.9	99.3	96.9	108.4	102.4	109.9	97.7
涧西区	21.3	71.8	77.3	101.8	59.1	74.8	140.0	100.8
吉利区	99.5	89.8	100.2	101.1	110.4	100.3	96.9	106.0
洛龙区	92.9	95.5	94.8	89.9	96.6	85.7	99.7	104.1
孟津县	85.8	79.7	136.4	110.7	93.3	115.5	109.2	101.5
新安县	58.6	85.9	198.7	100.1	100.4	109.3	102.6	101.8
栾川县	115.2	8.8	79.7	100.4	124.7	108.9	96.0	106.3
嵩　县	94.6	113.5	121.5	96.9	107.9	111.6	103.1	103.1
汝阳县	90.0	107.9	113.3	99.8	106.0	111.6	105.6	102.2
宜阳县	67.7	109.0	157.6	100.2	93.6	111.6	104.0	100.1
洛宁县	80.5	104.0	124.1	108.9	100.7	108.9	104.2	104.4
伊川县	75.4	120.7	114.2	99.7	103.8	107.9	102.9	100.7
偃师市	97.0	97.8	99.7	101.6	103.5	101.1	101.7	97.7
高新区		108.3	104.0	114.2	96.3	420.9	99.4	91.8
夏粮产量	**107.2**	**79.7**	**148.2**	**99.8**	**96.3**	**111.1**	**97.2**	**100.6**
老城区	97.9	83.6	115.4	96.0	99.6	100.4	95.6	89.2
西工区	76.8	56.7	143.6	106.4	99.3	94.3	80.0	98.2
瀍河区	74.3	95.3	100.9	91.1	104.6	102.1	110.9	97.9
涧西区	31.1	90.1	63.9	97.1	48.9	90.3	129.4	112.7
吉利区	99.7	94.9	96.8	99.4	103.3	101.8	86.5	119.7
洛龙区	96.9	94.2	101.1	89.4	87.9	89.2	95.2	103.1
孟津县	96.9	79.3	129.3	121.5	94.0	112.5	102.0	101.4
新安县	77.5	76.8	215.9	92.9	92.7	109.6	95.9	100.6
栾川县	198.5	81.3	104.6	84.8	119.5	102.7	79.6	117.7
嵩　县	181.3	63.2	206.2	88.6	108.8	110.6	95.9	103.4
汝阳县	127.3	74.5	183.8	93.4	101.4	114.7	96.2	102.5
宜阳县	110.4	78.7	187.7	100.2	83.9	117.1	99.3	97.1
洛宁县	110.6	66.1	168.9	104.2	95.7	109.6	93.9	108.0
伊川县	108.2	78.1	161.1	98.6	100.6	115.0	99.1	99.1
偃师市	100.3	94.0	101.0	102.8	99.4	103.5	98.5	94.2
高新区		42.0	257.1	96.9	80.4	534.0	88.1	90.4

4－6 续表 1

	2001 年	2002 年	2003 年	2004 年	2005 年	2006 年	2007 年	2008 年
油料产量	**79.1**	**116.5**	**108.9**	**128.0**	**117.9**	**116.9**	**113.4**	**94.3**
老城区	140.1	55.3	87.0	95.0	67.9	100.0	91.7	89.6
西工区	109.0	178.8	93.5	138.5	77.2	87.0	47.2	61.8
瀍河区	104.8	204.5	40.0	105.6	84.2	231.3	16.5	100.0
涧西区	14.5	104.4	57.4	81.5	63.6	78.6	96.5	90.0
吉利区	59.9	61.9	34.7	63.3	172.4	49.7	99.9	57.0
洛龙区	81.2	98.2	91.3	125.1	135.5	23.2	124.7	244.9
孟津县	100.5	61.9	137.7	115.1	79.0	108.9	153.2	80.3
新安县	78.6	134.3	127.7	136.6	93.9	268.1	117.1	42.2
栾川县	103.5	92.8	119.3	62.8	144.0	112.7	94.2	105.6
嵩　县	61.7	133.8	82.3	124.5	105.2	141.1	101.6	104.0
汝阳县	85.6	133.4	93.2	118.5	112.9	103.2	105.1	88.3
宜阳县	72.6	125.7	114.4	132.2	147.5	114.4	108.9	109.3
洛宁县	71.3	86.4	115.7	232.2	103.7	120.8	99.6	96.6
伊川县	87.7	177.8	114.5	122.4	100.3	95.0	141.8	79.6
偃师市	79.1	117.4	106.7	112.1	118.1	82.2	106.8	92.5
高新区		89.8	85.8	78.9	111.0	326.7	116.7	55.6
烟叶总产量	**99.1**	**86.0**	**128.4**	**124.9**	**121.8**	**124.6**	**106.3**	**108.4**
老城区								
西工区								
瀍河区								
涧西区								
吉利区								
洛龙区								
孟津县	175.9	82.7	95.5	90.6	151.0	105.8	68.4	106.1
新安县	82.4	82.8	121.8	99.7	131.3	129.1	92.6	110.0
栾川县	96.4	68.0	119.6	195.5	102.0	103.3	109.8	102.4
嵩　县	76.0	69.7	159.1	141.2	131.1	152.1	103.4	126.7
汝阳县	124.0	70.4	88.2	135.3	150.0	165.8	106.0	135.6
宜阳县	87.6	89.2	173.4	111.6	136.5	122.1	107.8	101.0
洛宁县	95.5	105.3	114.2	136.6	114.8	142.6	110.1	105.5
伊川县	110.6	80.9	111.5	140.5	96.2	86.3	111.0	110.1
偃师市	105.0	0.6						
高新区								

4－6 续表 2

	2001 年	2002 年	2003 年	2004 年	2005 年	2006 年	2007 年	2008 年
蔬菜总产量	**105.5**	**133.1**	**116.7**	**116.4**	**113.3**	**110.5**	**104.9**	**96.7**
老城区	143.7	137.2	115.7	110.0	102.3	102.8	103.0	96.1
西工区	98.9	137.5	111.0	102.1	96.9	68.0	49.0	79.0
瀍河区	54.3	98.6	99.9	105.6	122.7	116.3	112.3	95.2
涧西区	52.4	75.5	90.5	52.3	37.5	218.5	82.9	95.8
吉利区	90.4	73.1	104.8	98.3	79.6	85.2	93.1	94.3
洛龙区	103.1	100.2	104.0	96.8	99.7	92.1	103.8	95.7
孟津县	103.4	199.4	139.4	141.0	105.3	120.2	105.6	99.1
新安县	96.6	229.9	165.2	133.5	116.7	107.2	98.2	98.6
栾川县	87.7	123.7	128.3	142.7	95.7	102.4	105.3	99.5
嵩　县	103.1	281.6	108.1	122.4	114.4	122.5	113.2	105.5
汝阳县	95.4	116.6	106.3	118.2	107.3	109.9	96.0	86.3
宜阳县	12.4	146.8	1110.0	111.6	147.1	120.0	124.0	90.5
洛宁县	77.5	267.0	123.0	132.5	129.9	122.0	100.8	92.6
伊川县	126.5	137.6	114.2	125.9	105.3	109.9	104.7	101.0
偃师市	108.7	112.9	112.5	109.6	103.9	103.3	91.1	98.5
高新区		56.3	39.0	110.9	67.8	2443.9	79.3	98.8
肉类总产量	**103.5**	**106.8**	**112.8**	**107.1**	**102.4**	**107.5**	**91.8**	**107.2**
老城区	100.5	109.6	128.4	81.7	91.4	99.5	117.5	97.1
西工区	86.8	117.8	119.2	84.9	101.3	90.8	80.3	94.0
瀍河区	86.3	102.8	114.4	87.0	107.4	115.2	97.4	113.2
涧西区	16.6	107.6	110.3	90.1	56.0	101.8	103.4	111.2
吉利区	107.9	115.2	114.6	109.7	101.1	112.5	89.9	108.1
洛龙区	110.5	110.0	115.2	90.0	83.3	60.4	72.3	113.6
孟津县	108.4	110.2	116.5	107.3	101.9	114.6	101.7	106.2
新安县	109.5	113.7	118.7	106.3	103.0	112.0	75.2	106.3
栾川县	102.9	99.7	104.8	112.1	91.2	95.7	82.5	104.4
嵩　县	103.4	99.9	113.6	107.3	106.4	107.0	103.7	107.1
汝阳县	103.8	102.9	111.6	102.6	104.3	111.5	60.0	101.5
宜阳县	105.3	110.9	115.4	109.4	104.4	113.4	108.4	106.4
洛宁县	102.6	104.3	113.8	110.7	100.5	108.0	97.8	107.2
伊川县	103.0	106.5	108.9	108.3	105.8	102.6	81.5	109.7
偃师市	99.4	108.8	112.2	109.1	102.6	110.9	102.7	107.7
高新区		102.1	114.5	105.4	108.2	380.3	105.8	107.5

4－6 续表 3

	2001 年	2002 年	2003 年	2004 年	2005 年	2006 年	2007 年	2008 年
禽蛋产量	**106.9**	**109.8**	**110.8**	**101.8**	**107.1**	**106.0**	**100.2**	**107.9**
老城区	196.4	88.6	105.0	101.0	79.5	176.1	99.9	100.2
西工区	114.0	78.6	113.8	90.9	107.3	85.0	100.0	100.4
瀍河区	109.6	102.0	115.0	101.8	111.2	133.6	99.6	101.4
涧西区	19.6	103.0	115.7	96.6	113.2	103.1	97.4	105.3
吉利区	103.7	113.7	104.5	103.7	108.1	84.2	100.0	108.7
洛龙区	102.0	107.8	127.2	69.1	116.4	87.1	100.0	108.1
孟津县	104.0	108.3	111.8	102.0	110.5	142.0	99.8	110.6
新安县	106.0	114.5	120.1	102.2	109.9	127.3	99.9	109.6
栾川县	95.6	107.0	111.1	101.8	49.2	162.9	100.0	106.1
嵩　县	106.4	107.2	113.4	102.2	110.5	127.2	100.1	106.0
汝阳县	102.0	116.5	113.1	102.3	110.3	128.2	100.0	110.4
宜阳县	106.0	117.5	107.1	102.4	100.2	114.0	100.2	107.0
洛宁县	108.2	102.8	108.1	102.5	109.3	112.9	101.1	112.7
伊川县	117.3	112.0	109.7	104.8	108.6	108.6	100.2	105.8
偃师市	107.9	109.0	106.9	104.9	111.5	74.3	100.2	107.3
高新区		103.1	114.5	129.9	59.0	466.1	100.2	100.1
水果总产量	**109.1**	**206.8**	**107.3**	**128.6**	**111.2**	**105.5**	**114.6**	**105.3**
老城区	88.6	121.0	98.1	85.1	70.6	101.6	78.6	101.1
西工区	142.7	143.7	102.7	104.3	129.7	109.8	167.3	89.8
瀍河区	268.6	596.8	153.1	94.8	90.7	59.6	108.0	44.8
涧西区	9.2	446.7	67.9	44.0	107.5	107.0	58.7	70.4
吉利区	103.8	81.1	95.0	78.1	86.0	120.2	83.5	53.0
洛龙区	161.1	146.4	156.2	102.0	119.5	51.5	98.6	86.8
孟津县	156.0	128.5	107.9	107.3	113.9	115.7	117.5	99.7
新安县	94.8	174.8	137.7	104.1	121.6	127.8	116.2	105.6
栾川县	77.0	210.9	86.5	102.7	102.3	100.0	114.1	106.3
嵩　县	100.0	443.3	96.0	110.0	129.9	85.2	115.1	108.4
汝阳县	112.5	60.3	107.8	144.5	123.4	116.1	92.5	97.9
宜阳县	140.5	138.5	110.2	127.5	113.0	106.3	121.8	104.8
洛宁县	92.4	329.0	101.5	147.2	106.7	114.5	109.3	106.7
伊川县	126.2	81.4	101.9	120.2	116.1	108.0	118.1	104.8
偃师市	99.5	205.0	117.4	101.0	103.4	73.6	102.5	104.9
高新区		423.7	81.6	153.2	196.6	255.8	109.7	109.1

4－7 农村经济主要人均指标发展情况

	单位	2001年	2002年	2003年	2004年	2005年	2006年	2007年	2008年
按乡村人口平均									
常用耕地面积	亩	1.20	1.15	1.12	1.11	1.10	1.13	1.08	1.07
粮食产量	公斤	343.63	346.48	423.94	428.24	430.77	466.04	463.86	464.76
棉花产量	公斤	0.68	0.80	0.90	0.90	0.89	1.02	0.87	0.77
油料产量	公斤	10.64	12.30	13.36	17.01	19.93	23.13	25.23	23.63
水果产量	公斤	32.98	67.64	72.41	87.74	96.98	101.57	116.12	121.49
蔬菜产量	公斤	205.69	272.68	315.95	365.72	411.72	451.64	428.49	411.65
牛存栏	头	0.16	0.17	0.18	0.19	0.19	0.20	0.13	0.14
生猪存栏	头	0.37	0.37	0.40	0.43	0.41	0.43	0.36	0.38
家禽存栏	只	3.65	3.82	4.14	4.45	4.76	5.02	3.84	4.47
禽蛋产量	公斤	23.89	26.02	28.74	29.11	28.96	32.74	24.32	26.07
奶类产量	公斤	7.65	14.81	24.22	27.11	44.50	61.80	71.86	78.45
肉类总产量	公斤	40.60	43.00	48.36	51.51	52.45	55.98	41.73	44.45
按乡村从业人员平均									
常用耕地面积	亩	1.90	1.87	1.81	1.80	1.80	1.85	1.76	1.74
粮食产量	公斤	545.19	562.84	686.84	696.69	705.19	760.29	754.69	752.24
棉花产量	公斤	1.07	1.30	1.46	1.46	1.45	1.67	1.41	1.24
油料产量	公斤	16.88	19.98	21.64	27.67	32.63	37.74	41.06	38.25
蔬菜产量	公斤	326.35	442.95	511.88	594.99	673.99	736.79	697.15	666.28

注：1996－2001年常用耕地面积为年末实有耕地面积。
2002年以前人均牛存栏指标为人均大牲畜存栏。

4－8 农村经济主要人均指标发展指数

（以上年为100）

	2001年	2002年	2003年	2004年	2005年	2006年	2007年	2008年
按乡村人口平均								
粮食产量	82.6	100.8	122.4	101.0	100.6	108.2	103.0	100.2
棉花产量	61.8	117.6	112.5	100.0	98.9	115.1	87.5	88.1
油料产量	79.2	115.6	108.6	127.3	117.2	116.1	113.2	93.7
水果产量	109.1	122.1	107.1	121.2	110.5	104.7	114.3	104.6
蔬菜产量	105.5	132.6	115.9	115.8	112.6	109.7	104.8	96.1
牛存栏	106.7	106.3	105.9	105.6	100.0	104.1	97.9	102.4
生猪存栏	105.7	100.0	108.1	107.5	95.3	104.8	105.7	106.0
家禽存栏	103.7	104.7	108.4	107.5	107.0	105.5	100.7	116.2
肉类总产量	103.9	105.8	112.5	106.5	101.8	106.7	91.7	106.5
按乡村从业人员平均								
粮食产量	82.5	103.2	122.0	101.4	101.2	107.8	102.8	99.7
棉花产量	61.1	121.5	112.3	100.0	99.3	115.2	87.3	87.6
油料产量	79.1	118.4	108.3	127.9	117.9	115.7	112.9	93.2
蔬菜产量	105.5	135.7	115.6	116.2	113.3	109.3	104.5	95.6

注:2002年以前人均牛存栏发展指数为人均大牲畜存栏发展指数。

4－9　分县(市)区农村经济基本情况

(2008年)

	单位	洛阳市	老城区	西工区	瀍河区	涧西区	吉利区	洛龙区	孟津县
乡(镇)政府数	个	134	1	2	1	1	1	6	9
#镇政府数	个	52	1					4	8
村民委员会	个	2983	23	26	11	14	28	126	228
乡村人口	万人	496.6	4.85	4.19	3.17	3.45	3.23	28.06	38.76
#从业人员	万人	306.82	2.78	1.83	1.98	1.75	1.73	16.99	22.12
常用耕地面积	公顷	355582	1628	829	398	156	1490	6917	37155
农林牧渔业总产值(现行价)	万元	2772184	23415	4366	7959	647	22537	98666	275222
农林牧渔业增加值(现行价)	万元	1675689	14478	2702	4254	385	12008	67967	161843
农业机械总动力	万千瓦	427.05	1.39	2.92	1.03		8.43	10.32	31.87
大中型拖拉机	万台	0.59					0.02	0.02	0.07
小型及手扶拖拉机	万台	15.79	0.03	0.05	0.02		0.04	0.04	1.05
粮食总产量	吨	2307995	7858	4515	3431	758	15197	49875	228632
夏　粮	吨	1084992	3920	2546	1748	406	7807	23786	119038
秋　粮	吨	1223003	3938	1969	1683	352	7390	26089	109594
棉花总产量	吨	3800		8			8	2	170
油料总产量	吨	117371	103	63	6	9	49	333	8108
烟叶总产量	吨	56090							1157
蔬菜总产量	吨	2044258	4003	2223	23280	2207	3274	152732	133150
肉类总产量	吨	220744	741	307	430	57	2656	3296	19861
禽蛋总产量	吨	129480	812	940	886	34	1273	2938	12469
奶类总产量	吨	389570	921	920	3099	273	1744	28104	153098
年末牛存栏	万头	68.27	0.03	0.02	0.06	0.01	0.06	0.72	5.20
年末生猪存栏	万头	190.8	0.96	0.31	0.36	0.07	3.11	2.98	20.11
年末羊存栏	万只	78.22	0.04	0.05	0.07	0.01	0.21	0.20	8.90
年末家禽存栏	万只	2218.32	12.9	17.4	15.56	0.36	21.6	50.32	204.12

（2008 年）

	单位	新安县	栾川县	嵩　县	汝阳县	宜阳县	洛宁县	伊川县	偃师市	高新区
乡(镇)政府数	个	10	13	15	12	16	17	13	15	2
#镇政府数	个	4	6	4	3	5	1	3	12	1
村民委员会	个	295	209	318	214	363	388	369	332	39
乡村人口	万人	42.93	29.02	49.02	38.4	59.36	41.44	68.74	74.98	7.01
#从业人员	万人	28.43	18.04	30.98	24.78	37.62	27.29	42.04	44.51	3.94
常用耕地面积	公顷	32230	9117	31320	24293	59159	41741	57979	50268	902
农林牧渔业总产值(现行价)	万元	277480	158581	303403	147499	351072	283279	406462	408623	25653
农林牧渔业增加值(现行价)	万元	166001	100100	185123	92082	210418	172098	230189	152170	13545
农业机械总动力	万千瓦	38.63	26.65	46.65	34.94	43.49	36.79	67.57	72.57	3.79
大中型拖拉机	万台	0.04	0.06	0.01	0.04	0.04	0.04	0.08	0.16	0.01
小型及手扶拖拉机	万台	1.48	0.07	1.68	1.28	2.13	1.05	3.98	2.73	0.16
粮食总产量	吨	206861	70634	211314	170703	354419	258884	344637	363999	23334
夏　粮	吨	88924	25075	94912	79036	160672	130936	153494	179620	9863
秋　粮	吨	117937	45559	116402	91667	193747	127948	191143	184379	13471
棉花总产量	吨	280	11	358	185	790	114	1638	238	
油料总产量	吨	6267	475	8548	9980	53654	7629	10402	7747	386
烟叶总产量	吨	2718	527	3942	5629	18474	16325	7318		
蔬菜总产量	吨	274167	56866	200939	27945	489790	65627	178779	419594	9682
肉类总产量	吨	18152	6794	27519	9569	33976	23832	36546	35623	1164
禽蛋总产量	吨	12098	5223	10702	5388	15451	12806	17526	29966	902
奶类总产量	吨	9387	661	1906	701	15396	10633	21263	118906	22560
年末牛存栏	万头	3.31	2.81	12.63	1.74	12.06	13.12	12.14	3.76	0.60
年末生猪存栏	万头	16.8	6.4	21.2	9.4	25.4	10.6	33.0	38.1	1.9
年末羊存栏	万只	12.6	3.4	10.6	2.0	23.0	9.8	4.4	2.6	0.1
年末家禽存栏	万只	200.1	89.1	181.6	88.1	249.6	275.3	294.1	499.1	16.8

4－10　农村基层组织情况

（2008年）

	单位	洛阳市	老城区	西工区	瀍河区	涧西区	吉利区	洛龙区	孟津县
农村基层组织									
乡(镇)政府数	个	134	1	2	1	1	1	6	9
# 镇政府数	个	52	1					4	8
村民委员会	个	2983	23	26	11	14	28	126	228
乡村户数、人口、劳动力									
乡村户数	万户	126.52	1.45	1.27	1.06	1.18	0.89	7.64	10.16
乡村人口	万人	496.6	4.85	4.19	3.17	3.45	3.23	28.06	38.76
乡村从业人员	万人	306.82	2.78	1.83	1.98	1.75	1.73	16.99	22.12
按性别分组									
男劳动力	万人	162.56	1.40	0.94	1.00	0.89	0.91	8.59	12.06
女劳动力	万人	144.26	1.38	0.89	0.98	0.86	0.82	8.42	10.06
农业主要物资消耗									
化肥	吨	215429	676	645	394	145	2490	6517	18148
氮肥(折纯量)	吨	82905	191	248	84	74	409	1625	6172
磷肥(折纯量)	吨	39720	130	160	33	22	129	283	2864
钾肥(折纯量)	吨	21420	79	51	40	1	245	319	2438
复合肥(折纯量)	吨	71384	276	186	237	48	1707	4290	6674
农用塑料薄膜使用量	吨	4579	12	12	13	2	7	582	332
农用柴油使用量	吨	40153	290	91	110	12	413	891	5515
农药使用量	吨	3839	32	12	7	3	30	163	442

4－10续表　　　　　　　　　　　　　　　　　　(2008年)

	单位	新安县	栾川县	嵩　县	汝阳县	宜阳县	洛宁县	伊川县	偃师市	高新区
农村基层组织										
乡(镇)政府数	个	10	13	15	12	16	17	13	15	2
# 镇政府数	个	4	6	4	3	5	1	3	12	1
村民委员会	个	295	209	318	214	363	388	369	332	39
乡村户数、人口、劳动力										
乡村户数	万户	10.89	7.61	12.82	9.84	14.11	10.25	16.63	18.73	1.98
乡村人口	万人	42.93	29.02	49.02	38.4	59.36	41.44	68.74	74.98	7.01
乡村从业人员	万人	28.43	18.04	30.98	24.78	37.62	27.29	42.04	44.51	3.94
按性别分组										
男劳动力	万人	15.45	9.84	16.58	13.09	19.67	14.51	21.64	23.84	2.16
女劳动力	万人	12.98	8.2	14.4	11.69	17.95	12.78	20.4	20.67	1.78
农业主要物资消耗										
化肥	吨	19371	7386	21447	19645	37724	22217	23797	33253	1120
氮肥(折纯量)	吨	6927	3913	9213	4474	12670	8088	11382	16982	370
磷肥(折纯量)	吨	4351	1047	3982	2264	6075	6397	5760	5898	260
钾肥(折纯量)	吨	3768	449	1393	549	6452	2249	1948	1328	70
复合肥(折纯量)	吨	4325	1977	6859	12358	12527	5483	4707	9045	420
农用塑料薄膜使用量	吨	549	124	299	325	796	529	353	567	7
农用柴油使用量	吨	2507	631	1410	2501	9495	1620	2650	11132	231
农药使用量	吨	364	51	233	310	750	350	321	740	24

4－11　耕地面积

（2008 年）　　单位:公顷

	年末耕地总资源	当年增加耕地面积	当年减少耕地面积	常用耕地面积	水田	水浇地
洛阳市	**424278**	**885**	**1383**	**355574**	**3210**	**102020**
老城区	2618		26	1628		1010
西工区	1175		143	829		454
瀍河区	567		168	398		378
涧西区	181		119	156		136
吉利区	2622	93	93	1490		1350
洛龙区	8448	79	181	6917	22	5975
孟津县	37916	76	75	37155	1176	10891
新安县	38122	228	196	32230		5829
栾川县	16854	64		9117		1337
嵩　县	44522	102	102	31320	43	3353
汝阳县	31582	104	104	24293	57	6107
宜阳县	66021	44		59159	105	8840
洛宁县	54787	17	17	41741	6	6474
伊川县	61263	5	6	57979	862	17353
偃师市	53791	74	74	50268	939	31631
高新区	3809		81	902		902

4－12　分县(市)区渔业生产情况

（2008 年）

	养殖面积（公顷）	国营	水产品产量(吨)	国营
洛阳市	**29697**	**4540**	**34658**	**860**
吉利区	327		11000	
洛龙区	1414		3189	
孟津县	4813		11539	
新安县	17129		3536	
栾川县	17		45	
嵩　县	3239	3153	2746	828
汝阳县	235		83	
宜阳县	578		1438	
洛宁县	1528	1387	550	60
伊川县	314		315	
偃师市	102		222	
高新区				

4－13　分县(市)区农林牧渔业总产值

(2008 年)

	洛阳市	老城区	西工区	瀍河区	涧西区	吉利区	洛龙区	孟津县
按当年现行价计算								
农林牧渔业总产值(万元)	**2772184**	**23415**	**4366**	**7959**	**647**	**22537**	**98666**	**275222**
农业产值	1444274	18757	2024	2490	315	3485	67824	130325
林业产值	267566	728	29	213	9	203	328	4991
牧业产值	883366	2330	1998	4946	243	7562	14385	120738
渔业产值	29538					9037	2434	11579
服务业产值	147440	1600	315	310	80	2250	13695	7589
现价总产值构成(%)								
农业产值	52.1	80.1	46.4	31.3	48.7	15.5	72.4	47.4
林业产值	9.7	3.1		2.7	1.4	0.9	0.3	1.8
牧业产值	28.2	10.0	32.4	59.8	37.6	33.6	14.6	43.9
渔业产值	1.1			0.0		40.1	2.5	4.2
服务业产值	5.3	6.8	7.2	3.9	12.4	10.0	13.9	2.8

4－13 续表

(2008 年)

	新安县	栾川县	嵩　县	汝阳县	宜阳县	洛宁县	伊川县	偃师市	高新区
按当年现行价计算									
农林牧渔业总产值(万元)	**277480**	**158581**	**303403**	**147499**	**351072**	**283279**	**406462**	**408623**	**25653**
农业产值	177978	96838	149878	78711	209412	138195	215548	210764	7394
林业产值	18583	36021	52110	30661	10429	53109	5008	2357	1369
牧业产值	66393	20439	85883	25138	112104	79191	171373	178057	9770
渔业产值	2852	52	2433	39	1127	327	241	179	
服务业产值	11674	5231	13099	12950	18000	12457	14292	17266	7120
现价总产值构成(%)									
农业产值	64.1	61.1	52.1	53.4	59.6	51.1	54.9	51.6	28.8
林业产值	6.7	22.7	17.2	20.8	3.0	18.7	1.2	0.6	5.3
牧业产值	23.9	12.9	28.3	17.0	31.9	28.0	42.2	43.6	38.1
渔业产值	1.0		0.8	0.0	0.3	0.1	0.1		
服务业产值	4.2	3.3	4.3	8.8	5.1	4.4	3.5	4.2	6.7

4－14　分县(市)区农林牧渔业增加值

(2008年)

	洛阳市	老城区	西工区	瀍河区	涧西区	吉利区	洛龙区	孟津县
农林牧渔业增加值(万元)	**1675689**	**14478**	**2702**	**4254**	**385**	**12008**	**67967**	**161843**
农　业	920211	12018	1459	1604	199	2042	46276	78315
林　业	194823	553	20	55	6	154	246	3592
牧　业	447839	1027	998	2414	123	4096	9348	64784
渔　业	19929					4450	1826	8885
服务业	92887	880	225	181	57	1266	10271	6267
农林牧渔业增加值构成(%)								
农　业	54.9	83.0	54.0	37.7	51.7	17.0	68.1	48.4
林　业	11.6	3.8		1.3	1.6	1.3	0.4	2.2
牧　业	26.7	7.1	36.9	56.7	26.4	34.1	13.8	40.0
渔　业	1.2					37.4	2.7	5.5
服务业	5.5	6.1	8.3	4.3	14.8	10.5	15.1	3.9
增加值占总产值比重(%)								
农　业	63.7	64.1	72.1	64.4	63.2	58.6	68.2	60.1
林　业	72.8	76.0	69.0	25.8	66.7	75.9	75.0	72.0
牧　业	50.7	44.1	49.9	48.8	50.6	54.2	65.0	53.7
渔　业	67.5					49.2	75.0	76.7
服务业	63.0	55.0	71.4	58.4	71.3	56.3	75.0	82.6

4－14 续表

(2008年)

	新安县	栾川县	嵩　县	汝阳县	宜阳县	洛宁县	伊川县	偃师市	高新区
农林牧渔业增加值(万元)	**166001**	**100100**	**185123**	**92082**	**210418**	**172098**	**230189**	**152170**	**13545**
农　业	106299	60517	91921	47380	133278	84991	133724	130793	4568
林　业	11149	25791	39658	23455	7057	36113	3606	2107	405
牧　业	39837	10199	41521	12317	57281	41890	83972	10361	6759
渔　业	1712	36	1872	30	902	223	169	149	
服务业	7004	3557	10151	8900	11900	8881	8718	8760	1813
农林牧渔业增加值构成(%)									
农　业	66.9	60.4	51.3	51.5	63.3	49.4	58.1	86.0	42.9
林　业	6.7	25.8	21.4	25.5	3.4	21.0	1.6	1.4	3.0
牧　业	24.0	10.2	22.4	13.4	27.2	24.3	34.5	38.8	49.9
渔　业	1.0	0.0	1.0	0.0	0.4	0.1	0.1	0.1	0.0
服务业	4.2	3.6	5.5	9.7	5.7	5.2	3.8	5.8	13.4
增加值占总产值比重(%)									
农　业	59.7	62.5	61.3	60.2	63.6	61.5	62.0	62.1	61.8
林　业	60.0	71.6	76.1	76.5	67.7	68.0	72.0	89.4	29.6
牧　业	60.0	49.9	48.3	49.0	51.1	52.9	49.0	5.8	69.2
渔　业	60.0	69.2	76.9	76.9	80.0	68.2	70.1	83.2	
服务业	60.0	68.0	77.5	68.7	66.1	71.3	61.0	50.7	25.5

4－15　主要农业机械年末拥有量

（2008 年）

	单位	洛阳市	老城区	西工区	瀍河区	涧西区	吉利区
农业机械总动力	万千瓦	427.05	1.39	2.92	1.03		8.43
柴油发动机动力	万千瓦	330.96	0.88	1.59	0.72		6.72
汽油发动机动力	万千瓦	4.84	0.01	0.6	0.03		0.01
电动机动力	万千瓦	91.25	0.5	0.73	0.28		1.7
大、中型拖拉机	万台	0.59					0.02
小型拖拉机	万台	15.79	0.03	0.05	0.02		0.04
农用排灌动力机械	万台	7.28	0.01	0.02	0.02		0.07
柴油机	万台	2.43					0.01
电动机	万台	4.86	0.01	0.02	0.03		0.06
农用水泵	万台	4.27	0.01		0.04		
联合收获机	万台	0.31					
机动割晒机	万台	1.54					0.02
机动脱粒机	万台	11.51	0.07	0.1			0.06
机动喷雾（粉）机	万台	1.22	0.01		0.01		0.01
粮食加工机械	万台	3.41	0.03	0.05			0.01
棉花加工机械	万台	0.61					
油料加工机械	万台	0.67					
农用运输车	万辆	6.78	0.01	0.02	0.01		0.21

4－15 续表 1　　　　　　　　　　　　（2008 年）

	单位	洛龙区	高新区	孟津县	新安县	栾川县	嵩　县
农业机械总动力	万千瓦	10.32	3.79	31.87	38.63	26.65	46.65
柴油发动机动力	万千瓦	7.83	3.24	22.80	31.19	18.13	32.21
汽油发动机动力	万千瓦	0.05	0.03	0.13	0.21	0.43	0.25
电动机动力	万千瓦	2.44	0.53	8.94	7.22	8.09	14.19
大、中型拖拉机	万台	0.02	0.01	0.07	0.04	0.06	0.01
小型拖拉机	万台	0.04	0.16	1.05	1.48	0.07	1.68
农用排灌动力机械	万台	0.16	0.03	0.3	0.49	1.06	0.95
柴油机	万台			0.04	0.21	0.38	0.22
电动机	万台	0.16	0.03	0.26	0.28	0.68	0.73
农用水泵	万台	0.15	0.03	0.25	0.36	0.35	0.76
联合收获机	万台	0.02		0.06	0.01		
机动割晒机	万台			0.15	0.42		0.05
机动脱粒机	万台	0.02	0.11	0.5	1.47	0.79	1.34
机动喷雾(粉)机	万台	0.02	0.01	0.09	0.1	0.27	0.15
粮食加工机械	万台	0.06	0.03	0.5	0.29	0.21	0.46
棉花加工机械	万台			0.03	0.02		0.02
油料加工机械	万台			0.03	0.02		0.03
农用运输车	万辆	0.13	0.01	0.55	0.55	0.43	0.65

4－15 续表 2　　　　　　　　　　（2008 年）

	单位	汝阳县	宜阳县	洛宁县	伊川县	偃师市
农业机械总动力	万千瓦	34.94	43.49	36.79	67.57	72.57
柴油发动机动力	万千瓦	29.30	34.32	26.75	58.91	56.36
汽油发动机动力	万千瓦	0.99	0.09	1.56	0.18	0.27
电动机动力	万千瓦	4.64	9.08	8.48	8.48	15.95
大、中型拖拉机	万台	0.04	0.04	0.04	0.08	0.16
小型拖拉机	万台	1.28	2.13	1.05	3.98	2.73
农用排灌动力机械	万台	0.33	0.32	1.33	0.72	1.46
柴油机	万台	0.21	0.08	0.62	0.39	0.26
电动机	万台	0.13	0.24	0.71	0.33	1.19
农用水泵	万台	0.45	0.23	0.34	0.36	0.94
联合收获机	万台	0.02	0.02	0.01	0.02	0.12
机动割晒机	万台	0.03	0.11	0.45	0.23	0.08
机动脱粒机	万台	0.70	1.10	1.96	2.50	0.79
机动喷雾（粉）机	万台	0.04	0.04	0.18	0.15	0.14
粮食加工机械	万台	0.26	0.22	0.56	0.49	0.25
棉花加工机械	万台	0.01	0.02	0.44	0.02	0.04
油料加工机械	万台	0.02	0.04	0.45	0.03	0.03
农用运输车	万辆	0.95	0.86	0.45	1.03	0.91

4－16　农业机械、用电、化肥、水利情况

（2008 年）

	单位	洛阳市	老城区	西工区	瀍河区	涧西区	吉利区
机械化							
当年机耕地面积	千公顷	328.45	1.44	1.72	0.34	0.08	3.40
当年机械播种面积	千公顷	295.69	1.80	1.11	0.54	0.08	3.40
当年机械收获面积	千公顷	197.71	1.02	0.96	0.03	0.16	2.30
电气化							
农村用电量	万度	191321	3837	4532	1377	3144	2896
农用化肥使用量（折纯量）	吨	215429	676	645	394	145	2490
水利化							
有效灌溉面积	千公顷	138.22	0.84	0.89	0.40	0.16	1.48
机电井数量	眼	17739	98	126	264	26	278

4－16 续表 1　　（2008 年）

	单位	洛龙区	高新区	孟津县	新安县	栾川县	嵩　县
机械化							
当年机耕地面积	千公顷	5.63	2.88	52.80	28.00	7.35	18.69
当年机械播种面积	千公顷	7.08	2.66	32.17	27.28	5.75	19.77
当年机械收获面积	千公顷	4.64	2.36	25.03	17.60	3.26	7.00
电气化							
农村用电量	万度	17979	1520	17180	4075	5843	8655
农用化肥使用量（折纯量）	**吨**	**6971**	**1120**	**18148**	**19371**	**7386**	**21447**
水利化							
有效灌溉面积	千公顷	4.81	1.80	13.6	5.98	3.36	9.08
机电井数量	眼	1378	223	1970	409	1068	915

4－16 续表 2　　（2008 年）

	单位	汝阳县	宜阳县	洛宁县	伊川县	偃师市
机械化						
当年机耕地面积	千公顷	17.22	58.80	29.00	49.66	51.44
当年机械播种面积	千公顷	24.46	53.00	20.00	41.91	54.69
当年机械收获面积	千公顷	15.12	31.8	20.00	29.61	36.82
电气化						
农村用电量	万度	11001	26642	6968	34655	41017
农用化肥使用量（折纯量）	**吨**	**19645**	**37724**	**22217**	**23797**	**33253**
水利化						
有效灌溉面积	千公顷	13.71	13.30	9.52	24.04	35.25
机电井数量	眼	782	1042	561	913	7686

4－17　农作物播种面积和产量

（2008 年）

	农作物总播种面积（公顷）	一. 粮食作物			1. 夏收粮食		
		播种面积（公顷）	总产量（吨）	公顷产量（公斤）	播种面积（公顷）	总产量（吨）	公顷产量（公斤）
洛阳市	**682169**	**513433**	**2307995**	**4495**	**248800**	**1084992**	**4361**
老城区	2558	1968	7858	3993	1050	3920	3733
西工区	1230	1049	4515	4304	548	2546	4646
瀍河区	1153	660	3431	5198	333	1748	5249
涧西区	235	156	758	4859	82	406	4951
吉利区	2707	2588	15197	5872	1295	7807	6029
洛龙区	13078	8213	46448	5655	4049	22386	5529
孟津县	61081	51320	228632	4455	27365	119038	4350
新安县	63708	48655	206861	4252	21636	88924	4110
栾川县	27897	16554	70634	4267	6530	25075	3840
嵩　县	70874	49718	211314	4250	22679	94912	4185
汝阳县	53019	40790	170703	4185	19272	79036	4101
宜阳县	121774	83021	354419	4269	39236	160672	4095
洛宁县	75137	58614	258884	4417	29894	130936	4380
伊川县	94329	77284	344637	4459	37484	153494	4095
偃师市	86378	67951	363999	5357	34549	179620	5199
高新区	5780	5098	23334	4577	2521	9863	3912

4－17 续表1 （2008年）

	2. 秋收粮食			（一）谷物合计			1. 稻　谷		
	播种面积（公顷）	总产量（吨）	公顷产量（公斤）	播种面积（公顷）	总产量（吨）	公顷产量（公斤）	播种面积（公顷）	总产量（吨）	公顷产量（公斤）
洛阳市	**264633**	**1223003**	**4622**	**445792**	**2042725**	**4582**	**2153**	**12689**	**5894**
老城区	918	3938	4290	1851	7430	4014			
西工区	501	1969	3930	1039	4452	4285			
瀍河区	327	1683	5147	650	3361	5171			
涧西区	74	352	4757	154	750	4870			
吉利区	1293	7390	5715	2549	15043	5902			
洛龙区	4164	24062	5779	8096	45737	5649			
孟津县	23955	109594	4575	48948	216822	4430	743	4651	6260
新安县	27019	117937	4365	41632	181647	4363			
栾川县	10024	45559	4545	14714	66477	4518			
嵩　县	27039	116402	4305	41587	176409	4242	42	143	3405
汝阳县	21518	91667	4260	34442	145844	4234	125	1206	9648
宜阳县	43785	193747	4425	68110	300564	4413	240	1944	8100
洛宁县	28720	127948	4455	45271	227732	5030	30	260	8667
伊川县	39800	191143	4803	66449	284765	4285	713	4435	6220
偃师市	33402	184379	5520	63795	347882	5453			
高新区	2577	13471	5227	4819	21706	4504			

	2.小　麦			#硬粒小麦			3.玉　米		
	播种面积（公顷）	总产量（吨）	公顷产量（公斤）	播种面积（公顷）	总产量（吨）	公顷产量（公斤）	播种面积（公顷）	总产量（吨）	公顷产量（公斤）
洛阳市	**248725**	**1084866**	**4362**	**100358**	**440366**	**4388**	**179145**	**893900**	**4990**
老城区	1050	3920	3733				795	3504	4408
西工区	545	2544	4668	15	70		494	1908	3862
瀍河区	333	1665	5000				317	1696	5350
涧西区	82	396	4829				72	354	4917
吉利区	1295	7807	6029	186	1121	6027	1254	7236	5770
洛龙区	4049	22386	5529				3991	23143	5799
孟津县	27351	118944	4349				19840	91447	4609
新安县	21636	88924	4110	6099	25067	4110	18616	89267	4795
栾川县	6528	25072	3841				8183	41399	5059
嵩　县	22679	97293	4290	11560	49592	4290	18746	78808	4204
汝阳县	19272	79036	4101	1100	4808	4371	14522	63661	4384
宜阳县	39236	160671	4095	30701	125720	4095	25052	122204	4878
洛宁县	29894	134075	4485	12659	56776	4485	13759	86016	6252
伊川县	36150	147329	4075	36150	147329		23965	113156	4722
偃师市	34549	179620	5199				28339	166616	5879
高新区	2500	9841	3936				2307	11845	5134

	4.谷　子			5.高　粱			6.其它谷物		
	播种面积（公顷）	总产量（吨）	公顷产量（公斤）	播种面积（公顷）	总产量（吨）	公顷产量（公斤）	播种面积（公顷）	总产量（吨）	公顷产量（公斤）
洛阳市	**15657**	**51082**	**3263**	**71**	**160**	**2254**	**41**	**28**	**683**
老城区	6	6	1000						
西工区									
瀍河区									
涧西区									
吉利区									
洛龙区	56	208	3714						
孟津县	1000	1686	1686				14	94	6714
新安县	1380	3456	2504						
栾川县	3	6							
嵩　县	66	65	985	54	100	1852			
汝阳县	516	1921	3723	7	20	2857			
宜阳县	3577	15715	4393	5	30				
洛宁县	1588	7381	4648						
伊川县	5621	19845	3531						
偃师市	907	1646	1815						
高新区	12	20	1667						

4－17 续表4

(2008 年)

	(二)豆类合计			1. 大 豆			2. 绿 豆		
	播种面积（公顷）	总产量（吨）	公顷产量（公斤）	播种面积（公顷）	总产量（吨）	公顷产量（公斤）	播种面积（公顷）	总产量（吨）	公顷产量（公斤）
洛阳市	**39071**	**79196**	**2027**	**28271**	**59515**	**2105**	**9402**	**17164**	**1826**
老城区	25	22	880	6	6	1000	19	16	842
西工区	6	1	167				2	1	500
瀍河区									
涧西区									
吉利区	30	101		28	99		2	2	
洛龙区	2	8	4000				2	8	
孟津县	637	1201	1885	393	757	1926	231	396	1714
新安县	4574	9303	2034	2908	6874	2364	1145	1727	1508
栾川县	1591	2584	1624	1559	2540	1629	27	38	1407
嵩 县	4202	7292	1735	3210	6047	1884	756	928	1228
汝阳县	2331	6863	2944	2078	6431	3095	216	316	1463
宜阳县	9774	20036	2050	4620	9520	2061	4923	10124	2056
洛宁县	10286	22205	2159	8861	19560	2207	1133	1848	1631
伊川县	3080	7342	2384	2159	5622	2604	775	1536	1982
偃师市	1675	2280	1361	1487	2059	1385	150	221	1473
高新区									

(2008 年)

	3. 红小豆			(三)红薯(折粮)			二. 油料合计		
	播种面积(公顷)	总产量(吨)	公顷产量(公斤)	播种面积(公顷)	总产量(吨)	公顷产量(公斤)	播种面积(公顷)	总产量(吨)	公顷产量(公斤)
洛阳市	**1257**	**2517**	**2002**	**28570**	**186074**	**6513**	**44079**	**117371**	**2663**
老城区				92	406	4413	100	103	1030
西工区	4			65	300	4615	54	63	1167
瀍河区				10	70	7000	4	6	
涧西区				2	8		6	9	1500
吉利区				9	53	5889	36	49	1361
洛龙区				115	703	6113	151	140	927
孟津县	7	6		1735	10609	6115	3344	8108	2425
新安县	352	702	1994	2449	15911	6497	2873	6267	2181
栾川县	2	3		249	1573	6317	304	475	1563
嵩　县	236	317	1343	3929	27613	7028	3974	8548	2151
汝阳县	37	116	3135	4017	17996	4480	3962	9980	2519
宜阳县	231	392	1697	5137	33819	6583	15720	53654	3413
洛宁县	292	797	2729	3057	8947	2927	4660	7629	1637
伊川县	91	184	2022	7755	52530	6774	4689	10402	2218
偃师市				2481	13837	5577	3642	7747	2127
高新区				279	1628	5835	326	386	1184

4－17 续表 6

（2008 年）

	1. 花 生			2. 油菜籽			3. 芝 麻		
	播种面积（公顷）	总产量（吨）	公顷产量（公斤）	播种面积（公顷）	总产量（吨）	公顷产量（公斤）	播种面积（公顷）	总产量（吨）	公顷产量（公斤）
洛阳市	**24960**	**79747**	**3195**	**10319**	**21887**	**2121**	**5740**	**9327**	**1625**
老城区	67	81	1209				33	22	667
西工区	23	31	1348	24	25	1042	7	7	1000
瀍河区	4	6							
涧西区	1	2		4	6		1	1	
吉利区	27	38	1407	5	8		4	3	750
洛龙区	59	61	1034	52	40	769	40	39	
孟津县	2820	7180	2546	367	583	1589	147	337	2293
新安县	836	2357	2819	1248	2640	2115	435	527	1211
栾川县	231	371	1606	47	80	1702	15	18	1200
嵩 县	2807	7074	2520	567	813	1434	599	660	1102
汝阳县	3359	9321	2775	321	378	1178	256	279	1090
宜阳县	9654	38156	3952	4110	11852	2884	1774	3044	1716
洛宁县	308	637	2068	1279	2252	1761	597	1255	2102
伊川县	1892	6045	3195	1288	1844	1432	1509	2513	1665
偃师市	2546	6056	2379	861	1192	1384	235	499	2123
高新区	102	150	1471	142	115	810	82	121	1476

	4. 向日葵			三. 棉　花			四. 麻　类		
	播种面积（公顷）	总产量（吨）	公顷产量（公斤）	播种面积（公顷）	总产量（吨）	公顷产量（公斤）	播种面积（公顷）	总产量（吨）	公顷产量（公斤）
洛阳市	**3060**	**6410**	**2095**	**4187**	**3800**	**908**	**10**	**45**	**4500**
老城区									
西工区				8	8				
瀍河区									
涧西区									
吉利区				8	8	1000			
洛龙区									
孟津县	10	8	800	284	170	599			
新安县	354	743	2099	310	280	903			
栾川县	11	6		21	11	524	10	45	4500
嵩　县	1	1		463	358	773			
汝阳县	26	2		274	185	675			
宜阳县	182	602	3308	885	790	893			
洛宁县	2476	3485	1408	162	114	704			
伊川县				1420	1638	1154			
偃师市				352	238	676			
高新区									

	五.烟叶合计			#烤　烟			六.药　材		
	播种面积（公顷）	总产量（吨）	公顷产量（公斤）	播种面积（公顷）	总产量（吨）	公顷产量（公斤）	播种面积（公顷）	总产量（吨）	公顷产量（公斤）
洛阳市	**22670**	**56090**	**2474**	**22670**	**56090**	**2474**	**28820**	**73895**	**2564**
老城区									
西工区									
瀍河区									
涧西区									
吉利区								1	
洛龙区							40	8	200
孟津县	521	1157	2221	521	1157	2221	189	440	2328
新安县	750	2718	3624	750	1587	2116	2710	13889	5125
栾川县	175	527	3011	175	527	3011	7992	5642	706
嵩　县	2020	3942	1951	2020	3942	1951	9158	24766	2704
汝阳县	2674	5629	2105	2674	5629	2105	4410	4164	944
宜阳县	7257	18474	2546	7257	16829	2319	1273	9677	7602
洛宁县	7050	16325	2316	7050	16325	2316	2191	14903	6802
伊川县	2323	7318	3150	2323	7318	3150	524	356	679
偃师市								12	
高新区									

	七.蔬菜(含菜用瓜)			#食用菌	八.瓜果类			(1)西瓜		
	播种面积(公顷)	总产量(吨)	公顷产量(公斤)	总产量(吨)	播种面积(公顷)	总产量(吨)	公顷产量(公斤)	播种面积(公顷)	总产量(吨)	公顷产量(公斤)
洛阳市	**51360**	**2044258**	**39803**	**11792**	**5220**	**143129**	**27419**	**4301**	**117664**	**27357**
老城区	173	4003	23139	532						
西工区	99	2223	22455		10	58	5800	2	30	15000
瀍河区	489	23280	47607							
涧西区	73	2207	30233							
吉利区	72	3274	45472		3	8	2667	2	7	3500
洛龙区	3257	150118	46091	1130						
孟津县	4195	133150	31740	536	197	2887	14655	164	2443	14896
新安县	7700	274167	35606	508	519	12152	23414	403	10040	24913
栾川县	2593	56866	21931	250	29	772	26621	24	675	28125
嵩　县	4731	200939	42473	4349	379	11774	31066	309	10389	33621
汝阳县	809	27945	34543	873	63	2139	33952	49	1719	35082
宜阳县	10695	489790	45796	3035	2025	56847	28073	1649	42339	25676
洛宁县	1782	65627	36828		563	18151	32240	502	16970	33805
伊川县	4905	178779	36448	360	1171	24978	21330	940	19846	21113
偃师市	9420	419594	44543	219	183	5635	30792	180	5568	30933
高新区	271	9682	35727		74	1700	22973	65	1610	24769

	(2)甜瓜			(3)草莓			九.其他农作物播种面积（公顷）
	播种面积（公顷）	总产量（吨）	公顷产量（公斤）	播种面积（公顷）	总产量（吨）	公顷产量（公斤）	
洛阳市	**834**	**24350**	**29197**	**85**	**1115**	**13118**	**12390**
老城区							317
西工区				8	28	3500	10
瀍河区							
涧西区							
吉利区	1	1					
洛龙区							1417
孟津县	24	413	17208	9	31	3444	1031
新安县	60	1256	20933	56	856	15286	191
栾川县	4	92		1	5		219
嵩　县	65	1310	20154	5	75	15000	431
汝阳县	14	420	30000				37
宜阳县	376	14508	38585				898
洛宁县	61	1181	19361				115
伊川县	221	5032	22769	10	100	10000	2013
偃师市	3	67					4830
高新区	5	70	14000	4	20		11

4－18 全市主要农作物播种面积构成

（2008 年） 单位:%

指 标	洛阳市	老城区	西工区	瀍河区	涧西区	吉利区	洛龙区	孟津县
农作物总播种面积	**100.0**	**100.0**	**100.0**	**100.0**	**100.0**	**100.0**	**100.0**	**100.0**
粮食作物合计	75.3	76.9	85.3	57.2	66.4	95.6	61.6	84.0
夏收粮食	36.5	41.0	44.6	28.9	34.9	47.8	30.6	44.8
秋收粮食	38.8	35.9	40.7	28.4	31.5	47.8	31.1	39.2
谷 物	65.3	72.4	84.5	56.4	65.5	94.2	60.7	80.1
稻 谷	0.3						0.1	1.2
小 麦	36.5	41.0	44.3	28.9	34.9	47.8	30.6	44.8
玉 米	26.3	31.1	40.2	27.5	30.6	46.3	29.6	32.5
谷 子	2.3	0.2					0.5	1.6
高 粱								
其它谷物								
豆类合计	5.7	1.0	0.5			1.1	0.1	1.0
大 豆	4.1	0.2				1.0		0.6
绿 豆	1.4	0.7	0.2			0.1		0.4
红小豆	0.2		0.3					
红薯（折粮）	4.2	3.6	5.3	0.9	0.9	0.3	0.8	2.8
油料合计	6.5	3.9	4.4	0.3	2.6	1.3	2.1	5.5
花 生	3.7	2.6	1.9	0.3	0.4	1.0	0.9	4.6
油菜籽	1.5		2.0		1.7	0.2	0.8	0.6
芝 麻	0.8	1.3	0.6		0.4	0.1	0.4	0.2
棉 花	0.6		0.7			0.3		0.5
烟叶合计	3.3							0.9
烤烟叶	3.3							0.9
药材类合计	4.2						1.2	0.3
蔬菜（含菜用瓜）	7.5	6.8	8.0	42.4	31.1	2.7	22.9	6.9
瓜类（果用瓜）	0.8		0.8			0.1		0.3
其它作物	1.8	12.4	0.8				12.2	1.7

4－18 续表　　　　（2008 年）　　　　单位:%

指　标	新安县	栾川县	嵩　县	汝阳县	宜阳县	洛宁县	伊川县	偃师市	高新区
农作物总播种面积	**100.0**	**100.0**	**100.0**	**100.0**	**100.0**	**100.0**	**100.0**	**100.0**	**100.0**
粮食作物合计	76.4	59.3	70.1	76.9	68.2	78.0	81.9	78.7	88.2
夏收粮食	34.0	23.4	32.0	36.3	32.2	39.8	39.7	40.0	43.6
秋收粮食	42.4	35.9	38.2	40.6	36.0	38.2	42.2	38.7	44.6
谷　物	65.3	52.7	58.7	65.0	55.9	60.3	70.4	73.9	83.4
稻　谷			0.1	0.2	0.2		0.8		
小　麦	34.0	23.4	32.0	36.3	32.2	39.8	38.3	40.0	43.3
玉　米	29.2	29.3	26.4	27.4	20.6	18.3	25.4	32.8	39.9
谷　子	2.2		0.1	1.0	2.9	2.1	6.0	1.1	0.2
高　粱			0.1						
其它谷物									
豆类合计	7.2	5.7	5.9	4.4	8.0	13.7	3.3	1.9	
大　豆	4.6	5.6	4.5	3.9	3.8	11.8	2.3	1.7	
绿　豆	1.8	0.1	1.1	0.4	4.0	1.5	0.8	0.2	
红小豆	0.6		0.3	0.1	0.2	0.4	0.1		
红薯（折粮）	3.8	0.9	5.5	7.6	4.2	4.1	8.2	2.9	4.8
油料合计	4.5	1.1	5.6	7.5	12.9	6.2	5.0	4.2	5.6
花　生	1.3	0.8	4.0	6.3	7.9	0.4	2.0	2.9	1.8
油菜籽	2.0	0.2	0.8	0.6	3.4	1.7	1.4	1.0	2.5
芝　麻	0.7	0.1	0.8	0.5	1.5	0.8	1.6	0.3	1.4
棉　花	0.5	0.1	0.7	0.5	0.7	0.2	1.5	0.4	
烟叶合计	1.2	0.6	2.9	5.0	6.0	9.4	2.5		
烤烟叶	1.2	0.6	2.9	5.0	6.0	9.4	2.5		
药材类合计	4.3	28.6	12.9	8.3	1.0	2.9	0.6		
蔬菜（含菜用瓜）	12.1	9.3	6.7	1.5	8.8	2.4	5.2	10.9	4.7
瓜类（果用瓜）	0.8	0.1	0.5	0.1	1.7	0.7	1.2	0.2	1.3
其它作物	0.3	0.8	0.6	0.1	0.7	0.2	2.1	5.6	0.2

4－19　水果生产情况

（2008 年）

	单位	洛阳市	老城区	西工区	瀍河区	涧西区	吉利区	洛龙区	孟津县
果园面积	**公顷**	**33096**	**118**	**283**	**28**	**3.3**	**20**	**145**	**1716**
苹果园	公顷	20886	31	8	2		4	20	646
梨　园	公顷	1550	13	50	8			16	488
桃　园	公顷	2373	47	86	16	0.3	9	40	308
猕猴桃园	公顷	44					1		
葡萄园	公顷	1661	27	53	2		1	59	165
水果总产量	**吨**	**603329**	**1882**	**3305**	**213**	**19**	**420**	**2889**	**42397**
苹　果	吨	362025	336	121	20		105	395	14729
# 红富士	吨	235102	336				70	188	3982
国　光	吨	21632		6				148	623
梨	吨	30109	154	477	70			209	15320
# 雪花梨	吨	4089	13					52	55
鸭　梨	吨	1520	141						6
桃　子	吨	38141	1048	1479	122	7	285	595	5272
猕猴桃	吨	799					4	9	
葡　萄	吨	41907	344	808	1		5	1627	4890
红　枣	吨	14118		15			5	4	39
柿　子	吨	52023		280		12	15	24	185

（2008 年）

	单位	新安县	栾川县	嵩　县	汝阳县	宜阳县	洛宁县	伊川县	偃师市	高新区
果园面积	**公顷**	**2976**	**794**	**2550**	**449**	**3750**	**18101**	**1250**	**2300**	**767**
苹果园	公顷	1083	284	805	144	1713	16563	501	826	39
梨　园	公顷	98	83	143	62	208	131	33	94	43
桃　园	公顷	391	64	344	66	302	435	84	185	87
猕猴桃园	公顷		18	1	11	26				
葡萄园	公顷	96	10	47	17	71	30	52	880	179
水果总产量	**吨**	**55808**	**13612**	**59700**	**6668**	**87881**	**233149**	**11649**	**44000**	**7159**
苹　果	吨	21034	5174	22402	2184	38993	222370	7357	10840	1388
# 红富士	吨	9157	60	11096	743	33645	141727	3023	4909	593
国　光	吨	1436	16	4613	575	2734	10450	169	74	
梨	吨	702	1162	1103	883	4373	2442	542	2291	130
# 雪花梨	吨	15	22	197	120	3501	84		1191	
鸭　梨	吨		180	188	6	487			54	130
桃　子	吨	7554	506	6039	872	6135	3075	657	3285	960
猕猴桃	吨		60	1		485				
葡　萄	吨	913	147	924	224	1385	392	531	26670	1050
红　枣	吨	552	70	186	27	8743	177	1445	211	2346
柿　子	吨	15714	5696	9747	2401	8304	493	1117	700	355

4－20　林业生产情况

（2008年）

	单位	洛阳市	老城区	西工区	瀍河区	涧西区	吉利区
营林情况							
当年造林面积	公顷	29996	14	70	3	15	42
# 用材林	公顷	2344					42
经济林	公顷	9283					
防护林	公顷	18369	14	70	3	15	
迹地更新面积	公顷						
封山育林面积	公顷	5958					
零星植树	万株	1255					1
育苗面积	公顷						
主要林产品产量							
核　桃	吨	4392					40
板　栗	吨	11220					
生　漆	吨	45					
村及村以下木材采伐量	**立方米**	**24818**					

4－20 续表 1

（2008 年）

	单位	洛龙区	高新区	孟津县	新安县	栾川县	嵩 县
营林情况							
当年造林面积	公顷	131	108	818	3004	1196	5026
# 用材林	公顷						332
经济林	公顷		108	578	1671	655	667
防护林	公顷	131		240	1333	541	4027
迹地更新面积	公顷						
封山育林面积	公顷			240	533		3052
零星植树	万株	3		25			265
育苗面积	公顷						
主要林产品产量							
核 桃	吨				120	1572	1600
板 栗	吨					5755	5085
生 漆	吨					40	
村及村以下木材采伐量	**立方米**	**146**	**444**		**483**	**580**	**5334**

4－20 续表 2　　(2008 年)

	单位	汝阳县	宜阳县	洛宁县	伊川县	偃师市
营林情况						
当年造林面积	公顷	3426	4196	6847	1461	3639
# 用材林	公顷			1667	303	
经济林	公顷	944		1000	154	3506
防护林	公顷	2482	4196	4180	1004	133
迹地更新面积	公顷					
封山育林面积	公顷		800	1333		
零星植树	万株	142		233	186	400
育苗面积	公顷					
主要林产品产量						
核　桃	吨	550	200	290	20	
板　栗	吨	250	80	50		
生　漆	吨			5		
村及村以下木材采伐量	**立方米**	**1321**	**2758**	**5342**	**4049**	**4361**

4-21 主要畜禽年末存栏数量

（2008年）

	单位	洛阳市	老城区	西工区	瀍河区	涧西区	吉利区	洛龙区	孟津县
牛	**万头**	**68.27**	**0.03**	**0.02**	**0.06**	**0.01**	**0.06**	**0.73**	**5.20**
肉牛	万头	37.14	0.01	0.01	0.01		0.01	0.04	0.73
奶牛	万头	10.06	0.02	0.01	0.05	0.01	0.05	0.58	4.38
役用牛	万头	21.07						0.11	0.09
羊	**万头**	**78.22**	**0.04**	**0.05**	**0.07**	**0.01**	**0.21**	**0.32**	**8.90**
山羊	万头	54.32	0.04	0.04	0.04	0.01	0.05	0.14	4.28
绵羊	万头	23.90		0.01	0.03		0.16	0.18	4.62
猪	**万头**	**190.80**	**0.96**	**0.31**	**0.36**	**0.07**	**3.11**	**3.11**	**20.11**
能繁殖的母猪	万头	24.91	0.11	0.04	0.04	0.01	0.67	0.38	2.41
家禽存栏	**万只**	**2218.32**	**12.90**	**17.40**	**15.56**	**0.36**	**21.60**	**52.66**	**204.12**
鸡	万只	2014.22	12.88	17.40	15.56	0.36	20.46	44.11	199.38
蛋鸡	万只	1552.05	10.12	11.72	11.05	0.36	15.87	37.34	147.69
兔存栏	**万只**	**301.58**		**0.07**			**0.80**	**0.18**	**9.82**

4-21 续表

（2008年）

	单位	新安县	栾川县	嵩　县	汝阳县	宜阳县	洛宁县	伊川县	偃师市	高新区
牛	**万头**	**3.31**	**2.81**	**12.63**	**1.74**	**12.06**	**13.12**	**12.14**	**3.76**	**0.60**
肉牛	万头	1.89	0.20	7.18	0.35	11.80	5.79	8.73	0.35	0.05
奶牛	万头	0.16	0.02	0.05	0.02	0.18	0.03	0.56	3.39	0.55
役用牛	万头	1.26	2.59	5.40	1.37	0.08	7.30	2.85	0.02	
羊	**万头**	**12.59**	**3.39**	**10.61**	**2.03**	**22.99**	**9.82**	**4.44**	**2.62**	**0.13**
山羊	万头	7.39	2.58	8.37	1.50	16.68	9.27	2.33	1.50	0.11
绵羊	万头	5.20	0.81	2.24	0.53	6.31	0.55	2.11	1.12	0.02
猪	**万头**	**16.79**	**6.40**	**21.23**	**9.40**	**25.36**	**10.61**	**33.00**	**38.10**	**1.87**
能繁殖的母猪	万头	3.62	0.77	2.54	1.30	3.03	1.27	3.95	4.56	0.22
家禽存栏	**万只**	**200.12**	**89.09**	**181.57**	**88.06**	**249.59**	**275.30**	**294.12**	**499.11**	**16.76**
鸡	万只	151.28	89.09	174.09	84.72	249.59	212.09	270.84	456.28	16.08
蛋鸡	万只	133.90	65.12	131.68	66.75	192.66	148.65	196.07	371.81	11.25
兔存栏	**万只**	**12.61**		**8.82**	**0.17**	**237.23**	**13.62**	**13.10**	**5.16**	

4－22 牲畜出栏和畜禽产品产量

（2008年）

	单位	洛阳市	老城区	西工区	瀍河区	涧西区	吉利区	洛龙区	孟津县
猪出栏头数	万头	189.00	0.84	0.26	0.35	0.07	3.13	3.24	19.72
牛出栏头数	万头	34.49	0.03	0.01	0.04		0.02	0.30	2.14
羊出栏只数	万只	71.12	0.06	0.11	0.14	0.01	0.16	0.63	5.80
家禽出栏只数	万只	1611.49	6.81	7.18	9.76	0.64	17.13	49.72	123.30
肉类总产量	吨	220744	741	307	430	57	2656	3517	19861
猪肉产量	吨	142113	625	192	260	49	2315	2418	14591
牛肉产量	吨	47952	35	20	50		31	431	2969
羊肉产量	吨	7179	7	11	14	1	16	63	586
禽肉产量	吨	17501	74	78	106	7	186	540	1339
禽蛋产量	吨	129480	812	940	886	34	1273	3004	12469
奶类产量	吨	389570	921	920	3099	273	1744	28104	151965
牛奶产量	吨	339570	866	895	2990	206	1121	18861	138050
山绵羊毛产量	吨	2035			200		2	43	350
蜂蜜产量	吨	5766	31	31	21	32	60	2	612

4－22续表

（2008年）

	单位	新安县	栾川县	嵩　县	汝阳县	宜阳县	洛宁县	伊川县	偃师市	高新区
猪出栏头数	万头	16.70	6.20	20.80	9.60	25.10	11.12	32.60	38.10	1.14
牛出栏头数	万头	1.54	0.93	6.18	0.83	7.27	7.82	5.75	1.55	0.08
羊出栏只数	万只	10.66	2.48	10.87	2.74	19.40	10.67	4.16	3.03	0.21
家禽出栏只数	万只	186.00	58.93	103.31	84.53	157.55	199.91	221.82	377.72	7.18
肉类总产量	吨	18152	6794	27519	9569	33976	23832	36546	35623	1164
猪肉产量	吨	12556	4590	15589	7209	18702	8350	24869	28957	841
牛肉产量	吨	2156	1295	8581	1156	10103	10862	7988	2162	113
羊肉产量	吨	1076	251	1097	276	1956	1078	420	306	21
禽肉产量	吨	2020	640	1122	918	1711	2171	2409	4102	78
禽蛋产量	吨	12098	5223	10702	5388	15451	12806	17526	29966	902
奶类产量	吨	9387	661	1906	701	15396	10633	21263	118906	22560
牛奶产量	吨	5172	546	1659	636	5719	560	18121	109332	20921
山绵羊毛产量	吨	179	21	73	13	407	563	122	62	
蜂蜜产量	吨	716	420	580	156	2528	568	9		

4-23 农村经济主要指标人均水平

（2008 年）

	单位	洛阳市	老城区	西工区	瀍河区	涧西区	吉利区
按乡村人口平均							
常用耕地面积	亩	1.07	0.43	0.24	0.16	0.05	0.69
农林牧渔业总产值（现行价）	元	5582.33	4827.84	1042.00	2510.73	187.54	6977.40
农林牧渔业增加值（现行价）	元	3374.32	2985.15	644.87	1341.96	111.59	3717.65
粮食总产量	公斤	464.76	162.02	107.76	108.23	21.97	470.50
夏　粮	公斤	218.48	80.82	60.76	55.14	11.77	241.70
秋　粮	公斤	246.28	81.20	46.99	53.09	10.20	228.79
棉花总产量	公斤	0.77		0.19			0.25
油料总产量	公斤	23.63	2.12	1.50	0.19	0.26	1.52
烟叶总产量	公斤	11.29					
蔬菜总产量	公斤	411.65	82.54	53.05	734.38	63.97	101.36
肉类总产量	公斤	44.45	15.28	7.33	13.56	1.65	82.23
禽蛋总产量	公斤	26.07	16.74	22.43	27.95	0.99	39.41
奶类总产量	公斤	78.45	18.99	21.96	97.76	7.91	53.99
年末牛存栏	头	0.14	0.01		0.02		0.02
年末生猪存栏	只	0.38	0.20	0.07	0.11	0.02	0.96
年末羊存栏	只	0.16	0.01	0.01	0.02		0.07
年末家禽存栏	头	4.47	2.66	4.15	4.91	0.10	6.69
按乡村从业人员平均							
常用耕地面积	亩	1.74	0.74	0.56	0.25	0.09	1.29
农林牧渔业总产值（现行价）	元	9035.21	8422.66	2385.79	4019.70	369.71	13027.17
农林牧渔业增加值（现行价）	元	5461.47	5207.91	1476.50	2148.48	220.00	6941.04
粮食总产量	公斤	752.23	282.66	246.72	173.28	43.31	878.44
棉花总产量	公斤	1.24		0.44			0.46
油料总产量	公斤	38.25	3.71	3.44	0.30	0.51	2.83
烟叶总产量	公斤	18.28					
蔬菜总产量	公斤	666.27	143.99	121.48	1175.76	126.11	189.25

	单位	洛龙区	孟津县	新安县	栾川县	嵩　县	汝阳县
按乡村人口平均							
常用耕地面积	亩	0.37	1.44	1.13	0.45	0.96	0.95
农林牧渔业总产值(现行价)	元	3516.25	7100.67	6463.55	5464.54	6189.37	3841.12
农林牧渔业增加值(现行价)	元	2422.20	4175.52	3866.78	3449.35	3776.48	2397.97
粮食总产量	公斤	177.74	589.87	481.86	243.40	431.08	444.54
夏　粮	公斤	84.77	307.12	207.14	86.41	193.62	205.82
秋　粮	公斤	92.98	282.75	274.72	156.99	237.46	238.72
棉花总产量	公斤	0.01	0.44	0.65	0.04	0.73	0.48
油料总产量	公斤	1.19	20.92	14.60	1.64	17.44	25.99
烟叶总产量	公斤	0.00	2.99	6.33	1.82	8.04	14.66
蔬菜总产量	公斤	544.31	343.52	638.64	195.95	409.91	72.77
肉类总产量	公斤	11.75	51.24	42.28	23.41	56.14	24.92
禽蛋总产量	公斤	10.47	32.17	28.18	18.00	21.83	14.03
奶类总产量	公斤	100.16	394.99	21.87	2.28	3.89	1.83
年末牛存栏	头	0.03	0.13	0.08	0.10	0.26	0.05
年末生猪存栏	只	0.11	0.52	0.39	0.22	0.43	0.24
年末羊存栏	只	0.01	0.23	0.29	0.12	0.22	0.05
年末家禽存栏	头	1.79	5.27	4.66	3.07	3.70	2.29
按乡村从业人员平均							
常用耕地面积	亩	0.61	2.52	1.70	0.73	1.52	1.47
农林牧渔业总产值(现行价)	元	5807.30	12442.22	9760.11	8790.52	9793.51	5952.34
农林牧渔业增加值(现行价)	元	4000.41	7316.59	5838.94	5548.78	5975.56	3715.98
粮食总产量	公斤	293.56	1033.60	727.62	391.54	682.10	688.87
棉花总产量	公斤	0.01	0.77	0.98	0.06	1.16	0.75
油料总产量	公斤	1.96	36.65	22.04	2.63	27.59	40.27
烟叶总产量	公斤		5.23	9.56	2.92	12.72	22.72
蔬菜总产量	公斤	898.95	601.94	964.36	315.22	648.61	112.77

	单位	宜阳县	洛宁县	伊川县	偃师市	高新区
按乡村人口平均						
常用耕地面积	亩	1.53	1.51	1.27	1.01	0.09
农林牧渔业总产值(现行价)	元	5914.29	6835.88	5913.03	5449.76	3659.49
农林牧渔业增加值(现行价)	元	3544.78	4152.94	3348.69	2029.47	1932.24
粮食总产量	公斤	597.07	624.72	501.36	485.46	332.87
夏　粮	公斤	270.67	315.97	223.30	239.56	140.70
秋　粮	公斤	326.39	308.75	278.07	245.90	192.17
棉花总产量	公斤	1.33	0.28	2.38	0.32	
油料总产量	公斤	90.39	18.41	15.13	10.33	5.51
烟叶总产量	公斤	31.12	39.39	10.65	0.00	
蔬菜总产量	公斤	825.12	158.37	260.08	559.61	138.12
肉类总产量	公斤	57.24	57.51	53.17	47.51	16.60
禽蛋总产量	公斤	26.03	30.90	25.50	39.97	12.87
奶类总产量	公斤	25.94	25.66	30.93	158.58	321.83
年末牛存栏	头	0.20	0.32	0.18	0.05	0.09
年末生猪存栏	只	0.43	0.26	0.48	0.51	0.27
年末羊存栏	只	0.39	0.24	0.06	0.03	0.02
年末家禽存栏	头	4.20	6.64	4.28	6.66	2.39
按乡村从业人员平均						
常用耕地面积	亩	2.41	2.29	2.07	1.69	0.16
农林牧渔业总产值(现行价)	元	9332.06	10380.32	9668.46	9180.48	6510.91
农林牧渔业增加值(现行价)	元	5593.25	6306.27	5475.48	3418.78	3437.81
粮食总产量	公斤	942.10	948.64	819.78	817.79	592.23
棉花总产量	公斤	2.10	0.42	3.90	0.53	
油料总产量	公斤	142.62	27.96	24.74	17.41	9.80
烟叶总产量	公斤	49.11	59.82	17.41		
蔬菜总产量	公斤	1301.94	240.48	425.26	942.70	245.74

4－24　全市农林牧渔业总产值及构成

（按当年价计算）

	绝对数（万元）		构成（%）	
	2008 年	2007 年	2008 年	2007 年
农林牧渔业总产值	**2772184**	**2368416**	**100.0**	**100.0**
农业产值	**1444274**	**1342469**	**52.1**	**56.7**
谷物及其他作物	626437	588948	22.6	24.9
谷物	342013	305706	12.3	12.9
其中：小　麦	187681	163060	6.8	6.9
玉　米	139001	131230	5.0	5.5
薯　类	46928	69702	1.7	2.9
油　料	62466	51155	2.3	2.2
豆　类	30758	31983	1.1	1.4
棉　花	1817	6175	0.1	0.3
烟　草	72121	69169	2.6	2.9
其他农作物	70320	55040	2.5	2.3
蔬菜园艺作物	499982	465672	18.0	19.7
蔬菜（含菜用瓜）	199335	209512	7.2	8.8
花　卉	174647	156275	6.3	6.6
其他园艺作物	126000	99885	4.5	4.2
水果、坚果、饮料和香料作物	100357	99449	3.6	4.2
水果、坚果（含果用瓜）	100357	99449	3.6	4.2
其中：苹　果	50684	50996	1.8	2.2

4－24 续表　　（按当年价计算）

	绝对数(万元)		构成(%)	
	2008 年	2007 年	2008 年	2007 年
中药材	217498	188400	7.8	8.0
林业产值	**267566**	**217825**	**9.7**	**9.2**
林木的培育和种植	62290	36043	2.2	1.5
竹木采运	2492	3843	0.1	0.2
林产品	202784	177939	7.3	7.5
牧业产值	**883366**	**669648**	**31.9**	**28.2**
牲畜饲养	336628	244806	12.1	10.3
牛的饲养	185750	109590	6.7	4.6
羊的饲养	28609	20550	1.0	0.9
奶产品	114923	88638	4.1	3.7
其中:牛　奶	100173	77138	3.6	3.3
猪的饲养	288693	189689	10.4	8.0
家禽饲养	100842	86397	3.6	3.6
肉　禽	19788	16557	0.7	0.7
禽　蛋	81054	69840	2.9	2.9
狩猎和捕捉动物	7300	12500	0.3	0.5
其他畜牧业	149903	136256	5.4	5.8
渔业产品	**29538**	**20428**	**1.1**	**0.9**
农林牧渔服务业	**147440**	**118046**	**5.3**	**5.0**

4－25　分县(市)区农林牧渔业分项产值

（2008年）　　单位:万元

	农林牧渔业总产值	一.农业产值	(一)谷物及其它作物	1.谷物	#小麦	玉米	2.薯类	3.油料	4.豆类
洛阳市	**2772184**	**1444274**	**626437**	**342013**	**187681**	**139001**	**46928**	**62466**	**30758**
老城区	23415	18757	1403	1224	678	545	103	67	9
西工区	4366	2024	787	746	440	306		36	1
瀍河区	7959	2490	553	528	258	254	22	3	
涧西区	647	315	132	125	71	54	2	5	
吉利区	22537	3485	2802	2508	1350	1158	66	27	39
洛龙区	98666	67824	8057	7524	3872	3599	177	99	3
孟津县	275222	130325	52803	36095	20577	14220	2676	4205	457
新安县	277480	177978	45048	30400	15384	14143	3840	3299	3202
栾川县	158581	96838	15569	11111	4439	6354	400	235	3144
嵩　县	303403	149878	49142	30991	16419	14501	4526	4608	1934
汝阳县	147499	78711	43906	23970	13674	9579	5169	5000	2440
宜阳县	351072	209412	120076	51631	27796	19494	8020	27958	8355
洛宁县	283279	138195	79987	38067	22652	13455	2351	4034	10444
伊川县	406462	215548	105419	50309	26554	18001	11082	7025	2763
偃师市	408623	210764	96721	58147	31074	26657	3490	4100	870
高新区	25653	7394	4312	3603	1703	1895	425	284	

	5. 棉花	6. 烟叶	7. 其他农作物	(二)蔬菜园艺作物	#蔬菜	花　卉	其他园艺作物	(三)水果	#苹果
洛阳市	**1817**	**72121**	**70320**	**499982**	**199335**	**174647**	**126000**	**100357**	**50684**
老城区				17056	1906	13650	1500	298	47
西工区	4			686	273	413		551	17
瀍河区				1907	1907			30	3
涧西区				181	181			2	
吉利区	12		150	614	279	15	320	59	15
洛龙区			254	58330	16095	42235		587	55
孟津县	81	1489	7800	69853	19803	36050	14000	6669	2062
新安县	428	3069	810	103771	64519	39252		8214	3029
栾川县	5	674		3139	3139			2487	713
嵩　县	514	5069	1500	39715	23569	10646	5500	8705	3330
汝阳县	89	7238		4937	4517	400	20	868	293
宜阳县	358	23754		60500	55564	4936		19740	5664
洛宁县	52	21039	4000	7598	4855	2342	401	35707	32540
伊川县	2231	9409	22600	87080	17554	49630	19896	4149	1086
偃师市	114		30000	104071	30071	50000	24000	9972	1589
高新区				1011	1011			2071	232

4－25 续表 2　　(2008 年)　　单位:万元

	(四)中药材	二.林业产值	(一)林木培育和种植	(二)竹木采运	(三)林产品	三.畜牧业产值	(一)牲畜饲养	1.牛的饲养	2.羊的饲养
洛阳市	**217498**	**267566**	**62290**	**2492**	**202784**	**883366**	**336628**	**185750**	**28609**
老城区		728	428		300	2330	419	135	29
西工区		29	29			1998	385	78	43
瀍河区		213	213			4946	2953	780	298
涧西区		9	9			243	66		5
吉利区	10	203	136	67		7562	769	121	64
洛龙区	850	328	314	14		14385	7328	1572	183
孟津县	1000	4991	4681	101	209	120738	79312	15750	4623
新安县	20945	18583	4682		13901	66393	20534	12006	5118
栾川县	75643	36021	31773	469	3779	20439	3959	724	180
嵩　县	52316	52110	13314	506	38290	85883	39349	33275	4376
汝阳县	29000	30661	3644	67	26950	25138	5666	4478	1085
宜阳县	9096	10429	2642	240	7547	112104	52810	39136	7795
洛宁县	14903	53109	3730	1506	47873	79191	47842	42076	4296
伊川县	18900	5008	1200	245	3563	171373	60514	30981	1674
偃师市		2357	1742	546	69	178057	48576	8374	1219
高新区		1369	1339	30		9770	7446	437	837

4－25 续表3　　(2008年)　　单位:万元

	3.奶产品	#牛奶	(二)猪的饲养	(三)家禽饲养	#肉禽	禽蛋	(四)其它畜牧业	四.渔业产值	五.农林牧渔服务业产值
洛阳市	**114923**	**100173**	**288693**	**100842**	**19788**	**81054**	**149903**	**29538**	**147440**
老城区	255	255	1270	594	85	509	47		1600
西工区	264	264	390	678	90	588	545		315
瀍河区	1711	1711	757	967	337	630	269		310
涧西区	61	61	100	29	8	21	48		80
吉利区	331	331	4703	1011	214	797	1079	9037	2250
洛龙区	5569	5564	4644	2400	561	1839	13	2434	13695
孟津县	47096	44830	29640	10269	2374	7895	1517	11579	7589
新安县	2736		32075	10167	1743	8424	3535	2852	11674
栾川县	161	161	6527	3822	552	3270	631	52	5231
嵩　县	808		31672	7904	1180	6724	6308	2433	13099
汝阳县			14645	4341	990	3351	486	39	12950
宜阳县	4411	1687	37992	11641	1969	9672	9661	1127	18000
洛宁县	296	296	16963	10274	2134	8140	4112	327	12457
伊川县	5808	5346	50519	13289	2058	11231	31801	241	14292
偃师市	32343	32253	58824	23422	4643	18779	47235	179	17266
高新区	6172	6172	1708	616	51	565			7120

4－26　农业气象情况

（2008 年）

月份/项目	宜阳县	洛宁县	新安县	孟津县	伊川县	偃师市	栾川县	汝阳县	嵩　县
气温（摄氏度）									
年平均气温	15.5	14.6	14.9	15.0	15.9	15.9	13.1	15.3	15.5
最高气温	41.0	40.0	38.6	38.9	40.5	41.9	36.5	39.9	39.9
出现时间（日/月）	24/6	24/6	24/6	24/5	24/6	24/5	24/6	24/6	24/6
最低气温	-5.0	-6.2	-4.7	-5.5	-5.5	-6.3	-7.2	-5.9	-5.1
出现时间（日/月）	9/1	9/1	3/1	7/1	9/1	7/1	7/1	9/1	9/1
降水量（毫米）									
总　量	460.8	508.3	540.3	510.4	438.8	421.6	837.0	618.1	565.3
日最大降水量	44.7	82.8	60.1	41.2	36.6	51.2	93	74.5	47.7
出现时间（日/月）	5/7	30/7	30/7	30/7	5/7	30/7	5/7	5/7	5/7
霜　况									
终霜日期（日/月）	11/3	4/4	11/3	3/4	4/4	4/4	4/4	9/3	9/3
初霜日期（日/月）	2/11	2/11	2/11	2/11	2/11	2/11	30/10	30/10	30/10
无霜日期（天）	235	211	235	212	211	211	208	234	234
地面温度（摄氏度）									
平均地温	17.6	16.2	16.6	17.0	17.6	17.4	15.5	17.7	17.5
最高极值	65.4	65.4	63.6	64.7	62.9	64.5	59.6	64.8	66.7
最高极值时间（日/月）	26/5	17/5	26/5	26/5	27/5	27/5	27/5	27/5	27/5
最低极值	-6.8	-9.1	-7.0	-7.1	-7.0	-8.9	-5.9	-9.5	-9.1
最低极值时间（日/月）	1/2	9/1	4/2	1/2	2/2	31/12	28/1	1/2	1/2
蒸发总量（毫米）	1512.2	1155.4	2098.5	1108.8	1374.1	1309.3	880.2	1677.7	1189.0
风速（米/秒）									
平均风速	2.1	0.9	3.0	2.5	1.2	0.8	1.3	1.8	1.3
最大极值	6.5	6.8	13.4	13.4	6.6	7.0	8.0	10.5	8.2
风　向	WNW	NE	N	NNW	WNW	NNW,ENE	NW	NNW	NNE
日/月	19/7	26/2	13/8	26/6	30/4	13/8,22/8	27/3	30/7	26/6

4－26 续表 1　　　　　　　　　　(2008 年)

	宜阳县	洛宁县	新安县	孟津县	伊川县	偃师市	栾川县	汝阳县	嵩　县
日照时数									
总时数(小时)	1683.0	1979.9	2137.0	1944.8	1821.9	2130.5	1905.1	2196.2	2259.0
百分率(%)	38	45	48	44	41	48	43	50	51
平均气温									
一月	2.7	2.1	2.1	2.2	3.0	2.1	0.9	2.6	2.6
二月	6.9	6.8	6.8	7.0	7.3	7.1	5.6	6.7	6.8
三月	9.8	9.7	8.8	9.1	10.2	10.2	8.2	9.4	10.0
四月	16.9	16.3	15.9	16.4	17.2	17.3	14.3	16.5	17.1
五月	23.8	22.6	23.2	23.4	24.6	24.4	20.9	24.0	24.2
六月	25.6	23.9	24.7	24.8	26.1	26.4	22.0	25.1	25.4
七月	25.7	24.3	24.9	24.8	26.1	26.6	22.6	25.1	25.5
八月	26.0	24.7	25.2	25.1	26.2	26.8	23.1	25.4	25.9
九月	20.6	19.2	20.2	20.8	20.8	21.4	17.4	20.2	20.4
十月	15.0	14.1	14.5	14.7	15.4	15.6	12.8	15.0	15.1
十一月	9.2	8.7	9.3	9.3	9.7	9.0	7.6	9.4	9.4
十二月	3.6	3.0	3.1	3.0	4.0	3.3	2.2	4.0	3.7
地温									
一月	2.7	1.1	1.8	2.2	2.9	1.8	2.0	2.7	2.3
二月	7.4	6.8	7.0	7.4	7.8	7.3	6.6	7.3	7.0
三月	11.3	11.3	9.8	10.8	12.0	11.2	10.3	11.5	11.7
四月	21.9	20.2	20.3	20.1	21.0	20.0	18.8	21.5	21.2
五月	29.0	27.1	27.6	27.5	28.6	29.0	25.9	29.4	29.6
六月	30.0	27.7	27.2	27.5	29.3	29.9	25.3	29.7	29.3
七月	27.7	26.9	26.9	28.2	28.5	28.7	24.9	27.7	28.1
八月	30.6	28.8	29.0	28.8	29.4	29.5	26.7	29.1	29.9
九月	23.8	20.7	22.7	23.5	22.9	23.9	20.3	23.6	22.6
十月	15.3	14.3	15.0	15.5	15.6	16.1	14.1	16.3	15.8
十一月	9.1	7.5	9.1	9.5	9.2	8.9	8.2	9.5	8.9
十二月	3.1	2.2	2.4	2.9	3.6	2.9	3.2	3.6	3.4

	宜阳县	洛宁县	新安县	孟津县	伊川县	偃师市	栾川县	汝阳县	嵩　县
日照									
一月	141.7	149.7	156.6	147.8	108.7	160.2	187.4	187.2	199.0
二月	103.8	128.0	141.3	135.6	98.3	135.3	137.3	141.3	142.3
三月	113.6	161.5	162.3	170.9	167.6	167.9	150.5	189.8	196.9
四月	188.5	222.9	240.8	262.9	246.4	261.0	224.4	266.5	264.6
五月	215.5	227.4	249.0	255.7	245.1	278.4	234.2	259.0	262.5
六月	137.9	190.4	184.7	179.3	150.2	203.7	183.9	204.8	200.8
七月	88.3	157.9	168.9	111.2	156.6	177.9	117.2	175.0	180.2
八月	138.6	184.6	212.8	137.6	180.3	140.8	147.1	180.7	178.2
九月	175.0	172.5	180.7	171.4	173.6	173.9	153.7	173.4	184.1
十月	99.2	98.1	126.7	103.1	93.7	134.1	78.0	95.3	116.7
十一月	156.8	159.2	179.4	153.6	124.5	168.5	169.3	178.9	189.5
十二月	124.1	127.7	133.8	115.7	76.9	128.8	122.1	144.3	144.2
降水量									
一月							0.4		
二月	26.2	10.6	18.6	21.8	18.8	18.0	27.0	26.9	22.8
三月	73.5	43.8	68.3	80.4	73.9	77.5	74.8	66.7	72.9
四月	0.4	5.7	0.9	3.7	0.8	12.4	5.1	1.7	3.6
五月	10.8	16.4	29.8	30.3	9.5	10.0	69.9	7.3	9.4
六月	40.8	44.0	56.7	66.4	50.1	29.2	74.5	44.5	49.3
七月	188.1	259.4	208.1	153.6	148.7	152.9	376.5	322.3	205.7
八月	32.5	35.7	78.3	101.5	48.7	72.4	73.6	63.0	55.2
九月	35.6	32.6	40.5	17.5	35.1	18.5	69.6	33.6	85.9
十月	29.6	35.6	21.2	19.3	26.8	17.6	44.2	25.2	26.8
十一月	9.1	12.0	7.9	6.3	14.1	6.5	9.4	11.8	14.1
十二月	14.0	12.3	9.9	9.4	12.2	6.4	11.8	14.8	19.5

五、固定资产投资和建筑业

INVESTMENT IN FIXED ASSETS AND CONSTRUCTION

资料整理:李　静　崔玉贞　吴晓燕　胡国刚　任晓娟

主要统计指标解释

1. **固定资产投资额** 又称固定资产投资完成额，是以货币形式表现的在一定时期内建造和购置固定资产的工作量以及与此有关的费用的总称。它是反映固定资产投资规模、结构和发展速度的综合性指标，又是观察工程进度和考核投资效果的重要依据。按现行统计制度规定，全社会固定资产投资统计范围包括城镇、农村非农户 50 万元以上固定资产投资和农户投资三部分。

2. **民间固定资产投资** 根据投资主体的所有制形式对固定资产投资进行的一种分类，是相对于国有（政府）固定资产投资的一类投资。民间固定资产投资与国有、港澳台商和外商固定资产投资共同构成全社会固定资产投资。

3. **房地产开发** 指各种经济类型的房地产开发公司、商品房建设公司及其他房地产开发单位统一开发的商品住宅、厂房、仓库、饭店、宾馆、度假村、写字楼、办公楼等房屋建筑物和配套的服务设施，以及土地开发工程，如道路、给水、排水、供电、供热、通讯、平整场地等基础设施工程。

4. **新增固定资产** 新增固定资产又称为交付使用的固定资产，是指通过投资活动所形成的新的固定资产价值。

5. **房屋竣工面积** 是指在报告期内房屋建筑按照设计要求已全部完工，达到住人或使用条件，经验收鉴定合格（或达到竣工验收标准），正式移交使用单位的各栋房屋建筑面积的总和。

6. **竣工房屋价值** 是指在报告期内竣工房屋本身的建造价值。它反映房屋建筑工程造价的重要指标，是计算竣工房屋新增固定资产的基础。

7. **建筑业** 建筑业是国民经济中专门从事建筑安装工程施工的物资生产部门。建筑业生产就是以工农业产品为原料，经过建筑安装活动形成各种用途的固定资产。其主要活动包括：(1)各种房屋、建筑物和构筑物的建造；(2)各种线路、管道和机械设备的安装；(3)原有房屋、建筑物和构筑物的修理；(4)部分非标准设备的制造。

8. **建筑业总产值** 建筑业总产值也叫自行完成施工产值，是以货币表现的建筑安装企业和附营施工单位在一定时期内生产的建筑产品的总和，它是反映建筑业生产规模、发展速度、经营成果的重要标志，也是用以计算建筑业经济效益、劳动生产率和建筑业在国民经济中所占比重的依据。

9. **建筑业增加值** 建筑业增加值是建筑业企业在报告期内以货币表现的建筑业生产经营活动的最终成果。建筑业增加值有两种计算方法：一是生产法，即建筑业总产值减去建筑业中间消耗后的余额；二是分配法（收入法），即从收入的角度出发，根据生产要素在生产过程中应得到的收入份额计算，具体构成项目有固定资产折旧、劳动者报酬、生产税净额，营业盈余。

5－1 全市固定资产投资总量与指数

	单位	总量指标								
		1980 年	1985 年	1990 年	1995 年	2000 年	2005 年	2006 年	2007 年	2008 年
全社会固定资产投资总额	**万元**	**28173**	**72143**	**136982**	**815315**	**1265783**	**4800717**	**6254190**	**8416976**	**11055308**
城镇固定资产投资	万元	28173	72143	136982	635756	833971	4009156	5509586	7473136	9792310
#住　宅	万元	5765	13314	16874	101467	162993	606590	898055	1161856	1342527
农村固定资产投资	万元				179559	376132	791561	744604	943840	1262998
非农户投资	万元				106363	237683	537169	467571	626275	900656
农户投资	万元				73196	138448	254392	277033	317565	362342
城镇固定资产投资按经济类型分										
国有经济	万元	27416	66937	119930	455711	657971	1584843	2258785	2136399	2323859
集体经济	万元	757	4448	10623	16998	12443	105894	173621	321977	479423
个体经济	万元		758	6429	26785	24178	76228	42076	65396	109043
其它经济	万元				136262	139379	2242191	3035104	4949364	6879985
城镇固定资产投资按管理渠道分										
第一产业	万元	4107	4871	8477	5884	19573	26149	90771	133854	359512
第二产业	万元	16877	44871	96605	454510	406615	2135361	3051632	4633832	6007486
第三产业	万元	7189	22455	3190	281725	712743	1847646	2367183	2705450	3425312
城镇投资当年新增固定资产	**万元**	**17475**	**45482**	**97478**	**567425**	**621772**	**3441154**	**3522201**	**6251622**	**7047394**
城镇房屋施工面积	**万平方米**	**192.7**	**257.8**	**208.9**	**525.0**	**654.8**	**1684.5**	**1686.4**	**2242.5**	**2703.0**
#住　宅	万平方米	103.4	124.0	121.1	310.3	450.0	1007.9	982.4	1312.8	1738.8
城镇房屋竣工面积	**万平方米**	**90.7**	**113.6**	**121.5**	**276.4**	**320.6**	**844.6**	**807.9**	**948.1**	**1132.1**
#住　宅	万平方米	55.0	58.1	77.9	190.4	208.5	479.2	455.5	525.6	602.5
农村房屋施工面积	**万平方米**				**523.8**	**1131.0**	**883.5**	**1087.9**	**1210.8**	**959.9**
#住　宅	万平方米				394.4	789.2	652.3	912.2	1086.6	925.1
农村房屋竣工面积	**万平方米**				**516.5**	**948.2**	**787.7**	**714.9**	**831.4**	**585.4**
#住　宅	万平方米				394.1	606.5	618.1	589.8	730.5	386.0

注：1. 1978－1990 年不含农村固定资产投资。
2. 2000－2004 年中全社会固定资产投资中含 50 万元以下城镇固定资产投资。

5－1 续表 1

	速度指标(100%)					
	指数(2007 年为以下各年)					
	1980 年	1985 年	1990 年	1995 年	2000 年	2007 年
全社会固定资产投资总额	**39240.8**	**15324.2**	**8070.6**	**1356.0**	**873.4**	**131.3**
城镇固定资产投资	34757.8	13573.5	7148.6	1540.3	1174.2	131.0
#住　宅	23287.5	10083.6	7956.2	1323.1	823.7	115.6
农村固定资产投资				703.4	335.8	133.8
非农户投资				846.8	378.9	143.8
农户投资				495.0	261.7	114.1
城镇固定资产投资按经济类型分						
国有经济	8476.3	3471.7	1937.7	509.9	353.2	108.8
集体经济	63332.0	10778.4	4513.1	2820.5	3853.0	148.9
个体经济		14385.6	1696.1	407.1	451.0	166.7
其它经济				5049.1	4936.2	139.0
城镇固定资产投资按管理渠道分						
第一产业	8753.6	7380.7	4241.0	6110.0	1836.8	268.6
第二产业	35595.7	13388.3	6218.6	1321.8	1477.4	129.6
第三产业	47646.6	15254.1	107376.6	1215.8	480.6	126.6
城镇投资当年新增固定资产	**40328.4**	**15494.9**	**7229.7**	**1242.0**	**1133.4**	**112.7**
城镇房屋施工面积	**1402.7**	**1048.5**	**1293.9**	**514.9**	**412.8**	**120.5**
#住　宅	1681.6	1402.3	1435.8	560.4	386.4	132.4
城镇房屋竣工面积	**1248.2**	**996.6**	**931.8**	**409.6**	**353.1**	**117.3**
#住　宅	1095.5	1037.0	773.4	316.4	289.0	114.6
农村房屋施工面积				**231.2**	**107.1**	**79.3**
#住　宅				275.5	137.7	85.1
农村房屋竣工面积				**161.0**	**87.7**	**70.4**
#住　宅				185.4	120.4	52.8

5－1 续表2

	速度指标(100%)				
	平均增长速度				
	1980－1985年	1985－1990年	1990－1995年	1995－2000年	2000－2005年
全社会固定资产投资总额	**16.5**	**15.1**	**45.1**	**9.7**	**26.5**
城镇固定资产投资	16.5	15.1	34.7	4.8	30.2
#住　宅		6.9	39.3	9.7	28.4
农村固定资产投资				23.4	19.1
非农户投资				27.2	18.9
农户投资				17.0	19.1
城镇固定资产投资按经济类型分					
国有经济	13.1	－28.4	33.4	4.3	19.6
集体经济	73.2	18.9	8.6	－6.9	53.5
个体经济		62.5	29.5	15.1	25.8
其它经济				5.5	74.3
城镇固定资产投资按产业分					
第一产业		13.1	－25.2	58.8	3.1
第二产业		16.5	32.2	7.4	33.4
第三产业		12.4	54.4	6.0	16.4
城镇投资当年新增固定资产		**21.5**	**37.4**	**1.0**	**35.4**
城镇房屋施工面积		**－1.2**	**18.4**	**2.4**	**21.1**
#住　宅		0.6	16.7	－5.7	18.1
城镇房屋竣工面积		**7.5**	**13.0**	**4.3**	**22.6**
#住　宅		12.9	13.1	6.4	20.2
农村房屋施工面积				**26.8**	**10.1**
#住　宅				15.8	5.7
农村房屋竣工面积				**16.9**	**7.0**
#住　宅				13.0	8.8

5－2　分县(市)区固定资产投资主要指标

(2008年)

	单　位	合　计	老城区	西工区	瀍河区	涧西区	吉利区	洛龙区
全社会固定资产投资总额	**万元**	**11055308**	**132240**	**327771**	**175689**	**395984**	**97519**	**580366**
城镇固定资产投资	万元	9792310	127405	318756	161955	383519	92277	553821
#住　宅	万元	1342527	22097	50566	65448	48700	14923	159865
农村固定资产投资	万元	1262998	4835	9015	13734	12465	5242	26545
非农户投资	万元	900656	230	5000	10102	3700	4760	5360
农户投资	万元	362342	4605	4015	3632	8765	482	21185
城镇固定资产投资按经济类型分								
国有经济	万元	2323859	21469	87725	43966	68569	9900	117384
集体经济	万元	479423	6020	31171	20934	29500	12018	55122
个体经济	万元	109043	5523	3943	80	9730		1400
其它经济	万元	6879985	94393	195917	96975	275720	70359	379915
城镇固定资产投资按产业分								
第一产业	万元	359512	90	476			1050	1700
第二产业	万元	6007486	63634	106262	49728	163665	60789	272765
第三产业	万元	3425312	63681	212018	112227	219854	30438	279356
城镇投资当年新增固定资产	**万元**	**7047394**	**116430**	**291060**	**123294**	**373210**	**76684**	**431686**
城镇房屋施工面积	**万平方米**	**2703.0**	**73.5**	**98.1**	**149.3**	**155.5**	**26.1**	**348.8**
#住　宅	万平方米	1738.8	35.9	75.6	127.1	65.5	21.5	231.1
城镇房屋竣工面积	**万平方米**	**1132.1**	**34.8**	**30.0**	**43.0**	**79.1**	**13.9**	**59.8**
#住　宅	万平方米	602.5	5.3	17.0	28.6	17.0	10.8	4.0
农村房屋施工面积	**万平方米**	**959.9**	**13.7**	**11.1**	**8.3**	**19.8**	**3.0**	**70.6**
#住　宅	万平方米	925.1	13.7	11.1	8.3	19.8	3.0	70.6
农村房屋竣工面积	**万平方米**	**585.4**	**13.7**	**11.1**	**8.3**	**19.8**	**3.0**	**36.6**
#住　宅	万平方米	386.0	13.7	11.1	8.3	19.8	3.0	36.6

5－2续表

(2008年)

	单 位	偃师市	孟津县	新安县	栾川县	嵩 县	汝阳县	宜阳县	洛宁县	伊川县
全社会固定资产投资总额	**万元**	**1045334**	**677961**	**966187**	**481356**	**909379**	**925571**	**869014**	**678773**	**1084589**
城镇固定资产投资	万元	884772	632091	863026	394193	642976	811537	684650	535802	999951
#住 宅	万元	20191	3890	11831	17994	69181	61003	82996	71219	95109
农村固定资产投资	万元	160562	45870	103161	87163	266403	114034	184364	142971	84638
非农户投资	万元	100147	19555	71091	64284	229452	82472	146945	108685	46223
农户投资	万元	60415	26315	32070	22879	36951	31562	37419	34286	38415
城镇固定资产投资按经济类型分										
国有及国有控股	万元	68108	12771	165709	186465	319220	267996	51583	119188	57111
集体及集体控股	万元	24998	41320	36488	160	56758	47335	74785	21130	21684
个体经济	万元	2200	200			31445	18995	9275	26252	
其它经济	万元	789469	577800	660829	207568	235553	477211	549007	369232	921156
城镇固定资产投资按产业分										
第一产业	万元	10132	16205	29846	1760	77337	6600	62833	68296	83187
第二产业	万元	786782	501231	728136	271621	262391	456534	450011	314833	741479
第三产业	万元	87858	114655	105044	120812	303248	289403	171806	152673	175285
城镇投资当年新增固定资产	**万元**	**696045**	**323677**	**885900**	**166611**	**621981**	**544335**	**579853**	**540523**	**632668**
城镇房屋施工面积	**万平方米**	**121.2**	**33.0**	**29.3**	**69.5**	**95.6**	**107.1**	**166.0**	**125.4**	**173.7**
#住 宅	万平方米	13.6	6.5	21.4	37.8	68.1	71.8	92.6	81.9	76.3
城镇房屋竣工面积	**万平方米**	**103.3**	**0.5**	**14.6**	**15.4**	**56.9**	**92.6**	**106.1**	**96.8**	**100.5**
#住 宅	万平方米	4.3		13.1	13.5	42.1	67.3	54.0	69.8	41.0
农村房屋施工面积	**万平方米**	**151.9**	**49.2**	**54.6**	**58.5**	**69.8**	**88.4**	**111.0**	**61.8**	**143.4**
#住 宅	万平方米	147.5	49.2	50.1	58.5	48.6	85.6	111.0	57.0	143.4
农村房屋竣工面积	**万平方米**	**151.9**	**49.2**	**54.6**	**57.0**	**69.8**	**88.4**	**13.4**	**61.8**	**10.5**
#住 宅	万平方米	147.5	49.2	50.1	57.0	48.6	85.6	13.4	57.0	10.5

5－3　分县(市)区全社会固定资产投资

单位:万元

县　区	2000 年	2001 年	2002 年	2003 年	2004 年	2005 年	2006 年	2007 年	2008 年
洛阳市	**1256783**	**1326000**	**1562544**	**2123058**	**3726431**	**4800717**	**6254190**	**8416976**	**11055308**
老城区	7003	13288	20961	26548	31394	40072	49164	81710	132240
西工区	5693	17685	19126	33588	46569	66388	111193	196760	327771
瀍河区	5366	9130	11462	19005	33106	47355	71027	118338	175689
涧西区	11788	29241	38474	45441	68365	93174	122178	244225	395984
吉利区	14195	17035	25738	34854	50537	64247	52548	70021	97519
洛龙区	69734	35040	44188	58638	140915	220980	264254	392524	580366
高新区					52354	73160	82037	106894	145410
孟津县	48180	52397	69274	78424	129503	190808	264117	494504	677961
新安县	85167	97276	135260	170872	340848	485838	562330	752648	966187
栾川县	32456	32767	39956	51353	70135	123626	151193	337778	481356
嵩　县	36348	41419	56502	67799	92512	196147	280267	489727	909379
汝阳县	31175	36566	43004	59176	91130	183593	213280	509739	925571
宜阳县	44967	48386	52774	79909	156644	218440	251725	596451	869014
洛宁县	24180	27897	38217	41348	69518	178662	253704	459616	678773
伊川县	81145	102031	237540	98222	431187	430111	387418	811026	1084589
偃师市	135881	151287	168315	213377	403923	531550	534971	715324	1045334

5－4　分县(市)区城镇固定资产投资

单位:万元

县　　区	2000年	2001年	2002年	2003年	2004年	2005年	2006年	2007年	2008年
洛阳市	**833971**	**816224**	**993351**	**1339334**	**2702171**	**4009156**	**5509586**	**7473136**	**9792310**
老城区	7003	7746	13888	17585	22019	30286	43093	77237	127405
西工区	5693	8366	12556	20332	36511	62128	106586	191832	318756
瀍河区	5366	5810	8040	14349	27071	39257	57085	113645	161955
涧西区	11788	16155	28486	33790	45608	80381	110949	234973	383519
吉利区	9701	12081	20756	30048	46704	60051	46662	64103	92277
洛龙区	6078	8146	6723	8189	82764	173041	234717	364731	553821
高新区					33338	49893	63842	97011	141589
孟津县	20981	23514	34697	30259	87433	148281	232283	456349	632091
新安县	44662	52668	84825	97093	245846	360371	471669	653506	863026
栾川县	19343	13937	20063	27304	43757	91925	115976	271767	394193
嵩　县	15050	17769	24224	29555	49182	127883	186229	352261	642976
汝阳县	11718	15464	18594	26231	49006	103604	145243	395143	811537
宜阳县	17824	18492	20457	41883	109999	161386	179706	465904	684650
洛宁县	11555	13863	19441	20782	36516	109152	175290	361925	535802
伊川县	39610	60596	187586	36616	341470	355316	332431	749630	999951
偃师市	30793	40123	44896	55048	209840	381435	399483	570520	884772

5－5　分县（市）区城镇工业固定资产投资

单位：万元

县　　区	2000 年	2001 年	2002 年	2003 年	2004 年	2005 年	2006 年	2007 年	2008 年
洛阳市	**389128**	**325463**	**424489**	**509611**	**1400452**	**2092573**	**2981881**	**4572865**	**5913911**
老城区		40	600	1596	3686	4282	12843	30615	63445
西工区	1585	1406	1425	3809	6966	12244	32867	66978	103297
瀍河区	2010	190	625	1168	2016	694	2114	32908	43448
涧西区	1503	1633	2839	3788	5460	13584	31919	87719	163665
吉利区	2657	2690	13359	24235	45807	55728	34635	50931	60189
洛龙区	264	12	633	7516	28670	48021	49434	186613	272765
高新区					19497	34338	50100	73593	117006
孟津县	10675	8523	7953	19915	65005	109735	115186	295725	500631
新安县	24917	43798	69005	99964	225414	342047	437818	554817	728136
栾川县	11260	5842	5916	10095	20156	64941	69353	187664	271621
嵩　县	4451	8290	8708	9392	4100	34937	78807	147437	262391
汝阳县	2883	5838	4596	4818	21520	59044	59852	181427	456534
宜阳县	4102	4697	5588	35279	95067	84966	138810	270218	450011
洛宁县	2500	2940	4434	6561	13109	65394	102327	229135	312333
伊川县	33875	52557	132279	68590	321923	334529	294781	610184	740979
偃师市	6436	22501	8994	49315	160487	337430	366494	495157	786782

5－6 固定资产投资完成情况综合表

（2008 年）　　　　　　单位：万元

	总　计	地　方	城　镇	地　方	农　村	地　方
计划总投资	**18351302**	**16599527**	**17395418**	**15643643**	**955884**	**955884**
本年新开工项目计划总投资	8404705	7701359	7525480	6822134	879225	879225
自开始建设累计完成投资	14377400	13233513	13443466	12299579	933934	933934
本年完成投资	**10692966**	**9993269**	**9792310**	**9092613**	**900656**	**900656**
其中:本月完成投资	1109046	1000871	1002608	894433	106438	106438
其中:500 万元以下项目	330402	330002	155225	154825	175177	175177
其中:国有经济控股	3007529	2367110	2742737	2102318	264792	264792
住宅投资	1406649	1401095	1342527	1336973	64122	64122
内资	9845405	9204986	8952234	8311815	893171	893171
国有	2450012	1973272	2186120	1709380	263892	263892
集体	842496	842496	412773	412773	429723	429723
股份合作	66100	66100	66100	66100		
联营	159582	159582	153080	153080	6502	6502
国有联营						
集体联营	3602	3602	550	550	3052	3052
国有与集体联营	6400	6400	2950	2950	3450	3450
其他联营	149580	149580	149580	149580		
有限责任公司	2888100	2728347	2885900	2726147	2200	2200
国有独资公司	86839	61328	86839	61328		
其他有限责任公司	2801261	2667019	2799061	2664819	2200	2200
股份有限公司	58369	54443	58369	54443		
私　营	2987908	2987908	2825345	2825345	162563	162563
其他内资	392838	392838	364547	364547	28291	28291
港澳台投资	506361	506361	506361	506361		
港澳台合资经营	47834	47834	47834	47834		
港澳台合作经营	141890	141890	141890	141890		
港澳台独资	305187	305187	305187	305187		
港澳台股份有限	11450	11450	11450	11450		
外商投资	173772	165394	173772	165394		
外商合资经营	29069	20691	29069	20691		
外商合作经营	2750	2750	2750	2750		
外商独资	97570	97570	97570	97570		
外商股份有限	44383	44383	44383	44383		
个体经营	116528	116528	109043	109043	7485	7485
个体户	43294	43294	38059	38059	5235	5235
个人合伙	73234	73234	70984	70984	2250	2250
按建设性质分						
新建	7286408	7023369	6584852	6321813	701556	701556
扩建	1653444	1587970	1607696	1542222	45748	45748
改建和技术改造	1103309	887547	962227	746465	141082	141082

	总　计	地　方	城　镇	地　方	农　村	地　方
按构成分						
建筑工程	6824448	6433619	6080830	5690001	743618	743618
安装工程	519564	488333	501462	470231	18102	18102
设备工器具购置	2400190	2181157	2322500	2103467	77690	77690
其中:用于更新的设备	180110	170899	175943	166732	4167	4167
其他费用	948764	890160	887518	828914	61246	61246
本年新增固定资产	**7943474**	**7863943**	**7047394**	**6967863**	**896080**	**896080**
施工项目个数	**4906**	**4832**	**3562**	**3488**	**1344**	**1344**
其中:500 万元以下项目	1168	1167	484	483	684	684
其中:本年新开工	4462	4419	3176	3133	1286	1286
本年投产项目个数	**4412**	**4394**	**3112**	**3094**	**1300**	**1300**
本年施工房屋面积(平方米)	**28830777**	**13746137**	**27029552**	**11944912**	**1801225**	**1801225**
其中:住宅(平方米)	18296172	6027752	17387776	5119356	908396	908396
本年竣工房屋面积(平方米)	**12485031**	**8650846**	**11321473**	**7487288**	**1163558**	**1163558**
其中:住宅(平方米)	6591038	3700751	6024582	3134295	566456	566456
本年资金来源合计	**10779661**	**10101309**	**9879109**	**9200757**	**900552**	**900552**
上年末结余资金	195556	186623	195366	186433	190	190
本年资金来源小计	10584105	9914686	9683743	9014324	900362	900362
国家预算内资金	37761	21042	36011	19292	1750	1750
国内贷款	819125	615381	812533	608789	6592	6592
债券						
利用外资	26689	26689	26689	26689		
其中:外商直接投资	17910	17910	17910	17910		
自筹资金	8650895	8216901	7837876	7403882	813019	813019
企事业单位自有资金	3051545	2895399	2878171	2722025	173374	173374
其中:发行股票						
其他资金来源	1049635	1034673	970634	955672	79001	79001
本年各项应付款合计	**339264**	**329281**	**332082**	**322099**	**7182**	**7182**
其中:工程款	93529	91714	90437	88622	3092	3092
规划用地面积(平方米)	44921669	41842624	35161749	32082704	9759920	9759920
本年实际征用和购置土地面积(平方米)	9599076	6863391	9225396	6489711	373680	373680
本年实际征用和购置土地成交价款	118215	96699	110821	89305	7394	7394

5-7 按国民经济行业分的固定资产投资(一)

（2008 年）　　　　单位:万元

	投资总额		按登记注册类型分						
		住　宅	国有	国有独资公司	国有联营	集体	股份合作	集体联营	国有与集体联营
全省总计	**8690308**	**474322**	**84509**	**84509**		**2427400**	**364547**	**17310**	**141890**
农、林、牧、渔业	**359512**	**175**				**135985**	**22135**		
农业	54467	46				23152	5992		
谷物及其他作物的种植	20023					7460	100		
蔬菜、园艺作物的种植	16350	46				10800	100		
水果、坚果、饮料和香料作物的种植	15594					2392	5792		
林业	79907					1250	7900		
林木的培育和种植	79907					1250	7900		
畜牧业	166544	109				108873	8243		
渔业	2800								
内陆渔业	2800								
农、林、牧、渔服务业	55794	20				2710			
农业服务业	50954	20				2710			
采矿业	**1246455**	**948**				**549287**	**28665**		
煤炭开采和洗选业	378998					69839	4700		
黑色金属矿采选业	96425	25				47275	10150		
有色金属矿采选业	635732	878				334213	12195		
常用有色金属矿采选	173242	138				138102	500		
贵金属矿采选	205263					2980	8200		
稀有稀土金属矿采选	257227	740	46443			1500			
非金属矿采选业	135300	45				1750	4000		
土砂石开采	111975	45				1750	4000		
石棉及其他非金属矿采选	20825								
制造业	**4239127**	**1257**	**609071**	**25511**		**63235**	**32010**	**550**	
农副食品加工业	88108		790						
植物油加工	1900								
屠宰及肉类加工	47967								
其他农副食品加工	7958								
食品制造业	41926	30				400			
焙烤食品制造	13154								
方便食品制造	7300	30				400			
罐头制造	3130								
调味品、发酵制品制造	4330								
其他食品制造	13122								
饮料制造业	127729								
酒的制造	112047								
软饮料制造	11832								
烟草制品业	2600		1600			100			
纺织业	14195								
棉、化纤纺织及印染精加工	4995								
毛纺织和染整精加工	4200								
纺织制成品制造	4000								
纺织服装、鞋、帽制造业	29042	140				510			
皮革、毛皮、羽毛(绒)及其制品业	5830					100			
皮革制品制造	2830					100			
毛皮鞣制及制品加工	3000								
木材加工及木、竹、藤、棕、草制品业	44185								
锯材、木片加工	4260								
人造板制造	16790								

	投资总额	住　宅	国有	国有独资公司	国有联营	集体	股份合作	集体联营	国有与集体联营
木制品制造	22085								
家具制造业	122660					850			
造纸及纸制品业	16235								
造纸	5180								
纸制品制造	11055								
印刷业和记录媒介的复制	11290		370			430			
印刷	7590		370			430			
文教体育用品制造业	6189								
体育用品制造	2263								
石油加工、炼焦及核燃料加工业	157794		82321				10000		
精炼石油产品的制造	130094		82321						
化学原料及化学制品制造业	367100		59270			20114			
基础化学原料制造	64353					5260			
肥料制造	31260		6900			5000			
涂料、油墨、颜料及类似产品制造	21030								
合成材料制造	17240					9590			
专用化学产品制造	230087		52370			264			
日用化学产品制造	3130								
医药制造业	16443								
化学纤维制造业	4190								
纤维素纤维原料及纤维制造	500								
合成纤维制造	3690								
橡胶制品业	14605								
轮胎制造	1500								
塑料制品业	52704								
日用塑料制造	4500								
非金属矿物制品业	796240	506	27240			17008			
水泥、石灰和石膏的制造	26816		6000						
水泥及石膏制品制造	63934	50				2500			
砖瓦、石材及其他建筑材料制造	292528	210	2800			11528			
玻璃及玻璃制品制造	38504		4128			1430			
陶瓷制品制造	2340								
耐火材料制品制造	256971	246	14312			1550			
石墨及其他非金属矿物制品制造	115147								
黑色金属冶炼及压延加工业	58920					3300			
有色金属冶炼及压延加工业	833011	57	215513			3700	14010		
常用有色金属冶炼	192670		18720						
贵金属冶炼	26567		13487				8210		
稀有稀土金属冶炼	235623	57	100352			3700			
有色金属压延加工	363971		82954				5800		
金属制品业	128079	76	21280						
结构性金属制品制造	75410	26	5480						
金属工具制造	5450		3400						
集装箱及金属包装容器制造	12654								
建筑、安全用金属制品制造	10000		5700						
搪瓷制品制造	580								
不锈钢及类似日用金属制品制造	3030								
其他金属制品制造	14955	50	6700						

	投资总额	住　宅	按登记注册类型分						
			国有	国有独资公司	国有联营	集体	股份合作	集体联营	国有与集体联营
通用设备制造业	570763	410	85533	25511		12760	8000		
锅炉及原动机制造	36064		2693	25511					
金属加工机械制造	100916					448			
泵、阀门、压缩机及类似机械的制造	6105								
轴承、齿轮、传动和驱动部件的制造	128094	50	68212						
风机、衡器、包装设备等通用设备制造	31830		12755						
通用零部件制造及机械修理	135885		892			12312			
金属铸、锻加工	125338	360					8000		
专用设备制造业	291935	30	82727			3523		550	
矿山、冶金、建筑专用设备制造	181242	30	52958			3523			
化工、木材、非金属加工专用设备制造	28260							550	
食品、饮料、烟草及饲料生产专用设备制造	6000								
印刷、制药、日化生产专用设备制造	10190		6430						
纺织、服装和皮革工业专用设备制造	1942								
电子和电工机械专用设备制造	40751		23339						
农、林、牧、渔专用机械制造	21250								
环保、社会公共安全及其他专用设备制造	2300								
交通运输设备制造业	148503		10882						
铁路运输设备制造	14846		1300						
汽车制造	51336		521						
摩托车制造	74860		1600						
船舶及浮动装置制造	7461		7461						
电气机械及器材制造业	170776					440			
电机制造	2200								
输配电及控制设备制造	10330					440			
电线、电缆、光缆及电工器材制造	62975								
家用电力器具制造	950								
非电力家用器具制造	1699								
照明器具制造	2500								
通信设备、计算机及其他电子设备制造业	59831		630						
通信设备制造	54000								
广播电视设备制造	2420								
电子器件制造	561								
电子元件制造	2800		630						
仪器仪表及文化、办公用机械制造业	2900								
工艺品及其他制造业	36716		20915						
工艺美术品制造	15601								
废弃资源和废旧材料回收加工业	18628								
电力、燃气及水的生产和供应业	**428329**	**1117**	**114085**			**18630**			
其中:电力(月报)	361810	470	86945			3750			
电力、热力的生产和供应业	369210	470	91745			6350			
电力生产	275486		18021			800			
水的生产和供应业	43753		20240			12280			

	投资总额		按登记注册类型分						
		住　宅	国有	国有独资公司	国有联营	集体	股份合作	集体联营	国有与集体联营
建筑业	**93575**	**368**	**16991**						
房屋和土木工程建筑业	90121	368	16991						
土木工程建筑	40851		6280						
交通运输、仓储和邮政业	**345310**	**1200**	**208791**	**58998**	**21580**				
铁路运输业	88015		78000						
铁路运输辅助活动	87443		78000						
道路运输业	219101	1200	122573	58998	15250				
道路运输辅助活动	97944		27346	58998	6900				
城市公共交通业	1336		1336						
水上运输业	5100								
水上货物运输	3600								
水上运输辅助活动	1500								
装卸搬运和其他运输服务业	1800								
仓储业	28978		5902		6330				
邮政业	980		980						
信息传输、计算机服务和软件业	**12547**		**2000**		**800**				
电信和其他信息传输服务业	9767		1940						
电信	3312		680						
广播电视传输服务	6455		1260						
计算机服务业	2780		60		800				
批发和零售业	**164899**	**3265**	**25490**		**26010**				
批发业	30494		6722		9580				
农畜产品批发	600				600				
食品、饮料及烟草制品批发	14782		6602		8180				
矿产品、建材及化工产品批发	8722		120		800				
机械设备、五金交电及电子产品批发	1920								
其他批发	1870								
零售业	134405	3265	18768		16430				
综合零售	61135	285	10048		15550				
食品、饮料及烟草制品专门零售	4352								
纺织、服装及日用品专门零售	17588	2980	5230						
文化、体育用品及器材专门零售	9465								
医药及医疗器材专门零售	530								
汽车、摩托车、燃料及零配件专门零售	29002		3490		880				
家用电器及电子产品专门零售	2250								
五金、家具及室内装修材料专门零售	8103								
无店铺及其他零售	1980								
住宿和餐饮业	**139115**	**595**	**20642**		**4720**				
住宿业	93663	595	15162		4720				
餐饮业	45452		5480						
金融业	**4467**		**916**			**680**			
银行业	1291								
保险业	1540					680			
其他金融活动	1636		916						
房地产业	**765081**	**451487**	**287755**		**153953**				
房地产业	765081	451487	287755		153953				
租赁和商务服务业	**17599**		**4078**		**600**				
租赁业	1900								
机械设备租赁	1900								
商务服务业	15699		4078		600				
企业管理服务	3278		978						
咨询与调查	1261								
科学研究、技术服务和地质勘查业	**19357**		**5137**		**1500**				

	投资总额	住　宅	按登记注册类型分						
			国有	国有独资公司	国有联营	集体	股份合作	集体联营	国有与集体联营
研究与试验发展	2925		1490						
专业技术服务业	11860		2900						
工程技术与规划管理	7060		2900						
科技交流和推广服务业	3825					1500			
地质勘查业	747		747						
矿产地质勘查	350		350						
水利、环境和公共设施管理业	**400471**	**2610**	**208644**			**64474**	**3100**	**2950**	
水利管理业	41214		21704			11900			
水资源管理	14304		4454			5000			
环境管理业	41160		21510			11500	3100		
自然保护	2700								
环境治理	38460		21510			11500	3100		
公共设施管理业	267197	2610	165430			41074		2950	
游览景区管理	96412	10	36491			12140		2950	
居民服务和其他服务业	**24723**	**100**	**2043**			**2420**			
居民服务业	22544	100	2043			1620			
其他服务业	2179					800			
修理与维护	1379								
清洁服务	800					800			
教育	**135045**	**4030**	**95836**			**12789**			
教育	135045	4030	95836			12789			
中等教育	67272	3130	53502			3160			
高等教育	16576	900	16576						
其他教育	21119		9520			4709			
卫生、社会保障和社会福利业	**121094**	**2715**	**96324**			**5070**	**2950**		
卫生	112309		90514			4305	2950		
医院	91934		74984			260	2950		
社会福利业	8785	2715	5810			765			
提供住宿的社会福利	8785	2715	5810			765			
文化、体育和娱乐业	**88669**	**50**	**40625**			**3200**	**2660**		
广播、电视、电影和音像业	3358		3358						
文化艺术业	37489	50	27689			3200			
体育	2048		828						
娱乐业	45774		8750				2660		
公共管理和社会组织	**84933**	**4405**	**73358**			**4060**			
国家机构	73263	2445	69603			1330			
国家行政机构	64053	2445	60393			1330			
人民法院和人民检察院	9210		9210						
群众团体、社会团体和宗教组织	6940	160	75			1680			
群众团体	155	155							
基层群众自治组织	4730	1800	3680			1050			

	其他联营	有限责任公司	其他有限责任公司	股份有限公司	私营	其他内资	港澳台投资	外商投资	个体经营
全省总计	**149580**	**2314146**	**2229637**	**41021**	**2427400**	**364547**	460986	**120016**	**109043**
农、林、牧、渔业		53846	53846		135985	22135		2750	9241
农业		8260	8260		23152	5992			
谷物及其他作物的种植					7460	100			
蔬菜、园艺作物的种植		2550	2550		10800	100			
水果、坚果、饮料和香料作物的种植		5710	5710		2392	5792			
林业		976	976		1250	7900		2750	
林木的培育和种植		976	976		1250	7900		2750	
畜牧业		36460	36460		108873	8243			9241
渔业		2800	2800						
内陆渔业		2800	2800						
农、林、牧、渔服务业		5350	5350		2710				
农业服务业		5350	5350		2710				
采矿业		**334235**	**334235**	**22681**	**549287**	**28665**		**1750**	**32450**
煤炭开采和洗选业		134515	134515		69839	4700			
黑色金属矿采选业		27730	27730		47275	10150			11270
有色金属矿采选业		156020	156020	22681	334213	12195		1750	7180
常用有色金属矿采选		12570	12570		138102	500			
贵金属矿采选		41682	41682	8288	113563	5320		1750	2980
稀有稀土金属矿采选		101768	101768	14393	82548	6375			4200
非金属矿采选业		15970	15970		97960	1620			14000
土砂石开采		8200	8200		82790	1620			13615
石棉及其他非金属矿采选		5270	5270		15170				385
制造业	**149580**	**1511246**	**1485735**	**14668**	**1376900**	**122609**	**227255**	**109310**	**22693**
农副食品加工业		28088	28088		50925	4405	3900		
植物油加工		300	300		1600				
屠宰及肉类加工		26300	26300		21240	427			
其他农副食品加工		988	988		4790	2180			
食品制造业		9072	9072		30094	2360			
焙烤食品制造		960	960		12194				
方便食品制造					6900				
罐头制造					980	2150			
调味品、发酵制品制造					4330				
其他食品制造		8112	8112		4800	210			
饮料制造业		101887	101887		20522	3120		2200	
酒的制造		97127	97127		9600	3120		2200	
软饮料制造		2360	2360		9472				
烟草制品业					900				
纺织业		6900	6900		6295	1000			
棉、化纤纺织及印染精加工		2300	2300		2695				
毛纺织和染整精加工		3400	3400		800				
纺织制成品制造		1200	1200		2800				
纺织服装、鞋、帽制造业		2779	2779		20493	5260			
皮革、毛皮、羽毛(绒)及其制品业					5730				
皮革制品制造					2730				
毛皮鞣制及制品加工					3000				
木材加工及木、竹、藤、棕、草制品业		11965	11965		30820				1400
锯材、木片加工					4260				
人造板制造					16790				

	其他联营	有限责任公司	其他有限责任公司	股份有限公司	私营	其他内资	港澳台投资	外商投资	个体经营
木制品制造		11965	11965		8720				1400
家具制造业		6940	6940		108787				6083
造纸及纸制品业		1500	1500		14735				
造纸					5180				
纸制品制造		1500	1500		9555				
印刷业和记录媒介的复制		6310	6310		4180				
印刷		6310	6310		480				
文教体育用品制造业					2263		3926		
体育用品制造					2263				
石油加工、炼焦及核燃料加工业		38962	38962	1000	10011		15500		
精炼石油产品的制造		26262	26262	1000	5011		15500		
化学原料及化学制品制造业		77614	77614		110038		10500	86954	2610
基础化学原料制造		17633	17633		30960		10500		
肥料制造		16760	16760		2600				
涂料、油墨、颜料及类似产品制造		5900	5900		15130				
合成材料制造		5746	5746		920			984	
专用化学产品制造		30875	30875		59468			84500	2610
日用化学产品制造		700	700		960			1470	
医药制造业		15163	15163		1280				
化学纤维制造业		870	870		3320				
纤维素纤维原料及纤维制造					500				
合成纤维制造		870	870		2820				
橡胶制品业		7910	7910		6645	50			
轮胎制造					1500				
塑料制品业		9246	9246		43458				
日用塑料制造					4500				
非金属矿物制品业		272542	272542	2290	411648	40052	20650		4810
水泥、石灰和石膏的制造					15230	5586			
水泥及石膏制品制造		24714	24714		35840				880
砖瓦、石材及其他建筑材料制造		51134	51134	2290	198080	22766			3930
玻璃及玻璃制品制造		27081	27081		5865				
陶瓷制品制造					2340				
耐火材料制品制造		126991	126991		102418	11700			
石墨及其他非金属矿物制品制造		42622	42622		51875		20650		
黑色金属冶炼及压延加工业		20170	20170		14270	21180			
有色金属冶炼及压延加工业	149580	186590	186590		124658	18325	116660	1105	2870
常用有色金属冶炼	149580	6365	6365		13200	3700		1105	
贵金属冶炼					2000				2870
稀有稀土金属冶炼		50791	50791		72905	7875			
有色金属压延加工		124434	124434		27373	6750	116660		
金属制品业		42289	42289		62040	500			1970
结构性金属制品制造		21470	21470		46200	500			1760
金属工具制造		1500	1500		550				
集装箱及金属包装容器制造		8464	8464		4190				
建筑、安全用金属制品制造		900	900		3400				
搪瓷制品制造		580	580						
不锈钢及类似日用金属制品制造		430	430		2600				
其他金属制品制造		4585	4585		3670				

	其他联营	有限责任公司	其他有限责任公司	股份有限公司	私营	其他内资	港澳台投资	外商投资	个体经营
通用设备制造业		330930	305419	9878	106845	6800	2119	7898	
锅炉及原动机制造		32521	7010		850				
金属加工机械制造		75238	75238		15450	6800		2980	
泵、阀门、压缩机及类似机械的制造		1400	1400		4705				
轴承、齿轮、传动和驱动部件的制造		22675	22675	9878	20430		2119	4780	
风机、衡器、包装设备等通用设备制造		14410	14410		4665				
通用零部件制造及机械修理		91786	91786		30895				
金属铸、锻加工		89050	89050		28150			138	
专用设备制造业		152074	152074		50111				2950
矿山、冶金、建筑专用设备制造		96394	96394		28367				
化工、木材、非金属加工专用设备制造		19326	19326		8384				
食品、饮料、烟草及饲料生产专用设备制造					6000				
印刷、制药、日化生产专用设备制造		1900	1900		1860				
纺织、服装和皮革工业专用设备制造		1942	1942						
电子和电工机械专用设备制造		12962	12962		1500				2950
农、林、牧、渔专用机械制造		18750	18750		2500				
环保、社会公共安全及其他专用设备制造		800	800		1500				
交通运输设备制造业		79797	79797		47756			10068	
铁路运输设备制造		8550	8550		4996				
汽车制造		41535	41535		9280				
摩托车制造		29712	29712		33480			10068	
船舶及浮动装置制造									
电气机械及器材制造业		92377	92377	1500	63374	12000		1085	
电机制造		2200	2200						
输配电及控制设备制造		6340	6340		3550				
电线、电缆、光缆及电工器材制造		21400	21400		41575				
家用电力器具制造		950	950						
非电力家用器具制造		900	900		799				
照明器具制造		1000	1000	1500					
通信设备、计算机及其他电子设备制造业		320	320		4881		54000		
通信设备制造							54000		
广播电视设备制造					2420				
电子器件制造					561				
电子元件制造		270	270		1900				
仪器仪表及文化、办公用机械制造业					2900				
工艺品及其他制造业		2890	2890		12911				
工艺美术品制造		2690	2690		12911				
废弃资源和废旧材料回收加工业		6061	6061		5010	7557			
电力、燃气及水的生产和供应业		**31564**	**31564**		**37754**	**960**	**222780**	**756**	**1800**
其中：电力(月报)		23334	23334		22921	960	222100		1800
电力、热力的生产和供应业		23334	23334		22921	960	222100		1800
电力生产		23334	23334		8471	960	222100		1800
水的生产和供应业		4570	4570		6663				

5－7 续表 8　　　　（2008 年）

	其他联营	有限责任公司	其他有限责任公司	股份有限公司	私营	其他内资	港澳台投资	外商投资	个体经营
建筑业		**73130**	**73130**		**3454**				
房屋和土木工程建筑业		73130	73130						
土木工程建筑		34571	34571						
交通运输、仓储和邮政业		**84154**	**25156**		**21285**	**8000**	**1500**		
铁路运输业		10015	10015						
铁路运输辅助活动		9443	9443						
道路运输业		67313	8315		9705	4260			
道路运输辅助活动		60558	1560		1500	1640			
城市公共交通业									
水上运输业						3600	1500		
水上货物运输						3600			
水上运输辅助活动							1500		
装卸搬运和其他运输服务业					1800				
仓储业		6826	6826		9780	140			
邮政业									
信息传输、计算机服务和软件业		**5195**	**5195**	**732**	**898**	**500**		**980**	**1442**
电信和其他信息传输服务业		5195	5195	732	420	500		980	
电信				732	420	500		980	
广播电视传输服务		5195	5195						
计算机服务业					478				1442
批发和零售业		**53384**	**53384**	**1149**	**39146**	**9930**	**5400**	**2370**	**2020**
批发业		3392	3392		9870	930			
农畜产品批发									
食品、饮料及烟草制品批发									
矿产品、建材及化工产品批发		3392	3392		4050	360			
机械设备、五金交电及电子产品批发					1650	270			
其他批发					1570	300			
零售业		49992	49992	1149	29276	9000	5400	2370	2020
综合零售		14727	14727		9455	2400	5400	2370	1185
食品、饮料及烟草制品专门零售		2592	2592		1500				260
纺织、服装及日用品专门零售		10430	10430		1353				575
文化、体育用品及器材专门零售		7010	7010		2455				
医药及医疗器材专门零售		530	530						
汽车、摩托车、燃料及零配件专门零售		9053	9053	1149	7830	6600			
家用电器及电子产品专门零售		1970	1970		280				
五金、家具及室内装修材料专门零售		2800	2800		5303				
无店铺及其他零售		880	880		1100				
住宿和餐饮业		**53930**	**53930**		**39085**	**5260**	**3181**	**2100**	**10197**
住宿业		36420	36420		26810	3330	3181	2100	1940
餐饮业		17510	17510		12275	1930			8257
金融业		**1270**	**1270**	**1291**	**310**				
银行业				1291					
保险业		860	860						
其他金融活动		410	410		310				
房地产业		**50573**	**50573**	**500**	**111164**	**141775**			**19361**
房地产业		50573	50573	500	111164	141775			19361
租赁和商务服务业		**5080**	**5080**		**7641**				**200**
租赁业		1900	1900						
机械设备租赁		1900	1900						
商务服务业		3180	3180		7641				200
企业管理服务					2300				
咨询与调查					1261				
科学研究、技术服务和地质勘查业		**4295**	**4295**		**6100**	**2325**			

	其他联营	有限责任公司	其他有限责任公司	股份有限公司	私营	其他内资	港澳台投资	外商投资	个体经营
研究与试验发展		1435	1435						
专业技术服务业		2860	2860		6100				
工程技术与规划管理		2860	2860		1300				
科技交流和推广服务业						2325			
地质勘查业									
矿产地质勘查									
水利、环境和公共设施管理业		**8520**	**8520**		**39010**	**19003**			**3870**
水利管理业					5310	2300			
水资源管理					4850				
环境管理业		4220	4220		830				
自然保护		2700	2700						
环境治理		1520	1520		830				
公共设施管理业		4300	4300		32870	16703			3870
游览景区管理		2800	2800		25010	13151			3870
居民服务和其他服务业		**4540**	**4540**		**10306**		**870**		**4544**
居民服务业		4540	4540		10306		870		3165
其他服务业									1379
修理与维护									1379
清洁服务									
教育		**2600**	**2600**		**22020**	**1350**			**450**
教育		2600	2600		22020	1350			450
中等教育					10160				450
高等教育									
其他教育		2600	2600		4290				
卫生、社会保障和社会福利业		**7400**	**7400**		**7490**	**1400**			**460**
卫生		7400	7400		5390	1400			350
医院		7400	7400		5390	950			
社会福利业					2100				110
提供住宿的社会福利					2100				110
文化、体育和娱乐业		**29184**	**29184**		**12685**				**315**
广播、电视、电影和音像业									
文化艺术业					6600				
体育					1220				
娱乐业		29184	29184		4865				315
公共管理和社会组织					**6880**	**635**			
国家机构					1850	480			
国家行政机构					1850	480			
人民法院和人民检察院									
群众团体、社会团体和宗教组织					5030	155			
群众团体						155			
基层群众自治组织									

5-8 按国民经济行业分的固定资产投资(二)

(2008年)　　　　单位:万元

	投资总额		按构成分			
		住　宅	建筑工程	安装工程	设备购置	其他费用
总计	**8690308**	**474322**	**5185361**	**500509**	**2320125**	**633413**
农、林、牧、渔业	**359512**	**175**	**271129**	**5723**	**27782**	**54878**
农业	54467	46	42660	470	4767	6570
谷物及其他作物的种植	20023		17880	280	1543	320
蔬菜、园艺作物的种植	16350	46	10190	190	1440	4530
水果、坚果、饮料和香料作物的种植	15594		12090		1784	1720
林业	79907		50169	100	2980	26658
林木的培育和种植	79907		50169	100	2980	26658
畜牧业	166544	109	125450	4768	17078	19248
渔业	2800		2200	50	200	350
内陆渔业	2800		2200	50	200	350
农、林、牧、渔服务业	55794	20	50650	335	2757	2052
农业服务业	50954	20	45810	335	2757	2052
采矿业	**1246455**	**948**	**694969**	**89999**	**338315**	**123172**
煤炭开采和洗选业	378998		219813	44366	95186	19633
黑色金属矿采选业	96425	25	60410	9990	19130	6895
有色金属矿采选业	635732	878	337013	23791	184469	90459
常用有色金属矿采选	173242	138	72979	5502	62525	32236
贵金属矿采选	205263		155314	4235	27090	18624
稀有稀土金属矿采选	257227	740	108720	14054	94854	39599
非金属矿采选业	135300	45	77733	11852	39530	6185
土砂石开采	111975	45	61283	10252	35355	5085
石棉及其他非金属矿采选	20825		14150	1600	3975	1100
制造业	**4239127**	**1257**	**2134640**	**342873**	**1516791**	**244823**
农副食品加工业	88108		47853	6674	25761	7820
植物油加工	1900		640	10	1190	60
屠宰及肉类加工	47967		24965	4980	14207	3815
其他农副食品加工	7958		5168	297	1878	615
食品制造业	41926	30	26897	2220	12155	654
焙烤食品制造	13154		9346	325	3069	414
方便食品制造	7300	30	3710	685	2805	100
罐头制造	3130		2600	150	300	80
调味品、发酵制品制造	4330		2530	380	1400	20
其他食品制造	13122		7821	680	4581	40
饮料制造业	127729		18056	1317	105187	3169
酒的制造	112047		12002	557	98028	1460
软饮料制造	11832		4754	250	5279	1549
烟草制品业	2600		1400	270	810	120
纺织业	14195		10190	258	3482	265
棉、化纤纺织及印染精加工	4995		4250		745	
毛纺织和染整精加工	4200		2140	255	1540	265
纺织制成品制造	4000		2800	3	1197	
纺织服装、鞋、帽制造业	29042	140	13634	1925	11913	1570
皮革、毛皮、羽毛(绒)及其制品业	5830		3480	250	1780	320
皮革制品制造	2830		1430	50	1030	320
毛皮鞣制及制品加工	3000		2050	200	750	
木材加工及木、竹、藤、棕、草制品业	44185		32178	1088	8639	2280
锯材、木片加工	4260		3780	30	450	
人造板制造	16790		12468	793	2647	882

	投资总额	住　宅	按构成分			
			建筑工程	安装工程	设备购置	其他费用
木制品制造	22085		14880	265	5542	1398
家具制造业	122660		81149	5128	35966	417
造纸及纸制品业	16235		9798	830	4667	940
造纸	5180		2330	80	1950	820
纸制品制造	11055		7468	750	2717	120
印刷业和记录媒介的复制	11290		6170	400	4130	590
印刷	7590		5190	300	1650	450
文教体育用品制造业	6189		5389		450	350
体育用品制造	2263		2263			
石油加工、炼焦及核燃料加工业	157794		95072	21376	34312	7034
精炼石油产品的制造	130094		76822	20176	26762	6334
化学原料及化学制品制造业	367100		147178	41148	146803	31971
基础化学原料制造	64353		27059	4365	24490	8439
肥料制造	31260		5710	2558	17780	5212
涂料、油墨、颜料及类似产品制造	21030		13662	1113	4935	1320
合成材料制造	17240		8604	892	6992	752
专用化学产品制造	230087		91663	32210	91476	14738
日用化学产品制造	3130		480	10	1130	1510
医药制造业	16443		6252	1888	7196	1107
化学纤维制造业	4190		1430	300	1910	550
纤维素纤维原料及纤维制造	500		200	20	280	
合成纤维制造	3690		1230	280	1630	550
橡胶制品业	14605		9676	580	4040	309
轮胎制造	1500		330	130	1000	40
塑料制品业	52704		33701	2670	15253	1080
日用塑料制造	4500		3550	170	720	60
非金属矿物制品业	796240	506	432306	69261	264270	30403
水泥、石灰和石膏的制造	26816		14390	2237	9322	867
水泥及石膏制品制造	63934	50	39075	2858	20443	1558
砖瓦、石材及其他建筑材料制造	292528	210	182902	19583	79086	10957
玻璃及玻璃制品制造	38504		19446	1560	15763	1735
陶瓷制品制造	2340		1340		500	500
耐火材料制品制造	256971	246	120045	28103	97754	11069
石墨及其他非金属矿物制品制造	115147		55108	14920	41402	3717
黑色金属冶炼及压延加工业	58920		22860	7210	23970	4880
有色金属冶炼及压延加工业	833011	57	365061	97566	310115	60269
常用有色金属冶炼	192670		83736	42394	63586	2954
贵金属冶炼	26567		22051	650	3402	464
稀有稀土金属冶炼	235623	57	92541	19794	100066	23222
有色金属压延加工	363971		160373	33673	137532	32393
金属制品业	128079	76	71471	7368	41958	7282
结构性金属制品制造	75410	26	42273	4289	25076	3772
金属工具制造	5450		4370	20	985	75
集装箱及金属包装容器制造	12654		5692	509	5249	1204
建筑、安全用金属制品制造	10000		3720	1220	4960	100
搪瓷制品制造	580		580			
不锈钢及类似日用金属制品制造	3030		2230	30	770	
其他金属制品制造	14955	50	9857	960	2020	2118

5－8 续表2 (2008年) 单位:万元

	投资总额		按构成分			
		住　宅	建筑工程	安装工程	设备购置	其他费用
通用设备制造业	570763	410	296593	30725	211159	32286
锅炉及原动机制造	36064		27362	1095	6277	1330
金属加工机械制造	100916		59087	2452	34067	5310
泵、阀门、压缩机及类似机械的制造	6105		1555	565	3890	95
轴承、齿轮、传动和驱动部件的制造	128094	50	67360	4022	50606	6106
风机、衡器、包装设备等通用设备制造	31830		12274	773	11363	7420
通用零部件制造及机械修理	135885		84449	6037	38761	6638
金属铸、锻加工	125338	360	38956	15781	65214	5387
专用设备制造业	291935	30	156233	13417	98543	23742
矿山、冶金、建筑专用设备制造	181242	30	96321	11209	67832	5880
化工、木材、非金属加工专用设备制造	28260		22657	640	3570	1393
食品、饮料、烟草及饲料生产专用设备制造	6000		1670	180	3350	800
印刷、制药、日化生产专用设备制造	10190		4590	910	3920	770
纺织、服装和皮革工业专用设备制造	1942		1147	108	417	270
电子和电工机械专用设备制造	40751		14648		12274	13829
农、林、牧、渔专用机械制造	21250		13400	350	6700	800
环保、社会公共安全及其他专用设备制造	2300		1800	20	480	
交通运输设备制造业	148503		83972	5871	54564	4096
铁路运输设备制造	14846		3788	1475	8923	660
汽车制造	51336		25107	2390	22116	1723
摩托车制造	74860		48292	2006	23225	1337
船舶及浮动装置制造	7461		6785		300	376
电气机械及器材制造业	170776		69660	19625	62389	19102
电机制造	2200		1700		500	
输配电及控制设备制造	10330		5862	320	2700	1448
电线、电缆、光缆及电工器材制造	62975		21025	7960	28860	5130
家用电力器具制造	950		950			
非电力家用器具制造	1699		1089	170	390	50
照明器具制造	2500		820	190	509	981
通信设备、计算机及其他电子设备制造业	59831		41640	1000	15961	1230
通信设备制造	54000		38000	1000	14000	1000
广播电视设备制造	2420		1970		220	230
电子器件制造	561				561	
电子元件制造	2800		1670		1130	
仪器仪表及文化、办公用机械制造业	2900		1830	100	940	30
工艺品及其他制造业	36716		29691	1364	4991	670
工艺美术品制造	15601		8576	1364	4991	670
废弃资源和废旧材料回收加工业	18628		13820	1044	3477	287
电力、燃气及水的生产和供应业	**428329**	**1117**	**243817**	**26503**	**144272**	**13737**
其中:电力(月报)	361810	470	203972	22873	126220	8745
电力、热力的生产和供应业	369210	470	206985	23413	129874	8938
电力生产	275486		137939	18338	116099	3110
水的生产和供应业	43753		27126	2320	10258	4049

5－8 续表 3　　　　　　　　　　　　（2008 年）　　　　　　　　　　　　单位：万元

	投资总额		按构成分			
		住　宅	建筑工程	安装工程	设备购置	其他费用
建筑业	**93575**	**368**	**3354**		**90221**	
房屋和土木工程建筑业	90121	368	500		89621	
土木工程建筑	40851				40851	
交通运输、仓储和邮政业	**345310**	**1200**	**233199**	**9280**	**48661**	**54170**
铁路运输业	88015		14515	8500	26000	39000
铁路运输辅助活动	87443		13943	8500	26000	39000
道路运输业	219101	1200	188526	430	16315	13830
道路运输辅助活动	97944		86484	180	605	10675
城市公共交通业	1336				1336	
水上运输业	5100		3900	100	500	600
水上货物运输	3600		2500	100	500	500
水上运输辅助活动	1500		1400			100
装卸搬运和其他运输服务业	1800		1800			
仓储业	28978		23478	250	4510	740
邮政业	980		980			
信息传输、计算机服务和软件业	**12547**		**7067**	**2980**	**2216**	**284**
电信和其他信息传输服务业	9767		6343	2939	235	250
电信	3312		2822	5	235	250
广播电视传输服务	6455		3521	2934		
计算机服务业	2780		724	41	1981	34
批发和零售业	**164899**	**3265**	**141629**	**1842**	**14874**	**6554**
批发业	30494		26986	163	1945	1400
农畜产品批发	600		510			90
食品、饮料及烟草制品批发	14782		14782			
矿产品、建材及化工产品批发	8722		5604	163	1675	1280
机械设备、五金交电及电子产品批发	1920		1650		270	
其他批发	1870		1840			30
零售业	134405	3265	114643	1679	12929	5154
综合零售	61135	285	50039	395	7471	3230
食品、饮料及烟草制品专门零售	4352		4292		60	
纺织、服装及日用品专门零售	17588	2980	17256	42	290	
文化、体育用品及器材专门零售	9465		9145		320	
医药及医疗器材专门零售	530		502		28	
汽车、摩托车、燃料及零配件专门零售	29002		23986	702	2560	1754
家用电器及电子产品专门零售	2250		2210		40	
五金、家具及室内装修材料专门零售	8103		6543	240	1320	
无店铺及其他零售	1980		670	300	840	170
住宿和餐饮业	**139115**	**595**	**123270**	**1080**	**10945**	**3820**
住宿业	93663	595	83068	593	6282	3720
餐饮业	45452		40202	487	4663	100
金融业	**4467**		**3978**	**289**	**200**	
银行业	1291		1291			
保险业	1540		1540			
其他金融活动	1636		1147	289	200	
房地产业	**765081**	**451487**	**678037**	**5885**	**19580**	**61579**
房地产业	765081	451487	678037	5885	19580	61579
租赁和商务服务业	**17599**		**15169**		**1900**	**530**
租赁业	1900				1900	
机械设备租赁	1900				1900	
商务服务业	15699		15169			530
企业管理服务	3278		2968			310
咨询与调查	1261		1261			

5－8 续表 4　　(2008 年)　　单位:万元

	投资总额	住　宅	按构成分			
			建筑工程	安装工程	设备购置	其他费用
科学研究、技术服务和地质勘查业	**19357**		**12798**	**150**	**5792**	**617**
研究与试验发展	2925		1490		1435	
专业技术服务业	11860		8133	50	3060	617
工程技术与规划管理	7060		3583		2860	617
科技交流和推广服务业	3825		2825	100	900	
地质勘查业	747		350		397	
矿产地质勘查	350		350			
水利、环境和公共设施管理业	**400471**	**2610**	**281275**	**7116**	**14252**	**46928**
水利管理业	41214		37101	645	1775	1693
水资源管理	14304		11141	515	1325	1323
环境管理业	41160		35615	1290	1565	2690
自然保护	2700		2700			
环境治理	38460		32915	1290	1565	2690
公共设施管理业	267197	2610	208559	5181	10912	42545
游览景区管理	96412	10	76011	3870	5450	11081
居民服务和其他服务业	**24723**	**100**	**21033**	**177**	**3143**	**370**
居民服务业	22544	100	19476	157	2791	120
其他服务业	2179		1557	20	352	250
修理与维护	1379		1007	20	352	
清洁服务	800		550			250
教育	**135045**	**4030**	**118292**	**490**	**9734**	**6529**
教育	135045	4030	118292	490	9734	6529
中等教育	67272	3130	59559	205	4109	3399
高等教育	16576	900	13851		2725	
其他教育	21119		18599	200	1710	610
卫生、社会保障和社会福利业	**121094**	**2715**	**68124**	**2450**	**47127**	**3393**
卫生	112309		60969	2450	46187	2703
医院	91934		45273	2100	42051	2510
社会福利业	8785	2715	7155		940	690
提供住宿的社会福利	8785	2715	7155		940	690
文化、体育和娱乐业	**88669**	**50**	**68707**	**2200**	**10038**	**7724**
广播、电视、电影和音像业	3358		3348			10
文化艺术业	37489	50	32251	610	860	3768
体育	2048		1758		220	70
娱乐业	45774		31350	1590	8958	3876
公共管理和社会组织	**84933**	**4405**	**64874**	**1472**	**14282**	**4305**
国家机构	73263	2445	56424	587	11947	4305
国家行政机构	64053	2445	47214	587	11947	4305
人民法院和人民检察院	9210		9210			
群众团体、社会团体和宗教组织	6940	160	3740	885	2315	
群众团体	155	155	155			
基层群众自治组织	4730	1800	4710		20	

5-9 按国民经济行业分的项目个数与新增固定资产

（2008年）

	施工项目（个）	新开工	全部投产项目（个）	项目建成投产率（%）	本年完成投资（万元）	本年新增固定资产（万元）	固定资产交付使用率（%）
总计	**3562**	**3176**	**3112**	**87.4**	**8690308**	**6474617**	**74.9**
农、林、牧、渔业	**246**	**237**	**232**	**94.3**	**359512**	**310865**	**86.5**
农业	34	33	33	97.1	54467	48524	89.1
谷物及其他作物的种植	12	12	11	91.7	20023	18650	93.1
蔬菜、园艺作物的种植	12	11	12	100.0	16350	11780	72.0
水果、坚果、饮料和香料作物的种植	9	9	9	100.0	15594	15594	100.0
林业	44	42	42	95.5	79907	75694	94.7
林木的培育和种植	44	42	42	95.5	79907	75694	94.7
畜牧业	128	126	120	93.8	166544	130659	78.5
渔业	1	1	1	100.0	2800	2800	100.0
内陆渔业	1	1	1	100.0	2800	2800	100.0
农、林、牧、渔服务业	39	35	36	92.3	55794	53188	95.3
农业服务业	37	33	34	91.9	50954	48348	94.9
采矿业	**348**	**309**	**318**	**91.4**	**1246455**	**933227**	**74.9**
煤炭开采和洗选业	59	44	45	76.3	378998	242979	64.1
黑色金属矿采选业	43	39	43	100.0	96425	93330	96.8
有色金属矿采选业	173	153	159	91.9	635732	485408	76.4
常用有色金属矿采选	64	63	64	100.0	173242	173577	100.2
贵金属矿采选	65	62	63	96.9	205263	188121	91.6
稀有稀土金属矿采选	44	28	32	72.7	257227	123710	48.1
非金属矿采选业	73	73	71	97.3	135300	111510	82.4
土砂石开采	66	66	65	98.5	111975	101005	90.2
石棉及其他非金属矿采选	6	6	5	83.3	20825	8005	38.4
制造业	**1637**	**1462**	**1451**	**88.6**	**4239127**	**3245436**	**76.6**
农副食品加工业	47	45	43	91.5	88108	75369	85.5
植物油加工	1	1	1	100.0	1900	1900	100.0
屠宰及肉类加工	15	14	13	86.7	47967	41997	87.6
其他农副食品加工	10	10	10	100.0	7958	7936	99.7
食品制造业	29	25	27	93.1	41926	38110	90.9
焙烤食品制造	10	10	8	80.0	13154	10075	76.6
方便食品制造	3	3	3	100.0	7300	6515	89.2
罐头制造	2	2	2	100.0	3130	2900	92.7
调味品、发酵制品制造	3	3	3	100.0	4330	4330	100.0
其他食品制造	10	6	10	100.0	13122	13400	102.1
饮料制造业	20	17	16	80.0	127729	26847	21.0
酒的制造	8	6	7	87.5	112047	12830	11.5
软饮料制造	9	9	6	66.7	11832	8017	67.8
烟草制品业	3	3	1	33.3	2600	900	34.6
纺织业	8	8	7	87.5	14195	11732	82.6
棉、化纤纺织及印染精加工	2	2	1	50.0	4995	2695	54.0
毛纺织和染整精加工	3	3	3	100.0	4200	4040	96.2
纺织制成品制造	2	2	2	100.0	4000	3997	99.9
纺织服装、鞋、帽制造业	30	28	29	96.7	29042	28295	97.4
皮革、毛皮、羽毛(绒)及其制品业	4	3	4	100.0	5830	5830	100.0
皮革制品制造	3	3	3	100.0	2830	2830	100.0
毛皮鞣制及制品加工	1		1	100.0	3000	3000	100.0
木材加工及木、竹、藤、棕、草制品业	30	29	30	100.0	44185	48360	109.4
锯材、木片加工	4	4	4	100.0	4260	4260	100.0
人造板制造	10	9	10	100.0	16790	21010	125.1

	施工项目（个）	新开工	全部投产项目（个）	项目建成投产率（%）	本年完成投资（万元）	本年新增固定资产（万元）	固定资产交付使用率（%）
木制品制造	15	15	15	100.0	22085	22040	99.8
家具制造业	109	109	106	97.2	122660	117292	95.6
造纸及纸制品业	12	12	11	91.7	16235	11075	68.2
造纸	2	2	1	50.0	5180	580	11.2
纸制品制造	10	10	10	100.0	11055	10495	94.9
印刷业和记录媒介的复制	6	6	4	66.7	11290	8220	72.8
印刷	5	5	3	60.0	7590	4520	59.6
文教体育用品制造业	3	2	1	33.3	6189	1980	32.0
体育用品制造	2	2	1	50.0	2263	1980	87.5
石油加工、炼焦及核燃料加工业	20	15	15	75.0	157794	106001	67.2
精炼石油产品的制造	15	12	11	73.3	130094	30101	23.1
化学原料及化学制品制造业	115	102	105	91.3	367100	377485	102.8
基础化学原料制造	32	29	30	93.8	64353	47578	73.9
肥料制造	10	8	9	90.0	31260	29430	94.1
涂料、油墨、颜料及类似产品制造	17	17	17	100.0	21030	20887	99.3
合成材料制造	8	5	7	87.5	17240	23545	136.6
专用化学产品制造	45	41	40	88.9	230087	253115	110.0
日用化学产品制造	3	2	2	66.7	3130	2930	93.6
医药制造业	9	5	7	77.8	16443	11745	71.4
化学纤维制造业	3	3	3	100.0	4190	4170	99.5
纤维素纤维原料及纤维制造	1	1	1	100.0	500	480	96.0
合成纤维制造	2	2	2	100.0	3690	3690	100.0
橡胶制品业	10	9	10	100.0	14605	14690	100.6
轮胎制造	2	2	2	100.0	1500	1500	100.0
塑料制品业	40	39	40	100.0	52704	51389	97.5
日用塑料制造	3	3	3	100.0	4500	4500	100.0
非金属矿物制品业	461	435	426	92.4	796240	735185	92.3
水泥、石灰和石膏的制造	12	10	12	100.0	26816	64959	242.2
水泥及石膏制品制造	40	38	36	90.0	63934	46462	72.7
砖瓦、石材及其他建筑材料制造	214	210	207	96.7	292528	303856	103.9
玻璃及玻璃制品制造	19	15	15	78.9	38504	25987	67.5
陶瓷制品制造	2	1	2	100.0	2340	8000	341.9
耐火材料制品制造	121	111	103	85.1	256971	155693	60.6
石墨及其他非金属矿物制品制造	53	50	51	96.2	115147	130228	113.1
黑色金属冶炼及压延加工业	20	16	16	80.0	58920	43387	73.6
有色金属冶炼及压延加工业	82	56	60	73.2	833011	483895	58.1
常用有色金属冶炼	16	8	12	75.0	192670	306037	158.8
贵金属冶炼	4	2	3	75.0	26567	18357	69.1
稀有稀土金属冶炼	18	12	12	66.7	235623	44881	19.0
有色金属压延加工	35	25	25	71.4	363971	102670	28.2
金属制品业	72	64	67	93.1	128079	122187	95.4
结构性金属制品制造	42	38	40	95.2	75410	73407	97.3
金属工具制造	3	2	3	100.0	5450	10050	184.4
集装箱及金属包装容器制造	5	4	3	60.0	12654	7226	57.1
建筑、安全用金属制品制造	6	5	6	100.0	10000	10430	104.3
搪瓷制品制造	1		1	100.0	580	1000	172.4
不锈钢及类似日用金属制品制造	2	2	2	100.0	3030	3000	99.0
其他金属制品制造	7	7	6	85.7	14955	11424	76.4

5-9续表2　　　　　　　　　　(2008年)

	施工项目（个）	新开工	全部投产项目（个）	项目建成投产率（%）	本年完成投资（万元）	本年新增固定资产（万元）	固定资产交付使用率（%）
通用设备制造业	265	234	219	82.6	570763	401281	70.3
锅炉及原动机制造	12	7	5	41.7	36064	10075	27.9
金属加工机械制造	54	50	47	87.0	100916	81604	80.9
泵、阀门、压缩机及类似机械的制造	5	4	5	100.0	6105	8455	138.5
轴承、齿轮、传动和驱动部件的制造	35	27	28	80.0	128094	68208	53.2
风机、衡器、包装设备等通用设备制造	10	8	8	80.0	31830	21697	68.2
通用零部件制造及机械修理	97	90	79	81.4	135885	99161	73.0
金属铸、锻加工	50	46	47	94.0	125338	112081	89.4
专用设备制造业	90	70	71	78.9	291935	171788	58.8
矿山、冶金、建筑专用设备制造	56	44	43	76.8	181242	105722	58.3
化工、木材、非金属加工专用设备制造	14	11	14	100.0	28260	30416	107.6
食品、饮料、烟草及饲料生产专用设备制造	1	1	1	100.0	6000	5200	86.7
印刷、制药、日化生产专用设备制造	4	1	3	75.0	10190	2750	27.0
纺织、服装和皮革工业专用设备制造	1	0	0	0.0	1942	0	0.0
电子和电工机械专用设备制造	6	6	2	33.3	40751	4450	10.9
农、林、牧、渔专用机械制造	6	5	6	100.0	21250	20950	98.6
环保、社会公共安全及其他专用设备制造	2	2	2	100.0	2300	2300	100.0
交通运输设备制造业	59	47	55	93.2	148503	149158	100.4
铁路运输设备制造	8	6	8	100.0	14846	12481	84.1
汽车制造	14	9	14	100.0	51336	67477	131.4
摩托车制造	34	31	31	91.2	74860	61876	82.7
船舶及浮动装置制造	3	1	2	66.7	7461	7324	98.2
电气机械及器材制造业	54	49	47	87.0	170776	100410	58.8
电机制造	2	2	2	100.0	2200	2200	100.0
输配电及控制设备制造	7	7	7	100.0	10330	8832	85.5
电线、电缆、光缆及电工器材制造	31	31	29	93.5	62975	36395	57.8
家用电力器具制造	1	1	1	100.0	950	950	100.0
非电力家用器具制造	2	1	1	50.0	1699	670	39.4
照明器具制造	2	2	1	50.0	2500	1000	40.0
通信设备、计算机及其他电子设备制造业	7	5	5	71.4	59831	56511	94.5
通信设备制造	3	3	2	66.7	54000	50000	92.6
广播电视设备制造	1	1	1	100.0	2420	2420	100.0
电子器件制造	0	0	0		561	561	100.0
电子元件制造	2	1	2	100.0	2800	3530	126.1
仪器仪表及文化、办公用机械制造业	1	1	1	100.0	2900	2870	99.0
工艺品及其他制造业	16	14	13	81.3	36716	21206	57.8
工艺美术品制造	13	12	11	84.6	15601	12006	77.0
废弃资源和废旧材料回收加工业	12	11	12	100.0	18628	18068	97.0
电力、燃气及水的生产和供应业	**95**	**68**	**54**	**56.8**	**428329**	**143300**	**33.5**
其中：电力（月报）	54	35	24	44.4	361810	94671	26.2
电力、热力的生产和供应业	57	38	26	45.6	369210	99311	26.9
电力生产	17	11	11	64.7	275486	62406	22.7
水的生产和供应业	29	24	22	75.9	43753	33489	76.5

	施工项目（个）	新开工	全部投产项目（个）	项目建成投产率（%）	本年完成投资（万元）	本年新增固定资产（万元）	固定资产交付使用率（%）
建筑业	**4**	**4**	**2**	**50.0**	**93575**	**12345**	**13.2**
房屋和土木工程建筑业	1	1			90121	9680	10.7
土木工程建筑					40851	6280	15.4
交通运输、仓储和邮政业	**66**	**58**	**53**	**80.3**	**345310**	**221342**	**64.1**
铁路运输业	3	3	2	66.7	88015	31072	35.3
铁路运输辅助活动	2	2	1	50.0	87443	30500	34.9
道路运输业	43	36	34	79.1	219101	156992	71.7
道路运输辅助活动	21	17	15	71.4	97944	32100	32.8
城市公共交通业	0	0	0		1336	0	0.0
水上运输业	3	3	3	100.0	5100	4400	86.3
水上货物运输	2	2	2	100.0	3600	3000	83.3
水上运输辅助活动	1	1	1	100.0	1500	1400	93.3
装卸搬运和其他运输服务业	1	1	1	100.0	1800	1800	100.0
仓储业	15	14	12	80.0	28978	26098	90.1
邮政业	1	1	1	100.0	980	980	100.0
信息传输、计算机服务和软件业	**16**	**14**	**13**	**81.3**	**12547**	**9646**	**76.9**
电信和其他信息传输服务业	11	9	8	72.7	9767	6866	70.3
电信	5	5	3	60.0	3312	2080	62.8
广播电视传输服务	6	4	5	83.3	6455	4786	74.1
计算机服务业	5	5	5	100.0	2780	2780	100.0
批发和零售业	**120**	**109**	**113**	**94.2**	**164899**	**160658**	**97.4**
批发业	21	19	20	95.2	30494	30699	100.7
农畜产品批发	1	1	1	100.0	600	600	100.0
食品、饮料及烟草制品批发	5	4	5	100.0	14782	14929	101.0
矿产品、建材及化工产品批发	8	7	7	87.5	8722	8780	100.7
机械设备、五金交电及电子产品批发	4	4	4	100.0	1920	1920	100.0
其他批发	2	2	2	100.0	1870	1870	100.0
零售业	99	90	93	93.9	134405	129959	96.7
综合零售	40	38	35	87.5	61135	49652	81.2
食品、饮料及烟草制品专门零售	4	4	4	100.0	4352	4352	100.0
纺织、服装及日用品专门零售	12	12	12	100.0	17588	17588	100.0
文化、体育用品及器材专门零售	5	5	5	100.0	9465	9465	100.0
医药及医疗器材专门零售	2	2	2	100.0	530	530	100.0
汽车、摩托车、燃料及零配件专门零售	23	17	23	100.0	29002	37649	129.8
家用电器及电子产品专门零售	5	5	5	100.0	2250	2250	100.0
五金、家具及室内装修材料专门零售	6	5	5	83.3	8103	6663	82.2
无店铺及其他零售	2	2	2	100.0	1980	1810	91.4
住宿和餐饮业	**120**	**113**	**113**	**94.2**	**139115**	**161394**	**116.0**
住宿业	59	52	52	88.1	93663	116542	124.4
餐饮业	61	61	61	100.0	45452	44852	98.7
金融业	**7**	**7**	**7**	**100.0**	**4467**	**4467**	**100.0**
银行业	1	1	1	100.0	1291	1291	100.0
保险业	3	3	3	100.0	1540	1540	100.0
其他金融活动	3	3	3	100.0	1636	1636	100.0
房地产业	**356**	**317**	**297**	**83.4**	**765081**	**623349**	**81.5**
房地产业	356	317	297	83.4	765081	623349	81.5
租赁和商务服务业	**12**	**11**	**12**	**100.0**	**17599**	**18079**	**102.7**
租赁业					1900	1900	100.0
机械设备租赁					1900	1900	100.0
商务服务业	12	11	12	100.0	15699	16179	103.1
企业管理服务	2	2	2	100.0	3278	3278	100.0
咨询与调查	2	2	2	100.0	1261	1261	100.0

	施工项目（个）	新开工	全部投产项目（个）	项目建成投产率（%）	本年完成投资（万元）	本年新增固定资产（万元）	固定资产交付使用率（%）
科学研究、技术服务和地质勘查业	**10**	**9**	**9**	**90.0**	**19357**	**18390**	**95.0**
研究与试验发展	2	2	2	100.0	2925	2925	100.0
专业技术服务业	5	5	5	100.0	11860	11243	94.8
工程技术与规划管理	3	3	3	100.0	7060	6443	91.3
科技交流和推广服务业	2	2	2	100.0	3825	3825	100.0
地质勘查业	1				747	397	53.1
矿产地质勘查	1				350	0	0.0
水利、环境和公共设施管理业	**209**	**186**	**162**	**77.5**	**400471**	**245697**	**70.3**
水利管理业	23	23	17	73.9	41214	37825	91.8
水资源管理	12	12	6	50.0	14304	11095	77.6
环境管理业	35	32	28	80.0	41160	28523	69.3
自然保护	1	1			2700		
环境治理	34	31	28	82.4	38460	28523	74.2
公共设施管理业	151	131	117	77.5	267197	179349	67.1
游览景区管理	46	42	38	82.6	96412	65196	67.6
居民服务和其他服务业	**33**	**31**	**33**	**100.0**	**24723**	**24889**	**100.7**
居民服务业	30	28	30	100.0	22544	22710	100.7
其他服务业	3	3	3	100.0	2179	2179	100.0
修理与维护	2	2	2	100.0	1379	1379	100.0
清洁服务	1	1	1	100.0	800	800	100.0
教育	**113**	**102**	**99**	**87.6**	**135045**	**107627**	**79.7**
教育	113	102	99	87.6	135045	107627	79.7
中等教育	59	52	51	86.4	67272	56499	84.0
高等教育	2				16576	4045	24.4
其他教育	10	10	8	80.0	21119	18780	88.9
卫生、社会保障和社会福利业	**53**	**44**	**43**	**81.1**	**121094**	**100530**	**83.0**
卫生	43	34	34	79.1	112309	93695	83.4
医院	22	17	15	68.2	91934	73909	80.4
社会福利业	10	10	9	90.0	8785	6835	77.8
提供住宿的社会福利	10	10	9	90.0	8785	6835	77.8
文化、体育和娱乐业	**46**	**40**	**40**	**87.0**	**88669**	**47449**	**53.5**
广播、电视、电影和音像业	2	2	1	50.0	3358	2247	66.9
文化艺术业	19	15	16	84.2	37489	16995	45.3
体育	3	3	3	100.0	2048	1978	96.6
娱乐业	22	20	20	90.9	45774	26229	57.3
公共管理和社会组织	**71**	**55**	**61**	**85.9**	**84933**	**85927**	**101.2**
国家机构	59	46	50	84.7	73263	77197	105.4
国家行政机构	51	41	45	88.2	64053	63817	99.6
人民法院和人民检察院	8	5	5	62.5	9210	13380	145.3
群众团体、社会团体和宗教组织	6	3	5	83.3	6940	4000	57.6
群众团体	1		1	100.0	155	200	129.0
基层群众自治组织	6	6	6	100.0	4730	4730	100.0

5－10　分县(市)区城镇固定资产投资完成情况

（2008 年）　　单位:万元

	合计	#住宅	建筑工程	安装工程	设备工器具购置	其他费用
洛阳市	**8690308**	**474322**	**5236261**	**500509**	**2320125**	**633413**
老城区	107489	4510	75176	323	26930	5060
西工区	271584	11855	186898	686	74312	9688
瀍河区	111524	16230	75549	1900	33005	1070
涧西区	341050	11486	171140	14717	151011	4182
吉利区	75412	970	41751	1797	28390	3474
洛龙区	385337	43470	209629	31101	98634	45973
高新区	131947		23580	7931	70667	29769
孟津县	630702	2570	378518	24925	207032	20227
新安县	854433	4165	471928	98764	240199	43542
栾川县	381259	10280	177134	28059	108788	67278
嵩　县	642976	69181	494903	26701	61804	59568
汝阳县	747897	56443	364147	19616	293600	70534
宜阳县	670785	69408	544891	11146	91952	22796
洛宁县	530051	66899	450242	5202	34344	40263
伊川县	994749	90880	494709	128721	305646	65673
偃师市	865171	2130	452890	64737	288211	59333

5－11　分县(市)区施工投产项目及新增固定资产

（2008 年）

	项目个数及建成投产率				本年新增固定资产（万元）	本年完成投资（万元）	固定资产交付使用率（%）
	本年施工项目（个）	#新开工	本年投产项目（个）	项目建成投产率（%）			
洛阳市	**3562**	**3176**	**3112**	**87.4**	**8690308**	**6474617**	**74.5**
老城区	110	108	100	90.9	107489	103599	96.4
西工区	200	191	194	97.0	271584	281331	103.6
瀍河区	61	51	56	91.8	111524	123294	110.6
涧西区	157	151	146	93.0	341050	332619	97.5
吉利区	55	42	46	83.6	75412	69158	91.7
洛龙区	102	79	86	84.3	385337	368540	95.6
高新区	39	14	18	46.2	131947	88205	66.8
孟津县	208	183	202	97.1	630702	323677	51.3
新安县	342	279	279	81.6	854433	875589	102.5
栾川县	101	61	60	59.4	381259	149956	39.3
嵩　县	290	275	281	96.9	642976	621981	96.7
汝阳县	303	284	270	89.1	747897	542609	72.6
宜阳县	376	352	344	91.5	670785	571363	85.2
洛宁县	204	199	197	96.6	530051	532498	100.5
伊川县	421	396	339	80.5	994749	632668	63.6
偃师市	495	472	467	94.3	865171	692781	80.1

5-12 分县(市)区施工竣工面积及竣工率

(2008年) 单位:平方米

	施工面积	#住宅	竣工面积	#住宅	竣工率(%)	#住宅
洛阳市	**12393065**	**5204513**	**7537710**	**3164295**	**60.8**	**60.8**
老城区	341825	34000	292325	34000	85.5	100.0
西工区	237083	115662	206188	90531	87.0	78.3
瀍河区	498444	286150	430219	286150	86.3	100.0
涧西区	822475	97257	553052	11600	67.2	11.9
吉利区	51109	9000	38879	9000	76.1	100.0
洛龙区	1315231	585200	585868	28000	44.5	4.8
高新区	282801					
孟津县	281410	16880	4670		1.7	
新安县	109693	43520	42192	40420	38.5	92.9
栾川县	491959	193080				
嵩　县	955784	680595	568652	421234	59.5	61.9
汝阳县	1006077	652993	904865	652243	89.9	99.9
宜阳县	1329444	621894	956045	456230	71.9	73.4
洛宁县	1035810	679635	888076	649855	85.7	95.6
伊川县	1645955	678630	1005055	409515	61.1	60.3
偃师市	1075689	10400	996507	10400	92.6	100.0

5－13　全市城镇固定资产投资生产能力

（2008年）

能力名称	单　位	建设规模	本年施工规模	# 本年新开工规模	累计新增生产能力	# 本年新增生产能力
焦化设备能力	万吨/年	140	140		140	
铁矿开采(原矿)	万吨/年	9.8	9.8	9.8	9.8	9.8
铁矿石成品矿	万吨/年	0.5	0.5	0.5	0.5	0.5
铁合金	折标吨/年	5	5	5	5	5
冷轧(拔)钢材	万吨/年	21	21	1	21	21
铜采矿(原矿)	万吨/年	16.5	16.5	16.5	16.5	16.5
铜冶炼	吨/年	106000	106000		6000	6000
铅锌采矿(原矿)	万吨/年	462.6	462.6	459.6	462.6	462.6
铅锌选矿:处理原矿	万吨/年	246.2	246.2	245.8	246.2	246.2
铅冶炼	吨/年	950	950	950	950	950
锌冶炼	吨/年	2000	2000	2000	2000	2000
镍冶炼	吨/年	250	250	250	250	250
氧化铝	吨/年	400000	300000		400000	300000
电解铝	吨/年	10000	10000			
铝加工	吨/年	793150	718100	223100	218100	136100
黄金	公斤/年	1142	1142	1142	1142	1142
银选矿:处理原矿	吨/年	960000	960000	960000	960000	960000
银含量	公斤/年	85949	85949	85949	85949	85949
水力发电	万千瓦	300.42	300.42	300.1	300.1	300.1
火力发电	万千瓦	120.6	120.6	120	60.6	60.6
其他发电	万千瓦	0.24	0.24		0.24	0.24
输电线路长度(11万伏及以上)	公里	84.4	84.4	84.4		
水泥	万吨/年	17	17	15	10	8
平板玻璃	万重量箱/年	200	200	200	200	200
石墨及炭素制品	吨/年	6900	6900	6900	6900	6900
木材	万立方米/年	5	5		5	5
氮肥	吨/年	110020	110020	110020	110020	110020
塑料树脂及共聚物	吨/年	5000	5000	5000	5000	5000
轮胎外胎	万条/年	100	100	100	100	100
其它汽车制造	辆/年	2000	2000		2000	2000

5－13 续表　　　　　　　　　　　　　　（2008 年）

能力名称	单　位	建设规模	本　　年 施工规模	# 本年新开 工 规 模	累计新增 生产能力	# 本年新增 生产能力
摩托车制造	辆/年	430000	430000	430000	430000	385000
化学纤维	吨/年	6000	6000	6000	6000	6000
其中:合成纤维	吨/年	6000	6000	6000	6000	6000
棉纺锭	锭	11000	11000	11000		
白　酒	万吨/年	2.04	2.04	1.7	1.7	1.7
其他酒	万吨/年	1.17	1.17	1.17	1.17	1.17
机制纸浆	万吨/年	9	9	9	9	9
新建公路	公里	145.6	137.2	80.2	41	14
其中:高速公路	公里	27	27		27	
改建公路	公里	189.6	189.6	152.8	189.6	152.8
新建独立公路桥梁	延长米	1118	1118	460	838	340
新建独立公路桥梁	座	9	8	6	6	5
高等院校:学生席位	个	1500	1500			
建筑面积	平方米	20897	20897			
城市自来水供水能力	万吨/日	11	9	3.5	6	3.5
城市污水处理能力	万吨/日	2.6	2.6	0.6	2	2
铁矿选矿处理量	万吨/年	995	995	995	995	995
镀层、涂层钢材	万吨/年	3	3	3		
锻压、挤压、旋压钢材	万吨/年	65	65	60	5	5
二级公路	公里	12	12	12	12	12

5－14　按国民经济行业分非农户固定资产投资

（2008年）

	施工项目（个）	#新开工	全部投产项目（个）	计划总投资（万元）	本年完成投资（万元）	本年新增固定资产（万元）	本年施工房屋面积（平方米）	本年竣工房屋面积（平方米）
总计	**1344**	**1286**	**1300**	**955884**	**900656**	**896080**	**1801225**	**1163558**
农、林、牧、渔业	**331**	**328**	**326**	**234445**	**228844**	**223988**	**108821**	**92214**
农业	101	99	98	88431	84811	85261	70410	59710
谷物及其他作物的种植	85	83	82	78756	75136	75656	70010	59310
蔬菜、园艺作物的种植	9	9	9	4225	4225	4225		
水果、坚果、饮料和香料作物的种植	3	3	3	3470	3470	3450	400	400
林业	72	72	72	45288	45548	45008	600	600
林木的培育和种植	72	72	72	45288	45548	45008	600	600
畜牧业	63	63	62	21426	21106	18807	35891	31904
渔业	1	1	1	450	450	450		
内陆渔业	1	1	1	450	450	450		
农、林、牧、渔服务业	94	93	93	78850	76929	74462	1920	
农业服务业	94	93	93	78850	76929	74462	1920	
采矿业	**30**	**27**	**29**	**33135**	**28585**	**31377**	**8300**	**5300**
黑色金属矿采选业	1	1	1	350	350	300	2000	2000
有色金属矿采选业	9	7	9	11985	9135	11632	4200	1200
常用有色金属矿采选	6	4	6	10185	7385	9882		
贵金属矿采选	1	1	1	500	450	450	1200	1200
稀有稀土金属矿采选	2	2	2	1300	1300	1300	3000	
非金属矿采选业	20	19	19	20800	19100	19445	2100	2100
土砂石开采	18	17	17	17800	16400	16745	2100	2100
石棉及其他非金属矿采选	2	2	2	3000	2700	2700		
制造业	**197**	**191**	**191**	**112858**	**110067**	**103416**	**104457**	**99557**
农副食品加工业	11	10	11	6120	5981	6100	2900	2900
屠宰及肉类加工				500	600	600		
其他农副食品加工	4	4	4	3230	3230	3110	1400	1400
食品制造业	2	2	2	1190	1190	1190		
焙烤食品制造	1	1	1	900	900	900		
罐头制造	1	1	1	290	290	290		
饮料制造业	1	1	1	760	760	750		
软饮料制造	1	1	1	760	760	750		
纺织业	1	1	1	800	800	590		
纺织制成品制造	1	1	1	800	800	590		
纺织服装、鞋、帽制造业	34	32	34	16350	15890	16000	23500	23500

5－14 续表 1 （2008 年）

	施工项目（个）	# 新开工	全部投产项目（个）	计划总投资（万元）	本年完成投资（万元）	本年新增固定资产（万元）	本年施工房屋面积（平方米）	本年竣工房屋面积（平方米）
木材加工及木、竹、藤、棕、草制品业	3	3	3	4180	4180	1720		
人造板制造	1	1	1	500	500	500		
木制品制造	2	2	2	3680	3680	1220		
家具制造业	3	3	2	1340	730	515	3100	3100
造纸及纸制品业	2	2	2	890	890	870	3000	3000
纸制品制造	2	2	2	890	890	870	3000	3000
文教体育用品制造业	1	1	1	150	150	150		
乐器制造	1	1	1	150	150	150		
化学原料及化学制品制造业	8	7	8	5750	5610	5670	8589	8589
基础化学原料制造	1	1	1	550	550	550		
肥料制造	1	1	1	960	960	880	300	300
涂料、油墨、颜料及类似产品制	4	3	4	3000	2860	3000	8289	8289
日用化学产品制造	2	2	2	1240	1240	1240		
塑料制品业	4	4	4	2200	2200	2200	1700	500
非金属矿物制品业	102	102	97	60868	60116	55976	49968	46268
水泥、石灰和石膏的制造	2	2		650	375	0	3300	
水泥及石膏制品制造	10	10	10	13910	13910	12900	3750	3750
砖瓦、石材及其他建筑材料制造	72	72	72	40113	40161	38373	40418	40018
耐火材料制品制造	5	5	5	1085	1085	1055		
石墨及其他非金属矿物制品制造	13	13	10	5110	4585	3648	2500	2500
黑色金属冶炼及压延加工业	2	2	2	300	300	300	3700	3700
金属制品业	6	6	6	2330	2330	2330	3300	3300
结构性金属制品制造	5	5	5	1930	1930	1930	3300	3300
金属工具制造	1	1	1	400	400	400		
通用设备制造业	8	8	8	4220	4220	3970	3500	3500
锅炉及原动机制造	4	4	4	2100	2100	2100		
金属加工机械制造	1	1	1	800	800	800		
风机、衡器、包装设备等通用设	1	1	1	890	890	640		
通用零部件制造及机械修理	1	1	1	230	230	230	1500	1500
金属铸、锻加工	1	1	1	200	200	200	2000	2000

5－14 续表2

（2008 年）

	施工项目（个）	# 新开工	全部投产项目（个）	计划总投资（万元）	本年完成投资（万元）	本年新增固定资产（万元）	本年施工房屋面积（平方米）	本年竣工房屋面积（平方米）
专用设备制造业	4	4	4	2740	2740	2740		
矿山、冶金、建筑专用设备制造	3	3	3	2640	2640	2640		
农、林、牧、渔专用机械制造	1	1	1	100	100	100		
交通运输设备制造业	2	1	2	1480	1030	1180	1200	1200
汽车制造	1		1	760	310	660	1200	1200
摩托车制造	1	1	1	720	720	520		
仪器仪表及文化、办公用机械制造	1		1	580	340	555		
专用仪器仪表制造	1		1	580	340	555		
废弃资源和废旧材料回收加工业	2	2	2	610	610	610		
电力、燃气及水的生产和供应业	**54**	**53**	**54**	**28580**	**28283**	**28237**	**2450**	**2450**
电力、热力的生产和供应业	3	3	3	780	780	780	650	650
电力生产	1	1	1	100	100	100		
水的生产和供应业	50	49	50	27450	27153	27107	1800	1800
交通运输、仓储和邮政业	**99**	**84**	**85**	**69081**	**47454**	**46579**	**27550**	**19550**
道路运输业	96	81	84	65631	45504	46429	19400	19400
道路运输辅助活动	55	49	47	37423	27985	25999	19400	19400
仓储业	3	3	1	3450	1950	150	8150	150
信息传输、计算机服务和软件业	**10**	**10**	**10**	**1335**	**1335**	**1335**	**1500**	**1500**
电信和其他信息传输服务业	9	9	9	1285	1285	1285	1500	1500
电信	1	1	1	120	120	120	1000	1000
广播电视传输服务	8	8	8	1165	1165	1165	500	500
计算机服务业	1	1	1	50	50	50		
批发和零售业	**30**	**29**	**30**	**21025**	**20681**	**20700**	**67780**	**67280**
批发业	5	5	5	2970	2970	2690	8200	8200
食品、饮料及烟草制品批发	1	1	1	400	400	250	8000	8000
矿产品、建材及化工产品批发	1	1	1	1100	1100	1100		
其他批发	3	3	3	1470	1470	1340	200	200
零售业	25	24	25	18055	17711	18010	59580	59080
综合零售	18	18	18	16230	16225	16195	56900	56400
医药及医疗器材专门零售	1	1	1	120	120	110	600	600
汽车、摩托车、燃料及零配件专	5	4	5	1275	936	1275	1240	1240
家用电器及电子产品专门零售	1	1	1	430	430	430	840	840

（2008 年）

	施工项目（个）	# 新开工	全部投产项目（个）	计划总投资（万元）	本年完成投资（万元）	本年新增固定资产（万元）	本年施工房屋面积（平方米）	本年竣工房屋面积（平方米）
住宿和餐饮业	**10**	**10**	**10**	**7870**	**7870**	**7870**	**29100**	**29100**
住宿业	4	4	4	5850	5850	5850	24300	24300
餐饮业	6	6	6	2020	2020	2020	4800	4800
房地产业	**161**	**148**	**156**	**171356**	**164666**	**167139**	**1123932**	**596797**
房地产业	161	148	156	171356	164666	167139	1123932	596797
租赁和商务服务业	**1**	**1**	**1**	**2650**	**2650**	**2650**		
商务服务业	1	1	1	2650	2650	2650		
科学研究、技术服务和地质勘查业	**9**	**9**	**9**	**13060**	**13060**	**13060**	**18500**	**18500**
专业技术服务业	9	9	9	13060	13060	13060	18500	18500
工程技术与规划管理	9	9	9	13060	13060	13060	18500	18500
水利、环境和公共设施管理业	**166**	**159**	**159**	**144343**	**133342**	**137144**	**52796**	**4396**
水利管理业	32	31	32	28627	28594	28994	500	500
水资源管理	9	9	9	5055	5435	5402	500	500
环境管理业	6	6	6	3543	3543	3493	226	226
环境治理	6	6	6	3543	3543	3493	226	226
公共设施管理业	128	122	121	112173	101205	104657	52070	3670
游览景区管理	7	5	6	9900	6810	7000		
居民服务和其他服务业	**12**	**11**	**12**	**6288**	**5718**	**6308**	**7630**	**7630**
居民服务业	11	10	11	6138	5568	6158	7130	7130
其他服务业	1	1	1	150	150	150	500	500
修理与维护	1	1	1	150	150	150	500	500
教育	**57**	**53**	**57**	**19818**	**20080**	**20251**	**92066**	**81506**
教育	57	53	57	19818	20080	20251	92066	81506
中等教育	16	14	16	6373	6678	6698	37090	36790
其他教育	2	2	2	600	600	600	1260	
卫生、社会保障和社会福利业	**56**	**55**	**56**	**23990**	**24130**	**24440**	**61060**	**58880**
卫生	36	36	36	14730	15130	14980	44760	42880
医院	2	2	2	840	1140	1130	2950	2500
社会福利业	20	19	20	9260	9000	9460	16300	16000
提供住宿的社会福利	20	19	20	9260	9000	9460	16300	16000
文化、体育和娱乐业	**34**	**34**	**33**	**20967**	**20607**	**20442**	**43130**	**35750**
广播、电视、电影和音像业	1	1	1	2900	2900	2900		
文化艺术业	31	31	30	17087	16727	16562	43130	35750
娱乐业	2	2	2	980	980	980		
公共管理和社会组织	**87**	**84**	**82**	**45083**	**43284**	**41144**	**52153**	**43148**
国家机构	34	32	34	13595	13618	13630	27323	19798
国家行政机构	34	32	34	13595	13618	13630	27323	19798
群众团体、社会团体和宗教组织	4	4	4	635	635	635	3200	3200
群众团体	1	1	1	50	50	50		
基层群众自治组织	49	48	44	30853	29031	26879	21630	20150

5－15 分县(市)区非农户固定资产投资

（2008 年）

	施工项目（个）	# 新开工	全部投产项目（个）	计划总投资（万元）	本年完成投资（万元）	本年新增固定资产（万元）	本年施工房屋面积（平方米）	本年竣工房屋面积（平方米）
洛阳市	**1344**	**1286**	**1300**	**955884**	**900656**	**896080**	**1801225**	**1163558**
老城区	1	1	1	230	230	230	1500	1500
西工区	9	9	9	5000	5000	5000		
瀍河区	9	8	6	17030	10102	8130	41581	30581
涧西区	2	2	2	3700	3700	3700	19000	19000
吉利区	7	2	6	5900	4760	4300	194160	49660
洛龙区	14	13	14	5280	5360	5530	25900	25900
高新区	2		2	4800	2650	3750	100000	
孟津县	54	54	54	19555	19555	19225	10127	
新安县	122	112	121	79846	71091	75245	119191	87300
栾川县	74	62	73	59635	64284	71595	216125	
嵩　县	267	261	261	238260	229452	229616	331264	223860
汝阳县	99	95	94	89778	82472	79372	59186	49186
宜阳县	274	269	265	157485	146945	148255	209554	209174
洛宁县	82	80	80	117594	108685	110127	240400	238480
伊川县	132	131	117	45925	46223	33968	102550	98330
偃师市	196	187	195	105866	100147	98037	130687	130587

5-16 分县(市)区非农户固定资产投资完成情况

(2008年) 单位:万元

	合计	建筑工程	安装工程	设备工具购置	其他费用
洛阳市	**900656**	**743618**	**18102**	**77690**	**61246**
老城区	230	230			
西工区	5000	5000			
瀍河区	10102	10102			
涧西区	3700	3700			
吉利区	4760	4760			
洛龙区	5360	4170		790	400
高新区	2650	2650			
孟津县	19555	16510	140	1435	1470
新安县	71091	60146	1796	6438	2711
栾川县	64284	51937	1437	1420	9490
嵩　县	229452	193248	6489	7936	21779
汝阳县	82472	56312	1400	19794	5766
宜阳县	146945	141901	347	1424	2473
洛宁县	108685	98930	50	100	5196
伊川县	46223	39478	1997	6866	2291
偃师市	100147	54544	4446	31487	9670

5－17　农户固定资产投资额

（2008 年）　　　　单位：万元、万平方米

	洛阳市	老城区	西工区	瀍河区	涧西区	吉利区
本年新增固定资产原值	**295337**	**4605**	**4015**	**3632**	**8765**	**482**
本年固定资产投资完成额	**362342**	**4605**	**4015**	**3632**	**8765**	**482**
按投资来源分						
国内贷款	7698					
自筹资金	348440	4605	4015	3632	8765	482
其他资金	6203					
按投资构成分						
建筑工程	302816	4605	4015	3459	8765	482
# 水　利	584					
房　屋	293463	4097	3984	3459	8765	482
# 住　宅	274312	4097	3984	3459	8765	482
安装工程	259					
设备工、器具购置	47347					
# 生产设备	38101					
其它	11921			173		
按投资方向分						
农林牧渔业	17579	508	3984			482
采掘业						
制造业	23607		31			
电力煤气及水的生产和供应业	770					
建筑业	51883			3459		
交通运输、仓储和邮政业	15234					
信息传输、计算机服务和软件业	1064					
批发和零售业	1760					
住宿和餐饮业	856					

	洛阳市	老城区	西工区	瀍河区	涧西区	吉利区
金融业						
房地产业	235190	4097				
租赁和商务服务业						
科学研究.技术服务和地质勘探业						
水利环境和公共设施管理业	801					
居民服务和其他服务业	13531			173	8765	
教　育	46					
卫生.社会保障和社会福利业						
文化.体育和娱乐业	23					
公共管理和社会组织						
国际组织						
按具体投资项目分						
房　屋	293463	4097	3984	3459	8765	482
住　宅	274312	4097	3984	3459	8765	482
道　路	305					
桥　梁						
设　备	47347					
水　利	584					
其　它	20644	508	31	173		
本年施工房屋面积	**960**	**14**	**11**	**8**	**20**	**3**
住　宅	925	14	11	8	20	3
#当年新开工	743	14	11	6	20	3
本年竣工房屋面积	**585**	**14**	**11**	**8**	**20**	**3**
住　宅	579	14	11	8	20	3
本年竣工房屋投资完成额	**200058**	**4097**	**3984**	**3459**	**8765**	**482**
住　宅	189390	4097	3984	3459	8765	482

5－17 续表2　　(2008年)　　单位:万元、万平方米

	洛龙区	孟津县	新安县	栾川县	嵩　县	汝阳县
本年新增固定资产原值	**15416**	**26315**	**32070**	**22879**	**36951**	**31562**
本年固定资产投资完成额	**21185**	**26315**	**32070**	**22879**	**36951**	**31562**
按投资来源分						
国内贷款					7777	
自筹资金	21185	26315	32070	22706	25596	31562
其他资金				173	3578	
按投资构成分						
建筑工程	20806	22000	18849	22706	28271	30283
#水　利		33	495			
房　屋	20806	21746	16980	21868	27494	30283
#住　宅	20806	21746	12035	21868	20299	29432
安装工程		304				
设备工.器具购置	319	2867	5461		8633	1223
#生产设备	319	717	2657		8633	666
其它	60	1144	7760	173	47	55
按投资方向分						
农林牧渔业	379	1741	2327	838	856	121
采掘业						
制造业		676	1059		7777	
电力煤气及水的生产和供应业					778	
建筑业		5298	11992			30008
交通运输.仓储和邮政业		354	6939			1348
信息传输.计算机服务和软件业			946			
批发和零售业			1565			
住宿和餐饮业			761			

	洛龙区	孟津县	新安县	栾川县	嵩 县	汝阳县
金融业						
房地产业	20806	16546	4455	21868	27494	
租赁和商务服务业						
科学研究.技术服务和地质勘探业						
水利环境和公共设施管理业			712			
居民服务和其他服务业		1673	1315	173		86
教 育					47	
卫生.社会保障和社会福利业						
文化.体育和娱乐业		28				
公共管理和社会组织						
国际组织						
按具体投资项目分						
房 屋	20806	21746	16980	21868	27494	30283
住 宅	20806	21746	12035	21868	20299	29432
道 路		71	217			
桥 梁						
设 备	319	2867	5461		8633	1223
水 利		33	495			
其 它	60	1598	8918	1011	824	55
本年施工房屋面积	**71**	**49**	**55**	**59**	**70**	**88**
住 宅	71	49	50	59	49	86
#当年新开工	40	49	52	50	70	88
本年竣工房屋面积	**37**	**49**	**55**	**57**	**70**	**88**
住 宅	37	49	50	57	49	86
本年竣工房屋投资完成额	**12281**	**21746**	**13122**	**21498**	**27494**	**26237**
住 宅	12281	21746	12035	21498	20299	24930

5－17 续表 4　　(2008 年)　　单位:万元、万平方米

	宜阳县	洛宁县	伊川县	偃师市	高新区
本年新增固定资产原值	**37419**	**34286**	**6324**	**60415**	
本年固定资产投资完成额	**37419**	**34286**	**38415**	**60415**	**1171**
按投资来源分					
国内贷款					
自筹资金	37419	34286	38415	57097	1171
其他资金				3318	
按投资构成分					
建筑工程	24535	24419	36356	48294	1171
# 水　利					
房　屋	24535	24419	33912	48294	1171
# 住　宅	24535	22587	33912	42093	1171
安装工程					
设备工. 器具购置	12380	9600	2060	10847	
# 生产设备	12324	9600		10847	
其它	504	267		1274	
按投资方向分					
农林牧渔业	2073	5998	735		
采掘业					
制造业		2068		17410	
电力煤气及水的生产和供应业					
建筑业	6218	176	51		1171
交通运输. 仓储和邮政业	4594	1778		1562	
信息传输. 计算机服务和软件业					
批发和零售业					
住宿和餐饮业					

	宜阳县	洛宁县	伊川县	偃师市	高新区
金融业					
房地产业	24535	22587	36425	41443	
租赁和商务服务业					
科学研究.技术服务和地质勘探业					
水利环境和公共设施管理业					
居民服务和其他服务业		1679	1204		
教　育					
卫生.社会保障和社会福利业					
文化.体育和娱乐业					
公共管理和社会组织					
国际组织					
按具体投资项目分					
房　屋	24535	24419	33912	48294	1171
住　宅	24535	22587	33912	42093	1171
道　路					
桥　梁					
设　备	12380	9600	2060	10847	
水　利					
其　它	504	267	2443	1274	
本年施工房屋面积	**111**	**62**	**143**	**152**	**8**
住　宅	111	57	143	147	8
#当年新开工	83	51	83	128	3
本年竣工房屋面积	**13**	**62**	**11**	**152**	
住　宅	13	57	11	147	
本年竣工房屋投资完成额	**673**	**24419**	**4153**	**45745**	
住　宅	673	22587	4153	45745	

5－18　固定资产投资3000万元以上项目一览表(一)

单位:万元

	开工年月	投产年月	计划总投资	本年完成投资
澳斯特齿轮(洛阳)有限公司1300吨/年高科技齿轮项目	200703		3000	1300
北京鸿舜伟业工贸有限公司拌和站年产砂石料3000万方	200709	200806	5000	1000
丰太粮食深加工洛阳有限公司年加工15万吨小麦生产线	200805		34000	3900
河南柴油机集团有限责任公司高速大功率柴油机生产基地二期	200402		9992	1695
河南柴油机集团有限责任公司铸造公司整体生产线搬迁项目	200706		5000	2693
河南柴油机集团有限责任公司蓝鹰物业公司河柴旧街坊改造	200808		8500	5730
河南柴油机重工有限责任公司技术改造工程	200808		5924	2620
河南柴油机重工有限责任公司可燃气体发动机生产线技改项目	200809		33132	17618
河南发恩德矿业有限公司西沟矿区银铅综合开发	200803	200808	8600	8600
河南发恩德矿业有限公司庄头二选厂建设	200803	200810	18000	18000
河南海滨路桥建筑工程有限公司住宅楼项目	200604	200803	6570	1351
河南金源黄金矿业有限公司3000t/d改扩建	200710		24500	17042
河南九龙山温泉度假村开发有限公司九龙山温泉深度开发项目	200803		9800	7500
河南科技大学新校区二期	200701		36500	8751
河南科技大学第一附属医院新区医院	200711		35000	11430
河南洛重机械制造有限公司新建厂房	200711	200812	8000	7800
河南齐心源生态能源科技开发有限公司玉米秸秆生物化高质沼气、有机肥综合利用项	200811		12000	1600
河南启隆文化传媒发展有限公司白河乡服务接待中心续建工程	200807	200811	5000	5000
河南汝鑫高速公路有限公司洛阳至南阳高速公路洛阳段	200601		120644	58998
河南商都化工有限责任公司河南商都化工恢复生产检修环保工程	200811	200812	6900	6900
河南昇扬硅业科技发展有限公司年产10万吨金属硅项目	200707		127000	29401
河南省电力公司洛阳供电公司08配网	200806		9150	6146
河南省电力公司洛阳供电公司110KV栾川合峪输变电工程	200809		5996	3284
河南省电力公司洛阳供电公司110KV孟津白鹤输变电工程	200809		3758	340
河南省电力公司洛阳供电公司110KV嵩县旧县输变电工程	200809		3500	1934
河南省电力公司洛阳供电公司110千伏焦屯输变电工程	200712		3010	1112
河南省电力公司洛阳供电公司110千伏汝阳付店输变电工程	200712		5970	5010
河南省电力公司洛阳供电公司110千伏汝阳小店输变电工程	200712		3030	1869
河南省电力公司洛阳供电公司110千伏宜阳城关输变电工程	200712		3873	1191
河南省电力公司洛阳供电公司2007年新开工市区110KV电网项目	200706	200812	12025	2704
河南省电力公司洛阳供电公司2007年新开工县区110KV电网项目	200706		5084	393
河南省电力公司洛阳供电公司220KV孟津输变电工程	200809		18528	7500
河南省电力公司洛阳供电公司220KV汝阳变扩建工程	200809		3117	2059
河南省电力公司洛阳供电公司220千伏洛南变送出线路工程	200712		12750	10585
河南省电力公司洛阳供电公司220千伏牡丹至朝阳线路工程	200712		4559	4036
河南省电力公司洛阳供电公司220千伏中州变扩建工程	200712		5319	3769
河南省电力公司洛阳供电公司农网完善工程	200805		7470	7051
河南省坤达农业机械设备有限公司甘蔗联合收割机生产线	200804	200809	5000	5000
河南省老君山生态旅游开发有限公司伏牛山游客服务中心建设项目	200802		4000	3580
河南省老君山生态旅游开发有限公司老君山深度开发项目	200805		15000	3200
河南省栾川县交通局石冷路改建工程	200808		3033	2300
河南省栾川县中等职业学校中等职业学校建设	200604		7000	2665
河南省洛阳经济技术开发区管理委会员基础设施建设	200704	200806	8000	5300
河南省洛阳荣康医院整体搬迁项目	200810		9706	567
河南省洛阳市中级人民法院洛阳市中级人民法院审判大楼	200512	200808	12688	3200
河南省民正畜牧业养殖有限公司年产五万头品种猪项目	200710	200810	7000	3500

5－18 续表 1　　单位:万元

	开工年月	投产年月	计划总投资	本年完成投资
河南省世纪鑫泰矿山有限公司矿山开发	200803	200812	5200	5200
河南泰山石膏建材有限公司石膏板生产	200711		32000	12300
河南通达电缆股份有限公司500千伏及以上超高压输电线技术改造	200802		25600	19400
河南兴安线材有限公司废钢熔铸	200804		23000	18000
河南永华能源有限公司煤矿扩建	200601		58995	15437
河南正成多晶硅有限公司年产1000吨太阳能级多晶硅	200809		96240	16687
河南中辉有色金属有限公司富氧底吹10万吨/年铅熔炼	200710		33000	2930
华阳孟津电厂一期工程	200712		500000	222100
江西南昌路基工程公司年产9000吨钢构	200710	200807	3500	1500
捷威精密制造(洛阳)有限公司洛阳留学生创业及PCB关键器件建设基地	200603		6400	2980
金堆城钼业汝阳县有限责任公司2万吨钼采选	200804		180000	32993
金銮国际投资公司曼哈顿广场	200612	200812	46000	13000
栾川宝华山钨钼矿业有限公司多金属综合回收工程	200710	200812	8000	7875
栾川恒裕矿业有限公司5000吨/日钼矿采选	200705		8000	3990
栾川龙宇钼业有限公司15000吨/日钼采选工程	200705		141512	70443
栾川龙宇钼业有限公司龙宇大厦建设项目	200802		9800	8226
栾川天源水电有限公司金牛岭水利工程	200403		5396	1580
栾川县长青钨钼有限责任公司深部“858”采矿工程	200601	200812	8000	1170
栾川县长青钨钼有限责任公司钨钼深加工项目	200805		20000	8000
栾川县城关镇人民政府兴华东路城中村改造工程	200805		8000	5710
栾川县城关镇人民政府幸福西路城中村改造工程	200805		25000	7500
栾川县大源选矿有限公司3000吨/日多金属综合回收	200706	200806	8000	2500
栾川县德诚金属冶炼有限责任公司3000吨/日钼酸鞍技改项目	200807	200812	5000	5250
栾川县电业局电力生产调度中心	200711		6000	4380
栾川县扶贫开发办公室移民搬迁项目	200803	200812	5400	5600
栾川县建设局休闲区南岸畅通工程	200806		3820	2561
栾川县交通局北环路建设	200805		9700	7100
栾川县林业局林业生态县建设工程	200802		42000	7039
栾川县旅游工作委员会伏牛山地质广场建设项目	200805		5000	3213
栾川县栾川乡人民政府罗庄村、七里村城中村改造工程	200806		45000	2400
栾川县钼都矿冶有限公司钨钼地质探矿	200604	200812	3000	779
栾川县牛心垛矿业有限公司3000吨/日钼选厂建设	200611	200812	8000	5160
栾川县启源矿业有限公司1200吨/日钼选厂	200709	200806	5000	3000
栾川县三友页岩墙材有限公司页岩墙体建材项目	200803	200812	3000	3000
栾川县森苑有限公司废气治理及资源综合回收工程二期	200709	200812	3500	2700
栾川县市政管理局生态观光园一期工程	200802		4500	4000
栾川县天鼓山黄密寺风景区黄密寺风景区三期工程	200704		4000	4100
栾川县新农村建设办公室新农村建设	200804	200812	5000	5400
栾川县鑫达矿业有限公司多金属综合回收项目	200804		8000	5635
栾川县亿嘉旅游服务有限公司画眉山大酒店	200603	200806	9500	1400
栾川县中铁矿业有限公司15000吨/日铁矿采选	200707	200806	12000	9000
栾川县众和冶金炉料有限公司3000吨/日钼选厂扩建	200705	200808	6000	581
洛玻集团洛阳龙泽焦化有限公司60万吨/年煤气焦化项目	200705		24000	10000
洛玻龙泽焦化有限公司焦化厂二期建设	200804	200811	5000	5000
洛宁金铎矿业有限公司深部探矿	200804	200812	3680	3680
洛宁县城关镇人民政府乾瑞花园二期工程建设	200805	200812	3910	3910
洛宁县冯家洼矿山开发有限公司矿山开发	200806	200812	3950	3950

5－18 续表 2

单位：万元

	开　工 年　月	投　产 年　月	计　划 总投资	本年完成 投　资
洛宁县富地公司福邸佳苑住宅小区	200802	200812	6200	6200
洛宁县红十字医院红十字医院建设	200802	200812	5800	5800
洛宁县红十字医院金海富地小区建设	200803	200812	3960	3960
洛宁县汇源矿产品贸易公司选厂建设	200804	200810	3200	3200
洛宁县建设局寺沟河市场建设	200804	200810	3100	3100
洛宁县建设局紫竹花园住宅小区	200703	200807	13000	3000
洛宁县金源公司鑫源小区建设	200802	200812	3900	3900
洛宁县开元宝山金矿开发有限公司金矿开采	200803	200810	3920	3920
洛宁县汽车站小区建设	200803	200812	3900	3900
洛宁县腾达井巷工程有限公司深部开采	200802	200812	5600	5600
洛宁县天一选厂铁矿开采	200804	200810	3860	3860
洛宁县兴隆井巷工程有限公司深部探矿	200802	200812	5950	5950
洛宁县一站式建材市场有限公司赛恩轻体建筑材料项目	200804	200812	3980	3980
洛宁县宇祥矿产品贸易公司选厂建设	200804	200808	3600	3600
洛宁县中高村选厂矿山深部探矿开发及选取	200806	200812	3850	3850
洛宁县紫竹大酒店有限公司紫竹大酒店	200806	200812	4000	4000
洛宁县紫竹大酒店有限公司紫竹购物中心	200806		6000	3930
洛宁新华水电开发有限公司禹门河反调节水库	200601		14000	9191
洛宁永鑫井巷施工有限公司深部开采	200803	200812	4600	4600
洛阳 LYC 轴承有限公司新洛轴工程项目	200804		113700	58600
洛阳安玻设备有限公司年产 44 万片异型玻璃	200708	200810	6000	1800
洛阳奥瑞高科技耐火材料有限公司高科技耐火材料生产项目	200707	200812	5000	3770
洛阳白马集团有限责任公司白马住宅楼	200801		5021	4396
洛阳北方企业集团有限公司大排量摩托车产业化建设项目	200602		14000	3217
洛阳北方易初摩托车有限公司年产 100 万辆摩托车建设项目	200801		14767	8378
洛阳标新铝业有限公司铝板带箔生产项目	200710	200807	48000	31620
洛阳博马农机有限公司新建厂房	200711	200806	5000	4700
洛阳长盟铝业有限公司铝制品加工项目	200708	200805	8000	2400
洛阳大华重型机械有限公司新厂区工程	200611	200812	10000	5055
洛阳大学洛南新校区扩建工程	200601		17760	5100
洛阳大洋耐火材料有限公司第四、五、六、七条生产线	200705		100000	48200
洛阳德胜化工有限公司腺嘌呤二期	200805		10000	4800
洛阳德胜化工有限公司腺嘌呤生产	200701	200809	4000	2000
洛阳东方医院数字化 X 线成像系统等设备购置			3000	3000
洛阳东方医院造影等设备购置			8100	8000
洛阳东瑞生物科技有限公司秸杆发电	200612	200812	26000	6714
洛阳东一数控重机有限公司厂房建设	200606	200812	8000	5096
洛阳方诚置业有限公司唐城御府	200611		34000	7332
洛阳方智测控有限公司棉纺异纤清除设备	200612		3000	1942
洛阳非常耐火材料有限公司耐火材料生产线	200708	200810	3000	1500
洛阳丰瑞氟业有限公司无机氟化物助熔剂项目	200802		15000	12070
洛阳弗里斯特机械技术有限公司年产 1 万吨铝合金压铸件	200704		20700	200

单位:万元

	开工年月	投产年月	计划总投资	本年完成投资
洛阳伏牛山滑雪度假开发有限公司二期工程建设	200707		20000	12890
洛阳福瑞得铝业股份有限公司铝制品深加工	200703	200812	15000	5000
洛阳富川矿冶有限公司露采扩帮工程	200608	200812	36000	6965
洛阳港弘瓷业有限公司卫生陶瓷生产线	200705	200804	6000	340
洛阳高科钼钨材料有限公司 1500 吨/年钼钨制品深加技改	200701	200807	38615	15500
洛阳高新区六期开发建设指挥部六期道路基础设施建设项目	200805		36000	14128
洛阳高新区五期开发建设指挥部火炬创业大厦建设	200510	200812	7500	150
洛阳高新区五期开发建设指挥部五期道路基础设施建设	200510	200808	24000	4163
洛阳古城机械有限公司汽车零部件生产项目	200611	200811	16300	600
洛阳广电信息网络有限责任公司有线电视数字化工程	200612		32860	2734
洛阳国家高新区洛龙科技园区管委会标准化厂房	200809		13500	2765
洛阳国家高新区洛龙科技园区管委会二期工程	200706	200812	9000	18150
洛阳国家高新区洛龙科技园区管委会污水处理厂	200809		5000	2995
洛阳和谐铁合金有限公司年产 700 吨钛及钛合金锻件项目	200807		5200	2935
洛阳黄河同力水泥有限责任公司 5000D/T 水泥生产线低温余热电站工程	200710	200812	5680	4120
洛阳惠生石化工程股份有限公司石油化工设备研发与加工生产基地	200710	200808	4900	4885
洛阳机床有限责任公司整体迁建项目	200808		5000	2860
洛阳建材机械厂浮法玻璃、玻纤制造装备生产项目	200703	200809	9748	6430
洛阳建材机械厂新建建筑材料生产机械制造	200806	200808	3673	3673
洛阳建工集团有限公司综合商务楼	200801	200810	5350	5350
洛阳交通信息中心防汛抗旱调度中心洛阳市档案大楼	200606		5000	828
洛阳交通信息中心防汛抗旱调度中心洛阳市交通中心	200606		6500	1435
洛阳金海渝龙能源开发有限公司甲醇、醋酸生产项目	200705		100000	10500
洛阳金龙精密铝材有限公司年产 15 万吨精密铝材	200808		168800	39285
洛阳金龙天灵炭素有限公司洛阳金龙炭素扩建项目	200611	200810	70000	20650
洛阳金元特大型轴承开发有限公司风能发电专用轴承项目	200805	200809	3100	3100
洛阳锦桥矿业有限公司马店铅银选厂	200805	200810	12800	12800
洛阳晶润镀膜玻璃有限公司低辐射镀膜玻璃生产线	200704		12895	9258
洛阳九创重型机械有限公司机械加工、热处理项目	200708	200803	3000	945
洛阳九久技术开发有限公司 15000 件盾构机破岩刀具项目	200804		5000	2379
洛阳骏马化工有限公司 10 万吨/年硝酸工种	200704		15000	60
洛阳科威钨钼有限公司精细钨钼加工 100 吨生产线	200807	200812	3800	3800
洛阳矿业集团嵩县黄金矿业有限公司选矿厂建设	200808	200812	7000	7000
洛阳矿重冶金设备有限公司冶金机械制造	200802	200812	5000	5000
洛阳利尔耐火材料有限公司高档耐火材料生产线项目	200601	200812	3500	2980
洛阳利祥冶金建材设备有限公司数控立车等设备购置			3200	3200
洛阳联合变速器有限责任公司年产 5 万台轿车用无级变速器项目	200707	200812	22906	16900
洛阳联华东方百货有限公司联华东方百货商场改造	200809	200812	5400	5400
洛阳林安商贸有限公司林安汽车城建设工程	200601	200806	3000	1110
洛阳六和慧泉食品有限公司日屠宰 5 万只鸡	200805	200809	7000	7000
洛阳龙门煤业有限公司常村煤矿原产 45 万吨原煤项目	200311		45329	16382
洛阳龙瑞新型建材筹建指挥部年产 12 亿块煤灰标砖工程	200709	200809	62897	18044

	开　工 年　月	投　产 年　月	计　划 总投资	本年完成 投　　资
洛阳龙羽山川钼业有限公司选厂技术改造	200806	200812	13000	13000
洛阳隆华集团板式热交换器项目	200802	200812	12000	12000
洛阳栾川钼业集团股份有限公司 30000 吨/日露采配套工程	200710		31492	10263
洛阳栾川钼业集团股份有限公司 3000 吨/日白钨回收工程	200710	200812	11000	10950
洛阳栾川钼业集团股份有限公司 6000 吨/日白钨回收工程	200706	200812	9979	4130
洛阳洛河明珠旅游有限公司故县旅游开发基础设施建设	200803	200812	6000	6000
洛阳洛耐菲尔耐火材料有限公司隧道窑生产线	200801	200808	3500	3500
洛阳钼都国际饭店有限公司钼都利豪国际酒店	200509	200805	35000	6200
洛阳钼都钨钼科技有限公司钨钼深加工项目	200802		100000	71000
洛阳钼业集团金属材料有限公司 40000t/a 钼冶炼技术改造工程	200802		82145	29352
洛阳耐火材料研究院高性能碳化硅产品生产线	200801		6410	5289
洛阳南站周边环境整治指挥部环境整治及配套	200807	200812	78000	78000
洛阳普莱柯生物工程有限公司兽药 GMD 车间及仓库项目	200807		6000	4003
洛阳乾纳冶金有限公司年产 6.5 万吨铝板带项目	200703		65000	15010
洛阳冉达酒精有限公司冉达酒精二期项目	200703	200803	5000	2400
洛阳熔拓焦化有限责任公司污水处理工程	200811		4800	3000
洛阳锐腾机械设备有限公司冶金机械设备研发与生产基地	200805		11000	4477
洛阳瑞格尔轴承科技有限公司高精密轴承项目	200805		8000	4780
洛阳瑞仕曼数控立车制造有限公司直径 8m 数控立车制造	200805	200811	8000	8000
洛阳润峰集团栾川友谊宾馆友谊宾馆建设	200601		5500	975
洛阳山碧建材有限公司工业石灰项目	200801	200808	5000	5000
洛阳尚德太阳能电力有限公司 90 兆瓦太阳能光伏电池	200701	200806	18000	1085
洛阳石化宏达实业总公司异丁烯扩能项目	200709	200812	10000	7200
洛阳市瀍河回族区民营经济服务局含嘉仓工业小区	200704	200807	8000	3400
洛阳市瀍河回族区旭升村旭升都市村庄	200601	200804	8000	3250
洛阳市瀍河区建设局东关大街改造	200502	200809	7000	1400
洛阳市公路管理局洛宁王协洛河大桥	200704		4595	1486
洛阳市公路管理局省道 331 洛阳嵩县境	200708		18976	5287
洛阳市翰儒食品有限公司年产 2.8 万吨馍片项目	200807		4300	2819
洛阳市佳美木业有限公司 10 万立方米刨花板生产线	200803	200812	6000	6000
洛阳市建设委员会衡山路二期	200701	200812	12103	3000
洛阳市涧西区浅井头居委会名门广场一期	200710	200804	17000	3000
洛阳市涧西区相悦服饰城相悦城改造	200801	200804	4800	4800
洛阳市金峰铸造有限公司建设生产厂房	200806		3660	1785
洛阳市利安汽车运销贸易有限公司车辆购置			4417	4417
洛阳市洛北铸钢厂年产 2 万吨大型铸件项目	200807	200812	8000	8000
洛阳市洛龙区关林镇皂角树村村民委员会综合大楼	200805		5000	4002
洛阳市洛龙区关林镇皂角树龙康安置小区建设龙康小区二期	200802		22000	23000
洛阳市洛龙区科技园安置小区建设指挥部龙丰小区	200805		22000	18100
洛阳市洛龙区郑西铁路安置小区建设指挥部龙盛安置小区一期	200808		3700	2570
洛阳市洛南新区市政工程建设指挥部关林西路延长线建设工程	200707	200812	4990	1582
洛阳市洛南新区市政工程建设指挥部洛河南案污水截流项目一期	200807		4800	1071

单位：万元

	开工年月	投产年月	计划总投资	本年完成投资
洛阳市洛南新区市政工程建设指挥部瀛洲大桥	200701		21000	4580
洛阳市孟西灌区工程建设管理局孟西灌区工程	200503		8179	1255
洛阳市盘金机械设备有限公司大型锻件生产线	200705	200811	5000	1370
洛阳市人民防空办公室 0401 工程主体工程	200603	200812	4666	260
洛阳市森泰生物工程有限公司 6 万吨生物发酵饲料项目	200711	200807	7185	4895
洛阳市石化配件制造有限公司年产一万吨石化配件	200710	200812	9000	5381
洛阳市天天绿色食品有限公司杜仲深加工	200810		12000	3000
洛阳市天源集团有限公司煤矿技改	200701	200810	15750	1760
洛阳市王城保龄球娱乐有限公司保龄球馆改建	200704	200805	3000	2000
洛阳市文物管理局洛阳博物馆	200711		29800	17476
洛阳市西工区人民检察院综合办公楼	200709	200805	6950	2800
洛阳市香江万基铝业有限公司铝矾土综合开发	200802		15000	10650
洛阳市小浪底水库移民安置局西霞院移民搬迁	200807	200812	6559	6559
洛阳市新艺实业有限公司新艺花城小区	200803	200810	8000	8000
洛阳市兴荣工业有限公司机械深加工项目	200808	200812	3000	3760
洛阳市兴荣工业有限公司微合金钢项目	200708	200807	6000	9530
洛阳市星火建材有限公司探矿建设	200803	200812	5700	5700
洛阳市烟草公司汝阳县分公司烟叶基础规范化建设	200807	200812	6449	6449
洛阳市亿丰石油化工有限责任公司年产 35 万吨高品质基质沥青	200806		20000	15500
洛阳市豫瑞机械制造有限公司矿产机械矿铸造生产	200803	200812	12000	12000
洛阳市园林局开元大道东延长线绿化工程	200710		5000	1644
洛阳市园林局洛浦公园东段延长线绿化	200705		7500	1033
洛阳市中心医院中俄洛阳心血管病治疗中心	200706		5000	3770
洛阳首龙硅业有限公司多晶硅(一期)	200810		13000	12000
洛阳首龙集团有限责任公司新建首电医院	200801	200803	3500	3500
洛阳首天导电膜玻璃有限公司 ITO 导电膜玻璃建设项目	200710	200807	7000	3100
洛阳双瑞金属复合材料有限公司复合材料	200804	200810	5480	5480
洛阳太康路东段建设工程指挥部太康路东段道路工程	200809		8728	6160
洛阳特冶铸锻有限公司机械加工	200804	200811	3000	3000
洛阳天骋化学试剂有限公司生物制剂项目	200703	200805	5000	2000
洛阳天工木业有限公司木板加工项目	200704	200803	5600	630
洛阳天浩泰轨道装备制造有限公司美国 GE 公司配件生产规模扩容	200805	200806	3920	3920
洛阳天裕车业有限公司商用汽车城一期	200802	200806	4000	4000
洛阳天源煤业第十一有限公司煤矿技术改造	200805		3243	2660
洛阳万方矿业有限公司钼选厂扩建	200710	200812	5000	3500
洛阳王力重型机械有限公司机械加工、热处理	200710	200807	3000	1320
洛阳伟业轧钢有限公司年产 20 万吨冷拔丝及钢丝绳项目	200705	200812	12000	8030
洛阳五洲置业有限公司五洲大厦建设项目	200510		10000	2600
洛阳先诚铝材有限公司铝板材加工	200804	200807	3500	3500
洛阳香江万基铝业有限公司氧化铝二期扩建	200704	200812	180000	149580
洛阳祥龙铝业有限公司铝铸轧卷生产线	200708	200805	3000	2000
洛阳新安电力集团有限公司粉煤灰水泥工程	200511	200812	40600	6000
洛阳新安电力集团有限公司海绵钛工程	200510	200812	55000	13915

单位:万元

	开工年月	投产年月	计划总投资	本年完成投资
洛阳新安电力集团有限公司铝合金铸棒项目	200706	200812	15000	4000
洛阳新安电力集团有限公司渠里矿改扩建工程	200507	200812	22000	94380
洛阳新安电力集团有限公司脱硫改造工程	200609	200812	17200	3470
洛阳新安电力集团有限公司正村煤田工程	200401	200812	97001	47500
洛阳新华厦汽车城汽车 4S 店	200710	200810	11000	6600
洛阳新区大酒店工程建设指挥部新区大酒店	200810		3000	1690
洛阳新润研磨材料有限公司年产 5 万吨改性耐磨材料建设项目	200704	200805	6000	1996
洛阳鑫迪铁道电气化有限公司鑫迪铁道电器二期厂房建设	200706	200810	4500	3212
洛阳鑫冠化工有限公司生产线改造	200802	200806	8000	8000
洛阳鑫友镁业有限公司年产 300 吨镁合金薄板生产线	200701		3000	1105
洛阳信诚粮油副食商贸有限公司储备仓库	200804	200811	8000	8600
洛阳信建德铸钢有限公司年产 2 万吨铸钢件	200804		12000	6620
洛阳兴起铸锻件机械有限公司新建铸锻件厂	200804	200809	8700	8700
洛阳疋姆泰可精密零件制造有限公司粉末注射成型精密零件制造项目	200507		6160	138
洛阳一拖众诚配件制造有限公司机械配件生产线	200804		20000	8978
洛阳亿达飞硅业科技有限公司多晶硅(一期)	200810		16000	14600
洛阳亿万达建筑机械有限公司综合办公楼、车间	200804		5000	4700
洛阳银燕科技有限公司异型棉纤除尘等设备生产与研发	200809		12000	9000
洛阳永宁金银铅综合冶炼公司 15 万吨铅金银综合冶炼项目	200710		49000	8210
洛阳昱海生物科技有限公司年产 6 万吨生物柴油	200712	200812	8200	8155
洛阳煜宏达机电技术有限公司数控弹簧设备和输送带机械接头	200708		3200	2104
洛阳豫港龙泉高精度铝板带有限公司热轧铝板带项目	200711		290000	116660
洛阳豫甲汽车零部件有限公司年产 135000 根半轴项目	200801	200812	3500	3500
洛阳云博有限公司厂房建设	200606	200811	3200	500
洛阳哲君农林科技开发有限公司黄河湿地生态园	200803		8000	5951
洛阳至尚有机硅制品有限公司标准化厂房建设	200710	200812	8000	7310
洛阳中创重型机械有限公司压力容器用大型锻件的开发与制造项目	200805		5000	3968
洛阳中丰肥业有限公司技术改造	200803	200806	5000	5000
洛阳中硅高科技有限公司 2000 吨多晶硅高技术产业化项目	200701	200811	140000	50370
洛阳中集凌宇汽车有限公司搬迁改造项目	200706	200811	14000	14885
洛阳中迈重工有限公司挖掘机生产	200710		15000	8476
洛阳中岳实业有限公司太阳能用多晶硅(二期 500 吨)	200808		42000	15700
洛阳中岳实业有限公司太阳能用多晶硅(一期年产 100 吨)	200806	200807	8000	8000
洛阳中展实业有限公司新建厂房	200808	200812	6000	6000
洛阳众品食业有限公司 10 万吨/年无公害猪肉加工项目	200703	200807	32000	22000
洛阳轴承研究所精密型重型机械轴承产业化项目	200808		25800	5800
洛阳轴承研究所数控大型轴承设备购置			3500	3500
洛阳轴研科技股份有限公司精品轴承磨削超精自动化生产线	200703	200812	6000	3601
洛阳轴研科技股份有限公司数控钻床等设备购置			3500	3500
洛阳轴研科技股份有限公司特种精密轴承及陶瓷轴承	200504	200805	16000	2777
洛阳卓达石化设备有限公司石油化工用压力容器生产项目	200707		3000	1200
孟津润峰焦化有限责任公司一期工程	200309	200805	65000	7100

	开工年月	投产年月	计划总投资	本年完成投资
汝阳杜康（集团）总公司技术改造			35000	96127
汝阳天意矿业有限公司矿山开发及钼选厂建设	200809		20000	5000
汝阳天泽金鼎矿业有限公司城西煤矿工程	200501		31000	13500
汝阳县滨河小区建设指挥部滨河小区建设	200806	200812	9150	9150
汝阳县博华铁合金厂博华三期回转窑生产线建设	200805	200811	5000	5000
汝阳县古城煤矿煤矿开采	200402		6900	359
汝阳县国土局金达铁采选	200710	200811	5000	4650
汝阳县国土资源局凤凰小区开发	200808		9130	6240
汝阳县建设局滨河小区	200809		20000	16000
汝阳县建设局隆盛小区建设	200810		20000	16000
汝阳县建设局县城旧城改造一期	200804	200812	8500	8500
汝阳县交通局二广高速汝阳内埠至陶营段配套工程	200605	200807	50000	27000
汝阳县交通局洛南高速汝阳连接线工程	200801	200812	4500	4500
汝阳县交通局小店至刘店配套工程	200802	200811	30000	30000
汝阳县教育局城关一中综合楼	200804	200807	4300	4300
汝阳县教育局教育局新建设办公大楼	200809	200811	5000	5000
汝阳县教育局进修学校教学楼	200803	200806	5000	5000
汝阳县教育局特殊教育学校整体搬迁	200801	200811	9000	9000
汝阳县教育局职教中心综合楼	200803	200808	4000	4000
汝阳县金达矿业有限公司矿厂建设	200804	200810	4500	4500
汝阳县隆盛路开发建设指挥部隆盛路开发	200806	200812	7000	7000
汝阳县钼兴矿业有限公司选矿厂及矿山建设	200807		20000	9320
汝阳县铅源选矿厂铅锌矿浮选	200805	200811	12000	12000
汝阳县群杰化工有限公司建筑安装工程	200805	200810	3000	3000
汝阳县三升钢玉有限公司三期建设	200805	200811	5000	5000
汝阳县天湛矿业有限公司技术改造	200807		20000	10500
汝阳县伟鑫矿业有限公司矿厂扩建	200804	200807	8000	12500
汝阳县卫生局县医疗卫生建设	200802	200811	20000	20000
汝阳县翔鑫矿业有限公司钼矿开发浮选	200805		30000	8000
汝阳县新农村建设办公室环境整治	200806		4500	3650
汝阳县玉马水库管理处水库大坝除险加固工程	200803	200808	5000	5000
汝阳县裕丰矿业有限公司石英砂厂建设	200804	200809	4000	4000
汝阳县振鹏建材厂厂区建设工程	200805	200811	3000	3000
汝阳县自来水公司城区供水工程	200504	200812	3147	500
汝阳县自来水公司污水处理厂建设	200603	200812	4857	64
三门峡程宇商贸有限公司李岗寨金矿	200806	200810	3200	3200
上海超日（洛阳）太阳能有限公司太阳能光伏发电生产线项目	200703	200808	65000	33000
嵩县宝源矿冶有限公司钼采选	200607	200808	9980	1720
嵩县城关镇南街村村民委员会住宅楼二期开发	200807	200810	4800	4800
嵩县城关镇南街村民委员会住宅楼开发	200802	200807	4700	4700
嵩县丰基新能源电力有限公司秸杆发电项目	200803		28000	10800
嵩县国土资源局伊东二期工程	200808	200812	9000	9000

5-18 续表 8

单位:万元

	开工年月	投产年月	计划总投资	本年完成投资
嵩县黄金管理局黄金冶炼厂建设	200706	200812	15000	13487
嵩县建设局城区道路改建及亮化	200809	200812	3900	3900
嵩县建设局大理石厂区商住楼一期工程	200807	200812	15000	15000
嵩县建设局金城路综合小区	200807	200811	12000	12000
嵩县建设局美好家园	200806	200812	28000	28000
嵩县建设局体育场开发	200711	200812	15000	13000
嵩县建设局文化广场综合小区	200805	200811	6000	6000
嵩县交通局高兰路建设	200708	200812	21000	16870
嵩县教育局教育新区	200808	200812	8970	8970
嵩县金丰矿业有限公司铁选厂技改工程	200801	200807	8000	8000
嵩县金水湾家园项目部金水湾二期开发	200807	200810	4700	4700
嵩县金水湾家园项目指挥部金水湾综合工程	200804	200807	4500	4500
嵩县聚鑫矿业有限公司铅锌	200712	200806	3600	3600
嵩县开拓者钼业有限公司钼冶炼厂	200707	200812	15000	9420
嵩县康桥世纪花园综合建设指挥部康桥世纪花园综合开发一期工程	200805	200811	4900	4900
嵩县农业局新能源基础建设	200803	200812	5000	5000
嵩县天池山管理局景区建设	200808		4700	3590
嵩县天阳矿业有限公司选矿	200804	200808	5500	5500
嵩县通特管道燃气有限公司城市管网建设	200708	200807	7780	5370
嵩县万利达照明电器有限公司节能灯项目	200810		20000	1500
嵩县耀星半岛假日庄园耀星半岛假日庄园	200806		15000	1921
天空能源(洛阳)有限公司锂离子动力电池项目	200710	200809	10000	8700
香港中扩集团玩具厂建设	200606		10400	3926
新安畅通燃气有限公司多晶硅	200805		75107	39500
新安县城建局县城供排水项目	200804		5059	3810
新安县公路管理局北环公路正铁段	200805		8973	5100
新安县金通工贸有限公司化工项目	200702		9800	4650
新安县荆紫山旅游开发有限公司农业观光园项目	200707	200810	5000	3200
新安县新城西区开发建设指挥部滨湖新城住宅小区一期工程	200708	200808	6000	3450
新安县新城西区开发指挥部锦绣花园二期	200804		14800	8735
新安县英展商贸有限公司特型齿轮加工	200703	200805	5000	2000
新安县郁山陇海煤炭运销处年产 300 台双捻机	200703	200805	4000	2000
新奥气化采煤投资有限公司有井式煤炭地下气化工业性试验项目	200706		6000	3310
新能源有限公司洛阳分公司 30 万吨/年清洁能源二甲醚一期	200806		15302	1470
偃师市金牛纸业有限公司防霉纸生产	200808		18000	4500
偃师市首阳山四方建材厂煤矸石业研烧结砖项目	200803	200804	4000	4000
偃师市水利局洛河城区综合治理工程	200802		12838	3636
偃师粤海国际酒店国际酒店	200705	200809	8000	2900
一拖(洛阳)叉车有限公司异地迁建项目	200808		6600	3850
伊川电力集团总公司宝雨山煤矿宝雨山煤矿技改项目	200702		64300	19194
伊川杜康实业有限公司“双十工程”	200708		20388	4150
伊川县城关镇北府店村民委员会北街老城区改造	200810		8000	2830

单位：万元

	开工年月	投产年月	计划总投资	本年完成投资
伊川县城关镇南府店村民委员会河洛购物广场	200810		6000	4100
伊川县建设工程有限公司恒达分司荆山鸣迪住宅小区	200706	200808	5500	1900
伊川县林业局西山植物园二期	200803	200812	5188	5188
伊川县人民医院高层病房楼	200811		7808	108
伊川县中等职业学校建设指挥部伊川县中等职业学校建设工程	200808		4996	2670
伊川新大牧业发展有限公司养殖 20 万头猪	200803		37900	21950
伊电集团宝雨山煤矿鲁沟井煤矿技改项目	200708	200805	4314	1834
宜阳县北城区人民医院仁和保健中心	200703		3000	1190
宜阳县交通局零公里项目	200802	200812	6690	6690
宜阳县灵泉自来水有限责任公司城区供水工程	200506		6536	4070
宜阳县星源煤矿年产 30 万吨原煤技改	200809		19000	12100
义马煤业(集团)宜阳义络煤业有限责任公司义络公司棚户区改造工程	200706		13000	6557
义马煤业集团有限责任公司孟津煤矿	200502		105000	30651
义马煤业集团有限责任公司新义煤矿建设	200501		68920	22026
源华冶金材料洛阳有限公司年产 13 万吨优质硅砖	200810		10000	1450
中钢集团耐火材料有限公司大型不锈钢冶炼用优质耐火材料生产线	200804		26500	9023
中国船舶重工集团公司第七二五研究所钛及钛合金板带材项目	200705		115840	4805
中国船舶重工业集团公司第七二五研究所七二五所研发基地	200701		57000	4385
中国船舶重工业集团公司第七二五研究所钛合金铸件扩能	200701	200802	5000	376
中国航空工业第一集团公司洛阳电光设备研究 613 所光电研发中心	200806		57893	18966
中国空空导弹研究院半岛明珠地下车库	200806		4200	2315
中国空空导弹研究院科研区人防车库	200806		4200	2058
中国空空导弹研究院新区住宅楼	200507	200812	7500	614
中国联合通信有限公司洛阳分公司 2008 年 GSM 网工程	200807		15000	732
中国洛阳浮法玻璃集团有限责任公司低辐射 LOW－E 中空镀膜玻璃生产线	200704		12859	2580
中国南车集团洛阳机车厂铁路大型养护施工工程机械制造	200701	200812	4890	1300
中国石油化工股份有限公司洛阳分公司油品质量升级改造第一阶段工程	200605		230815	82321
中国石油天然气第一建设公司设备购置			9910	7911
中国石油天然气管道第三工程分公司兰—郑—长成品油管道工程	200804	200812	21311	21311
中国移动通信集团河南有限公司洛阳分公司 2008 年本地传输网工程	200809		4592	4000
中国移动通信集团河南有限公司洛阳分公司 GSM13 期扩容工程 A 阶段	200806	200812	30000	30000
中国移动通信集团河南有限公司洛阳分公司 GSM 十二期 B 阶段	200802	200812	20000	20000
中国移动通信集团河南有限公司洛阳分公司高新机房楼	200808		3810	500
中航光电科技股份有限公司连接器产业化项目	200801		47000	12962
中交二公局第四工程有限公司设备购置			3050	3050
中扩矿业开发(洛宁)有限公司矿业开发	200804	200812	8200	8200
中铝河南铝业有限公司 30 吨炉熔铸生产线	200802	200812	9570	8761
中铝河南铝业有限公司进口分卷机及磨床项目	200802		8180	4386
中铝河南铝业有限公司热连轧	200805		142683	6118
中铝洛阳铜业有限公司高精度电子铜板带	200606		217000	81000
中迈(嵩县)多金属选矿厂朱王岭选厂	200803	200809	8000	7600
中色科技股份有限公司重大技术装备研制基地	200611	200810	13478	2044
中实洛阳重型机械有限公司矿选设备技术改造及新建办公楼	200801	200803	3200	3200
中实洛阳重型机械有限公司石油机械及电控设备	200702	200807	4000	302
中铁二十五局集团有限公司洛阳南站	200812		18780	9443
中铁十五局集团第七工程有限公司设备购置			3230	3230
中铁十五局集团有限公司设备购置			50000	34571
中铁隧道集团有限公司设备购置			53035	37459
中信重工机械股份有限公司节约型特大选矿设备产业化项目	200801		42000	24985
中信重工机械股份有限公司重油炉改节能煤气炉工程	200802		5450	3881
中信重工机械股份有限公司重铸铁业建设项目	200805		22000	8170
中信重型机械公司重型装备铸锻件锻造基地建设二期	200706		58735	20419
中原物流中心有限责任公司古文化城	200803	200807	6000	6000

5－19 固定资产投资3000万元以上项目一览表(二)

单位:万元

	本年完成投资	建筑工程	安装工程	设备、工器具购置	其他费用	本年新增固定资产
澳斯特齿轮(洛阳)有限公司1300吨/年高科技齿轮项目	1300	300	115	785	100	
北京鸿舜伟业工贸有限公司拌和站年产砂石料3000万方	1000	1000				4500
丰太粮食深加工洛阳有限公司年加工15万吨小麦生产线	3900	2480	200	800	420	
河南柴油机集团有限责任公司高速大功率柴油机生产基地二期	1695			1695		
河南柴油机集团有限责任公司铸造公司整体生产线搬迁项目	2693	1503			1190	
河南柴油机集团有限责任公司蓝鹰物业公司河柴旧街坊改造	5730	5730				
河南柴油机重工有限责任公司技术改造工程	2620	2620				
河南柴油机重工有限责任公司可燃气体发动机生产线技改项目	17618	17618				
河南发恩德矿业有限公司西沟矿区银铅综合开发	8600	4200	200	1000	3200	8600
河南发恩德矿业有限公司庄头二选厂建设	18000	8520	900	2830	5750	18000
河南海滨路桥建筑工程有限公司住宅楼项目	1351	1351				5200
河南金源黄金矿业有限公司3000t/d改扩建	17042	10428		4500	2114	
河南九龙山温泉度假村开发有限公司九龙山温泉深度开发项目	7500	5340			2160	
河南科技大学新校区二期	8751	8751				
河南科技大学第一附属医院新区医院	11430	10608			822	
河南洛重机械制造有限公司新建厂房	7800	3200	80	2720	1800	6000
河南齐心源生态能源科技开发有限公司玉米秸秆生物化高质沼气、有机肥综合利用项	1600	1320			280	
河南启隆文化传媒发展有限公司白河乡服务接待中心续建工程	5000	4930			70	5000
河南汝鑫高速公路有限公司洛阳至南阳高速公路洛阳段	58998	49793			9205	
河南商都化工有限责任公司河南商都化工恢复生产检修环保工程	6900		600	4000	2300	4600
河南昇扬硅业科技发展有限公司年产10万吨金属硅项目	29401	6206	16	14377	8802	
河南省电力公司洛阳供电公司08配网	6146	6146				
河南省电力公司洛阳供电公司110KV栾川合峪输变电工程	3284	3284				
河南省电力公司洛阳供电公司110KV孟津白鹤输变电工程	340	340				
河南省电力公司洛阳供电公司110KV嵩县旧县输变电工程	1934	1934				
河南省电力公司洛阳供电公司110千伏焦屯输变电工程	1112	1000			112	
河南省电力公司洛阳供电公司110千伏汝阳付店输变电工程	5010	5010				
河南省电力公司洛阳供电公司110千伏汝阳小店输变电工程	1869	1869				
河南省电力公司洛阳供电公司110千伏宜阳城关输变电工程	1191	1191				
河南省电力公司洛阳供电公司2007年新开工市区110KV电网项目	2704	1525	535		644	12857
河南省电力公司洛阳供电公司2007年新开工县区110KV电网项目	393				393	
河南省电力公司洛阳供电公司220KV孟津输变电工程	7500	7500				
河南省电力公司洛阳供电公司220KV汝阳变扩建工程	2059	2059				
河南省电力公司洛阳供电公司220千伏洛南变送出线路工程	10585	10585				
河南省电力公司洛阳供电公司220千伏牡丹至朝阳线路工程	4036				4036	
河南省电力公司洛阳供电公司220千伏中州变扩建工程	3769	3769				
河南省电力公司洛阳供电公司农网完善工程	7051	7051				
河南省坤达农业机械设备有限公司甘蔗联合收割机生产线	5000	5000				5000
河南省老君山生态旅游开发有限公司伏牛山游客服务中心建设项目	3580	2580	265	735		
河南省老君山生态旅游开发有限公司老君山深度开发项目	3200	3200				
河南省栾川县交通局石冷路改建工程	2300				2300	
河南省栾川县中等职业学校中等职业学校建设	2665	2415			250	
河南省洛阳经济技术开发区管理委会员基础设施建设	5300	3300			2000	7834
河南省洛阳荣康医院整体搬迁项目	567	567				
河南省洛阳市中级人民法院洛阳市中级人民法院审判大楼	3200	3200				2800
河南省民正畜牧业养殖有限公司年产五万头品种猪项目	3500	2700	100	200	500	7000
河南省世纪鑫泰矿山有限公司矿山开发	5200	4100			1100	5200
河南泰山石膏建材有限公司石膏板生产	12300	8800		3500		

5－19 续表 1　　　　单位：万元

	本年完成投资	建筑工程	安装工程	设备、工器具购置	其他费用	本年新增固定资产
河南通达电缆股份有限公司500千伏及以上超高压输电线技术改造	19400	5300	2000	11100	1000	
河南兴安线材有限公司废钢熔铸	18000	4300	2000	9100	2600	
河南永华能源有限公司煤矿扩建	15437	10502	1863	964	2108	
河南正成多晶硅有限公司年产1000吨太阳能级多晶硅	16687	13887		2714	86	
河南中辉有色金属有限公司富氧底吹10万吨/年铅熔炼	2930	2930				
华阳孟津电厂一期工程	222100	106100	14200	100000	1800	
江西南昌路基工程公司年产9000吨钢构	1500	1500				3000
捷威精密制造(洛阳)有限公司洛阳留学生创业及PCB关键器件建设基地	2980	2980				
金堆城钼业汝阳县有限责任公司2万吨钼采选	32993	10200		17073	5720	
金銮国际投资公司曼哈顿广场	13000	12000			1000	12500
栾川宝华山钨钼矿业有限公司多金属综合回收工程	7875	3605	895	2534	841	6139
栾川恒裕矿业有限公司5000吨/日钼矿采选	3990	2470	365	1155		
栾川龙宇钼业有限公司15000吨/日钼采选工程	70443	18139	6187	28502	17615	
栾川龙宇钼业有限公司龙宇大厦建设项目	8226	4874	495	1938	919	
栾川天源水电有限公司金牛岭水利工程	1580	870	105	420	185	
栾川县长青钨钼有限责任公司深部"858"采矿工程	1170	925	245			7851
栾川县长青钨钼有限责任公司钨钼深加工项目	8000	2995		4390	615	
栾川县城关镇人民政府兴华东路城中村改造工程	5710	2810			2900	
栾川县城关镇人民政府幸福西路城中村改造工程	7500	4000			3500	
栾川县大源选矿有限公司3000吨/日多金属综合回收	2500	600	170	1430	300	7430
栾川县德诚金属冶炼有限责任公司3000吨/日钼酸鞍技改项目	5250	1850	785	2615		4500
栾川县电业局电力生产调度中心	4380	2800			1580	
栾川县扶贫开发办公室移民搬迁项目	5600	4800			800	5600
栾川县建设局休闲区南岸畅通工程	2561	1261			1300	
栾川县交通局北环路建设	7100	2600			4500	
栾川县林业局林业生态县建设工程	7039	3699			3325	
栾川县旅游工作委员会伏牛山地质广场建设项目	3213	1400			1813	
栾川县栾川乡人民政府罗庄村、七里村城中村改造工程	2400	1750			650	
栾川县钼都矿冶有限公司钨钼地质探矿	779	529			250	2631
栾川县牛心垛矿业有限公司3000吨/日钼选厂建设	5160	1775	505	2725	155	5060
栾川县启源矿业有限公司1200吨/日钼选厂	3000	2050	200	750		3000
栾川县三友页岩墙材有限公司页岩墙体建材项目	3000	1650	345	1005		3000
栾川县森苑有限公司废气治理及资源综合回收工程二期	2700	1850	850			2400
栾川县市政管理局生态观光园一期工程	4000	2500			1500	
栾川县天鼓山黄密寺风景区黄密寺风景区三期工程	4100	900	885	2315		
栾川县新农村建设办公室新农村建设	5400	4800			600	5400
栾川县鑫达矿业有限公司多金属综合回收项目	5635	2610	550	2240	235	
栾川县亿嘉旅游服务有限公司画眉山大酒店	1400	1400				8400
栾川县中铁矿业有限公司15000吨/日铁矿采选	9000	4350	850	3800		9000
栾川县众和冶金炉料有限公司3000吨/日钼选厂扩建	581	500	81			5914
洛玻集团洛阳龙泽焦化有限公司60万吨/年煤气焦化项目	10000	5350	500	4150		
洛玻龙泽焦化有限公司焦化厂二期建设	5000	2000	600	2000	400	5000
洛宁金铎矿业有限公司深部探矿	3680	3260			420	3680
洛宁县城关镇人民政府乾瑞花园二期工程建设	3910	3910				3910
洛宁县冯家洼矿山开发有限公司矿山开发	3950	3200		650	100	3950
洛宁县富地公司福邸佳苑住宅小区	6200	5000			1200	6200
洛宁县红十字医院红十字医院建设	5800	5320			480	5800
洛宁县红十字医院金海富地小区建设	3960	3320			640	3960

5－19 续表 2　　　　单位:万元

	本年完成投资	建筑工程	安装工程	设备、工器具购置	其他费用	本年新增固定资产
洛宁县汇源矿产品贸易公司选厂建设	3200	3200				3200
洛宁县建设局寺沟河市场建设	3100	3100				3100
洛宁县建设局紫竹花园住宅小区	3000	3000				13000
洛宁县金源公司鑫源小区建设	3900	3600			300	3900
洛宁县开元宝山金矿开发有限公司金矿开采	3920	3920				3920
洛宁县汽车站小区建设	3900	3600			300	3900
洛宁县腾达井巷工程有限公司深部开采	5600	5100		500		5600
洛宁县天一选厂铁矿开采	3860	3860				3860
洛宁县兴隆井巷工程有限公司深部探矿	5950	5450		500		5950
洛宁县一站式建材市场有限公司赛恩轻体建筑材料项目	3980	3980				3980
洛宁县宇祥矿产品贸易公司选厂建设	3600	3300		300		3600
洛宁县中高村选厂矿山深部探矿开发及选取	3850	3170	30	650		3850
洛宁县紫竹大酒店有限公司紫竹大酒店	4000	3520			480	4000
洛宁县紫竹大酒店有限公司紫竹购物中心	3930	1870		200	1860	
洛宁新华水电开发有限公司禹门河反调节水库	9191	5898	1810	1348	135	
洛宁永鑫井巷施工有限公司深部开采	4600	4000			600	4600
洛阳 LYC 轴承有限公司新洛轴工程项目	58600	41320		15600	1680	
洛阳安玻设备有限公司年产 44 万片异型玻璃	1800	1000		400	400	1400
洛阳奥瑞高科技耐火材料有限公司高科技耐火材料生产项目	3770	2872	15	753	130	3625
洛阳白马集团有限责任公司白马住宅楼	4396	4396				
洛阳北方企业集团有限公司大排量摩托车产业化建设项目	3217	1586		1419	212	
洛阳北方易初摩托车有限公司年产 100 万辆摩托车建设项目	8378	3031	656	4691		
洛阳标新铝业有限公司铝板带箔生产项目	31620	3896	4793	22931		31620
洛阳博马农机有限公司新建厂房	4700	3400		500	800	4700
洛阳长盟铝业有限公司铝制品加工项目	2400	775	265	1350	10	6700
洛阳大华重型机械有限公司新厂区工程	5055	1850	186	3019		9499
洛阳大学洛南新校区扩建工程	5100	5100				
洛阳大洋耐火材料有限公司第四、五、六、七条生产线	48200	20200	5500	18300	4200	
洛阳德胜化工有限公司腺嘌呤二期	4800	1480	700	2490	130	
洛阳德胜化工有限公司腺嘌呤生产	2000	1000	200	800		3800
洛阳东方医院数字化 X 线成像系统等设备购置	3000	0		3000		3000
洛阳东方医院造影等设备购置	8000	0		8000		8000
洛阳东瑞生物科技有限公司秸杆发电	6714	2810	350	3554		26000
洛阳东一数控重机有限公司厂房建设	5096	4720	26	350		7974
洛阳方诚置业有限公司唐城御府	7332	6520			812	
洛阳方智测控有限公司棉纺异纤清除设备	1942	1147	108	417	270	
洛阳非常耐火材料有限公司耐火材料生产线	1500	1500				4000
洛阳丰瑞氟业有限公司无机氟化物助熔剂项目	12070	7650	750	2670	1000	
洛阳弗里斯特机械技术有限公司年产 1 万吨铝合金压铸件	200	100		100		
洛阳伏牛山滑雪度假开发有限公司二期工程建设	12890	6870	950	4000	1070	
洛阳福瑞得铝业股份有限公司铝制品深加工	5000			1500	3500	6200
洛阳富川矿冶有限公司露采扩帮工程	6965	4250			2715	5500
洛阳港弘瓷业有限公司卫生陶瓷生产线	340	340				6000
洛阳高科钼钨材料有限公司 1500 吨/年钼钨制品深加技改	15500	2268	2614	8518	2100	5277
洛阳高新区六期开发建设指挥部六期道路基础设施建设项目	14128	8128			6000	
洛阳高新区五期开发建设指挥部火炬创业大厦建设	150	150				6130
洛阳高新区五期开发建设指挥部五期道路基础设施建设	4163	663	250	1850	1400	10663
洛阳古城机械有限公司汽车零部件生产项目	600	250	65	285		9431

	本年完成投资	建筑工程	安装工程	设备、工器具购置	其他费用	本年新增固定资产
洛阳广电信息网络有限责任公司有线电视数字化工程	2734		2734			
洛阳国家高新区洛龙科技园区管委会标准化厂房	2765	2765				
洛阳国家高新区洛龙科技园区管委会二期工程	18150	18150				
洛阳国家高新区洛龙科技园区管委会污水处理厂	2995	2995				
洛阳和谐铁合金有限公司年产700吨钛及钛合金锻件项目	2935	839	315	950	831	
洛阳黄河同力水泥有限责任公司5000D/T水泥生产线低温余热电站工程	4120	1040	803	2277		5680
洛阳惠生石化工程股份有限公司石油化工设备研发与加工生产基地	4885	3757	180	150	798	3907
洛阳机床有限责任公司整体迁建项目	2860	2860				
洛阳建材机械厂浮法玻璃、玻纤制造装备生产项目	6430	2200	780	2950	500	950
洛阳建材机械厂新建建筑材料生产机械制造	3673	2000	173	700	800	2873
洛阳建工集团有限公司综合商务楼	5350	5350				5350
洛阳交通信息中心防汛抗旱调度中心洛阳市档案大楼	828	828				
洛阳交通信息中心防汛抗旱调度中心洛阳市交通中心	1435	1435				
洛阳金海渝龙能源开发有限公司甲醇、醋酸生产项目	10500	2000		2500	6000	
洛阳金龙精密铝材有限公司年产15万吨精密铝材	39285	29910	1580	5000	2795	
洛阳金龙天灵炭素有限公司洛阳金龙炭素扩建项目	20650	4510	5820	9850	470	51860
洛阳金元特大型轴承开发有限公司风能发电专用轴承项目	3100	1550		1500	50	3050
洛阳锦桥矿业有限公司马店铅银选厂	12800	6200	900	1500	4200	12800
洛阳晶润镀膜玻璃有限公司低辐射镀膜玻璃生产线	9258	2150	469	6344	295	
洛阳九创重型机械有限公司机械加工、热处理项目	945	945				3000
洛阳九久技术开发有限公司15000件盾构机破岩刀具项目	2379	1406	102	465	406	
洛阳骏马化工有限公司10万吨/年硝酸工种	60	60				
洛阳科威钨钼有限公司精细钨钼加工100吨生产线	3800	500	500	2800		3300
洛阳矿业集团嵩县黄金矿业有限公司选矿厂建设	7000	1900	180	1620	3300	7000
洛阳矿重冶金设备有限公司冶金机械制造	5000	1870	20	1610	1500	3500
洛阳利尔耐火材料有限公司高档耐火材料生产线项目	2980	1500	500	480	500	3900
洛阳利祥冶金建材设备有限公司数控立车等设备购置	3200			3200		3200
洛阳联合变速器有限责任公司年产5万台轿车用无级变速器项目	16900	5800	650	9800	650	19000
洛阳联华东方百货有限公司联华东方百货商场改造	5400	5400				5400
洛阳林安商贸有限公司林安汽车城建设工程	1110	1110				3000
洛阳六和慧泉食品有限公司日屠宰5万只鸡	7000	3000	1000	3000		7000
洛阳龙门煤业有限公司常村煤矿原产45万吨原煤项目	16382	10316	434	2031	3601	
洛阳龙瑞新型建材筹建指挥部年产12亿块煤灰标砖工程	18044	5458	4322	7300	964	46019
洛阳龙羽山川钼业有限公司选厂技术改造	13000	3000	1000	9000		13000
洛阳隆华集团板式热交换器项目	12000	3930	270	6880	920	11000
洛阳栾川钼业集团股份有限公司30000吨/日露采配套工程	10263	6046		1603	2614	
洛阳栾川钼业集团股份有限公司3000吨/日白钨回收工程	10950	5122	852	4326	650	10950
洛阳栾川钼业集团股份有限公司6000吨/日白钨回收工程	4130	968	686	2074	402	6444
洛阳洛河明珠旅游有限公司故县旅游开发基础设施建设	6000	4880	300	720	100	6000
洛阳洛耐菲尔耐火材料有限公司隧道窑生产线	3500	2400	165	885	50	3400
洛阳钼都国际饭店有限公司钼都利豪国际酒店	6200	5000		1200		30000
洛阳钼都钨钼科技有限公司钨钼深加工项目	71000	28650	9500	31600	1250	
洛阳钼业集团金属材料有限公司40000t/a钼冶炼技术改造工程	29352	8343	7	12138	8864	
洛阳耐火材料研究院高性能碳化硅产品生产线	5289	2340	438	1361	1150	
洛阳南站周边环境整治指挥部环境整治及配套	78000	4500	8500	26000	39000	30500
洛阳普莱柯生物工程有限公司兽药GMD车间及仓库项目	4003	1932	338	976	757	
洛阳乾纳冶金有限公司年产6.5万吨铝板带项目	15010	1827	2659	8424	2100	
洛阳冉达酒精有限公司冉达酒精二期项目	2400	550	450	1380	20	4550

	本年完成投资	建筑工程	安装工程	设备、工器具购置	其他费用	本年新增固定资产
洛阳熔拓焦化有限责任公司污水处理工程	3000			2750	250	
洛阳锐腾机械设备有限公司冶金机械设备研发与生产基地	4477	1167		2655	655	
洛阳瑞格尔轴承科技有限公司高精密轴承项目	4780	1415	890	1950	525	
洛阳瑞仕曼数控立车制造有限公司直径 8m 数控立车制造	8000	4840		3100	60	8000
洛阳润峰集团栾川友谊宾馆友谊宾馆建设	975	975				
洛阳山碧建材有限公司工业石灰项目	5000	3000	450	1550		4550
洛阳尚德太阳能电力有限公司 90 兆瓦太阳能光伏电池	1085			1085		15000
洛阳石化宏达实业总公司异丁烯扩能项目	7200	2000	500	4700		10000
洛阳市瀍河回族区民营经济服务局含嘉仓工业小区	3400	3400				8000
洛阳市瀍河回族区旭升村旭升都市村庄	3250	3250				8000
洛阳市瀍河区建设局东关大街改造	1400	1400				6500
洛阳市公路管理局洛宁王协洛河大桥	1486	1486				
洛阳市公路管理局省道 331 洛阳嵩县境	5287	3892			1395	
洛阳市翰儒食品有限公司年产 2.8 万吨馍片项目	2819	1056	260	1419	84	
洛阳市佳美木业有限公司 10 万立方米刨花板生产线	6000	6000				6000
洛阳市建设委员会衡山路二期	3000	3000				2800
洛阳市涧西区浅井头居委会名门广场一期	3000	3000				12000
洛阳市涧西区相悦服饰城相悦城改造	4800	4696	24	80		4800
洛阳市金峰铸造有限公司建设生产厂房	1785	1003			782	
洛阳市利安汽车运销贸易有限公司车辆购置	4417			4417		4417
洛阳市洛北铸钢厂年产 2 万吨大型铸件项目	8000	6396	11	540	1053	6936
洛阳市洛龙区关林镇皂角树村村民委员会综合大楼	4002	4002				
洛阳市洛龙区关林镇皂角树龙康安置小区建设龙康小区二期	23000	20500			2500	
洛阳市洛龙区科技园安置小区建设指挥部龙丰小区	18100	13600			4500	
洛阳市洛龙区郑西铁路安置小区建设指挥部龙盛安置小区一期	2570	2570				
洛阳市洛南新区市政工程建设指挥部关林西路延长线建设工程	1582	1582				1500
洛阳市洛南新区市政工程建设指挥部洛河南案污水截流项目一期	1071	1071				
洛阳市洛南新区市政工程建设指挥部瀛洲大桥	4580	3380		350	850	
洛阳市孟西灌区工程建设管理局孟西灌区工程	1255	1255				
洛阳市盘金机械设备有限公司大型锻件生产线	1370	1300		70		3287
洛阳市人民防空办公室 0401 工程主体工程	260	260				250
洛阳市森泰生物工程有限公司 6 万吨生物发酵饲料项目	4895	895	250	1750	2000	3875
洛阳市石化配件制造有限公司年产一万吨石化配件	5381	4981		400		9000
洛阳市天天绿色食品有限公司杜仲深加工	3000	770		2000	230	
洛阳市天源集团有限公司煤矿技改	1760	545	370	695	150	12450
洛阳市王城保龄球娱乐有限公司保龄球馆改建	2000	2000				3000
洛阳市文物管理局洛阳博物馆	17476	17476				
洛阳市西工区人民检察院综合办公楼	2800	2800				6950
洛阳市香江万基铝业有限公司铝矾土综合开发	10650	5800	1000	3520	330	
洛阳市小浪底水库移民安置局西霞院移民搬迁	6559	2559			4000	6559
洛阳市新艺实业有限公司新艺花城小区	8000	6640	150	600	610	7300
洛阳市兴荣工业有限公司机械深加工项目	3760	680	540	1920	620	3760
洛阳市兴荣工业有限公司微合金钢项目	9530		530	9000		15000
洛阳市星火建材有限公司探矿建设	5700	4810		890		5700
洛阳市烟草公司汝阳县分公司烟叶基础规范化建设	6449	6449				6449
洛阳市亿丰石油化工有限责任公司年产 35 万吨高品质基质沥青	15500	11200	900	2250	1150	
洛阳市豫瑞机械制造有限公司矿产机械矿铸造生产	12000	3900	2580	5020	500	8920
洛阳市园林局开元大道东延长线绿化工程	1644	1644				

	本年完成投资	建筑工程	安装工程	设备工、器具购置	其他费用	本年新增固定资产
洛阳市园林局洛浦公园东段延长线绿化	1033	1033				
洛阳市中心医院中俄洛阳心血管病治疗中心	3770	3770				
洛阳首龙硅业有限公司多晶硅(一期)	12000	2950	2000	3500	3550	
洛阳首龙集团有限责任公司新建首电医院	3500	3500				3500
洛阳首天导电膜玻璃有限公司 ITO 导电膜玻璃建设项目	3100	1100	700	1300		6300
洛阳双瑞金属复合材料有限公司复合材料	5480	3880	398	897	305	4677
洛阳太康路东段建设工程指挥部太康路东段道路工程	6160	3550			2610	
洛阳特冶铸锻有限公司机械加工	3000	1607	165	1013	215	1620
洛阳天骋化学试剂有限公司生物制剂项目	2000	1285	255	460		5000
洛阳天工木业有限公司木板加工项目	630	120	115	375	20	5485
洛阳天浩泰轨道装备制造有限公司美国 GE 公司配件生产规模扩容	3920		800	3020	100	3920
洛阳天裕车业有限公司商用汽车城一期	4000	4000				4000
洛阳天源煤业第十一有限公司煤矿技术改造	2660	910	550	900	300	
洛阳万方矿业有限公司钼选厂扩建	3500	2150	300	1050		3500
洛阳王力重型机械有限公司机械加工、热处理	1320	948	30	222	120	3000
洛阳伟业轧钢有限公司年产20万吨冷拔丝及钢丝绳项目	8030	2980	1600	3450		9130
洛阳五洲置业有限公司五洲大厦建设项目	2600	2600				
洛阳先诚铝材有限公司铝板材加工	3500	1920	400	1080	100	3495
洛阳香江万基铝业有限公司氧化铝二期扩建	149580	60960	39100	49520		228180
洛阳祥龙铝业有限公司铝铸轧卷生产线	2000	1160	20	800	20	1980
洛阳新安电力集团有限公司粉煤灰水泥工程	6000	3000	900	1600	500	44915
洛阳新安电力集团有限公司海绵钛工程	13915	6410	2110	3670	1725	59537
洛阳新安电力集团有限公司铝合金铸棒项目	4000	1300	950	1150	600	12490
洛阳新安电力集团有限公司渠里矿改扩建工程	94380	52880	14390	24070	3040	40530
洛阳新安电力集团有限公司脱硫改造工程	3470	1400	580	1040	450	17115
洛阳新安电力集团有限公司正村煤田工程	47500	35950	5080	5310	1160	99429
洛阳新华厦汽车城汽车4S店	6600	6100			500	11000
洛阳新区大酒店工程建设指挥部新区大酒店	1690	1690				
洛阳新润研磨材料有限公司年产5万吨改性耐磨材料建设项目	1996	1996				5000
洛阳鑫迪铁道电气化有限公司鑫迪铁道电器二期厂房建设	3212	1497	360	855	500	947
洛阳鑫冠化工有限公司生产线改造	8000		200	5850	1950	8000
洛阳鑫友镁业有限公司年产300吨镁合金薄板生产线	1105	300	100	705		
洛阳信诚粮油副食商贸有限公司储备仓库	8600	8600				8600
洛阳信建德铸钢有限公司年产2万吨铸钢件	6620	6100	20	500		
洛阳兴起铸锻件机械有限公司新建铸锻件厂	8700	1100	760	6840		8700
洛阳疋姆泰可精密零件制造有限公司粉末注射成型精密零件制造项目	138			138		
洛阳一拖众诚配件制造有限公司机械配件生产线	8978	6550	570	1304	554	
洛阳亿达飞硅业科技有限公司多晶硅(一期)	14600	3900	1300	4400	5000	
洛阳亿万达建筑机械有限公司综合办公楼、车间	4700	4178	0	267	255	
洛阳银燕科技有限公司异型棉纤除尘等设备生产与研发	9000	2900	0	60	6040	
洛阳永宁金银铅综合冶炼公司15万吨铅金银综合冶炼项目	8210	6804	0	1302	104	
洛阳昱海生物科技有限公司年产6万吨生物柴油	8155	5155	200	2700	100	8200
洛阳煜宏达机电技术有限公司数控弹簧设备和输送带机械接头	2104	965	230	627	282	
洛阳豫港龙泉高精度铝板带有限公司热轧铝板带项目	116660	60280	15955	34145	6280	
洛阳豫甲汽车零部件有限公司年产135000根半轴项目	3500	3000		500		3500
洛阳云博有限公司厂房建设	500	465		35		3200
洛阳哲君农林科技开发有限公司黄河湿地生态园	5951	4700			1251	
洛阳至尚有机硅制品有限公司标准化厂房建设	7310	7301			9	8000

单位:万元

	本年完成投资	建筑工程	安装工程	设备、工器具购置	其他费用	本年新增固定资产
洛阳中创重型机械有限公司压力容器用大型锻件的开发与制造项目	3968	1571	388	1170	839	
洛阳中丰肥业有限公司技术改造	5000	480	850	3070	600	5000
洛阳中硅高科技有限公司2000吨多晶硅高技术产业化项目	50370	14200	8830	22340	5000	120000
洛阳中集凌宇汽车有限公司搬迁改造项目	14885	9885	1150	3150	700	17445
洛阳中迈重工有限公司挖掘机生产	8476	4491	1110	2465	410	
洛阳中岳实业有限公司太阳能用多晶硅(二期500吨)	15700	6400	1800	6000	1500	
洛阳中岳实业有限公司太阳能用多晶硅(一期年产100吨)	8000	2080	1220	4400	300	8000
洛阳中展实业有限公司新建厂房	6000	1670	180	3350	800	5200
洛阳众品食业有限公司10万吨/年无公害猪肉加工项目	22000	11000	3000	8000		22000
洛阳轴承研究所精密型重型机械轴承产业化项目	5800	2200	200	1800	1600	
洛阳轴承研究所数控大型轴承设备购置	3500			3500		3500
洛阳轴研科技股份有限公司精品轴承磨削超精自动化生产线	3601	750		2851		5581
洛阳轴研科技股份有限公司数控钻床等设备购置	3500			3500		3500
洛阳轴研科技股份有限公司特种精密轴承及陶瓷轴承	2777		300	977	1500	10860
洛阳卓达石化设备有限公司石油化工用压力容器生产项目	1200	990			210	
孟津润峰焦化有限责任公司一期工程	7100	7100				65300
汝阳杜康(集团)总公司技术改造	96127			96127		
汝阳天意矿业有限公司矿山开发及钼选厂建设	5000	1800	50	2100	1050	
汝阳天泽金鼎矿业有限公司城西煤矿工程	13500	9800		3700		
汝阳县滨河小区建设指挥部滨河小区建设	9150	8650			500	9150
汝阳县博华铁合金厂博华三期回转窑生产线建设	5000	2000	500	1900	600	5000
汝阳县古城煤矿煤矿开采	359	359				
汝阳县国土局金达铁采选	4650	1605	285	960	1800	2565
汝阳县国土资源局凤凰小区开发	6240	1400	200	1690	2950	
汝阳县建设局滨河小区	16000	5000	2500	6500	2000	
汝阳县建设局隆盛小区建设	16000	5000	2500	6500	2000	
汝阳县建设局县城旧城改造一期	8500	4000	500	4000		8500
汝阳县交通局二广高速汝阳内埠至陶营段配套工程	27000	27000				50000
汝阳县交通局洛南高速汝阳连接线工程	4500	4500				4500
汝阳县交通局小店至刘店配套工程	30000	30000				30000
汝阳县教育局城关一中综合楼	4300	4300				4300
汝阳县教育局教育局新建设办公大楼	5000	5000				5000
汝阳县教育局进修学校教学楼	5000	5000				5000
汝阳县教育局特殊教育学校整体搬迁	9000	9000				9000
汝阳县教育局职教中心综合楼	4000	4000				4000
汝阳县金达矿业有限公司矿厂建设	4500	350		1500	2650	4500
汝阳县隆盛路开发建设指挥部隆盛路开发	7000	5500			1500	7000
汝阳县钼兴矿业有限公司选矿厂及矿山建设	9320	3720	150	4150	1300	
汝阳县铅源选矿厂铅锌矿浮选	12000	2590	200	8890	320	12000
汝阳县群杰化工有限公司建筑安装工程	3000	1800	300	900		3000
汝阳县三升钢玉有限公司三期建设	5000	2000	500	1900	600	5000
汝阳县天湛矿业有限公司技术改造	10500	4363	490	5287	360	
汝阳县伟鑫矿业有限公司矿厂扩建	12500	400	200	9800	2100	12500
汝阳县卫生局县医疗卫生建设	20000	13000	2000	5000		20000
汝阳县翔鑫矿业有限公司钼矿开发浮选	8000	2300	140	3410	2150	
汝阳县新农村建设办公室环境整治	3650	2500			1150	
汝阳县玉马水库管理处水库大坝除险加固工程	5000	4000			1000	5000
汝阳县裕丰矿业有限公司石英砂厂建设	4000	2200		1300	500	4000

	本年完成投资	建筑工程	安装工程	设备、工器具购置	其他费用	本年新增固定资产
汝阳县振鹏建材厂厂区建设工程	3000	1350	300	950	400	3000
汝阳县自来水公司城区供水工程	500				500	2190
汝阳县自来水公司污水处理厂建设	64			64		4799
三门峡程宇商贸有限公司李岗寨金矿	3200	3200				3200
上海超日(洛阳)太阳能有限公司太阳能光伏发电生产线项目	33000	11000	7000	14000	1000	25000
嵩县宝源矿冶有限公司钼采选	1720	420		300	1000	8000
嵩县城关镇南街村村民委员会住宅楼二期开发	4800	4800				4800
嵩县城关镇南街村民委员会住宅楼开发	4700	2700			2000	4700
嵩县丰基新能源电力有限公司秸杆发电项目	10800	8800		2000		
嵩县国土资源局伊东二期工程	9000	9000				9000
嵩县黄金管理局黄金冶炼厂建设	13487	11487	500	1500		13487
嵩县建设局城区道路改建及亮化	3900	3900				3900
嵩县建设局大理石厂区商住楼一期工程	15000	14100			900	15000
嵩县建设局金城路综合小区	12000	10800			1200	12000
嵩县建设局美好家园	28000	26400			1600	28000
嵩县建设局体育场开发	13000	13000				15000
嵩县建设局文化广场综合小区	6000	5100			900	6000
嵩县交通局高兰路建设	16870	16870				16870
嵩县教育局教育新区	8970	6970			2000	8970
嵩县金丰矿业有限公司铁选厂技改工程	8000	1000	2000	4000	1000	8000
嵩县金水湾家园项目部金水湾二期开发	4700	4700				4700
嵩县金水湾家园项目指挥部金水湾综合工程	4500	3300			1200	4500
嵩县聚鑫矿业有限公司铅锌	3600	2600	600	400		3600
嵩县开拓者钼业有限公司钼冶炼厂	9420	9420				14458
嵩县康桥世纪花园综合建设指挥部康桥世纪花园综合开发一期工程	4900	4400			500	4900
嵩县农业局新能源基础建设	5000	5000				5000
嵩县天池山管理局景区建设	3590	2700			890	
嵩县天阳矿业有限公司选矿	5500	4500	1000			5500
嵩县通特管道燃气有限公司城市管网建设	5370	4670		700		5370
嵩县万利达照明电器有限公司节能灯项目	1500	500		19	981	
嵩县耀星半岛假日庄园耀星半岛假日庄园	1921	871			1050	
天空能源(洛阳)有限公司锂离子动力电池项目	8700	4927	500	2066	1207	6993
香港中扩集团玩具厂建设	3926	3126		450	350	
新安畅通燃气有限公司多晶硅	39500	14676	5164	19300	360	
新安县城建局县城供排水项目	3810	3810				
新安县公路管理局北环公路正铁段	5100	5100				
新安县金通工贸有限公司化工项目	4650	470	965	2850	365	
新安县荆紫山旅游开发有限公司农业观光园项目	3200	3200				5000
新安县新城西区开发建设指挥部滨湖新城住宅小区一期工程	3450	3450				6000
新安县新城西区开发指挥部锦绣花园二期	8735	8735				
新安县英展商贸有限公司特型齿轮加工	2000	1295	130	575		5000
新安县郁山陇海煤炭运销处年产 300 台双捻机	2000	1385	205	410		4000
新奥气化采煤投资有限公司有井式煤炭地下气化工业性试验项目	3310	430	480	1650	750	
新能源有限公司洛阳分公司30万吨/年清洁能源二甲醚一期	1470				1470	
偃师市金牛纸业有限公司防霉纸生产	4500	1980		1720	800	
偃师市首阳山四方建材厂煤矸石业研烧结砖项目	4000	3400	200	400		4000
偃师市水利局洛河城区综合治理工程	3636	2664			972	
偃师粤海国际酒店国际酒店	2900	2900				7900

5－19 续表 8

单位:万元

	本年完成投资	建筑工程	安装工程	设备、工器具购置	其他费用	本年新增固定资产
一拖(洛阳)叉车有限公司异地迁建项目	3850	3850				
伊川电力集团总公司宝雨山煤矿宝雨山煤矿技改项目	19194	2734	5000	9260	2200	
伊川杜康实业有限公司"双十工程"	4150	1880	365	745	1160	
伊川县城关镇北府店村民委员会北街老城区改造	2830	2730			100	
伊川县城关镇南府店村民委员会河洛购物广场	4100	3900			200	
伊川县建设工程有限公司恒达分司荆山鸣迪住宅小区	1900	1900				5500
伊川县林业局西山植物园二期	5188	1350			3838	1350
伊川县人民医院高层病房楼	108	16			92	
伊川县中等职业学校建设指挥部伊川县中等职业学校建设工程	2670	1670			1000	
伊川新大牧业发展有限公司养殖 20 万头猪	21950	10960	2300	4000	4690	
伊电集团宝雨山煤矿鲁沟井煤矿技改项目	1834	464	500	850	20	3660
宜阳县北城区人民医院仁和保健中心	1190	1190				
宜阳县交通局零公里项目	6690	6690				6690
宜阳县灵泉自来水有限责任公司城区供水工程	4070	2560	250	1260		
宜阳县星源煤矿年产 30 万吨原煤技改	12100	12100				
义马煤业(集团)宜阳义络煤业有限责任公司义络公司棚户区改造工程	6557	6557				
义马煤业集团有限责任公司孟津煤矿	30651	15149	3200	11102	1200	
义马煤业集团有限责任公司新义煤矿建设	22026	13454	1242	4268	3062	
源华冶金材料洛阳有限公司年产 13 万吨优质硅砖	1450	1050			400	
中钢集团耐火材料有限公司大型不锈钢冶炼用优质耐火材料生产线	9023	8753		100	170	
中国船舶重工集团公司第七二五研究所钛及钛合金板带材项目	4805	1000		3500	305	
中国船舶重工业集团公司第七二五研究所七二五所研发基地	4385	4385				
中国船舶重工业集团公司第七二五研究所钛合金铸件扩能	376				376	4624
中国航空工业第一集团公司洛阳电光设备研究613 所光电研发中心	18966	5137			13829	
中国空空导弹研究院半岛明珠地下车库	2315	2315				
中国空空导弹研究院科研区人防车库	2058	2058				
中国空空导弹研究院新区住宅楼	614	614				600
中国联合通信有限公司洛阳分公司 2008 年 GSM 网工程	732	732				
中国洛阳浮法玻璃集团有限责任公司低辐射 LOW－E 中空镀膜玻璃生产线	2580	2580				
中国南车集团洛阳机车厂铁路大型养护施工工程机械制造	1300			1300		1200
中国石油化工股份有限公司洛阳分公司油品质量升级改造第一阶段工程	82321	39372	18615	20031	4303	
中国石油天然气第一建设公司设备购置	7911			7911		
中国石油天然气管道第三工程分公司兰—郑—长成品油管道工程	21311	21311				21311
中国移动通信集团河南有限公司洛阳分公司 2008 年本地传输网工程	4000	4000				0
中国移动通信集团河南有限公司洛阳分公司 GSM13 期扩容工程 A 阶段	30000	30000				30000
中国移动通信集团河南有限公司洛阳分公司 GSM 十二期 B 阶段	20000	4000	1000	14000	1000	20000
中国移动通信集团河南有限公司洛阳分公司高新机房楼	500	500				
中航光电科技股份有限公司连接器产业化项目	12962	1068		11894		
中交二公局第四工程有限公司设备购置	3050			3050		3050
中扩矿业开发(洛宁)有限公司矿业开发	8200	7200			1000	8200
中铝河南铝业有限公司 30 吨炉熔铸生产线	8761	3498	1346	3109	808	6607
中铝河南铝业有限公司进口分卷机及磨床项目	4386		900	3486		
中铝河南铝业有限公司热连轧	6118	1575	890	2633	1020	
中铝洛阳铜业有限公司高精度电子铜板带	81000	39494	109	27707	13690	
中迈(嵩县)多金属选矿厂朱王岭选厂	7600	3900	600	2700	400	7600
中色科技股份有限公司重大技术装备研制基地	2044	872		1172		11478
中实洛阳重型机械有限公司矿选设备技术改造及新建办公楼	3200	1400		1800		3200
中实洛阳重型机械有限公司石油机械及电控设备	302	281		21		3942
中铁二十五局集团有限公司洛阳南站	9443	9443				
中铁十五局集团第七工程有限公司设备购置	3230			3230		3230
中铁十五局集团有限公司设备购置	34571			34571		
中铁隧道集团有限公司设备购置	37459			37459		
中信重工机械股份有限公司节约型特大选矿设备产业化项目	24985	17589	1660	5736		
中信重工机械股份有限公司重油炉改节能煤气炉工程	3881	544	130	3207		
中信重工机械股份有限公司重铸铁业建设项目	8170	3160	640	4270	100	
中信重型机械公司重型装备铸锻件锻造基地建设二期	20419	16047		4372		
中原物流中心有限责任公司古文化城	6000	6000				6000

5－20　全市房地产年报数据综合表（一）

（2008 年）　　单位:万元

	计划总投　资	累计完成投资	本年完成投资	其中:配套工程投资	土地开发投资额
总计（按登记注册类型分）	**3964796**	**2264582**	**1103740**	**7950**	**3850**
国有企业	60240	34116	17454	1185	45
集体企业	2256	1079	348		
国有独资公司	10267	5630	2330		
其他有限责任公司	2041496	1163363	569622	5085	2848
股份有限公司	87038	29441	17348		
私营独资	83000	56287	28980	573	
私营有限责任公司	944669	617061	305900	947	957
私营股份有限公司	191852	160199	62377	160	
港澳台合资经营企业	145000	82399	30524		
港澳台独资经营企业	177500	21402	14851		
外商合资经营	15480	2631	2401		
外商独资	29998	29611	8202		
外商股份有限	176000	61363	43403		
总计（按隶属关系分）	**3964796**	**2264582**	**1103740**	**7950**	**3850**
地区	900156	648941	310678	849	37
县	86634	51757	26845	1524	120
其他	2950080	1541479	755608	3630	3693
总计（按资质等级分）	**3964796**	**2264582**	**1103740**	**7950**	**3850**
一级	36000	33808	23188		
二级	879904	535965	256237	384	346
三级	851112	664775	289288	2825	598
四级	114478	94871	39236	1059	
暂定	2052456	918272	490040	2497	2818
其他	30846	16891	5751	1185	88

	本年完成投资	建筑工程	安装工程	设备工器具购置	其他费用	土地购置费
总计(按登记注册类型分)	**1103740**	**844554**	**1153**	**2375**	**255658**	**194802**
国有企业	17454	13352	24	114	3964	3898
集体企业	348	348				
国有独资公司	2330	100			2230	2230
其他有限责任公司	569622	413625	1079	2081	152837	122348
股份有限公司	17348	12606			4742	1182
私营独资	28980	21106			7874	6191
私营有限责任公司	305900	246632	50	180	59038	43380
私营股份有限公司	62377	47454			14923	12393
港澳台合资经营企业	30524	26644			3880	
港澳台独资经营企业	14851	10832			4019	2088
外商合资经营	2401	250			2151	1092
外商独资	8202	8202				
外商股份有限	43403	43403				
总计(按隶属关系分)	**1103740**	**844554**	**1153**	**2375**	**255658**	**194802**
地区	310678	251520	239	219	58700	41646
县	26845	23437	117	294	2997	2796
其他	755608	562895	797	1862	190054	146910
总计(按资质等级分)	**1103740**	**844554**	**1153**	**2375**	**255658**	**194802**
一级	23188	23188				
二级	256237	221863	42	161	34171	23358
三级	289288	228685	944	1710	57949	47113
四级	39236	32138		70	7028	5768
暂定	490040	333372	50	210	156408	118563
其他	5751	5308	117	224	102	

5－20 续表 2　　(2008 年)　　单位:万元

	本年完成投资	住宅投资	办公楼	商业营业用房	其　他	本年新增固定资产
总计(按登记注册类型分)	**1103740**	**891966**	**13662**	**133581**	**64531**	**570751**
国有	17454	16458	341	490	165	6274
集体	348	348				
国有独资公司	2330	2062	55	171	42	3506
其他有限责任公司	569622	460570	7719	70663	30670	325359
股份有限公司	17348	16938			410	2611
私营独资	28980	23850		1836	3294	15031
私营有限责任公司	305900	236601	1697	45511	22091	130292
私营股份有限公司	62377	48019	3849	8147	2362	35806
港澳台合资经营	30524	25319		1062	4143	10089
港澳台独资	14851	10794		4056	1	
外商合资经营	2401	1350		1021	30	480
外商独资	8202	8143	1	57	1	36263
外商股份有限	43403	41514		567	1322	5040
总计(按隶属关系分)	**1103740**	**891966**	**13662**	**133581**	**64531**	**570751**
地区	310678	236174	2186	47752	24566	176624
县	26845	23138	1413	1309	985	21658
其他	766217	632654	10063	84520	38980	372469
总计(按资质等级分)	**1103740**	**891966**	**13662**	**133581**	**64531**	**570751**
一级	23188	17495		1059	4634	17155
二级	256237	208137	5552	32468	10080	108595
三级	289288	240459	3003	30155	15671	184221
四级	39236	33973	945	3112	1206	17986
暂定	490040	387582	3333	66185	32940	232492
其他	5751	4320	829	602		10302

	本年资金来源合计	上年末结余资金	本年资金来源小计	国内贷款	利用外资	自筹资金	其他资金来源
总计(按登记注册类型分)	**1323739**	**157020**	**1166719**	**136914**	**2040**	**459702**	**568063**
国有	18455	460	17995	571		14676	2748
集体	360		360				360
国有独资公司	3529	133	3396			3000	396
其他有限责任公司	678069	90164	587905	86786		236344	264775
股份有限公司	18871	3176	15695			12895	2800
私营独资	24601	493	24108	5000		16481	2627
私营有限责任公司	356452	41692	314760	27367		126393	161000
私营股份有限公司	75221	8012	67209	7500		21576	38133
港澳台合资经营	39934	4365	35569	4690		10732	20147
港澳台独资	39695	3857	35838			9385	26453
外商合资经营	2401	141	2260		2040	220	
外商独资	12703	695	12008				12008
外商股份有限	53448	3832	49616	5000		8000	36616
总计(按隶属关系分)	**1323739**	**157020**	**1166719**	**136914**	**2040**	**459702**	**568063**
地区	359367	45975	313392	50715		112966	149711
县	33290	2616	30674	1118		20267	9289
其他	914704	98826	815878	84881	2040	323463	405494
总计(按资质等级分)	**1323739**	**157020**	**1166719**	**136914**	**2040**	**459702**	**568063**
一级	25088	6000	19088			6723	12365
二级	288214	22936	265278	28900		63550	172828
三级	374596	65564	309032	41247		126144	141641
四级	62649	28153	34496	3380		19814	11302
暂定	566586	34346	532240	62303	2040	240368	227529
其他	6606	21	6585	1084		3103	2398

5-20 续表 4　　(2008 年)　　单位:套、平方米

	商品住宅竣工套数	90 平米以下住房竣工套数	140 平米以上住房竣工套数	别墅、高档公寓竣工套数	经济适用房竣工套数	空置 1-3 年面积	空置 3 年以上面积
总计(按登记注册类型分)	**23625**	**5216**	**4233**	**256**	**2269**	**367024**	**30993**
国有	571	73	53			20209	800
集体							
国有独资公司	255	228				5630	
其他有限责任公司	13418	3126	3017		1560	71358	6575
股份有限公司	180				180		
私营独资	96		96	96			
私营有限责任公司	6282		413	146	529	152383	21364
私营股份有限公司	1152	1475				35770	1052
港澳台合资经营	149	94	142			1780	706
港澳台独资							95
外商合资经营	14			14			401
外商独资	1312		316			72894	
外商股份有限	196	220	196			7000	
总计(按隶属关系分)	**23625**	**5216**	**4233**	**256**	**2269**	**367024**	**30993**
地方	7968	2729	1394	14	1442	62758	7682
县	1445	136	96			11312	800
其他	14212	2351	2743	242	827	292954	22511
总计(按资质等级分)	**23625**	**5216**	**4233**	**256**	**2269**	**367024**	**30993**
一级	649						
二级	3971	532	683		233	124707	11076
三级	9563	2104	1127	126	1356	142189	19516
四级	1466	320	18	14	153	14115	401
暂定	7412	2124	2309	116	527	86013	
其他	564	136	96				

5－20 续表 5　　(2008 年)　　单位:平方米、万元

	本年完成开发土地面积	待开发土地面积	本年购置土地面积	本年土地成交价款
总计(按登记注册类型分)	**785452**	**1490101**	**1920666**	**148266**
国有	31210		22489	3898
集体				
国有独资公司				
其他有限责任公司	505393	1061830	1326342	101531
股份有限公司				
私营独资		22151	17945	6191
私营有限责任公司	248849	113841	331908	23161
私营股份有限公司			143982	12393
港澳台合资经营		123540		
港澳台独资		168739		
外商合资经营			78000	1092
外商独资				
外商股份有限				
总计(按隶属关系分)	**785452**	**1490101**	**1920666**	**148266**
地区	29562	103865	184345	32011
县	96479		34824	1796
其他	659411	1386236	1675475	111009
总计(按资质等级分)	**785452**	**1490101**	**1920666**	**148266**
一级				
二级	33719	189563	171732	13878
三级	199599	195516	368486	37659
四级		6917	19524	3399
暂定	491746	1098105	1360924	93330
其他	60388			

5－21 全市房地产年报数据综合表(二)

(2008 年)

单位:万元

	实收资本	资产总计	流动资产合计	存货	固定资产原价	累计折旧	本年折旧	负债合计	所有者权益合计
总计(按登记注册类型分)	**570751**	**2170629**	**1895222**	**1023777**	**113220**	**26016**	**6443**	**1556421**	**614209**
国有	22455	24741	18966	5582	6842	2178	353	20334	4407
集体	2010	3804	1847	521	1388	145	30	1679	2125
国有独资公司	4300	15213	15093	8372	153	33	7	10982	4232
其他有限责任公司	259567	1025467	891350	484436	43655	10335	2401	772926	252541
股份有限公司	19086	28485	23582	13090	3992	150	16	12788	15697
私营独资	4888	31210	30166	25821	105	41	17	27123	4087
私营有限责任公司	162685	636806	547683	272486	26333	7450	1822	439254	197552
私营股份有限公司	33523	148940	130540	71048	12509	2725	745	101692	47248
港澳台合资经营	17884	71085	56385	40805	15232	1653	688	45191	25893
港澳台独资	10819	44505	44384	23154	238	125	29	36057	8448
外商合资经营	7582	9003	5645	2097	267	108	59	1621	7382
外商独资	5000	57082	55433	36865	2293	991	248	34863	22219
外商股份有限	20952	74291	74149	39499	215	81	28	51912	22380
总计(按隶属关系分)	**570751**	**2170629**	**1895222**	**1023777**	**113220**	**26016**	**6443**	**1556421**	**614209**
地区	130363	571075	509516	264219	29585	8274	1670	445403	125672
县	37783	63822	43128	13804	18113	2122	487	35770	28051
其他	383464	1505043	1317938	730902	65080	15479	4255	1064043	441001
总计(按资质等级分)	**570751**	**2170629**	**1895222**	**1023777**	**113220**	**26016**	**6443**	**1556421**	**614209**
一级	1733	58582	55823	36383	1179	420	106	49997	8585
二级	104954	508275	428328	249776	37730	8197	1944	337353	170922
三级	158223	672097	595751	304490	40870	9631	2492	515850	156247
四级	25691	76316	72750	42132	3726	1126	262	46349	29968
暂定	242952	804847	720784	387833	23284	5126	1398	586738	218109
其他	37198	50512	21786	3163	6431	1517	241	20135	30378

	主营业务收入	土地转让收入	商品房屋销售收入	房屋出租收入	其他收入
总计(按登记注册类型分)	**638457**	**1240**	**622357**	**2327**	**12533**
国有	10502	1240	8658		604
集体	595		595		
国有独资公司	4259		3624	635	
其他有限责任公司	336251		327726	435	8091
股份有限公司	4148		4148		
私营独资	2361		2361		
私营有限责任公司	163680		159768	725	3188
私营股份有限公司	57110		56618		491
港澳台合资经营	10793		10173	460	159
港澳台独资	90		18	72	
外商合资经营	6		6		
外商独资	10000		10000		
外商股份有限	38664		38664		
总计(按隶属关系分)	**638457**	**1240**	**622357**	**2327**	**12533**
地区	172218		164581	791	6847
县	32868	1240	31141	52	434
其他	424302		417650	1484	5168
总计(按资质等级分)	**638457**	**1240**	**622357**	**2327**	**12533**
一级	15358		15358		
二级	236321		233857	170	2295
三级	188533		185432	1376	1724
四级	17157		11657		5499
暂定	170916		167873	441	2602
其他	10173	1240	8180	340	413

5－21 续表2 （2008 年） 单位:万元

	主营业务收入	主营业务成本	主营业务税金及附加	主营业务利润	其他业务利润	营业利润
总计(按登记注册类型分)	**638457**	**489524**	**47702**	**77332**	**232**	**30416**
国有	10502	7059	887	2223	112	1001
集体	595	445	19	128		18
国有独资公司	4259	3112	283	685	－14	404
其他有限责任公司	336251	269634	22867	34447	980	12491
股份有限公司	4148	3445	91	275	－17	－552
私营独资	2361	1230	213	422		－143
私营有限责任公司	163680	119851	14799	20279	530	5637
私营股份有限公司	57110	44991	4083	7737	209	5760
港澳台合资经营	10793	6896	728	2247	97	1816
港澳台独资	90	68	5	－1121		－1811
外商合资经营	6	10		－12		－357
外商独资	10000	6644	503	2000	26	579
外商股份有限	38664	26140	3225	8024	－1690	5573
总计(按隶属关系分)	**638457**	**489524**	**47702**	**77332**	**232**	**30416**
地区	172218	138528	10767	16791	799	5160
县	32868	24117	2244	5812	11	3206
其他	424302	319845	33981	53542	－578	21599
总计(按资质等级分)	**638457**	**489524**	**47702**	**77332**	**232**	**30416**
一级	15358	10231	1669	2560	276	1737
二级	236321	180522	14644	35209	－1232	21744
三级	188533	144968	13567	24877	1079	11893
四级	17157	14179	1042	1442	3	－123
暂定	170916	132672	15918	11358	107	－5027
其他	10173	6953	862	1887		193

5－21 续表3 （2008年） 单位:万元

	利润总额	应交所得税	劳动、失业保险费	本年应付工资总额	本年应付福利费总额	全部从业人员年平均人数(人)
总计(按登记注册类型分)	**28100**	**11571**	**622**	**16882**	**1769**	**7893**
国有	717	39	21	677	57	397
集体	16			98	13	58
国有独资公司	－348	86	18	91	8	52
其他有限责任公司	11835	5021	298	8159	910	3741
股份有限公司	－382	56	58	322	83	114
私营独资	－71		2	180	17	47
私营有限责任公司	5313	3839	91	5251	577	2650
私营股份有限公司	5714	635	8	814	76	468
港澳台合资经营	1774	421	84	203	12	87
港澳台独资	－1875		1	162	4	54
外商合资经营	－360	700		132	9	48
外商独资	157	59		296		70
外商股份有限	5609	718	40	499	5	107
总计(按隶属关系分)	**28100**	**11571**	**622**	**16882**	**1769**	**7893**
地区	4205	2644	238	3975	464	1690
县	2919	390	6	1251	152	680
其他	20788	8246	342	11252	1131	5388
总计(按资质等级分)	**28100**	**11571**	**622**	**16882**	**1769**	**7893**
一级	1654	711	34	395	21	120
二级	20677	3230	178	2575	226	1061
三级	10928	3619	301	5776	642	2699
四级	－415	1059	1	802	77	473
暂定	－4680	2938	99	6770	735	3175
其他	－65	15	8	565	69	365

5－22 分县(市)区房地产投资完成情况

(2008 年)　　　　单位:平方米、万元

	完成投资额	建筑工程	安装工程	设备工器具购置	其他费用	新增固定资产	完成土地开发面积	土地开发投资额
洛阳市	**1103740**	**844554**	**1153**	**2375**	**255658**	**570751**	**785452**	**3850**
市　直	675048	552464	786	1031	120767	384178	44436	2059
老城区	19916	10873			9043	12831	13039	53
西工区	48119	28738		30	19351	9753	50478	364
瀍河区	50431	5148			45283	121	260000	200
涧西区	43164	35132	50	150	7832	40591	14600	21
吉利区	16865	14265			2600	7526		
洛龙区	168484	132329			36155	63146	266080	164
孟津县	1389	1250		70	69			
新安县	8593	6797			1796	10311	34824	31
栾川县	12934	9010		870	3054	16655		
嵩　县								
汝阳县	4640	3740			900	1726	18000	850
宜阳县	13865	13835			30	8490		
洛宁县	5751	5308	117	224	102	10302	60388	88
伊川县	5202	1405			3797		1267	1
偃师市	19697	19397			300	3550	22340	19
高新区	9642	4863	200		4579	1571		

5－22 续表　　　　(2008 年)　　　　单位:平方米、万元

	施工面积	住宅	竣工面积	住宅	房屋销售面积合计	房屋实际销售额
洛阳市	**14671873**	**12184979**	**3787549**	**2864073**	**2701168**	**699729**
市　直	7921922	6456640	2506546	1848331	1492796	414760
老城区	393357	324612	55500	18500	77004	27173
西工区	781882	662015	93583	79481	139001	32557
瀍河区	994600	984600			545	96
涧西区	734469	558120	237790	158643	136490	51060
吉利区	209397	206166	100171	99167	50348	5580
洛龙区	2172830	1725675	278321	232199	385778	116192
孟津县	48595	48595			2388	344
新安县	183112	170638	103452	90978	79435	8617
栾川县	203050	184550	153500	135000	9135	1850
嵩　县						
汝阳县	64971	64971	20971	20971	23971	2565
宜阳县	330460	304460	105280	83280	109597	11448
洛宁县	218404	139813	79990	48378	105416	10974
伊川县	91000	84448			16382	2455
偃师市	206638	192238	40165	36865	62776	12129
高新区	117186	77438	12280	12280	10106	1929

5－23　全市房地产施工、竣工面积及价值

（2008 年）　　单位:平方米、万元

	施工面积	新　开 工面积	竣工面积	竣工房屋 价　　值
合　计	**14671873**	**5577275**	**3787549**	**532216**
住　宅	12184979	5070353	2864073	388825
# 别墅、高档公寓	471848	18797	59479	20175
经济适用房	1104736	857252	244125	26625
办公楼	263356	18949	130388	17822
商业营业用房	1646344	310954	614997	99927
其　他	577194	177019	178091	25642

5－24　全市商品房屋销售与出租情况

（2008 年）　　单位:平方米、万元

	房屋销售 面积合计	空置面积	出租面积	房屋实际 销 售 额
合　计	**2701168**	**571867**	**203248**	**699729**
住　宅	2461002	255259	4211	608233
# 别墅、高档公寓	137886	8566		43406
经济适用房	44474	661		9033
办公楼	45057	31880		9825
商业营业用房	142740	227868	168203	73439
其　他	52369	56860	30834	8232

5－25　全市建筑业企业生产情况

（2008年）　　单位:万元

	企业数（个）	建筑业总产值	建筑工程	安装工程	其他产值
总　计	**334**	**5123291**	**4467453**	**537428**	**118410**
在总计中:按登记注册类型分组					
内资企业	333	5123143	4467305	537428	118410
国有企业	17	702239	292198	410031	10
集体企业	32	101482	87721	5298	8464
股份合作企业					
联营企业	1	2722	2722		
有限责任公司	120	3678168	3466554	104647	106967
国有独资公司	2	96050	96050		
其他有限责任公司	118	3582118	3370504	104647	106967
股份有限公司	5	18095	17659	436	
私营企业	157	611169	592250	16078	2841
其他企业	1	9267	8202	938	127
外商投资企业	1	148	148		
外资企业	1	148	148		
在总计中:按建筑业行业中类分组					
房屋和土木工程建筑业	183	4818150	4275565	435368	107217
房屋工程建筑	136	1527228	1498043	21350	7835
土木工程建筑	47	3290922	2777522	414018	99382
建筑安装业	49	198408	111746	84161	2502
建筑装饰业	81	45927	43643	1774	510
其他建筑业	21	60806	36500	16126	8181
工程准备	9	16424	15104		1320
提供工程设备服务	1	1116		140	976
其他未列明的建筑活动	11	43267	21396	15986	5885

5-25 续表1 (2008年) 单位:万元

	企业数(个)	建筑业总产值	建筑工程	安装工程	其他产值
在总计中:按隶属关系分组					
中央属	16	3467568	2965604	414297	87667
地方属	318	1655723	1501849	123131	30743
省 属	5	10800	9480		1320
地区属	41	342878	271633	62105	9139
县及县以下属	272	1302046	1220736	61026	20283
在总计中:按企业资质等级分组					
施工总承包	194	4849771	4239221	497788	112763
特 级	5	2946443	2457741	401425	87278
一 级	15	933575	892606	38979	1990
二 级	59	550426	485391	49206	15829
三级及以下	115	419328	403483	8179	7666
专业承包	140	273520	228233	39641	5646
一 级	7	109812	103436	5254	1123
二 级	62	112249	86792	22478	2979
三级及以下	71	51459	38005	11909	1545

(2008 年)

单位:万元

	竣工产值	房屋建筑施工面积(平方米)	房屋建筑竣工面积(平方米)		竣工房屋价值	
				住 宅		住宅
总 计	**1743416**	**27490198**	**9552083**	**6526502**	**790257**	**478472**
在总计中:按登记注册类型分组						
内资企业	1743268	27490198	9552083	6526502	790257	478472
国有企业	249628	298399	36311	17600	3213	1004
集体企业	70527	1826349	860041	728072	50774	41778
股份合作企业						
联营企业	2722					
有限责任公司	1070650	17112312	5420285	3519857	502990	281074
国有独资公司	51885					
其他有限责任公司	1018765	17112312	5420285	3519857	502990	281074
股份有限公司	13009	201683	140464	123105	11317	9787
私营企业	332955	7839785	3044287	2114952	218313	143179
其他企业	3777	211670	50695	22916	3650	1650
外商投资企业	148					
外资企业	148					
在总计中:按建筑业行业中类分组						
房屋和土木工程建筑业	1548420	26367647	8952105	6179002	739690	454773
房屋工程建筑	789785	25528711	8650687	5932600	699945	425848
土木工程建筑	758635	838936	301418	246402	39745	28925
建筑安装业	125017	1049690	586628	335336	49704	22924
建筑装饰业	32068					
其他建筑业	37912	72861	13350	12164	863	775
工程准备	7732	13279				
提供工程设备服务	1116					
其他未列明的建筑活动	29065	59582	13350	12164	863	775

	竣工产值	房屋建筑施工面积（平方米）	房屋建筑竣工面积（平方米）	住　宅	竣工房屋价值	住　宅
在总计中:按隶属关系分组						
中央属	688810	5455881	963784	689046	112145	74618
地方属	1054606	22034317	8588299	5837456	678112	403854
省　属	6055	10313	750		64	
地区属	221958	3904662	1542204	853957	136560	55734
县及县以下属	826593	18119342	7045345	4983499	541489	348120
在总计中:按企业资质等级分组						
施工总承包	1582655	27102318	9389960	6411134	777485	469187
特　级	548159	7701411	2349990	1448007	232726	126474
一　级	404115	6729804	1342568	744866	141739	68659
二　级	311453	6958530	2646746	1685245	210475	118251
三级及以下	318928	5712573	3050656	2533016	192545	155803
专业承包	160761	387880	162123	115368	12772	9285
一　级	65489	38000	36979	36979	2515	2515
二　级	54551	141851	97184	51615	7075	3675
三级及以下	40721	208029	27960	26774	3183	3095

5－26　全市建筑业企业财务状况

（2008 年）　　单位：万元

	企业数（个）	资产合计	流动资产合计	存　货	长期投资	固定资产合计
总　计	**334**	**3800159**	**2990910**	**888894**	**47723**	**516809**
在总计中：按登记注册类型分组						
内资企业	333	3799023	2989841	888086	47723	516760
国有企业	17	619561	470887	159586	4800	71122
集体企业	32	65002	40553	11282	603	22503
股份合作企业						
联营企业	1	1183	61			1122
有限责任公司	120	2704698	2198516	628721	30780	330202
国有独资公司	2	133713	117250	18209	2113	7865
其他有限责任公司	118	2570986	2081266	610513	28667	322338
股份有限公司	5	11996	7052	2577		4751
私营企业	157	392166	270440	84998	11540	85042
其他企业	1	4417	2331	921		2019
外商投资企业	1	1136	1070	808		49
外资企业	1	1136	1070	808		49
在总计中：按建筑业行业中类分组						
房屋和土木工程建筑业	183	3440001	2710165	838992	32204	462975
房屋工程建筑	136	884771	683001	173665	13669	135240
土木工程建筑	47	2555230	2027164	665326	18535	327735
建筑安装业	49	240641	191807	35697	12874	28043
建筑装饰业	81	41886	32343	11764	1879	7268
其他建筑业	21	77631	56597	2442	766	18523
工程准备	9	13537	8913	1337	40	4296
提供工程设备服务	1	2534	746	61		1788
其他未列明的建筑活动	11	61561	46938	1045	726	12439

	企业数（个）	资产合计	流动资产合计	存货	长期投资	固定资产合计
在总计中：按隶属关系分组						
中央属	16	2614058	2120549	709316	8309	300110
地方属	318	1186101	870361	179577	39414	216699
省　属	5	8971	7831	793		1137
地区属	41	379179	302722	43698	19026	36875
县及县以下属	272	797952	559808	135086	20388	178687
在总计中：按企业资质等级分组						
施工总承包	194	3590470	2830259	846362	42039	478929
特　级	5	2032561	1576984	492925	13106	261790
一　级	15	836906	714270	220225	4984	73781
二　级	59	473278	367081	82931	19041	74745
三级及以下	115	247724	171923	50281	4908	68613
专业承包	140	209690	160651	42532	5684	37880
一　级	7	80066	70109	16461	10	7856
二　级	62	84801	61896	18751	2498	18029
三级及以下	71	44823	28646	7320	3176	11994

	固定资产原价	生产经营用	累计折旧	本年折旧	在建工程	无形及递延资产小计	无形资产
总　计	**760023**	**676760**	**292987**	**57847**	**43927**	**142588**	**127187**
在总计中:按登记注册类型分组							
内资企业	759807	676544	292820	57833	43927	142588	127187
国有企业	109224	102397	42508	9084	4406	7859	5634
集体企业	28884	20645	6917	1084	55	1077	1020
股份合作企业							
联营企业	1438	1438	316	96			
有限责任公司	495883	448565	206135	41597	37326	108651	96168
国有独资公司	14220	14220	6391	727	36	3885	3231
其他有限责任公司	481663	434345	199744	40870	37290	104766	92937
股份有限公司	4403	3797	875	110	15	193	193
私营企业	117043	97528	35156	5859	2126	24808	24173
其他企业	2932	2174	913	5			
外商投资企业	216	216	167	14			
外资企业	216	216	167	14			
在总计中:按建筑业行业中类分组							
房屋和土木工程建筑业	686269	619051	269709	53539	41472	133611	118474
房屋工程建筑	176099	146770	50110	7228	4438	50603	46643
土木工程建筑	510170	472280	219599	46311	37034	83008	71831
建筑安装业	38349	27478	12805	2193	1942	6997	6876
建筑装饰业	8680	6634	2005	449	431	318	175
其他建筑业	26725	23597	8468	1665	81	1662	1662
工程准备	6309	5302	2171	452	14	208	208
提供工程设备服务	3262	3172	1474	207			
其他未列明的建筑活动	17154	15123	4823	1006	68	1454	1454

5－26 续表 3　　(2008 年)　　单位:万元

	固定资产原价	生产经营用	累计折旧	本年折旧	在建工程	无形及递延资产小计	无形资产
在总计中:按隶属关系分组							
中央属	467440	437596	206906	45329	37405	87914	73407
地方属	292583	239164	86080	12518	6522	54674	53780
省　属	1867	1787	778	151		2	2
地区属	53821	42761	19087	1926	2010	17498	17379
县及县以下属	236895	194615	66216	10441	4512	37174	36399
在总计中:按企业资质等级分组							
施工总承包	709581	633583	276471	54261	43058	138097	123625
特　级	384056	380477	159280	34193	37014	97737	90928
一　级	131285	93329	61204	11265	3630	27405	21463
二　级	106770	88758	32744	4695	454	11799	10165
三级及以下	87470	71019	23243	4108	1961	1157	1069
专业承包	50442	43176	16516	3585	868	4491	3562
一　级	12718	12172	4940	1129	36	1585	931
二　级	21938	18116	7072	1481	660	2296	2111
三级及以下	15786	12888	4504	975	172	610	521

5－27 全市劳务分包企业生产经营情况

（2008 年）

单位:万元

	企业数（个）	建筑业总产值	固定资产原价	资产总计	负债合计	实收资本
总　　计	**54**	**11822**	**2077**	**7622**	**4192**	**2911**
在总计中:按登记注册类型分组						
内资企业	54	11822	2077	7622	4192	2911
集体企业	1	27	5	49		48
有限责任公司	22	5491	730	3618	2136	1258
其他有限责任公司	22	5491	730	3618	2136	1258
股份有限公司						
私营企业	31	6304	1342	3955	2057	1605
在总计中:按建筑业行业中类分组						
房屋和土木工程建筑业	36	7768	1473	4416	2343	1759
房屋工程建筑	31	6033	1342	3845	2102	1479
土木工程建筑	5	1735	132	571	241	280
建筑安装业	10	3226	428	2453	1617	721
其它建筑业	8	829	175	753	233	430
工程准备						
提供工程设备服务	3	106	6	209	58	140
其它未列明的建筑活动	5	723	170	545	175	290
在总计中:按隶属关系分组						
中 央 属	1	595	67	766	428	300
地 方 属	53	11227	2010	6856	3765	2611
省　属						
地 区 属	1	65	12	33	2	30
县及县以下属	52	11162	1998	6824	3763	2581
在总计中:按企业资质等级分组						
劳务分包	54	11822	2077	7622	4192	2911
一 级	25	6104	981	3574	1959	1368
二 级	12	2163	316	931	262	548
三级及以下	17	3555	780	3118	1972	995

5－27 续表　　(2008 年)　　单位:万元

	营业收入合计	主营业务收入	营业利润	从业人员劳动报酬	年末从业人数(人)	计算劳动生产率的平均人数(人)
总　计	**13762**	**13539**	**577**	**4996**	**3482**	**3332**
在总计中:按登记注册类型分组						
内资企业	13762	13539	577	4996	3482	3332
集体企业	27	27	10	25	35	35
有限责任公司	8234	8011	348	2120	1278	1283
其他有限责任公司	8234	8011	348	2120	1278	1283
股份有限公司						
私营企业	5501	5501	219	2851	2169	2014
在总计中:按建筑业行业中类分组						
房屋和土木工程建筑业	6940	6940	181	2611	1939	1960
房屋工程建筑	5353	5353	181	2146	1709	1601
土木工程建筑	1587	1587		465	230	359
建筑安装业	6032	5809	366	1837	1070	1024
其它建筑业	790	790	31	547	473	348
工程准备						
提供工程设备服务	106	106	7	45	18	38
其它未列明的建筑活动	684	684	24	502	455	310
在总计中:按隶属关系分组						
中 央 属	2779	2556	287	823	313	415
地 方 属	10984	10983	290	4172	3169	2917
省　属						
地 区 属	65	65		7	5	5
县及县以下属	10919	10918	290	4165	3164	2912
在总计中:按企业资质等级分组						
劳务分包	13762	13539	577	4996	3482	3332
一 级	5318	5317	130	2649	2060	1738
二 级	2163	2163	29	564	428	430
三级及以下	6282	6059	417	1783	994	1164

5－28 分县(市)区建筑业企业生产情况

(2008年) 单位:万元

	企业数(个)	建筑业总产值				竣工产值	企业总产值	房屋建筑施工面积(平方米)
			建筑工程	安装工程	其他产值			
洛阳市	**334**	**5123291**	**4467453**	**537428**	**118410**	**1743416**	**5194639**	**27490198**
市　直	63	4272559	3704781	476856	90921	1151707	4335672	17476767
老城区	11	23444	19713	3732		7250	23444	328433
西工区	64	122526	117735	4533	258	67195	124150	1649010
瀍河区	6	8880	8871		9	8410	8880	128500
涧西区	39	113550	98750	4936	9865	59211	118976	717520
吉利区	24	69659	41870	23175	4615	42797	69659	284951
洛龙区	25	69387	68586	326	475	43941	69387	1084291
孟津县	18	58078	55266	1783	1029	63673	58078	368327
新安县	17	67392	62788	4477	127	54853	68347	794599
栾川县	12	104405	90063	6543	7800	92718	104405	623155
嵩　县	6	26120	25840	280		14635	26190	487738
汝阳县	9	38550	37532	436	582	29427	38550	643726
宜阳县	4	34785	33204	1464	117	20162	34785	657428
洛宁县	5	14128	11049	469	2610	16748	14128	217080
伊川县	10	35833	33674	2158		26763	35833	780759
偃师市	9	28388	25748	2640		24643	28388	689132
高新区	12	35608	31986	3622		19284	35768	558782

5－28 续表 (2008年) 单位:万元

	房屋建筑竣工面积(平方米)	竣工房屋价值	自有机械设备净值	自有机械设备总功率(千瓦)	自有机械设备(台)	计算劳动生产率的平均人数(人)	应收工程款	
								竣工工程
洛阳市	**9552083**	**790257**	**359305**	**76555**	**1576685**	**308434**	**509776**	**177760**
市　直	4890258	462243	288095	33831	1100045	224132	452098	143949
老城区	48947	3843	1807	1278	6478	3381	1282	290
西工区	579117	42052	8774	9160	60642	12295	6876	4291
瀍河区	99979	6615	1137	385	5687	695	3075	1171
涧西区	379044	36439	7109	4444	33486	8816	13336	6706
吉利区	178852	11955	4693	2150	44786	5157	9801	8076
洛龙区	363309	27117	9926	5039	50086	5962	5966	2447
孟津县	159779	8830	3356	2043	30004	4752		
新安县	528927	39265	10498	3746	38299	7332	6086	4057
栾川县	435213	33043	8025	3500	98213	8173	2849	1023
嵩　县	218174	13668	781	1689	25611	2069	1096	1050
汝阳县	422713	29012	3652	2483	17124	5058	2838	2366
宜阳县	269480	17637	3351	1742	7270	4828	1125	708
洛宁县	180425	11516	694	944	8235	871	279	
伊川县	374812	23149	3143	1574	17143	4939	5	
偃师市	200955	7091	2690	951	19861	4474	460	384
高新区	222099	16785	1574	1596	13715	5500	2602	1244

5－29　分县(市)区建筑业企业财务状况

（2008 年）　　　　单位:万元

	企业数（个）	流动资产合计	存货	固定资产合计	固定资产原价	生产经营用	累计折旧	本年折旧
洛阳市	**334**	**2990910**	**888894**	**516809**	**760023**	**676760**	**292987**	**57847**
市　直	63	2586645	776100	377901	575451	531243	240791	49182
老城区	11	8923	780	4968	5952	3718	984	92
西工区	64	61350	18890	14965	20997	14251	6450	969
瀍河区	6	6769	1184	1751	2380	2024	673	71
涧西区	39	72179	21852	10793	17098	14747	6644	846
吉利区	24	70188	7146	16304	22802	19755	7940	1356
洛龙区	25	40873	17665	13772	18951	16614	5318	787
孟津县	18	17996	4127	8232	10849	5599	3269	541
新安县	17	31941	9757	14613	18754	16788	4756	641
栾川县	12	27155	8514	15127	19482	17519	4509	1065
嵩　县	6	6192	1222	5593	6257	5639	718	182
汝阳县	9	9633	3523	4914	6541	5110	1676	356
宜阳县	4	5739	2850	7331	6865	6577	729	154
洛宁县	5	3428	784	2368	2626	950	686	42
伊川县	10	14620	6753	6574	8783	5826	2209	304
偃师市	9	15829	2460	7336	10579	7340	3952	792
高新区	12	11451	5286	4267	5658	3061	1683	467

5－29 续表 1　　　　（2008 年）　　　　单位:万元

	资产总计	流动负债合计	长期负债合计	所有者权益合计	实收资本	国家资本	法人资本	个人资本
洛阳市	**3800159**	**2782058**	**135445**	**882657**	**697333**	**298349**	**67298**	**259944**
市　直	3232397	2548395	129803	554199	456364	284876	28397	109720
老城区	13958	6541		7417	7551	286	2522	4108
西工区	78747	33599	658	44491	40737	2235	9934	26028
瀍河区	8574	3427		5147	3450		895	2555
涧西区	86249	37591	510	48148	30148	4707	8086	14657
吉利区	90350	42260	4	48086	24499		4031	15415
洛龙区	57326	23270		34056	32055		1312	29518
孟津县	27224	8673	1050	17501	12848	1032	1477	6484
新安县	48658	20876	951	26832	17781	2326	1849	11909
栾川县	43513	16031	46	27436	18682		4140	12494
嵩　县	12766	4874	5	7887	3050			
汝阳县	15811	4362	1045	10403	7589			6350
宜阳县	13073	4846	25	8202	7307			4811
洛宁县	8840	2090	791	5958	4859		500	
伊川县	21194	6475	178	14541	10783		2020	3060
偃师市	25707	12350	369	12988	10994	2850	1344	5030
高新区	15772	6397	10	9365	8636	37	792	7808

5－29 续表 2　　　　　　　　　　　　（2008 年）　　　　　　　　　　　　单位:万元

	工程结算收入	工程结算成本	工程结算税金及附加	工程结算利润	管理费用	税金	差旅费	工会经费
洛阳市	**4647220**	**4207808**	**153827**	**273204**	**156500**	**3612**	**11039**	**3554**
市　直	3871409	3542587	126546	199372	119217	1558	7730	2094
老城区	19764	15729	1736	1284	574	78	177	7
西工区	79871	71697	2757	4716	3400	107	202	31
瀍河区	9551	6352	337	2781	910	8	17	5
涧西区	110640	98679	3493	8317	6547	97	476	78
吉利区	68407	53389	2263	12292	5418	225	103	166
洛龙区	63570	56210	2191	5034	1855	55	137	47
孟津县	55372	50229	1639	3134	2048	128	314	62
新安县	62613	51817	2283	7231	3163	100	972	123
栾川县	104415	86216	3169	11587	4950	246	343	222
嵩　县	26040	21328	1261	3358	2565	121	53	18
汝阳县	38232	33030	1322	3360	1640	452	278	500
宜阳县	27000	23853	880	2061	543	70	52	115
洛宁县	7011	4475	578	1272	423	152	32	20
伊川县	35828	31218	1453	2859	767	106	67	34
偃师市	32763	29003	712	3046	1418	21	17	16
高新区	34735	31997	1209	1500	1064	91	69	16

5－29 续表 3　　　　　　　　　　　　（2008 年）　　　　　　　　　　　　单位:万元

	财务费用	营业利润	利润总额	劳动、失业保险费	住房公积金及住房补贴	主营业务应付工资总额	主营业务应付福利费总额
洛阳市	**33027**	**92946**	**92303**	**147895**	**74078**	**689707**	**44814**
市　直	29872	58394	57626	142686	70106	556703	32357
老城区	36	696	695	5	4	5382	458
西工区	291	1152	1149	638	245	15035	750
瀍河区	93	1798	1785	546	485	1266	25
涧西区	117	2071	2011	747	258	14498	960
吉利区	189	6972	7547	1054	576	12952	1734
洛龙区	564	2618	2603	359	169	12208	1116
孟津县	249	875	795	234	125	5701	423
新安县	699	3504	3469	259	987	10342	1323
栾川县	239	6408	6299	724	399	14731	1359
嵩　县	60	752	760			3720	482
汝阳县	122	1603	1621	9	19	8230	604
宜阳县	40	1479	1491	52	26	7126	995
洛宁县	154	710	527	84	148	1429	93
伊川县	239	1853	1853	227	147	7719	683
偃师市	53	1614	1639	55	53	5208	541
高新区	11	448	437	215	332	7459	913

5－30　全市重点施工企业生产情况一览表(一)

(2008 年)

	建筑业总产值（万元）	建筑工程	安装工程	竣工产值（万元）
中国石油天然气第一建设公司	401425		401425	46425
中建二局第二建筑工程有限公司	308638	308638		76169
河南国安建设集团有限公司	238394	238394		165211
河南六建建筑集团有限公司	175970	175970		55101
中铁十五局集团第五工程有限公司	152159	152159		
中交二公局第四工程有限公司	127128	127128		114658
中铁建电气化局集团第一工程有限公司	92417	92417		51885
河南三建建设集团有限公司	91339	91339		74302
中铁十五局集团第七工程有限公司	83184	83184		59375
中铁十五局集团第六工程有限公司	72510	72510		33795
河南省安装集团有限责任公司	56920	28840	26100	24636
中铁七局集团第一工程有限公司	40502	40502		7257
洛阳市路联筑路工程有限公司	31963	31904		48677
洛阳龙羽集团有限公司	29270		29270	27679
洛阳明安营造工程有限公司	28768	28768		15038
中铁十五局集团第三工程有限公司	24628	18531	5718	2687
洛阳广鑫建筑工程有限公司	23843	23843		5743
洛阳中重建筑安装工程有限责任公司	23380	18000		890
河南六建铝电建筑安装有限公司	23272	23272		13670
河南六建集团建设发展有限公司	20043	20043		17036
河南黄金建筑安装公司	17836	16993	843	865
洛阳市河阳建筑安装工程有限公司	15937	15937		3313
恒通井巷工程有限责任公司	15213	15213		15213
洛阳市宇昊建筑安装有限公司	14270	14190	80	9400
洛阳市丰李建筑工程有限公司	13500	13500		10000

	建筑业总产值（万元）	建筑工程	安装工程	竣工产值（万元）
洛阳三隆安装检修有限公司	13302		13302	
洛阳炼化工程有限责任公司	13012	11448		11821
洛阳市远博路桥建筑有限公司	13005	13005		9763
洛阳建工集团有限公司	12506	12506		15972
洛阳市政建设集团有限公司	12120	12120		6956
栾川县三利有限责任公司	11428	11428		
洛阳市信昌建设集团有限公司	11300	11300		8184
洛阳市红日矿山建筑安装工程有限公司	11261	11261		6020
洛阳申安建筑安装工程有限公司	11087	11087		1617
洛阳石化工程建设有限责任公司	10617	4049	6568	
洛阳市银磊建筑安装工程公司	10583	10583		573
栾川县欣茂矿山工程有限公司	10277	10277		10277
河南万泰建安开发有限公司	10210	10210		1953
栾川县弘潭矿山工程建筑有限公司	10146	10146		10146
洛阳市锦拓建筑安装工程有限公司	10051	10051		2800
洛阳市坚磊建筑安装工程有限公司	10007	10007		4554
洛阳山城建设安装有限公司	9655	9655		11358
栾川县伏牛山建筑安装有限公司	9387	9387		7798
洛阳市信昌道桥工程有限公司	9281	9281		1027
洛阳市洛西建筑有限公司	9267	8202	938	3777
栾川县惠安建筑有限公司	9175	9175		8234
洛阳银兴建筑工程有限公司	9122	6385	2737	4010
河南东旺建筑工程有限公司	9012	9012		7189
河南万方建设工程有限公司	8961	8961		7020
洛阳市新安建设工程有限公司	8939	8939		8026

5－31 全市重点施工企业生产情况一览表(二)

(2008年)

	房屋施工面积(平方米)	自有机械设备净值(万元)	自有机械年末数(台)	自有机械总功率(千瓦)
中国石油天然气第一建设公司		31770	6986	120304
中建二局第二建筑工程有限公司	4688868	2844	323	14576
河南国安建设集团有限公司	4482468	6162	4709	30852
河南六建建筑集团有限公司	2711629	5901	395	6916
中铁十五局集团第五工程有限公司		2588	275	20038
中交二公局第四工程有限公司		5292	159	9540
中铁建电气化局集团第一工程有限公司		3675	88	8066
河南三建建设集团有限公司	1824548	192	119	3148
中铁十五局集团第七工程有限公司	206183	2061	72	4965
中铁十五局集团第六工程有限公司		4874	373	27922
河南省安装集团有限责任公司		2629	2486	7329
中铁七局集团第一工程有限公司		176	211	3036
洛阳市路联筑路工程有限公司		1056	55	3300
洛阳龙羽集团有限公司		2769	898	7184
洛阳明安营造工程有限公司	546736	1801	2902	10050
中铁十五局集团第三工程有限公司		3125	140	2174
洛阳广鑫建筑工程有限公司	73124	1033	166	1513
洛阳中重建筑安装工程有限责任公司	8952	618	116	3960
河南六建铝电建筑安装有限公司	115479	82	83	966
河南六建集团建设发展有限公司	455299	130	62	2526
河南黄金建筑安装公司	43311	262	105	2128
洛阳市河阳建筑安装工程有限公司	370426			
恒通井巷工程有限责任公司		2354	135	11000
洛阳市宇昊建筑安装有限公司	288781	1475	176	2149
洛阳市丰李建筑工程有限公司	250000	800	500	1600

（2008 年）

	房屋施工面积（平方米）	自有机械设备净值（万元）	自有机械年末数（台）	自有机械总功率（千瓦）
洛阳三隆安装检修有限公司		203	220	936
洛阳炼化工程有限责任公司	47722	467	63	6277
洛阳市远博路桥建筑有限公司		3905	247	7637
洛阳建工集团有限公司	325717	105	963	8937
洛阳市政建设集团有限公司		1846	297	12121
栾川县三利有限责任公司		1400	462	8460
洛阳市信昌建设集团有限公司	178330	304	208	3780
洛阳市红日矿山建筑安装工程有限公司	288433			
洛阳申安建筑安装工程有限公司	139580	167	610	4
洛阳石化工程建设有限责任公司		692	166	3265
洛阳市银磊建筑安装工程公司	202333	1196	580	1283
栾川县欣茂矿山工程有限公司		624	390	4290
河南万泰建安开发有限公司	337071	710	504	1859
栾川县弘潭矿山工程建筑有限公司		690	40	3704
洛阳市锦拓建筑安装工程有限公司	162480	170	503	1921
洛阳市坚磊建筑安装工程有限公司	158655	166	121	1796
洛阳山城建设安装有限公司	210962	73	738	4164
栾川县伏牛山建筑安装有限公司	127120	268	302	2239
洛阳市信昌道桥工程有限公司		1699	120	1700
洛阳市洛西建筑有限公司	211670	1280	877	4085
栾川县惠安建筑有限公司	122797	262	404	34340
洛阳银兴建筑工程有限公司	168510	34	44	391
河南东旺建筑工程有限公司	237574	392	220	2600
河南万方建设工程有限公司	153000	1336	528	2500
洛阳市新安建设工程有限公司	88909	1126	901	5662

六、交通、邮电和城市公用事业

TRANSPORTATION, POST AND TELECOMMUNICATION SERVICES AND URBAN UTILITIES

资料整理：杨　青　吴晓燕

主要统计指标解释

1. **公路里程** 也称“公路通车里程”，是指实际达到交通部制定的公路工程技术标准规定的等级的公路长度。它包括大中城市的市区公路以及通过小城镇街道的公路里程，也包括桥梁、渡口的长度，但不包括城市街道以及厂矿、林区和农业生产用道的里程。两条或多条公路共同径由同一路段，只计算一次，不得重复计算里程长度。公路里程是反映公路建设发展规模的重要指标，也是计算运输网密度等指标的基础资料。

2. **货(客)运量** 指运输业实际运送的货物(旅客)数量。货运按吨计算，客运按人计算。货物不论运输距离长短，货物类别均按实际重量统计；旅客不论行程远近或标价多少，均按一人一次作为客运量统计。半价票、小孩票也按一人统计。货(客)运量反映运输业为国民经济和人民生活服务的数量指标，也是制定和检查运输生产计划，研究运输发展规模和速度的指标。

3. **货物(旅客)周转量** 指运输业运送的货物(旅客)数量与其相应运输距离的乘积之总和，通常以吨公里和人公里为计算单位。计算货物周转量通常按发出站与到达站之间的最短距离，也就是计费距离计算，它是反映运输业生产总成果的重要指标，也是编制和检查运输生产计划、计算运输效率、劳动生产率以及核算运输单位成本的主要基础资料。

4. **邮电业务总量** 指以货币表现的邮电部门为用户传递信息和提供其他邮电服务的总量。它用各种邮电分类业务量，如函件件数、电报份数、长话张数、市内电话和农村电话的年均户数、订销报刊累计份数等，分别乘以相应的平均单价(不变价)，加总后再加上出租电路和设备的收入、代用户维护电话交换机和线路等设备的收入、其他业务收入求得。邮电业务总量综合反映了一定时期邮电工作的总成果，是研究邮电业务量构成和发展趋势的重要指标。

5. **年末电话机总数** 指全市年末实有各类电话总数。包括直接接入邮电局用户交换机的电话，接入各企事业单位中继线的电话和同线电话，也包括公用电话、免费电话和私人电话。

6. **年末自来水生产能力** 指年末城建部门管理的自来水厂和社会单位自备水源的取水、净化、送水、出厂输水干管等环节的实际生产能力。

7. **年末供水管道长度** 指从送水泵至用户水表之间所有管道的长度。

8. **全年供水总量** 指公用自来水厂和社会单位自备水源全年的供水总量，包括有效供水量及损失水量。

9. **生活用水量** 指居民日常生活与公共福利设施的用水量、包括饮食店、旅馆、医院、理发店、浴池、洗衣店、游泳池、商店、学校、机关、部队等单位。

10. **天然气(液化气)供气总量** 指售给各类用户的全部天然气(液化气)量。包括工业用量、家庭用量和其他用量。

11. **年末实有铺装道路长度** 指除土路外，路面经过铺装宽度在3.5米以上的道路，包括高级、次高级道路和普通道路。

12. **年末实有公共汽(电)车辆** 指年底可参加营运的全部车辆数，包括年底营运车辆数和库存查封未参加营运车辆，不包括非营运车辆，如架线车、油罐车、工程车、货车及其他专用车辆和借入的客运车辆。

13. **城市园林绿地面积** 指城市公共绿地、专用绿地、防护绿地、郊区风景名胜区的全部面积。

14. **城市人口用水普及率** 指城市人口中的非农业人口用自来水的普及情况。

6－1　公路运输、邮电主要指标发展情况

	单　位	2003 年	2004 年	2005 年	2006 年	2007 年	2008 年
年末通车里程	公 里	5212	5401	5577	17252	17404	17636
# 晴雨通车	公 里	4723	4960	5191	10863	10177	10830
# 高速公路	公 里		135	200	220	220	247
货物运输量	万 吨	5048	5158	5400	5950	6500	8303
货运周转量	万吨公里	395703	421856	442800	495980	583000	750458
旅客运输量	万人	7199	7562	8225	8970	9815	12049
旅客周转量	万人公里	321119	365594	387368	427997	482175	590167
年末实有机动车辆	辆	629950	737623	791523	843783	867608	820942
邮电业务总量	万元	220432	280908	368670	540579	721155	884582
邮政业务总量	万元	2134	21345	22777	25441	28029	30667
电信业务总量	万元	199298	259563	345893	515138	693126	853915
年末固定电话用户	户	1268921	1514171	1718332	1930328	1873740	1553362
年末移动电话数	部	727000	1155000	1384458	1760016	2742154	2691031

6－2　年末机动车情况

（2008 年）　　单位：辆

	全市总计	营运	非营运	私人
合　计	**820942**	**234577**	**586365**	**718170**
汽　车	**268951**	**106024**	**162927**	**179121**
载客汽车	161597	11275	150322	110881
# 大型	4457	3506	951	243
中型	6266	2195	4071	1569
小型	134256	5430	128826	96197
微型	16618	144	16474	12872
# 轿车	81950	5412	76538	58909
载货汽车	60669	55140	5529	28027
# 重型	17726	17328	398	5279
中型	10269	10023	246	3726
轻型	30553	26130	4423	17416
微型	2121	1659	462	1606
# 普通汽车	36232	32198	4034	17856
其他汽车	46685	39609	7076	40213
电　车	**85**	**85**		
无　轨	85	85		
有　轨				
摩托车	**384321**	**2450**	**381871**	**374878**
普　通	379772	2450	377322	370400
轻　便	4549		4549	4478
拖拉机	**163916**	**122663**	**41253**	**163916**
大　型	5999	5352	647	5999
小　型	157917	117311	40606	157917
挂　车	**3559**	**3304**	**255**	**250**
其它类型车	**110**	**51**	**59**	**5**

6－3 客货运输量与周转量

（2008 年）

	旅客运输		货物运输	
	运输量（万人）	周转量（万人公里）	运输量（万吨）	周转量（万吨公里）
总　计	**12049**	**590167**	**8303**	**750458**
公路运输	**12031**	**590167**	**8303**	**750458**
# 市运公司			1534	183840
一运公司	5307	242934	300	30782
二运公司	1896	72508	1675	204042
# 市　区	7161	351240	4940	446638
偃师市	835	40977	576	52107
孟津县	373	18313	258	23287
新安县	583	28647	404	36427
栾川县	706	34640	488	44048
嵩　县	455	22292	313	28347
汝阳县	364	17866	252	22719
宜阳县	402	19706	277	25058
洛宁县	248	12127	171	15420
伊川县	904	44359	624	56407
航空运输	**18**			

6－4 公路通车里程、机动车辆及驾驶员数

（2008 年）

	通车里程（公里）	晴雨公路	机动车辆（辆）	汽 车	驾驶员（人）	汽 车
总 计	**17636**	**10830**	**820942**	**268951**	**836893**	**510208**
市 区	1228	1029	265550	142585	352955	251015
偃师市	2022	1106	102359	24916	97164	56585
孟津县	905	784	75708	11982	63499	30618
新安县	1902	866	53445	15272	43005	27791
栾川县	1615	1000	32569	16434	36848	23339
嵩 县	2029	1408	54967	10696	44188	18618
汝阳县	1851	915	43971	9377	40085	17959
宜阳县	2227	1399	57099	11982	57249	28986
洛宁县	2074	1215	41696	6531	37597	14675
伊川县	1783	1107	93578	19176	64303	40622

6－5 邮电通讯事业基本情况

（2008 年）

	邮路总长度（公里）	邮电业务总量（万元）	年末固定电话用户（户）
总 计	**4448**	**884582**	**1553362**
市 区	2101	472434	907126
偃师市	100	72713	132297
孟津县	239	36429	66495
新安县	437	45415	70292
栾川县	199	46636	50424
嵩 县	285	41802	51772
汝阳县	133	28832	53803
宜阳县	524	45818	76951
洛宁县	225	31405	52279
伊川县	205	63098	91923

6－6　邮电业务量

（2008 年）

	单　位	总　计
邮电业务量	**万 元**	**884582**
#国内业务		
函　件	万 件	1164
包　件	万 件	26
汇　票	万 笔	66
订销报纸累计数	万 份	7334
订销杂志累计数	万 份	377
报刊流转额	万 元	6553
特快专递	万 件	88
公用电话	户	90099
住宅电话用户	户	1246773
#国际及港澳		
函　件	件	14028
包　件	件	2869
特快专递	件	10107
国际电话	次	342610
港澳电话	次	127739
年末国际互联网用户	户	416416

6－7　邮电通信企业增加值

（2008 年）　　单位：万元

	全市总计	市邮政局
总产出	**284049**	**27651**
中间投入	112302	13196
增加值	171747	14455
固定资产折旧	67340	2180
劳动者报酬	27096	10412
# 工　资	14625	2935
福　利	1826	879
生产税	10311	2090
营业盈余	67000	－227

6－8　城市公用事业基本情况

（2008 年）

	单位	数量		单位	数量
市政设施			**城市交通情况**		
年末实有道路长度	公里	507.8	年末公交实有车辆	辆	1098
年末实有道路面积	万平方米	1433	公共汽车	辆	1013
城市桥梁	座	74	电车	辆	85
城市防洪堤长度	公里		标准运营车数	标台	1366
城市排水管道长度	公里	1143	运营线路网长度	公里	420
城市污水排放量	万立方米	11577	全年公交客运人数	万人次	25500
城市建成区面积	平方公里	163.95	出租车营运车数	辆	327
年末自来水情况			出租车客运总量	万人次	112
水厂个数	个	3	**园林绿化**		
供水综合生产能力	万立方米/日	79.31	建成区绿化覆盖面积	公顷	5638
水　厂	万立方米/日	3	年末公园数	个	12
自备水源	万立方米/日	3.31	年末公园面积	公顷	583
年末供水管道长度	公里	1202.58	**燃气**		
全年供水总量	万吨	13929.84	年末用气人口	万人	72.73
#生活用水	万吨	5626.12	全年煤气供应总量	万立方米	25158
用水人口	万人	135.48	全年天然气供气总量	万立方米	1959
人均日生活用水	升	154.12	液化石油气供应量	吨	26868

注：本资料由市建设委员会、市房管局提供。

七、批零贸易及餐饮业

WHOLESALE, RETAIL TPADE AND CATERING

资料整理：苗崇深 党 煜 王亚俊

主要统计指标解释

1．**社会消费品零售总额** 指各种经济类型的批发零售贸易业、餐饮业、制造业和其他行业对城乡居民和社会集团的消费品零售额和农民对非农业居民零售额的总和。

2．**商品购进总额** 指各种批发零售贸易业从本企业以外的单位和个人购进（包括直接从国外进口）作为转卖或加工后转卖的各种商品的价值总额。包括从生产者购进额、从批发零售贸易业购进额、进口额和其他购进额。

3．**从生产者购进** 指各种批发零售贸易业直接从工农业生产者购进的各种工矿产品、农副产品的价值总额。包括：(1)从工农业生产单位购进的其生产的产品的价值；(2)从出版社、报社的发行部门购进的图书、杂志和报纸的价值。

4．**从批发零售贸易业购进** 指从各种经济类型的批发零售贸易业或其它行业附营的批发零售贸易业购进的商品。

5．**商品销售总额** 指各种批发零售贸易业对本企业以外的单位和个人出售（包括对国、境外直接出口）的商品（也包括售给本单位消费用的商品）的价值总额。包括对生产经营单位批发额、对批发零售贸易业批发额、出口额、对居民和社会集团商品零售额及其他销售额。

6．**批发** 指除零售以外的一切商品销售活动。

7．**对产经营单位批发** 指售给国民经济和社会各部门作为生产和经营使用的商品。

8．**对批发零售贸易业批发** 指售给各种经济类型的批发零售贸易业作为转卖或加工后转卖的商品。

9．**对居民和社会集团的消费品零售** 指售给城乡居民直接用于生活消费和社会集团用于公共消费的商品。

10．**期末库存额** 指各类批发零售贸易业已取得所有权的全部商品的价值总额。反映批发零售贸易业的商品库存情况和对市场商品供应的保障程度。

11．**城乡集市贸易成交额** 指农村集市和城市集市上买卖双方（包括农民、非农民居民、机关、团体、工商企业、个体商贩）成交的全部商品总金额。

12．**批发零售贸易业** 指从工农业生产者或从商品流通企业购进商品转卖给工业、农业、建筑业运输邮电业、餐饮业、服务业等生产经营单位作为生产经营用，以及将商品转卖给其它批发零售贸易业作为转卖，以及将商品售给城乡居民作为生活消费和售给社会集团作为公共消费的流通企业。

13．**餐饮业** 指从事食品的烹饪、调制并直接售给居民和社会集团和机构。

7－1 社会消费品零售总额发展情况

单位：万元

	2002 年	2003 年	2004 年	2005 年	2006 年	2007 年	2008 年
社会消费品零售总额	**1946013**	**2267642**	**2887829**	**3406869**	**3947539**	**4679061**	**5770830**
按地区分							
市	1130313	1325429	1638545	1880115	2144149	2566411	3176783
县	382610	458609	568210	675041	787942	925979	1156794
县以下	433090	483604	681074	851713	1015448	1186671	1437253
按行业分							
批发和零售贸易业	1601564	1912625	2510709	2932144	3373161	3958405	4835634
住宿和餐饮业	236972	261501	287765	441490	544651	682348	878102
其他行业	107477	93516	89355	33235	29727	38308	57094
按区域划分							
市区(含市直)	**1109321**	**1342156**	**1841552**	**1512132**	**1767104**	**2121562**	**2629458**
老城区	47091	53920	83834	153230	178105	210953	258611
西工区	128259	151133	206972	484775	568803	677921	842404
瀍河区	23725	35355	51652	95968	111940	136112	170585
涧西区	99213	128063	200874	437642	509256	603276	743538
吉利区	19421	21757	24706	51490	59530	70438	86827
洛龙区	80998	89529	100315	259585	299337	354597	440556
县(市)小计	**836692**	**925486**	**1046277**	**1894737**	**2180435**	**2557499**	**3141372**
偃师市	221047	246286	277531	468796	539350	630965	759224
孟津县	68195	75088	84187	132543	152359	179324	225870
新安县	94142	104407	117743	210937	242684	284381	341119
栾川县	51765	57246	65003	129178	149137	176774	224321
嵩　县	81564	89736	100923	160926	184986	216973	269577
汝阳县	65273	71282	80114	131766	151729	178640	223919
宜阳县	80448	88037	99984	176111	202440	237361	292066
洛宁县	53836	59623	67157	129585	149088	174895	217809
伊川县	120422	133781	153635	354895	408662	478186	587467

7－2 社会消费品零售总额发展指数

（以上年为100）

	2002 年	2003 年	2004 年	2005 年	2006 年	2007 年	2008 年
社会消费品零售总额	**110.8**	**111.5**	**116.2**	**114.4**	**115.9**	**118.5**	**123.3**
按地区分							
市	112.5	113.1	118.3	115.6	117.0	119.7	123.8
县	110.3	110.9	115.3	112.3	114.8	117.5	124.9
县以下	106.9	108.1	112.0	113.5	114.3	116.9	121.1
按行业分							
批发和零售贸易业	112.3	113.0	117.4	114.2	115.3	117.4	122.2
住宿和餐饮业	112.4	112.7	119.8	136.0	126.2	125.3	128.7
其他行业	110.5	87.0	95.6	39.0	59.0	128.9	149.0
按区域划分							
市区（含市直）	**110.6**	**112.2**	**118.0**	**115.6**	**116.9**	**120.1**	**123.9**
老城区	113.9	113.6	117.7	115.6	116.2	118.4	122.6
西工区	115.5	114.3	118.5	116.2	117.3	119.2	124.3
瀍河区	112.4	114.1	118.3	116.0	116.6	121.6	125.3
涧西区	115.7	113.8	118.4	116.1	116.4	118.5	123.3
吉利区	112.0	112.0	113.6	114.1	115.6	118.3	123.3
洛龙区	109.7	110.5	112.0	114.0	115.3	118.5	124.2
县（市）小计	**109.6**	**110.6**	**113.1**	**113.2**	**115.1**	**117.3**	**122.8**
偃师市	110.0	111.4	112.7	113.1	115.1	117.0	120.3
孟津县	110.2	110.1	112.1	113.0	115.0	117.7	126.0
新安县	109.9	110.9	112.8	113.1	115.1	117.2	120.0
栾川县	108.4	110.6	113.6	113.5	115.5	118.5	126.9
嵩　县	110.0	110.0	112.5	113.0	115.0	117.3	124.2
汝阳县	108.8	109.2	112.4	113.2	115.2	117.7	125.3
宜阳县	109.1	109.4	113.6	113.1	115.0	117.3	123.0
洛宁县	108.7	110.7	112.6	113.2	115.1	117.3	124.5
伊川县	109.6	110.9	114.8	113.3	115.2	117.0	122.9

注：因统计口径和计算方法变化，各年的增长速度按可比口径进行了相应调整。

7－3　分县(市)区社会消费品零售总额

(2008年)　　单位:万元

	全　市	老城区	西工区	瀍河区	涧西区	吉利区	洛龙区	偃师市
社会消费品零售总额	**5770830**	**258611**	**842404**	**170585**	**743538**	**86827**	**440556**	**759224**
按地区分								
市	3176783	258611	842404	170585	743538	86827	440556	458046
县	1156794							
县以下	1437253							301178
按行业分								
批发和零售贸易业	4835634	209383	749615	150123	566874	75387	376163	645347
住宿和餐饮业	878102	49228	92789	20462	138323	11440	62293	95065
其他行业	57094				38341		2100	18812

7－3续表　　(2008年)　　单位:万元

	孟津县	新安县	栾川县	嵩　县	汝阳县	宜阳县	洛宁县	伊川县
社会消费品零售总额	**225870**	**341119**	**224321**	**269577**	**223919**	**292066**	**217809**	**587467**
按地区分								
市								
县	81876	206392	143890	111083	128195	137360	62940	265268
县以下	143994	134727	80431	158494	95724	154706	154869	322199
按行业分								
批发和零售贸易业	194951	293220	182199	216242	197890	242383	185125	479275
住宿和餐饮业	30919	47384	42122	53335	26029	48683	31684	98192
其他行业		515				1000	1000	10000

7-4 限额以上批发和零售贸易业商品销售类值

（2008年） 单位:万元

	合计	批发	零售
类值合计	**2872331**	**1662863**	**1209468**
食品饮料烟酒类	453869	315944	137925
食品类	104087	14192	89895
粮油类	23460	3419	20041
肉禽蛋类	18393	3793	14600
饮料类	30668	10230	20438
烟酒类	319114	291522	27592
服装、鞋帽针、纺织品类	131246	29408	101838
服装类	71461	6159	65302
鞋帽类	22680		22680
针、纺织品类	37105	23249	13856
化妆品类	18690	239	18451
金银珠宝类	27628		27628
日用品类	46234	941	45293
洗涤用品类	14527	498	14029
儿童玩具类	4917	6	4911
五金、电料类	10892	209	10683
体育、娱乐用品类	8405	36	8369
书报、杂志类	22458		22458
电子出版物及音像制品类	1870		1870
家用电器及音像器材类	107156	23055	84101
中西药品类	131408	105480	25928
西药类	113528	93876	19652
中草药中成药品类	15554	11508	4046
文化、办公用品类	17892	79	17813
家具类	37686	6693	30993
通讯器材类	19425	605	18820
煤炭及制品类	91377	85505	5872
木材及制品类	2403	2403	
石油及制品类	605345	253485	351860
化工材料及制品类	54633	47663	6970
化肥类	17668	17668	
金属材料类	423707	413671	10036
建筑材料类	386	84	302
机电设备及零件类	206726	199720	7006
农机类	145944	145944	
汽车类	289185	68768	220417
种子饲料类	440	440	
棉麻、土畜产品类			
其他类	163270	108435	54835

7－5　限额以上批发和零售贸易业商品销售数量

（2008 年）

	单　位	商品销售合计	批　发	零　售
粮食	吨	26883	4520	22363
食用植物油	吨	10646	2586	8060
肉及肉制品	吨	40647	10784	29863
卷烟	万支	1056987	1031598	25389
酒	吨	7149	182	6967
其中：白酒	吨	2962	87	2875
啤酒	吨	3158	94	3064
棉花	吨	140		140
布	百米	161866	148803	13063
各种服装	百件	54023	7366	46657
其中：童装	百件	8722		8722
鞋	百双	22227	142	22085
照相机	台	22612	235	22377
其中：数码照相机	台	21543	235	21308
彩色电视机	台	56200	2416	53784
组合音响	台	5659		5659
摄像机	台	1422	19	1403
影碟机	台	29721		29721
家用电冰箱	台	41845		41845
家用洗衣机	台	46506	192	46314
房间空调器	台	145530	85310	60220
微波炉	台	16426	2015	14411
微型计算机	台	6450		6450
热水器	台	16129	101	16028
普通电话机	部	14745		14745
移动电话机	部	164825	9906	154919
化学肥料	吨	96980	96980	
化学农药	吨	580	580	
农用塑料薄膜	吨	130	130	
煤炭	吨	1160409	1133118	27291
木材	立方米			
汽油	吨	272067	67591	204476
煤油	吨	789	313	476
柴油	吨	533476	285231	248245
钢材	吨	692251	673951	18300
铜	吨	3230	3230	
铝	吨	2988	2988	
水泥	吨	1453	187	1266
汽车	辆	26068	4639	21429
其中：轿车	辆	17565	444	17121
摩托车	辆	22752	15047	7705
拖拉机	台	10488	10488	

7－6　分县(市)区批发和零售贸易业商品销售总额

(2008 年)　　单位:万元

	商品销售额	批发额	零售额
洛阳市	**8236037**	**3400402**	**4835635**
老城区	308007	94740	213267
西工区	1909304	1159672	749632
瀍河区	274285	106124	168161
涧西区	693134	126260	566874
吉利区	200925	122578	78347
洛龙区	1335638	958175	377463
偃师市	783820	138472	645348
孟津县	286827	89561	197266
新安县	393327	100107	293220
栾川县	240875	52141	188734
嵩　县	291449	73205	218244
汝阳县	310115	98853	211262
宜阳县	343619	91257	252362
洛宁县	237444	52319	185125
伊川县	657716	70312	587404

注:由于全市与各县区数据各自分别推算汇总,因此全市数据不等于各县区汇总之和。

7-7 分县(市)区限额以上批发和零售贸易业商品销售总额

(2008年) 单位:万元

	商品销售额	批发额	零售额
洛阳市	**2872331**	**1662863**	**1209468**
老城区	90042	55129	34913
西工区	873272	564599	308673
瀍河区	212016	98617	113399
涧西区	170131	62086	108045
吉利区	121816	103985	17831
洛龙区	161843	90414	71429
偃师市	97228	38848	58380
孟津县	100468	48801	51667
新安县	123612	80501	43111
栾川县	72427	29893	42534
嵩　县	55472	35743	19729
汝阳县	33742	17322	16420
宜阳县	79356	56528	22828
洛宁县	58536	35078	23458
伊川县	73287	45147	28140

注:由于全市与各县区数据各自分别推算汇总,因此全市数据不等于各县区汇总之和。

7-8 限额以上批发、零售、住宿和餐饮业企业财务状况

(2008年)　　单位:万元

	企业数(个)	亏损企业数(个)	从业人员平均人数
限额以上企业总计	**573**	**179**	**33403**
其中:国有及国有控股	101	28	8618
按国民经济行业分组			
一、批发业	**132**	**48**	**5189**
农畜产品批发	3	1	81
谷物、豆及薯类批发	2	1	47
牲畜批发	1		34
食品、饮料及烟草制品批发	5	2	822
米、面制品及食用油批发	1		37
肉、禽、蛋及水产品批发	1		47
盐及调味品批发	1	1	261
饮料及茶叶批发	1	1	76
烟草制品批发	1		401
纺织、服装及日用品批发	4	1	100
纺织品、针织品及原料批发	2		71
服装批发	1	1	13
其他日用品批发	1		16
医药及医疗器材批发	7	3	524
西药批发	4	2	293
中药材及中成药批发	3	1	231
矿产品、建材及化工产品批发	85	31	2646
煤炭及制品批发	7	2	669
石油及制品批发	17	8	923
非金属矿及制品批发	1		13
金属及金属矿批发	44	18	558
建材批发	6	1	82
化肥批发	3		126
其他化工产品批发	7	2	275
机械设备、五金交电及电子产品批发	23	10	844
农业机械批发	4	1	321
汽车、摩托车及零配件批发	5	3	176
五金、交电批发	4	3	81
家用电器批发	1		74
其他机械设备及电子产品批发	9	3	192
其他批发	5		172
再生物资回收与批发	3		159
其他未列明的批发	2		13
二、零售业	**324**	**89**	**17583**
综合零售	124	23	9411
百货零售	69	14	4003
超级市场零售	23	6	4461
其他综合零售	32	3	947

	企业数(个)	亏损企业数(个)	从业人员平均人数
食品、饮料及烟草制品专门零售	12	4	592
粮油零售	2	1	36
糕点、面包零售	1		12
肉、禽、蛋及水产品零售	6	2	427
烟草制品零售	1		43
其他食品零售	2	1	74
纺织、服装及日用品专门零售	16	4	615
纺织品及针织品零售	7	3	211
服装零售	5	1	205
鞋帽零售	1		72
钟表、眼镜零售			
其他日用品零售	3		127
文化、体育用品及器材专门零售	12	2	1097
文具用品零售			
图书零售	10		818
珠宝首饰零售	2	2	279
医药及医疗器材专门零售	16	7	1571
药品零售	15	7	1543
医疗用品及器材零售	1		28
汽车、摩托车、燃料及零配件专门零售	79	28	2209
汽车零售	42	18	1613
汽车零配件零售	3	1	23
摩托车及零配件零售	5	2	93
机动车燃料零售	29	7	480
家用电器及电子产品专门零售	29	7	1377
家用电器零售	12	3	981
计算机、软件及辅助设备零售	12	2	207
通信设备零售	5	2	189
五金、家具及室内装修材料专门零售	20	8	442
五金零售	9		129
家具零售	6	4	212
涂料零售	1	1	45
其他室内装修材料零售	4	3	56
无店铺及其他零售	16	6	269
生活用燃料零售	8	4	198
其他未列明的零售	8	2	71
三、住宿业	**50**	**26**	**6448**
旅游饭店	50	26	6448
一般旅馆			
其他住宿服务			
四、餐饮业	**67**	**16**	**4183**
正餐服务	66	16	4170
快餐服务	1		13
其他餐饮服务			

7－8 续表 2　　(2008 年)　　单位:万元

	资产总计	流动资产	存　货	负债总计	所有者权益
限额以上企业总计	**1049742**	**671313**	**151791**	**709964**	**341749**
其中:国有及国有控股	314729	153309	30907	164462	150266
按国民经济行业分组					
一、批发业	**417040**	**321398**	**67469**	**278467**	**138773**
农畜产品批发	4591	2637	1561	2840	1751
谷物、豆及薯类批发	4084	2445	1558	2544	1540
牲畜批发	507	191	3	297	211
食品、饮料及烟草制品批发	78626	57456	6942	35949	42677
米、面制品及食用油批发	3796	3021	1852	3363	433
肉、禽、蛋及水产品批发	386	127	24	569	－183
盐及调味品批发	3759	2456	595	2985	775
饮料及茶叶批发	1232	1226	303	1170	62
烟草制品批发	69453	50626	4167	27862	41591
纺织、服装及日用品批发	12079	11439	5628	11287	793
纺织品、针织品及原料批发	4267	3662	680	3071	1196
服装批发	7714	7711	4943	8116	－402
其他日用品批发	99	66	6	101	－2
医药及医疗器材批发	28008	26578	5620	26394	1614
西药批发	17456	16932	1985	16578	878
中药材及中成药批发	10553	9646	3635	9817	736
矿产品、建材及化工产品批发	178788	116027	20111	105364	73623
煤炭及制品批发	27161	12163	157	15024	12138
石油及制品批发	63415	19069	5327	17465	45950
非金属矿及制品批发	1481	1448	272	1133	348
金属及金属矿批发	71245	69530	13131	57348	13897
建材批发	5912	5632	497	7295	－1183
化肥批发	1365	1069	111	1717	－353
其他化工产品批发	8209	7116	616	5383	2826
机械设备、五金交电及电子产品批发	109548	103798	26814	91977	17571
农业机械批发	44863	43297	13627	36880	7983
汽车、摩托车及零配件批发	17844	15005	2696	15098	2746
五金、交电批发	3457	3358	203	1905	1553
家用电器批发	3762	3688	1947	3472	290
其他机械设备及电子产品批发	39622	38451	8340	34623	4999
其他批发	5400	3463	794	4655	745
再生物资回收与批发	4753	2838	478	4385	368
其他未列明的批发	647	625	316	270	377
二、零售业	**478100**	**299719**	**79649**	**338163**	**140523**
综合零售	164339	96950	28381	134853	29676
百货零售	95056	50309	12147	79667	15579
超级市场零售	56449	40063	14523	44310	12138
其他综合零售	12834	6579	1710	10876	1959

7－8 续表3　　(2008年)　　单位:万元

	资产总计	流动资产	存　货	负债总计	所有者权益
食品、饮料及烟草制品专门零售	4349	2696	1138	4190	159
粮油零售	1088	788	440	773	315
糕点、面包零售	42			799	－757
肉、禽、蛋及水产品零售	2127	1045	199	1873	255
烟草制品零售	665	645	499	503	162
其他食品零售	428	219		243	185
纺织、服装及日用品专门零售	11681	3840	830	10909	772
纺织品及针织品零售	3579	1844	502	3195	384
服装零售	6200	1161	83	5905	295
鞋帽零售	255	190	143	95	160
钟表、眼镜零售					
其他日用品零售	1647	644	103	1715	－68
文化、体育用品及器材专门零售	18199	8856	4479	8889	9310
文具用品零售					
图书零售	14886	5733	2057	4962	9925
珠宝首饰零售	3312	3123	2421	3927	－615
医药及医疗器材专门零售	77299	15559	6119	15842	61457
药品零售	77125	15402	5967	15762	61363
医疗用品及器材零售	174	157	152	80	94
汽车、摩托车、燃料及零配件专门零售	136112	116538	21947	104893	31810
汽车零售	116123	100527	19173	91244	24879
汽车零配件零售	691	642	237	504	777
摩托车及零配件零售	11892	10474	934	8363	3529
机动车燃料零售	7407	4896	1604	4782	2625
家用电器及电子产品专门零售	41278	39522	11732	39369	1909
家用电器零售	34422	33065	8395	33881	541
计算机、软件及辅助设备零售	3291	3125	1257	1630	1662
通信设备零售	3565	3332	2080	3858	－293
五金、家具及室内装修材料专门零售	13814	7927	3097	11355	2259
五金零售	4509	4010	1186	3411	899
家具零售	6591	1324	129	5863	728
涂料零售	1347	1340	1227	1099	248
其他室内装修材料零售	1367	1254	555	982	385
无店铺及其他零售	11029	7831	1925	7863	3172
生活用燃料零售	8233	5118	1363	5476	2757
其他未列明的零售	2796	2714	562	2387	414
三、住宿业	**126734**	**36162**	**3205**	**71096**	**56825**
旅游饭店	126734	36162	3205	71096	56825
一般旅馆					
其他住宿服务					
四、餐饮业	**27867**	**14034**	**1468**	**22239**	**5628**
正餐服务	27798	13984	1468	22201	5598
快餐服务	69	50		38	30
其他餐饮服务					

	主营业务收入	主营业务成本	主营业务税金及附加	主营业务利润	其他业务利润
限额以上企业总计	**2404083**	**2155541**	**8690**	**238434**	**17437**
其中:国有及国有控股	987654	869490	2804	114044	3783
按国民经济行业分组					
一、批发业	**1551959**	**1422335**	**1900**	**127293**	**2520**
农畜产品批发	513	381		132	121
谷物、豆及薯类批发	376	381		－5	121
牲畜批发	137			137	
食品、饮料及烟草制品批发	268960	225771	699	42489	－4
米、面制品及食用油批发	2177	2107		70	63
肉、禽、蛋及水产品批发					19
盐及调味品批发	5392	3513	19	1860	9
饮料及茶叶批发	8709	7969	3	737	
烟草制品批发	252682	212183	676	39823	－95
纺织、服装及日用品批发	38567	36254	27	2285	22
纺织品、针织品及原料批发	31706	30070	20	1615	22
服装批发	6828	6159	6	663	
其他日用品批发	33	25	1	7	
医药及医疗器材批发	93700	92001	42	1657	33
西药批发	50536	49520	26	991	23
中药材及中成药批发	43164	42482	17	666	10
矿产品、建材及化工产品批发	861684	791030	1043	69172	1709
煤炭及制品批发	94997	88014	282	6262	843
石油及制品批发	407344	368895	386	38064	630
非金属矿及制品批发	7072	6731	9	334	
金属及金属矿批发	281337	260412	282	20643	134
建材批发	45215	44936	24	255	
化肥批发	5607	5559	4	44	19
其他化工产品批发	20113	16485	57	3571	84
机械设备、五金交电及电子产品批发	254728	243778	83	10876	585
农业机械批发	142024	134939	31	7054	141
汽车、摩托车及零配件批发	35230	34696	4	539	1
五金、交电批发	13260	12910	9	340	
家用电器批发	16988	16498	11	479	
其他机械设备及电子产品批发	47226	44735	27	2464	444
其他批发	33808	33121	6	682	54
再生物资回收与批发	28436	28239	3	194	54
其他未列明的批发	5373	4882	4	487	
二、零售业	**766165**	**693782**	**2067**	**69665**	**14717**
综合零售	252460	219781	1176	31505	9748
百货零售	131535	114802	763	15971	3680
超级市场零售	102811	87971	307	14534	5986
其他综合零售	18114	17007	107	1001	83

	主营业务收入	主营业务成本	主营业务税金及附加	主营业务利润	其他业务利润
食品、饮料及烟草制品专门零售	16530	15361	24	1146	208
粮油零售	2873	2756	1	117	27
糕点、面包零售	2450	2181	2	268	
肉、禽、蛋及水产品零售	8284	7893	12	379	182
烟草制品零售	1846	1545	3	297	
其他食品零售	1077	985	6	86	
纺织、服装及日用品专门零售	11311	10200	59	770	1339
纺织品及针织品零售	4591	3987	18	321	37
服装零售	2471	2359	32	63	1267
鞋帽零售	873	766	8	99	
钟表、眼镜零售					
其他日用品零售	3375	3088	1	287	36
文化、体育用品及器材专门零售	23437	17603	208	5355	636
文具用品零售					
图书零售	17474	12890	16	4298	602
珠宝首饰零售	5963	4714	192	1057	34
医药及医疗器材专门零售	37248	34519	72	2657	39
药品零售	36711	34078	71	2562	39
医疗用品及器材零售	537	441	1	95	
汽车、摩托车、燃料及零配件专门零售	300921	283294	234	17304	1024
汽车零售	231157	217138	192	13738	297
汽车零配件零售	1263	1185	1	76	
摩托车及零配件零售	7167	6445	4	718	136
机动车燃料零售	61335	58526	36	2772	591
家用电器及电子产品专门零售	65699	60030	168	5502	679
家用电器零售	54091	49293	149	4649	588
计算机、软件及辅助设备零售	8397	7738	14	646	9
通信设备零售	3211	2999	4	208	82
五金、家具及室内装修材料专门零售	27386	24192	112	3082	1035
五金零售	14221	13703	14	504	76
家具零售	3318	1319	91	1909	14
涂料零售	2706	2597	1	107	944
其他室内装修材料零售	7141	6573	5	563	
无店铺及其他零售	31173	28803	16	2344	10
生活用燃料零售	24645	22750	11	1874	10
其他未列明的零售	6528	6053	5	470	
三、住宿业	**47488**	**17686**	**2517**	**26945**	**170**
旅游饭店	47488	17686	2517	26945	170
一般旅馆					
其他住宿服务					
四、餐饮业	**38469**	**21737**	**2206**	**14530**	**29**
正餐服务	38204	21605	2191	14411	29
快餐服务	266	132	15	119	
其他餐饮服务					

7－8 续表 6　　　　(2008 年)　　　　单位:万元

	营业费用	管理费用	税　金	财务费用
限额以上企业总计	**104547**	**80189**	**2228**	**9320**
其中:国有及国有控股	35273	34503	951	1783
按国民经济行业分组				
一、批发业	**41585**	**29568**	**953**	**2871**
农畜产品批发	26	205	3	112
谷物、豆及薯类批发	26	90		112
牲畜批发		115	3	
食品、饮料及烟草制品批发	4507	12735	88	429
米、面制品及食用油批发	24	141		129
肉、禽、蛋及水产品批发		16		2
盐及调味品批发	960	930	18	40
饮料及茶叶批发	601	146		14
烟草制品批发	2921	11501	70	245
纺织、服装及日用品批发	1634	266	14	281
纺织品、针织品及原料批发	1068	126	13	281
服装批发	566	133		
其他日用品批发		7	2	
医药及医疗器材批发	1309	489	6	－20
西药批发	610	343	6	－10
中药材及中成药批发	699	146		－11
矿产品、建材及化工产品批发	24086	11146	687	1793
煤炭及制品批发	4319	2450	69	122
石油及制品批发	11076	3799	320	481
非金属矿及制品批发	147	75		11
金属及金属矿批发	6806	3124	282	1091
建材批发	1015	156	6	22
化肥批发	33	14		14
其他化工产品批发	691	1529	10	51
机械设备、五金交电及电子产品批发	9496	4327	152	260
农业机械批发	7475	2527	72	165
汽车、摩托车及零配件批发	542	227	13	－114
五金、交电批发	187	225	35	111
家用电器批发	215	152	8	53
其他机械设备及电子产品批发	1078	1197	25	44
其他批发	528	400	3	17
再生物资回收与批发	242	246	2	17
其他未列明的批发	286	153	1	
二、零售业	**40102**	**32264**	**925**	**3949**
综合零售	19800	15168	471	1220
百货零售	8122	8291	285	873
超级市场零售	11341	6263	170	209
其他综合零售	338	614	15	138

	营业费用	管理费用	税　金	财务费用
食品、饮料及烟草制品专门零售	693	638	15	62
粮油零售	103	44		5
糕点、面包零售	233	35		
肉、禽、蛋及水产品零售	240	327	13	14
烟草制品零售	100	152		38
其他食品零售	18	79	1	5
纺织、服装及日用品专门零售	495	1587	97	59
纺织品及针织品零售	58	250	6	14
服装零售	115	1239	73	38
鞋帽零售	51	25	4	3
钟表、眼镜零售				
其他日用品零售	270	72	14	5
文化、体育用品及器材专门零售	2151	3529	37	231
文具用品零售				
图书零售	1934	2775	35	－7
珠宝首饰零售	217	755	1	238
医药及医疗器材专门零售	1419	832	43	19
药品零售	1362	798	43	19
医疗用品及器材零售	57	33	1	1
汽车、摩托车、燃料及零配件专门零售	6962	7025	190	1867
汽车零售	5298	5952	165	1703
汽车零配件零售	35	58		
摩托车及零配件零售	221	300		28
机动车燃料零售	1408	715	25	136
家用电器及电子产品专门零售	4258	1134	16	241
家用电器零售	3588	829	15	247
计算机、软件及辅助设备零售	377	191	1	－11
通信设备零售	293	113		4
五金、家具及室内装修材料专门零售	2008	1820	44	155
五金零售	297	169	38	11
家具零售	321	1536	6	142
涂料零售	1091			
其他室内装修材料零售	300	115		2
无店铺及其他零售	2317	533	12	95
生活用燃料零售	1937	439	12	86
其他未列明的零售	380	94		8
三、住宿业	**13914**	**13677**	**141**	**1748**
旅游饭店	13914	13677	141	1748
一般旅馆				
其他住宿服务				
四、餐饮业	**8945**	**4680**	**209**	**752**
正餐服务	8838	4670	209	752
快餐服务	107	10		
其他餐饮服务				

	营业利润	利润总额	应交所得税
限额以上企业总计	**63161**	**67917**	**19091**
其中:国有及国有控股	47608	51215	15022
按国民经济行业分组			
一、批发业	**56152**	**62242**	**16289**
农畜产品批发	－90	25	
谷物、豆及薯类批发	－111	10	
牲畜批发	22	15	
食品、饮料及烟草制品批发	24814	24443	8122
米、面制品及食用油批发	－161	1	
肉、禽、蛋及水产品批发	1	1	
盐及调味品批发	－61	－46	
饮料及茶叶批发	－25	－25	33
烟草制品批发	25061	24512	8089
纺织、服装及日用品批发	127	129	41
纺织品、针织品及原料批发	163	162	41
服装批发	－36	－33	
其他日用品批发			
医药及医疗器材批发	－88	－98	27
西药批发	71	61	16
中药材及中成药批发	－158	－158	11
矿产品、建材及化工产品批发	34219	36035	7655
煤炭及制品批发	653	651	242
石油及制品批发	23339	23427	6054
非金属矿及制品批发	95	61	34
金属及金属矿批发	9765	9864	924
建材批发	－1017	663	55
化肥批发			
其他化工产品批发	1383	1369	346
机械设备、五金交电及电子产品批发	－2622	1534	319
农业机械批发	－2972	1234	130
汽车、摩托车及零配件批发	－115	－115	4
五金、交电批发	－183	－183	19
家用电器批发	59	59	15
其他机械设备及电子产品批发	589	539	150
其他批发	－208	174	126
再生物资回收与批发	－256	126	113
其他未列明的批发	48	48	13
二、零售业	**8529**	**7262**	**2275**
综合零售	5179	5419	1246
百货零售	2480	2460	648
超级市场零售	2707	2953	596
其他综合零售	－7	6	3

	营业利润	利润总额	应交所得税
食品、饮料及烟草制品专门零售	-42	-20	12
粮油零售	-9	-9	4
糕点、面包零售			
肉、禽、蛋及水产品零售	-23	-11	1
烟草制品零售	7		7
其他食品零售	-17		
纺织、服装及日用品专门零售	-31	30	25
纺织品及针织品零售	37	48	18
服装零售	-62	-39	
鞋帽零售	19	19	6
钟表、眼镜零售			
其他日用品零售	-24	2	
文化、体育用品及器材专门零售	351	262	114
文具用品零售			
图书零售	469	379	114
珠宝首饰零售	-118	-118	
医药及医疗器材专门零售	426	6	12
药品零售	422	1	10
医疗用品及器材零售	5	5	1
汽车、摩托车、燃料及零配件专门零售	2559	2493	757
汽车零售	1167	1163	578
汽车零配件零售	-17	-17	3
摩托车及零配件零售	305	242	45
机动车燃料零售	1104	1105	132
家用电器及电子产品专门零售	548	-229	38
家用电器零售	573	-257	8
计算机、软件及辅助设备零售	97	95	29
通信设备零售	-121	-67	2
五金、家具及室内装修材料专门零售	121	-46	46
五金零售	91	90	17
家具零售	-76	-77	7
涂料零售	-40	-40	
其他室内装修材料零售	146	-19	21
无店铺及其他零售	-582	-652	25
生活用燃料零售	-570	-640	22
其他未列明的零售	-12	-12	4
三、住宿业	**-1703**	**-1649**	**232**
旅游饭店	-1703	-1649	232
一般旅馆			
其他住宿服务			
四、餐饮业	**182**	**63**	**295**
正餐服务	180	61	293
快餐服务	2	2	1
其他餐饮服务			

八、能源消费与库存

CONSUMPTION AND STOCK OF ENERGY

资料整理：李　鑫　蒋　蕤

主要统计指标解释

能源生产总量　指一定时期内本地区一次能源生产量的总和。该指标是观察本地区能源生产规模、构成、生产成果和发展速度的主要指标。一次能源生产量包括原煤、原油、天然气、水电、核电、风电和太阳能电等的生产量，不包括低热值燃料生产量、生物质能、太阳能等的利用和由一次能源加工转换而成的二次能源产量。

能源消费总量　指一定时期内本地区各需用单位实际消费的各种能源的总和。该指标是反映本地区能源消费的数量、质量、构成和增长速度的主要指标。包括原煤和原油及其制品、天然气、电力等，不包括低热值燃料、生物质能、太阳能等的利用。能源消费总量分为终端能源消费量、能源加工转换损失量和能源损失量三部分。

能源弹性系数　能源弹性系数亦称能源弹性。它是衡量某一变量的变化所引起的另一相关变量的相对变化的指标。能源弹性系数在一个国家的年度之间以及不同国家之间有很大的差异。它受各国或各时期的经济结构、管理体制、资源状况、技术水平、人口多寡、气候条件等多种因素影响。

能源生产弹性系数　能源生产弹性系数亦称能源生产增长系数，是指能源生产增长率与国民经济增长率的比值，是反映能源生产量的增长同国民经济增长之间关系的指标，计算公式为：

能源生产弹性系数 = 能源生产总量平均增长速度/国民经济年平均增长速度

电力生产弹性系数　电力生产弹性系数是指发电增长率与国民经济增长率的比值，是反映发电量的增长同国民经济增长之间关系的指标。计算公式为：

电力生产弹性系数 = 发电量年平均增长速度/国民经济年平均增长速度

能源消费弹性系数　能源消费弹性系数是指能源消费总量增长率与国民经济增长率的比值，从总体上综合反映能源消费总量增长与国民经济增长之间的相互关系。计算公式为：

能源消费弹性系数 = 能源消费量年平均增长速度/国民经济年平均增长速度

电力消费弹性系数　电力消费弹性系数是指电力消费增长率与国民经济增长率的比值，它是反映电力消费量增长同国民经济增长之间关系的指标。计算公式为：

电力消费弹性系数 = 电力消费量年平均增长速度/国民经济年平均增长速度

能源加工、转换效率　指一定时期内能源经过加工、转换后，产出的各种能源产品的数量与同期内加工转换投入的各种能源数据的比率。该指标是观察能源加工转换装置和生产工艺先进与落后、能量有效利用程度、技术水平及管理水平高低的重要指标。计算公式为：

能源加工转换效率（%）= 能源加工、转换产出量/能源加工、投入量 × 100%

单位生产总值能耗　指一定时期本地区每创造一个单位的国内（地区）生产总值所消耗的能源。通常用该指标评价能源经济效益，是国际上各国通用的指标。计算公式为：

单位国内生产总值能耗 = 能源消费总量/国内生产总值

单位国内生产总值电耗　指一定时期内，一个国家或地区每生产一个单位的国内（地区）生产总值所消耗的电力。计算公式为：单位国内生产总值电耗 = 全社会用电量/国内生产总值

单位工业增加值能耗　指一定时期内，一个国家或地区每生产一个单位的工业增加值所消耗的能源。计算公式为：单位工业增加值能耗 = 工业能源消耗量/工业增加值

8－1 全市主要能源消费发展情况

指标名称	计量单位	2005 年	2006 年	2007 年	2008 年
能源生产量(等价值)	**万吨标煤**	**537.96**	**353.58**	**380.15**	**411.40**
原　煤	万吨	594	316	338	396
发电量	万千瓦时	2437695	3509883	4169086	3832502
#火　电	万千瓦时	2156351	3193405	3825737	3515072
水　电	万千瓦时	281344	316478	343349	317430
煤制品	吨		91495	93849	105654
焦　炭	万立方米				262107
其他煤气	吨	86332	113510	110361	91991
原油加工量	吨	4657008	5371987	5308999	4906322
汽　油	吨	962364	1101746	1162350	1175267
煤　油	吨	169544	211844	324461	256818
柴　油	吨	1671220	2200823	1915839	1914711
燃料油	吨	243634	280162	353311	144577
液化石油气	吨	298517	345480	336831	307441
炼厂干气	吨	213311	228067	217195	191204
其他石油制品	吨	1658534	2145608	2122617	1796877
热　力	百万千焦	17160565	18834468	19517685	14351319
能源生产量的比重					
原　煤	%	78.87	63.84	63.51	68.83
电　力	%	21.13	36.16	36.49	31.17
能源消耗总量	**万吨标煤**	**1724.77**	**1934.52**	**2143.77**	**2326.17**
#原　煤	万吨	2286.36	2620.40	2807.60	2892.05
电　力	万千瓦时	1759573	2229570	3009387	3266099
能源消耗总量的比重					
#原　煤	%	37.77	31.33	25.59	27.38
电　力	%	41.05	44.49	51.08	51.62

8－2 能源生产、消费弹性系数

指标名称	计量单位	2005 年	2006 年	2007 年	2008 年
能源生产比上年增长	%	－15.95	－34.27	7.51	8.22
电力生产比上年增长	%	1012.09	71.15	0.91	－8.07
国内生产总值比上年增长	%	15.1	15.7	16.0	14.40
能源生产弹性系数		－1.06	－2.18	0.47	0.57
电力生产弹性系数		67.03	4.53	0.06	－0.56
能源消费比上年增长	%	16.81	12.16	11.20	8.51
电力消费比上年增长	%	11.91	26.45	22.07	6.35
国内生产总值比上年增长	%	15.1	15.7	16.0	14.40
能源消费弹性系数		1.11	0.77	0.69	0.59
电力消费弹性系数		0.79	1.68	1.36	0.44

8－3 能源加工转换效率

指标名称	计量单位	2005 年	2006 年	2007 年	2008 年
能源转换效率	%	**63.67**	**65.12**	**63.85**	**62.65**
火力发电	%	31.05	34.42	36.68	36.74
供　热	%	196.36	211.29	174.22	84.45
炼　油	%	97.24	98.03	98.11	95.81
制　气	%	84.41	84.41	86.68	77.22
加工型煤	%	－	93.98	93.00	93.96
热电联产	%	36.53	39.14	40.67	38.98

8－4　全社会综合能源消费量

指标名称	2005 年	2006 年	2007 年	2008 年
能源消费总量(等价值.万吨标准煤)	**1724.77**	**1934.52**	**2143.77**	**2326.17**
第一产业	32.59	36.93	39.08	39.44
农、林、牧、渔、水利业	32.59	36.93	39.08	39.44
第二产业	1440.35	1625.35	1809.46	1983.03
工　业	1425.78	1607.38	1788.81	1962.17
建筑业	14.57	17.97	20.65	20.86
第三产业	131.74	148.12	167.08	170.51
交通运输、仓储和邮政业	56.64	63.70	71.99	73.23
批发、零售业和住宿、餐饮业	31.75	35.83	39.56	41.39
其　他	43.35	48.60	55.54	55.89
生活消费	120.08	124.11	128.15	133.19
城　镇	60.78	63.95	67.56	71.46
乡　村	59.31	60.16	60.58	61.73
在能源消费总量中:				
终端消费	1696.67	1912.63	2124.08	2302.15
其中:工　业	1397.69	1585.50	1769.12	1938.14
加工转换损失量	22.64	21.88	19.69	24.03
其中:炼　油	19.91	17.79	16.46	17.60
制　气	2.73	3.74	2.21	4.72
损失量	5.46			

8－5　平均每天能源消费量

指标名称	计量单位	2005 年	2006 年	2007 年	2008 年
每天消费能源合计	**吨标准煤**	**47253.86**	**53000.47**	**58733.45**	**6373.68**
#原　煤	吨	62640.02	71791.85	76920.60	79234.15
焦　炭	吨	540.00	851.20	1810.66	1541.14
原　油	吨	12758.97	14718.35	14545.75	13441.98
汽　油	吨	657.37	654.90	569.31	597.36
煤　油	吨	13.28	25.67	23.19	36.75
柴　油	吨	864.41	1071.40	1377.96	1401.19
燃料油	吨	809.72	641.99	516.59	324.41
天然气	立方米	19797.18	32049.52	42417.08	94914.02
液化石油气	吨	219.46	223.80	219.03	224.40
热　力	百万千焦	41339.43	48312.70	49051.69	35202.53
电　力	万千瓦时	4820.75	6108.41	8244.90	8948.22

8－6　人均生活能源消费量

指标名称	计量单位	2005 年	2006 年	2007 年	2008 年
人均生活消费能源	**千克标准煤**	**187.62**	**192.76**	**197.69**	**204.13**
#原　煤	千克	119.26	119.17	116.65	117.28
其他煤气	立方米	16.19	14.90	12.49	14.79
天然气	立方米	0.23	0.49	0.58	0.61
液化石油气	千克	9.49	9.84	10.08	10.27
热　力	百千焦	2711.28	2840.44	3011.02	3071.43
电　力	千瓦时	176.63	196.88	223.34	244.81

8-7 能耗公报指标完成情况

指标名称	2005 年	2006 年	2007 年	2008 年
单位 GDP 能耗(等价值.吨标准煤/万元)	1.550	1.502	1.438	1.364
单位 GDP 能耗比上年上升或下降(±%)		-3.10	-4.30	-5.12
单位 GDP 电耗(千瓦时/万元)	1575.60	1721.27	1814.52	1687.64
单位 GDP 电耗比上年上升或下降(±%)		9.25	5.42	-6.99
单位工业增加值能耗(当量值.吨标准煤/万元)	3.290	3.050	2.828	2.622
单位工业增加值能耗比上年上升或下降(±%)		-7.23	-7.27	-7.27

8-8 规模以上工业企业水消费

单位:万立方米

指标名称	2005 年	2006 年	2007 年	2008 年
取水总量	29397.84	33576.09	37340.46	36124.04
地表水	8514.09	7948.30	9944.56	10732.42
地下水	17934.02	20188.83	20904.79	19885.94
自来水	2875.90	5010.97	5670.94	4568.27
管道供应的未经达标处理的水	3.52	10.55	5.50	295.51
中水		136.00	814.00	640.00
海水				
其他水	70.32	281.44	0.66	1.90
重复用水	105678.41	103626.57	223636.70	151745.27

8－9　分县(市)区规模以上工业综合能源消费量(当量值)

单位:吨标准煤

县(市)区	2005 年	2006 年	2007 年	2008 年
洛阳市	**10857673**	**12725064**	**14707257**	**15296691**
市　直	3462881	3678444	4060339	3887231
高新区	53022	73733	92121	112541
老城区	11093	12707	13888	19656
西工区	17681	20459	25967	40346
瀍河回族区	8323	78719	28365	14634
涧西区	24896	32645	48083	79499
吉利区	27365	41460	69684	64323
洛龙区	123271	139128	425715	352453
孟津县	368944	568974	699253	612545
新安县	1867615	2341812	2624736	3034715
栾川县	101007	147960	185355	243560
嵩　县	30578	34193	33863	47668
汝阳县	226933	212385	322980	280234
宜阳县	1024225	1055038	1109189	1113252
洛宁县	11364	11845	19153	21826
伊川县	2325768	2698428	2917089	3421762
偃师市	1172707	1577133	2031476	1950446

8－10 规模以上工业主要能源消费情况

指标名称	单 位	2005 年	2006 年	2007 年	2008 年
原 煤	吨	15852940	20099787	23289606	23848391
洗精煤	吨	79			202
其他洗煤	吨	2915	2950	3190	1270
煤制品	吨	78039	255	1739	5236
焦 炭	吨	153755	283520	625992	527516
其他焦化产品	吨	856	614	780	22557
焦炉煤气	万立方米	748			
高炉煤气	万立方米				
其他煤气	万立方米	123590	129048	139633	177815
天然气	万立方米	1	105	39	217
液化天然气	吨	60	138	527	306
原 油	吨	4657008	5371987	5309016	4906322
汽 油	吨	11621	12269	12917	15752
煤 油	吨	3047	7695	7645	10755
柴 油	吨	47492	63690	66369	75035
燃料油	吨	286926	232204	188557	116635
液化石油气	吨	4993	4808	2042	2315
炼厂干气	吨	213311	227461	216915	191261
其他石油制品	吨	527833	1143639	1111281	1063137
热 力	百万千焦	11608428	14696708	14580079	13587024
电 力	万千瓦时	1553870	1889690	2401925	2696900
其他燃料	吨标准煤	24409	11991		1893
能源合计	吨标准煤	21371454	26212195	28970667	28559420

注:本表能源合计是含二次能源投入量的当量标准值。

8－11 规模以上工业主要能源消费量发展指数

（以上年为100） 单位:%

指标名称	2005年	2006年	2007年	2008年
原　煤	110.6	126.8	115.9	102.4
洗精煤	31.3			
其他洗煤	208.5	101.2	108.1	39.8
煤制品	68.6	0.3	682.0	301.1
焦　炭	169.4	184.4	220.8	84.3
其他焦化产品	84.8	71.7	127.0	2891.9
焦炉煤气				
高炉煤气				
其他煤气	139.3	104.4	108.2	127.3
天然气		14569.4	37.5	553.0
液化天然气		230.0	382.0	58.1
原　油	89.1	115.4	98.8	92.4
汽　油	96.7	105.6	105.3	121.9
煤　油	102.1	252.5	99.3	140.7
柴　油	122.7	134.1	104.2	113.1
燃料油	103.8	80.9	81.2	61.9
液化石油气	166.9	96.3	42.5	113.4
炼厂干气	115.2	106.6	95.4	88.2
其他石油制品	199.8	216.7	97.2	95.7
热　力	95.1	126.6	99.2	93.2
电　力	118.5	121.6	127.1	112.3
其他燃料	57.9	49.1		
能源合计		122.7	110.5	98.6

8－12　分县(市)区规模以上工业企业原煤消费量

单位:吨

县(市)区	2005 年	2006 年	2007 年	2008 年
洛阳市	**15852940**	**20099787**	**23289606**	**23848391**
市　直	5613863	6399643	6804609	7164731
高新区	30544	39740	43696	47045
老城区	5157	6062	4341	5029
西工区	9136	6925	3578	13984
瀍河回族区	2065	230861	128512	105376
涧西区	104275	61457	67644	64003
吉利区	17689	36099	44385	47172
洛龙区	52024	75107	763864	617850
孟津县	417033	681202	650958	453216
新安县	2713122	3570671	3936023	4136414
栾川县	46616	47555	50903	68442
嵩　县	28871	28346	17481	20749
汝阳县	174089	162878	241735	234911
宜阳县	1628711	1747020	1650934	1423299
洛宁县	2086	1980	4877	3297
伊川县	3328708	4438225	4443713	5237910
偃师市	1678951	2566016	4432351	4204963

8-13 分县(市)区规模以上工业企业电力消费量

单位:万千瓦时

县(市)区	2005 年	2006 年	2007 年	2008 年
洛阳市	**1563870**	**1889690**	**2401925**	**2696900**
市　直	288930	294440	316495	300682
高新区	13627	22249	31007	37541
老城区	4384	4719	6241	9517
西工区	9903	11546	15538	18225
瀍河回族区	5140	5155	4246	5353
涧西区	4137	4758	8633	14207
吉利区	7394	11627	15954	15339
洛龙区	25075	28151	38957	43627
孟津县	48396	41566	52847	55845
新安县	361887	476621	675196	707496
栾川县	34293	61334	90102	122609
嵩　县	8071	11439	14786	19413
汝阳县	19363	24050	31186	47309
宜阳县	60198	68855	81583	117305
洛宁县	8191	8583	12392	15768
伊川县	553596	700314	859280	997523
偃师市	111286	114283	147482	169142

8－14 分县(市)区规模以上工业企业汽油消费量

单位:吨

县(市)区	2005年	2006年	2007年	2008年
洛阳市	**11621.0**	**12269.0**	**12916.9**	**15751.6**
市　直	2939.0	2948.0	2618.0	2336.9
高新区	810.0	1073.0	1163.7	1558.5
老城区	340.0	208.0	255.9	226.0
西工区	259.0	242.0	208.0	683.2
瀍河回族区	184.0	326.0	264.8	146.8
涧西区	562.0	289.0	395.9	525.2
吉利区	183.0	182.0	157.2	166.3
洛龙区	417.0	558.0	785.4	815.8
孟津县	419.0	899.0	1162.0	1446.8
新安县	1232.0	918.0	983.4	591.9
栾川县	632.0	883.0	776.6	1205.4
嵩　县	204.0	182.0	290.0	1642.7
汝阳县	319.0	220.0	387.4	400.4
宜阳县	389.0	497.0	646.9	822.6
洛宁县	264.0	357.0	438.7	381.2
伊川县	838.0	633.0	412.0	306.0
偃师市	1630.0	1854.0	1971.0	2496.1

8－15　分县(市)区规模以上工业企业柴油消费量

单位:吨

县(市)区	2005 年	2006 年	2007 年	2008 年
洛阳市	**47492.0**	**63690.0**	**66368.6**	**75034.6**
市　直	15130.0	14704.0	14383.4	11815.2
高新区	336.0	454.0	2963.9	7672.2
老城区	143.0	86.0	897.4	1554.6
西工区	613.0	1806.0	2791.9	4857.2
瀍河回族区	227.0	258.0	165.1	248.1
涧西区	833.0	2444.0	2873.3	816.7
吉利区	720.0	469.0	797.4	918.8
洛龙区	262.0	432.0	1385.0	1393.3
孟津县	920.0	1336.0	1205.0	2053.2
新安县	3196.0	3292.0	3730.1	5572.1
栾川县	12995.0	22835.0	23626.2	24685.5
嵩　县	421.0	651.0	1870.0	3522.5
汝阳县	477.0	488.0	761.2	861.6
宜阳县	1183.0	1408.0	996.7	1046.9
洛宁县	153.0	154.0	277.2	290.2
伊川县	7901.0	2893.0	5074.3	4835.9
偃师市	1982.0	9980.0	2570.6	2890.7

8-16 分县(市)区工业企业水消费(取水总量)

单位:万立方米

县(市)区	2005年	2006年	2007年	2008年
洛阳市	**29397.84**	**33576.09**	**37340.46**	**36124.04**
市　直	19244.73	19281.42	19272.82	18420.05
高新区	123.29	159.52	225.38	266.80
老城区	47.02	33.09	43.88	48.79
西工区	94.77	85.08	85.00	79.47
瀍河回族区	9.33	109.62	16.23	18.72
涧西区	91.56	81.60	101.81	120.38
吉利区	916.73	931.81	621.76	635.37
洛龙区	168.55	187.99	577.00	477.66
孟津县	1009.87	1227.40	1175.17	1437.99
新安县	1436.26	1244.27	1550.99	1884.97
栾川县	1484.17	2945.84	5928.79	6035.12
嵩　县	345.58	590.81	774.10	651.29
汝阳县	377.02	695.01	812.84	380.95
宜阳县	1030.75	1496.63	1477.17	913.18
洛宁县	78.66	120.12	123.31	259.88
伊川县	1918.91	2392.69	1859.58	1811.70
偃师市	1020.65	1993.20	2694.63	2681.71

8－17　分县(市)区工业企业水消费(地表水)

单位:万立方米

县(市)区	2005年	2006年	2007年	2008年
洛阳市	**8514.09**	**7948.30**	**9944.56**	**10732.42**
市　直	2345.23	268.63	555.99	798.80
高新区		2.60	0.96	26.63
老城区		0.12	0.21	1.14
西工区	0.90			0.04
瀍河回族区		0.11		0.12
涧西区		1.15		
吉利区	818.35	23.45		
洛龙区	8.00			
孟津县	3.44	722.40		322.56
新安县	1341.17	383.83	740.85	837.16
栾川县	1056.48	2802.60	5553.88	5945.50
嵩　县	18.38	70.29	111.78	49.23
汝阳县	21.96	189.02	293.94	279.04
宜阳县	911.31	957.73	920.39	429.91
洛宁县	39.49	102.80	100.21	229.95
伊川县	1651.51	2346.66	1607.05	1749.95
偃师市	297.87	76.93	59.30	62.40

8－18　分县(市)区工业企业水消费(地下水)

单位:万立方米

县(市)区	2005 年	2006 年	2007 年	2008 年
洛阳市	**17934.02**	**20188.83**	**20904.79**	**19885.94**
市　直	14946.58	15158.87	14802.36	14070.76
高新区		0.40	1.52	6.15
老城区	15.21	1.75	7.71	14.52
西工区	15.65	13.51	16.62	20.19
瀍河回族区	1.47	3.67	3.17	2.51
涧西区	0.31	0.07	3.41	0.65
吉利区	16.10	591.19	590.90	604.20
洛龙区	141.87	162.88	108.57	121.96
孟津县	1002.61	493.19	1166.29	1108.99
新安县	0.15	681.19	743.33	1005.76
栾川县	384.52	101.66		1.64
嵩　县	327.20	519.24	662.16	598.52
汝阳县	353.24	500.93	515.87	100.54
宜阳县	113.31	521.11	545.44	472.65
洛宁县	37.16	10.65	2.37	25.77
伊川县	252.40	40.45	248.87	61.07
偃师市	326.25	1388.08	1486.21	1670.06

8－19　分县(市)区工业企业水消费(自来水)

单位:万立方米

县(市)区	2005 年	2006 年	2007 年	2008 年
洛阳市	**2875.90**	**2335.78**	**5670.94**	**4568.27**
市　直	1952.93	1416.17	3914.47	3550.49
高新区	123.29	108.25	222.90	234.02
老城区	31.81	31.64	35.96	33.13
西工区	78.22	82.03	68.39	59.25
瀍河回族区	7.86	12.98	13.05	16.09
涧西区	91.23	94.33	98.38	119.73
吉利区	82.03	79.87	30.68	31.17
洛龙区	18.58	20.85	468.28	59.05
孟津县	3.83	3.83	8.88	6.44
新安县	94.93	94.63	66.82	42.05
栾川县	43.17	43.17	374.91	87.98
嵩　县			0.16	3.54
汝阳县	1.73	1.73	3.03	1.37
宜阳县	6.14	6.14	8.84	10.61
洛宁县	2.01	2.01	20.73	4.16
伊川县	11.71	11.71	0.36	0.68
偃师市	326.44	326.44	335.11	308.50

8－20　分县(市)区工业企业水消费(重复用水)

单位:万立方米

县(市)区	2005 年	2006 年	2007 年	2008 年
洛阳市	**105678.41**	**103626.57**	**223636.70**	**151745.27**
市　直	79854.59	50755.48	92277.43	96177.45
高新区	1.50	6.53	8.76	32.37
老城区				
西工区	1.00			
瀍河回族区	0.26			1.26
涧西区	0.37		33.72	7.87
吉利区	383.73	443.42	2310.29	2444.14
洛龙区	230.33	216.40	228.01	
孟津县	22071.19	29.14	1667.04	4.87
新安县		560.40	791.55	1227.36
栾川县	2296.78	5913.03	8264.77	11495.70
嵩　县	242.61	292.04	430.73	550.50
汝阳县	183.69	222.00	557.81	892.16
宜阳县		4710.54	4310.64	3749.46
洛宁县			6.50	200.77
伊川县	29.45	32267.71	34000.00	23001.23
偃师市	382.92	8209.89	78749.45	11960.13

8－21　主要耗能工业企业单位产品能源消耗情况表

指标名称	计量单位	2007 年	2008 年	2008 年与 2007 年对比 ± %
吨原煤生产综合能耗	千克标准煤/吨	17.23	16.58	－3.73
每吨涤纶综合能耗(短纤)	千克标准煤/吨	175.03	178.32	1.88
每吨涤纶综合能耗(长丝)	千克标准煤/吨	305.68	301.22	－1.46
原油加工单位综合能耗	千克标准油/吨	72.28	70.03	－3.11
单位合成氨生产综合能耗	千克标准煤/吨	2000.38	1718.72	－14.08
单位合成氨耗原料煤	千克标煤/吨	1307.66	1241.18	－5.08
单位合成氨耗标准燃料煤	千克标煤/吨	451.98	327.56	－27.53
吨水泥熟料综合能耗	千克标准煤/吨	160.22	156.19	－2.51
吨水泥熟料烧成标准煤耗	千克标准煤/吨	146.17	145.55	－0.43
吨水泥综合能耗	千克标准煤/吨	128.54	116.42	－9.43
吨水泥标准煤耗	千克/吨	133.81	122.88	－8.17
每重量箱平板玻璃综合能耗	千克标准煤/重量箱	19.15	18.46	－3.64
每重量箱平板玻璃耗燃油	千克/重量箱	13.77	13.27	－3.62
吨钢综合能耗	千克标准煤/吨	726.21	628.73	－13.42
炼铁工序单位能耗	千克标准煤/吨	537.47	539.53	0.38
电炉炼钢综合工序单位能耗	千克标准煤/吨	421.79	387.14	－8.22
轧钢工序单位能耗	千克标准煤/吨	213.50	176.16	－17.49
吨钢耗新水	吨/吨	0.95	0.98	3.54
单位电解铝综合能耗	千克标准煤/吨	1684.38	1653.00	－1.86
吨铜加工材消耗能源量	千克标准煤/吨	441.06	416.99	－5.46
吨铝加工材消耗能源量	千克标准煤/吨	237.42	247.03	4.05
电厂火力发电标准煤耗	克标准煤/千瓦时	333.14	321.58	－3.47
电厂火力供电标准煤耗	克标准煤/千瓦时	359.49	348.12	－3.16
发电厂用电率	%	7.63	7.48	－1.99

8－22　主要耗能工业企业单位产品电力消耗情况表

指标名称	计量单位	2007 年	2008 年	2008 年与 2007 年 对比 ±%
吨原煤生产耗电	千瓦时/吨	33.67	32.64	-3.06
每吨涤纶用电量(短纤)	千瓦时/吨	233.35	260.03	11.43
每吨涤纶用电量(长丝)	千瓦时/吨	347.63	322.15	-7.33
每吨纱(线)混合数生产用电量	千瓦时/吨	1597.31	1545.73	-3.23
原油加工单位耗电	千瓦时/吨	67.12	69.42	3.42
单位合成氨耗电	千瓦时/吨	1289.05	1178.25	-8.60
吨水泥熟料综合电耗	千瓦时/吨	88.86	87.68	-1.33
吨水泥综合电耗	千瓦时/吨	101.50	96.88	-4.56
每重量箱平板玻璃耗电	千瓦时/重量箱	10.02	8.96	-10.51
吨钢耗电	千瓦时/吨	520.52	548.31	5.34
电炉炼钢综合电力消耗	千瓦时/吨	1650.19	1467.40	-11.08
轧钢工序单位电力消耗	千瓦时/吨	126.25	131.08	3.83
铜电解直流电单耗	千瓦时/吨	217.30	201.38	-7.33
吨铜加工材消耗电量	千瓦时/吨	1710.81	1755.24	2.60
吨铝加工材消耗电量	千瓦时/吨	1030.09	1031.46	0.13

8-23 规模以上工业企业分行业能源消费量(一)

(2008 年)

行业分组	原 煤 (吨)	洗精煤 (吨)	煤制品 (吨)	型煤(吨)
合 计	**23848391**	**202**	**5236**	**2221**
采矿业	**107640**		**4**	**4**
煤炭开采和洗选业	55015			
石油和天然气开采业				
黑色金属矿采选业	496			
有色金属矿采选业	31801		4	4
非金属矿采选业	20329			
其他采矿业				
制造业	**9495163**	202	**5232**	**2217**
农副食品加工业	25967			
食品制造业	18509	150		
饮料制造业	13826			
烟草制品业				
纺织业	50617			
纺织服装、鞋、帽制造业	13679			
皮革、毛皮、羽毛(绒)及其制品业				
木材加工及木、竹、藤、棕、草制品业	1986			
家具制造业	37725			
造纸及纸制品业	57542			
印刷业和记录媒介的复制				
文教体育用品制造业				
石油加工、炼焦及核燃料加工业	506366			
化学原料及化学制品制造业	803524	52	3015	
医药制造业	17840			
化学纤维制造业	9761			
橡胶制品业	451			
塑料制品业	207			
非金属矿物制品业	1379221			
黑色金属冶炼及压延加工业	268058		2196	2196
有色金属冶炼及压延加工业	5821295		4	4
金属制品业	8544			
通用设备制造业	150823			
专用设备制造业	159241		12	12
交通运输设备制造业	43584			
电气机械及器材制造业	1354		5	5
通信设备、计算机及其他电子设备制造业	1219			
仪器仪表及文化、办公用机械制造业	151			
工艺品及其他制造业	103673			
废弃资源和废旧材料回收加工业				
电力、燃气及水的生产和供应业	**14245588**			
电力、热力的生产和供应业	14245588			
燃气生产和供应业				
水的生产和供应业				

8-24 规模以上工业企业分行业能源消费量(二)

(2008年)

行业分组	焦 炭(吨)	其他洗煤(吨)	其他焦化产品(吨)	焦炉煤气(万立方米)
合 计	**527516**	**1270**	**22557**	
采矿业	**8**			
煤炭开采和洗选业				
石油和天然气开采业				
黑色金属矿采选业				
有色金属矿采选业	8			
非金属矿采选业				
其他采矿业				
制造业	**527508**	**1270**	**22557**	
农副食品加工业				
食品制造业				
饮料制造业				
烟草制品业				
纺织业				
纺织服装、鞋、帽制造业	951			
皮革、毛皮、羽毛(绒)及其制品业				
木材加工及木、竹、藤、棕、草制品业		480		
家具制造业				
造纸及纸制品业				
印刷业和记录媒介的复制				
文教体育用品制造业				
石油加工、炼焦及核燃料加工业	2220			
化学原料及化学制品制造业	8135			
医药制造业				
化学纤维制造业				
橡胶制品业				
塑料制品业				
非金属矿物制品业	3128		21798	
黑色金属冶炼及压延加工业	477636		759	
有色金属冶炼及压延加工业	2673	312		
金属制品业	56	460		
通用设备制造业	12100	18		
专用设备制造业	17988			
交通运输设备制造业	2622			
电气机械及器材制造业				
通信设备、计算机及其他电子设备制造业				
仪器仪表及文化、办公用机械制造业				
工艺品及其他制造业				
废弃资源和废旧材料回收加工业				
电力、燃气及水的生产和供应业				
电力、热力的生产和供应业				
燃气生产和供应业				
水的生产和供应业				

8－25　规模以上工业企业分行业能源消费量(三)

(2008 年)

行业分组	高炉煤气(万立方米)	其他煤气(万立方米)	天然气(万立方米)	液化天然气(吨)
合　计		**177815**	**217**	**306**
采矿业				
煤炭开采和洗选业				
石油和天然气开采业				
黑色金属矿采选业				
有色金属矿采选业				
非金属矿采选业				
其他采矿业				
制造业		**147416**	**217**	**306**
农副食品加工业			56	
食品制造业				
饮料制造业				
烟草制品业		42		
纺织业				
纺织服装、鞋、帽制造业				
皮革、毛皮、羽毛(绒)及其制品业				
木材加工及木、竹、藤、棕、草制品业				
家具制造业				
造纸及纸制品业				
印刷业和记录媒介的复制				
文教体育用品制造业				
石油加工、炼焦及核燃料加工业				
化学原料及化学制品制造业		35		20
医药制造业				
化学纤维制造业				
橡胶制品业				
塑料制品业				
非金属矿物制品业		76649		158
黑色金属冶炼及压延加工业				
有色金属冶炼及压延加工业		19160	11	2
金属制品业		23		
通用设备制造业		4437		
专用设备制造业		46211		
交通运输设备制造业			151	
电气机械及器材制造业		853		
通信设备、计算机及其他电子设备制造业		6		
仪器仪表及文化、办公用机械制造业				127
工艺品及其他制造业				
废弃资源和废旧材料回收加工业				
电力、燃气及水的生产和供应业		**30398**		
电力、热力的生产和供应业		30374		
燃气生产和供应业		24		
水的生产和供应业				

8－26　规模以上工业企业分行业能源消费量(四)

(2008 年)

行业分组	原　油 (吨)	汽　油 (吨)	煤　油 (吨)	柴　油 (吨)
合　计	**4906322**	**15752**	**10755**	**75035**
采矿业		**2039**	**6912**	**14118**
煤炭开采和洗选业		310		694
石油和天然气开采业				
黑色金属矿采选业		63	155	865
有色金属矿采选业		1546	6758	11091
非金属矿采选业		120		1469
其他采矿业				
制造业	**4906322**	**11771**	**3840**	**54071**
农副食品加工业		264		191
食品制造业		224		384
饮料制造业		54		53
烟草制品业		62		25
纺织业		249	2	100
纺织服装、鞋、帽制造业		37		
皮革、毛皮、羽毛(绒)及其制品业				
木材加工及木、竹、藤、棕、草制品业		52		99
家具制造业		666		164
造纸及纸制品业		82		188
印刷业和记录媒介的复制		9		40
文教体育用品制造业				
石油加工、炼焦及核燃料加工业	4906322	72		711
化学原料及化学制品制造业		1259	104	1347
医药制造业		105		106
化学纤维制造业		0		3
橡胶制品业		33		
塑料制品业		89		30
非金属矿物制品业		1133	59	4730
黑色金属冶炼及压延加工业		308		1467
有色金属冶炼及压延加工业		1085	2315	28293
金属制品业		444	8	114
通用设备制造业		2072	1178	7290
专用设备制造业		2093	129	4943
交通运输设备制造业		806	44	3500
电气机械及器材制造业		222	1	113
通信设备、计算机及其他电子设备制造业		83		14
仪器仪表及文化、办公用机械制造业		253		41
工艺品及其他制造业		5		42
废弃资源和废旧材料回收加工业		10		84
电力、燃气及水的生产和供应业		**1942**	**3**	**6845**
电力、热力的生产和供应业		1745	3	6722
燃气生产和供应业		61		8
水的生产和供应业		137		115

8－27　规模以上工业企业分行业能源消费量(五)

(2008年)

行业分组	燃料油 (吨)	液化石油气 (吨)	炼厂干气 (吨)	其他石油 制品(吨)
合　计	**116635**	**2315**	**191261**	**1063137**
采矿业				
煤炭开采和洗选业				
石油和天然气开采业				
黑色金属矿采选业				
有色金属矿采选业				
非金属矿采选业				
其他采矿业				
制造业	**116635**	**2315**	**191261**	**1063137**
农副食品加工业				
食品制造业	48	11		
饮料制造业				
烟草制品业				
纺织业				1
纺织服装、鞋、帽制造业				
皮革、毛皮、羽毛(绒)及其制品业				
木材加工及木、竹、藤、棕、草制品业				11
家具制造业				
造纸及纸制品业				
印刷业和记录媒介的复制				
文教体育用品制造业				
石油加工、炼焦及核燃料加工业	33057	5	191259	1056930
化学原料及化学制品制造业	6004	20		22
医药制造业				
化学纤维制造业				
橡胶制品业				
塑料制品业				
非金属矿物制品业	52113	1402		
黑色金属冶炼及压延加工业				5427
有色金属冶炼及压延加工业	11467	116	2	
金属制品业		5		
通用设备制造业	110	743		87
专用设备制造业	13836	14		8
交通运输设备制造业				21
电气机械及器材制造业				631
通信设备、计算机及其他电子设备制造业				
仪器仪表及文化、办公用机械制造业				
工艺品及其他制造业				
废弃资源和废旧材料回收加工业				
电力、燃气及水的生产和供应业				
电力、热力的生产和供应业				
燃气生产和供应业				
水的生产和供应业				

8－28　规模以上工业企业分行业能源消费量(六)

(2008 年)

行业分组	热　力 (百万千焦)	电　力 (万千瓦时)	其他燃料 (吨标准煤)	煤矸石 (吨)
合　　计	**13587024**	**2696900**	**1893**	**10600**
采矿业		**158821**		
煤炭开采和洗选业		26432		
石油和天然气开采业				
黑色金属矿采选业		7255		
有色金属矿采选业		119775		
非金属矿采选业		5359		
其他采矿业				
制造业	**12765024**	**1746462**	**1893**	**10600**
农副食品加工业		7759		
食品制造业		2305		
饮料制造业	40651	1645		
烟草制品业	96818	1225		
纺织业	46951	22360		
纺织服装、鞋、帽制造业		1640		
皮革、毛皮、羽毛(绒)及其制品业				
木材加工及木、竹、藤、棕、草制品业		3532		
家具制造业		8924		
造纸及纸制品业		5397		
印刷业和记录媒介的复制	575	181		
文教体育用品制造业		366		
石油加工、炼焦及核燃料加工业	8700521	78529		
化学原料及化学制品制造业	118635	93816		
医药制造业	15489	1286		
化学纤维制造业		1960		
橡胶制品业		1151		
塑料制品业		5950		
非金属矿物制品业	506297	191984	1893	10600
黑色金属冶炼及压延加工业		102004		
有色金属冶炼及压延加工业	768437	1056435		
金属制品业	4727	6497		
通用设备制造业	557870	67155		
专用设备制造业	1655699	57260		
交通运输设备制造业	135324	16583		
电气机械及器材制造业		3099		
通信设备、计算机及其他电子设备制造业	19722	4266		
仪器仪表及文化、办公用机械制造业	6093	1912		
工艺品及其他制造业		770		
废弃资源和废旧材料回收加工业	91215	471		
电力、燃气及水的生产和供应业	**822000**	**791616**		
电力、热力的生产和供应业	822000	782560		
燃气生产和供应业		45		
水的生产和供应业		9011		

8－29 分县(市)区能源购进、消费及库存

(2008 年)

名称及分组	计量单位	购进量		消费量合计	#工业生产消费	年末库存量
		实物量	金额(千元)			
原　煤	**吨**	**24222061**	**11468801**	**23848391**	**23789946**	**1559163**
市　直	吨	7529567	3416289	7164731	7125291	599985
高新区	吨	49491	31044	47045	46929	7563
老城区	吨	5004	3757	5029	5029	16
西工区	吨	13882	7985	13984	13684	
瀍河回族区	吨	105341	31904	105376	105340	232
涧西区	吨	66775	36050	64003	64003	21005
吉利区	吨	45117	29066	47172	47172	3015
洛龙区	吨	632569	305396	617850	617814	19933
孟津县	吨	436626	266004	453216	453023	6006
新安县	吨	4347213	2280594	4136414	4131593	199343
栾川县	吨	68533	43586	68442	62689	2631
嵩　县	吨	20816	10684	20749	20749	159
汝阳县	吨	224379	168113	234911	234771	3675
宜阳县	吨	1226878	727064	1423299	1420501	70298
洛宁县	吨	2749	1959	3297	3238	22
伊川县	吨	5185194	2175749	5237910	5233356	293717
偃师市	吨	4261927	1933557	4204963	4204765	331561
洗精煤	**吨**	**203**	**203**	**202**	**202**	**3**
洛龙区	吨	53	53	52	52	3
汝阳县	吨	150	150	150	150	
其他洗煤	**吨**	**1270**	**821**	**1270**	**1270**	
老城区	吨	18	11	18	18	
洛龙区	吨	460	414	460	460	
栾川县	吨	312	156	312	312	
宜阳县	吨	480	240	480	480	
煤制品	**吨**	**5096**	**3223**	**5236**	**5223**	**10**
高新区	吨	8	5	8	8	
老城区	吨	2108	1544	2196	2196	
洛龙区	吨	45	29	97	88	10
栾川县	吨	8	7	8	4	
汝阳县	吨	2927	1639	2927	2927	
#型煤	**吨**	**2143**	**1561**	**2221**	**2208**	**10**
高新区	吨	8	5	8	8	
老城区	吨	2108	1544	2196	2196	
洛龙区	吨	19	6	9		10
栾川县	吨	8	7	8	4	
#煤粉	**吨**	**2953**	**1662.52**	**3015**	**3015**	
洛龙区	吨	26	23.4	88	88	
汝阳县	吨	2927	1639.12	2927	2927	

名称及分组	计量单位	购进量		消费量合计	#工业生产消费	年末库存量
		实物量	金额（千元）			
焦炭	**吨**	**515676**	**654276**	**527516**	**527516**	**33226**
市直	吨	138362	265916	140523	140523	143
老城区	吨	120	120	124	124	
洛龙区	吨	2903	5147	2907	2907	45
孟津县	吨	306877	272984	316746	316746	32960
嵩县	吨	117	224	114	114	25
汝阳县	吨	55934	100257	55634	55634	
宜阳县	吨	9602	7685	9734	9734	50
洛宁县	吨	8	15	8	8	
偃师市	吨	1754	1928	1726	1726	3
其他焦化产品	**吨**	**20586**	**41172**	**22557**	**22557**	**222**
市直	吨	19797	39594	21798	21798	162
宜阳县	吨	789	1578	759	759	60
天燃气	**万立方米**	**217**	**5006**	**217**	**217**	
高新区	万立方米	11	276	11	11	
瀍河回族区	万立方米	151	4063	151	151	
偃师市	万立方米	56	667	56	56	
液化天燃气	**吨**	**349**	**2332**	**306**	**306**	
市直	吨	129	521	129	129	
老城区	吨	20	104	20	20	
伊川县	吨	60	321	60	60	
偃师市	吨	141	1387	98	98	
原油	**吨**	**4984579**	**27707108**	**4906322**	**4906322**	**179163**
市直	吨	4821966	26970919	4754854	4754854	163375
洛龙区	吨	162613	736189	151468	151468	15788
汽油	**吨**	**15719**	**101979**	**15752**	**13651**	**162**
市直	吨	2313	16318	2337	1970	127
高新区	吨	1548	9372	1559	1364	2
老城区	吨	226	1452	226	173	
西工区	吨	681	4047	683	683	
瀍河回族区	吨	147	963	147	82	
涧西区	吨	525	3208	525	442	
吉利区	吨	166	1138	166	166	
洛龙区	吨	816	5400	816	747	1
孟津县	吨	1446	9194	1447	1447	4
新安县	吨	586	3650	592	289	
栾川县	吨	1203	8145	1205	1094	3
嵩县	吨	1652	10443	1643	1643	11
汝阳县	吨	400	2567	400	400	
宜阳县	吨	823	5185	823	377	1
洛宁县	吨	387	2514	381	161	11
伊川县	吨	308	2005	306	162	2
偃师市	吨	2492	16378	2496	2448	

名称及分组	计量单位	购进量		消费量合计	#工业生产消费	年末库存量
		实物量	金额（千元）			
焦炉煤气	**万立方米**					
高炉煤气	**万立方米**					
其他煤气	**万立方米**	**78613**	**615749**	**177815**	**176478**	
市　直	万立方米	40325	233568	75761	74426	
高新区	万立方米	4149	41242	4149	4149	
西工区	万立方米	14	91	14	14	
涧西区	万立方米	2895	15754	3608	3608	
新安县	万立方米	31207	324846	56579	56579	
栾川县	万立方米	23	247	23	22	
汝阳县	万立方米			37680	37680	
煤　油	**吨**	**10903**	**78924**	**10755**	**10719**	**321**
市　直	吨	742	5767	724	724	54
高新区	吨	296	1830	295	259	2
老城区	吨	19	117	19	19	
瀍河回族区	吨	9	71	9	9	
涧西区	吨	32	189	32	32	
吉利区	吨	3	26	3	3	
洛龙区	吨	352	2635	352	352	
孟津县	吨	16	95	16	16	
新安县	吨	18	134	18	18	
栾川县	吨	6895	50613	6838	6838	169
嵩　县	吨	960	6750	903	903	74
汝阳县	吨	1324	8911	1320	1320	10
宜阳县	吨	14	82	14	14	
洛宁县	吨	3	26	3	3	
伊川县	吨	221	1680	209	209	12
柴　油	**吨**	**76370**	**495833**	**75035**	**73884**	**5366**
市　直	吨	10668	68101	11815	11319	1992
高新区	吨	7628	45222	7672	7658	237
老城区	吨	1551	10162	1555	1548	
西工区	吨	4857	24498	4857	4857	
瀍河回族区	吨	248	1439	248	228	
涧西区	吨	814	5035	817	692	
吉利区	吨	1013	6080	919	919	113
洛龙区	吨	1488	9321	1393	1384	59
孟津县	吨	2017	12718	2053	2053	13
新安县	吨	5355	35251	5572	5414	
栾川县	吨	27823	197195	24685	24607	468
嵩　县	吨	3548	24039	3522	3522	111
汝阳县	吨	863	5288	862	862	5
宜阳县	吨	1021	6500	1047	1001	2
洛宁县	吨	294	1830	290	233	24
伊川县	吨	4804	27348	4836	4741	1574
偃师市	吨	2377	15808	2891	2847	769

（2008 年）

名称及分组	计量单位	购进量		消费量合计	#工业生产消费	年末库存量
		实物量	金额（千元）			
燃料油	**吨**	**81768**	**352333**	**116635**	**116635**	**15135**
市　直	吨	30359	115919	62785	62785	10627
老城区	吨	48	353	48	48	
吉利区	吨	5851	21475	6004	6004	285
洛龙区	吨			531	531	
伊川县	吨	11467	41982	11467	11467	1022
偃师市	吨	34043	172605	35801	35801	3201
液化石油气	**吨**	**2340**	**13231**	**2315**	**2310**	**57**
市　直	吨	535	3413	511	506	57
高新区	吨	1394	8361	1394	1394	
老城区	吨	31	181	31	31	
洛龙区	吨	115	621	115	115	
孟津县	吨	11	64	11	11	
新安县	吨	22	132	22	22	
栾川县	吨	3	16	3	3	
伊川县	吨	229	445	229	229	
炼厂干气	**吨**	192	**772**	**191261**	**191261**	
市　直	吨			184871	184871	
吉利区	吨	192	772	192	192	
洛龙区	吨			6196	6196	
栾川县	吨			2	2	
其他石油制品	**吨**	**1072035**	**4831326**	**1063137**	**1063137**	**50156**
市　直	吨	1065754	4813627	1056930	1056930	50026
高新区	吨	21	219	21	21	
洛龙区	吨	118	838	116	116	
新安县	吨	13	79	13	13	
宜阳县	吨	5499	11195	5427	5427	130
伊川县	吨	631	5369	631	631	
热　力	**百万千焦**	**3861234**	**162229**	**13587024**	**12760263**	
市　直	百万千焦	2847370	113602	11751159	11159335	
高新区	百万千焦	494175	18542	494175	467156	
涧西区	百万千焦	300605	12451	300605	300605	
吉利区	百万千焦	38368	3180	38368	38368	
洛龙区	百万千焦	87085	3434	87085	87085	
新安县	百万千焦			822000	615000	
栾川县	百万千焦	1683	120	1683	764	
宜阳县	百万千焦	91949	10900	91949	91949	

名称及分组	计量单位	购进量		消费量合计	#工业生产消费	年末库存量
		实物量	金额（千元）			
电　力	**万千瓦时**	**1010476**	**5468248**	**2696900**	**2683820**	
市　直	万千瓦时	164565	978131	300682	294335	
高新区	万千瓦时	37541	197406	37541	37186	
老城区	万千瓦时	9517	63054	9517	9517	
西工区	万千瓦时	18225	104810	18225	18225	
瀍河回族区	万千瓦时	5353	36133	5353	5341	
涧西区	万千瓦时	14207	86121	14207	14194	
吉利区	万千瓦时	15339	85584	15339	15339	
洛龙区	万千瓦时	34732	178134	43627	43609	
孟津县	万千瓦时	56145	305175	55845	55836	
新安县	万千瓦时	157680	727324	707496	702096	
栾川县	万千瓦时	122609	709732	122609	122394	
嵩　县	万千瓦时	19413	114809	19413	19413	
汝阳县	万千瓦时	47309	240392	47309	47299	
宜阳县	万千瓦时	107214	536905	117305	117136	
洛宁县	万千瓦时	15768	99979	15768	15398	
伊川县	万千瓦时	64623	315997	997523	997458	
偃师市	万千瓦时	120237	688561	169142	169046	
其他燃料	**吨标准煤**	**1893**	**369**	**1893**	**1893**	**111**
洛龙区	吨标准煤	1357	219	1357	1357	
栾川县	吨标准煤	536	150	536	536	111
#煤矸石	**吨**	**10600**	**369**	**10600**	**10600**	**623**
洛龙区	吨	7600	219	7600	7600	
栾川县	吨	3000	150	3000	3000	623
能源合计	**吨标准煤**			**28559420**	**28468236**	
市　直	吨标准煤			13745917	13687848	
高新区	吨标准煤			128862	127061	
老城区	吨标准煤			19743	19656	
西工区	吨标准煤			40561	40346	
瀍河回族区	吨标准煤			84056	83890	
涧西区	吨标准煤			97904	97583	
吉利区	吨标准煤			64323	64323	
洛龙区	吨标准煤			672458	672289	
孟津县	吨标准煤			705216	705066	
新安县	吨标准煤			3744789	3726973	
栾川县	吨标准煤			248246	243560	
嵩　县	吨标准煤			47668	47668	
汝阳县	吨标准煤			350757	350644	
宜阳县	吨标准煤			1167748	1164819	
洛宁县	吨标准煤			22729	21826	
伊川县	吨标准煤			4554583	4551207	
偃师市	吨标准煤			2863861	2863476	

8－30 工业企业能源加工转换情况

（2008 年）

能源名称	计量单位	工业生产消费	加工转换投入合计	火力发电投入	供热投入	炼焦投入
原　煤	吨	21224593	20313880	18990343	799352	138400
洗精煤	吨					
其他洗煤	吨					
煤制品	吨					
焦　炭	吨	17977	2220	2220		
其他焦化产品	吨	21798				
焦炉煤气	万立方米					
高炉煤气	万立方米					
其他煤气	万立方米	105531				
天然气	万立方米					
液化天然气	吨					
原　油	吨	4906322	4906322			
汽　油	吨	1059				
煤　油	吨	245				
柴　油	吨	15901	3086	2912	174	
燃 料 油	吨	60836	19831	10358	9473	
液化石油气	吨					
炼厂干气	吨	191067	76174	39128	37046	
其他石油制品	吨	1056930	1056930			
热　力	百万千焦	10953576				
电　力	万千瓦时	1864396				
其他燃料	吨标准煤					
能源合计	吨标准煤	24695584	20790545	11759604	579508	98859

8－30 续表　　　　　　　　　　（2008 年）

能源名称	计量单位				加工转换产　出	回收利用
		炼油投入	制气投入	加工型煤投　入		
原　煤	吨		282113	103673		
洗精煤	吨					
其他洗煤	吨					
煤制品	吨				105654	
焦　炭	吨				262107	
其他焦化产品	吨					
焦炉煤气	万立方米					
高炉煤气	万立方米					
其他煤气	万立方米				91991	
天然气	万立方米					
液化天然气	吨					
原　油	吨	4906322				
汽　油	吨				1175267	
煤　油	吨				256818	
柴　油	吨				1914711	
燃料油	吨				144577	
液化石油气	吨				307441	
炼厂干气	吨				191204	
其他石油制品	吨	1056930			1796877	
热　力	百万千焦				14351319	4274668
电　力	万千瓦时				3515072	
其他燃料	吨标准煤					
能源合计	吨标准煤	8066102	212761	73712	13025778	145766

8－31　规模以上工业企业水消费(一)

（2008 年）

行业分组	取水总量（立方米）	金　额（千元）
合　计	**361240418**	**217457.5**
采矿业	**53566685**	**24105.0**
煤炭开采和洗选业	1025798	712.5
石油和天然气开采业		
黑色金属矿采选业	1572913	1017.9
有色金属矿采选业	50510456	22040.4
非金属矿采选业	457518	334.2
其他采矿业		
制造业	**97266195**	**116337.9**
农副食品加工业	426482	581.8
食品制造业	321538	503.3
饮料制造业	1417426	1993.4
烟草制品业	144301	373.2
纺织业	1478129	2818.5
纺织服装、鞋、帽制造业	13851	24.5
皮革、毛皮、羽毛(绒)及其制品业		
木材加工及木、竹、藤、棕、草制品业	95244	58.2
家具制造业	246615	252.9
造纸及纸制品业	902486	765.3
印刷业和记录媒介的复制	10561	27.0
文教体育用品制造业	800	0.5
石油加工、炼焦及核燃料加工业	10005500	22898.3
化学原料及化学制品制造业	19217165	5372.8
医药制造业	434095	767.0
化学纤维制造业	207951	328.9
橡胶制品业	18360	36.0
塑料制品业	154143	141.3
非金属矿物制品业	12363052	17175.7
黑色金属冶炼及压延加工业	2066652	1740.7
有色金属冶炼及压延加工业	34720254	32387.2
金属制品业	228482	526.2
通用设备制造业	3465605	7309.3
专用设备制造业	5671780	13844.7
交通运输设备制造业	2011296	3646.1
电气机械及器材制造业	117391	174.9
通信设备、计算机及其他电子设备制造业	1219260	1843.0
仪器仪表及文化、办公用机械制造业	88668	259.0
工艺品及其他制造业	26416	70.1
废弃资源和废旧材料回收加工业	192692	418.1
电力、燃气及水的生产和供应业	**210407538**	**77014.6**
电力、热力的生产和供应业	50874907	60157.7
燃气生产和供应业	39393	82.4
水的生产和供应业	159493238	16774.5

8－32　规模以上工业企业水消费(二)

(2008 年)

行业分组	地表水 (立方米)	金　额 (千元)
合　计	**107324199**	**49250.4**
采矿业	**48791821**	**19789.1**
煤炭开采和洗选业	3080	
石油和天然气开采业		
黑色金属矿采选业	1523333	970.4
有色金属矿采选业	47257883	18818.6
非金属矿采选业	7525	0.1
其他采矿业		
制造业	**38035969**	**24205.1**
农副食品加工业		
食品制造业	30486	85.0
饮料制造业		
烟草制品业		
纺织业		
纺织服装、鞋、帽制造业		
皮革、毛皮、羽毛(绒)及其制品业		
木材加工及木、竹、藤、棕、草制品业	54800	19.5
家具制造业		
造纸及纸制品业	1458	5.5
印刷业和记录媒介的复制		
文教体育用品制造业		
石油加工、炼焦及核燃料加工业		
化学原料及化学制品制造业	6831326	1030.2
医药制造业	5500	14.0
化学纤维制造业	42814	144.0
橡胶制品业		
塑料制品业	1500	2.7
非金属矿物制品业	1491916	868.6
黑色金属冶炼及压延加工业	660	1.5
有色金属冶炼及压延加工业	29504765	21852.4
金属制品业	24654	80.0
通用设备制造业	36830	70.1
专用设备制造业	8060	28.6
交通运输设备制造业	1200	3.1
电气机械及器材制造业		
通信设备、计算机及其他电子设备制造业		
仪器仪表及文化、办公用机械制造业		
工艺品及其他制造业		
废弃资源和废旧材料回收加工业		
电力、燃气及水的生产和供应业	**20496409**	**5256.2**
电力、热力的生产和供应业	6118409	4416.2
燃气生产和供应业		
水的生产和供应业	14378000	840.0

8-33 规模以上工业企业水消费(三)

(2008年)

行业分组	地下水 (立方米)	金　额 (千元)
合　计	**198859408**	**60866.7**
采矿业	**4432636**	**4233.9**
煤炭开采和洗选业	1021953	710.4
石油和天然气开采业		
黑色金属矿采选业	44580	37.5
有色金属矿采选业	2928720	3171.9
非金属矿采选业	437383	314.1
其他采矿业		
制造业	**33285033**	**28891.2**
农副食品加工业	335673	344.9
食品制造业	266800	375.3
饮料制造业	406200	207.4
烟草制品业		
纺织业	413939	248.0
纺织服装、鞋、帽制造业	8131	14.0
皮革、毛皮、羽毛(绒)及其制品业		
木材加工及木、竹、藤、棕、草制品业	40412	38.7
家具制造业	234965	242.8
造纸及纸制品业	882771	734.9
印刷业和记录媒介的复制	3100	3.1
文教体育用品制造业	800	0.5
石油加工、炼焦及核燃料加工业	5854182	12033.0
化学原料及化学制品制造业	10948765	1831.5
医药制造业	237073	255.5
化学纤维制造业	158760	172.7
橡胶制品业	8020	9.0
塑料制品业	133724	101.7
非金属矿物制品业	6517151	4575.9
黑色金属冶炼及压延加工业	2049707	1705.2
有色金属冶炼及压延加工业	1633028	2021.0
金属制品业	71797	103.7
通用设备制造业	470152	582.7
专用设备制造业	703646	1430.1
交通运输设备制造业	980770	941.8
电气机械及器材制造业	75405	67.9
通信设备、计算机及其他电子设备制造业	845862	844.9
仪器仪表及文化、办公用机械制造业	1000	
工艺品及其他制造业	3200	5.0
废弃资源和废旧材料回收加工业		
电力、燃气及水的生产和供应业	**161141739**	**27741.6**
电力、热力的生产和供应业	16109772	11951.6
燃气生产和供应业		
水的生产和供应业	145031967	15790.0

8－34 规模以上工业企业水消费(四)

(2008年)

行业分组	自来水 (立方米)	金 额 (千元)
合 计	**45682748**	**100077.5**
采矿业	**342228**	**81.9**
煤炭开采和洗选业	765	2.1
石油和天然气开采业		
黑色金属矿采选业	5000	10.0
有色金属矿采选业	323853	49.9
非金属矿采选业	12610	20.0
其他采矿业		
制造业	**25502779**	**63132.6**
农副食品加工业	90809	237.0
食品制造业	24252	43.0
饮料制造业	1011226	1786.0
烟草制品业	144301	373.2
纺织业	1064190	2570.4
纺织服装、鞋、帽制造业	5720	10.4
皮革、毛皮、羽毛(绒)及其制品业		
木材加工及木、竹、藤、棕、草制品业	32	0.1
家具制造业	11650	10.1
造纸及纸制品业	18257	24.9
印刷业和记录媒介的复制	7461	23.9
文教体育用品制造业		
石油加工、炼焦及核燃料加工业	4151318	10865.3
化学原料及化学制品制造业	1023074	2428.1
医药制造业	189622	497.5
化学纤维制造业	6377	12.2
橡胶制品业	10340	27.0
塑料制品业	18919	36.9
非金属矿物制品业	4336985	11731.3
黑色金属冶炼及压延加工业	16285	34.0
有色金属冶炼及压延加工业	3582461	8513.8
金属制品业	132031	342.5
通用设备制造业	2949109	6630.6
专用设备制造业	4960074	12386.0
交通运输设备制造业	1029326	2701.3
电气机械及器材制造业	41986	107.0
通信设备、计算机及其他电子设备制造业	373398	998.2
仪器仪表及文化、办公用机械制造业	87668	259.0
工艺品及其他制造业	23216	65.1
废弃资源和废旧材料回收加工业	192692	418.1
电力、燃气及水的生产和供应业	**19837741**	**36863.0**
电力、热力的生产和供应业	19715077	36636.2
燃气生产和供应业	39393	82.4
水的生产和供应业	83271	144.5

8-35 规模以上工业企业水消费(五)

(2008年)

行业分组	管道供应的未经达标处理的水（立方米）	金　额（千元）
合　计	**2955066.0**	**4285.0**
采矿业		
煤炭开采和洗选业		
石油和天然气开采业		
黑色金属矿采选业		
有色金属矿采选业		
非金属矿采选业		
其他采矿业		
制造业		
农副食品加工业		
食品制造业		
饮料制造业		
烟草制品业		
纺织业		
纺织服装、鞋、帽制造业		
皮革、毛皮、羽毛(绒)及其制品业		
木材加工及木、竹、藤、棕、草制品业		
家具制造业		
造纸及纸制品业		
印刷业和记录媒介的复制		
文教体育用品制造业		
石油加工、炼焦及核燃料加工业		
化学原料及化学制品制造业		
医药制造业		
化学纤维制造业		
橡胶制品业		
塑料制品业		
非金属矿物制品业		
黑色金属冶炼及压延加工业		
有色金属冶炼及压延加工业		
金属制品业		
通用设备制造业		
专用设备制造业		
交通运输设备制造业		
电气机械及器材制造业		
通信设备、计算机及其他电子设备制造业		
仪器仪表及文化、办公用机械制造业		
工艺品及其他制造业		
废弃资源和废旧材料回收加工业		
电力、燃气及水的生产和供应业	**2955066.0**	**4285.0**
电力、热力的生产和供应业	2955066.0	4285.0
燃气生产和供应业		
水的生产和供应业		

8－36　规模以上工业企业水消费(六)

(2008年)

行业分组	中　水 (立方米)	金　额 (千元)
合　计	**6400037**	**2977.8**
采矿业		
煤炭开采和洗选业		
石油和天然气开采业		
黑色金属矿采选业		
有色金属矿采选业		
非金属矿采选业		
其他采矿业		
制造业	**423454**	**109.0**
农副食品加工业		
食品制造业		
饮料制造业		
烟草制品业		
纺织业		
纺织服装、鞋、帽制造业		
皮革、毛皮、羽毛(绒)及其制品业		
木材加工及木、竹、藤、棕、草制品业		
家具制造业		
造纸及纸制品业		
印刷业和记录媒介的复制		
文教体育用品制造业		
石油加工、炼焦及核燃料加工业		
化学原料及化学制品制造业	414000	83.0
医药制造业		
化学纤维制造业		
橡胶制品业		
塑料制品业		
非金属矿物制品业		
黑色金属冶炼及压延加工业		
有色金属冶炼及压延加工业		
金属制品业		
通用设备制造业	9454	26.0
专用设备制造业		
交通运输设备制造业		
电气机械及器材制造业		
通信设备、计算机及其他电子设备制造业		
仪器仪表及文化、办公用机械制造业		
工艺品及其他制造业		
废弃资源和废旧材料回收加工业		
电力、燃气及水的生产和供应业	**5976583**	**2868.8**
电力、热力的生产和供应业	5976583	2868.8
燃气生产和供应业		
水的生产和供应业		

8－37　规模以上工业企业水消费(七)

(2008 年)

行业分组	其他水 (立方米)	重复用水 (立方米)
合　计	**18960**	**1517452718**
采矿业		70969596
煤炭开采和洗选业		
石油和天然气开采业		
黑色金属矿采选业		1844725
有色金属矿采选业		69058371
非金属矿采选业		66500
其他采矿业		
制造业	**18960**	**942167130**
农副食品加工业		618395
食品制造业		18900
饮料制造业		
烟草制品业		
纺织业		6222810
纺织服装、鞋、帽制造业		
皮革、毛皮、羽毛(绒)及其制品业		
木材加工及木、竹、藤、棕、草制品业		
家具制造业		
造纸及纸制品业		912500
印刷业和记录媒介的复制		
文教体育用品制造业		
石油加工、炼焦及核燃料加工业		363707503
化学原料及化学制品制造业		190954626
医药制造业	1900	8000
化学纤维制造业		
橡胶制品业		6100
塑料制品业		
非金属矿物制品业	17000	49944599
黑色金属冶炼及压延加工业		636880
有色金属冶炼及压延加工业		303364399
金属制品业		45
通用设备制造业	60	1896120
专用设备制造业		19580672
交通运输设备制造业		4290961
电气机械及器材制造业		4620
通信设备、计算机及其他电子设备制造业		
仪器仪表及文化、办公用机械制造业		
工艺品及其他制造业		
废弃资源和废旧材料回收加工业		
电力、燃气及水的生产和供应业		**504315992**
电力、热力的生产和供应业		504315992
燃气生产和供应业		
水的生产和供应业		

8－38　分县(市)区工业企业水消费(一)

(2008 年)

县(市)区	取水总量（立方米）	金额（千元）	地表水（立方米）	金额（千元）
洛阳市	**361240418**	**217457.5**	**107324199**	**49250.4**
市　直	184200546	98620.5	7988000	
高新区	2668012	6259.5	266323	79.2
老城区	487923	1046.7	11390	11.6
西工区	794729	2019.3	350	
瀍河回族区	187237	453.3	1200	3.1
涧西区	1203772	3118.3		
吉利区	6353692	824.3		
洛龙区	4776577	7011.1		
孟津县	14379940	1908.2	3225600	
新安县	18849655	19129.5	8371554	6023.2
栾川县	60351241	29633.5	59455025	28378.1
嵩　县	6512915	6959.7	492272	438.5
汝阳县	3809498	2188.7	2790398	1572.7
宜阳县	9131807	5566.3	4299140	1059.2
洛宁县	2598796	4669.1	2299486	3971.2
伊川县	18117016	7640.1	17499504	7073.4
偃师市	26817062	20409.3	623957	640.4

8－39　分县(市)区工业企业水消费(二)

(2008年)

县(市)区	地下水(立方米)	金额(千元)	自来水(立方米)	金额(千元)
洛阳市	**198859408**	**60866.7**	**45682748**	**100077.5**
市　直	140707603	19518.1	35504943	79102.4
高新区	61504	62.9	2340185	6117.4
老城区	145160	268.2	331313	766.9
西工区	201869	294.7	592510	1724.6
瀍河回族区	25113	27.6	160924	422.6
涧西区	6492		1197280	3118.3
吉利区	6041954	309.0	311738	515.3
洛龙区	1219613	1382.9	590544	1317.2
孟津县	11089932	1732.2	64408	176.1
新安县	10057594	12150.0	420507	956.4
栾川县	16425	3.3	879791	1252.1
嵩　县	5985240	6438.5	35403	82.7
汝阳县	1005355	587.1	13745	29.0
宜阳县	4726522	4357.7	106145	149.4
洛宁县	257726	612.8	41584	85.1
伊川县	610747	554.6	6765	12.1
偃师市	16700559	12567.2	3084963	4249.9

8－40 分县(市)区工业企业水消费(三)

(2008 年)

县(市)区	管道供应的未经达标处理的水(立方米)	金额(千元)	其他水(立方米)
洛阳市	**2955066**	**4285.0**	**18960**
市　直			
高新区			
老城区			60
西工区			
瀍河回族区			
涧西区			
吉利区			
洛龙区	2955066	4285.0	1900
孟津县			
新安县			
栾川县			
嵩　县			
汝阳县			
宜阳县			
洛宁县			
伊川县			
偃师市			17000

8－41 分县(市)区工业企业水消费(四)

(2008年)

县(市)区	中 水 (立方米)	金额 (千元)	重复用水 (立方米)
洛阳市	**6400037**	**2977.8**	**1517452718**
市 直			961774522
高新区			323688
老城区			
西工区			
瀍河回族区			12620
涧西区			78728
吉利区			24441390
洛龙区	9454	26.0	
孟津县			48698
新安县			12273621
栾川县			114957005
嵩 县			5504977
汝阳县			8921594
宜阳县			37494644
洛宁县			2007680
伊川县			230012276
偃师市	6390583	2951.8	119601275

九、外经和旅游业

FOREIGN TRADE AND TOURISM

资料整理：李冬菊　王亚俊

主要统计指标解释

1. **进出口总值** 企业通过贸易方式直接从国(境)外进口商品和通过贸易方式直接向国(境)外出口商品的价值之和。

进口总值 指企业通过贸易方式直接从国(境)外进口商品的价值,不包括从国内有关单位(包括对外贸易部门和其他单位)购买的商品。

出口总值 指企业通过贸易方式直接从国(境)外出口商品和委托外贸部门代理出口的商品的价值。不包括在国内市场以外币销售的商品。企业委托外贸企业出口商品,填委托出口;企业受托代理出口的商品,应视为企业直接出口。

2. **对外借款** 指我国政府、部门、企业和其他经济组织在国(境)外借入的资金。

合同借款额 指借款协议规定的对国(境)外借款金额。1997 年新修订的外经统计制度中规定对外借款不再包括对外发行股票。

实际利用外资 指从项目生效后至报告期末实际提取或使用的对外借款本金。

注:我市目前统计的对外借款中按借还方式只存在统借自还和自借自还两类,未发生统借统还方式的对外借款,以往年份统计中的统借统还的对外借款系误统,应将其归入统借自还方式的对外借款中。

期末借款余额 指报告期末未偿还的债务余额。

3. **新批外商投资协议(合同)** 指报告期内经业务主管部门批准正式签订的协议(合同),不包括意向书、口头承诺、草鉴协议书等。

4. **外商投资企业合同总投资额** 指企业按合同,章程规定的生产、经营规模所需投入的基本建设资金和生产流动资金的总和,也就是合同规定的投资总额,既合同双方出资额及企业筹措的建设资金的总和。

合同外资额 指根据合同规定的外方出资比例计算的外商投资金额。

5. **外商实际投资** 指报告期内外商实际投入企业的资本,包括现金、实物和其他(如技术、专利、商标等无形资本)和外商投资收益的再投资及企业境外借款。

6. **银行结汇收入** 指国内机构按规定取得的外汇结售给外汇指定银行及各类金融机构的收入。既包括直接结汇部分,也包括从现汇帐户中转出后结汇部分。

7. **银行售汇支出** 指外汇指定银行及各类金融机构按规定向境内机构兑付外汇的支出。

8. **接待外国人华侨、港澳台同胞总人数** 指来我国大陆进行参观、旅行、访友、休养、考察、参加会议或从事经济、文化、体育、宗教等活动的外国人、华侨、港澳同胞和台湾同胞的人数。

9－1　对外经济贸易主要经济指标

	单　位	2002 年	2003 年	2004 年	2005 年	2006 年	2007 年	2008 年
进出口总值	**万美元**	**25433**	**44702**	**75083**	**96015**	**131703**	**136873**	**189398**
出口总值	万美元	15339	32860	58936	72374	78075	104654	135593
进口总值	万美元	10094	11842	16147	23641	53628	32219	53805
对外借款情况								
新批借款合同数	个							
合同借款额	万美元							
实际利用借款额	万美元							
外商投资情况								
新批项目(合同)数	个	22	21	46	50	48	48	28
项目(合同)总投资	万美元	11368	39213	101441	43686	84807	53823	117197
#外商投资	万美元	8212	12018	33331	22916	35254	41411	70021
外商投资企业实际到位资金	万美元	1856	967	8900	11429	21196	63673	89976
银行结售汇情况								
结汇收入	万美元	12532	21770	49926	61241	60894	163739	160799
售汇支出	万美元	10883	15399	17434	22019	23543	48760	59288
接待旅游者情况								
接待人数	**万人**	**1383.5**	**1422.4**	**1794.3**	**2145.6**	**2802.3**	**4002.7**	**4567.0**
国内游客	万人	1371.4	1419.7	1785.3	2131.8	2780.7	3976.3	4536.0
外国人、华侨、港澳台胞游客	万人	12.1	2.7	9.0	13.8	21.6	26.2	30.8
旅游收入	**亿元**	**68.3**	**65.9**	**84.3**	**104.8**	**136.7**	**194.7**	**224.0**
接待国内游客收入	亿元	64.7	65.1	82.1	101.3	131.4	188.6	217.0
接待外国人华侨港澳台胞游客收入	万美元	4418	985	2668	4204	6670	8091	9399
旅游景区门票收入	亿元	1.0	0.6	1.6	2.5	3.8	5.1	5.4

注:1. 新签外商投资协议资料由市商务局提供;接待旅游者资料由市旅游局提供。
　2. 1999－2004 年进出口总值资料由海关提供,2005 年以后由市商务局提供。

9－2 对外经济贸易发展指数

（以上年为100）

	2002年	2003年	2004年	2005年	2006年	2007年	2008年
进出口总值	**111.9**	**175.8**	**168.0**	**127.9**	**137.2**	**103.9**	**138.4**
出口总值	121.6	214.2	179.4	122.8	107.9	134.0	129.6
进口总值	99.8	117.3	136.4	146.4	226.8	60.1	167.0
对外借款情况							
新批借款合同数							
合同借款额							
实际利用借款额							
外商投资情况							
新批项目(合同)数	122.2	95.5	219.1	108.7	96.0	100.0	58.3
项目(合同)总投资	79.8	345.0	258.7	43.1	194.1	63.5	130.1
#外商投资	101.6	146.4	277.4	68.8	153.8	117.5	
外商企业实际投资额	689.0	9.2	1860.9	116.1	406.0	85.5	161.7
#外商投资	219.4	52.1	920.4	128.4	185.5	300.4	91.2
银行结售汇情况							
结汇收入	107.3	173.7	229.3	122.7	99.4	268.9	98.2
售汇支出	109.6	141.5	113.2	126.3	106.9	207.1	121.6
接待旅游者情况							
接待人数	**111.4**	**102.8**	**126.2**	**119.6**	**130.6**	**142.8**	**114.1**
国内游客	111.4	103.5	125.8	119.4	130.4	143.0	114.1
外国人、华侨、港澳台胞游客	114.3	22.3	333.3	153.3	156.5	121.3	117.6
旅游收入	**111.1**	**96.5**	**127.9**	**124.3**	**130.4**	**142.4**	**115.0**
接待国内游客收入	111.0	100.6	126.1	123.4	129.7	143.6	115.0
接待外国人华侨港澳台胞游客收入	113.8	22.3	270.9	157.6	158.7	121.3	116.2
旅游景区门票收入		60.8	261.3	155.6	150.8	134.2	105.9

9-3 进出口总值

（2008年） 单位:万美元

	出口总值	进口总值
总　　计	**135593**	**53805**
按贸易方式分		
一般贸易	123330	42449
对外承包工程货物	536	
来料加工	47	74
进料加工	11674	9436
外商投资		1668
出料加工贸易		
其　　他	6	178
按企业性质分		
国有企业	79549	33615
三资企业	27893	14891
集体企业		
私营企业		
其　　他	28150	5299
按商品类别分		
初级产品	23741	15334
食品及活动物		
饮料及烟类		
非食用原料	23732	15334
矿物燃料、润滑油及有关原料	9	
动植物油、脂及蜡		
工业制品	103801	36118
化学成品及有关产品	9878	2284
按原料分类的制成品	34174	11169
机械及运输设备	54730	21827
杂项制品	5019	837
未分类的商品		

	出口总值	进口总值
按国别(地区)分		
亚　洲	**52551**	**15462**
朝鲜	6	
蒙古	143	
也门共和国	267	
吉尔吉斯坦	170	
科威特	151	
中国(保税区)	131	140
巴林	109	
孟加拉国	1534	
缅甸	2960	
柬埔寨	43	
伊拉克	53	
不丹		
老挝	89	
文莱	2	
香港	5425	6
澳门		
印度	7186	2745
印度尼西亚	1316	4
伊朗	686	
以色列	183	10
日本	4278	10889
约旦	172	
阿曼	31	
黎巴嫩	116	
马来西亚	1172	31
马尔代夫	5	
巴基斯坦	339	
菲律宾	904	
沙特阿拉伯	798	
新加坡	477	49
韩国	13339	648
斯里兰卡	72	
叙利亚	535	
泰国	406	30
土尔其	766	
阿拉伯联合酋长国	1606	
越南	574	
台湾省	5836	843
卡塔尔	89	
哈萨克斯坦	285	
乌兹别克斯坦	261	
尼泊尔	2	
塔吉克斯坦	33	
约旦	3	
塞浦路斯		68
非　洲	**8887**	**2488**
阿尔及利亚	631	

	出　口	进　口
贝宁	176	
喀麦隆	30	
埃塞俄比亚	51	
埃及	358	1
科特迪瓦	113	
利比里亚	19	
毛里求斯	4	
加蓬	20	
加纳	270	
尼日利亚	4252	
几内亚	4	
南非	1042	2136
多哥	532	
刚果	33	351
苏丹	106	
肯尼亚	5	
摩洛哥	92	
赞比亚	14	
利比亚	397	
塞舌尔	9	
纳米比亚	31	
塞内加尔	13	
安哥拉	523	
马里	23	
坦桑尼亚	7	
突尼斯	56	
莫桑比克	3	
马达加斯加	10	
马拉维	2	
布基纳法索	35	
乍得	2	
冈比亚	1	
吉布提	13	
扎伊尔	3	
津巴布韦	7	
欧　洲	**56223**	**15363**
比利时	2490	7
丹麦	110	182
瑞典	592	219
英国	378	237
德国	8314	10639
法国	708	532
爱尔兰	2	6
意大利	2785	2041
卢森堡		4
荷兰	23595	17
葡萄牙	21	
希腊	342	
西班牙	7460	127
澳地利	15	1042
保加利亚	61	
芬兰	35	

	出　口	进　口
波兰	1197	51
匈牙利	272	60
挪威	428	134
罗马尼亚	484	
马耳他	1	
瑞士	90	37
拉脱维亚	61	
爱沙尼亚	1855	
立陶宛	73	
亚美尼亚	10	
斯洛文尼亚	388	2
阿塞拜疆	96	
乌克兰	607	
白俄罗斯	22	
克罗地亚	203	
格鲁吉亚	20	
斯洛伐克	123	
波黑	162	
俄罗斯	2460	12
捷克共和国	146	13
塞尔维亚	505	
冰岛	10	
黑山	39	
阿尔巴尼亚	64	
南美洲	**4392**	**1756**
阿根廷	185	
巴西	1551	39
智利	488	1668
哥伦比亚	434	
厄瓜多尔	170	
多米尼加	153	
巴拉圭	13	
海地	109	
乌拉圭	12	
古巴	2	
圭亚那	2	
牙买加	31	
荷属安地列斯	4	
波多黎各	63	31
墨西哥	538	18
秘鲁	449	
巴拿马	57	
委内瑞拉	45	
苏里南	66	
安提瓜	1	
特立—巴哥	15	
危地马拉	4	
北美洲	**12056**	**7237**
加拿大	1196	2229
美国	10860	5007
大洋洲	**1484**	**11500**
澳大利亚	1175	11493
斐济	2	
新喀里多尼亚	10	
巴布亚新几内亚	37	
新西兰	257	6
国别不详	4	

9－4 银行结售汇情况

（2008年） 单位：万美元

	金 额		金 额
结汇收入合计	**160799**	**售汇支出合计**	**59288**
贸易收入	**113721**	**贸易支出**	**31276**
非贸易收入	**9542**	**非贸易支出**	**13859**
资本收入	**37536**	**资本支出**	**14153**
境外借款	2902	偿还境外借款	10550
出售有价证券	20498	偿还国内外汇贷款	1436
外商投资	14136	外商投资企业资本出	32
其他资本收入		境外投资	2135

9－5　外商投资企业当年投资情况

（2008年）　　单位：万美元

	项目合同总投资	合同外方投资额			
		合　计	现　金	实　物	其　他
历年累计投资合计	**404795**	**198116**	**190941**	**6022**	**1153**
按投资方式分					
中外合资	167923	80878	75879	3854	1145
中外合作	76311	23944	23732	204	8
外商独资	147860	89890	87926	1964	
外商投资股份制	12701	3405	3405		
按国民经济行业分					
农林牧渔业	4142	3393	3210	183	
采掘业	13284	3789	3727	62	
制造业	175434	84837	81387	2297	1153
电力煤气及水的生产和供应业	102241	42152	42152		
建筑业	348	176	176		
交通运输仓储及邮电通信业	20109	9178	9178		
批发和零售贸易餐饮业	6815	3316	3201	114	
房地产业	39801	26601	26524	78	
社会服务业	27031	13016	9736	3280	
卫生体育和社会福利业	20	13	5	8	
旅游业	15570	11645	11645		
按国别（地区）分					
亚　洲	**235267**	**119462**	**113096**	**5309**	**1057**
香　港	180188	89363	85291	4056	16
澳　门	155	35	30	5	
台湾省	19711	16687	15599	1088	
日　本	592	281	240	37	4
菲律宾	1800	1560	1560		
新加坡	25006	7375	7335	40	
韩　国	1022	633	561	72	
泰　国	6754	3509	2461	11	1037
印　度	39	19	19	5309	1057
非　洲	**1836**	**1012**	**1012**		
毛里求斯	1836	1012	1012		
欧　洲	**114679**	**56841**	**56551**	**201**	**93**
英　国	7068	3170	3170		
德　国	3104	2107	2107		
法　国	39	20	1	4	15
意大利	1429	330	319	11	
荷　兰	1001	636	636		

9－5 续表 1　　　　　　（2008 年）　　　　　　单位：万美元

	项目合同总投资	合同外方投资额			
		合　计	现　金	实　物	其　他
西班牙	341	124	45	19	60
奥地利	48	42	4	38	
保加利亚	364	120	120		
芬兰	168	103	37	56	10
匈牙利	24	11		11	
瑞士	131	41	37		8
英属维尔京群岛	100154	49633	49633		
俄罗斯	208	84	22	62	
瑞典	600	420	420		
南美洲	**10**	**10**	**10**		
阿根廷	10	10	10		
北美洲	**30966**	**12300**	**11902**	**394**	**4**
美国	20842	10936	10538	394	4
百慕大	1598	815	815		
加拿大	8526	549	549		
大洋洲	**9192**	**4409**	**4291**	**118**	
澳大利亚	5300	2566	2556	10	
萨摩亚	3892	1843	1735	108	
2008 年投资合计	**117197**	**58038**	**58038**		
按投资方式分					
中外合资	6786	3620	3620		
外商独资	104795	52132	52132		
中外合作	5616	2286	2286		
按国民经济行业分					
农林牧渔业	3536	3006	3006		
电力煤气	73973	25514	25514		
制造业	18298	12281	12281		
社会服务业	3003	3003	3003		
餐饮业	2100	840	840		
旅游业	9499	6606	6606		
房地产业	6788	6788	6788		

	项目合同总投资	合同外方投资额			
		合计	现金	实物	其他
按国别(地区)分					
亚洲	**41790**	**32924**	**32924**		
香港	36218	29108	29108		
台湾省	3774	3536	3536		
新加坡	1796	278	278		
日本	2	2	2		
欧洲	**73**	**29**	**29**		
德国	73	29	29		
美洲	**74041**	**24364**	**24364**		
美国	1353	135	135		
英属维尔京群岛	72688	24229	24229		
大洋洲	**1293**	**720**	**720**		
萨摩亚	1293	720	720		

9－6 新批外商投资合同(项目)

(2008年)　　　　单位:万美元

	合同(项目)数(个)	项目总投资(万美元)	
		合　计	#外商投资额
总　计	**28**	**117197**	**58038**
按投资方式分			
中外合资	4	3735	662
中外合作			
外商独资	4	73470	24731
港澳台与大陆合资	3	3051	2958
港澳台与大陆合作	4	5616	2286
港澳台独资	13	31325	27401
港澳台股份			
按国民经济行业分			
农林牧渔业	4	3536	3006
制造业	14	18298	12281
机械制造	4	2064	1255
非金属矿物制造业	1	4862	2778
专用设备制造业	6	9229	7579
其他制造业	3	2143	669
电力煤气	2	73973	25514
旅游业	3	9499	6606
房地产业	1	6788	6788
批零贸易餐饮业	1	2100	840
社会服务业	3	3003	3003
按国别(地区)分			
香港	16	36218	29108
台湾	4	3774	3536
英属维尔京群岛	1	72688	24229
新加坡	1	1796	278
美国	1	1353	135
日本	1	2	2
德国	1	73	29
萨摩亚	3	1293	720

9－7 旅游事业发展情况

	单 位	2002 年	2003 年	2004 年	2005 年	2006 年	2007 年	2008 年
人数总计	**万人**	**1383.5**	**1422.4**	**1794.3**	**2145.7**	**2802.3**	**4002.7**	**4567.0**
国内游客	万人	1371.4	1419.7	1785.3	2131.8	2780.7	3976.3	4536.0
接待外国人、华侨、港澳台胞总人数	人	121118	26923	90051	138291	216324	261995	307900
外国人	人	97602	22679	63936	110185	177054	214999	263310
华 侨	人							
港澳台胞	人	23516	4244	26115	28106	39270	46996	44590
总人天数	人天	150186	39856	187306	224924	343188	337703	482476
人均停留天数	天	1.24	1.48	1.2	1.6	1.59	1.29	1.57
接待外国人分国别人数								
亚洲小计	人	**40689**	**6806**	**27358**	**32683**	**64779**	**64149**	**82197**
印 度	人	510		180	259	495	1502	2990
印度尼西亚	人	423	294	820	1404	1557	1303	2047
日 本	人	20590	3986	10943	10467	17960	22242	17618
马来西亚	人	5917	939	3482	5920	14865	7221	13776
菲律宾	人	1741	71	295	600	232	599	596
新加坡	人	1242	211	1557	1752	2269	2068	3049
韩 国	人	3337	177	4840	6097	14206	16330	24146
泰 国	人	6256	446	4738	5552	12234	9157	13778
越 南	人			109	101	100	432	1018
缅 甸	人			44	10	1	16	24
朝 鲜	人			43	39	22	33	60
蒙 古	人							182
巴基斯坦	人			60	94	68	59	193
其 他	人	673	682	247	388	770	3187	2720

9－7 续表

	单 位	2002 年	2003 年	2004 年	2005 年	2006 年	2007 年	2008 年
欧洲小计	**人**	**43589**	**9886**	**26214**	**56946**	**77330**	**97285**	**123289**
英 国	人	4606	1611	2884	6655	8443	9971	7622
德 国	人	16612	3151	6816	10530	15525	23619	26137
法 国	人	8558	1322	8204	15394	22233	25675	39525
意大利	人	4850	232	786	3687	2571	3794	3241
荷 兰	人	2343	68					
西班牙	人	2400	164	1573	10319	6477	7497	3567
瑞 典	人	367	73	783	942	1787	2565	1340
瑞 士	人	902	124	790	928	1843	1910	2186
俄罗斯	人	122	257	2884	4614	10453	9330	13848
其 他	人	2829	884	1494	3875	7998	12924	25823
美洲小计	**人**	**7621**	**3803**	**6393**	**8762**	**14509**	**23534**	**29679**
加拿大	人	1894	372	703	811	2050	3677	3829
美 国	人	5279	3273	5370	7587	11702	18405	23898
其 他	人	448	158	275	364	757	1452	1952
大洋洲小计	**人**	**4047**	**894**	**626**	**3423**	**5933**	**7404**	**7478**
澳大利亚	人	2752	889	551	3245	4886	6612	6047
新西兰	人	615		69	81	239	395	696
其 他	人	680	5	6	97	808	397	735
非洲小计	**人**	**782**	**418**	**85**	**231**	**334**	**484**	**2026**
其 他	**人**	**874**	**872**	**3260**	**8140**	**14169**	**22143**	**18641**
旅游收入	**亿元**	**68.31**	**65.9**	**84.1**	**104.8**	**136.7**	**194.7**	**224.0**
接待国内游客收入	亿元	64.69	65.1	82.1	101.3	131.4	188.6	217.0
接待外国人、华侨、港澳台胞游客收入	万美元	4418	985	2668	4204	6670	8091	9399

十、财政税收和金融保险业

FINANCE, BANKING AND INSURANCE

资料整理:周延辉　张　艳

主要统计指标解释

1．**财政收入**

①企业收入，包括各部门所属全民所有制企业、事业单位上交国家的利润和事业收入。

②各项税收，包括产品税、增值税、资源税、企业所得税、盐税、关税、农牧业税、屠宰税、牧畜交易税、集市交易税以及有关罚款税补税收入等。

2．**财政支出**

①基本建设拨款，是指国家预算内的基本建设拨款，不包括国家预算外自筹的各项基本建设资金。为加强基本建设投资规模的控制，提高资金使用效益，国家从1985年起，对预算内基本建设拨款实行拨款改贷款的新的管理办法。即由原来直接无偿的拨给建设单位，改为拨给建设银行视同信贷基金管理，建设银行根据国家预算安排的基建项目，给予有偿贷款，用投产后新增利润还本付息，因改革之中情况不一，目前仍有一些基建项目未实行拨改贷办法。

②增拨企业流动资金，是指国家预算增拨各部门所属国有企业的流动资金和增拨银行的信贷资金。

③文教科学卫生事业费，包括科学、文化、教育、卫生、公费医疗、体育、通讯和广播、地震、海洋、文物、计划生育等方面的事业费。

3．**存款**　企业、机关、团体或居民根据可以收回的原则，把货币资金存入银行或其他信用机构保管并取得一定利息的一种信用活动形式。根据存款对象的不同可划分：企业存款、财政存款、机关团体存款、对外贸易存款、城镇居民储蓄存款、农村存款等科目。

4．**贷款**　银行或其他信用机构根据必须归还的原则，按一定利率，为企业、个人等提供资金的一种信用活动形式。我国银行贷款，分流动资金贷款、中短期设备贷款以及农户贷款等科目。

5．**城乡居民储蓄年末余额**　包括城镇居民储蓄和农民个人储蓄两部分的年末余额。不包括工矿企业、部队、机关团体等集团存款。

城镇居民储蓄年末余额是指工商银行的城市居民储蓄，农业银行的镇的居民储蓄和中国银行的华侨储蓄之和。

农民个人储蓄是指信用社社员储蓄。

6．**保费**　被保险人接其得到保险利益的保障程度（保险金额）的一定比率向保险人缴付的费用。

7．**赔款**　保险人对财产保险的保险事故给予的经济补偿或对人身保险的保险事故给付的保险金。分为已决赔款和未决赔款。

10－1 预算内财政收支发展情况

单位:万元

	1997 年	1998 年	1999 年	2000 年	2001 年	2002 年	2003 年	2004 年	2005 年	2006 年	2007 年	2008 年
财政总收入	**179095**	**200075**	**214520**	**226063**	**258775**	**272229**	**319541**	**481688**	**655252**	**877829**	**1253162**	**1445018**
市　区	110647	121569	133087	139218	164010	173980	199748	312466	362347	503252	741582	763138
偃师市	17775	20236	20483	21920	21928	22325	25762	35440	60940	72999	92686	115106
孟津县	8103	8884	9539	10204	8324	8905	9360	13503	18572	29108	36191	47866
新安县	9681	12463	13622	14443	18391	17966	24098	35824	51032	66099	87517	100588
栾川县	5609	5984	5686	6168	6770	6548	8083	15144	58611	70282	106878	192890
嵩　县	5098	5613	5788	6143	6218	5868	7031	8937	13052	17529	27311	32449
汝阳县	3344	3686	3693	3981	4482	4774	6109	8366	11737	17199	27317	35284
宜阳县	5032	5870	6308	6656	6607	6749	8558	11490	15227	21897	27177	34081
洛宁县	4875	5422	4948	5162	5321	5407	6514	8059	10355	13423	23667	26473
伊川县	8931	10348	11366	12168	16724	19707	24278	32459	53379	66041	82836	97143
财政总支出	**220990**	**242440**	**277486**	**303638**	**374645**	**471992**	**522783**	**689931**	**964887**	**1260365**	**1774775**	**2021766**
市　区	116441	131917	153892	170497	204053	244881	266017	354979	459991	624773	889860	947017
偃师市	20334	23830	25286	26908	30042	36360	43405	53275	82537	103403	137505	173723
孟津县	9880	10945	12478	13035	14729	20680	19419	26633	36285	51596	67038	84526
新安县	13894	15669	19288	18995	25602	34594	37490	56387	71538	96078	125460	146852
栾川县	8768	9149	9437	10839	14541	18207	20649	28915	71089	91230	131831	163113
嵩　县	11037	9996	11402	12977	17119	22103	25933	32529	45068	55874	80179	95012
汝阳县	8810	9207	9702	10337	13888	16732	21465	27099	37434	45306	68006	80866
宜阳县	9363	9433	10755	12203	17423	22813	27008	32390	47483	58377	78530	99958
洛宁县	9385	8808	9623	10572	14267	21589	22521	28587	38138	44989	69619	84808
伊川县	13078	13486	15623	17275	22981	32033	38876	49137	75324	88739	126747	145891

10－2　预算内财政收支发展指数

（以上年为100）

	1997年	1998年	1999年	2000年	2001年	2002年	2003年	2004年	2005年	2006年	2007年	2008年
财政总收入	**132.0**	**111.7**	**107.2**	**105.4**	**114.5**	**122.9**	**120.2**	**150.7**	**135.4**	**134.0**	**142.8**	**115.3**
市　区	136.6	109.9	109.5	104.6	117.8	121.7	117.6	126.7	118.4	138.9	147.4	102.9
偃师市	131.4	113.8	101.2	107.0	100.0	129.9	121.7	137.6	173.4	119.8	127.0	124.2
孟津县	123.0	109.6	107.4	107.0	81.6	131.8	105.9	144.3	149.3	156.7	124.3	132.3
新安县	128.1	128.7	109.3	106.0	127.3	129.7	141.0	148.7	145.5	129.5	132.4	114.9
栾川县	122.9	106.7	95.0	108.5	110.0	122.5	119.6	187.4	389.3	119.9	152.1	180.5
嵩　县	134.4	110.1	103.1	106.1	101.2	140.0	119.8	127.1	148.4	134.3	155.8	118.8
汝阳县	125.4	110.2	100.2	107.8	112.6	133.5	129.6	136.9	146.0	146.5	158.8	129.2
宜阳县	125.0	116.7	107.5	105.5	99.3	121.9	129.2	134.3	128.7	143.8	124.1	125.4
洛宁县	109.8	111.2	91.3	104.3	103.1	119.7	120.1	123.7	139.8	129.6	176.3	111.9
伊川县	120.0	115.9	109.8	107.1	137.4	151.1	123.2	133.7	157.2	123.7	125.4	117.3
财政总支出	**124.8**	**109.7**	**114.5**	**109.4**	**123.4**	**128.1**	**110.8**	**132.0**	**140.0**	**130.6**	**140.8**	**113.9**
市　区	131.5	113.3	116.7	110.8	119.7	121.0	108.6	104.6	136.8	135.8	142.4	106.4
偃师市	126.3	117.2	106.1	106.4	111.6	124.1	119.3	122.7	152.9	125.3	133.0	126.3
孟津县	108.0	110.8	114.0	104.5	113.0	140.3	105.8	137.1	134.0	142.2	129.9	126.1
新安县	120.4	112.8	123.1	98.5	134.8	135.2	108.4	150.4	127.2	134.3	130.6	117.1
栾川县	108.8	104.3	103.1	114.9	134.2	128.2	111.9	140.0	251.5	128.3	144.5	123.7
嵩　县	132.1	90.6	114.1	113.8	131.9	134.1	117.3	125.4	132.9	124.0	143.5	118.5
汝阳县	106.9	104.5	105.4	106.5	134.4	124.0	128.3	126.2	134.8	121.0	150.1	118.9
宜阳县	114.4	100.7	114.0	113.5	142.8	135.1	118.4	119.9	141.0	122.9	134.5	127.3
洛宁县	119.9	93.9	109.3	109.9	135.0	150.8	104.0	126.9	128.2	118.0	154.7	121.8
伊川县	117.6	103.1	115.8	110.6	133.0	141.8	121.4	126.4	143.1	117.8	142.8	115.1

10－3 城乡居民年末储蓄余额发展情况

单位:万元

	1998年	1999年	2000年	2001年	2002年	2003年	2004年	2005年	2006年	2007年	2008年
总　计	**2461995**	**2752461**	**3020415**	**3412478**	**3892508**	**4528000**	**5188454**	**5952129**	**6650188**	**6950166**	**8402538**
市　区	1646031	1842922	2017943	2267467	2604527	3050205	3413456	3822121	4178836	4203364	5097707
偃师市	233525	251060	288861	335426	359337	402171	466551	531107	597704	626857	745877
孟津县	105606	117418	131209	145146	158900	180038	203786	232877	259879	281861	330109
新安县	87228	97239	109139	128057	137014	157363	189096	229062	259989	295170	357967
栾川县	73511	78195	86049	96691	116625	148117	226376	318159	390404	446025	537883
嵩　县	56294	64704	72187	84974	102169	117808	134837	163245	187593	216635	255938
汝阳县	69367	68276	54898	59438	67928	81493	100647	120811	149518	180033	218967
宜阳县	73552	78974	90586	102010	120422	128791	151801	175732	200840	225258	268668
洛宁县	43813	49352	50210	63299	78554	87487	99268	113132	138275	150644	187312
伊川县	92670	104321	119333	129970	147032	174527	202636	245883	287150	324319	402110

10－4 城乡居民年末储蓄余额发展指数

(以上年为100)

	1998年	1999年	2000年	2001年	2002年	2003年	2004年	2005年	2006年	2007年	2008年
总　计	**117.3**	**111.8**	**109.7**	**113.0**	**114.1**	**116.3**	**114.6**	**114.7**	**111.7**	**104.5**	**120.9**
市　区	119.8	112.0	109.5	112.4	114.9	117.1	111.9	119.7	109.3	100.6	121.3
偃师市	114.6	107.5	115.1	116.1	107.1	111.9	116.0	113.8	112.5	104.9	119.0
孟津县	118.1	111.2	111.7	110.6	109.5	113.3	113.2	114.3	111.6	108.5	117.1
新安县	106.1	111.5	112.2	117.3	107.0	114.9	120.2	121.1	113.5	113.5	121.3
栾川县	105.9	106.4	110.0	112.4	120.6	127.0	152.8	140.5	122.7	114.2	120.6
嵩县	116.3	114.9	111.6	117.7	120.2	115.3	114.5	121.1	114.9	115.5	118.1
汝阳县	106.7	98.4	80.4	108.3	114.3	120.0	123.5	120.0	123.8	120.4	121.6
宜阳县	109.2	107.4	114.7	112.6	118.1	107.0	117.9	115.8	114.3	112.2	119.3
洛宁县	108.9	112.6	101.7	126.1	124.1	113.7	113.5	114.0	122.2	108.9	124.3
伊川县	118.9	112.6	114.4	108.9	113.1	118.7	116.1	121.3	116.8	112.9	124.0

10－5 预算内财政收入

（2008年）　　单位：万元

	决算数合计	地级	县级	乡镇级
财政收入合计	**1445018**	**550671**	**593334**	**301013**
一般预算收入	**1165658**	**327114**	**537531**	**301013**
一、税收收入	874174	232465	365744	275965
增值税	170073	34651	75680	59742
营业税	203286	89162	52170	61954
企业所得税	178254	32488	91273	54493
企业所得税退税	－104	－52	－52	
个人所得税	42356	16626	12537	13193
资源税	48984	10	25465	23509
固定资产投资方向调节税				
城市维护建设税	50058	20458	21110	8490
房产税	24557	3280	13784	7493
印花税	13560	1693	7256	4611
城镇土地使用税	35862	2260	21309	12293
土地增值税	16743	578	7680	8485
车船税	3055	60	1970	1025
耕地占用税	40621	500	28825	11296
契税	38207	30751	6008	1448
烟叶税	8662		729	7933
其他税收收入				
二、非税收入	291484	94649	171787	25048
专项收入	55364	22835	32033	496
行政事业性收费收入	86927	19017	44584	23326
罚没收入	50150	8949	41188	13
国有资本经营收入	23645	7496	16149	
国有资源（资产）有偿使用收入	37860	34539	2847	474
其他收入	37538	1813	34986	739
基金预算收入	**279360**	**223557**	**55803**	

10－6　预算内财政支出

（2008 年）　　　　单位：万元

	决算数 合　计	地（市）级	县（市）级	乡（镇）级
财政支出合计	**2021766**	**715013**	**1094849**	**211904**
一般预算支出	**1704086**	**487238**	**1005728**	**211120**
一、一般公共服务	269003	55483	142325	71195
二、外交				
三、国防	2449	2200	249	
四、公共安全	115558	58776	56405	377
五、教育	323869	69252	250618	3999
六、科学技术	30751	12961	16227	1563
七、文化体育与传媒	40741	26931	12192	1618
八、社会保障和就业	142632	55995	78510	8127
九、医疗卫生	90426	15124	73448	1854
十、环境保护	60469	13225	46166	1078
十一、城乡社区事务	135669	63497	56046	16126
十二、农林水事务	160530	23379	99133	38018
十三、交通运输	57953	16699	37353	3901
十四、工业商业金融等事务	123750	58729	62415	2606
十五、其他支出	150286	14987	74641	60658
基金预算支出	**317680**	**227775**	**89121**	**784**

10－7 分县（市）一般预算收入

（2008 年） 单位：万元

	洛阳市	偃师市	孟津县	新安县	伊川县	汝阳县	嵩 县	栾川县	宜阳县	洛宁县
一般预算收入	**1165658**	**110305**	**40825**	**95077**	**90158**	**30456**	**29663**	**177369**	**31168**	**25005**
税收收入	**874174**	**72044**	**32689**	**67219**	**52879**	**24852**	**18933**	**154795**	**21786**	**17537**
增值税	170073	23954	4767	18045	18226	3536	2666	30496	5835	2611
消费税										
营业税	203286	7945	7216	7073	9719	4930	3230	11644	4020	4249
企业所得税	178254	15592	1528	18864	8765	1973	4334	71575	1727	3646
企业所得税退税	－104									
个人所得税（款）	42356	1723	790	1751	2683	876	1280	7179	938	1078
资源税	48984	888	3052	5018	897	9002	2314	25873	851	1027
固定资产投资方向调节税										
城市维护建设税	50058	4338	1520	4077	1067	636	331	5175	911	225
房产税	24557	1961	3246	1361	456	84	141	324	213	75
印花税	13560	1004	982	798	813	135	138	1292	177	111
城镇土地使用税	35862	4665	2480	4184	1531	135	143	353	1176	183
土地增值税	16743	482	1023	42	363	117	23	228	49	263
车船税（款）	3055	145	197	130	132	24	22	89	104	2
耕地占用税（款）	40621	8731	4410	2981	7135	2129	2468	159	2510	831
契税（款）	38207	616	1081	2653	481	789	835	408	253	340
烟叶税（款）	8662		397	242	611	486	1008		3022	2896
非税收入	**291484**	**38261**	**8136**	**27858**	**37279**	**5604**	**10730**	**22574**	**9382**	**7468**
专项收入	55364	3753	1412	3829	4680	896	764	13498	3056	362
行政事业性收费收入	86927	24154	2407	8707	3742	1597	3110	2609	3344	1998
罚没收入	50150	3101	1805	7819	7601	2563	4844	5129	2754	1652
国有资本经营收入	23645	5505	1410	4166	5		1750		31	3057
国有资源（资产）有偿使用收入	37860	129	117	298	579	299	262	322	197	99
其他收入（款）	37538	1619	985	3039	20672	249		1016		300

10-8 分县(市)一般预算支出

(2008年) 单位:万元

	洛阳市	偃师市	孟津县	新安县	伊川县	汝阳县	嵩　县	栾川县	宜阳县	洛宁县
一般预算支出	**1704086**	**161833**	**78749**	**137226**	**138558**	**75758**	**85131**	**146856**	**92166**	**78268**
一般公共服务	269003	24783	15511	14050	20929	13997	14344	22727	16815	15535
国防	2449									95
公共安全	115558	6155	3992	4295	5345	3868	3631	5625	5656	4040
教育	323869	32375	18167	24849	25325	21340	20188	35602	25718	16841
科学技术	30751	4363	734	1768	1830	704	803	2643	436	612
文化体育与传媒	40741	1652	1196	2693	592	746	1153	2396	769	1210
社会保障和就业	142632	14995	3587	4391	11870	4383	4282	4956	5159	6446
医疗卫生	90426	9078	4247	7719	8259	5426	6581	7133	8003	4724
环境保护	60469	4177	2231	7929	7861	4230	4809	5663	3432	5303
城乡社区事务	135669	5242	7994	5467	5080	1911	3389	10894	3637	4886
农林水事务	160530	18482	9546	15550	12591	7962	11852	29690	12081	11957
交通运输	57953	3191	1730	5524	4886	4429	2274	10326	4053	2927
工业商业金融等事务	123750	2302	8112	4653	24351	1554	2587	6959	2807	2712
其他支出	150286	35038	1702	38338	9639	5208	9238	2242	3600	980

10－9　税收收入分级别分税种(地税局)

(2008 年)　　单位:万元

	合　计	中央级	省　级	市(地)级	县(区)级
总　计	**762465**	**197651**	**1105**	**136105**	**427604**
税收合计	**733104**	**197651**		**120602**	**414851**
营业税	202790			84363	118427
企业所得税	238751	143251		6617	88883
个人所得税	90665	54400		11091	25174
资源税	48985				48985
固定资产投资方向调节税					
城市维护建设税	49552			16788	32764
房产和城市房地产税	24554			1152	23402
印花税	13544			274	13270
城镇土地使用税	35803			304	35499
土地增值税	16743			－5	16748
车船使用和牌照税	3054			18	3036
烟叶税	8663				8663
出口退税					
非税收入合计	**29361**		**1105**	**15503**	**12753**
教育费附加收入	25313			13656	11657
文化事业建设费收入	253			18	235
税务部门罚没收入	67		67		
税务发票工本费收入	884		884		
税务登记证费收入	4				
残疾人就业保障金收入	2840		150	1829	861

10－10　税收收入分企业类型(地税局)

(2008 年)　　单位:万元

	合　计	国有企业	集体企业	股份合作企业	联营企业	股份公司	私营企业	港澳台投资企业	外商投资企业	个体经营	附:乡镇企业
税收合计	**733104**	**101111**	**28968**	**2173**	**419**	**437923**	**73033**	**15001**	**8766**	**65710**	**66223**
营业税	202790	26250	8783	1274	323	123541	5705	9736	4214	22964	9154
企业所得税	238751	14034	11354	301	19	161455	51588				30961
个人所得税	90665	22674	1293	264	3	32023	4725	1468	1770	26445	8883
资源税	48985	2209	1334		3	29788	5919		632	9100	6942
固定资产投资方向调节											
城市维护建设税	49552	11430	1514	70	66	32344	1853			2275	2483
房产和城市房地产税	24554	4533	2176	109	1	14212	526	838	125	2034	2818
印花税	13544	1809	430	118	3	8616	440	655	568	905	1075
城镇土地使用税	35803	8621	1641	36	1	20371	876	1880	973	1404	3039
土地增值税	16743	525	417			13064	1377	414	482	464	852
车船使用和牌照税	3054	363	26	1		2509	24	10	2	119	16
烟叶税	8663	8663									

10－11　税收收入分产业类型(地税局)

(2008 年)　　单位:万元

	税收合计	营业税	企业所得税	个人所得税	城市维护建设税	房产和城市房地产税	印花税	城镇土地使用税	土地增值税	车船税	其他各税
税收合计	**733104**	**202790**	**238751**	**90665**	**49552**	**24554**	**13544**	**35803**	**16743**	**3054**	**57648**
第一产业											
第二产业	462909	58415	218051	50529	36886	13870	8382	26481	1201	109	48985
采矿业	209868		137342	16436	4893	278	1181	724	15	14	48985
制造业	147428		63794	21394	24737	10500	5489	21207	262	45	
电力、燃气及水的生产和供应业	17580		3505	4316	3904	1817	598	3413	12	15	
建筑业	88033	58415	13410	8383	3352	1275	1114	1137	912	35	
第三产业	270195	144375	20700	40136	12666	10684	5162	9322	15542	2945	8663
交通运输仓储邮政业	30356	20002	2564	3709	1377	568	422	1020	112	582	
信息传输、计算机服务和软件业	9503	7629	157	877	54	516	22	248			
批发和零售业	25612		3242	5136	3993	1124	2210	1213	3	28	8663
住宿和餐饮业	13868	9560	625	1894	519	883	22	362	3		
金融业	43855	28575		9050	1975	1311	453	385	3	2103	
房地产业	82873	46221	9781	2519	2708	1774	827	3708	15332	3	
租赁和商务服务业	42917	30724	2398	3362	1228	3199	926	947	67	66	
居民服务和其他服务业	4805	97	1013	1864	491	355	119	810	6	50	
教育	1587		4	1429	33	98	8	12	1	2	
卫生、社会保障福利事业	757		1	705	10	34	1	6			
文化、体育和娱乐业	3305	1555	890	388	110	248	3	96	15		
公共管理和社会组织	3340			2950	154	74		155		7	
其他行业	7417	12	25	6253	14	500	149	360		104	

10－12　税收收入分级别分税种(国税局)

(2008 年)　　单位:万元

	入库收入	中央级	省　级	市(地)级	县(区)级
总　计	**1041870**	**769824**	**12154**	**56035**	**203857**
税收合计	**1098865**	**826819**	**12154**	**56035**	**203857**
增值税	700056	525038	3801	30431	140786
消费税	119705	119705			
企业所得税	227775	136716	8353	21592	61114
个人所得税	14922	8953		4012	1957
车辆购置税	36407	36407			
海关代征	22209	22209			
出口退税	**－79204**	**－79204**			

10－13 税收收入分企业类型(国税局)

(2008 年)　　单位:万元

	合计	国有企业	集体企业	股份合作企业	联营企业	股份公司	私营企业	其它内资企业	港澳台投资企业	外商投资企业	个体投资经营	附：乡镇企业
税收合计	**1121067**	**245609**	**14676**	**2409**	**709**	**509906**	**117763**	**527**	**91794**	**43339**	**94335**	**20648**
增值税	722258	135260	14360	2389	687	328660	94484	86	67896	32749	45687	19047
其中：一般纳税人	645825	112487	13771	2358	686	324858	89012	59	67876	32735	1984	18720
小规模纳税人	54223	564	589	32		3802	5472	26	20	14	43703	326
消费税	119706	58599	3			54227	208		4255	2312	103	
营业税												
企业所得税	227777	51110	251	1	22	125341	22954	177	19643	8278		1601
外商投资和外国企业所得税	14919										14919	
个人所得税	36407	640	62	19	1	1677	117	265			33626	

10－14 税收收入分产业类型(国税局)

(2008 年)　　单位:万元

	税收合计	增值税			消费税	企业所得税		个人所得税	车辆购置税	其他各税
			一般纳税人	小规模纳税人		内资企业	外资企业			
税收合计	**1121067**	**700049**	**645825**	**54223**	**119706**	**199849**	**27928**	**14919**	**36407**	**22209**
第一产业										
第二产业	901744	612086	582889	29197	119314	146143	23390		811	
采矿业	212214	158820	149288	9532		49296	3869		230	
制造业	571697	347948	328421	19527	119314	86252	17762		421	
电力、燃气及水的生产和供应业	112066	105192	105066	126		5007	1759		108	
建筑业	5767	126	114	12		5588			53	
第三产业	216793	87912	62928	24984	392	53665	4538	14919	33157	22209
交通运输仓储邮政业	1135	1		1		358			776	
信息传输、计算机服务和软件业	109	55	11	44		30			23	
批发和零售业	112906	83917	61860	22057	392	27259	1177		161	
住宿和餐饮业	161	7		7		128			25	
金融保险业	17578	104	80	25		17340	33		100	
房地产业	8264	8		8		4961	3262		34	
租赁和商务服务业	2319	4		4		2275	2		38	
居民服务和其他服务业	4715	3605	848	2756		962	64		84	
教育	15					4			11	
卫生、社会保障和社会福利业	46					1			45	
文化、体育和娱乐业	163	139	129	10		11			13	
公共管理和社会组织	22490	32		32					248	22209
其他行业	49424	91	9	82		378		14919	34037	

10－15 金融机构人民币信贷收支

（2008 年）　　单位：万元

资金来源	年末余额	资金运用	年末余额
资金来源总计	**13382465**	**资金运用总计**	**13382465**
各项存款	**13952465**	**各项贷款**	**6632691**
企业存款	3143773	短期贷款	3601177
活期存款	2527600	工业贷款	1533234
定期存款	616172	商业贷款	266543
财政存款	435486	建筑业贷款	140480
机关团体存款	447670	农业贷款	768971
储蓄存款	8402538	乡镇企业贷款	205669
活期储蓄	2857326	三资企业贷款	71195
定期储蓄	5545212	私营企业及个体贷款	52725
农业存款	191102	其他短期贷款	562361
信托存款		个人短期消费贷款	45425
委托存款	225385	中长期贷款	2058114
其他存款	1106513	基本建设贷款	795518
金融债券	**5**	技术改造贷款	139070
应付及暂收款	**336432**	其他中长期贷款	1123526
应付及预收利息	189602	个人中长期消费贷款	477020
同业往来	**112928**	信托贷款	
各项准备	**136042**	融资租赁	362
贷款呆帐准备金	132585	委托贷款	69567
所有者权益	**506364**	票据融资	903171
实收资本	244665	贴　现	903171
当年结益	190391	各项垫款	300
其　他	**－1661771**	**有价证券及投资**	**882854**
		应收及预付款	**67822**
		应收利息	34286
		同业往来	**3**
		系统内资金往来	**5530091**
		金银占款	
		外汇占款	**－41**
		固定资产	**185696**
		库存现金	**83350**

10－16 全部商业银行人民币信贷收支

（2008年） 单位：万元

资金来源	年末余额	资金运用	年末余额
资金来源总计	**11709189**	**资金运用总计**	**11709189**
各项存款	**10740475**	**各项贷款**	**4973400**
企业存款	2997081	短期贷款	2273510
活期存款	2433991	工业贷款	1461804
定期存款	563089	商业贷款	49090
机关团体存款	430832	建筑业贷款	140480
储蓄存款	6194119	农业贷款	15
活期储蓄	2072770	乡镇企业贷款	
定期储蓄	4121349	三资企业贷款	71195
农业存款	779	私营企业及个体贷款	30238
其他存款	1117665	其他短期贷款	520688
代理财政性存款	**2426**	个人短期消费贷款	44419
金融债券	**5**	中长期贷款	1903357
应付及暂收款	**256487**	基本建设贷款	795518
应收及预收利息	144475	技术改造贷款	139070
卖出回购资产	**165620**	其他中长期贷款	968769
向中央银行借款		个人中长期消费贷款	476750
同业往来	**140790**	票据融资	796234
同业存放	140790	贴现	796234
同业拆借		各项垫款	300
委托存款及委托投资基金	**155787**	**有价证券及投资**	**708055**
委托存款及委托投资基金	442694	**应收及预付款**	**63718**
减：委托贷款及委托投资	286907	应收利息	34232
代理金融机构委托贷款基金	**160**	**买入返售资产**	
中央银行委托贷款基金	160	**存放中央银行准备金存款**	**472107**
各项准备	**76663**	**存放中央银行特种存款**	
贷款损失准备金	73819	**缴存中央银行财政性存款**	**874**
所有者权益	**263660**	**同业往来**	**999**
实收资本	41280	存放同业	382
当年结益	171826	拆放同业	617
其　他	**－92884**	**系统内资金往来**	**5422808**
		代理金融机构贷款	**150**
		代理人行专项贷款	150
		库存现金	**67120**
		外汇占款	**－41**

10－17　金融机构现金收支

（2008 年）　　单位:万元

收入项目	全年合计	支出项目	全年合计
收入合计	**32967918**	**支出合计**	**32816668**
商品销售收入	**2308192**	**工资性及个人其他支出**	**1101244**
服务业收入	**954171**	**农副产品采购支出**	**17454**
行政税费收入	**245815**	**工矿及其他产品采购支出**	**543564**
城乡个体经营收入	**1233359**	**行政企事业管理与经营费支出**	**1720375**
储蓄存款收入	**25904414**	**城乡个体经营支出**	**1769970**
其他金融性公司收入	**114059**	**储蓄存款支出**	**26068615**
居民归还贷款收入	**527302**	**其他金融性公司支出**	**80676**
汇兑收入	**81812**	**居民提取存款支出**	**348031**
有价证券及其他投资性收入	**12727**	**汇兑支出**	**38634**
其他收入	**1586065**	**有价证券支出**	**12549**
兑换外币收入	14277	**其他支出**	**862291**
		兑换外币支出	24082
		投放(＋)、回笼(－)	－151250
		附:代发工资	1539922

10－18　金融机构本外币信贷收支

（2008 年）　　单位:万元

资金来源	年末余额	资金运用	年末余额
资金来源总计	**7068669**	**资金运用总计**	**7068669**
各项存款	**14059894**	**各项贷款**	**6684971**
企事业单位存款	3186210	短期贷款	3611505
活期存款	2552104	中长期贷款	2059481
定期存款	634106	信托贷款	
储蓄存款	8466284	委托贷款	69567
活期储蓄	2877404	其它贷款	40326
定期储蓄	5588884	票据融资	903793
信托存款		各项垫款	300
委托存款	225481	**有价证券及投资**	**383698**
其他存款	2181915		
所有者权益	**512051**		
实收资本	244665		
当年结益	196078		
其他	**－7503276**		

10－19 农村信用社信贷收支

（2008 年）　　单位：万元

资金来源	年末余额	资金运用	年末余额
资金来源总计	**1803271**	**资金运用总计**	**1803271**
各项存款	**1781667**	**各项贷款**	**1196038**
企业存款	51807	短期贷款	1006777
活期存款		工业贷款	
定期存款	51807	商业贷款	
机关团体存款	16834	建筑业贷款	
储蓄存款	1426203	农业贷款	763879
活期储蓄	443002	乡镇企业贷款	205669
定期储蓄	983201	三资企业贷款	
农业存款	190308	私营企业及个体贷款	8652
其他存款	96515	其他短期贷款	28577
代理财政性存款	**33728**	个人短期消费贷款	60
金融债券		中长期贷款	95449
政策性金融债券		基本建设贷款	
应付及暂收款	**67040**	技术改造贷款	
应付及预提利息	37728	其他中长期贷款	95449
卖出回购资产		个人中长期消费贷款	130
向中央银行借款	**13700**	票据融资	93812
同业往来	**52577**	贴现	93812
同业存放	22147	各项垫款	
同业拆借	30430	**有价证券及投资**	**174530**
委托存款及委托投资基金(净)	**56**	**应收及预付款**	**2400**
委托存款及委托投资基金	56	应收利息	
减：委托贷款及委托投资		**买入返售资产**	
代理金融机构委托贷款基金	**2526**	**存放中央银行准备金存款**	**342585**
中央银行委托贷款基金		**存放中央银行特种存款**	3022
各项准备	**56528**	**缴存中央银行财政性存款**	166
贷款呆帐准备金	56528	**同业往来**	**71464**
所有者权益	**150014**	存放同业	71042
实收资本	123385	拆放同业	422
当年结益	7811	**代理金融机构贷款**	**2575**
其　他	**－354565**	代理人行专项贷款	
		库存现金	**10491**
		外汇占款	

10－20 财产保险业务指标

（2008 年）　　单位：万元

	财产保险		人寿保险	
	保费收入	已决赔案金额	保费收入	各种给付（赔款）
总　计	**66521**	**37620**	**436708**	**103713**
市　区	51287	27790	308224	74991
偃师市	2588	1174	33289	6847
孟津县	1376	763	16066	2646
新安县	1830	1287	14325	3827
栾川县	2597	2240	15384	2814
嵩　县	1364	1012	8738	1943
汝阳县	817	690	8909	2101
宜阳县	1418	955	9499	2417
洛宁县	712	388	8914	2334
伊川县	2532	1321	13360	3793

十一、社会与科技事业

SOCIAL SCIENTIFIC AND TECHNOLOGICAL UTILITIES

资料整理:陈秀根 董雁勃 孙 莉

主要统计指标解释

1. **文艺表演团体** 指从事戏剧、歌剧、话剧、歌舞剧、乐团、杂技团等各种艺术表演团体。不包括半工半艺、半农半艺的业余剧团。

2. **广播(或电视)人口覆盖率＝覆盖人口数/人口数×100%**。

3. **在校学生总数** 指学年初开学以后,具有学籍的全部在校学习的学生总数。

4. **普通高等学校** 指按国家规定审批程序批准举办,通过全国统一考试,招收高级中等学校毕业生或具有同等学历者,实施高等教育,培养高等专门人才的学校。

5. **中等专业学校** 指经国务院各部委或省人民政府批准举办,招收初中(或部分高中)毕业生或具有同等学历者,实施中等专业教育,培养中等专门人才的学校。具体分为中等技术学校和中等师范学校两大类。

6. **成人高等教育** 指按照国家有关规定,经省人民政府和国务院各有关部、委批准举办,招收高中毕业文化程度或具有同等学历者,利用脱产、半脱产或业余时间对成人实施高等教育,培养相当普通高等学校专科,或本科毕业水平的专门人才,其修业年限、课程设置和总学时相当于专科两年以上的学校。

7. **适龄儿童入学率** 指某个地区范围内已进入小学学习的学龄儿童(7～11周岁)占该地区校内外适龄儿童总数的比例。表示平均一百名适龄儿童中有多少已入学。

8. **从事科技活动人员** 指报告期内调查单位中从事科技活动的人员,具体指直接从事科技活动和为科技活动提供直接服务,累计时间占全年工作时间10%以上的人员。由本单位职工中的科技管理人员、课题研究人员、科技服务人员三部分人员组成。

9. **科学家和工程师** 指以这两种身份工作、使用或创造科学知识和工程与技术原理的人员,即经过科学或技术培训的从事科技活动方面的专业工作人员、高级行政管理人员以及指导科技活动实施的人员。具体是指具有大学本科及以上学历或有高、中级职称的人员。

10. **科技活动经费筹集总额** 指报告期内调查单位从各种渠道筹集到的科技活动经费(含科研基建费)。包括政府资金、自筹资金、银行贷款、其他经费。

11. **科技活动经费使用总额(内部支出)** 指报告期内调查单位用于技活动的实际支出,包括劳务费、科研业务费、科研管理费、非基建投资购建的固定资产、科研基建支出以及其他用于科技活动的支出。不包括生产性活动支出,归还贷款支出及转拨外单位支出。

12. **研究与发展经费支出** 指报告期内用于研究与发展课题活动(基础研究、应用研究、实验发展)的全部实际支出,包括用于研究与发展课题活动的直接支出,还包括间接用于研究与发展活动的一切支出(院、所管理费、维持院、所政党运转的必需费用与研究发展有关的基本建设支出)。

13. **等级运动员人数** 指以考核正式批准授予等级运动员称号的人数。运动员等级分为国际级运动健将、运动健将、一级运动员、二级运动员、三级运动员、少年级运动。

14. **等级裁判员人数** 指经考核正式批准授予等级裁判员称号的人数。裁判员等级分为国际裁判、国家级裁判、一级裁判、二级裁判、三级裁判。

15. **医院** 指名称为医院,设有固定床位能收容病人住院并能为病人提供医疗。护理服务的医疗机构。包括县及县以上医院、农村乡卫生院、其他医院三部分,按所属性质分为卫生部门、工业及其他部门、集体所有制三类,其中县及以上医院按业务性质分为综合医院和专科医院。

16. **卫生技术人员** 指卫生事业机构支付工资的全部固定职工和合同制职工中现任职务为卫生技术工作的人员。

11－1　全市社会事业发展情况

	单位	1980年	1985年	1990年	1995年	2000年	2005年	2007年	2008年
文艺表演团体	个	23	21	19	18	18	15	16	16
公共图书馆藏书量	万册	66.0	80.1	89.9	94.0	100.3	116.5	119.3	127.0
# 市　区	万册		58.0	65.1	66.0	54.5	64.0	64.5	66.0
各类学校数	所	6507	4037	3832	3655	3694	3358	5460	5558
# 普通中学	所	953	843	718	605	500	455	457	448
# 小　学	所	5517	3112	3022	2928	2915	2558	2315	2286
在校学生数	人	1114000	981600	910366	991437	1326675	1417473	1895808	1910022
# 普通中学	人	365400	296900	286301	293723	417740	459560	456110	444700
# 小　学	人	735400	656100	582158	626057	709128	654865	629906	630376
当年招生数	人	276377	206323	214644	273463	386418	413051	430079	425676
当年毕业生数	人	204903	170020	101139	200462	268562	371331	882215	931811
专任教师数	人	59353	51857	54765	50991	58592	64736	62859	71091
# 普通中学	人	26153	19626	20261	19866	23924	25694	28871	25991
# 小　学	人	31570	30283	29876	25325	27211	28533	30439	29404
学龄儿童	人	655500	529200	477289	575179	677118	565241	562446	576363
学龄儿童入学率	%	97.8	97.8	99.03	99.1	99.78	99.98	100	100
幼儿园数	所	1783	206	192	257	170	213	296	295
在园幼儿数	人	128002	86147	88238	166992	120196	101936	108149	104124
成人教育当年毕业人数	人			138845	261992	585309	284080	508949	506856
达到国家体育锻炼标准人数	人		150597	533934	591447	739071	733254	1086016	1075076
年末卫生机构数	个	691	654	628	476	313	323	378	714
# 医　院	个	205	215	228	240	84	106	100	100
卫生机构床位数	张	14606	12971	16771	17820	17133	18264	21047	23166
# 医　院	张	9170	11612	14963	16127	13124	14093	15877	16900
年末卫生技术人员	人	15345	15406	19071	20825	19839	20494	21924	24103
# 执业医师	人						6371	6783	7518

11－1 续表

（2008 年）

	速 度 指 标(%)										
	指 数(2008 年为以下各年)							平均增长速度			
	1980 年	1985 年	1990 年	1995 年	2000 年	2005 年	2007 年	1985－1990	1990－1995	1995－2000	2000－2005
文艺表演团体	69.57	76.19	84.21	88.89	88.89	106.67	100.00	－2.0	－1.1		－3.6
公共图书馆藏书量	192.42	158.55	141.27	135.11	126.62	109.01	106.45	2.3	0.9	1.3	3.0
# 市 区		113.79	101.38	100.00	121.10	103.13	102.33	2.3	0.3	－3.8	3.3
各类学校数	85.42	137.68	145.04	152.07	150.46	165.52	101.79	－1.0	－0.9	0.2	－1.9
# 普通中学	47.01	53.14	62.40	74.05	89.60	98.46	98.03	－3.2	－3.5	－3.6	－1.9
小 学	41.44	73.46	75.65	78.07	78.42	89.37	98.75	－2.9	－0.6	－0.1	－2.6
在校学生数	171.46	194.58	209.81	192.65	143.97	134.75	100.75	－1.5	1.7	6.0	1.3
# 普通中学	121.70	149.78	155.33	151.40	106.45	96.77	97.50	－0.7	0.5	7.3	1.9
小 学	85.72	96.08	108.28	100.69	88.89	96.26	100.07	－2.4	1.5	2.5	－1.6
当年招生数	154.02	206.32	198.32	155.66	110.16	103.06	98.98	0.8	5.0	7.2	1.3
当年毕业生数	454.76	548.06	921.32	464.83	346.96	250.94	105.62	－9.9	14.7	6.0	6.7
专任教师数	119.78	137.09	129.81	139.42	121.33	109.82	113.10	1.1	－1.4	2.8	2.0
# 普通中学	99.38	132.43	128.28	130.83	108.64	101.16	90.02	0.6	－0.4	3.8	1.4
# 小 学	93.14	97.10	98.42	116.11	108.06	103.05	96.60	－0.3	－3.3	1.5	1.0
学龄儿童	87.93	108.91	120.76	100.21	85.12	101.97	102.47	－2.0	3.8	3.3	－3.5
学龄儿童入学率	102.25	102.25	100.98	100.91	100.22	100.02	100.00				
幼儿园数	16.55	143.20	153.65	114.79	173.53	138.50	99.66	－1.4	6.0	－7.9	4.6
在园幼儿数	81.35	120.87	118.00	62.35	86.63	102.15	96.28	0.5	13.6	－6.4	－3.2
成人教育当年毕业人数			365.05	193.46	86.60	178.42	99.59		13.5	17.4	－13.5
达到国家体育锻炼标准人数		713.88	201.35	181.77	145.46	146.62	98.99	28.8	2.1	5.6	－0.2
年末卫生机构数	103.33	109.17	113.69	150.00	228.12	221.05	188.89	－0.8	－5.4	－8.0	0.6
# 医 院	48.78	46.51	43.86	41.67	119.05	94.34	100.00	1.2	1.0	－18.9	4.8
卫生机构床位数	158.61	178.60	138.13	130.00	135.21	126.84	110.07	5.3	1.2	－0.8	1.3
# 医 院	184.30	145.54	112.95	104.79	128.77	119.92	106.44	5.2	1.5	－4.0	1.4
年末卫生技术人员	157.07	156.45	126.39	115.74	121.49	117.61	109.94	4.4	1.8	－1.0	0.7
# 执业医师						118.00	110.84				

11－2　文化事业基本情况

（2008 年）

单　　位	文艺表演团　体（个）	本年演出场次		文化馆艺术馆（个）	公共图书馆	
		场　次（场）	观　　众（千人次）		馆　数（个）	藏　书（万册）
总　计	**16**	**3053**	**3408**	**17**	**11**	**127**
市　区	**3**	**670**	**611**	**7**	**2**	**66**
九　县	**13**	**2383**	**2797**	**10**	**9**	**61**
偃师市	2	445	611	1	1	22
孟津县	1	350	410	1	1	7
新安县	1	210	200	1	1	11
栾川县	1	218	218	1	1	11
嵩　县	1	145	131	2	1	3
汝阳县	1	198	200	1	1	1
宜阳县	3	362	556	1	1	2
洛宁县	1	200	200	1	1	2
伊川县	2	255	271	1	1	2

11－3　广播电视事业情况

（2008 年）

地　　区	广播人口综合覆盖		电视人口综合覆盖		编辑记者人　　数（人）		编辑记者人　　数（人）	
	人口数（万人）	覆盖率（%）	人口数（万人）	覆盖率（%）		女性		女性
总　计	**621.78**	**95.59**	**625.91**	**96.23**	**188**	**80**	**218**	**92**
老城区	14.20	100.00	14.20	100.00				
西工区	34.10	100.00	34.10	100.00	95	41	109	39
瀍河区	17.00	100.00	17.00	100.00				
涧西区	49.80	100.00	49.80	100.00				
吉利区	6.70	100.00	6.70	100.00	6	2	7	3
洛龙区	30.90	100.00	30.90	100.00				
偃师市	81.83	96.60	82.61	97.47	14	7	19	9
孟津县	45.55	99.15	45.29	98.69	10	4	7	4
新安县	48.31	96.74	48.82	97.76	16	7	16	8
栾川县	25.18	77.00	26.80	81.96	5	2	7	4
嵩　县	44.40	80.87	50.51	92.00	12	5	16	9
汝阳县	42.03	98.85	42.33	98.99	9	3	11	4
宜阳县	64.85	99.09	60.51	91.53	5	2	6	3
洛宁县	41.86	93.02	43.21	96.02	6	2	8	4
伊川县	74.83	91.88	73.13	96.61	10	5	12	5

11－4 分县(市)区教育经费情况

（2008 年） 单位:千元

市	合计	# 国家财政性教育经费	# 预算内	# 社会团体和公民个人办学经费	# 社会捐资和集资办学经费	# 学费和杂费	其他教育经费
总 计	**4113316**	**3367028**	**3109854**	**28182**	**1226**	**379373**	**16093**
市本级	1158209	705123	608231	17248	31	234023	3371
老城区	39733	38900	35400		9	615	12
西工区	66455	59490	52160			4202	
瀍河区	36786	32653	30643		1	788	213
涧西区	109262	91730	79190		2	12363	154
吉利区	46690	45133	37633			965	7
洛龙区	166922	145077	133135	1842	292	9481	753
偃师市	355306	329933	315623	90	835	12236	180
孟津县	213792	181670	171480		18	7702	1925
新安县	280349	248490	222280		38	11536	216
栾川县	371414	356020	316720			11368	2001
嵩 县	228697	204500	200540	777		17769	
汝阳县	234789	219050	213540			8060	2624
宜阳县	297761	257460	250770	8225		22179	4233
洛宁县	178924	168410	166250			3448	334
伊川县	328227	283389	276259			22638	70

11－5　民办学校教育基本情况

（2008 年）

	学校数(所)	教职工数(人)
普通高等学校		
中等学校	23	1531
# 普通中学	38	1075
职业中学	8	400
小学	29	1513
幼儿园	164	1937

11－5 续表

	在校学生数(人)	招生数(人)	毕业生数(人)
普通高等学校			
中等学校			
普通中等专业学校	6111	4986	550
普通中等技术学校	27366	12062	3157
# 普通中学	10700	3874	3782
普通高中	506	184	280
普通初中	10194	3690	3502
职业中学			
职业高中	11222	2839	317
小学	18845	3196	2960
幼儿园	24641	11165	6637

11－6　研究生分学科毕业、招生及在校人数

单位：人

学　　科	2007 年	2008 年
分学科毕业生数	**265**	**297**
哲　学		
经济学		
法　学		
教育学		
文　学	6	25
历史学		
理　学	6	13
工　学	232	212
农　学		
医　学	11	30
管理学	10	17
分学科招生数	**448**	**482**
哲　学		
经济学	3	6
法　学	20	25
教育学		
文　学	22	24
历史学	2	3
理　学	41	52
工　学	275	279
农　学	28	15
医　学	45	53
管理学	14	25
分学科在学人数	**1118**	**1292**
哲　学		
经济学	3	9
法　学	20	45
教育学		
文　学	75	74
历史学	2	5
理　学	66	102
工　学	784	846
农　学	28	43
医　学	102	125
管理学	38	43

11－7 普通高等学校分学科毕业生、招生及在校学生数

（2008 年）

单位：人

学科	毕业生	本科	专科	招生	本科	专科	在校学生	本科	专科
总计	**22331**	**9243**	**13088**	**24752**	**13786**	**10966**	**75216**	**44002**	**31214**
哲学									
经济学	290	165	125	321	233	88	1142	872	270
法学	534	455	79	680	521	159	1997	1548	449
教育学	721	349	372	708	529	179	2077	1470	607
文学	3597	1698	1899	4586	2485	2101	12172	7015	5157
历史学	105	105		92	92		373	373	
理学	1054	1054		1532	1532		5640	5640	
工学	9658	3504	6154	10518	5100	5418	33088	16817	16271
农学	1041	335	706	1639	1000	639	4381	2683	1698
医学	2395	537	1858	1637	875	762	4173	2617	1556
管理学	2936	1041	1895	3039	1419	1620	10173	4967	5209

11－8 普通高等学校分学科专任教师数

（2008 年）

单位：人

学科	合计	正高级	副高级	中级	初级	无职称
总计	**3991**	**295**	**1044**	**1531**	**1082**	**39**
哲学	134	21	32	65	16	
经济学	148	4	32	73	38	1
法学	158	10	34	59	55	
教育学	273	18	77	113	65	
文学	687	28	143	268	240	8
历史学	108	16	33	48	11	
理学	532	32	133	197	170	
工学	1344	113	368	466	368	29
农学	236	25	68	106	37	
医学	185	22	73	63	27	
管理学	186	6	51	73	55	1

11－9　中职学生分科类情况（普通中专学生）

（2008 年）　　　　单位：人

	毕业生数		招生数			在校学生数	预计毕业生数
	合计	其中：获得职业资格证书	合计	其中：初中毕业			
				合计	应届毕业生		
总　计	**11796**	**4722**	**15239**	**13728**	**12556**	**37333**	**11729**
其中：女	7088	3011	8579	7368	1080	22143	6816
农林类	349	277	260	251	251	648	173
资源与环境类	31	31				65	31
能源类	577		392	198	190	1089	431
土木水利工程类	78	78	30	25	25	274	111
加工制造类	373	367	2582	2477	1977	3720	540
交通运输类			756	742	633	800	
信息技术类	3303	996	3815	3463	3110	8974	3166
医药卫生类	2864	788	3135	2527	2490	8661	2514
商贸与旅游类	998	503	1075	1057	1003	2982	907
财经类	876	491	1215	1202	1202	3647	1176
文化艺术与体育类	597	537	719	700	589	1932	631
社会公共事业类	394	31	241	163	163	1327	933
师范类	1040	623	632	632	632	2240	871
其他	316		387	291	291	974	245

11－10　普通中等专业学校专任教师学历情况

（2008 年）　　　　单位:人

学　　历	合　计	# 正高级	# 副高级	# 中　级	# 初　级
总　计	**5440**	**35**	**755**	**2086**	**2564**
博　士	5	2	2	1	
硕　士	119	5	67	36	11
本科毕业	3873	18	621	1450	1784
专科及以下	1443	10	65	599	769

11－11　普通中等专业学校专任教师分年龄的人数

（2008 年）　　　　单位:人

学　　科	合　计	正高级	副高级	中　级	初　级	无职称
总　计	**5440**	**35**	**755**	**2086**	**1979**	**585**
30 岁及以下	1594			242	883	469
31—35 岁	1056		17	395	594	50
36—40 岁	1088	9	114	624	300	41
41—45 岁	830	7	235	451	122	15
46—50 岁	399	3	156	187	46	7
51—55 岁	326	7	149	141	28	1
56—60 岁	115	6	65	37	6	1
61 岁以上	32	3	19	9		1

11－12　技工学校数、学生数和教职工数

指　标	2000年	2005年	2006年	2007年	2008年
学校数(所)	21	23	22	21	23
在校学生数(万人)	0.68	3.85	3.55	3.74	3.94
毕业生数(万人)	0.28	0.53	0.88	1.08	1.2
招生数(万人)	0.28	1.5	1.38	1.46	1.35
教职工数(万人)	0.15	0.13	0.14	0.15	0.14

11－13　成人学校基本情况

(2008年)　　单位:人、所

各类学校	学校数(所)	教职工数	#专任教师	在校学生数	招生数	毕业生数
成人高等学校	**5**	**469**	**304**	**21003**	**7583**	**9943**
广播电视大学	1	58	24	5497	1589	2019
职工、农民学院	4	411	280	5068	2558	1204
管理干部学院						
教育学院						
其他机构						
高校函授部、夜大学	3			10438	3436	6720
成人中等学校						
中学	**21**	**54**	**48**	**553**		**513**
职工中学	6	54	48	153		153
农民中学	15			400		360
技术培训学校	**2356**	**2681**	**1288**	**454848**		**514939**
职工技术培训学校						
农民技术培训学校	2353	2669	1279	453398		513489
其他培训机构	3	12	9	1450		1450
成人初等学校	**467**	**789**	**503**	**2993**		**30146**
职工初等学校	8	4	2	312		342
农民初等学校	459	785	501	2681		29804
# 扫盲班	220	114	62	578		1119

11－14　普通中小学和幼儿园专任教师分学历的人数与构成

学　历	2007 年		2008 年	
	绝对数(人)	构成(%)	绝对数(人)	构成(%)
高中教师	6890	100.00	7182	100.00
大学本科毕业及以上的	6196	89.92	6697	93.24
大学专科毕业	684	9.93	471	6.56
高中阶段毕业及以下	10	0.15	14	0.19
初中教师	19161	100.00	18809	100.00
大学本科毕业及以上的	6603	34.46	7522	39.99
大学专科毕业	11636	60.73	10651	56.63
高中阶段毕业	903	4.71	626	3.33
高中阶段毕业以下	19	0.10	10	0.05
小学教师	29190	100.00	29404	100.00
大学专科毕业及以上的	18662	63.93	20628	70.15
高中阶段毕业	10175	34.86	8558	29.11
高中阶段毕业以下	353	1.21	218	0.74
幼儿园教师	2788	100.00	2997	100.00
大学专科毕业及以上的	1712	61.41	1818	60.66
高中阶段毕业	990	35.50	1104	36.80
高中阶段毕业以下	86	3.08	75	2.50

11－15　平均每万人口在校学生数、教师负担学生数及其他

	2007年	2008年
平均每万人口在校学生数(人)		
大学生(含研究生)	155	150
普通中专生	52	57
职业学生	80	81
普通高中生	199	197
普通初中生	507	487
小学生	975	969
平均每个教师负担学生数(人)		
高等学校(含研究生)	16.14	22.7
普通中等专业学校	26.28	24.4
普通中学	17.51	17.11
小　学	21.58	21.44
入学率、巩固率、升学率		
初中适龄人口入学率(%)	99.39	99.76
初中在校生巩固率(%)	89.23	90.73
初中毕业生升学率(%)	85.6	89.75
小学适龄人口入学率(%)	100	100
小学在校生巩固率(%)	95.78	95.26
小学毕业生升学率(%)	96.68	97.48
教育经费总支出		
(预算内、外)(亿元)		
国家财政性教育经费	28.84	33.67
#预算内教育经费	26.09	31.1
社会团体和公民个人办学经费	0.29	0.2
社会捐资和集资办学经费	0.03	0.01
事业收入	5.58	7.09
其他教育经费	1.8	0.16
中小学学校校舍危房率(%)	0.5	0.38
小学生辍学人数(万人)	0.41	0.09
初中学生辍学人数(万人)	2.25	1.74
小学教师学历合格率(%)	98.8	97.47

11－16　分县(市)区普通高等学校基本情况

(2008 年)

	学校数 (所)	教职工数 (人)	# 专任教师 (人)	在校学生数 (人)	招生数 (人)	毕业生数 (人)
全　市	**4**	**6254**	**3991**	**85707**	**28138**	**25469**
老城区						
西工区						
瀍河区	1			3793	1449	1343
涧西区						
吉利区						
洛龙区	3	6254	3991	81914	26689	24126
偃师市						
孟津县						
新安县						
栾川县						
嵩　县						
汝阳县						
宜阳县						
洛宁县						
伊川县						

11－17　分县(市)区成人高等教育基本情况

(2008 年)

	学校数 (所)	教职工数 (人)	# 专任教师 (人)	在校学生数 (人)	招生数 (人)	毕业生数 (人)
全　市	**5**	**469**	**304**	**21003**	**7583**	**5511**
老城区						
西工区	1	58	24	5497	1589	2019
瀍河区						
涧西区	4	411	280	15506	5994	3492
吉利区						
洛龙区						
偃师市						
孟津县						
新安县						
栾川县						
嵩　县						
汝阳县						
宜阳县						
洛宁县						
伊川县						

11－18　分县(市)区普通中等专业学校基本情况

（2008 年）

	学校数（所）	教职工数（人）	# 专任教师（人）	在校学生数（人）	招生数（人）	毕业生数（人）
全　市	**17**	**2459**	**1530**	**37333**	**15239**	**11796**
老城区	3	361	216	4366	1915	1140
西工区	4	583	404	11484	3860	3877
瀍河区	6	835	506	12239	3759	4751
涧西区	3	550	319	6044	5155	351
吉利区						
洛龙区				1056		889
偃师市						
孟津县						
新安县						
栾川县						
嵩　县	1	130	85	2144	550	788
汝阳县						
宜阳县						
洛宁县						
伊川县						

11－19　分县(市)区普通中学基本情况

（2008 年）

	学校数（所）	教职工数（人）	# 专任教师（人）	在校学生数（人）	招生数（人）	毕业生数（人）
全　市	**448**	**28851**	**25991**	**444700**	**151105**	**155078**
老城区	12	525	449	8228	2740	2524
西工区	17	1569	1364	23691	7921	8058
瀍河区	11	1053	893	14918	4709	5115
涧西区	26	2346	2068	38327	12996	12562
吉利区	4	320	314	3808	1225	1486
洛龙区	23	1480	1334	19314	6551	6348
偃师市	63	3900	3527	54526	17114	19872
孟津县	22	2167	1968	32277	10419	11458
新安县	32	2345	2102	37115	13130	12818
栾川县	21	1498	1322	21473	7048	7759
嵩　县	27	1931	1826	33561	11987	12601
汝阳县	33	1884	1704	27923	10997	10823
宜阳县	52	2611	2448	45610	15564	16044
洛宁县	40	1715	1544	26910	9534	10627
伊川县	65	3507	3128	57019	19170	16983

11－20　分县(市)区普通高中基本情况

(2008年)

	学校数(所)	专任教师(人)	在校学生数(人)	招生数(人)	毕业生数(人)
全　市	**81**	**7182**	**128188**	**43587**	**42980**
老城区	5	178	3277	1161	1143
西工区	7	515	9134	3144	3505
瀍河区	6	422	7676	2343	2823
涧西区	10	736	13391	5152	4566
吉利区	1	74	1132	400	484
洛龙区	7	317	5634	1984	1824
偃师市	9	822	14377	4483	4972
孟津县	5	626	11508	3689	3976
新安县	5	682	12692	4228	4606
栾川县	4	361	6222	2562	1817
嵩　县	4	427	7265	2747	2475
汝阳县	5	402	6752	2419	2548
宜阳县	3	559	10025	3341	3114
洛宁县	4	330	5638	1672	1576
伊川县	6	731	13465	4262	3551

11－21　分县(市)区普通初中基本情况

(2008年)

	学校数(所)	专任教师(人)	在校学生数(人)	招生数(人)	毕业生数(人)	初中适龄人口入学率(%)	初中在校生巩固率(%)
全　市	**367**	**18809**	**316512**	**107518**	**112098**	**99.76**	**90.73**
老城区	7	271	4951	1579	1381	100.00	96.39
西工区	10	849	14557	4777	4553	100.00	93.11
瀍河区	5	471	7242	2366	2292	100.00	99.88
涧西区	16	1332	24936	7844	7996	100.00	100.10
吉利区	3	240	2676	825	1002	100.00	87.95
洛龙区	16	1017	13680	4567	4524	100.00	76.84
偃师市	54	2705	40149	12631	14900	99.99	95.99
孟津县	17	1342	20769	6730	7482	100.00	89.41
新安县	27	1420	24423	8902	8212	98.62	91.56
栾川县	17	961	15251	4486	5942	98.69	90.94
嵩　县	23	1399	26296	9240	10126	99.07	93.16
汝阳县	28	1302	21171	8578	8275	100.00	104.31
宜阳县	49	1889	35585	12223	12930	100.00	85.95
洛宁县	36	1214	21272	7862	9051	100.00	80.98
伊川县	59	2397	43554	14908	13432	100.00	84.99

11－22　分县(市)区小学基本情况

（2008 年）

	学校数（所）	教职工数（人）	# 专任教师（人）	在校学生数（人）	招生数（人）
全　市	**2286**	**30796**	**29404**	**630376**	**111240**
老城区	24	516	468	9333	1707
西工区	38	1316	1204	27392	4648
瀍河区	16	726	659	11876	1943
涧西区	42	2171	2069	45777	7468
吉利区	10	386	374	5334	875
洛龙区	28	1371	1298	24572	4408
偃师市	260	3793	3695	75175	11649
孟津县	83	2041	1929	32279	5714
新安县	186	2176	2104	50067	9266
栾川县	202	1676	1629	27364	4594
嵩　县	306	2606	2571	59329	10566
汝阳县	218	2455	2358	51004	10046
宜阳县	365	3236	3139	78343	11554
洛宁县	261	2257	2174	45849	9882
伊川县	247	4070	3733	86682	16920

11－22 续表

	毕业生数（人）	小学适龄人口入学率（%）	小学在校生巩固率（%）	小学毕业生升学率（%）
全　市	**110293**	**100.00**	**95.26**	**97.48**
老城区	1394	100.00	99.33	113.27
西工区	4145	100.00	105.20	115.25
瀍河区	1823	100.00	105.61	129.79
涧西区	7304	100.00	113.74	107.39
吉利区	822	100.00	94.13	100.37
洛龙区	4141	100.00	96.64	110.29
偃师市	13096	99.98	98.40	96.45
孟津县	6645	100.00	95.04	101.28
新安县	9025	100.00	93.90	98.64
栾川县	4745	100.00	94.96	94.54
嵩　县	9918	100.00	97.29	93.16
汝阳县	8844	100.00	100.92	96.99
宜阳县	13337	100.00	78.80	91.65
洛宁县	9577	100.00	78.89	82.09
伊川县	15477	100.00	102.81	96.32

11－23　分县(市)区幼儿教育基本情况

(2008 年)

	机构数(所)	班　数(个)	教职工数(人)	#专任教师	在园(班)幼儿数
全　市	**295**	**3472**	**4643**	**2997**	**104124**
老城区	13	91	283	177	2477
西工区	26	213	677	387	7027
瀍河区	9	57	210	115	1589
涧西区	37	314	892	532	8455
吉利区	16	95	151	74	2304
洛龙区	27	209	487	258	6331
偃师市	19	290	386	289	8760
孟津县	56	312	432	320	8861
新安县	1	74	44	34	2168
栾川县	19	381	185	122	9765
嵩　县	26	345	284	247	10360
汝阳县	2	335	41	32	10919
宜阳县	14	169	98	68	4617
洛宁县	10	87	128	105	3026
伊川县	20	500	345	237	17465

11－24　分县(市)区职业高中基本情况

(2008 年)

	学校数(所)	教职工数(人)	#专任教师(人)	在校学生数(人)	招生数(人)	毕业生数(人)
全　市	**43**	**3004**	**2359**	**52739**	**17996**	**12885**
老城区	1	31	16	736	323	136
西工区	6	240	153	4517	2124	582
瀍河区	2	203	146	5396	1749	435
涧西区	3	461	288	12879	3268	3077
吉利区	1	46	33	473	167	180
洛龙区	2	83	63	2689	893	640
偃师市	8	407	340	4547	1345	2021
孟津县	4	165	133	1823	673	497
新安县	2	419	373	6589	2796	1859
栾川县	1	231	209	2031	509	843
嵩　县	2	130	109	2720	801	570
汝阳县	2	71	63	1552	614	348
宜阳县	6	265	239	3605	1707	970
洛宁县	2	128	97	2359	772	135
伊川县	1	124	97	823	255	592

11－25 运动员在国际国内比赛成绩

	单　位	2007年	2008年
荣获金牌数	枚	103	107
荣获银牌数	枚	72	75
荣获铜牌数	枚	66	68
获团体和个人全国			
前六名	人次	1	13

11－26 群众体育活动情况

	单　位	2007年	2008年
《国家体育锻炼标准》			
达标人数	万人	108.6	107.5
运动会次数	次	253	265
# 省级办			
市级办		50	56

11－27　体育系统职工人数

单位:人

人员分类	2007 年	省级	市级	2008 年	省级	市级
总　计	**380**		**254**	**376**		**255**
专职教练员	91		80	94		83
运动员						
管理干部	178		85	175		85
专职文化教师	25		25	25		25
科技人员	1		1	1		1
医务人员	3		3	3		3
工人	82		60	78		58

11－28　等级运动员、裁判员人数

单位:人

人员分类	2007 年	# 女	2008 年	# 女
等级运动员人数	**158**	**68**	**196**	**69**
运动健将				
一级运动员				
二级运动员	158	68	196	69
等级裁判员人数	**123**	**35**	**135**	**46**
国家级				
一级				
二级	123	35	135	46

11－29　分县(市)区卫生主要指标

(2008 年)

	卫生机构床位数(张)	卫生技术人员(人)	执业医师(人)	执业助理医师(人)	注册护士(人)
全　市	**23166**	**24103**	**7518**	**1855**	**8205**
老城区	624	985	323	112	336
西工区	3525	3900	1483	118	1573
瀍河区	2427	2247	746	71	882
涧西区	3673	4320	1646	107	1856
吉利区	285	372	107	27	127
洛龙区	2033	1590	509	92	526
偃师市	1460	1262	469	107	329
孟津县	1167	959	214	133	261
新安县	1038	1226	301	142	391
栾川县	937	799	221	77	245
嵩　县	1030	1118	261	152	321
汝阳县	1020	888	267	60	277
宜阳县	1290	1334	267	145	353
洛宁县	1281	1148	254	99	245
伊川县	1376	1955	450	413	483

11－30　卫生事业发展情况

	2007 年	2008 年
卫生机构数(个)	**665**	**714**
# 医院、卫生院	252	252
# 医院	100	100
疗养院、所	2	2
门诊部、所	10	9
诊所、医务室、社区卫生服务站	330	355
专科防治所、站	1	1
妇幼保健所、站	16	17
卫生机构床位数(张)	**21047**	**23166**
# 医院、卫生院	19429	21091
# 医院	15877	16900
疗养院、所	433	460
门诊部、所	54	50
卫生机构人员数(人)	**29847**	**30902**
# 卫生技术人员	22964	24103
# 医生	8845	9373
护师	7575	8205

11－31 卫生机构、床位、人员数

（2008 年）

机构类别	机构数（个）	床位数（张）	人员合计（人）	卫生技术人员	其他技术人员	管理人员	工勤人员
总　　计	**714**	**23166**	**30902**	**24103**	**1362**	**2102**	**3335**
#医院合计	**100**	**16900**	**19782**	**15234**	**761**	**1470**	**2317**
市	72	12015	13838	10699	471	1058	1610
县	28	4885	5944	4535	290	412	707
综合医院	79	12653	15568	12068	538	1239	1723
中医医院	13	3044	3400	2578	158	183	483
中西医结合医院	2	85	110	83	4	13	10
专科医院	6	1118	704	507	61	35	101
口腔医院							
眼科医院	1	20	24	19		3	2
肿瘤医院							
心血管病医院							
胸科医院							
血液病医院							
妇产（科）医院							
儿童医院							
精神病医院	2	1000	535	376	47	25	87
传染病医院							
皮肤病医院							
结核病医院							
骨科医院	1	32	25	21	4		
康复医院							
其他专科医院	2	66	120	91	10	7	12
区、乡（镇）卫生院	**152**	**4191**	**5119**	**4191**	**354**	**241**	**333**
#中心乡卫生院	24	898	1304	1139	60	47	58
门诊部、所	**9**	**50**	**136**	**115**	**2**	**10**	**9**
采供血机构	1		104	77	12	5	10
妇幼保健院（所、站）	**17**	**1002**	**1336**	**997**	**60**	**65**	**214**
专科疾病防治院（所、站）	1	60	55	33		4	18
疾病预防控制中心（防疫站）	16	11	1148	867	54	102	125
卫生监督所	**16**		**511**	**281**	**62**	**68**	**100**
诊所、医务室、社区卫生服务站	**355**	**58**	**1528**	**1375**	**21**	**45**	**87**

11－32　卫生机构各类人员

单位：人

人员类别	2007年	2008年
各类人员总计	**29847**	**30902**
卫生技术人员	22964	24103
其他技术人员	1349	1362
管理人员	2100	2102
工勤人员	3434	3335
卫生技术人员	**22964**	**24103**
医生	8845	9373
注册护士	7575	8205
药剂人员	1362	1307
检验人员	1278	1312
其他	3904	3906
平均每千人口卫生技术人员	**4**	**4**
# 医生	2	2

11－33　医院床位使用情况

	2007年	2008年
床位周转次数(次)	**25**	**27**
床位工作日(日)	252.2	274.1
床位使用率(%)	69.11	75.08
出院者平均住院日(日)	9.1	9.4

11－34　医院、卫生院诊疗人次及入院人数

（2008 年）

类　　别	诊疗人次（万人次）	# 门、急诊	入院人数（万人）
总　　计	**802.44**	**766.72**	**28.89**
# 医院	501.39	476.49	25.01
非营利性医院	492.05	467.32	24.62
营利性医院	9.34	9.17	0.39
卫生院	64.01	59.54	2.11
中心卫生院	2.5	2.5	0.09
乡卫生院	61.51	57.49	2.02
门诊部	11.35	11.35	0.04
妇幼保健院（所、站）	35.78	35.62	1.23
专科疾病防治院（所、站）			

11－35　分县(市)区卫生事业基本情况

(2008 年)

	卫生机构数(个)	# 医院、卫生院	#疗　养院、所	# 门诊部	# 疾　病控制中心	# 妇幼保健院(所、站)	# 医学科学研究机构
全　市	**714**	**252**	**2**	**9**	**16**	**17**	
老城区	54	11		3	1	2	
西工区	105	22		3	1	2	
瀍河区	64	8			1	1	
涧西区	132	19			1	1	
吉利区	20	2			1	1	
洛龙区	43	18	1	1	2	1	
偃师市	48	22			1	1	
孟津县	24	15			1	1	
新安县	26	16			1	1	
栾川县	29	19			1	1	
嵩　县	32	18			1	1	
汝阳县	25	17			1	1	
宜阳县	27	23		1	1	1	
洛宁县	37	22	1		1	1	
伊川县	48	20		1	1	1	

11－35 续表　　(2008 年)

	卫生机构床位数(张)	# 医院、卫生院	#疗　养院、所	卫生机构人员数(人)	卫生技术人员数(人)	# 医生	# 注册护士
全　市	**23166**	**21091**		**30902**	**24103**	**9373**	**8205**
老城区	624	559		1188	985	435	336
西工区	3525	3042		5125	3900	1601	1573
瀍河区	2427	2233		2840	2247	817	882
涧西区	3673	3500		5370	4320	1753	1856
吉利区	285	285		477	372	134	127
洛龙区	2033	1727		2057	1590	601	526
偃师市	1460	1396		1839	1262	576	329
孟津县	1167	1127		1236	959	347	261
新安县	1038	988		1541	1226	443	391
栾川县	937	864		1119	799	298	245
嵩　县	1030	970		1362	1118	413	321
汝阳县	1020	970		1259	888	327	277
宜阳县	1290	1240		1673	1334	412	353
洛宁县	1281	944		1478	1148	353	245
伊川县	1376	1246		2338	1955	863	483

11－36 城市建设基本情况

指　　标	单　位	2007 年	2008 年
城区面积	平方公里	544	544
#建成区面积	万立方米	144.92	163.95
年底供水综合生产能力	万立方米/日	93.67	79.31
全年供水总量	万立方米	19228.09	13929.84
#生活用水量	万立方米	7873.17	5626.12
平均每人每天生活用水量	升	211.48	154.12
用水普及率	%	71.09	66.68
公共交通标准运营车辆	标台	1232	1366
平均每万人拥有公交车辆	标台	6.54	6.72
煤气家庭用量	万立方米	716.36	1116
天然气家庭用量	万立方米	427.91	591
液化石油气家庭用量	吨	18180	19392
燃气普及率	%	34.39	35.8
集中供热面积	万平方米	619	1280
道路长度	千米	499	507.8
道路面积	万平方米	1405	1433
排水管道长度	千米	1133	1143
建成区绿化覆盖面积	公顷	5543	5638
建成区绿化覆盖率	%	38.25	34.39
公共绿地面积	公顷	1532	1562
人均公园绿地面积	平方米	8.13	7.69
公园个数	个	12	12
公园面积	公顷	583	583
生活垃圾清运量	万吨	48.8	48.8
垃圾无害化处理率	%	90.16	81.97

注:本表由市建委提供。

11－37　社会发展基本情况(公安系统)

指　　标	单　位	2007 年	2008 年
人民警察数	人	5704	6177
# 女性	人	937	1019
交通事故死亡人数	人	204	197
火灾事故死亡人数	人	2	
交通事故损失额	万元	822.22	875.45
火灾事故损失额	万元	105.34	137.48
刑事案件立案数	起	21772	18446
治安案件查处数	起	21400	23045
未成年人刑事案件作案成员占全部刑事案件作案成员的比重	%	13.00	12.04
城市私人机动车保有量	万辆	217219	246061
其中:私人汽车保有量	万辆	118286	143249

11－38　公安机关立案的刑事案件情况

案 件 类 别	立 案(起)		构 成(%)	
	2007 年	2008 年	2007 年	2008 年
总计	**21172**	**18446**	**100**	**100**
杀人	58	72	0.27	0.39
伤害	1259	822	5.95	4.46
抢劫	1386	1356	6.55	7.35
强奸	303	171	1.43	0.93
拐卖人口	20	7	0.09	0.04
盗窃	14274	13582	67.42	73.63
诈骗	877	690	4.14	3.74
走私				
伪造贩运假货币	2	2	0.01	0.01
其他	2993	1744	14.14	9.45

11－39　公安机关受理的治安案件分类情况

案件类别	2007年		2008年	
	受理(起)	查处(起)	受理(起)	查处(起)
总计	**27387**	**21400**	**26997**	**23045**
扰乱工作、公共秩序	1121	1169	901	873
结伙斗殴、寻衅滋事	1109	1061	836	816
侮辱妇女及其他流氓活动				
防碍国家工作人员执行职务	235	242	154	154
违反枪支管理规定	2	2		
违反爆炸物品管理规定				
殴打他人	7767	7539	9099	8726
偷窃财物	9043	3847	9444	5775
骗取、抢夺、敲榨勒索财物	1138	413	869	500
哄抢公私财物	17	6	7	4
故意损坏公私财物	200	140	36	29
伪造倒卖票券、证件	14	14	33	35
利用迷信扰乱秩序或骗财	8	8	10	10
卖淫、嫖娼	250	255	98	98
赌博	707	714	402	409
违反户口、居民身份证管理	20	20	6	6
其他	5756	5970	5102	5610

11－40 交通事故发生情况

(2008 年)

	合计	按事故发生程度分			按事故发生地区分	
		特大	重大	一般	城市	郊区、县
发生(起)	1488	5	165	1318	648	840
死亡(人)	197	19	178		86	111
受伤(人)	1653	21	71	1561	653	1000
损失折款(万元)	741.3	2.7	123.9	614.7	528.5	212.7
平均每起事故损失(元)	4982	5400	7509	466	8156	2533

11－41 火灾事故发生情况

(2008 年)

	合 计	# 特大	# 重大	# 一般
发生(起)	204			204
死亡(人)				
受伤(人)				
损失折款(万元)	137.48			137.48
平均每起事故损失(元)	6739			6739

11－42　环境保护基本情况

	计量单位	2007 年	2008 年
水环境			
废水排放总量	万吨	20286.5	21365.04
工业废水排放量	万吨	6144.71	6489.99
生活污水排放量	万吨	14141.78	14875.06
工业废水排放达标量	万吨	11808.11	6297.67
工业废水排放达标率	%	96.86	98.51
废水治理设施数量	套	386	409
大气环境			
工业废气排放量	亿标立方米	2352	2491
燃料燃烧过程中废气排放量	亿标立方米	1469	1676
生产工艺过程中废气排放量	亿标立方米	882	815
废气中污染物排放量			
二氧化硫	万吨	29.27	28.12
烟尘	万吨	8.83	7.02
工业粉尘排放量	吨	60302.2	51566.95
工业粉尘去除量	万吨	98.57	57.31
城市烟尘控制区数	个	16	16
烟尘控制区面积	平方公里	286	286
固体废物			
工业固体废物产生量	万吨	1957.79	1766.05
# 综合利用量	万吨	937.17	1021.23
综合利用率	%	47.87	57.83
工业固体废物排放量	万吨	0.56	0.49
声环境			
建成城市环境噪声达标区数	个	11	11
建成城市环境噪声达标面积	平方公里	216	216
“三废”综合利用			
产品产值	亿元	8.89	10.51
自然保护区情况			
自然保护区数	个	10	10
自然保护区面积	万公顷	7.217	7.217
国家和省级生态示范区数	个	1	1
国家和省级生态示范区面积	万公顷	2.13	2.13
自然保护区面积占辖区总面积比重	%	1.4	1.4
管理机构数	个		
管理人员数	人		

11-43 环境基本情况

	计量单位	2007年	2008年
水环境			
化学需氧量(COD)排放量	吨	38609.73	34530.00
其中:工业废水中COD排放量	吨	8247.61	4800.64
生活污水中COD排放量	吨	30362.12	29729.36
氨氮排放量	吨	3522.21	3108.97
其中:工业废水中氨氮排放量	吨	482.96	611.39
生活污水中氨氮排放量	吨	3039.25	2497.58
大气环境			
二氧化硫(SO_2)排放量	万吨	29.27	28.12
其中:工业SO_2排放量	万吨	27.5	25.43
生活SO_2排放量	万吨	1.76	1.69
烟尘排放量	吨	88338.48	70262.24
其中:工业烟尘排放量	吨	78974.48	60180.24
生活烟尘排放量	吨	9364	10082
工业SO_2排放达标量	吨	254850.6	233731.03
工业SO_2排放达标率	%	96.4	98.51
工业烟尘排放达标量	吨	76501.08	58544.5
工业烟尘排放达标率	%	97.59	97.54
工业粉尘排放达标量	吨	60154.11	49910.82
工业粉尘排放达标率	%	97.68	99.6
固体废物			
工业固体废物产生量	万吨	1957.79	1766.05
其中:危险废物产生量	吨	9720.12	9854.95
工业固体废物排放量	万吨	0.56	0.49
其中:危险废物排放量	吨		
工业固体废物综合利用量	万吨	937.17	1021.23
其中:危险废物综合利用量	吨	9400	9400
其中:综合利用往年贮存量	万吨		37.03
工业固体废物处置量	万吨	869.84	745.45
其中:危险废物处置量	吨	314.17	454.95
其中:处置往年贮存量	万吨		
工业固体废物处置率	%	44.42	42.21
生态环境			
自然保护区数	个	10	10
其中:国家级自然保护区	个	4	4
自然灾害			
环境污染与破坏事故次数	次		
环境污染与破坏事故直接经济损失	万元		

11－44　环境污染治理投资情况

	计量单位	2007 年	2008 年
工业污染源治理投资	万元	1290	18094
# 治理废水	万元	400	1040
治理废气	万元	890	17054
治理固体废物	万元		
治理噪声	万元		
治理其他	万元		
“三同时”项目环保投资	万元		
# 全市财政用于环境污染治理方面的投入	万元	5000	2240
环境污染治理投资占 GDP 比重	%		
排污费收入总额	万元	3237	2827
当年安排治理项目	个		
当年竣工项目	个		

11－45 工业重点调查单位分行业工业固体废物产生及处理利用情况

（2008年）

行业	汇总工业企业数（个）	工业固体废物产生量（万吨）	工业固体废物综合利用量（万吨）	工业固体废物贮存量（万吨）	工业固体废物处置量（万吨）
总计	**271**	**1577.12**	**918.08**	**40**	**101.74**
采掘业	4	867.5	347	0.22	
食品、饮料和烟草制造业	19	0.23	0.23		
纺织业	10	1.05	1.05		
皮革毛皮羽绒及其制品业					
造纸及纸制品业	9	0.45	0.45		
印刷业记录媒介的复制					
石油加工及炼焦业	2	12.54	12.54		
化学原料及化学制品制造业	61	12.06	9.06	3	
医药制造业	6	0.056	0.05		0.006
化学纤维制造业					
橡胶制品业					
塑料制品业					
非金属矿物制品业	95	36.69	39.61		0.08
黑色金属冶炼及压延加工业	15	19.92	19.79	0.13	
有色金属冶炼及压延加工业	23	49.25	11.24		38
金属制品业	8	0.1	0.095		0.005
机械、电气、电子设备制造业	2	0.013			
电力煤气及水生产供应业	17	577.26	476.96	36.65	63.65
其他					

11－46 工业重点调查单位分行业废气排放及处理情况

（2008年）

行　　业	汇总工业企业数（个）	废气治理设施数（套）	工业废气排放总量（亿标立方米）	燃料燃烧过程中废气排放量	生产工艺过程中废气排放量
纺织业					
皮革毛皮羽绒及其制品业					
造纸及纸制品业	9	14	4.4	4.4	
印刷业记录媒介的复制					
石油加工及炼焦业	2	6	73	41	32
化学原料及化学制品制造业	61	100	101.6	79.6	22
医药制造业	6	7	0.6	0.6	
化学纤维制造业					
橡胶制品业					
塑料制品业					
非金属矿物制品业	95	457	291.1	127.9	163.2
黑色金属冶炼及压延加工业	15	23	26.8	15.8	11
有色金属冶炼及压延加工业	23	92	609.8	34.6	575.2
金属制品业	8	11	0.27	0.27	
机械、电气、电子设备制造业	2	1	0.17	0.17	
电力煤气及水生产供应业	17	77	1331.6	1331.6	
其他					

11－47 婚姻登记情况

	2007年	2008年
准予登记结婚(对)	44411	55088
初婚(人)	82904	106262
再婚(人)	5918	3914
离婚(对)	6170	6639
#民政部门		

11－48 收养性社会福利单位基本情况

(2008年)

	院数(个)	工作人员(人)	床位(张)	年底收养人数(人)
总计	**226**	**1637**	**14608**	**11767**
优抚类收养性单位	6	103	269	197
优抚休养、疗养院	1	62	100	78
光荣院	5	41	169	119
福利类收养性单位	220	1534	14339	11570
社会福利院	2	37	305	204
儿童福利院	1	200	500	500
社会福利医院				
城镇收养性老年福利机构	7	56	634	524
农村收养性老年福利机构	210	1241	12900	10342
其他收养性福利机构				

11－49　社会福利事业、企业单位数和工作人员

	2007 年		2008 年	
	机构（个）	人员（人）	机构（个）	人员（人）
总　　计	**149**	**4406**	**134**	**4125**
社会福利事业单位	31	653	34	665
军供转运站	3	178	3	178
烈士纪念建筑物管理单位	2	35	4	40
救助管理站	1	41	1	41
殡葬事业单位	12	283	13	290
军队离退休干部休养所	13	116	13	116
社会福利企业单位	118	3753	100	3460
民政部门办	118	3753	100	3460
假肢厂				
安置农场				
社会办				

11－50　由国家支出的社会福利救济主要费用情况

	2007 年	2008 年
抚恤事业费	8724.0	11479.6
社会救济福利事业费	21946.9	33374.9
# 农村社会救济费	9459.7	14353.1
城镇社会救济费	12487.2	19021.8
自然灾害救济费	3057.8	2327.8

11－51　科技活动人员情况

（2008 年）

	单位数（个）	单位从业人员年末数（人）	从事科技活动人员（人）	科学家和工程师（人）
总　计	**1882**	**440721**	**25283**	**17818**
按执行部门分				
科学研究与技术开发机构	28	10794	7184	4049
科技情报与文献机构	1	16	12	12
全日制普通高等学校	4	6167	2409	2218
规模以上工业企业	1777	356615	14624	10593
医疗卫生机构	7	4326	361	326
其　他	15	62803	693	620
按科学领域分				
自然科学	10	10237	6840	3883
农业科学	18	560	347	169
医药科学	8	4326	361	326
工程与技术科学	1795	425585	17726	13431
人文与社会科学	1	13	9	9

11－52　科技活动经费情况

（2008 年）　　单位:千元

	科技活动经费筹集总额				
	合　计	自　筹 资　金	银　行 贷　款	政　府 资　金	其　他
总　　计	**3003058**	**2347353**	**98312**	**532214**	**25179**
按执行部门分					
科学研究与技术开发机构	422124	98292	10	321740	2082
科技情报与文献机构	537				537
全日制普通高等学校	101911	61973		26454	13484
规模以上工业企业	2421425	2136678	98302	178602	7843
医疗卫生机构	3501			2268	1233
其　他	53560	50410		3150	
按科学领域分					
自然科学	414624	98051		315236	1337
农业科学	7997	241	10	6464	1282
医药科学	3501			2268	1233
工程与技术科学	2576896	2249061	98302	208206	21327
人文与社会科学	40			40	

	科技活动经费支出总额					
	合　计	内部支出				外部支出合　计
		小 计	劳务费	固定购建支　出	其　他	
总　计	**3103048**	**3021850**	**628857**	**504477**	**1888516**	**81198**
按执行部门分						
科学研究与技术开发机构	534680	534680	120374	40816	373490	
科技情报与文献机构	562	562	537	7	18	
全日制普通高等学校	90837	90781	6518	9924	74339	56
规模以上工业企业	2419243	2338701	493768	420554	1424379	80542
医疗卫生机构	4166	4166	1417	446	2303	
其　他	53560	52960	6243	32730	13987	600
按科学领域分						
自然科学	527852	527852	115504	40707	371641	
农业科学	7350	7350	5407	116	1827	
医药科学	4166	4166	1417	446	2303	
工程与技术科学	2563640	2482442	506529	463208	1512705	81198
人文与社会科学	40	40			40	

11－53　科技成果情况

（2008年）

	发表科技论文（篇）	出版科技著作（件）	专利申请（件）	专利授权（件）
总　计	**4348**	**153**	**1166**	**648**
按执行部门分				
科学研究与技术开发机构	534	1	132	119
科技情报与文献机构	2			
全日制普通高等学校	3307	149	71	83
规模以上工业企业			942	439
医疗卫生机构	369	1	1	2
其　他	136	2	20	5
按科学领域分				
自然科学	490		132	119
农业科学	46	1		
医药科学	369	1	1	2
工程与技术科学	3443	151	1033	527
人文与社会科学				

11－54　科技活动机构情况

（2008 年）

	机构数（个）	从事科技活动人员（人）	科学家和工程师	机构内部经费支出（千元）
总　　计	**95**	**12350**	**7601**	**1725013**
科学研究与技术开发机构	28	7184	4049	534680
科技情报与文献机构	1	12	12	562
全日制普通高等学校	1	36	26	4630
规模以上工业企业	62	4583	3193	1145277
医疗卫生机构	1	17	17	314
其　他	2	518	304	39550

11－55　研究与发展情况

（2008 年）

	研究与发展经费内部支出（千元）	从事研究与发展活动人员（人）	科学家和工程师	研究与发展课题数（个）	全部科技活动课题数（个）
总　　计	**1927520**	**14795**	**9979**	**1492**	**2870**
科学研究与技术开发机构	510103	6409	3612	182	256
科技情报与文献机构					2
全日制普通高等学校	71360	841	774	587	650
规模以上工业企业	1300132	6802	4927	677	1878
医疗卫生机构	1259	224	202	45	53
其　他	44666	519	464	1	31

11－56　全市妇女儿童发展监测情况

指　　标	计量单位	2002 年	2003 年	2004 年	2005 年	2006 年	2007 年	2008 年
经济与人口								
国家财政性教育经费	亿元	11.17	11.64	12.77	15.07	17.54	28.84	33.67
医疗卫生经费	亿元	0.95	1.57	1.74	2.03	2.09	6.70	9.04
妇幼保健经费	万元	210	331	331	289	1035	1658	1394
疾病预防控制经费	万元	1137	1472	1971	2558	4429	4843	6599
人口与计划生育事务经费	万元	4408	6168	11492	12997	14954	18982	21949
人口总数	万人	632.1	636.2	638.4	641.7	646.0	650.5	654.40
# 女性	万人	306.4	307.9	309.9	311.5	313.8	315.8	318.1
0－4 岁人口	万人	38.8	36.8	36.9	37.9	36.6	37.2	37.3
# 女性	万人	17.1	15.5	15.6	16.7	16.4	16.7	17.4
0－17 岁人口	万人	207.6	194.1	194.8	195.8	169.0	165.7	160.3
# 女性	万人	96.2	92.9	92.9	93.4	77.6	77.9	75.6
育龄妇女人口(15－49 岁)	万人	169.5	170.6	171.2	172.1	174.7	179.3	182.3
出生人口性别比(以女孩为 100)	%	113.1	132.6	117.9	111.7	114.3	113.4	112.6
卫生保健								
婴儿死亡率	‰	15.53	14.63	15.35	12.97	10.22	8.64	7.03
# 城市	‰	9.72	10.04	11.06	8.78	7.94	7.08	5.65
农村	‰	18.90	16.61	17.44	14.97	11.22	9.31	7.59
5 岁以下儿童死亡率	‰	17.61	16.27	17.04	14.48	11.69	10.04	8.19
# 城市	‰	11.21	11.81	12.62	10.45	9.20	8.26	6.65
农村	‰	21.37	18.38	19.19	16.42	12.80	10.81	8.82
孕产妇死亡率	1/10 万	64.98	73.22	81.15	69.63	59.37	35.27	31.38
# 城市	1/10 万	34.42	48.77	58.45	52.50	4.51	25.14	32.07
农村	1/10 万	84.05	84.82	92.16	77.85	83.58	39.62	31.06
卡介苗接种率	%	97.50	98.20	97.16	99.51	99.39	99.40	99.30
脊灰疫苗接种率	%	98.70	98.93	96.62	99.08	99.00	99.10	99.40
百白破三联制剂接种率	%	98.70	98.65	96.00	99.25	99.94	98.70	99.40
麻疹疫苗接种率	%	98.80	98.59	94.52	99.07	98.62	98.80	99.40
乙肝疫苗接种率	%	98.66	91.22	93.14	99.29	98.48	98.50	99.50
5 岁以下儿童中、重度营养不良患病率	%	1.64	1.41	0.90	1.49	0.63	0.35	0.29
7 岁以下儿童保健管理率	%	56.52	59.6	63.41	63.33	60.17	64.77	64.93
住院分娩率	%	70.86	76.81	83.66	88.87	92.65	97.22	98.69
农村孕产妇住院分娩率	%	61.83	59.1	79.61	84.88	90.80	96.20	98.25
农村高危孕产妇住院分娩率	%	92.93	94.42	97.68	98.23	99.30	99.48	99.82
非住院分娩中消毒接生率	%	83.37	83.88	90.82	93.67	98.95	98.62	94.57
孕妇产前医学检查率	%	73.52	87.14	87.44	90.61	89.18	91.74	94.82
孕产妇系统管理率	%	47.84	46.26	54.03	57.18	58.08	61.16	63.94
# 城市	%	59.01	47.82	56.02	65.36	59.27	60.33	62.50
农村	%	41.30	45.51	53.06	53.25	57.56	61.52	64.52

11－56 续表1

指　标	计量单位	2002年	2003年	2004年	2005年	2006年	2007年	2008年
婚前医学检查率	%	46.68	39.33	1.08	1.09	1.13	0.82	0.71
#城市	%	79.10	59.49	1.85	2.17	2.00	1.46	1.29
农村	%	29.17	27.27	0.48	0.40	0.45	0.30	0.32
已婚育龄妇女综合避孕率	%	87.00	88.50	88.60	88.80	88.86	90.01	90.07
教育								
在园幼儿数	人	122500	104200	89600	101936	98153	108149	104124
女童	人	57000	48200	42100	47019	44272	48838	47398
学前教育毛入园率	%	58.61	42.19	36.28	39.8	39.44	41.06	40.93
#男童	%	62.62	39.02	35.19	38.53	40.34	42.31	41.42
女童	%	54.60	46.57	37.59	41.41	38.09	39.64	40.37
小学学龄儿童净入学率	%	99.84	99.74	99.85	99.98	99.94	100	100
#男生	%	99.76	99.73	99.83	99.99	99.95	100	100
女生	%	99.93	99.75	99.95	99.98	99.92	100	100
小学五年巩固率	%	101.1	102.05	99.26	97.95	91.68	95.78	95.26
#男生	%	101.16	101.9	99.54	97.53	90.55	95.89	95.41
女生	%	101.04	102.21	98.96	98.41	93.02	95.66	95.08
小学学生辍学率	%	1.93	0.58	0.31	0.68	1.62	0.41	0.09
#男生	%	2.00	0.59	0.39	0.49	1.67	0.37	0.17
女生	%	1.76	0.53	0.21	0.90	1.56	0.46	
初中阶段毛入学率	%	113.49	111.94	116.51	126.20	113.03	129.83	129.28
#男生	%	114.75	112.49	116.53	127.60	113.14	130.90	130.01
女生	%	112.15	111.35	115.44	124.70	112.91	128.74	128.53
初中三年巩固率	%	88.14	88.65	110.29	89.85	92.80	89.23	90.73
#男生	%	89.26	87.21	107.86	89.18	92.13	87.81	89.87
女生	%	86.95	90.23	112.79	90.54	93.50	90.72	91.64
初中学生辍学率	%	1.41	1.65	0.90	1.53	2.12	2.25	1.74
#男生	%	1.37	1.90	1.08	2.10	2.58	2.64	2.21
女生	%	4.4	1.38	0.70	0.98	1.63	1.85	1.25
特殊教育在校学生数	人	1335	1114	1058	1246	1220	1510	1559
#女生	人	528	457	442	499	524	600	645
高中阶段毛入学率	%	44.75	63.48	54.85	54.2	64.85	74.93	87.23
#男生	%	44.68	63.62	57.00	59.54	67.63	77.37	95.13
女生	%	44.82	63.34	52.60	49.25	61.97	72.38	79.35
就业与社会保障								
就业人员	万人	377.2	381.9	385.0	388.2	395.9	401.7	405.5
#女性	万人	141.8	143.6	144.80	146.1	148.9	151.1	152.5
城镇单位就业人员	万人	55.4	53.4	51.8	51.0	52.0	51.9	52.0
#女性	万人	20.9	20.0	19.5	19.2	18.9	19.2	19.0
城镇登记失业人员	万人	2.14	3.30	4.6	2.53	3.11	3.57	3.2
#女性	万人	1.09	1.10	2.3	1.04	1.81	1.03	1.24

11－56 续表2

指　　标	计量单位	2002年	2003年	2004年	2005年	2006年	2007年	2008年
参加基本养老保险人数	万人	37.43	38.50	37.70	45.08	45.07	76.80	81.58
# 女性	万人	16.46	21.40	18.90	20.30	20.20	34.42	36.20
参加基本医疗保险人数	万人	49.20	55.70	59.60	64.50	67.73	74.64	86.10
# 女性	万人	21.64	25.20	29.80	30.90	32.44	35.74	37.70
参加失业保险人数	万人	60.30	56.30	51.90	60.20	59.04	59.71	59.10
# 女性	万人	19.30	17.90	25.90	27.70	27.15	27.46	25.40
参加工伤保险人数	万人	26.70	25.40	25.30	37.08	38.12	43.31	45.70
# 女性	万人	10.00	12.70	12.70	13.70	15.74	17.88	19.70
参加生育保险人数	万人	45.20	37.20	35.30	34.05	35.02	35.52	40.00
# 女性	万人	20.70	13.70	17.60	16.30	12.63	12.81	13.20
生育保险覆盖率	%	21.52	48.00	48.00	48.00	68.90	68.90	80.15
农村社会养老保险参保人数	万人	4.50	2.80	1.00	0.70	0.70	0.70	0.70
# 女性	万人	1.70	0.70	0.40	0.20	0.20	0.20	0.20
城镇居民最低生活保障人数	万人	9.70	9.90	10.10	10.30	11.57	12.35	13.19
农村居民最低生活保障人数	万人		0.20	6.50	7.30	12.91	17.45	19.88
妇女参政议政								
市人大代表数	人	471	471	480	474	477	483	480
# 女性	人	114	114	91	92	89	90	90
市政协委员数	人	425	425	393	401	430	459	462
# 女性	人	92	92	78	80	93	96	97
市级党委领导班子中女干部配备数	人	1	1	1	1	1	1	1
市级政府领导班子中女干部配备数	人			1	1	2	2	2
县级党委领导班子中女干部配备率	%	46.7	60.0	53.3	66.7	100.0	86.7	100.0
县级政府领导班子中女干部配备率	%	46.7	86.7	80.0	66.7	60.0	100.0	100.0
乡镇党委领导班子中女干部配备率	%	49.7	49.7	50.0	35.0	53.1	43.4	52.4
乡镇政府领导班子中女干部配备率	%	51.0	58.0	58.0	44.8	39.2	35.7	32.2
公务员数	人				21561	21474	21582	19874
# 女性	人				3820	3971	3994	3539
村民委员会会员中女性比重	%	19.1	19.1	19.1	20.3	17.7	17.5	20.8
居民委员会成员中女性比重	%	72.3	64.0	64.0	66.3	65.8	67.1	62.0
社会、生活环境								
农村改水受益率	%	87.64	88.23	89.31	89.25	90.71	91.81	91.73
农村自来水普及率	%	36.90	38.50	39.26	40.31	42.95	47.30	50.56
农村卫生厕所普及率	%	39.28	42.11	41.90	43.00	42.06	50.84	54.23
农村累计粪便无害化处理率	%	39.28	42.17	41.90	43.96	44.49	59.27	64.54
城市污水处理率	%	33.70	45.13	43.65	41.57	43.20	78.35	94.27
城市生活垃圾无害化处理率	%	78.92	73.61	73.49	69.97	83.05	90.16	81.97
城镇社区服务设施数	个	569	552	696	693	684	684	686
城镇便民、利民服务网点数	个	1904	2074	2206	3659	3702	1321	1331

十二、人民生活和物价

PEOPLE'S LIVELIHOOD AND PRICE

资料整理:李书阁　邢秋红　王　飞　李宝华

主要统计指标解释

1. **各种物价总指数** 包括零售物价总指数、职工生活费用价格总指数、农副产品收购价格总指数和农村工业品零售价格总指数等。

我国的商品价格有多种，除国有商业部门的各种价格外，还有集市贸易价格。故除计算国有商业各项指数外，还要计算包括国有商业和集市贸易价格的零售物价总指数和职工生活费用价格总指数。在计算这些总指数时使用各种商品的实际购、销金额作为权数加权汇总。

2. **零售物价指数** 采用加权算术平均公式计算。每年根据住户调查资料调整一次权数。每种商品的指数采用代表规格品的平均价格计算。

3. **居民生活费用价格指数** 1957 年以后根据消费品零售价格指数与服务项目价格指数汇编居民生活费用价格指数。目前计算指数所选商品和服务项目为 365 种。

4. **农副产品收购价格指数** 采用加权倒数平均公式（即按报告期实际收购金额加权综合法）计算的。目前计算指数所选的商品有 11 个大类，25 个小类，包括 139 种左右农副土特产品。

5. **主要农产品与工业品的交换比价** 根据农产品收购价格和农村工业品零售价格计算。

6. **居民消费水平** 从国民收入使用角度出发计算的消费总额与平均人口的比值。用农民平均人口和非农业居民平均人口分别除农民消费额和非农业居民消费额，即得农民消费水平和非农业居民消费水平。

7. **城镇居民家庭就业人口** 指从事社会劳动并取得劳动报酬或经营收入的人口。

8. **城镇居民家庭实际收入** 指调查户的全部实际现金收入，包括经常或固定得到的收入和一次性收入。不包括周转性的收入，如提取银行存款、向亲友借入款、收回借出款以及其他各种暂收款。

9. **城镇居民家庭生活费收入** 指调查户家庭全部收入中能用于安排日常生活的收入。即用全部收入减掉“赡养支出”和“赠送支出”，减掉调查户非家庭人口中的经常用饭人口所交的“搭伙费”。

10. **城镇居民家庭生活费支出** 指调查户用于日常生活的全部支出，包括购买各种商品支出和文化生活、服务等非商品支出。

11. **城镇居民家庭消费性支出** 指调查户购买商品的全部支出，包括从商店、工厂、饮食业、工作单位食堂、集市以及直接从农民购买各种商品的开支。共分九类：食品、衣着、商品、日用品、文化娱乐用品、书报杂志、药及医疗用品、房屋及建筑材料、燃料、其他商品、不论自用的或赠送亲友的都包括在内。

12. **农民总收入** 指农民年内从各种来源得到的全部实际收入。它包括从集体统一经营中得到的收入，从经济联合体得到的收入，家庭经营收入（包括承包集体生产和家庭副业收入，未扣除物耗、税收部分）和其他非生产性收入。不包括储蓄借贷收入。

13. **农民纯收入** 指农民全年收入扣除费用性支出后可以直接用于进行生产和非生产性建设投资。改善生活的那部分收入，是反映农民实际收入水平的经济效益的主要指标。计算公式是：

全年纯收入 = 全年总收入 − 家庭经营费支出 − 缴纳税款 − 生产性固定资产折旧 − 上交集体承包任务 − 调查补贴。

14. **农民总支出** 指农民家庭全年用于生产、生活和再分配等方面的全部实际支出。包括家庭经营支出、缴纳税款、上交集体的承包任务、购买生产性固定资产支出、生活消费支出和其他非生产性支出。储蓄借贷支出不包括在内。

12－1 城市住户调查主要指标发展情况

	单　位	2003 年	2004 年	2005 年	2006 年	2007 年	2008 年
调查户数	**户**	**300**	**300**	**300**	**300**	**300**	**300**
按人均月可支配收入分组							
200 元以下	户	2	1	4	1		
200－400 元	户	43	28	14	13		
400－600 元	户	78	68	54	36		
600－800 元	户	90	80	78	62		
800－1000 元	户	46	67	64	64		
1000－1500 元	户	37	44	63	88		
1500－2000 元	户	1	10	16	28		
2000－2500 元	户	3	2	5	6		
2500－3000 元	户			2	1		
3000－4000 元	户				1		
4000－5000 元	户						
5000 元以上	户						
家庭人口数	**人**	**864.00**	**843.00**	**843.00**	**849.00**	**828.00**	**807.00**
平均每户人口数	人	2.88	2.81	2.81	2.83	2.76	2.69
退休人口数	**人**	**162.00**	**144.00**	**135.00**	**135.00**	**147.00**	**207.00**
就业人口数	**人**	**471.00**	**489.00**	**495.00**	**507.00**	**495.00**	**387.00**
# 国有单位职工人数	人	399.00	414.00	408.00	423.00	393.00	270.00
集体单位职工人数	人	9.00	9.00	12.00	6.00	6.00	9.00
聘留离退休人数	人	21.00	21.00	12.00	12.00	12.00	3.00
平均每户就业人数	人	1.57	1.63	1.65	1.69	1.65	1.29
每一就业者负担人数	**人**	**1.83**	**1.73**	**1.70**	**1.68**	**1.67**	**2.09**
年末人均居住面积	**平方米**	**20.88**	**22.03**	**22.21**	**22.33**	**22.53**	**27.85**

注：因为统计方法改变，2007 年起按不同收入分组不再进行统计。

12－2 城市住户调查主要指标发展指数

（以上年为 100）

	2001 年	2002 年	2003 年	2004 年	2005 年	2006 年	2007 年	2008 年
调查户数	**100.0**	**100.0**	**100.0**	**100.0**	**100.0**	**100.0**		**100.0**
按人均月可支配收入分组								
200 元以下	55.0	27.3	66.7	50.0	400.0	25.0		
200－400 元	93.9	62.0	75.4	65.1	50.0	92.9		
400－600 元	110.3	114.6	70.9	87.2	79.4	66.7		
600－800 元	103.2	106.2	130.4	88.9	97.5	79.5		
800－1000 元	95.5	190.5	115.0	145.7	95.5	100.0		
1000－1500 元	133.3	133.3	231.3	118.9	143.2	139.7		
1500－2000 元	300.0	166.7	20.0	1000.0	160.0	175.0		
2000－2500 元				66.7	250.0	120.0		
2500－3000 元						50.0		
3000－4000 元								
4000－5000 元								
5000 元以上								
家庭人口数	**99.4**	**99.7**	**100.3**	**97.6**	**100.0**	**100.7**	**97.5**	**97.5**
平均每户人口数	99.3	99.7	100.3	97.6	100.0	100.7	97.5	97.5
退休人口数	**101.9**	**91.1**	**80.6**	**88.9**	**93.8**	**100.0**	**108.9**	**140.8**
就业人口数	**97.4**	**105.0**	**107.5**	**103.8**	**101.2**	**102.4**	**97.6**	**78.2**
# 国有单位职工人数	101.3	117.4	106.4	103.8	98.6	103.7	92.9	68.7
集体单位职工人数	91.1	37.5	60.0	100.0	133.3	50.0	100.0	150.0
聘留离退休人数	85.3	42.2	233.3	100.0	57.1	100.0	100.0	25.0
平均每户就业人数	97.2	105.0	107.5	103.8	101.2	102.4	97.6	78.2
每一就业者负担人数	**102.0**	**95.2**	**92.9**	**94.5**	**98.3**	**98.8**	**99.4**	**125.1**
年末人均居住面积	**102.0**	**100.0**	**107.0**	**105.5**	**100.8**	**100.5**	**100.9**	**123.6**

注：因为统计方法改变，2007 年起，按不同收入分组不再进行统计。

12－3　城市住户人均生活费收支发展情况

单位:元

	2001年	2002年	2003年	2004年	2005年	2006年	2007年	2008年
家庭总收入	**6195.99**	**7568.88**	**8577.94**	**9765.60**	**11250.63**	**12690.93**	**14627.41**	**16450.76**
可支配收入	6184.96	7161.36	8005.18	9032.39	10175.28	11490.13	13302.26	15283.78
消费性支出	**4716.52**	**5386.56**	**5883.94**	**6371.28**	**7176.49**	**7884.69**	**9236.63**	**10317.97**
食　品	1631.56	1793.64	1896.48	2236.17	2512.39	2637.48	3219.55	3691.98
衣　着	512.05	563.40	695.01	712.66	895.88	937.70	1096.51	1181.02
家庭设备用品及服务	384.42	445.80	460.49	359.17	424.97	516.75	654.42	780.80
娱乐教育文化服务	595.98	789.60	962.56	914.05	1078.50	1137.92	1263.66	1208.08
交通和通讯	337.15	509.88	613.78	825.94	771.11	948.92	1069.06	893.21
医疗保健	375.51	421.44	443.72	509.40	560.28	583.62	688.19	1120.03
居　住	579.30	715.20	640.47	617.77	692.83	849.39	944.91	1082.92
杂项商品和服务	134.89	147.60	171.44	196.14	240.54	272.90	300.32	359.93

12－4　城市住户人均生活费收支发展指数

（以上年为100）

	2001年	2002年	2003年	2004年	2005年	2006年	2007年	2008年
家庭总收入	**108.5**	**122.2**	**113.3**	**113.8**	**115.2**	**112.8**	**115.3**	**112.5**
可支配收入	108.5	115.8	111.8	112.8	112.7	112.9	115.8	114.9
消费性支出	**99.8**	**114.2**	**109.2**	**108.3**	**112.6**	**109.9**	**117.1**	**111.7**
食　品	94.0	109.9	105.7	117.9	112.4	105.0	122.1	114.7
衣　着	104.5	110.0	123.4	102.5	125.7	104.7	116.9	107.7
家庭设备用品及服务	116.8	116.0	103.3	78.0	118.3	121.6	126.6	119.3
娱乐教育文化服务	95.3	132.5	121.9	95.0	118.0	105.5	111.0	95.6
交通和通讯	112.2	151.2	120.4	134.6	93.4	123.1	112.7	83.6
医疗保健	91.7	112.2	105.3	114.8	110.0	104.2	117.9	162.8
居　住	135.8	123.5	89.6	96.5	112.2	122.6	111.2	114.6
杂项商品和服务	107.5	109.4	116.2	114.4	122.6	113.5	110.0	119.8

12－5　城市住户主要耐用消费品百户拥有量发展情况

	单　位	2001 年	2002 年	2003 年	2004 年	2005 年	2006 年	2007 年	2008 年
组合家具	套	49.0	63.3	85.0	86.7	89.7	94.3		
自行车	辆	189.7	197.8	198.8	201.7	177.0	177.7		
电风扇	台	172.7	195.4	211.9	206.3	176.7	193.3		
洗衣机	台	86.0	93.5	98.1	98.7	97.3	98.0	97.7	90.6
电冰箱	台	90.3	97.4	98.0	99.3	96.7	95.7	96.3	89.7
摩托车	辆	18.7	21.2	26.7	24.7	24.3	25.3	24.7	14.8
彩色电视机	台	117.0	121.9	131.4	133.0	127.7	130.0	130.3	108.3
录音机	台	42.7	44.5	59.6	59.7	42.0	41.0		
照相机	架	38.7	50.1	56.6	57.3	57.3	59.0	55.3	27.8
中高档乐器	件	5.0	4.7	9.9	11.7	10.7	12.0	9.0	3.0
空调器	台	45.0	63.1	86.0	100.3	105.7	117.7	121.3	103.4
组合音响	台	15.7	21.2	29.5	32.7	30.3	34.3	28.7	19.7
录放像机	台	18.3	20.6	17.2	17.7	19.7	18.0		
影碟机	台	34.3	47.4	61.0	64.3	70.3	75.3		
家用电脑	台	14.3	24.2	33.6	39.3	50.7	55.7	56.3	52.0
摄像机	台	1.0	2.2	3.4	4.0	5.3	7.0	9.0	5.3
微波炉	台	10.7	20.6	30.9	36.7	43.0	46.3	49.0	44.6
电炊具	台	61.7	79.2	103.2	115.0	112.3	127.0		
淋浴热水器	台	45.7	57.1	70.8	76.7	66.3	71.0	67.3	63.8
抽排油烟机	台	64.0	76.9	87.9	89.0	87.7	89.0		
吸尘器	台	9.7	10.5	10.2	12.3	15.7	15.7		
健身器材	架	4.3	4.5	3.6	3.0	6.0	6.0	2.7	5.2
移动电话	台	12.7	40.1	76.0	105.0	132.7	159.3	168.7	143.3
洗碗机	台							0.7	0.8
消毒碗柜	台							7.7	7.8
钢琴	架							1.7	1.6
助力车	辆							20.7	29.3
家用汽车	辆							4.3	4.3

12－6　城市住户主要耐用消费品百户拥有量发展指数

（以上年为100）

	2001年	2002年	2003年	2004年	2005年	2006年	2007年	2008年
组合家具	100.0	129.2	134.3	102.0	103.5	105.1		
自行车	108.0	104.3	100.5	101.5	87.8	100.4		
电风扇	101.6	113.1	108.4	97.4	85.7	109.4		
洗衣机	101.5	108.7	104.9	100.6	98.6	100.7	99.7	92.7
电冰箱	103.8	107.9	100.6	101.3	97.4	99.0	100.7	93.1
摩托车	105.6	113.4	125.9	92.5	98.4	104.1	97.5	59.9
彩色电视机	103.5	104.2	107.8	101.2	96.0	101.8	100.3	83.1
录音机	106.0	104.2	133.9	100.2	70.4	97.6		
照像机	108.4	129.5	113.0	101.2	100.0	103.0	93.8	50.3
中高档乐器	106.4	94.0	210.6	118.2	91.5	112.1	75.0	33.3
空调器	113.4	140.2	136.3	116.6	105.4	111.4	103.1	85.2
组合音响	100.0	135.0	139.2	110.8	92.7	113.2	83.6	68.6
录放像机	109.6	112.6	83.5	102.9	111.3	91.4		
影碟机	114.3	138.2	128.7	105.4	109.3	107.1		
家用电脑	130.0	169.2	138.8	117.0	129.0	109.9	101.1	92.4
摄像机	100.0	220.0	154.5	117.6	132.5	132.1	128.6	58.9
微波炉	133.8	192.5	150.0	118.8	117.2	107.7	105.8	91.0
电炊具	105.1	128.4	130.3	111.4	97.7	113.1		
淋浴热水器	105.5	124.9	124.0	108.3	86.4	107.1	94.8	94.8
抽排油烟机	104.9	120.2	114.3	101.3	98.5	101.5		
吸尘器	126.0	108.2	97.1	120.6	127.6	100.0		
健身器材	107.5	104.7	80.0	91.7	200.0	100.0	44.5	192.6
移动电话	130.9	315.7	189.5	138.2	126.4	120.0	105.9	84.9
洗碗机								114.3
消毒碗柜								101.3
钢琴								94.1
助力车								141.5
家用汽车								100.0

12－7 城市住户人均年购买主要商品发展情况

	单 位	2001年	2002年	2003年	2004年	2005年	2006年	2007年	2008年
粮 食	公斤	112.95	91.92	84.82	87.08	80.22	75.79	38.76	59.07
食 油	公斤	9.74	9.12	8.24	8.34	7.99	8.10	7.58	12.14
鲜 菜	公斤	134.02	143.40	134.35	155.03	136.58	134.68	148.19	156.19
猪 肉	公斤	15.75	18.11	17.77	17.40	17.22	17.30	12.31	12.99
牛羊肉	公斤	3.15	4.21	3.98	5.66	4.24	4.61	4.62	3.85
禽 类	公斤	5.88	6.72	6.40	6.32	6.22	4.77	3.37	4.49
蛋 类	公斤	15.34	13.92	13.39	13.27	12.64	12.93	11.59	14.03
鲜 奶	公斤	14.06	21.00	26.83	30.86	29.02	27.86	26.49	21.67
水产品类	公斤	6.20	5.76	5.75	5.57	5.55	5.83	5.57	6.36
白 酒	公斤	2.35	2.28	2.01	2.07	1.88	1.58	1.61	1.65
干鲜瓜果类	公斤	59.23	59.04	54.73	61.03	65.04	67.91	60.12	52.17
糕 点	公斤	3.50	3.84	5.12	5.59	5.23	5.33	5.37	4.66
服 装	件	6.90	8.04	8.80	8.97	8.97	9.03	9.58	8.23
鞋 类	双	2.55	2.64	2.88	2.87	2.92	2.94	3.33	2.75
液化气	公斤	28.87	31.68	28.83	27.28	24.67	22.00	20.80	19.74

12－8　城市住户人均年购买主要商品发展指数

（以上年为100）

	2001年	2002年	2003年	2004年	2005年	2006年	2007年	2008年
粮　食	90.7	81.4	92.3	102.7	92.1	94.5	51.1	152.4
食　油	96.2	93.6	90.4	101.2	95.8	101.4	93.6	160.2
鲜　菜	102.8	107.0	93.7	115.4	88.1	98.6	110.0	105.4
猪　肉	111.4	115.0	98.1	97.9	99.0	100.5	71.2	105.5
牛羊肉	105.1	133.7	94.5	142.2	74.9	108.7	100.2	83.3
禽　类	97.0	114.3	95.2	98.8	98.4	76.7	70.6	133.2
蛋　类	88.2	90.7	96.2	99.1	95.3	102.3	89.6	121.1
鲜　奶	107.4	149.4	127.8	115.0	94.0	96.0	95.1	81.8
水产品类	109.3	92.9	99.8	96.9	99.6	105.0	95.5	114.2
白　酒	93.3	97.0	88.2	103.0	90.8	84.0	101.9	102.5
干鲜瓜果类	115.5	99.7	92.7	111.5	106.6	104.4	88.5	86.8
糕　点	100.3	109.7	133.3	109.2	93.6	101.9	100.8	86.8
服　装	109.0	116.5	109.5	101.9	100.0	100.7	106.1	85.9
鞋　类	102.4	103.5	109.1	99.7	101.7	100.7	113.3	82.6
液化气	130.2	109.7	91.0	94.6	90.4	89.2	94.5	99.3

12－9　城市住户人均现金收支情况

（2008 年）　　单位：元

	合　计	按相对收入不等距分组							
		第一组 10 %	第二组 最低 5 %	第三组 10 %	第四组 20 %	第五组 20 %	第六组 20 %	第七组 10 %	第八组 10%
期初手存现金	**292.66**	**252.87**	**242.70**	**237.52**	**231.68**	**250.14**	**350.58**	**412.47**	**410.42**
家庭总收入	**16450.76**	**6153.09**	**5137.45**	**9943.80**	**12628.55**	**15907.97**	**19120.95**	**24051.64**	**36478.26**
可支配收入	15283.78	5622.71	4615.89	9100.63	11835.13	14466.10	17667.74	22504.67	34922.35
工资性收入	10759.55	4668.57	3799.31	7127.22	7517.52	11560.65	13533.21	14481.09	19367.27
工资及补贴收入	10727.31	4606.20	3706.61	7120.80	7489.10	11497.86	13533.21	14481.09	19281.22
其他劳动收入	32.24	62.37	92.70	6.43	28.42	62.78			86.05
经营净收入	1080.35	215.19		659.24	515.12	46.00	1209.65		8363.35
养老金或离退休金	4164.81	811.81	625.70	2077.28	4281.54	3998.39	4050.26	8988.77	6793.24
赡养收入	91.65			11.68	110.14	120.42	82.42	77.40	255.41
捐赠收入	147.26	70.98	59.42	19.32	46.87	92.57	83.42	107.21	1118.28
出售财物收入	1.50	2.30	4.25	7.34	0.30		1.00	1.54	0.06
借贷收入	**3163.67**	**726.69**	**721.63**	**2027.23**	**1833.18**	**1345.96**	**4765.68**	**6848.67**	**8211.91**
提取储存款	3061.8	716.39	702.63	2010.53	1826.08	1324.94	4461.4	6658.61	8035.8
借入款	42.96	10.30	19.01				201.21		
收回借出款									
收回储蓄性保险本									
其他借贷收入	39.85				7.11	21.02	20.94	190.06	176.11
家庭总支出	**12876.27**	**5408.00**	**4859.60**	**8018.02**	**10490.86**	**11284.59**	**16187.34**	**18968.89**	**25337.66**
消费性支出	10317.97	4625.74	4054.05	6575.42	8920.12	8842.62	12671.95	14706.43	20235.53
捐赠支出	591.91	144.31	115.76	372.74	332.85	470.81	591.11	1595.80	1420.39
赡养支出	491.78	141.38	234.19	98.90	485.41	473.18	221.25	978.66	1852.29
财产性支出	4.47			1.72		2.39	17.87		0.70
借贷支出	**6314.01**	**1031.22**	**767.45**	**3585.14**	**3635.67**	**5585.95**	**7233.77**	**11348.26**	**18806.54**
存入储蓄款	5818.93	1029.53	764.33	3396.80	3488.24	5308.83	6426.64	9597.65	17948.63
借出款	79.26			45.53	89.05	8.31	94.96	252.69	162.96
归还借款	111.17	1.69	3.12	94.36	21.32	191.78	169.82	179.97	62.68
储蓄性保险支出	127.17			48.45	16.67	26.11	284.27	178.48	513.81
其他借贷支出	5.62						26.88	0.28	
期末手存现金	**539.99**	**529.45**	**291.12**	**457.25**	**519.60**	**543.88**	**495.94**	**668.61**	**683.90**

12－10 城市住户人均全年消费支出

（2008 年）

单位：元

	合计	按相对收入不等距分组							
		第一组 10 %	第二组 最低 5 %	第三组 10 %	第四组 20 %	第五组 20 %	第六组 20 %	第七组 10 %	第八组 10%
消费支出	**10317.97**	**4625.74**	**4054.05**	**6575.42**	**8920.12**	**8842.62**	**12671.95**	**14706.43**	**20235.53**
食　品	**3691.98**	**1979.35**	**1769.16**	**2732.74**	**3491.45**	**3605.25**	**4236.73**	**5050.60**	**5207.49**
粮　食	356.93	352.04	372.05	279.37	384.95	366.54	350.80	373.71	378.92
油　脂	183.65	156.35	169.82	142.84	206.15	206.90	169.64	187.49	192.91
肉禽及制品	672.29	309.64	278.61	537.60	690.45	699.53	747.45	811.67	878.45
蛋　类	100.20	94.84	102.42	90.78	98.80	97.76	107.72	102.56	109.12
水产品类	107.37	41.40	44.53	70.11	120.28	112.29	123.57	119.94	146.65
菜　类	379.24	258.09	255.32	287.40	420.98	416.80	378.98	444.93	391.79
糖烟酒饮料类	369.37	139.33	103.44	351.14	387.74	333.82	444.54	478.41	420.96
干鲜瓜果类	210.75	84.71	61.32	154.04	189.12	196.84	254.23	326.06	312.67
糕点类	64.90	31.50	17.07	51.47	64.60	64.74	76.61	77.34	85.43
衣着类	**1181.02**	**530.76**	**455.43**	**686.54**	**874.72**	**1149.00**	**1453.39**	**1882.96**	**2192.95**
服　装	885.94	365.18	298.23	510.79	625.04	882.08	1116.18	1414.19	1651.30
设备用品及服务	**780.80**	**212.91**	**110.18**	**271.74**	**561.56**	**521.39**	**1183.84**	**1381.33**	**1852.98**
耐用消费品	472.74	112.06	17.75	101.68	332.94	270.86	722.94	927.05	1265.01
医疗保健	**1120.03**	**625.28**	**570.97**	**808.12**	**1293.88**	**728.69**	**1139.72**	**1403.32**	**2523.05**
药品费	535.95	283.49	307.94	463.98	635.50	406.95	409.17	625.13	1337.92
医疗费	503.48	339.08	259.15	312.88	607.91	291.44	664.80	413.04	991.58
交通和通讯	**893.21**	**293.30**	**255.96**	**460.50**	**687.89**	**775.65**	**925.03**	**1432.25**	**2574.96**
交　通	384.32	77.37	63.07	165.82	216.46	231.21	354.78	682.56	1780.59
娱乐文教服务	**1208.08**	**368.14**	**283.02**	**775.37**	**967.81**	**824.23**	**1893.85**	**1718.62**	**2250.54**
文化娱乐用品	312.43	62.49	19.83	61.19	176.06	180.68	464.41	825.75	762.03
文化娱乐服务	315.62	89.85	23.50	140.74	214.55	247.36	405.18	444.63	970.20
教　育	580.03	215.80	239.69	573.44	577.20	396.20	1024.26	448.25	518.30
居　住	**1082.92**	**527.86**	**534.42**	**577.94**	**899.00**	**961.12**	**1309.53**	**1134.11**	**2801.89**
房　租	33.54	36.49	55.54	14.86	28.15	26.87	50.94	3.73	79.30
水　费	79.32	46.27	53.97	58.29	81.54	86.98	78.58	113.12	92.12
电　费	324.74	185.77	172.91	229.90	312.84	347.94	355.86	428.30	422.22
杂项商品和服务	**359.93**	**88.13**	**74.91**	**262.48**	**143.82**	**277.29**	**529.85**	**703.25**	**831.67**

12-11 城市住户人均全年购买主要商品数量

（2008 年）

	单位	合 计	按相对收入不等距分组							
			第一组 10 %	第二组 最低 5 %	第三组 10 %	第四组 20 %	第五组 20 %	第六组 20 %	第七组 10 %	第八组 10%
粮 食	公斤	59.1	70.9	81.2	53.4	63.0	61.9	47.6	58.5	66.2
食用植物油	公斤	12.1	11.7	12.8	10.0	14.5	13.5	10.4	11.2	11.9
鲜 菜	公斤	156.2	137.1	139.1	131.2	168.0	161.6	148.9	181.0	165.0
猪 肉	公斤	13.0	7.2	5.9	13.1	14.1	13.1	12.3	15.6	16.4
牛羊肉	公斤	3.9	1.6	1.4	3.0	3.8	4.4	4.2	4.2	5.8
禽 类	公斤	4.5	2.6	2.4	3.4	4.7	5.0	4.4	5.0	6.4
蛋 类	公斤	14.0	14.2	15.2	13.1	13.9	13.6	14.9	13.8	14.8
水产品类	公斤	6.4	3.1	3.7	5.1	7.1	6.8	7.1	6.1	7.8
白 酒	公斤	1.7	1.3	0.8	2.2	1.9	1.3	1.6	1.5	1.9
干鲜瓜果类	公斤	52.2	25.4	17.1	43.0	49.6	50.3	61.3	67.7	71.7
糕 点	公斤	4.7	2.6	1.5	3.9	4.5	5.0	5.1	5.5	6.0
鲜乳品	公斤	21.7	11.3	8.3	16.0	22.0	21.6	24.7	26.7	30.1
服 装	件	8.2	4.9	4.2	5.8	9.6	7.7	8.9	9.9	10.5
鞋 类	双	2.8	2.0	1.9	2.2	2.9	2.5	3.0	3.2	3.6
煤 碳	公斤	122.0	239.5	279.5	134.2	182.0	55.9	99.4	97.6	53.6
液化石油气	公斤	19.7	11.1	5.9	14.3	26.5	23.0	18.4	17.0	19.3

12－12　城市住户年末耐用消费品百户拥有量

（2008年）

	单位	合　计	按相对收入不等距分组							
			第一组 10 %	第二组 最低 5 %	第三组 10 %	第四组 20 %	第五组 20 %	第六组 20 %	第七组 10 %	第八组 10%
摩托车	辆	14.8	9.5	3.1	8.3	17.8	11.4	12.7	17.8	29.4
助力车	辆	29.3	6.2	7.6	38.9	22.6	34.9	37.1	33.5	23.9
家用汽车	辆	4.3				0.8	5.0	4.8	6.0	16.1
洗衣机	台	90.6	67.4	62.0	83.3	91.1	94.4	96.6	96.5	93.5
电冰箱	台	89.7	59.4	40.2	79.3	89.9	92.5	95.1	100.0	102.0
彩色电视机	台	108.3	100.0	100.0	100.0	107.2	103.8	121.0	103.8	114.4
家用电脑	台	52.0	17.4	3.1	51.8	21.7	60.5	67.8	64.0	89.0
组合音响	套	19.7	5.6	10.9	23.4	10.5	11.2	30.9	25.7	38.1
摄像机	架	5.3			6.6		2.6	6.9	13.0	15.7
照相机	架	27.8	2.3	4.5	3.6	9.7	23.7	56.7	40.1	51.4
钢　琴	架	1.6						3.7		9.2
其他中高档乐器	件	3.0				1.8	1.9	10.4	1.6	
微波炉	台	44.6	17.4	14.0	30.6	33.3	42.4	61.8	60.5	62.1
空调器	台	103.4	34.1	15.2	73.3	86.8	92.2	147.3	133.5	138.6
淋浴热水器	台	63.8	31.9	21.7	62.1	54.7	60.1	74.3	82.3	84.0
消毒碗柜	台	7.8			4.0		8.9	9.1	26.6	11.3
洗碗机	台	0.8				3.7				
健身器材	套	5.2				2.7	3.1	8.8	21.6	
固定电话	部	74.0	54.7	61.2	65.7	74.2	78.4	75.3	86.1	76.3
移动电话	部	143.3	88.7	88.1	162.4	113.3	143.1	168.6	155.5	178.5

12－13 城镇住户人均可支配收入情况

	2002 年	2003 年	2004 年	2005 年	2006 年	2007 年	2008 年
全市人均可支配收入(元)	**6847.80**	**7640.46**	**8622.10**	**9719.55**	**10982.25**	**12769.51**	**14672.17**
市　区	**7161.36**	**8005.18**	**9032.39**	**10175.28**	**11490.13**	**13302.26**	**15283.78**
老城区	6631.04	7542.67	8604.87	9584.94	10776.12	12415.40	14368.74
西工区	7212.36	8235.35	9592.24	10869.10	12219.59	14101.37	16178.10
瀍河区	6807.64	8156.20	9111.33	10249.10	11491.91	12868.99	14787.38
涧西区	6747.48	7449.80	8540.56	9646.60	11076.74	12993.09	14914.19
吉利区	8278.92	9065.69	10125.81	11603.03	13022.60	15277.83	17541.60
洛龙区	6693.42	7614.37	8554.64	9676.47	10978.49	12826.90	14875.56
高新区				8458.19	9647.14	10536.70	
县(市)	**5233.92**	**5737.56**	**6492.61**	**7322.66**	**8258.40**	**10034.20**	
偃师市	6008.75	6543.27	7813.04	8669.95	9702.06	11151.23	12790.00
孟津县	5357.16	5813.15	6294.06	6867.18	7710.70	9659.50	11041.77
新安县	6616.44	7212.22	7944.32	8910.39	9806.57	11196.04	12800.36
栾川县	5029.44	5454.86	6159.51	7331.97	8070.79	10074.88	11583.24
嵩　县	4597.56	5255.47	6104.91	6841.27	7744.49	9574.97	11002.42
汝阳县	4509.48	4872.64	5362.67	6100.07	7050.18	9136.89	10472.05
宜阳县	4317.96	4820.96	5466.51	6362.78	7372.78	9498.95	10918.37
洛宁县	4799.40	5187.89	5714.93	6524.19	7482.37	9463.02	10885.11
伊川县	5063.64	5627.46	6448.15	7195.26	8128.28	9760.24	11181.96

12－14　城镇住户人均可支配收入指数

（以上年为100）

	2002 年	2003 年	2004 年	2005 年	2006 年	2007 年	2008 年
全市人均可支配收入	**118.7**	**111.6**	**112.8**	**112.7**	**113.0**	**116.3**	**114.9**
市　区	**115.8**	**111.8**	**112.8**	**112.7**	**112.9**	**115.8**	**114.9**
老城区	117.0	113.7	114.1	111.4	112.4	115.6	115.7
西工区	106.9	114.2	116.5	113.3	112.4	115.7	114.9
瀍河区	111.2	119.8	111.7	112.5	112.1	116.2	114.9
涧西区	122.4	110.4	114.6	113.0	114.8	117.3	114.8
吉利区	105.8	109.5	111.7	114.6	112.2	117.3	114.8
洛龙区		113.8	112.3	113.1	113.5	116.8	116.0
高新区					114.1	109.2	
县(市)	**114.6**	**109.6**	**113.2**	**112.8**	**112.8**	**121.5**	
偃师市	108.3	108.9	119.4	111.0	111.9	114.9	114.7
孟津县	107.2	108.5	108.3	109.1	112.3	125.3	115.4
新安县	113.9	109.0	110.2	112.2	110.1	114.2	114.3
栾川县	115.6	108.5	112.9	119.0	110.1	124.8	115.0
嵩　县	117.2	114.3	116.2	112.1	113.2	123.6	114.9
汝阳县	107.5	108.1	110.1	113.8	115.6	129.6	114.6
宜阳县	109.8	111.6	113.4	116.4	115.9	128.8	114.9
洛宁县	115.3	108.1	110.2	114.2	114.5	126.5	115.0
伊川县	119.8	111.1	114.6	111.6	113.0	120.1	115.0

12－15　城镇住户人均消费性支出情况

	2002 年	2003 年	2004 年	2005 年	2006 年	2007 年	2008 年
全市人均消费性支出(元)	**5146.92**	**5603.51**	**6074.44**	**6837.27**	**7547.76**	**8833.38**	**9957.35**
市　区	**5386.56**	**5883.94**	**6371.28**	**7176.49**	**7884.69**	**9236.63**	**10318.00**
老城区	4874.52	5206.67	5284.47	6437.58	7473.19	9001.61	10150.35
西工区	5337.00	6075.08	7124.63	7090.22	7467.25	9268.71	10272.36
瀍河区	4789.32	5803.28	6152.69	7108.59	7933.10	8455.57	9089.41
涧西区	5146.68	5476.52	5990.39	7265.06	7914.95	9232.90	10629.66
吉利区	6378.00	7885.33	8280.21	9190.67	10819.10	11544.45	12504.72
洛龙区	4910.22	5656.57	5537.48	6566.14	7107.00	8153.06	10379.47
高新区				6442.73	6719.36	9191.69	
县(市)	**3913.32**	**4140.38**	**4533.73**	**5053.16**	**5740.79**	**6762.97**	
偃师市	4683.60	4803.47	5493.14	5712.09	6085.60	6957.49	8084.48
孟津县	4035.36	4336.67	4469.24	4900.67	5479.50	6496.60	7431.10
新安县	5248.44	5560.76	5976.55	6668.79	7115.71	8091.24	9250.42
栾川县	3585.00	3597.40	4266.65	5238.82	5933.89	7396.24	9557.56
嵩　县	3166.56	3463.87	3746.75	4277.75	5025.12	5998.14	7503.24
汝阳县	2825.88	3046.49	3316.39	3909.81	4453.92	5332.14	6899.08
宜阳县	3563.04	3770.56	4039.95	4562.16	6030.59	7203.53	8612.18
洛宁县	3849.60	4273.59	4593.34	5062.95	5744.26	6500.93	7139.14
伊川县	3361.80	3518.77	3936.97	4451.98	5186.85	6313.27	7775.76

12－16 城镇住户人均消费性支出指数

（以上年为100）

	2002年	2003年	2004年	2005年	2006年	2007年	2008年
全市人均消费性支出	**116.4**	**108.9**	**108.4**	**112.6**	**110.4**	**117.1**	**112.7**
市　区	**114.2**	**109.2**	**108.3**	**112.6**	**109.9**	**117.1**	**111.7**
老城区	124.2	106.8	101.5	121.8	116.1	120.5	112.8
西工区	103.0	113.8	117.3	99.5	105.3	124.1	110.8
瀍河区	101.7	121.2	106.0	115.5	111.6	106.6	107.5
涧西区	115.0	106.4	109.4	121.3	108.9	116.7	115.1
吉利区	120.3	123.6	105.0	111.0	117.7	111.0	108.3
洛龙区		115.2	97.9	118.6	108.2	114.7	127.3
高新区					104.3	136.8	
县(市)	**109.9**	**105.8**	**109.5**	**111.5**	**113.6**	**117.8**	
偃师市	105.4	102.6	114.4	104.0	106.5	114.3	116.2
孟津县	104.0	107.5	103.1	109.7	111.8	118.6	114.4
新安县	113.9	106.0	107.5	111.6	106.7	113.7	114.3
栾川县	119.7	100.3	118.6	122.8	113.3	124.6	129.2
嵩　县	105.2	109.4	108.2	114.2	117.5	119.4	125.1
汝阳县	97.2	107.8	108.9	117.9	113.9	119.7	129.4
宜阳县	104.3	105.8	107.1	112.9	132.2	119.4	119.6
洛宁县	100.6	111.0	107.5	110.2	113.5	113.2	109.8
伊川县	110.1	104.7	111.9	113.1	116.5	121.7	123.2

12－17　农村住户调查主要指标发展情况

	2002年	2003年	2004年	2005年	2006年	2007年	2008年
人均纯收入(元)	**2122**	**2277**	**2585**	**2903**	**3408**	**4038**	**4597**
老城区	2662	2949	3193	3555	4126	4805	5222
西工区	2774	3007	3228	3559	4128	4816	5457
瀍河区	3036	3288	3520	3908	4405	5143	5817
涧西区	3829	4050	4378	4916	5535	6460	7349
吉利区	3323	3511	3707	4106	4518	5155	5815
洛龙区	2558	2737	2916	3266	3816	4463	5082
高新区	2812	3037	3356	3599	4157	4802	5209
偃师市	2916	3206	3862	4337	5200	6030	6811
孟津县	2048	2153	2350	2565	2990	3602	4074
新安县	2097	2326	2649	3001	3450	4125	4701
栾川县	1809	1910	2110	2386	2725	3286	3755
嵩　县	1645	1736	1924	2250	2620	3144	3591
汝阳县	1789	1897	2150	2432	2823	3373	3841
宜阳县	1788	1902	2165	2436	2882	3450	3928
洛宁县	1618	1710	1967	2250	2611	3145	3592
伊川县	2113	2234	2518	2770	3260	3929	4482
人均生活消费支出(元)	**1520**	**1647**	**1867**	**2144**	**2508**	**2956**	**3578**
老城区	2597	2433	2769	3174	3755	4130	4406
西工区	2321	2437	2857	3095	3478	3826	4329
瀍河区	2311	2456	2618	2810	3051	3435	3999
涧西区	4732	3901	4107	4486	4886	5439	6050
吉利区	2226	2346	2482	2772	3226	3728	4253
洛龙区	2079	2414	2681	3011	3481	3949	4775
高新区	2466	2468	2738	2804	3325	3995	4497

12－17 续表

	2002 年	2003 年	2004 年	2005 年	2006 年	2007 年	2008 年
偃师市	1727	1974	2173	2482	3041	3446	4179
孟津县	1601	1602	2007	2211	2538	2799	3295
新安县	1632	1767	1957	2230	2546	3006	3658
栾川县	1480	1680	1956	2276	2581	3020	3490
嵩　县	1247	1397	1511	1812	2102	2530	3061
汝阳县	1268	1292	1678	1951	2521	2898	3548
宜阳县	1274	1277	1376	1642	1731	2157	2595
洛宁县	897	1021	1283	1537	1827	2123	2509
伊川县	1523	1700	1874	2098	2462	3191	4085
人均住房面积（平方米）	**28.7**	**29.7**	**31.0**	**32.4**	**34.2**	**35.2**	**36.5**
老城区	45.6	37.6	37.7	49.4	54.7	53.9	60.6
西工区	48.8	48.3	53.2	48.4	54.5	58.2	64.4
瀍河区	42.7	38.8	42.1	48.6	45.2	44.0	44.0
涧西区	95.3	72.3	67.3	83.4	86.9	92.3	98.3
吉利区	50.7	51.7	52.1	47.0	48.2	48.2	48.7
洛龙区	42.0	44.4	45.9	48.7	51.3	52.2	57.6
高新区	50.8	49.0	54.3	34.7	42.8	46.3	49.7
偃师市	38.3	36.5	37.3	37.4	39.8	39.9	41.9
孟津县	33.3	35.4	35.5	34.8	36.8	38.6	40.0
新安县	26.8	29.4	30.5	34.0	35.0	37.7	38.8
栾川县	22.8	27.6	34.5	31.2	32.8	34.5	34.4
嵩　县	20.5	22.7	25.0	24.7	27.7	26.3	27.0
汝阳县	28.8	29.6	29.3	31.5	31.2	28.1	27.5
宜阳县	20.2	19.5	19.9	30.3	30.7	32.3	33.1
洛宁县	17.2	18.7	18.9	22.4	22.3	23.8	23.7
伊川县	26.3	28.8	31.4	26.3	29.6	32.7	33.3

12－18　农村住户调查主要指标发展指数

（以上年为100）

	2002年	2003年	2004年	2005年	2006年	2007年	2008年
人均纯收入	**105.7**	**107.3**	**113.5**	**112.3**	**117.4**	**118.5**	**113.8**
老城区	104.8	110.8	108.3	111.3	116.1	116.5	108.7
西工区	105.6	108.4	107.3	110.3	116.0	116.7	113.3
瀍河区	105.9	108.3	107.1	111.0	112.7	116.8	113.1
涧西区	104.5	105.8	108.1	112.3	112.6	116.7	113.8
吉利区	104.5	105.7	105.6	110.8	110.0	114.1	112.8
洛龙区	105.0	107.0	106.5	112.0	116.8	117.0	113.9
高新区	104.0	108.0	110.5	115.0	115.5	115.5	108.5
偃师市	107.4	109.9	120.5	112.3	119.9	116.0	113.0
孟津县	105.5	105.1	109.2	109.1	116.6	120.5	113.1
新安县	110.4	110.9	113.9	113.3	115.0	119.6	114.0
栾川县	104.6	105.6	110.5	113.1	114.2	120.6	114.4
嵩　县	107.5	105.5	110.8	116.9	116.4	120.0	114.2
汝阳县	104.1	106.0	113.3	113.1	116.1	119.5	113.9
宜阳县	104.2	106.4	113.8	112.5	118.3	119.7	113.9
洛宁县	104.2	105.7	115.0	114.4	116.0	120.5	114.2
伊川县	104.9	105.7	112.7	110.0	117.7	120.5	114.1
人均生活消费支出	**106.4**	**108.4**	**113.4**	**114.8**	**117.0**	**117.9**	**121.0**
老城区	116.2	93.7	113.8	114.6	118.3	110.0	106.7
西工区	108.8	105.0	117.2	108.3	112.4	110.0	113.1
瀍河区	100.7	106.3	106.6	107.3	108.6	112.6	116.4
涧西区	100.7	82.4	105.3	109.2	108.9	111.3	111.2
吉利区	101.8	105.4	105.8	111.7	116.4	115.6	114.1
洛龙区	117.1	116.1	111.1	112.3	115.6	113.4	120.9
高新区	109.6	100.1	110.9	102.4	118.6	120.2	112.6

12－18 续表

（以上年为100）

	2002年	2003年	2004年	2005年	2006年	2007年	2008年
偃师市	100.3	114.3	110.1	114.2	122.5	113.3	121.3
孟津县	101.8	100.1	125.3	110.2	114.8	110.3	117.7
新安县	107.3	108.3	110.8	113.9	114.2	118.1	121.7
栾川县	108.1	113.5	116.4	116.4	113.4	117.0	115.6
嵩　县	103.5	112.0	108.2	119.9	116.0	120.4	121.0
汝阳县	101.4	101.9	129.9	116.3	129.2	115.0	122.4
宜阳县	106.3	100.2	107.8	119.3	105.4	124.6	120.3
洛宁县	104.3	113.8	125.7	119.8	118.9	116.2	118.2
伊川县	120.5	111.6	110.2	112.0	117.3	129.6	128.0
人均住房面积	**104.4**	**103.5**	**104.4**	**104.5**	**105.6**	**102.9**	**103.8**
老城区	111.8	82.5	100.3	131.0	110.7	98.5	112.4
西工区	107.7	99.0	110.1	91.0	112.6	106.8	110.6
瀍河区	128.6	90.9	108.5	115.4	93.0	97.3	100.0
涧西区	113.9	75.9	93.1	123.9	104.2	106.2	106.4
吉利区	101.4	102.0	100.8	90.2	102.6	100.0	100.8
洛龙区	139.5	105.7	103.4	106.1	105.3	101.8	110.4
高新区	121.2	96.5	110.8	63.9	123.3	108.2	107.2
偃师市	98.7	95.3	102.2	100.3	106.4	100.3	108.5
孟津县	92.8	106.3	100.3	98.0	105.7	104.9	106.2
新安县	102.7	109.7	103.7	111.5	102.9	107.7	112.7
栾川县	96.6	121.1	125.0	90.4	105.1	105.2	130.7
嵩　县	107.3	110.7	110.1	98.8	112.1	94.9	96.0
汝阳县	113.8	102.8	99.0	107.5	99.0	90.1	85.2
宜阳县	105.2	96.5	102.1	152.3	101.3	105.2	139.2
洛宁县	100.0	108.7	101.1	118.5	99.6	106.7	72.7
伊川县	105.6	109.5	109.0	83.8	112.5	110.5	83.6

12－19　农村住户调查基本情况(一)

(2008 年)

	单位	洛阳市	老城区	西工区	瀍河区	涧西区	吉利区
家庭常住人口	人	**4698.00**	**104.00**	**108.00**	**119.00**	**93.00**	**118.00**
# 整半劳动力数量	人	3378.00	85.00	82.00	93.00	68.00	77.00
外出就业劳动力人数	人	**771.00**		**22.00**	**12.00**	**19.00**	
劳动力文化程度							
不识字或识字很少	人	96.00					
小学程度	人	362.00	5.00	2.00	1.00		3.00
初中程度	人	2064.00	35.00	32.00	48.00	25.00	32.00
高中程度	人	641.00	29.00	35.00	26.00	28.00	37.00
中　专	人	132.00	11.00	5.00	10.00	10.00	3.00
大专及以上	人	83.00	5.00	8.00	8.00	5.00	2.00
年末生产性固定资产原值	元/人	**1712.68**	**2605.77**	**944.44**	**256.30**		**2140.93**
经营耕地面积	亩/人	**0.98**	**0.52**	**0.37**	**0.29**		**0.66**
谷物产量	公斤/人	**508.20**	**121.18**	**184.26**	**88.74**		**598.64**
薯类产量	公斤/人	**10.26**	**0.12**	**1.44**	**0.07**		
豆类产量	公斤/人	**9.44**					
新建(购)住房面积	平米/人	**0.95**					
新建(购)住房价值	元/人	**0.95**					
住房面积	平米/人	**36.53**	**60.58**	**64.40**	**44.03**	**98.28**	**48.65**
钢筋混泥土结构面积	平米/人	16.43	0.87	51.76	38.99	98.28	35.85
砖木结构面积	平米/人	18.21	23.46	12.64	5.04		12.81
其　他	平米/人	1.89	36.25				

12－19 续表 1 （2008 年）

	单位	洛龙区	高新区	孟津县	新安县	栾川县	嵩　县
家庭常住人口	人	**316.00**	**152.00**	**462.00**	**402.00**	**391.00**	**402.00**
# 整半劳动力数量	人	225.00	120.00	320.00	301.00	283.00	303.00
外出就业劳动力人数	人	**45.00**	**21.00**	**78.00**	**93.00**	**50.00**	**101.00**
劳动力文化程度							
不识字或识字很少	人	1.00	2.00		1.00	9.00	34.00
小学程度	人	5.00	16.00	22.00	14.00	39.00	56.00
初中程度	人	144.00	63.00	224.00	156.00	187.00	178.00
高中程度	人	61.00	22.00	62.00	84.00	38.00	28.00
中　专	人	10.00	9.00	7.00	29.00	5.00	6.00
大专及以上	人	4.00	8.00	5.00	17.00	5.00	1.00
年末生产性固定资产原值	元/人	**2750.89**	**1194.08**	**893.29**	**3048.95**	**853.73**	**901.74**
经营耕地面积	亩/人	**0.52**	**0.64**	**1.38**	**0.79**	**0.44**	**0.95**
谷物产量	公斤/人	**296.30**	**141.99**	**970.41**	**486.31**	**164.67**	**337.11**
薯类产量	公斤/人	**0.13**	**10.15**	**7.73**	**10.80**	**6.55**	**27.80**
豆类产量	公斤/人	**0.13**	**2.92**	**4.90**	**11.66**	**3.61**	**7.81**
新建(购)住房面积	平米/人	**1.77**	**4.34**	**1.06**	**0.85**	**1.02**	**1.28**
新建(购)住房价值	元/人	**1.77**	**4.34**	**1.06**	**0.85**	**1.02**	**1.28**
住房面积	平米/人	**57.64**	**49.66**	**39.98**	**38.84**	**34.37**	**27.03**
钢筋混泥土结构面积	平米/人	50.10	35.78	19.89	16.26	21.95	12.11
砖木结构面积	平米/人	7.38	8.42	17.71	20.75	12.42	13.90
其　他	平米/人	0.15	5.46	2.38	1.83		1.02

12－19 续表2　　　　　　　　　　（2008年）

	单位	汝阳县	宜阳县	洛宁县	伊川县	偃师市
家庭常住人口	**人**	**421.00**	**409.00**	**418.00**	**390.00**	**393.00**
# 整半劳动力数量	人	311.00	281.00	310.00	253.00	266.00
外出就业劳动力人数	**人**	**128.00**	**53.00**	**35.00**	**77.00**	**37.00**
劳动力文化程度						
不识字或识字很少	人	17.00	8.00	6.00	14.00	4.00
小学程度	人	33.00	60.00	42.00	52.00	12.00
初中程度	人	218.00	168.00	208.00	143.00	203.00
高中程度	人	26.00	36.00	52.00	35.00	42.00
中　专	人	7.00	7.00		8.00	5.00
大专及以上	人	10.00	2.00	2.00	1.00	
年末生产性固定资产原值	**元/人**	**2768.17**	**1196.04**	**1350.45**	**1785.67**	**2004.15**
经营耕地面积	**亩/人**	**0.85**	**1.20**	**1.48**	**1.16**	**0.88**
谷物产量	**公斤/人**	**731.61**	**455.64**	**579.12**	**457.46**	**655.66**
薯类产量	**公斤/人**	**7.19**	**21.38**	**8.68**	**11.53**	
豆类产量	**公斤/人**	**8.16**	**5.42**	**49.32**	**2.83**	**8.17**
新建(购)住房面积	**平米/人**		**2.08**	**0.33**	**1.23**	
新建(购)住房价值	**元/人**		**2.08**	**0.33**	**1.23**	
住房面积	**平米/人**	**27.53**	**33.06**	**23.75**	**33.30**	**41.91**
钢筋混泥土结构面积	平米/人	2.92	9.14	3.35	0.77	28.73
砖木结构面积	平米/人	24.54	23.73	17.93	31.40	9.11
其　他	平米/人	0.07	0.19	2.47	1.13	4.07

12－20　农村住户调查基本情况(二)

(2008 年)

	单位	洛阳市	老城区	西工区	瀍河区	涧西区	吉利区
总收入	元/人	**6093.52**	**5820.93**	**6449.84**	**7335.30**	**7377.66**	**8339.23**
工资性收入	元/人	2338.00	4279.91	2537.34	2228.60	4471.22	2314.07
在非企业组织中劳动得到收入	元/人	254.57	2027.58	185.00	292.08	931.06	85.59
在本乡地域内劳动得到收入	元/人	1185.97	2252.33	1228.04	1243.28	2272.63	2228.47
外出从业得到收入	元/人	897.47		1124.30	693.24	1267.52	
家庭经营收入	元/人	3407.10	1149.28	2472.13	4880.32		5374.35
第一产业收入	元/人	2210.91	1053.87	612.72	2891.58		3930.31
农业收入	元/人	1345.65	384.64	521.14	1740.01		976.68
林业收入	元/人	65.89	3.56				63.56
牧业收入	元/人	797.82	665.67	91.57	1151.57		2890.07
渔业收入	元/人	1.55					
第二产业收入	元/人	476.71		1025.74	156.47		
工业收入	元/人	410.33		1025.74	110.25		
建筑业收入	元/人	66.38			46.22		
第三产业收入	元/人	719.48	95.41	833.67	1832.28		1444.04
其他产品收入	元/人	1.42	46.95				
第三产业服务性收入	元/人	718.06	48.46	833.67	1832.28		1444.04
交通、运输、邮电业收入	元/人	210.18	48.46	203.70	319.08		1250.81
批零贸易业、饮食业收入	元/人	357.02			826.31		177.97
社会服务业收入	元/人	66.47		629.96	559.75		
文教卫生业收入	元/人	14.78			127.14		
其他行业收入	元/人	69.60					15.26
财产性收入	元/人	107.63	298.27	938.45	52.23	1885.53	498.48
转移性收入	元/人	240.78	93.47	501.92	174.15	1020.92	152.33
总支出	元/人	**5183.59**	**4890.12**	**5371.65**	**5758.61**	**6834.90**	**6853.03**
家庭经营费用支出	元/人	1347.43	397.03	944.92	1489.20		2333.43
购置生产性固定资产支出	元/人	57.58					127.12
税费支出	元/人	2.04					
生活消费支出	元/人	3578.01	4405.80	4328.81	3999.21	6049.64	4252.77
食品消费支出	元/人	1296.41	1528.64	1665.34	1450.31	2015.49	1340.02
衣着消费支出	元/人	351.82	604.23	354.00	396.02	635.02	403.17
居住消费支出	元/人	868.32	383.81	1252.08	873.02	1112.28	430.26
家庭设备、用品消费支出	元/人	254.38	518.35	239.85	178.21	512.11	461.07
交通和通讯消费支出	元/人	308.92	418.35	358.96	363.26	563.29	457.73
文化教育、娱乐消费支出	元/人	239.92	486.14	170.78	571.10	655.01	858.39
医疗保健消费支出	元/人	179.28	336.75	246.53	126.55	305.13	196.77
其他商品和服务消费支出	元/人	78.97	129.52	41.28	40.74	251.31	105.38
财产性支出	元/人	22.26		1.94	4.62		26.32
转移性支出	元/人	174.73	87.30	95.97	265.58	785.26	113.39

12－20 续表 1　　　　（2008 年）

	单位	洛龙区	高新区	孟津县	新安县	栾川县	嵩　县
总收入	元/人	**6697.51**	**5869.77**	**6371.74**	**7509.16**	**4200.42**	**4390.88**
工资性收入	元/人	2911.97	3775.31	1639.86	2757.24	2148.29	1365.00
在非企业组织中劳动得到收入	元/人	172.48	206.97	109.97	262.52	277.93	118.58
在本乡地域内劳动得到收入	元/人	1903.13	1440.53	813.17	1650.88	1445.36	310.19
外出从业得到收入	元/人	836.35	2127.81	716.72	843.84	425.01	936.24
家庭经营收入	元/人	3436.03	1807.37	4439.37	4359.57	1978.02	2822.40
第一产业收入	元/人	1606.91	873.27	3999.03	2508.44	834.46	2195.98
农业收入	元/人	1603.99	572.13	1657.34	1158.22	588.53	1254.30
林业收入	元/人	1.96		13.57	66.15	104.72	307.49
牧业收入	元/人	0.97	301.14	2328.12	1266.16	141.21	634.19
渔业收入	元/人				17.91		
第二产业收入	元/人	57.86	112.53	129.87	563.46	195.54	178.29
工业收入	元/人	54.02	40.76		402.89	59.86	83.21
建筑业收入	元/人	3.84	71.76	129.87	160.57	135.68	95.08
第三产业收入	元/人	1771.25	821.58	310.48	1287.66	948.03	448.13
其他产品收入	元/人		0.27	2.52		4.92	0.87
第三产业服务性收入	元/人	1771.25	821.30	307.95	1287.66	943.11	447.26
交通、运输、邮电业收入	元/人	335.33	408.19	74.16	350.57	320.60	95.40
批零贸易业、饮食业收入	元/人	1427.76	137.13	85.61	546.79	370.52	244.77
社会服务业收入	元/人	7.06	265.46	88.12	129.79	172.68	26.37
文教卫生业收入	元/人			7.97	30.11		55.60
其他行业收入	元/人	1.11	10.53	52.11	230.40	79.31	25.12
财产性收入	元/人	100.79	149.58	42.62	100.91	0.51	22.85
转移性收入	元/人	248.72	137.50	249.88	291.45	73.59	180.63
总支出	元/人	**6494.95**	**5243.87**	**5742.32**	**6695.29**	**4105.14**	**3882.94**
家庭经营费用支出	元/人	1326.96	556.54	2225.52	2522.62	352.08	698.06
购置生产性固定资产支出	元/人	1.50	6.24	54.26	69.39	71.28	98.10
税费支出	元/人	5.29			2.49	0.55	1.06
生活消费支出	元/人	4775.40	4496.67	3294.98	3658.02	3489.53	3060.80
食品消费支出	元/人	1521.18	1562.47	1253.87	1296.23	1241.57	1214.33
衣着消费支出	元/人	434.95	286.35	293.17	415.95	359.82	222.55
居住消费支出	元/人	1192.95	1279.47	705.36	547.47	463.85	854.79
家庭设备、用品消费支出	元/人	268.36	428.74	239.95	283.36	213.65	149.10
交通和通讯消费支出	元/人	459.90	225.72	343.96	354.11	445.44	259.76
文化教育、娱乐消费支出	元/人	505.07	357.77	179.17	322.34	320.03	147.31
医疗保健消费支出	元/人	280.57	341.04	185.21	237.41	397.65	139.19
其他商品和服务消费支出	元/人	112.42	15.12	94.29	201.13	47.52	73.76
财产性支出	元/人	11.71		4.02	28.11	15.35	
转移性支出	元/人	374.08	184.42	163.54	414.65	152.06	23.60

12－20 续表 2

（2008 年）

	单位	汝阳县	宜阳县	洛宁县	伊川县	偃师市
总收入	元/人	**4842.85**	**4684.86**	**4931.21**	**5791.06**	**9244.31**
工资性收入	元/人	2573.67	1766.70	1467.78	2562.80	3196.04
在非企业组织中劳动得到收入	元/人	166.01	236.85	184.55	431.51	239.49
在本乡地域内劳动得到收入	元/人	1009.33	642.40	1030.81	736.83	2142.12
外出从业得到收入	元/人	1398.33	887.46	252.43	1394.47	814.42
家庭经营收入	元/人	2005.61	2401.02	3274.36	2772.65	5781.60
第一产业收入	元/人	1912.38	1885.33	2885.64	2032.13	2377.57
农业收入	元/人	1476.07	1523.44	2290.86	1036.20	1344.98
林业收入	元/人	39.79	2.08	159.87	7.12	29.48
牧业收入	元/人	396.52	359.81	434.91	988.81	1003.10
渔业收入	元/人					
第二产业收入	元/人			86.65	355.05	2104.94
工业收入	元/人			38.18	215.30	2103.92
建筑业收入	元/人			48.47	139.74	1.02
第三产业收入	元/人	93.23	515.69	302.07	385.47	1299.09
其他产品收入	元/人	0.04		0.07		2.51
第三产业服务性收入	元/人	93.19	515.69	302.00	385.47	1296.58
交通、运输、邮电业收入	元/人	56.60	235.18	29.35	89.96	407.21
批零贸易业、饮食业收入	元/人	26.89	171.76	146.66	92.83	799.01
社会服务业收入	元/人	2.46	108.56	41.25		38.93
文教卫生业收入	元/人	7.24		1.48		30.31
其他行业收入	元/人		0.18	83.25	202.68	21.12
财产性收入	元/人	10.23	296.13	0.08	32.88	112.66
转移性收入	元/人	253.35	221.02	188.98	422.73	154.01
总支出	元/人	**4478.87**	**3594.06**	**3789.01**	**5659.60**	**6590.33**
家庭经营费用支出	元/人	756.16	662.57	1243.82	1150.19	2293.47
购置生产性固定资产支出	元/人	22.09	138.26	9.45	59.03	35.24
税费支出	元/人	11.88	3.91			
生活消费支出	元/人	3548.21	2595.08	2508.78	4085.07	4178.93
食品消费支出	元/人	1479.04	1018.35	1125.02	1385.38	1346.36
衣着消费支出	元/人	326.76	303.74	456.51	381.39	334.18
居住消费支出	元/人	490.15	591.42	321.83	1127.15	1636.01
家庭设备、用品消费支出	元/人	613.81	139.94	145.92	282.12	215.52
交通和通讯消费支出	元/人	241.62	320.37	165.67	323.30	256.53
文化教育、娱乐消费支出	元/人	151.37	93.88	139.58	307.09	226.59
医疗保健消费支出	元/人	167.65	106.12	97.35	158.35	141.53
其他商品和服务消费支出	元/人	77.82	21.26	56.90	120.28	22.21
财产性支出	元/人	10.97	134.47	7.39	0.13	1.27
转移性支出	元/人	129.56	59.76	19.58	365.18	81.42

12－21　农村住户人均纯收入分组

（2008 年）

	单位	洛阳市	老城区	西工区	瀍河区	涧西区	吉利区
人均纯收入							
人均纯收入	元	4597.48	5221.63	5457.43	5817.35	7349.02	5815.10
附:人均总收入	元	6093.52	5820.93	6449.84	7335.30	7377.66	8339.23
人均总支出	元	5183.59	4890.12	5371.65	5758.61	6834.90	6853.03
人均生活消费支出	元	3578.01	4405.80	4328.81	3999.21	6049.64	4252.77
按调查户人均纯收入分组							
100 元以下	户	9					1
100－200 元	户	4	1		1		
200－300 元	户	4					
300－400 元	户	1					
400－500 元	户	2					
500－600 元	户	2					
600－800 元	户	10			1		
800－1000 元	户	11					1
1000－1200 元	户	12			1		
1200－1300 元	户	10					
1300－1500 元	户	17		1	2		
1500－1700 元	户	27					1
1700－2000 元	户	44	1		1		
2000－2500 元	户	97	1	2	2		2
2500－3000 元	户	119	1		2	1	4
3000－3500 元	户	117	2	2	4	1	4
3500－4000 元	户	99	4	5	1	1	4
4000－4500 元	户	108	2	4	2	2	1
4500－5000 元	户	88	1		2	2	1
5000 元以上	户	419	17	16	11	23	11

12－21 续表1　　　　（2008 年）

	单位	洛龙区	高新区	偃师市	孟津县	新安县	栾川县
人均纯收入							
人均纯收入	元	5082.40	5208.76	6811.35	4074.09	4701.49	3755.29
附:人均总收入	元	6697.51	5869.77	9244.31	6371.74	7509.16	4200.42
人均总支出	元	6494.95	5243.87	6590.33	5742.32	6695.29	4105.14
人均生活消费支出	元	4775.40	4496.67	4178.93	3294.98	3658.02	3489.53
按调查户人均纯收入分组							
100 元以下	户	1		4			
100－200 元	户						2
200－300 元	户					1	1
300－400 元	户						
400－500 元	户			1			
500－600 元	户						
600－800 元	户			1			2
800－1000 元	户					3	1
1000－1200 元	户				1	1	1
1200－1300 元	户				5		
1300－1500 元	户				2	2	1
1500－1700 元	户			1	4		2
1700－2000 元	户				8	2	5
2000－2500 元	户	5	2	1	12	4	12
2500－3000 元	户	7	5	10	13	9	12
3000－3500 元	户	13	1	5	14	8	15
3500－4000 元	户	9	3	9	5	7	11
4000－4500 元	户	8	7	9	9	7	5
4500－5000 元	户	6	3	6	10	12	8
5000 元以上	户	41	19	53	37	44	22

	单位	嵩　县	汝阳县	宜阳县	洛宁县	伊川县
人均纯收入						
人均纯收入	元	3591.44	3841.22	3928.30	3592.27	4482.21
附:人均总收入	元	4390.88	4842.85	4684.86	4931.21	5791.06
人均总支出	元	3882.94	4478.87	3594.06	3789.01	5659.60
人均生活消费支出	元	3060.80	3548.21	2595.08	2508.78	4085.07
按调查户人均纯入分组						
100元以下	户		2			1
100-200元	户					
200-300元	户	1	1			
300-400元	户		1			
400-500元	户		1			
500-600元	户			1		1
600-800元	户	2	1	3		
800-1000元	户	3	2			1
1000-1200元	户	2	3		3	
1200-1300元	户	2	1	1	1	
1300-1500元	户	2	1	2		4
1500-1700元	户	3	5	5	2	4
1700-2000元	户	7	4	4	4	8
2000-2500元	户	14	6	11	12	11
2500-3000元	户	9	9	9	19	9
3000-3500元	户	6	11	16	9	6
3500-4000元	户	7	5	7	14	7
4000-4500元	户	10	11	9	11	11
4500-5000元	户	9	7	7	7	7
5000元以上	户	23	29	25	18	30

12－22　农村住户主要实物人均年消费量和耐用品百户拥有量

（2008 年）

	单位	洛阳市	老城区	西工区	瀍河区	涧西区	吉利区
农户主要实物人均消费量							
粮食消费量	公斤/人	221.56	129.53	140.12	112.48	71.17	231.93
蔬菜及菜制品	公斤/人	81.17	80.20	66.92	71.23	73.43	46.14
植物油	公斤/人	7.54	9.64	9.10	12.13	5.82	19.44
动物油	公斤/人	0.03			0.32		
猪　肉	公斤/人	5.28	8.49	8.90	3.87	13.33	9.15
牛　肉	公斤/人	0.37	1.39	1.54	5.82	4.89	0.55
羊　肉	公斤/人	0.11	0.44	0.76	0.43	1.63	0.15
家　禽	公斤/人	0.47	1.66	1.46	2.93	2.79	2.59
肉禽及制品	公斤/人	0.78	1.20	2.54	1.02	3.82	2.63
蛋类及蛋制品	公斤/人	6.54	10.30	8.91	11.23	11.67	12.36
食　糖	公斤/人	0.97	1.07	0.60	1.31	0.95	1.00
酒	公斤/人	3.64	2.87	3.45	4.82	9.97	2.64
期末主要耐用消费品拥有情况							
洗衣机	台/百户	89.14	96.67	100.00	103.33	106.67	100.00
电冰箱	台/百户	30.32	76.67	80.00	83.33	106.67	53.33
空调机	台/百户	14.17	56.67	66.67	60.00	100.00	63.33
微波炉	台/百户	5.53	23.33	20.00	3.33	53.33	6.67
热水器	台/百户	12.40	50.00	40.00	46.67	83.33	40.00
自行车	辆/百户	91.33	220.00	150.00	186.67	253.33	193.33
摩托车	辆/百户	60.17	53.33	46.67	76.67	36.67	96.67
固定电话	部/百户	62.52	83.33	93.33	106.67	93.33	56.67
移动电话	部/百户	109.73	196.67	200.00	140.00	243.33	130.00
彩色电视机	台/百户	106.26	123.33	140.00	126.67	173.33	103.33
照相机	架/百户	4.12	16.67	40.00	50.00	76.67	3.33
家用计算机	台/百户	3.40	46.67	30.00	16.67	66.67	20.00

12－22 续表 1　　（2008 年）

	单位	洛龙区	高新区	孟津县	新安县	栾川县	嵩　县
农户主要实物人均消费量							
粮食消费量	公斤/人	166.33	204.95	252.70	305.62	200.97	271.91
蔬菜及菜制品	公斤/人	78.25	100.26	92.29	82.74	86.94	55.66
植物油	公斤/人	10.11	9.25	7.62	10.38	10.64	5.87
动物油	公斤/人					0.04	0.01
猪　肉	公斤/人	7.12	24.66	4.67	5.30	5.44	4.70
牛　肉	公斤/人	0.83	2.45	0.24	0.11	0.14	0.03
羊　肉	公斤/人	0.26	3.38	0.01		0.05	0.00
家　禽	公斤/人	1.00	2.86	0.63		0.41	0.09
肉禽及制品	公斤/人	2.93	11.08	0.71	0.62	0.45	0.13
蛋类及蛋制品	公斤/人	10.37	11.80	5.62	6.75	5.42	4.89
食　糖	公斤/人	0.63	0.74	0.77	0.43	0.85	1.98
酒	公斤/人	3.66	10.07	2.02	1.64	5.55	2.45
期末主要耐用消费品拥有情况							
洗衣机	台/百户	96.67	97.50	99.17	97.00	102.00	63.00
电冰箱	台/百户	63.33	62.50	27.50	47.00	18.00	10.00
空调机	台/百户	21.11	20.00	12.50	22.00	5.00	4.00
微波炉	台/百户	8.89	2.50	2.50	30.00		1.00
热水器	台/百户	14.44	15.00	7.50	36.00	18.00	6.00
自行车	辆/百户	181.11	152.50	125.83	47.00	59.00	29.00
摩托车	部/百户	38.89	70.00	90.00	67.00	51.00	45.00
固定电话	部/百户	67.78	50.00	66.67	74.00	67.00	49.00
移动电话	部/百户	142.22	175.00	107.50	131.00	137.00	94.00
彩色电视机	台/百户	117.78	125.00	102.50	105.00	122.00	84.00
照相机	架/百户	8.89	10.00		4.00	9.00	
家用计算机	台/百户	11.11	15.00	1.67	7.00		

12－22 续表2

（2008年）

	单位	汝阳县	宜阳县	洛宁县	伊川县	偃师市
农户主要实物人均消费量						
粮食消费量	公斤/人	283.68	173.25	272.89	146.59	223.15
蔬菜及菜制品	公斤/人	56.95	70.42	158.18	90.86	60.87
植物油	公斤/人	9.00	2.72	5.27	6.09	9.47
动物油	公斤/人	0.25	0.01		0.01	0.03
猪　肉	公斤/人	8.42	3.91	2.89	5.36	3.21
牛　肉	公斤/人	0.17	0.53	0.13	0.17	0.25
羊　肉	公斤/人	0.08	0.03		0.01	0.07
家　禽	公斤/人	0.24	0.38	0.02	0.40	0.57
肉禽及制品	公斤/人	0.03	0.10	0.05	1.21	0.30
蛋类及蛋制品	公斤/人	4.37	4.71	6.17	9.00	5.96
食　糖	公斤/人	1.68	1.03	0.70	1.08	0.52
酒	公斤/人	11.65	3.33	2.94	3.94	1.04
期末主要耐用消费品拥有情况						
洗衣机	台/百户	88.00	83.00	55.00	84.00	114.00
电冰箱	台/百户	17.00	19.00	9.00	16.00	53.00
空调机	台/百户	7.00	11.00	1.00	9.00	22.00
微波炉	台/百户	10.00	3.00		1.00	
热水器	台/百户		6.00	7.00	9.00	10.00
自行车	辆/百户	84.00	70.00	60.00	73.00	140.00
摩托车	部/百户	39.00	60.00	49.00	52.00	86.00
固定电话	部/百户	65.00	44.00	55.00	50.00	83.00
移动电话	部/百户	118.00	87.00	61.00	116.00	96.00
彩色电视机	台/百户	108.00	105.00	101.00	110.00	104.00
照相机	架/百户	1.00	2.00			6.00
家用计算机	台/百户		1.00		1.00	1.00

12－23 农村住户现金收支情况

（2008 年）

	单位	洛阳市	老城区	西工区	瀍河区	涧西区	吉利区
期内现金收入	元/人	**5389.47**	**5820.93**	**6339.50**	**7196.74**	**7183.42**	**7888.06**
工资性收入	元/人	2334.56	4279.91	2537.34	2228.60	4313.48	2314.07
在非企业组织中劳动得到收入	元/人	253.89	2027.58	185.00	292.08	900.96	85.59
在本乡地域内劳动得到收入	元/人	1183.39	2252.33	1228.04	1243.28	2164.58	2228.47
外出从业得到收入	元/人	897.28		1124.30	693.24	1247.95	
家庭经营现金收入	元/人	2728.45	1149.28	2375.20	4745.41		4980.61
第一产业现金收入	元/人	1532.27	1053.87	515.80	2756.66		3536.56
农业现金收入	元/人	705.59	384.64	424.22	1627.97		639.29
林业现金收入	元/人	63.91	3.56				63.56
牧业现金收入	元/人	761.22	665.67	91.57	1128.69		2833.71
渔业现金收入	元/人	1.55					
第二产业现金收入	元/人	476.71		1025.74	156.47		
工业收入	元/人	410.33		1025.74	110.25		
建筑业收入	元/人	66.38			46.22		
第三产业现金收入	元/人	719.47	95.41	833.67	1832.28		1444.04
出售其他产品收入	元/人	1.42	46.95				
第三产业服务性现金收入	元/人	718.05	48.46	833.67	1832.28		1444.04
交通、运输、邮电业收入	元/人	210.18	48.46	203.70	319.08		1250.81
批零贸易业、饮食业收入	元/人	357.02			826.31		177.97
社会服务业收入	元/人	66.47		629.96	559.75		
文教卫生业收入	元/人	14.78			127.14		
其他行业收入	元/人	69.60					15.26
财产性收入	元/人	101.26	298.27	925.04	52.23	1885.53	441.06
转移性收入	元/人	225.19	93.47	501.92	170.50	984.41	152.33
非收入现金所得	元/人	**439.66**	**367.69**	**536.11**	**620.20**	**514.73**	**96.49**
期内现金支出	元/人	**4885.07**	**4752.68**	**5350.98**	**5699.66**	**6834.90**	**6685.74**
生产费用支出	元/人	1390.86	397.03	944.92	1489.20		2460.55
家庭经营费用支出	元/人	1331.73	397.03	944.92	1489.20		2333.43
购置生产性固定资产支出	元/人	57.58					127.12
税费支出	元/人	2.04					
生活消费支出	元/人	3300.54	4268.35	4308.15	3940.26	6049.64	4085.48
财产性支出	元/人	22.26		1.94	4.62		26.32
转移性支出	元/人	169.37	87.30	95.97	265.58	785.26	113.39
期末金融资产余额	元/人	**2648.53**	**8762.20**	**2705.81**	**8785.40**	**23578.92**	**6701.69**
手存现金	元/人	975.45	705.47	1107.47	1974.48	3620.86	345.76
存款余额	元/人	1672.58	8056.73	1598.33	6810.92	19958.06	6355.93

（2007年）

	单位	洛龙区	高新区	孟津县	新安县	栾川县	嵩　县
期内现金收入	元/人	**6278.90**	**5507.78**	**5444.51**	**6692.99**	**3907.24**	**3743.03**
工资性收入	元/人	2902.05	3775.31	1639.86	2756.08	2129.85	1363.84
在非企业组织中劳动得到收入	元/人	168.13	206.97	109.97	262.52	277.93	118.33
在本乡地域内劳动得到收入	元/人	1898.42	1440.53	813.17	1649.72	1426.92	309.27
外出从业得到收入	元/人	835.50	2127.81	716.72	843.84	425.01	936.24
家庭经营现金收入	元/人	3114.08	1445.39	3512.22	3643.60	1703.93	2194.40
第一产业现金收入	元/人	1284.96	511.28	3071.87	1792.48	560.50	1567.98
农业现金收入	元/人	1282.73	275.16	731.37	453.71	319.05	693.24
林业现金收入	元/人	1.96		13.57	63.46	103.29	305.45
牧业现金收入	元/人	0.27	236.12	2326.93	1257.40	138.15	569.29
渔业现金收入	元/人				17.91		
第二产业现金收入	元/人	57.86	112.53	129.87	563.46	195.54	178.29
工业收入	元/人	54.02	40.76		402.89	59.86	83.21
建筑业收入	元/人	3.84	71.76	129.87	160.57	135.68	95.08
第三产业现金收入	元/人	1771.25	821.58	310.48	1287.66	947.90	448.13
出售其他产品收入	元/人		0.27	2.52		4.92	0.87
第三产业服务性现金收入	元/人	1771.25	821.30	307.95	1287.66	942.98	447.26
交通、运输、邮电业收入	元/人	335.33	408.19	74.16	350.57	320.60	95.40
批零贸易业、饮食业收入	元/人	1427.76	137.13	85.61	546.79	370.52	244.77
社会服务业收入	元/人	7.06	265.46	88.12	129.79	172.68	26.37
文教卫生业收入	元/人			7.97	30.11		55.60
其他行业收入	元/人	1.11	10.53	52.11	230.40	79.19	25.12
财产性收入	元/人	97.82	149.58	42.62	99.45	0.51	10.20
转移性收入	元/人	164.95	137.50	249.81	193.86	72.94	174.60
非收入现金所得	元/人	**1737.69**	**1446.84**	**367.23**	**357.95**	**507.04**	**126.79**
期内现金支出	元/人	**6296.66**	**5104.19**	**5410.97**	**6370.59**	**3868.59**	**3546.87**
生产费用支出	元/人	1328.31	562.78	2271.72	2545.20	447.66	796.47
家庭经营费用支出	元/人	1326.80	556.54	2217.46	2475.81	352.08	697.06
购置生产性固定资产支出	元/人	1.50	6.24	54.26	69.39	71.28	98.10
税费支出	元/人	5.29			2.49	0.55	1.06
生活消费支出	元/人	4627.44	4356.98	2971.70	3394.26	3252.97	2725.79
财产性支出	元/人	11.71		4.02	28.11	15.35	
转移性支出	元/人	323.91	184.42	163.54	400.53	152.06	23.55
期末金融资产余额	元/人	**4356.42**	**4096.17**	**1554.33**	**4673.10**	**2173.27**	**766.66**
手存现金	元/人	2040.60	349.67	493.29	2624.53	137.31	286.56
存款余额	元/人	2315.82	3746.49	1061.04	2048.57	2035.96	480.10

（2008年）

	单位	汝阳县	宜阳县	洛宁县	伊川县	偃师市
期内现金收入	元/人	**3717.63**	**3959.68**	**3907.56**	**5317.55**	**8444.85**
工资性收入	元/人	2573.67	1766.70	1467.78	2559.24	3196.04
在非企业组织中劳动得到收入	元/人	166.01	236.85	184.55	430.12	239.49
在本乡地域内劳动得到收入	元/人	1009.33	642.40	1030.81	734.65	2142.12
外出从业得到收入	元/人	1398.33	887.46	252.43	1394.47	814.42
家庭经营现金收入	元/人	896.34	1687.31	2250.79	2320.46	4987.29
第一产业现金收入	元/人	803.11	1171.63	1862.07	1579.94	1583.26
农业现金收入	元/人	368.43	809.73	1288.50	583.13	732.10
林业现金收入	元/人	39.79	2.08	144.84	7.12	28.11
牧业现金收入	元/人	394.90	359.81	428.73	989.68	823.05
渔业现金收入	元/人					
第二产业现金收入	元/人			86.65	355.05	2104.94
工业收入	元/人			38.18	215.30	2103.92
建筑业收入	元/人			48.47	139.74	1.02
第三产业现金收入	元/人	93.23	515.69	302.07	385.47	1299.09
出售其他产品收入	元/人	0.04		0.07		2.51
第三产业服务性现金收入	元/人	93.19	515.69	302.00	385.47	1296.58
交通、运输、邮电业收入	元/人	56.60	235.18	29.35	89.96	407.21
批零贸易业、饮食业收入	元/人	26.89	171.76	146.66	92.83	799.01
社会服务业收入	元/人	2.46	108.56	41.25		38.93
文教卫生业收入	元/人	7.24		1.48		30.31
其他行业收入	元/人		0.18	83.25	202.68	21.12
财产性收入	元/人	10.23	284.65		17.10	107.51
转移性收入	元/人	237.39	221.02	188.98	420.75	154.01
非收入现金所得	元/人	**474.72**	**421.75**	**74.36**	**606.43**	**170.46**
期内现金支出	元/人	**4103.09**	**3343.09**	**3304.05**	**5367.53**	**6315.04**
生产费用支出	元/人	773.33	795.14	1242.10	1147.61	2326.12
家庭经营费用支出	元/人	751.24	656.87	1232.64	1088.58	2290.88
购置生产性固定资产支出	元/人	22.09	138.26	9.45	59.03	35.24
税费支出	元/人	11.88	3.91			
生活消费支出	元/人	3194.14	2349.80	2034.99	3854.62	3906.23
财产性支出	元/人	10.97	134.47	7.39	0.13	1.27
转移性支出	元/人	112.77	59.76	19.58	365.18	81.42
期末金融资产余额	元/人	**2099.54**	**1321.52**	**1381.85**	**697.25**	**4719.80**
手存现金	元/人	1111.21	1287.29	1381.85	489.17	493.16
存款余额	元/人	981.91	34.23		208.08	4226.64

12－24 居民消费价格指数变动情况

（以上年价格为 100）

	2003 年	2004 年	2005 年	2006 年	2007 年	2008 年
居民消费价格总指数	**101.8**	**105.2**	**102.7**	**101.4**	**105.6**	**106.4**
# 服务项目价格指数	100.1	100.5	103.8	102.1	103.5	100.1
# 食　品	**104.1**	**113.8**	**104.3**	**102.1**	**115.3**	**116.8**
粮　食	101.9	137.8	102.3	98.3	103.2	106.5
淀粉及薯类	85.4	100.7	107.8	110.1	103.7	124.4
干豆类及豆制品	112.0	129.1	114.0	98.5	104.3	138.4
油脂类	114.1	119.2	93.5	100.3	126.1	121.4
肉禽及其制品	106.4	120.7	102.0	96.4	137.0	124.9
蛋　类	92.6	114.6	102.0	97.9	124.9	102.5
水产品类	99.1	118.2	101.2	99.7	109.7	128.1
菜　类	124.6	107.2	120.3	107.9	109.4	108.7
鲜　菜	127.3	107.5	122.3	108.2	108.1	107.9
干菜及菜制品	90.1	99.1	97.8	99.9	131.3	122.4
调味品	95.5	100.6	99.8	103.0	108.2	113.7
糖　类	93.8	104.1	107.4	113.7	99.7	101.9
食　糖	77.7	113.3	116.0	135.6	90.9	92.9
糖　果	103.7	97.2	102.2	106.4	101.9	99.7
茶及饮料	98.5	100.8	101.2	101.2	100.0	106.8
干鲜瓜果类	97.2	106.7	115.1	119.3	111.5	120.6
鲜　果	91.7	105.5	120.2	125.4	108.3	121.7
干果及瓜果制品	111.3	110.4	103.0	103.1	119.8	118.4
糕点饼干 面包	96.0	102.9	99.6	101.3	112.7	108.2
奶及奶制品	100.1	99.6	97.5	99.6	100.6	124.7
在外用膳食品	100.8	103.4	100.5	101.4	115.8	113.1

12－24 续表 1　　　　（以上年价格为 100）

	2003 年	2004 年	2005 年	2006 年	2007 年	2008 年
主　食	102.1	104.8	100	102.0	114.5	113.4
炒　菜	99.9	101.8	101.8	100.0	113.1	112.2
地方小吃	96.5	100.0	100.0	104.1	124.2	114.9
其他食品及加工服务	97.2	98.1	101.2	101.6	106.6	101.5
烟酒及用品	**101.3**	**104.2**	**101.2**	**99.9**	**100.3**	**101.8**
烟　草	103.1	106.2	102.0	99.5	98.5	98.9
酒	100.2	102.6	100.5	100.5	102.7	106.2
衣着类	**98.3**	**98.2**	**99.5**	**100.0**	**99.3**	**101.0**
服　装	97.8	100.2	99.3	99.7	98.8	101.2
男式服装	99.3	100.8	100.7	99.9	98.5	101.1
女式服装	96.4	99.4	98.0	99.6	98.8	101.4
衣着材料	99.5	100.7	100.5	101.1	101.6	109.9
棉　布	100.0	100.0	100.0	100.4	105.2	118.2
棉花化纤混纺布	100.2	100.4	100.0	100.0	99.3	102.4
化纤布	104.8	100.3	103.6	103.0	102.6	118.3
毛　线	95.3	101.4	100.0	100.0	100.0	100.0
鞋袜帽	99.4	90.8	99.5	100.8	100.6	99.1
鞋　类	98.9	89.9	99.2	101.1	100.6	99.1
袜　子	106.4	102.3	103.1	97.5	100.7	98.8
帽　子	98.0	102.1	100.0	100.0	100.7	101.5
家庭设备用品及维修服务	**98.6**	**96.7**	**98.5**	**101.0**	**101.5**	**104.3**
耐用消费品	97.5	93.1	96.7	101.2	102.1	100.8
家　具	99.3	100.4	100.3	99.7	100.9	103.9
家庭设备	96.7	90.1	95.2	102.0	102.8	99.1

12－24 续表2 （以上年价格为100）

	2003年	2004年	2005年	2006年	2007年	2008年
室内装饰品	100.0	100.0	100.6	101.0	98.2	101.9
床上用品	99.5	98.6	101.1	100.0	100.0	103.7
家庭日用杂品	100.7	100.1	100.2	99.2	99.3	111.4
家庭及加工维修服务	98.6	103.2	100.0	108.4	108.5	108.0
医疗保健和个人用品	**101.2**	**97.0**	**97.1**	**98.6**	**100.2**	**103.1**
医疗保健	102.0	96.2	96.0	98.1	100.0	102.6
中药材及中成药	109.2	99.3	95.0	97.4	103.4	101.8
西　药	97.0	92.2	94.3	97.3	98.2	103.3
个人用品及服务	98.4	99.9	101.3	99.8	100.9	104.5
交通和通讯	**98.7**	**98.6**	**99.0**	**97.0**	**99.1**	**98.5**
交　通	99.7	99.6	101.7	100.8	104.8	103.4
通　讯	98.0	98.0	97.4	95.5	96.7	96.3
娱乐教育文化用品及服务	**98.4**	**99.8**	**101.7**	**101.7**	**101.0**	**99.1**
文娱用耐用消费品及服务	95.6	95.1	96.5	98.5	97.7	97.9
教　育	101.1	105.0	107.4	104.5	103.0	100.6
学杂托幼费	101.0	105.4	108.1	105.2	103.6	100.6
文化娱乐	96.9	101.1	100.1	101.2	101.1	96.5
文化娱乐用品	98.3	99.2	99.5	100.2	99.9	99.2
书报杂志	100.0	100.0	101.9	100.0	100.0	104.0
旅游及外出	94.9	91.6	94.1	93.9	95.1	97.4
居　住	**104.5**	**108.2**	**109.5**	**105.5**	**104.2**	**102.3**
建房及装修材料	99.3	109.3	102.5	108.5	104.4	106.2
租　房	102.9	100.0	100.0	101.5	107.5	106.0
水、电、燃料	111.5	114.2	112.5	105.0	101.0	103.8

12－25 零售价格指数变动情况

（以上年价格为100）

	2003年	2004年	2005年	2006年	2007年	2008年
商品零售价格总指数	**101.3**	**105.8**	**102.4**	**101.1**	**104.4**	**107.5**
食品类	**103.6**	**114.9**	**104.3**	**102.0**	**116.5**	**117.2**
粮　食	102.2	137.5	102.2	98.3	103.3	105.8
油　脂	115.7	120.9	93.1	99.6	128.0	122.1
肉禽及其制品	105.7	119.0	103.3	97.1	135.8	125.7
蛋	93.6	113.0	103.3	98.7	124.0	103.0
水产品	98.3	123.1	99.4	99.8	110.7	132.0
鲜　菜	127.3	107.5	122.3	108.2	108.1	107.9
干菜及菜制品	90.1	99.1	97.8	99.9	131.3	122.4
调味品	96.1	100.7	100.1	103.0	108.2	113.8
食　糖	77.7	113.3	116.0	135.6	90.9	92.9
糖　果	103.7	97.2	102.2	106.4	101.9	99.7
鲜　果	91.7	105.5	120.3	125.4	108.3	121.7
干(坚)果及瓜果制品	111.3	110.4	103.0	103.1	119.8	118.4
糕点饼干面包	96.6	101.4	99.5	101.3	112.7	108.2
奶及奶制品	103.2	101.5	98.5	99.6	100.6	124.7
在外用膳食品	99.6	102.0	101.1	101.2	115.7	113.0
主食	102.1	104.8	100.0	102.0	114.5	113.4
炒菜	99.9	101.8	101.8	100.0	113.1	112.2
地方小吃	96.5	100.0	100.0	104.1	124.2	114.9
其它食品	97.1	98.0	101.2	101.6	106.6	101.5
饮料、烟酒类	**100.3**	**103.0**	**101.3**	**100.4**	**100.7**	**103.4**
茶及饮料	98.4	100.6	101.3	101.3	100.3	107.2
烟　草	103.1	105.9	101.9	99.5	98.7	99.0
酒	99.2	102.4	100.7	100.7	103.5	105.6
服装、鞋帽类	**98.7**	**97.1**	**99.5**	**100.1**	**99.5**	**100.5**
服　装	98.3	100.0	99.4	99.8	99.0	101.2
鞋袜帽	99.5	90.8	99.6	100.8	100.6	99.1

12－25 续表　　（以上年价格为100）

	2003年	2004年	2005年	2006年	2007年	2008年
其它	100.3	97.8	97.9	100.0	100.0	99.3
纺织品类	**100.1**	**99.2**	**101.1**	**100.5**	**100.6**	**106.2**
衣着材料	100.3	100.5	101.1	101.4	101.9	111.4
床上用品	99.8	97.3	101.1	100.0	100.0	103.8
家用电器及音像器材	**97.1**	**92.5**	**94.9**	**99.2**	**99.1**	**96.5**
家庭设备	97.1	91.6	95.2	101.6	102.7	98.7
文娱用耐用消费品	96.1	91.8	92.2	96.6	95.4	94.5
文化办公用品	**98.4**	**99.2**	**99.1**	**99.4**	**99.6**	**102.2**
日用品	**99.0**	**99.9**	**99.8**	**100.0**	**101.2**	**107.8**
日用百货	97.2	98.8	100.9	99.8	100.7	105.8
日用杂品	101.6	101.2	98.6	99.1	97.4	113.2
洗涤用品	100.8	98.0	98.9	100.4	103.4	112.0
其它日用品	97.5	102.6	100.2	100.5	101.8	101.8
体育娱乐用品	**96.4**	**99.7**	**101.3**	**100.6**	**99.8**	**100.0**
交通、通信用品	**96.4**	**93.7**	**94.4**	**91.3**	**92.0**	**91.2**
家具	**99.5**	**100.5**	**100.3**	**99.7**	**100.9**	**104.0**
化妆品类	**100.9**	**102.4**	**101.6**	**98.6**	**99.2**	**100.7**
金银珠宝类	**109.1**	**112.6**	**102.6**	**111.9**	**108.2**	**118.7**
中西药品及医疗保健用品类	**101.7**	**95.0**	**96.2**	**97.4**	**99.7**	**102.1**
医疗器具及用品	105.7	108.6	94.2	98.0	95.7	94.0
中药材及中成药	105.5	93.6	96.1	97.4	103.4	101.8
西药	97.7	93.8	95.8	97.3	98.2	103.3
书报杂志及电子出版物类	**101.2**	**100.8**	**101.1**	**98.5**	**98.2**	**104.1**
燃料类	**109.7**	**123.4**	**118.4**	**112.1**	**103.8**	**119.1**
建筑材料及五金电料类	**99.1**	**107.2**	**101.9**	**103.9**	**103.3**	**109.2**
建筑装璜材料	99.6	110.0	102.6	105.5	105.0	112.1
五金电料类	97.7	100.3	100.1	100.0	99.2	101.7

十三、其它统计资料

OTHER STATISTICS

资料整理：李兵兵 秦 利 舒 凯 任晓娟 任江亭

主要统计指标解释

1．**法人单位**　是指具备以下条件的单位：

（1）依法成立，有自己的名称、组织机构和场所，能够独立承担民事责任；

（2）独立拥有和使用（或授权使用）资产，承担负责，有权与其他单位签定合同；

（3）会计上独立核算，能够编制资产负债表。

法人单位包括具有法人资格的企业、事业单位、机关、社会团体和经法定程序批准设立的其他单位。

2．**产业活动单位**　指具备以下条件的单位：

（1）在一个场所从事一种或主要从事一种社会经济活动；

（2）相对独立组织生产经营或业务活动；

（3）能够掌握收入和支出等业务核算资料。

3．**单产业法人单位**　指只有一个产业活动单位的法人单位（即此法人单位只在一个地点主要从事一种生产经营活动）。

4．**多产业法人单位**　指按照规定其内部可以划分为两个或两个以上产业活动单位的法人单位。

13－1 全市各办事处主要经济指标

（2008 年）

	年末户数（户）	年末人数（人）	男性	职工人数（人）	工业企业个数	工业增加值（万元）	实现利税（万元）	社会消费品零售额（万元）
老城区								
西关办事处	13645	34618	17408	391	15	9364	878	26504
东北隅办事处	5626	13579	6828	285	5	1230	114	16500
西南隅办事处	3985	10002	4991	146	5	886	237	3764
南关办事处	6334	13533	6610	126	5	1389	431	2067
东南隅办事处	3494	7879	4020	86	3	1548	502	6802
西北隅办事处	7449	19605	9641	70	3	554	114	11391
洛浦办事处								
西工区								
王城路办事处	18684	61332	30954	2010	16	5819	4009	102267
金谷园办事处	20074	59480	29107	3037	17	5341	217	73536
西工办事处	14332	49654	24846	1950	5	467	174	63188
邙岭路办事处	3394	11765	6785	1436	7	7460	1212	2220
道北路办事处	9104	32805	20543	795	12	6740	571	40045
唐宫路办事处	8320	29688	15473	5065	15	8083	1677	57630
汉屯路办事处	8134	23169	11737	553	5	553	104	30443
凯旋东路办事处	9492	31736	16363	532	5	591	175	13162
瀍河回族区								
东关办事处	11300	22308	11273	465	7	723	590	3411
瀍西办事处	6530	17520	9075	569	10	1118	414	3299
五股路办事处	11569	37039	19381	619	7	454	1189	3684
北窑办事处	9681	27825	15627	431	4	682	363	2370
塔湾办事处	5353	15099	7715	380	6	1082	759	3958
杨文办事处	5269	18084	10244	245	4	318	336	2784
华林办事处				156	2	113	149	2081
涧西区								
长春路办事处	10226	32104	16340	73	7	3167	1210	55093
天津路办事处	11084	39688	20220	54	4	2810	1499	85753
湖北路办事处	13107	43418	21633	62	4	2445	1354	82543
南昌路办事处	12946	39221	19863	74	5	3769	1053	6369
长安路办事处	19734	69864	35940	92	14	11389	5718	157065
重庆路办事处	10823	32800	16484	54	3	3395	457	19093
郑州路办事处	16428	53123	27936	88	22	4230	1478	38481
武汉路办事处	10667	32391	16334	56	25	5391	2593	11132
徐家营办事处	4082	11580	6009	42	3	1166	312	6496
珠江路办事处	12455	39483	20240	71	6	4107	1189	47942
周山路办事处	7181	20967	10534	28	3	68	45	3592
吉利区								
大庆路办事处	10408	30335	15650	11689	41	3428	159	4955
洛龙区								
安乐办事处	2744	9348	4990	1245	23	5378	2023	13212
开元路办事处	3636	12562	6500	5120				5010
龙门石窟办事处	9181	33960	17659	2830	31	6545	705	16784

13－2 全市各乡(镇)主要经济指标

(2008 年)

	乡镇总户数(户)	乡镇总人口(人)	粮食总产量(吨)	财政一般预算收入(万元)	居民储蓄存款余额(万元)	农民人均纯收入(元)
老城区						
邙山镇	11169	38573	7858	3274	16625	4920
西工区						
洛北乡	7638	29869	223	3317	18615	6344
红山乡	7505	28291	4292	2685	45870	4915
瀍河区						
瀍河乡	10744	31774	3431	1920	19036	5817
涧西区						
工农乡	21376	73627	758	4917	34682	7350
高新区						
辛店镇	11324	41714	17097	1842	108506	4567
孙旗屯乡	8502	28428	5504	3441	52807	5370
吉利区						
吉利乡	9020	33245	15197	819	59056	5815
洛龙区						
关林镇	20993	67451	5038	10439	683230	6302
龙门镇	8476	31482	3578	2173	67992	4571
安乐镇	15226	47774	3867	3730	100813	4700
白马寺镇	8627	30025	10137	1850	108500	4750
李楼乡	16279	52346	12570	1555	77769	4620
古城乡	19231	71998	10992	9077	98000	4850
孟津县						
城关镇	22300	71000	28617	3379	113690	4360
会盟镇	13912	55448	31140	1960	41950	4650
平乐镇	14099	50785	27692	2490	25365	4700
送庄镇	7141	31205	16749	2385	11270	4300
白鹤镇	13553	55875	34030	2235	23497	3900
朝阳镇	11596	45151	28078	2140	19480	3978
小浪底镇	9464	37250	17646	1480	11000	3229
麻屯镇	9215	37877	17307	2931	29000	4377
横水镇	9046	38609	14049	1178	8200	3220
常袋乡	6742	30346	13110	1330	8640	3600

13－2 续表1　　　　　　　　　　　　（2008年）

	乡镇总户数（户）	乡镇总人口（人）	粮食总产量（吨）	财政一般预算收入（万元）	居民储蓄存款余额（万元）	农民人均纯收入（元）
新安县						
城关镇	29884	90807	20179	3859	202770	5245
石寺镇	9987	34909	9198	2313	41039	5610
五头镇	13246	57067	28272	834	12081	4673
磁涧镇	11298	48921	24472	1240	20370	4580
铁门镇	21539	72908	28255	4848	30064	5480
石井乡	8545	29237	15842	1316	7352	4490
仓头乡	7437	28122	15044	836	9868	4662
北冶乡	11784	44025	15029	1657	12219	4575
曹村乡	5584	20649	6068	761	3765	3954
正村乡	9397	35533	21471	1199	12880	3970
南李村乡	9353	35656	22968	1113	4052	4005
栾川县						
城关镇	13624	37347	584	5006	82000	7208
赤土店镇	3583	13235	2077	16531	62000	6601
合峪镇	5583	21068	6740	1628	21300	3499
潭头镇	8724	32908	12735	1715	23400	3340
三川镇	6696	24899	2814	2448	29000	4413
冷水镇	4284	16059	2278	13108	59500	5744
陶湾镇	7532	30623	4064	5706	30000	4501
栾川乡	8372	32025	5400	4886	35000	4327
庙子乡	8409	31226	9813	2839	30800	3620
秋扒乡	2765	10793	4399	1078	14900	3387
狮子庙乡	5012	18848	7411	1230	27300	3185
白土乡	3842	14135	6824	1823	21200	3719
叫河乡	5009	19486	2173	2158	19180	2916
石庙乡	4518	17869	3322	7007	28270	4466
嵩　县						
城关镇	8811	35640	11074	1871	63235	4453
田湖镇	13790	58529	30578	265	23276	3793
旧县镇	7666	25750	10518	502	12566	3897
车村镇	16189	54478	23273	620	36636	4429

13－2 续表 2　　（2008 年）

	乡镇总户数（户）	乡镇总人口（人）	粮食总产量（吨）	财政一般预算收入（万元）	居民储蓄存款余额（万元）	农民人均纯收入（元）
闫庄镇	9791	37932	20997	351	15465	4091
大坪乡	7553	31461	15992	217	8274	4056
库区乡	8681	33806	7149	395	3870	2690
何村乡	7299	27429	15076	780	8465	4044
德亭乡	10639	41454	15068	433	10351	4418
大章乡	7863	30933	13968	545	18094	4113
纸房乡	8113	30588	10937	275	7118	3207
饭坡乡	7964	27191	11748	383	8688	4043
九店乡	6214	23245	8612	234	9811	4336
黄庄乡	6448	25897	8806	232	9349	4039
木植街乡	3350	12300	4733	234	5324	4039
白河乡	3570	13001	2724	179	10756.2	4047
汝阳县						
城关镇	10064	38445	10931	2348	58637	4398
上店镇	10100	38387	11879	1512	13030	3980
付店镇	4350	15450	4738	2100	6050	4250
小店镇	10960	43772	17665	1875	8000	3866
柏树乡	6555	23833	13676	894	4830	3549
十八盘乡	5331	20199	6616	524	5100	2725
靳村乡	3347	12136	4744	610	6037	3558
王坪乡	3238	12412	5576	602	6218	3560
三屯乡	9837	37849	13323	748	9939	3798
刘店乡	8050	33770	13180	573	7600	3321
陶营乡	8121	32889	16811	1300	8659	3730
内埠乡	5943	24396	13689	1450	19900	3726
蔡店乡	11371	46475	26181	1221	7350	3510
大安工业园区	5432	21622	11506	1850	6500	3765
宜阳县						
城关镇	26426	58282	257	4892	152941	5744
丰李镇	11363	47381	16521	1017	13443	3967
柳泉镇	13102	57878	30783	1043	8686	3990
韩城镇	10168	45033	36439	349	10110	3637

13－2 续表 3

（2008 年）

	乡镇总户数（户）	乡镇总人口（人）	粮食总产量（吨）	财政一般预算收入（万元）	居民储蓄存款余额（万元）	农民人均纯收入（元）
白杨镇	10221	44908	26347	830	10418	3940
寻村镇	13827	57902	34469	3400	12133	4136
城关乡	7297	36209	12123	1030	8441	4091
盐镇乡	15334	66210	36756	505	8087	3650
高村乡	11427	48259	34883	1006	7292	3803
三乡乡	8255	34729	23120.5	1144	6387	3899
张坞乡	8118	35775	27306	500	7886	3682
穆册乡	1048	4430	853	348	1027	3756
上观乡	1680	6720	4672	317	814	3751
莲庄乡	6491	31642	13511	959	7886	3703
赵保乡	7828	32123	22314	403	7432	3688
董王庄乡	7075	29822	18064	313	3912	3661
樊村乡	6158	6158	14703	521	1820	3787
洛宁县						
城关镇	6535	27967	101	1461	47253	4556
回族镇	6139	26366	1184	953	45229	4464
上戈镇	4120	17230	12818	434	5459	4346
城郊乡	9558	39470	15540	476	17133	4221
河底乡	10365	44391	21456	1078	8215	3985
东宋乡	9268	39219	21569	691	5799	3583
小界乡	6839	27816	23577	662	3871	3940
马店乡	5907	24513	19216	340	3857	3718
长水乡	3397	13620	9878	340	4090	3596
罗岭乡	2413	9690	9985	454	1853	4096
故县乡	1670	6866	6828	645	2627	4392
下峪乡	4037	16730	9458	1389	6932	3868
兴华乡	4811	19094	13372	746	6230	3660
底张乡	5267	21712	18004	478	3901	4052
西山底乡	5010	20398	13950	788	7520	3552
赵村乡	11036	45516	25762	540	6713	3590
陈吴乡	7776	33017	19343	726	6050	3814
涧口乡	5639	23391	16843	346	4579	3610

13－2 续表4

(2008年)

	乡镇总户数（户）	乡镇总人口（人）	粮食总产量（吨）	财政一般预算收入（万元）	居民储蓄存款余额（万元）	农民人均纯收入（元）
伊川县						
城关镇	15235	59022	21472	4794	80450	4948
鸣皋镇	15139	60545	34501	584	25601	4527
水寨镇	6455	26526	11011	1521	19765	4964
彭婆镇	13966	61791	33104	1141	29422	4622
鸦岭乡	14829	64185	30725	636	18622	4077
高山乡	10664	44488	25375	964	18067	4467
平等乡	11418	46403	20119	523	13858	4486
酒后乡	8647	36434	18307	414	15588	4414
葛寨乡	10563	37410	19382	627	16512	4168
白元乡	12260	51678	29159	537	20035	4109
白沙乡	17896	72061	39632	1408	26638	4388
半坡乡	4110	16725	5975	2411	12834	4590
江左乡	11469	49794	24508	990	17309	4200
吕店乡	13631	60373	31247	426	21289	4362
偃师市						
城关镇	15067	54457	13375	13123	79703	7530
首阳山镇	12087	50203	27281	9863	30283	7053
佃庄镇	10454	40395	25453	2133	13480	6093
翟镇镇	11125	43004	22900	1970	21893	7116
岳滩镇	11453	41041	21140	2988	25523	6921
顾县镇	14982	60560	21130	7139	35820	7086
缑氏镇	16987	65748	37288	2290	23959	5900
府店镇	13858	54311	20942	6022	31167	5930
高龙镇	8982	37312	28107	17151	17274	6934
寇店镇	9045	37762	18752	2121	13178	5459
庞村镇	10504	39945	18179	4510	33038	7334
李村镇	20444	71993	33482	2488	34192	6300
诸葛镇	12818	54853	24733	5818	41021	7091
山化乡	18162	48497	15587	2144	16460	5500
邙岭乡	10218	34674	7964	1147	16712	5473
大口乡	11116	43602	28160	2037	16991	5871

13－3 按登记注册类型分法人单位、产业活动单位数

（2008年）

单位:个

	法人单位数	单产业法人	多产业法人	产业活动单位数	多产业法人所属的产业活动单位
全市总计	**31325**	**30477**	**848**	**38375**	**7898**
内　资	**31186**	**30343**	**843**	**37890**	**7547**
国有	6132	5710	422	9214	3504
集体	3001	2878	123	4451	1573
股份合作	146	132	14	415	283
国有联营	7	7		8	1
集体联营	21	21		24	3
国有与集体联营	8	8		8	
其他联营	12	12		13	1
国有独资公司	34	30	4	33	3
其他有限责任公司	3099	3015	84	3424	409
股份有限公司	408	368	40	1229	861
私营独资	5646	5628	18	5815	187
私营合伙	1102	1099	3	1110	11
私营有限责任公司	4872	4771	101	5123	352
私营股份有限公司	447	439	8	508	69
其他企业	6251	6225	26	6515	290
港、澳、台资	**67**	**64**	**3**	**397**	**333**
与港、澳、台商合资经营	37	35	2	43	8
与港、澳、台商合作经营	5	5		5	
港、澳、台商独资	22	21	1	346	325
港、澳、台商投资股份有限公司	3	3		3	
外　资	**72**	**70**	**2**	**88**	**18**
中外合资经营	38	37	1	41	4
中外合作经营	4	4		4	
外商独资	25	24	1	38	14
外商投资股份有限公司	5	5		5	

13－4 按地区分法人单位、产业活动单位数

（2008年） 单位：个

	法人单位数	单产业法人	多产业法人	产业活动单位数	多产业法人所属的产业活动单位
全市总计	**31325**	**30477**	**848**	**38375**	**7898**
老城区	1008	987	21	1242	255
西工区	2831	2721	110	4457	1736
瀍河回族区	688	653	35	779	126
涧西区	3395	3284	111	3875	591
吉利区	667	641	26	762	121
洛龙区	1939	1896	43	2368	472
孟津县	2218	2121	97	2621	500
新安县	2805	2752	53	3191	439
栾川县	1519	1417	102	2349	932
嵩　县	1937	1870	67	2546	676
汝阳县	1302	1235	67	1852	617
宜阳县	2865	2835	30	3177	342
洛宁县	2027	1992	35	2493	501
伊川县	2966	2946	20	3208	262
偃师市	3158	3127	31	3455	328

13－5 按三次产业及国民经济行业分法人单位、产业活动单位数

（2008 年）

单位：个

	法人单位数	单产业法人	多产业法人	产业活动单位数	多产业法人所属的产业活动单位
全市总计	**31325**	**30477**	**848**	**38375**	**7898**
在总计中：（按产业分组）					
第一产业	844	828	16	883	55
第二产业	9790	9710	80	10090	380
第三产业	20691	19939	752	27402	7463
在总计中：（按专业分组）					
农林牧渔业	844	828	16	883	55
工业	9078	9014	64	9313	299
建筑业	712	696	16	777	81
交通运输邮电业	339	319	20	825	506
批发、零售贸易、餐饮业	4410	4132	278	6826	2694
服务业	15292	14854	438	19060	4206
房地产业	650	634	16	691	57
在总计中：（按机构类型分组）					
企业	17493	17021	472	22127	5106
事业	5649	5487	162	7375	1888
机关	971	778	193	1520	742
社会团体	472	469	3	491	22
民办非企业	872	871	1	871	
其他组织机构	5868	5851	17	5991	140
按国民经济行业（大类）分组					
农、林、牧、渔业	844	828	16	883	55
农业	136	135	1	138	3
林业	64	63	1	64	1
畜牧业	250	250		250	
渔业	10	10		10	
农、林、牧、渔服务业	384	370	14	421	51
采矿业	1191	1187	4	1207	20
煤炭开采和洗选业	80	80		81	1
黑色金属矿采选业	199	198	1	199	1
有色金属矿采选业	500	497	3	513	16
非金属矿采选业	407	407		409	2
其它采矿业	5	5		5	
制造业	7734	7685	49	7817	132
农副食品加工业	283	282	1	284	2
食品制造业	165	160	5	168	8
饮料制造业	97	96	1	98	2
烟草制品业	1	1		1	
纺织业	81	80	1	81	1

	法人单位数	单产业法人	多产业法人	产业活动单位数	多产业法人所属的产业活动单位
纺织服装、鞋、帽制造业	101	101		104	3
皮革、毛皮、羽毛(绒)及其制品业	7	7		7	
木材加工及木、竹、藤、棕、草制品业	198	198		198	
家具制造业	338	337	1	339	2
造纸及纸制品业	102	102		103	1
印刷业和记录媒介的复制	119	118	1	125	7
文教体育用品制造业	20	20		20	
石油加工、炼焦及核燃料加工业	27	25	2	28	3
化学原料及化学制品制造业	498	494	4	501	7
医药制造业	58	58		58	
化学纤维制造业	22	22		23	1
橡胶制品业	42	42		42	
塑料制品业	230	229	1	237	8
非金属矿物制品业	1902	1897	5	1914	17
黑色金属冶炼及压延加工业	79	78	1	78	
有色金属冶炼及压延加工业	255	252	3	256	4
金属制品业	384	383	1	385	2
通用设备制造业	1305	1297	8	1307	10
专用设备制造业	604	600	4	613	13
交通运输设备制造业	343	340	3	370	30
电气机械及器材制造业	205	204	1	206	2
通信设备、计算机及其他电子设备制造业	61	59	2	62	3
仪器仪表及文化、办公用机械制造业	80	79	1	80	1
工艺品及其他制造业	99	97	2	101	4
废弃资源和废旧材料回收加工业	28	27	1	28	1
电力、燃气及水的生产和供应业	**153**	**142**	**11**	**289**	**147**
电力、热力的生产和供应业	108	99	9	237	138
燃气生产和供应业	8	8		9	1
水的生产和供应业	37	35	2	43	8
建筑业	**712**	**696**	**16**	**777**	**81**
房屋和土木工程建筑业	306	296	10	350	54
建筑安装业	99	95	4	115	20
建筑装饰业	216	215	1	218	3
其他建筑业	91	90	1	94	4

	法人单位数	单产业法人	多产业法人	产业活动单位数	多产业法人所属的产业活动单位
交通运输、仓储和邮政业	**339**	**319**	**20**	**825**	**506**
铁路运输业	5	5		6	1
道路运输业	225	211	14	476	265
城市公共交通业	31	29	2	45	16
水上运输业	2	2		3	1
航空运输业				2	2
装卸搬运和其他运输服务业	33	32	1	43	11
仓储业	40	38	2	44	6
邮政业	3	2	1	206	204
信息传输、计算机服务和软件业	**523**	**518**	**5**	**886**	**368**
电信和其他信息传输服务业	26	21	5	386	365
计算机服务业	455	455		458	3
软件业	42	42		42	
批发和零售业	**3919**	**3673**	**246**	**6170**	**2497**
批发业	2227	2171	56	2725	554
零售业	1692	1502	190	3445	1943
住宿和餐饮业	**491**	**459**	**32**	**656**	**197**
住宿业	244	231	13	297	66
餐饮业	247	228	19	359	131
金融业	**100**	**64**	**36**	**1025**	**961**
银行业	22	3	19	778	775
证券业	1	1		8	7
保险业	32	16	16	156	140
其他金融活动	45	44	1	83	39
房地产业	**650**	**634**	**16**	**691**	**57**
房地产业	650	634	16	691	57
租赁和商务服务业	**864**	**844**	**20**	**924**	**80**
租赁业	36	36		38	2
商务服务业	828	808	20	886	78
科学研究、技术服务和地质勘查业	**607**	**600**	**7**	**635**	**35**
研究与试验发展	46	44	2	49	5
专业技术服务业	353	351	2	374	23
科技交流和推广服务业	188	185	3	192	7

13－5 续表 3 （2008 年） 单位：个

	法人单位数	单产业法人	多产业法人	产业活动单位数	多产业法人所属的产业活动单位
地质勘查业	20	20		20	
水利、环境和公共设施管理业	**259**	**258**	**1**	**273**	**15**
水利管理业	78	78		79	1
环境管理业	55	55		59	4
公共设施管理业	126	125	1	135	10
居民服务和其他服务业	**225**	**217**	**8**	**272**	**55**
居民服务业	151	144	7	184	40
其他服务业	74	73	1	88	15
教　育	**2611**	**2523**	**88**	**3624**	**1101**
教　育	2611	2523	88	3624	1101
卫生、社会保障和社会福利业	**3559**	**3533**	**26**	**3729**	**196**
卫　生	3376	3352	24	3484	132
社会保障业	74	74		89	15
社会福利业	109	107	2	156	49
文化、体育和娱乐业	**297**	**293**	**4**	**344**	**51**
新闻出版业	8	8		8	
广播、电视、电影和音像业	46	44	2	68	24
文化艺术业	180	179	1	198	19
体　育	13	13		13	
娱乐业	50	49	1	57	8
公共管理和社会组织	**6247**	**6004**	**243**	**7348**	**1344**
中国共产党机关	134	127	7	143	16
国家机构	2097	1880	217	3166	1286
人民政协和民主党派	23	23		23	
群众团体、社会团体和宗教组织	820	816	4	843	27
基层群众自治组织	3173	3158	15	3173	15

13－6　全市法人单位人员情况表

（2008 年）

	代　码	单位数（个）	从业人员（人）
全市总计		**31325**	**1373807**
在总计中：（按产业分组）			
第一产业	1	844	11796
第二产业	2	9790	848813
第三产业	3	20691	513198
在总计中：（按专业分组）			
农林牧渔业	A	844	11796
工业	B	9078	576480
建筑业	C	712	272333
交通运输邮电业	D	339	68783
批发、零售贸易、餐饮业	E	4410	89167
服务业	F	15292	337612
房地产业	H	650	17636
在总计中：（按机构类型分组）			
企　业	10	17493	1098875
事　业	20	5649	173198
机　关	30	971	48871
社会团体	40	472	6668
民办非企业	50	872	9766
其他组织机构	90	5868	36429
在总计中：（按登记注册类型分组）			
国　有	110	6132	456461
集　体	120	3001	97344
股份合作	130	146	7400
国有联营	141	7	682
集体联营	142	21	967
国有与集体联营	143	8	765
其他联营	149	12	1772
国有独资公司	151	34	32943
其他有限责任公司	159	3099	293329
股份有限公司	160	408	54015
私营独资	171	5646	126792
私营合伙	172	1102	39245
私营有限责任公司	173	4872	185898
私营股份有限公司	174	447	21441
其他内资	190	6251	33657

(2008 年)

	代　码	单位数(个)	从业人员(人)
与港、澳、台商合资经营	210	37	9211
与港、澳、台商合作经营	220	5	
港、澳、台商独资	230	22	1479
港、澳、台商投资股份有限公司	240	3	39
中外合资经营	310	38	8408
中外合作经营	320	4	481
外商独资	330	25	1378
外商投资股份有限公司	340	5	99
按国民经济行业(大类)分组			
农、林、牧、渔业	A	**844**	**11796**
农　业	1	136	3292
林　业	2	64	1455
畜牧业	3	250	3605
渔　业	4	10	173
农、林、牧、渔服务业	5	384	3271
采矿业	B	**1191**	**73835**
煤炭开采和洗选业	6	80	22403
黑色金属矿采选业	8	199	5442
有色金属矿采选业	9	500	35259
非金属矿采选业	10	407	10558
其他采矿业	11	5	173
制造业	C	**7734**	**472246**
农副食品加工业	13	283	10014
食品制造业	14	165	5315
饮料制造业	15	97	3816
烟草制品业	16	1	308
纺织业	17	81	10228
纺织服装、鞋、帽制造业	18	101	6060
皮革、毛皮、羽毛(绒)及其制品业	19	7	376
木材加工及木、竹、藤、棕、草制品业	20	198	6771
家具制造业	21	338	19045
造纸及纸制品业	22	102	3412

（2008 年）

	代　码	单位数(个)	从业人员(人)
印刷业和记录媒介的复制	23	119	3331
文教体育用品制造业	24	20	602
石油加工、炼焦及核燃料加工业	25	27	5773
化学原料及化学制品制造业	26	498	31173
医药制造业	27	58	3306
化学纤维制造业	28	22	994
橡胶制品业	29	42	1484
塑料制品业	30	230	6944
非金属矿物制品业	31	1902	82177
黑色金属冶炼及压延加工业	32	79	9048
有色金属冶炼及压延加工业	33	255	52234
金属制品业	34	384	12698
通用设备制造业	35	1305	76021
专用设备制造业	36	604	72899
交通运输设备制造业	37	343	29993
电气机械及器材制造业	39	205	6835
通信设备、计算机及其他电子设备制造业	40	61	4650
仪器仪表及文化、办公用机械制造业	41	80	4024
工艺品及其他制造业	42	99	1779
废弃资源和废旧材料回收加工业	43	28	936
电力、燃气及水的生产和供应业	D	**153**	**30399**
电力、热力的生产和供应业	44	108	26586
燃气生产和供应业	45	8	505
水的生产和供应业	46	37	3308
建筑业	E	**712**	**272333**
房屋和土木工程建筑业	47	306	241715
建筑安装业	48	99	17632
建筑装饰业	49	216	6383
其他建筑业	50	91	6603

13－6 续表 3　　　　　　　　　　　　　　　　　　（2007 年）

	代　码	单位数(个)	从业人员(人)
交通运输、仓储和邮政业	**F**	**339**	**68783**
铁路运输业	51	5	6471
道路运输业	52	225	48507
城市公共交通业	53	31	7249
水上运输业	54	2	74
装卸搬运和其他运输服务业	57	33	2199
仓储业	58	40	2036
邮政业	59	3	2247
信息传输、计算机服务和软件业	**G**	**523**	**8520**
电信和其他信息传输服务业	60	26	5641
计算机服务业	61	455	2350
软件业	62	42	529
批发和零售业	**H**	**3919**	**66505**
批发业	63	2227	31155
零售业	65	1692	35350
住宿和餐饮业	**I**	**491**	**22662**
住宿业	66	244	12869
餐饮业	67	247	9793
金融业	**J**	**100**	**20902**
银行业	68	22	11502
证券业	69	1	27
保险业	70	32	8434
其他金融活动	71	45	939
房地产业	**K**	**650**	**17636**
房地产业	72	650	17636
租赁和商务服务业	**L**	**864**	**18063**
租赁业	73	36	277
商务服务业	74	828	17786

（2008 年）

	代　码	单位数(个)	从业人员(人)
科学研究、技术服务和地质勘查业	**M**	**607**	**28129**
研究与试验发展	75	46	10804
专业技术服务业	76	353	13058
科技交流和推广服务业	77	188	2309
地质勘查业	78	20	1958
水利、环境和公共设施管理业	**N**	**259**	**12668**
水利管理业	79	78	2362
环境管理业	80	55	6019
公共设施管理业	81	126	4287
居民服务和其他服务业	**O**	**225**	**3670**
居民服务业	82	151	2772
其他服务业	83	74	898
教　育	**P**	**2611**	**85790**
教　育	84	2611	85790
卫生、社会保障和社会福利业	**Q**	**3559**	**43340**
卫　生	85	3376	41417
社会保障业	86	74	612
社会福利业	87	109	1311
文化、体育和娱乐业	**R**	**297**	**7126**
新闻出版业	88	8	431
广播、电视、电影和音像业	89	46	2323
文化艺术业	90	180	2837
体　育	91	13	148
娱乐业	92	50	1387
公共管理和社会组织	**S**	**6247**	**109404**
中国共产党机关	93	134	2458
国家机构	94	2097	75064
人民政协和民主党派	95	23	440
群众团体、社会团体和宗教组织	96	820	9397
基层群众自治组织	97	3173	22045

13－7　按不同类型分的企业家信心指数

（2008 年）

分　　类	一季度		二季度		三季度		四季度	
	本期实际	下期预计	本期实际	下期预计	本期实际	下期预计	本期实际	下期预计
总体情况	**123.12**	**130.53**	**129.43**	**121.60**	**118.30**	**117.62**	**77.56**	**80.34**
按国民经济行业分								
工　业	121.03	126.49	126.27	117.72	112.70	112.43	59.98	64.95
建筑业	139.83	139.83	153.64	152.29	148.00	148.00	136.82	149.12
交通运输、仓储和邮政业	112.15	99.65	100.00	87.50	99.65	87.15	77.99	62.15
批发和零售业	127.26	152.05	134.95	164.19	158.12	127.26	119.56	127.35
房地产业	114.29	135.71	128.57	128.57	107.14	114.29	85.71	100.00
社会服务业	129.41	147.06	129.41	117.65	117.65	117.65	94.12	100.00
信息传输、计算机服务和软件业	157.14	157.14	142.86	142.86	142.86	142.86	137.67	137.67
住宿和餐饮业	123.81	152.38	155.00	120.00	120.00	150.00	100.00	85.00
按登记注册类型分								
国有经济	145.54	142.98	147.02	143.57	127.22	127.90	84.45	80.75
集体经济	125.00	150.00	112.50	137.50	114.29	128.57	114.29	142.86
有限责任公司	117.43	134.43	131.11	119.08	110.29	116.52	79.14	76.45
股份有限公司	123.46	124.50	143.60	137.04	131.02	132.18	104.00	108.29
私营企业	128.57	114.29	142.86	114.29	114.29	100.00	128.57	128.57
外商及港澳台投资企业	128.49	152.02	133.46	121.69	133.46	133.46	62.54	86.07
按企业规模分								
大　型	132.98	129.76	133.99	132.72	126.01	126.51	77.46	77.81
中　型	128.79	140.91	137.88	127.27	116.67	116.67	93.85	95.38
小　型	120.00	130.00	129.17	116.67	123.40	134.04	89.36	93.62

13－8 按不同类型分的企业景气指数

（2008 年）

分　类	一季度		二季度		三季度		四季度	
	本期实际	下期预计	本期实际	下期预计	本期实际	下期预计	本期实际	下期预计
总体情况	**113.48**	**131.07**	**119.05**	**115.76**	**104.56**	**116.50**	**86.53**	**96.45**
按国民经济行业分								
工　业	110.12	127.82	114.02	109.75	98.22	105.50	71.00	82.91
建筑业	134.00	155.01	140.30	151.26	140.30	141.34	139.20	142.46
交通运输、仓储和邮政业	105.81	96.66	87.50	87.50	90.49	112.15	77.99	87.15
批发和零售业	144.36	141.01	133.15	156.33	133.32	153.85	136.67	144.53
房地产业	128.57	142.86	135.71	150.00	107.14	135.71	114.29	128.57
社会服务业	123.53	158.82	135.29	129.41	111.76	123.53	123.53	117.65
信息传输、计算机服务和软件业	142.86	157.14	142.86	142.86	128.57	142.86	157.14	157.14
住宿和餐饮业	85.71	133.33	140.00	100.00	100.00	140.00	80.00	95.00
按登记注册类型分								
国有经济	120.95	137.85	143.49	148.22	114.79	130.32	83.18	85.99
集体经济	75.00	100.00	87.50	87.50	100.00	100.00	128.57	128.57
有限责任公司	106.80	136.02	127.07	123.14	108.45	124.10	90.93	104.26
股份有限公司	130.80	150.31	107.82	95.16	96.27	103.17	98.74	111.07
私营企业	128.57	142.86	171.43	157.14	128.57	114.29	171.43	128.57
外商及港澳台投资企业	128.49	152.02	127.57	115.81	116.73	134.38	74.30	97.83
按企业规模分								
大　型	128.56	137.43	118.65	119.29	105.73	109.19	89.09	95.05
中　型	119.70	146.97	133.33	125.76	107.58	125.76	98.46	101.54
小　型	104.00	128.00	120.83	118.75	108.51	125.53	100.00	112.77

13－9 按不同类型分的生产景气指数

（2008 年）

分类	一季度		二季度		三季度		四季度	
	本期实际	下期预计	本期实际	下期预计	本期实际	下期预计	本期实际	下期预计
总体情况	**102.76**	**136.69**	**136.48**	**121.08**	**118.26**	**120.45**	**66.16**	**89.55**
按国民经济行业分								
工　业	102.08	129.28	127.75	124.79	122.31	111.54	45.10	29.53
建筑业	113.75	179.64	158.75	160.65	127.04	149.62	155.84	61.15
交通运输、仓储和邮政业	105.98	118.83	150.35	134.51	127.04	127.99	71.82	127.99
批发和零售业	128.98	138.46	140.94	114.52	156.33	129.05	105.14	110.25
房地产业	114.29	157.14	142.86	164.29	107.14	135.71	85.71	114.29
社会服务业	100.00	147.06	158.82	88.24	100.00	123.53	70.59	76.47
信息传输、计算机服务和软件业	90.90	157.14	151.95	148.05	114.29	157.14	100.00	119.48
住宿和餐饮业	71.43	152.38	145.00	45.00	50.00	135.00	90.00	80.00
按登记注册类型分								
国有经济	119.10	152.57	158.17	131.47	112.27	128.22	61.59	60.05
集体经济	100.00	125.00	100.00	100.00	114.29	142.86	128.57	85.71
有限责任公司	81.84	159.13	148.88	111.21	101.97	126.01	70.82	92.32
股份有限公司	112.76	96.62	104.42	156.60	157.57	98.34	52.38	128.10
私营企业	85.71	114.29	128.57	114.29	85.71	128.57	71.43	85.71
外商及港澳台投资企业	113.13	155.62	145.22	107.24	89.27	146.14	95.55	84.30
按企业规模分								
大　型	129.62	106.44	130.82	156.10	143.02	108.11	52.22	70.47
中　型	86.36	154.55	140.91	115.15	98.48	130.30	83.08	87.69
小　型	108.00	150.00	131.25	112.50	100.00	138.30	74.47	97.87

13－10　按不同类型分的盈利(亏损)景气指数

(2008年)

分　类	一季度		二季度		三季度		四季度	
	本期实际	下期预计	本期实际	下期预计	本期实际	下期预计	本期实际	下期预计
总体情况	**85.76**	**133.33**	**103.20**	**101.78**	**71.31**	**116.60**	**73.80**	**103.92**
按国民经济行业分								
工　业	84.16	138.58	100.25	104.19	69.54	121.18	67.34	104.47
建筑业	96.70	159.30	111.18	88.47	95.33	94.29	114.55	126.85
交通运输、仓储和邮政业	68.31	50.00	75.00	87.50	62.50	93.31	37.50	68.31
批发和零售业	127.18	139.22	102.39	139.32	85.61	159.75	90.59	158.12
房地产业	85.71	121.43	100.00	135.71	71.43	92.86	64.29	71.43
社会服务业	88.24	141.18	135.29	111.76	82.35	111.76	100.00	88.24
信息传输、计算机服务和软件业	76.62	114.29	85.71	128.57	100.00	142.86	85.71	100.00
住宿和餐饮业	71.43	147.62	130.00	60.00	45.00	100.00	90.00	90.00
按登记注册类型分								
国有经济	111.41	116.65	104.16	100.77	78.13	114.93	66.31	98.44
集体经济	100.00	137.50	87.50	137.50	114.29	114.29	100.00	114.29
有限责任公司	69.74	139.26	94.58	112.04	67.81	101.87	59.61	99.41
股份有限公司	59.49	167.75	149.28	75.15	61.24	140.39	123.23	131.51
私营企业	71.43	128.57	100.00	142.86	71.43	142.86	114.29	71.43
外商及港澳台投资企业	112.80	142.21	130.77	89.27	95.48	119.01	89.27	83.06
按企业规模分								
大　型	88.56	137.31	113.64	66.85	61.79	125.55	98.70	109.76
中　型	84.85	142.42	107.58	107.58	77.27	110.61	72.31	87.69
小　型	90.00	128.00	110.42	122.92	85.11	121.28	78.72	108.51

13－11 按不同类型分的资金景气指数

（2008 年）

分　类	一季度		二季度		三季度		四季度	
	本期实际	下期预计	本期实际	下期预计	本期实际	下期预计	本期实际	下期预计
总体情况	**67.85**	**69.57**	**67.92**	**65.94**	**60.08**	**60.88**	**53.53**	**53.88**
按国民经济行业分								
工　业	62.86	69.71	62.57	61.09	53.23	53.14	43.51	50.00
建筑业	70.61	52.52	69.82	49.46	67.77	36.13	60.32	43.27
交通运输、仓储和邮政业	84.16	50.00	71.66	71.66	71.66	71.66	59.16	59.16
批发和零售业	60.67	85.47	65.81	106.00	68.37	118.03	83.75	70.16
房地产业	64.29	42.86	64.29	42.86	64.29	42.86	71.43	35.71
社会服务业	94.12	94.12	100.00	88.24	82.35	64.71	88.24	76.47
信息传输、计算机服务和软件业	100.00	100.00	105.19	105.19	105.19	105.19	105.19	105.19
住宿和餐饮业	71.43	80.95	80.00	70.00	65.00	90.00	60.00	60.00
按登记注册类型分								
国有经济	82.36	81.89	71.76	79.19	52.35	64.97	50.86	50.86
集体经济	25.00	75.00	50.00	50.00	28.57	28.57	28.57	28.57
有限责任公司	59.59	48.50	58.14	42.65	54.30	42.66	53.19	43.17
股份有限公司	88.04	99.81	86.55	109.73	90.90	102.88	83.91	75.10
私营企业	85.71	57.14	85.71	85.71	71.43	57.14	85.71	57.14
外商及港澳台投资企业	90.52	96.40	99.41	81.76	96.40	96.40	83.72	89.60
按企业规模分								
大　型	91.78	85.42	86.90	79.61	70.58	61.93	64.65	54.53
中　型	71.21	68.18	74.24	74.24	68.18	68.18	60.00	55.38
小　型	64.00	72.00	68.75	58.33	59.57	63.83	65.96	63.83

13－12 按不同类型分的货款拖欠景气指数

（2008 年）

分类	一季度		二季度		三季度		四季度	
	本期实际	下期预计	本期实际	下期预计	本期实际	下期预计	本期实际	下期预计
总体情况	**98.00**	**106.28**	**92.22**	**102.35**	**90.50**	**103.51**	**100.92**	**98.86**
按国民经济行业分								
工　业	98.31	115.45	98.31	106.18	87.38	117.15	109.52	100.86
建筑业	95.69	58.24	34.73	39.35	34.54	32.68	79.43	80.74
交通运输、仓储和邮政业	127.99	102.99	90.49	102.99	106.33	87.15	90.49	68.83
批发和零售业	61.61	118.90	124.80	90.59	140.18	82.89	59.82	100.00
房地产业	121.43	100.00	100.00	107.14	114.29	100.00	100.00	107.14
社会服务业	117.65	100.00	117.65	129.41	111.76	123.53	123.53	111.76
信息传输、计算机服务和软件业	114.29	85.71	85.71	85.71	71.43	100.00	114.29	114.29
住宿和餐饮业	71.43	85.71	60.00	130.00	100.00	90.00	80.00	120.00
按登记注册类型分								
国有经济	102.38	94.92	86.10	118.86	92.34	85.79	77.37	93.28
集体经济	75.00	112.50	112.50	137.50	142.86	114.29	171.43	114.29
有限责任公司	79.45	93.21	68.75	104.34	88.02	98.75	101.20	106.54
股份有限公司	149.59	146.68	130.52	60.91	41.04	145.51	135.66	101.98
私营企业	114.29	114.29	100.00	114.29	114.29	128.57	100.00	114.29
外商及港澳台投资企业	109.48	82.35	112.09	117.65	118.57	100.33	76.14	94.12
按企业规模分								
大　型	116.38	120.86	88.07	58.06	38.00	100.51	96.73	85.25
中　型	103.03	87.88	95.45	118.18	113.64	95.45	92.31	106.15
小　型	94.00	98.00	100.00	118.75	108.51	112.77	110.64	117.02

13－13 按不同类型分的劳动力景气指数

（2008年）

分　类	一季度		二季度		三季度		四季度	
	本期实际	下期预计	本期实际	下期预计	本期实际	下期预计	本期实际	下期预计
总体情况	**106.06**	**122.76**	**104.61**	**97.36**	**97.99**	**101.29**	**79.17**	**83.93**
按国民经济行业分								
工　业	104.04	117.66	102.07	94.49	98.27	98.97	69.99	82.41
建筑业	93.67	172.98	122.70	153.98	103.16	138.09	101.02	69.33
交通运输、仓储和邮政业	106.33	97.18	75.17	75.17	75.17	80.98	71.82	68.48
批发和零售业	113.59	113.59	100.00	98.37	92.31	84.52	101.63	102.55
房地产业	92.86	128.57	107.14	121.43	114.29	114.29	78.57	107.14
社会服务业	123.53	105.88	117.65	94.12	117.65	88.24	94.12	88.24
信息传输、计算机服务和软件业	119.48	114.29	114.29	114.29	100.00	114.29	114.29	114.29
住宿和餐饮业	119.05	157.14	130.00	75.00	100.00	120.00	105.00	100.00
按登记注册类型分								
国有经济	114.34	125.75	111.16	92.86	98.42	84.60	72.76	75.57
集体经济	112.50	112.50	112.50	75.00	114.29	85.71	71.43	71.43
有限责任公司	103.90	134.19	103.61	113.14	101.59	122.15	86.94	85.90
股份有限公司	99.47	107.83	116.12	91.55	108.45	103.59	86.34	102.42
私营企业	128.57	114.29	85.71	100.00	114.29	128.57	128.57	114.29
外商及港澳台投资企业	100.00	129.41	116.73	81.43	88.24	88.24	87.32	83.39
按企业规模分								
大　型	100.32	131.79	110.66	105.62	107.55	100.64	63.84	60.10
中　型	106.06	122.73	116.67	101.52	100.00	107.58	90.77	98.46
小　型	116.00	132.00	108.33	91.67	97.87	108.51	89.36	95.74

13－14　按不同类型分的投资景气指数

（2008年）

分　类	一季度		二季度		三季度		四季度	
	本期实际	下期预计	本期实际	下期预计	本期实际	下期预计	本期实际	下期预计
总体情况	**103.80**	**123.39**	**120.31**	**108.80**	**103.66**	**101.37**	**81.71**	**93.38**
按国民经济行业分								
工　业	111.21	130.23	125.12	118.08	103.93	106.22	75.39	100.02
建筑业	82.16	127.69	115.57	124.62	109.14	93.67	87.00	84.65
交通运输、仓储和邮政业	96.82	77.99	118.83	59.32	65.49	59.16	65.49	71.82
批发和零售业	84.52	132.49	115.38	82.89	117.94	117.11	115.38	75.20
房地产业	107.14	107.14	107.14	135.71	107.14	121.43	57.14	92.86
社会服务业	117.65	117.65	117.65	111.76	129.41	105.88	129.41	100.00
信息传输、计算机服务和软件业	85.71	114.29	100.00	105.19	105.19	90.90	119.48	105.19
住宿和餐饮业	80.95	114.29	100.00	80.00	105.00	95.00	85.00	80.00
按登记注册类型分								
国有经济	134.74	120.81	146.15	120.56	106.12	98.50	96.74	89.61
集体经济	75.00	100.00	100.00	87.50	114.29	71.43	85.71	71.43
有限责任公司	95.19	127.34	103.28	118.40	95.71	105.59	85.85	88.70
股份有限公司	85.57	156.09	134.79	117.32	121.75	118.69	59.87	139.57
私营企业	142.86	85.71	128.57	100.00	142.86	100.00	142.86	114.29
外商及港澳台投资企业	101.76	108.89	90.00	93.53	113.72	112.09	93.20	87.32
按企业规模分								
大　型	98.18	140.94	142.23	113.87	103.64	96.00	52.89	103.46
中　型	101.52	110.61	112.12	107.58	110.61	107.58	107.69	100.00
小　型	98.00	112.00	110.42	102.08	110.64	100.00	89.36	78.72

13－15　按不同类型分的订货景气指数

（2008年）

分　类	一季度		二季度		三季度		四季度	
	本期实际	下期预计	本期实际	下期预计	本期实际	下期预计	本期实际	下期预计
总体情况	**104.90**	**145.87**	**127.27**	**104.05**	**97.25**	**117.66**	**67.07**	**84.06**
按国民经济行业分								
工　业	109.71	141.61	131.67	110.07	103.36	108.34	52.91	79.28
建筑业	123.82	174.49	126.39	171.08	107.43	149.63	132.48	94.69
交通运输、仓储和邮政业	93.48	150.35	103.34	62.50	80.81	118.48	46.82	80.98
批发和零售业	117.77	139.22	109.32	111.97	94.86	152.05	118.73	124.80
房地产业	57.14	114.29	92.86	107.14	78.57	100.00	42.86	78.57
社会服务业	105.88	158.82	141.18	70.59	82.35	117.65	82.35	70.59
信息传输、计算机服务和软件业	85.71	128.57	109.10	123.38	109.10	123.38	123.38	109.10
住宿和餐饮业	61.90	152.38	135.00	40.00	70.00	135.00	80.00	90.00
按登记注册类型分								
国有经济	130.03	155.62	134.14	117.83	125.11	121.66	66.01	64.09
集体经济	100.00	100.00	87.50	75.00	42.86	85.71	114.29	71.43
有限责任公司	83.05	151.77	133.24	103.29	87.30	119.64	69.56	87.54
股份有限公司	104.91	128.91	133.22	109.04	90.30	116.58	51.11	122.56
私营企业	85.71	142.86	100.00	100.00	42.86	142.86	114.29	85.71
外商及港澳台投资企业	104.96	157.58	119.74	84.12	81.11	128.49	84.12	73.27
按企业规模分								
大　型	113.71	144.94	131.80	132.81	116.27	133.17	58.58	71.91
中　型	86.36	143.94	121.21	93.94	90.91	115.15	69.23	78.46
小　型	104.00	142.00	118.75	97.92	89.36	123.40	87.23	91.49

13－16 按不同类型分的融资景气指数

（2008 年）

分类	一季度		二季度		三季度		四季度	
	本期实际	下期预计	本期实际	下期预计	本期实际	下期预计	本期实际	下期预计
总体情况	**68.36**	**68.87**	**68.16**	**68.20**	**63.31**	**62.80**	**56.88**	**56.70**
按国民经济行业分								
工　业	69.05	66.21	74.04	71.40	61.52	61.88	56.29	57.71
建筑业	72.79	75.14	33.51	33.51	40.65	40.65	28.81	40.65
交通运输、仓储和邮政业	77.99	77.99	62.50	62.50	65.49	65.49	52.99	40.49
批发和零售业	59.75	75.13	65.81	98.30	100.10	90.68	98.16	64.91
房地产业	50.00	42.86	50.00	35.71	42.86	35.71	42.86	42.86
社会服务业	64.71	88.24	82.35	82.35	70.59	70.59	70.59	82.35
信息传输、计算机服务和软件业	71.43	71.43	71.43	71.43	71.43	71.43	71.43	71.43
住宿和餐饮业	61.90	61.90	60.00	60.00	70.00	70.00	55.00	60.00
按登记注册类型分								
国有经济	66.89	66.99	82.29	83.99	59.37	57.35	56.82	51.97
集体经济	50.00	75.00	62.50	62.50	71.43	71.43	71.43	85.71
有限责任公司	53.98	50.76	48.61	40.98	46.34	44.75	43.72	46.22
股份有限公司	103.08	104.87	87.39	93.27	97.06	108.83	77.41	81.20
私营企业	71.43	85.71	71.43	85.71	71.43	71.43	71.43	71.43
外商及港澳台投资企业	88.56	94.45	88.56	88.56	88.56	88.56	70.92	70.92
按企业规模分								
大　型	81.83	76.10	82.29	83.91	73.65	69.63	64.18	66.35
中　型	63.64	65.15	62.12	60.61	56.06	54.55	50.00	48.44
小　型	64.00	76.00	70.83	70.83	68.09	74.47	63.04	67.39

13－17　全省各市主要经济指标

（2008 年）　　单位：亿元、%

	生产总值		第一产业		第二产业		第三产业	
	绝对量	增　速	绝对量	增　速	绝对量	增　速	绝对量	增　速
全　省	**18407.78**	**12.1**	**2658.80**	**5.5**	**10477.92**	**14.9**	**5271.06**	**10.2**
郑州市	3003.99	12.2	94.70	5.6	1659.49	14.8	1249.80	9.2
开封市	689.37	13.1	153.66	5.6	312.45	14.3	223.26	17.5
洛阳市	**1919.64**	**14.4**	**167.57**	**5.8**	**1172.60**	**15.7**	**579.47**	**13.9**
平顶山市	1067.70	13.6	101.40	5.6	696.33	15.1	269.97	13.0
安阳市	1036.05	13.1	143.00	5.7	647.39	14.9	245.66	12.5
鹤壁市	342.35	13.5	42.54	4.0	225.30	17.1	74.51	8.2
新乡市	949.49	13.9	130.77	5.3	521.20	17.3	297.52	11.7
焦作市	1031.59	12.6	83.66	5.2	689.65	15.2	258.28	8.1
濮阳市	657.28	13.0	90.85	5.6	437.17	15.3	129.26	9.8
许昌市	1062.05	12.6	133.93	4.2	696.99	14.9	231.13	10.5
漯河市	550.26	13.4	79.28	6.6	376.11	16.9	94.87	5.1
三门峡市	654.21	15.1	54.77	6.7	437.94	16.7	161.50	13.7
南阳市	1636.43	12.1	344.48	5.7	856.01	13.6	435.94	14.5
商丘市	931.39	11.4	254.62	5.7	416.05	14.6	260.72	12.2
信阳市	866.79	12.2	222.29	6.1	358.44	14.7	286.06	14.1
周口市	984.13	12.3	298.22	5.7	420.92	14.3	264.99	16.2
驻马店市	812.98	11.8	226.39	6.2	343.50	13.7	243.09	14.4
济源市	288.35	14.8	14.80	6.1	212.36	16.9	61.19	10.8

13－17 续表 1　　　　（2008 年）　　　　单位:亿元、%

	全部工业		规模以上工业		移动电话用户（万户）	本地电话用户（万户）	住宅电话用户（万户）	公用电话（万户）	国际互联网用户（万户）
	增加值（亿元）	增速（%）	增加值（亿元）	增速（%）					
全省	**9546.08**	**15.6**	**7305.39**	**19.8**	**3498.89**	**1562.44**	**1326.28**	**153.07**	**494.38**
郑州市	1484.68	15.6	1223.67	18.1	647.07	268.73	192.93	24.71	108.56
开封市	288.13	15.0	191.38	20.9	159.78	67.41	61.87	10.39	23.72
洛阳市	**1045.37**	**16.6**	**783.25**	**20.7**	**272.70**	**155.25**	**134.27**	**13.35**	**43.61**
平顶山市	663.55	15.6	501.80	19.8	191.28	67.10	58.09	9.53	26.78
安阳市	590.85	15.7	501.31	18.0	181.83	112.52	101.20	7.55	35.39
鹤壁市	214.72	17.5	189.52	21.8	59.98	31.40	27.82	3.99	11.66
新乡市	455.45	18.9	377.87	21.6	203.44	135.02	112.23	12.11	39.34
焦作市	649.19	15.8	539.55	18.5	149.72	67.37	57.73	8.57	25.25
濮阳市	400.15	16.4	346.03	17.8	130.57	43.83	39.79	3.87	12.78
许昌市	660.20	15.3	487.20	19.6	163.68	59.14	45.07	8.23	27.82
漯河市	361.20	17.4	297.16	19.9	104.21	33.04	27.98	5.10	13.26
三门峡市	416.31	17.1	352.00	19.7	117.27	41.12	37.62	5.91	17.31
南阳市	768.21	14.3	468.19	20.1	254.27	136.95	114.43	10.40	26.18
商丘市	360.47	15.8	258.80	20.0	204.01	83.62	78.27	8.85	17.43
信阳市	297.44	16.3	192.12	23.7	189.13	88.57	80.78	7.34	19.99
周口市	375.56	15.2	232.67	21.5	230.93	80.40	69.82	6.56	19.99
驻马店市	313.74	14.2	190.99	20.8	202.97	73.30	70.05	6.15	20.81
济源市	202.82	17.5	171.87	20.2	36.04	17.68	16.28	0.42	4.00

13－17 续表 2　　（2008 年）

	人口数（万人）	粮食播种面积（千公顷）	粮食产量（万吨）	肉类产量（万吨）	规模以上工业主营业务收入（亿元）	规模以上工业利税总额（亿元）	规模以上工业利润总额（亿元）
全　省	**9918.00**	**9600.00**	**5365.48**	**584.50**	**25292.02**	**3458.82**	**2179.1**
郑州市	663.17	359.77	165.22	21.89	4260.08	701.02	442.34
开封市	484.06	446.45	248.48	33.55	813.54	122.21	84.80
洛阳市	**654.40**	**513.43**	**230.80**	**22.07**	**2699.27**	**232.39**	**124.04**
平顶山市	501.12	407.48	194.22	33.28	1673.45	217.52	117.08
安阳市	542.00	531.68	328.22	18.76	1850.79	237.49	134.73
鹤壁市	145.78	162.23	109.56	21.55	506.86	49.93	29.06
新乡市	560.70	596.90	374.88	31.54	1239.16	126.38	88.74
焦作市	346.64	263.72	196.41	17.41	1867.95	290.02	198.35
濮阳市	363.35	370.92	244.76	18.23	1155.77	176.29	111.92
许昌市	456.41	421.50	270.73	34.22	1611.19	320.05	193.94
漯河市	256.90	259.62	166.02	24.77	1132.44	179.39	144.33
三门峡市	223.41	159.09	61.49	7.18	1356.02	170.40	126.03
南阳市	1091.36	1101.55	569.66	63.95	1463.41	209.34	106.16
商丘市	828.36	909.95	585.71	48.20	943.81	112.60	74.61
信阳市	802.80	805.26	561.21	51.75	632.09	57.00	31.00
周口市	1086.06	1104.65	706.36	60.79	753.75	130.63	98.33
驻马店市	848.78	1139.03	639.08	72.10	695.92	76.07	47.39
济源市	68.11	41.36	21.40	3.77	636.52	50.09	26.24

13－17 续表3 （2008年）

	邮电业务总量（万元）	邮政业务总量（万元）	电信业务总量（万元）	客运量（万人）	旅客周转量（万人公里）	货运量（万吨）	货物周转量（万吨公里）
全　省	**11241310**	**470421**	**10770888**	**122414**	**8083159**	**118198**	**29951526**
郑州市	2306851	65246	2241605	21395	964329	11387	1605825
开封市	455764	18067	437697	4125	355042	4127	752057
洛阳市	**895122**	**30667**	**864455**	**9009**	**719866**	**8372**	**1747194**
平顶山市	611037	22482	588555	6536	330586	6501	867909
安阳市	595938	30950	564988	5357	280395	12442	3887200
鹤壁市	166343	4955	161388	5627	131506	4210	945170
新乡市	715759	36740	679020	5068	223249	5184	908775
焦作市	515741	18278	497463	3733	209047	8038	4711984
濮阳市	396486	15153	381332	3376	206292	2375	627849
许昌市	515706	17935	497771	5354	291882	9740	2110969
漯河市	277952	10526	267425	2645	212720	2132	340495
三门峡市	323061	12563	310498	2934	127968	2486	406449
南阳市	839435	39074	800361	11231	1031052	9739	2160734
商丘市	707746	32604	675141	8873	576981	11713	3700293
信阳市	535436	28778	506658	5776	584172	3478	613100
周口市	680943	33203	647739	7300	1013661	5739	2434321
驻马店市	612646	38903	573743	11915	767026	8439	1922620
济源市	80010	4963	75047	2161	57386	2097	208582

	全社会固定资产投资总额（亿元）	城镇固定资产投资总额（亿元）	房地产开发投资（亿元）	社会消费品零售总额（亿元）	出口总值（万美元）	实际利用外商直接投资（万美元）
全　省	**10490.65**	**8721.19**	**1807.82**	**1206.25**	**1071890**	**403266**
郑州市	1770.64	1521.05	528.25	258.55	296156	140078
开封市	303.85	232.41	23.34	577.08	13938	6511
洛阳市	**1100.61**	**974.31**	**186.88**	**245.80**	**135342**	**89976**
平顶山市	421.21	349.57	56.35	245.78	53049	12507
安阳市	565.94	473.44	81.39	67.47	122090	10177
鹤壁市	206.58	181.70	26.68	277.79	15194	10578
新乡市	772.78	691.55	85.66	221.78	79907	22537
焦作市	636.14	546.98	86.10	166.16	88635	5609
濮阳市	334.60	273.27	35.69	248.57	34206	1172
许昌市	521.72	425.30	76.35	157.12	68675	11700
漯河市	246.55	213.62	19.46	144.09	7617	20438
三门峡市	403.15	344.58	53.63	568.61	11967	23411
南阳市	895.84	708.55	57.82	287.85	69307	11635
商丘市	533.82	428.60	103.69	312.42	7999	6026
信阳市	662.49	536.26	194.10	344.09	5622	7841
周口市	534.62	379.02	88.97	269.11	12286	10577
驻马店市	423.39	309.13	84.04	50.20	11818	7238
济源市	134.91	109.32	19.42		38084	5255

13－17 续表 5 （2008 年）

	地方财政一般预算收入（亿元）	金融机构各项存款余额（亿元）	城乡居民储蓄存款余额（亿元）	金融机构各项贷款余额（亿元）	在岗职工平均工资（元）	城镇居民人均可支配收入（元）	农民人均纯收入（元）
全 省	**1008.90**	**15255.42**	**9515.82**	**10368.05**	**24816**	**13231**	**4454**
郑州市	260.39	4916.39	2067.22	3612.29	26476	15732	7548
开封市	26.13	442.69	345.08	244.57	17737	11342	4355
洛阳市	**116.57**	**1395.25**	**840.25**	**663.27**	**22883**	**14672**	**4597**
平顶山市	62.52	812.76	540.29	442.75	25003	13531	4420
安阳市	50.06	748.07	526.51	385.32	21496	13637	5190
鹤壁市	15.87	206.12	146.46	162.45	18427	12491	5495
新乡市	48.77	759.57	543.99	506.15	17271	13000	5038
焦作市	49.18	554.69	399.93	342.06	21600	13199	6130
濮阳市	25.30	443.42	337.32	154.94	22709	12731	4065
许昌市	41.61	523.08	388.35	378.65	18581	12448	5840
漯河市	19.20	288.31	195.29	206.37	16429	12364	5230
三门峡市	36.70	421.86	294.49	214.42	23788	12392	4680
南阳市	51.29	921.18	687.44	550.91	17847	12395	4570
商丘市	31.59	602.73	472.86	409.97	18770	11752	3750
信阳市	24.99	728.17	571.31	353.63	18409	11022	4272
周口市	25.49	663.65	564.87	395.20	16723	10406	3605
驻马店市	25.61	657.34	513.56	335.05	16968	11305	3900
济源市	18.08	113.95	80.60	80.04	19778	13809	6176

社会经济大事记

SOCIAL AND MAJOR ECONOMIC EVENTS

社会经济大事记

1 月

1月1日，截至2007年12月31日，我市全口径财政收入突破200亿元。同比增长44.6%；一般预算收入突破100亿元，同比增长30.7%。

△省发改委已对我市的生活垃圾填埋场填埋气发电项目进行了核准批复，这意味着我市也可以用垃圾发电了。

△我市洛钼集团的图标将出现在2007年版的印花税票上，洛钼也由此成为我市及全省首家享受此殊荣的企业。

△我市64家医院开始执行"同药同价"。

△新安县石寺镇荣获"国家卫生镇"称号。该镇是我市目前唯一获此殊荣的乡镇。

1月3日，我市政府与华电集团公司合作开发洛阳核电项目框架协议举行签字仪式。据有关介绍我市从2004年开始酝酿核电厂址选择工作，现已确定4个备选点，分别是：陆浑水库两个点，小浪底水库和故县水库各一个点，下一步我市将与华电共同努力，加快洛阳核电项目前期工作的进度，争取项目尽早取得突破。

△中央财政对中西部地区廉租住房补助资金4239万元划拨我市，主要用于廉租住房租赁补贴的发放。

△近日，国家发改委复函确定，将我市两家企业的两个项目列入2008年度重大装备本地化专项，共安排中央预算内专项国债资金3240万元。这个项目是：洛轴研所精密型重型机械轴承产业化项目和洛阳中收机械装备有限公司通用大型自走式玉米联合收获机项目。

1月8日，省建设厅发通知，命名栾川、宜阳、嵩县等9个县（市）为河南省第9批园林城市（园林县城），至此，我市已有7个省级园林县城。

△2007年度国家科学技术奖励大会上，我市8个科技项目喜获国家科学技术进步奖，其中一项国家科学技术进步奖一等奖，7项国家科学技术进步奖二等奖。

1月11日，洛阳石化去年实现销售收入309亿元，成为河南省首批销售收入超过300亿元的工业企业之一。

1月14日，我市获"全国科技进步先进市"称号。

△市建设工作会议透露，今年全市将完成城市建设投资183亿元以上，其中新区开发100亿元以上，旧城区改造83亿元。

△市发展和改革工作会议部署今年工作。全年实施千万元以上工业结构调整项目335个，总投资1025亿元。

1月16日，我市今年实施三大林业建设工程：营造环城生态防护林5940亩，新建苗木花卉林果产业带4445亩，公路两侧可视范围内的荒山荒坡绿化2.07万亩。共计新增绿地3万亩。

1月19日，据资料悉，2007年我市实现进出口总额13.6874亿美元，同比增长29.1%；出口创汇10.4655亿万美元，同比增长30.8%，高出全省平均增幅6.3个百分点。

△全市交通工作会议提出，今年我市计划完成交通基础设施建设投资25亿元。其中，高速公路12.55亿元，干线公路9.13亿元，农村公路3亿元，场站建设0.32亿元。

1月22日，从2008年起，我市新农合筹资标准提高，每年累计封顶补助由1万元提高到3万元。

1月23日，近日有关部门确定全市12个新农村建设村庄绿化试点示范村。试点村人均公共绿地将达到5平方米以上。

△俄共中央主席久加诺夫来我市访问。

1月24日，2007年我市黄金行业生产黄金突破28万两，创历史新高，在全国产金地产市产量排在第三位，居全省第二位。

1月25日，今年我市商品房开发面积将首次突破1000万平方米，经济适用房新开工面积将达到115万平方米。

1月25日－26日，科技部副部长曹健林来我市调研科技发展情况。他强调，要充分发挥科技支撑作用，拉长产业发展链条，推动经济社会又好又快发展。

1月28日，从2008年1月1日起，我市为17.9万企业退休、退职人员提高养老保险待遇，人均增幅超过100元，调整部分于今年春节前到位。

1月29日，全国丝绸之路申报世界文化遗产工作交流会在我市举行。来自丝路沿线6省区文物部门及相关文化遗产地管理部门的负责人参加会议。

△据资料悉：今年我市城市区将新植乔木14.5万株花灌木51.4万株，生产彩化草花300万盆，组织义务植树28.6万株。

1月31日，我市喜获"最值得向世界推荐的中国名城"称号。市长郭洪昌代表我市赴京领取奖杯。

△中信集团等4家单位共同发起成立了中信重工机械股份有限公司，标志着中信重机股份制改造完成了重要一步。力争在今年登陆国内资本市场。

2 月

2月1日，据有关资料显示：2007年我市工业利润增速全省第一，工业企业实现利税和利润均创历史最高水平，分别为287.7亿元和181.3亿元。另外，2007年我市县域税收成绩突出，全省108个县（市）税收前10强中我市占4席。全省108个县排名中，栾川13.15亿元列第4位，偃师11.12亿元列第6位，伊川10.1亿元列第8位，新安9.09亿元列第9位。2月3日，市政府举行2007年全市经济新闻发布会，发布去年国民经济运行情况。统计显示，初步核算我市全年完成生产总值1595.5亿元；人均生产总值突破3000美元，一般预算收入突破百亿元大关，粮食总产再创新高，工业经济效益综合指数刷新历史纪录。

△市政府召开节能减排工作会议，提出今年工作目标，今年我市的二氧化硫排放量控制在24.56万吨以内，COD控制在4.19万吨以内。

2月13日，今年春节期间，我市6家博物馆（纪念馆）对公众免费开放，7天接待参观者超过30万人次。

2月26日，汉魏故城、隋唐洛阳城、白马寺、汉函谷关顺利入选丝绸之路跨国申遗。这标志着洛阳作为丝绸之路东方起点之一历史地位的确立，也表明我市丝绸之路跨国申遗工作取得阶段性成果。

△我市召开人口和计划生育工作会议，会议提出2008年我市人口和计划生育工作目标是：人口自然增长率控制在6.5‰以内。

2月28日，中信重工机械股份有限公司在我市成立。中信集团公司董事长孔丹发来贺信，副省长史济春代表省委、省政府发来贺信，市领导连维良、李兴太等参加揭牌仪式。

3　月

3月1日，对我市出土的《大秦景教室元至本经》经幢，国内专家给予了高度评价。著名学者冯其庸说，它的发现对世界学术界来说是一件具有重大意义的事件；中国社会科学院研究员罗炤说，它的出土是基督教东传史上最重大的发现之一，在世界文化史、东西方文明交流史上占有重要地位；北大教授宿白甚至将其称为2006年世界级的文化发现之一。

3月2日，许昌市党政考察团来我市考察，重点考察新区建设、旧城改造和城中村改造、优化经济发展环境等工作。

3月4日，我市提高种粮农民直补标准，综合补贴标准提高，比上年增长71%，兑现补贴时间提前。

△国家发改委下发文件，下式核准华阳孟津电厂项目。

3月5日，今年我市农村公路建设目标确定，总投资6.2725亿元，建设项目406个。

△今年我市确定扶贫开发目标：完成9000人搬迁任务，完成100个扶贫工作重点村“整村推进”任务等。

△我市争取到中央和省级财政对我市2008年农机购置补贴资金1600万元。

3月7日，据资料悉，我市2007年有890个项目获核准、备案，总投资792亿元；实施各类项目2900个，当年完成投资700亿元，利用市外境内资金170.1亿元，实际利用外资6.37亿美元。

△全市科技工作会议召开，市委书记连维良提出今年科技工作要努力实现6个目标，着力抓好7个方面的工作。

3月11日，我市劳动保障工作会议提出，今年我市全面推行劳动合同制——劳动合同签订率要达100%。

3月13日，中国2009世界邮展展徽、吉祥物、主题口号确定。展徽是“飞向全球”，吉祥物是“牡丹信使”，主题口号是“博览世界邮展，相约牡丹花城”。

3月18日，副省长刘满仓来调研社会主义新农村建设工作。他提出，要继续深入搞好农村基础设施建设和村容村貌集中整治，加快推进贫困地区的新农村建设。

3月19日，我市金融工作会议提出，今年力争银行类金融机构新增贷款90亿元。

3月21日，洛阳牡丹花会会徽、吉祥物和主题语评选结果揭晓。

3月22日，截至目前，我市共完成整地41.22万亩，完成栽植40.96万亩，基本完成了省政府下达的年度造林任务。

3月27日，河南省重点建设项目——中信重工“新重机”工程成功生产出第一炉钢水，这标志着该公司在提升重大装备研发制造核心能力上又往前迈进一大步。

3月28日，位于洛龙科技园区的洛阳中集凌宇汽车工业园投产。一期工程为年产4000台罐式专用车和2000台客车，全部项目建成后，将形成年产1万台专用车的生产能力，销售收入预计超过30亿元。

3月31日，2008年我市将建设8万平方米廉租房。

4　月

4月1日，第26届洛阳牡丹花会赏花启动仪式隆重举行。

△2008年洛阳城乡规划成果展在新区体育馆开展。

4月2日，据统计资料悉：2007年，我市经济总量在全国地级以上城市中居第43位，比2006年提升了两位，居中部第4位，中西部第7位。

4月3日，河南108个县（市）排定2007年度经济发展座次。我市有6个县（市）因为在县域经济发展方面的骄人成绩，跻身“强县”、“快县”方阵。在21个“强县”中，偃师市、栾川县和新安县，分别排在第7、第8、第10位。另外在10个“快县”中，汝阳县、宜阳县、洛宁县分别为第1、第5和第8位。

4月7日，我市荣获首批“国家知识产权工作示范城市”称号。

△我市和甘肃省酒泉市建立友好旅游城市。

△中国机械工业集团控股一拖集团。

4月8日，2007年度全国10大考古新发现评选揭晓，我市文物部门报送的“偃师东汉帝陵与洛阳邙山墓群”项目入选。

4月9日，由洛阳师范学院和洛阳理工学院分别设计制作的总面积超过500平方米和总长超过150米的大型牡丹填色画在英国吉尼斯总部认证官员监督下创作完成，成为世界上最大和最长的填色画。英国吉尼斯总部认证官员现场颁发证书。

4月10日，经邮展执委会批准，我市设立中国2009世界集邮展览一周年倒计时牌。

4月11日，我市环境保护工作会议提出，今年我市COD排放量要控制在4.19万吨以下，二氧化硫(SO_2)排放量控制在24.56万吨以内。

4月13日，中国空空导弹研究院天空能源（洛阳）有限公司锂离子动力电池生产线投产。这标志着洛阳新能源产业基地建设迈出了坚实的一步。

△玄奘大师诞辰1408周年纪念活动在玄奘故里隆重举行。

4月16日，我市城乡一体化试点工作全面铺开。今年重点做好18个试点乡镇的推进工作。

4月18日，我市预计投资4000多万元，到今年10月底前，确保60个自然村实现“村村通电话”目标。

4月19日，《洛阳市2008年廉租住房保障对象、保障标准》出台。

△荆门市党政代表团来我市考察。

4月19日至21日，由国家住房和城乡建设部组织专家审查，洛阳市城市总体规划（2008－2020年）纲要原则上通过。

4月22日，具有我国完全自主知识产权的禽流感（H9）四联灭活疫苗由洛阳普莱柯生物工程有限公司首家研制成功。

4月26日，第三届新洛阳经济发展高端论坛在我市隆重举行。来自我市的各大企业董事长、总经理和有关部门管理决策人士参加了会议。

△“区域经济发展与企业竞争力提升论坛”在我市举行。来自各地的领导专家、企业家共300多人出席了论坛和开幕式。

△在2008元圣周公朝拜大典举行之际，洛阳周公研究会宣布成立，著名历史学家李学勤发来贺信。

4月28日，第18届全国图书交易博览会洛阳分会在牡丹广场隆重开幕。国家出版总署副署长李东东、省人大常委会副主任王菊梅、市领导郭洪昌、王全乐、李柳生、杜勇杰出席了开幕式。

4月30日，今年我市全面提高城乡低保和农村五保对象供养标准，以确保困难群众的基本生活。最低生活保障标准：城区居民由160元提交到190元；县（市）城镇居民由140元提交到不低于160元；农村居民最低生活保障对象人均补助：由每人每月不低于30元提交到不低于40元，农村五保对象供养标准：集中供养的由每人每年1500元提到不低于1800元，分散供养的由每人每年1000元提高到不低于1100元。

5　月

5月1日，今天起，我市城镇居民医疗保险政策有重大调整；住院报销封顶线由2万元提高至3万元；财政补贴标准提高40元，个人缴费金额不变，将意外伤害、计划内生育纳入医疗保险；住院起付标准降低，二次住院减半执行。

5月3日，第三届中部投资贸易博览会上，我市共有3个项目签约，投资总额达到47亿元。

△“五一”3天，我市累计接待国内游客203万人次，门票收入1.6亿元。

5月4日，经国家商务部批准，我市成为中西部加工贸易重点承接地。这将使我市外贸出口迎来三大发展机遇。

5月7日，据统计资料悉，一季度，全市经济保持在较高平台上平稳运行，实现生产总值388亿元，高于全国和全省平均增速。

5月8日，从第26届洛阳牡丹花会对外经济技术合作项目签约仪式上传出喜讯：本届花会共签订合作项目88个，投资总额达449.7亿元，其中市外资金386.2亿元。

△《洛阳市志（1991——2000）》出版发行。

5月9日，由国家文物局公示的首批“国家一级博物馆”名单中，洛阳博物馆入选。

△广西壮族自治区政府考察团来我市，考察我市垃圾、污水处理情况。

5月10日，我市3家企业入围“中国机械工业百强”。它们分别是中国一拖、中信重工、LYC轴承公司。

5月12日，据资料悉，4月1日——5月10日，26届洛阳牡丹花会期间，我市共接待国内旅游者1437.7万人次，国内旅游收入58.89亿元，较去年同期分别增长12.23%和20%，创花会旅游接待新高。

5月13日，中信重工与中国重型机械研究院签订了总价值达1.38亿元和120MN强力拉伸矫直机成套主机设备制造合同。中信重工将在14个半月内，为西南铝业（集团）有限责任公司提供1台套用于国家大飞机项目生产线的目前国内最大的120MN强力拉伸矫直机。

5月20日，国家发改委正式下发文件，建设7个新材料产业国家高技术产业基地，我市成为中部六省唯一入选的城市。

5月23日，我国首座以收藏、展示和保护历代匾额为主的专题博物馆——洛阳匾额博物馆启动兴建，将于2009年4月建成开放。

△我市将为四川地震重灾区建设6000套过渡安置房。

5月28日，河南省洛阳银企洽谈会在我市举行，共有270个项目与16家银行进行了签约，贷款总额达89.53亿元。

5月31日，100名来自地震灾区的伤员乘坐专列抵达我市接受治疗。

5月31日——6月1日，2008全国民营科技园区创新发展研讨会暨国际合作项目洽谈会、中俄科技经济合作论坛在我市举行。中央、省、市领导和来自俄罗斯、日本、韩国以及全国各地的200多名专家学者、企业家参加了研讨会。

6　月

6月6日，北宋名相富弼墓葬在我市发现。墓葬中发现一方1.4米见方、厚35厘米的青石墓志，墓志全文7000多字。这是中原地区迄今出土的一方尺寸最大、志文最长的墓志，具有极高的宋史研究价值。

6月6日，中国和印度联合发行《白马寺与大菩提寺》特种邮票洛阳首发仪式在中国佛教发源地——白马寺隆重举行。

6月10日，中国航空工业第一集团公司第六一三研究所光电研发中心项目在新区隆重奠基。该项目的正式开工标志着备受关注的洛阳"航空光谷"建设拉开序幕。项目预计到2010年可实现总收入25亿元，到2017年达到150亿元。

△2008年版《洛阳市市民文明公约》和《洛阳市市民守则》颁布。

6月16日，据资料悉，洛阳的唐三彩烧制技艺、真不同洛阳水席制作技艺、关公信俗、洛阳牡丹花会、平乐郭氏正骨法、洛阳宫灯等入选国家级非物质文化遗产扩展项目名录。

△河南省首家村镇银行——栾川民丰村镇银行开业。该行的成立，是我市创新打造金融平台、推进地方金融及其发展的一项重要举措，标志着我市探索新型农村金融服务体系迈出了实质性的一步。

6月17日，我市召开全市领导干部大会暨项目建设对外开放、服务业发展工作大会。省委常委、市委书记连维良在会上强调全面提高执行力，促进各项决策部署更好更快落实。

6月18日，市委、市政府召开会议、专题研究部署10亿元以上前期工业项目谋划工作。会议强调，市直各部门全力配合，服务上门，帮助项目加快前期工作。

6月19日——20日，平项山市党政考察团来我市考察，重点考察项目建设，城市建设等工作。

6月22日，在中国白酒行业久负盛名的汝阳杜康（集团）总公司及其下属企业被拍卖，郑州百瑞信托有限公司以1.5亿元的价格竞拍成功。

△我市发布2008年企业工资指导线：企业货币工资增长基准线为18%，上线为22%，下线为7%，执行期限为2008年1月1日至12月31日。

6月26日，2008年国家高新区发展战略研讨会在我市举行，来自科技部、中国高新区协会和全国36个国家级高新区的100多名代表参加了研讨会。

6月29日，2008年我市科技进步奖评选揭晓，共评出78项科技成果奖，首次评出2项特别贡献奖。

6月30日，洛阳牡丹接到首批奥运订单。350盆优质催花牡丹将用于奥运会开幕前的新闻发布会会场布置，同时也将成为国际奥组委重要官员接待的礼宾用花，其中约300盆将用于摆放，50盆将作为切花使用。

7　月

7月1日，洛阳众品食品有限公司一期工程竣工试产，每年可加工猪肉制品2000多吨，年销售收入超过10亿元，届时，它将成为豫西最大的肉类加工企业。

7月2日，龙门石窟环境保护研究展示中心动工兴建。建筑面积9900平方米，集科研保护和旅游服务于一体，两年后建成并投入使用。

7月4日，我市太阳能产业又添"巨子"，投资7.3亿元的阿特斯长晶切片项目即将在阿特斯光伏电力洛阳公司投产。等到明年底，长晶切片二期建成投产后，洛阳太阳能产业长晶切片的年生产能力将达到3000吨，每年产值在45亿元到75亿元。阿特斯洛阳公司的太阳能电池板95%以上全部出口，到明年年底，该公司出口创汇额将位居我市首位。

7月11日，第8届全国县域经济基本竞争力百强县揭晓，偃师市位居第68位，比上年前移3位。

△据中国商品交易市场统计信息发布会资料悉，我市的关林市场位居全国十大工业品交易市场第6位，比两年前提高了一个位次。

7月12日，我市被省政府命名为首批"河南省依法行政示范单位"。

7月16－17日，国务院9部委检查验收组来我市，对我市整顿和规范矿产资源开发秩序及"回头看"工作进行检查验收。

7月18日，为迎接2009世界邮展，展示洛阳的悠久历史和灿烂文化，2009年世界邮展系列个性邮票《河洛文明·华夏之光》第一组，《夏代文物》邮票发行。

7月19日，洛阳机场航站楼改扩建工程开工。计划在明年牡丹花会前全部完工。届时，航站楼"大唐盛世"的独特造型，将呈现在中外旅客面前。

7月23日，今年上半年，我市生产总值达到888.2亿元，按可比价计算增长14.4%，高出全国平均增速4个百分点。

7月25日，市政府下发《关于鼓励外来投资投向重点产业项目的意见》。六大优势产业和高新技术、高成长性关联产业和特色产业等，是我市鼓励外来投资的重点行业。

7月26日，北京2008·奥运会火炬接力河南省洛阳市传递活动起跑仪式隆重举行。

7月29日，我省建设规模最大的变电站——洛阳500千伏嘉和变电站在伊川运行成功，投入使用。

7月30日，市政府举行我市农村信用社贷款支持农业产业化龙头企业签约仪式，共签约项目75个，贷款总额1.1亿元。

8 月

8 月 4 日,2008~2009 年度,我市获得出口名牌产品称号的企业增至 10 家,企业数量居河南省辖市第一。

△我市为北京奥运会生产的首批催花牡丹赴京。共有 370 盆催花牡丹和 1000 枝牡丹鲜切花。它们将被选择作为奥运会开幕前新闻发布会会场布置和国际奥组委重要官员礼宾及场馆布置用花。

8 月 6 日,我市被国家农业部确定为全国首批 10 个“循环农业示范市”之一。

△国家旅游局推出了 32 条奥运精品旅游线路,我市的龙门石窟景区名列其中。

△中信银行洛阳分行开业。——这是入驻我市的第二家全国性股份制商业银行。

△我市城市区首批廉租住房开工建设,总建筑面积 1.2 万平方米,全部为 50 平方米的小户型住房,计划年底竣工,明年春节前,240 户家庭将圆廉租住房梦。

8 月 11 日,亚州最大的集铝采矿、选矿、冶炼、加工、科研、贸易——金堆成钼业集团将投资 4.7 亿元,在我市投建年产 500 万平方米 LOW—E 镀膜玻璃生产线及配套项目。达产既可实现年均销售收入近 9 亿元。

8 月 12 日,全市召开发展改革工作会议,进一步明确我市下半年十大发展改革任务:①着力抓好运行协调,确保经济稳步增长;②进一步抓好项目建设,努力形成大项目建设高潮;③加大招商引资力度,多渠道解决好资金瓶颈制约;④优化农业产业结构,加强基础设施建设;⑤加快发展服务业,进一步提升产业层次;⑥加强城市建设和管理,积极创建国家森林城市;⑦突出抓好节能降耗工作,确保全年目标实现;⑧高度重视价格问题,积极采取干预措施;⑨以破产重组和企业上市为重点,全面推进企业改革;⑩扎实做好涉及人民群众切身利益的实事。

8 月 15 日,市十二届人大常委会举行第 37 次会议表决,通过《洛阳市隋唐洛阳城遗址保护条例》等。

△据资料悉:“2008 河南工业百强企业”中,我市共有 11 家企业榜上有名,分别是:中石化洛阳分公司(第 6 位)、新安电力(第 8 位)、伊川电力(第 12 位)、一拖(第 15 位)、洛钼(第 26 位)、中信重工(第 32 位)、中铝洛阳铜业(第 35 位)、洛阳紫金银辉黄金冶炼有限公司(第 38 位)、中铝河南铝业有限公司(第 77 位)、洛阳石化宏达实业公司(第 79 位)、河南兴安线材有限公司(第 89 位)。

8 月 16 日,市政府出台的《洛阳市创建国家森林城市实施方案》提出,2009 年达到国家森林城市标准。

8 月 17 日,新加坡总统纳丹来我市参观访问。

8 月 18 日,我市确定非公有制经济发展目标,到 2009 年,全市非公有制经济的营业收入、增加值、上缴税金要分别突破 3000 亿元、1000 亿元和 120 亿元,比 2006 年翻一番。届时,非公有制经济总量占全市 GDP 的比重达到 50% 以上。

8 月 22 日,我市召开全市节能减排工作会议,提出,从现在起到年底,我市将在六大方面打响攻坚战,全面完成全年节能减排目标任务。

8 月 23 日,国务院扶贫办主任范小建来我市调研,他强调,要突出五项工作重点,加快推进扶贫开发。

8 月 26 日,泰山石膏(河南)有限公司的一个年产一亿平方米纸面石膏板、销售收入 5 亿元,利税 8000 万元的生产线落户我市偃师的首阳山镇,其生产规模将是“中国第一,亚州第二”。

△我市参加第五届豫洽会成果丰硕,共签约 8 个项目,投资总额达到 50.35 亿元。

8 月 28 日,我市“一谷三基地”(中国动力谷、装备制造业基地、有色金属基地、新材料基地)建设又一重大项目——洛轴研究所精密型重型机械轴承产业化项目正式奠基。

8 月 30 日,我市三家企业入选中国 500 强,分别是新安电力(排 296 位)、伊川电力(排 352 位)、一拖集团(排第 400 位),据悉,该名单是按照上年度营业收入排序。

9 月

9 月 1 日,洛阳博物馆新馆封顶。新馆位于城市中轴线上,北临洛浦公园,南接隋唐城遗址植物园,占地约 300 亩,建筑面积 4.2 万平方米,总投资约 3.5 亿元。明年牡丹花会前建成投用。

9 月 4 日,郑西铁路洛阳南站开工,洛阳南站建筑面积为 31870 平方米,总投资 5.1 亿元,是该铁路线上最大的车站。

△北京残奥会圣火在我市成功传递。

9 月 5 日,我市首次公开抽号销售经济适用房,476 户低收入家庭抽到住房。

9 月 8 日,全国政协副主席陈宗兴来我市考察工作。

△我市下拨义务教育保障经费,五类寄宿生为优先补助对象。这些经费包括农村义务教育公用经费补助奖金 12296.9 万元,秋季免费教科书资金 5551.5 万元,寄宿生生活补助费 1192.9 万元。

9 月 10 日,黑龙江省政府考察团在副省长于莎燕带领下来我市参观考察。

9 月 11 日,泰国正大集团董事长谢国民一行来我市考察。

△香江万基铝业公司二期氧化铝工程试生产顺利。达产后,氧化铝年生产能力将达到 80 万吨。

9 月 16 日,国家发改委副主任朱之鑫来我市调研。

△第 13 届全国钛及钛合金学术交流会在我市隆重举行。专家预测,未来 3 年至 5 年内,我市将形成钛合金半成品、精铸钛制品和钛设备三大产业集群,带来 50 亿元的年销售收入。

9 月 17 日,“新洛轴工程”在洛龙科技园奠基,洛阳 LYC 轴承有限公司由此开启了“二次创业”实现轴承行业“中国第一,世界十强”目标的序幕。

9 月 20 日,汝阳恐龙化石群省级地质公园揭牌并对外开放。

9月21日，香港沪港经济发展协会考察团来我市考察。

△深圳安远集团与我市洛宁县政府合作项目签约。5年内，安远集团将投资40亿元，在洛宁建设高档次旅游景区、四星级酒店、职业教育学院、工业园区，实施矿产资源开发。

9月24日，我市扩大城镇居民医保覆盖工作全面启动，力争年底实现参保人数70万。

9月28日，在"第二届亚洲制造业论坛"评选会议上，我市荣获"2008中国制造业名城"称号。

10　月

10月5日，年底前，我市将有千余套经济适用房惠及市民。经济适用房的首付从原来的30%降至20%，贷款额度从最高25万元升至30万元。

10月6日，据资料悉，我市百岁老人人数从去年的174位增至201位。其中最年长的老人是113岁的李四粉。老人节前夕，她在全国"百岁寿星排行榜"评选中入围。

10月7日，"引黄入洛"工程正式启动。三年后，我市将实现从北线黄河引水入洛，这项工程总投资1.96亿元。它的实施，不仅确保近期洛阳城生态用水的需求，长远来看还能解决城区生产、生活用水问题。

10月13日，据资料悉，为进一步带动提高全省服务业发展整体水平，经省政府同意，我市和郑州市、开封市、鹤壁市、固始县，成为省服务业综合改革试点城市、县。到2012年，我市服务业增加值比2008年翻一番。

10月14日，据资料悉，我市的中钢集团团队和河科大团队荣获省"创新型科技团队"。

10月16日，据资料悉，我市被国家发改委正式认定为新材料国家高技术产业基地。我市作为中部六省唯一入选的城市，领到了这块极具含金量的"金字招牌"，我市将以此为契机，打造中西部地区最大的新材料产业基地，力争到2015年，使全市新材料产业实现工业产值1000亿元。

△关林市场西区首期改造工程奠基。该项目计划投资1.3亿元，占地面积2.5万平方米，将建成5栋框架封闭式购物商场。项目共分三期完成。一期明年"五一"建成营业。明年下半年二期、三期工程将相继开工。

10月19日，我市当选"感动世界的中国品牌城市"。

10月21日，北京钓鱼台国宾馆将建牡丹专题园，将移栽洛阳牡丹2008株、56个品种9大色系13个花型。首批运往北京的有700多株。

10月22日，全国知名网站论坛龙门会在我市举行。来自国内30多家知名网站的论坛负责人参加了会议。

10月23日，我市荣获"2008年度中国优秀节庆城市"称号。

洛阳牡丹花会荣获"2008年度中国十佳花卉节庆"和"中国节庆杰出典范奖"。

10月27日，为期一个月的河洛文化旅游节落幕。全市共接待境内外旅游者554.72万人次，旅游总收入26.54亿元。

10月29日，我市将在经济开发区投资兴建定位于呼叫信息和数据处理产业的信息服务业基地，力争3至5年内打造成中西部地区较有影响力的"中原声谷"。

11　月

11月3日，我市第一个乡镇无害化垃圾填埋场投入使用。

△2007年度全省经济社会发展百强乡镇评选揭晓。我市有15个乡镇进入全省百强。它们是偃师市城关镇、洛龙区关林镇、栾川县赤土店镇、偃师市首阳山镇、栾川县冷水镇、偃师市翟镇镇、宜阳县城关镇、偃师市诸葛镇、涧西区工农乡、西工区洛北乡、栾川县城关镇、偃师市顾县镇、偃师市庞村镇、偃师市佃庄镇、偃师市岳滩镇。其中偃师市的城关镇和洛龙区关林镇进入省百强乡镇的第3位和第8位。

11月7日，隋唐洛阳城宫城中心区遗址保护项目经过考古发掘，发掘面积已超过1万平方米。是我市有史以来在城市区进行的面积最大的考古发掘。现已清理出大面积唐宋时期夯土建筑台基，基本理清了宫城中心区内正殿的历史沿革和演变脉络。

11月8日，我市首次发现一块西周初期的卜骨，上面刻有14个文字，记载了主人用钱币买车的事情。

11月10日，国际邮联集邮讲座在我市举行。

11月15日，我市又有3家景区跻身国家4A景区行列，它们分别是黄河小浪底水利枢纽风景区和栾川老君山景区、养子沟景区。至此，我市的4A景区达到13家。

11月18日，经省商务厅和信息产业厅认定，我市正式成为河南省首批省级国际服务外包基地。

11月19日，我市文物工作队在新区发现一座大型唐代壁画墓。这座大型墓室长宽均超过4米，墓道长10.7米，墓主人应为贵族。文物专家初步分析，唐时的洛南可能是贵族墓葬区。

△国务院南水北调办公室副主任李津成在我市调研时指出：洛阳水源区治理取得明显成效。

11月21日，香港商界知名企业家新恒基集团董事局主席高敬德率领32人考察团来我市考察。

11月26日，二广高速公路洛阳—平顶山—南阳段正式建成通车，从而大大缩短了由洛阳前往广州方向的行车时间。

△连霍高速公路郑州至洛阳段改扩建项目正式开工。

△金堆城洛阳节能玻璃有限公司低辐射镀膜玻璃在汝阳奠基。总投资4.7亿元。

11月27日，由我市一家牡丹生物科技公司联合广州一家化妆品生产企业共同开发的系列牡丹化妆品研制成功，将于2009年牡丹花会期间全面推向市场。据介绍，这是我国首个以牡丹花、牡丹花籽为原料，经过科学配方研制生产的牡丹化妆品，填补了我国没有牡丹化妆品的空白。

△我市再次出台城镇居民医疗保险优惠政策。2009年起：我市参保居民、学生在外地长期居住、务工或上学的，如果在异地就医，也能享受城镇居民医疗保险待遇。

12 月

12月2日 国内最大单条多晶硅生产线在我市投产，这意味着洛阳成为国内生产技术水平最高的硅产业基地。

12月3—4日，省委、省政府在我市召开全省加快科技创新促进产业发展会议，代省长郭庚茂等省领导及省直领导、省直有关部门、中央驻豫单位、省辖市负责同志出席了会议。

12月6日，新的汝阳杜康酿酒有限公司正式揭牌，新装生产线同时启动，杜康酒文化在中国杜康文化之年掀开了崭新的一页。

12月9日，郑西铁路客运专线洛阳南站开工奠基。2009年9月工程建成通车后，洛阳到郑州仅用40分钟，洛阳至西安不到两个小时。

12月10日，我国中西部地区首条低辐射镀膜玻璃生产线建成投产。

12月11日，我国第一条引进境外天然气资源的能源大动脉——西气东输二线工程(河南段)开工仪式在伊川县鸣皋镇隆重举行。西气东输二线东段在洛阳境内管线途经洛宁、宜阳、伊川、汝阳的乡镇，中国石油天然气集团计划2010年上半年先期向我省供气。

12月15日，2008年度河南省科技进步奖评选揭晓，我市有27项科技成果获省科技进步奖，获奖项目总数、获奖率均位居全省辖市之首。

12月18日 洛阳市政府和连云港市政府在钼都利豪国际酒店联合签署两市战略合作框架协议。洛阳公路口岸暨河南中运(国际)物流有限公司揭牌仪式同时举行。

12月22日，洛阳钼都钨钼科技园建设全国大型钨钼深加储群，总投资10亿元，占地500多亩。全部建成后将生产十六大系列100多种产品，它将大大延伸我市钨钼发展产业链条。

△3项洛阳制造达到国际先进水平，它们分别是矿渣立磨、自磨机和大型动力头竖井钻机。

12月23日，据市发改委资料悉，我市初步筛选了一批2009年至2010年续建拟新开工的重大建设项目，这些项目共224个，项目总投资631亿元。

12月24日，洛阳呼叫产业园正式奠基。首个进园项目——中国移动河南有限公司客户服务中心(洛阳)奠基仪式也同时举行。

12月26日，上海超日(洛阳)太阳能有限公司投资的一期50万兆瓦太阳能电池生产线在我市试产成功，二期100万兆瓦生产线即将上马，它们将和尚德、阿特斯共同引领我市迈向中国一流的太阳能电池生产基地。

△我省首家实行省市双重管理的地市级水文机构——洛阳市水文水资源局成立。

12月28日，兴业银行股份有限公司洛阳支行开业，这标志着又一家股份制银行入驻我市。这是兴业银行郑州分行设立的第一家异地支行，也是今年我市第3家新成立的银行金融机构。

12月29日，洛阳黄河同力水泥有限责任公司日产4500吨熟料水泥生产线(二期)奠基，项目建成后，黄河同力将成为豫西地区最大的现代化水泥生产企业。

12月30日，中西部地区最大再生资源回收利用规范化示范生产基地将落户我市的孟津。计划总投资5亿元，占地600亩，分两期建成。一期工程明年年底可建成投产。

中华人民共和国
2008 年国民经济和社会发展统计公报

中华人民共和国国家统计局

2009 年 2 月 26 日

2008 年，全国各族人民在党中央、国务院的领导下，以邓小平理论和“三个代表”重要思想为指导，深入贯彻落实科学发展观，万众一心，顽强拼搏，努力克服历史罕见的特大自然灾害和国际金融危机冲击的不利影响，国民经济保持较快发展，各项社会事业取得新的进步。

一、综合

初步核算，全年国内生产总值 300670 亿元，比上年增长 9.0%。分产业看，第一产业增加值 34000 亿元，增长 5.5%；第二产业增加值 146183 亿元，增长 9.3%；第三产业增加值 120487 亿元，增长 9.5%。第一产业增加值占国内生产总值的比重为 11.3%，比上年上升 0.2 个百分点；第二产业增加值比重为 48.6%，上升 0.1 个百分点；第三产业增加值比重为 40.1%，下降 0.3 个百分点。

图 1　2004－2008 年国内生产总值及其增长速度

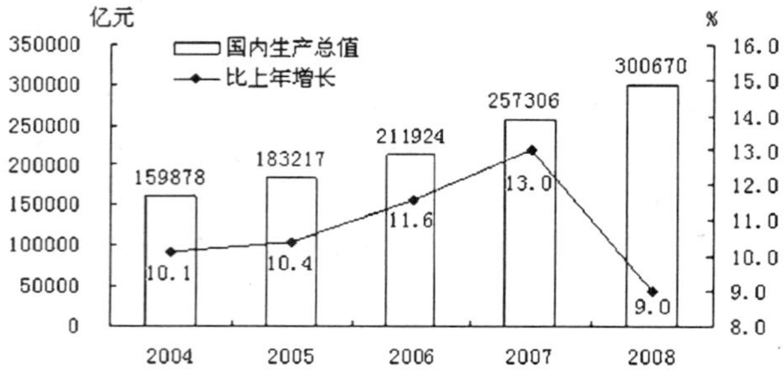

居民消费价格比上年上涨 5.9%，其中食品价格上涨 14.3%。固定资产投资价格上涨 8.9%。工业品出厂价格上涨 6.9%，其中生产资料价格上涨 7.7%，生活资料价格上涨 4.1%。原材料、燃料、动力购进价格上涨 10.5%。农产品生产价格上涨 14.1%。农业生产资料价格上涨 20.3%。70 个大中城市房屋销售价格上涨 6.5%，其中新建住宅价格上涨 7.1%，二手住宅价格上涨 6.2%；房屋租赁价格上涨 1.4%。

图 2　2004－2008 年居民消费价格涨跌幅度

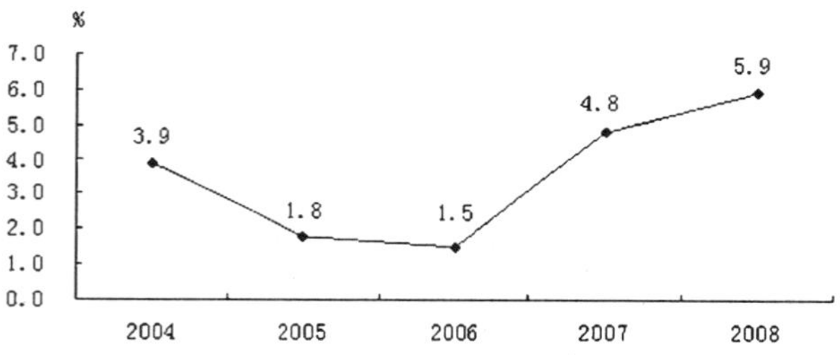

表 1　2008 年居民消费价格比上年涨跌幅度

单位：%

指　标	全国		
		城市	农村
居民消费价格总水平	5.9	5.6	6.5
食　品	14.3	14.5	14.0
其中：粮食	7.0	7.2	6.7
肉禽及其制品	21.7	22.6	20.0
油脂	25.4	24.9	25.9
鲜蛋	3.7	3.8	3.6
鲜菜	10.7	10.5	11.3
鲜果	9.0	8.9	9.3
烟酒及用品	2.9	3.1	2.6
衣　着	－1.5	－1.8	－0.6
家庭设备用品及服务	2.8	3.0	2.4
医疗保健及个人用品	2.9	2.8	3.2
交通和通信	－0.9	－1.6	0.7
娱乐教育文化用品及服务	－0.7	－0.9	－0.1
居　住	5.5	4.3	8.2

年末全国就业人员 77480 万人，比上年末增加 490 万人。其中城镇就业人员 30210 万人，净增加 860 万人，新增加 1113 万人。年末城镇登记失业率为 4.2%，比上年末上升 0.2 个百分点。

年末国家外汇储备 19460 亿美元，比上年末增加 4178 亿美元。年末人民币汇率为 1 美元兑 6.8346 元人民币，比上年末升值 6.9%。

图 3　2004－2008 年年末国家外汇储备

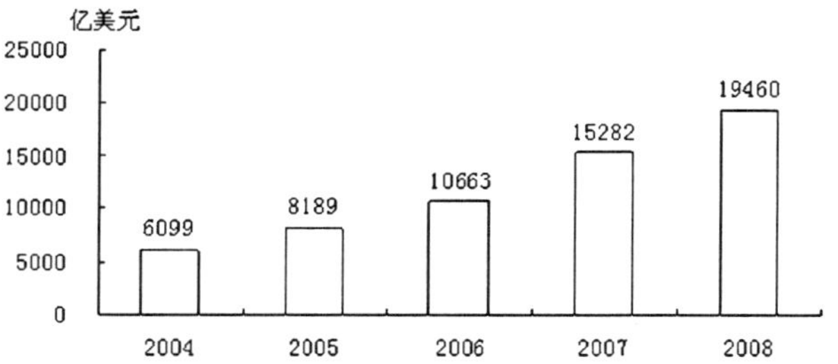

全年税收收入 57862 亿元（不包括关税、耕地占用税和契税），比上年增加 8413 亿元，增长 17.0%。

图4　2004－2008年税收收入及增长速度

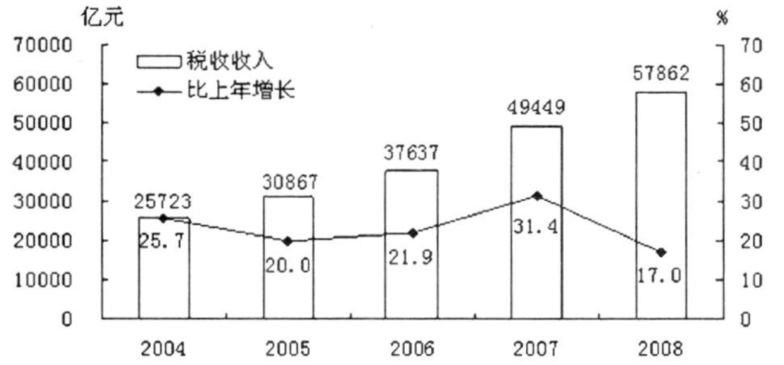

二、农业

全年粮食种植面积10670万公顷，比上年增加106万公顷；棉花种植面积576万公顷，减少17万公顷；油料种植面积1271万公顷，增加139万公顷；糖料种植面积193万公顷，增加13万公顷。

全年粮食产量52850万吨，比上年增加2690万吨，增产5.4%。其中，夏粮产量12041万吨，增产2.6%；早稻产量3158万吨，与上年基本持平；秋粮产量37651万吨，增产6.7%。

图5　2004－2008年粮食产量及其增长速度

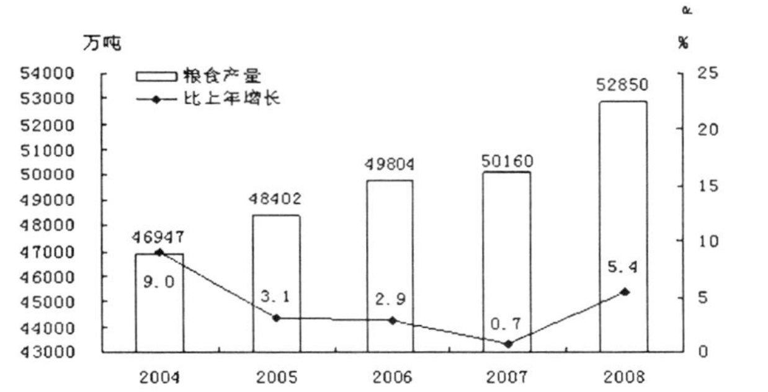

全年棉花产量750万吨，比上年减产1.6%。油料产量2950万吨，增产14.8%。糖料产量13000万吨，增产6.7%。烤烟产量260万吨，增产19.6%。茶叶产量124万吨，增产6.4%。

全年肉类总产量7269万吨，比上年增长5.9%。其中，猪肉产量4615万吨，增长7.6%；牛肉产量610万吨，下降0.5%；羊肉产量376万吨，下降1.8%。生猪年末存栏46264万头，增长5.2%；生猪出栏60960万头，增长7.9%。牛奶产量3651万吨，增长3.6%；禽蛋产量2638万吨，增长4.3%。

全年水产品产量4895万吨，增长3.1%。其中，养殖水产品产量3426万吨，增长4.5%；捕捞水产品产量1469万吨，与上年持平。

全年木材产量7894万立方米，增长13.2%。

全年新增有效灌溉面积117.9万公顷，新增节水灌溉面积139.0万公顷。

三、工业和建筑业

全年全部工业增加值129112亿元，比上年增长9.5%。规模以上工业增加值增长12.9%，其中国有及国有控股企业增长9.1%；集体企业增长8.1%，股份制企业增长15.0%，外商及港澳台商投资企业增长9.9%；私营企业增长20.4%。分轻重工业看，轻工业增长12.3%，重工业增长13.2%。

图6　2004－2008年工业增加值及其增长速度

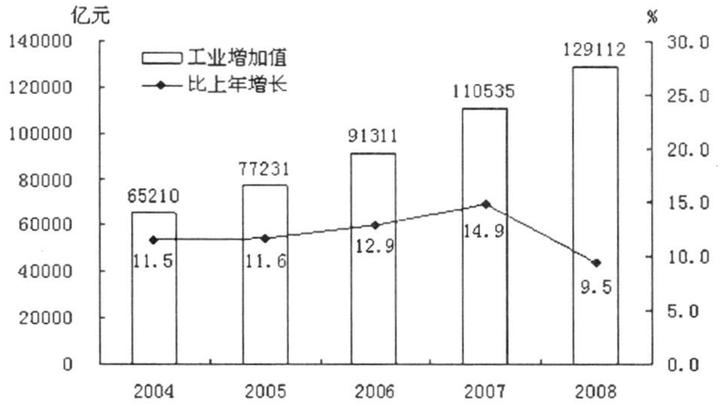

全年规模以上工业中，煤炭开采和洗选业增加值比上年增长19.1%，石油和天然气开采业增长6.1%，文教体育用品制造业增长18.2%，燃气生产和供应业增长26.8%，农副食品加工业增长15.0%，通用设备制造业增长16.9%，交通运输设备制造业增长15.2%，通信设备、计算机及其他电子设备制造业增长12.0%，电气机械及器材制造业增长18.1%，化学纤维制造业增长2.2%。6大高耗能行业比上年增长10.0%，其中，非金属矿物制品业增长16.9%，黑色金属冶炼及压延加工业增长8.2%，化学原料及化学制品制造业增长10.0%，有色金属冶炼及压延加工业增长12.3%，电力热力的生产和供应业增长8.6%，石油加工炼焦及核燃料加工业增长4.3%。高技术制造业增加值比上年增长14.0%。

表2　2008年主要工业产品产量及其增长速度

产品名称	单位	产　量	比上年增长%
纱	万吨	2148.9	3.9
布	亿米	710.0	5.1
化学纤维	万吨	2415.0	0.1
成品糖	万吨	1449.5	14.0
卷　烟	亿支	22198.8	3.5
彩色电视机	万台	9033.1	6.5
家用电冰箱	万台	4756.9	8.2
房间空气调节器	万台	8230.9	2.7
一次能源生产总量	亿吨标准煤	26.0	5.2
原　煤	亿吨	27.93	4.1
原　油	亿吨	1.90	2.2
天然气	亿立方米	760.8	9.9
发电量	亿千瓦小时	34668.8	5.6
其中：火电	亿千瓦小时	27900.8	2.5
水电	亿千瓦小时	5851.9	20.6
粗　钢	万吨	50091.5	2.4
钢　材	万吨	58488.1	3.4
十种有色金属	万吨	2520.3	5.9

其中:精炼铜(铜)	万吨	378.9	10.1
电解铝	万吨	1317.6	6.8
氧化铝	万吨	2278.2	17.0
水　泥	亿吨	14.0	2.9
硫　酸	万吨	5132.7	-5.2
纯　碱	万吨	1881.3	6.6
烧　碱	万吨	1852.1	5.3
乙　烯	万吨	998.3	-2.9
化　肥(折100%)	万吨	6012.7	3.2
发电设备	万千瓦	13319.4	2.5
汽　车	万辆	934.55	5.1
其中:轿车	万辆	503.7	5.0
大中型拖拉机	万台	21.7	6.9
集成电路	亿块	417.1	1.3
程控交换机	万线	4584.0	-14.9
移动通信手持机	万台	55964.0	2.0
微型电子计算机	万台	13666.6	13.2

1-11月全国规模以上工业企业累计实现利润24066亿元,比上年同期增长4.9%。

表3　2008年1-11月规模以上工业企业实现利润及其增长速度

单位:亿元

指　标	利润总额	比上年增长%
规模以上工业	24066	4.9
其中:国有及国有控股企业	7985	-14.5
其中:集体企业	687	29.5
股份制企业	13467	11.4
外商及港澳台投资企业	6374	-3.1
其中:私营企业	5495	36.6

全年全社会建筑业实现增加值17071亿元,比上年增长7.1%。全国具有资质等级的总承包和专业承包建筑业企业实现利润1756亿元,增长12.5%,其中国有及国有控股企业509亿元,增长21.8%;上缴税金2058亿元,增长20.0%,其中国有及国有控股企业771亿元,增长24.7%。

图7　2004-2008年建筑业增加值及增长速度

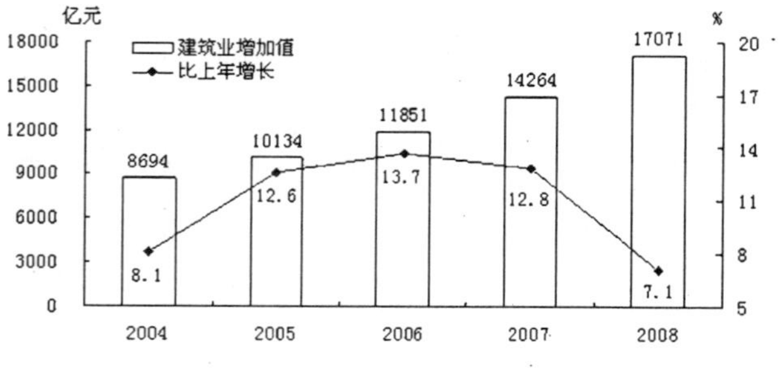

四、固定资产投资

全年全社会固定资产投资172291亿元,比上年增长25.5%。分城乡看,城镇投资148167亿元,增长26.1%;农村投资24124亿元,增长21.5%。分地区看,东部地区投资87412亿元,比上年增长20.9%;中部地区投资45384亿元,增长32.6%;西部地区投资35839亿元,增长26.9%。

图8　2004-2008年固定资产投资及其增长速度

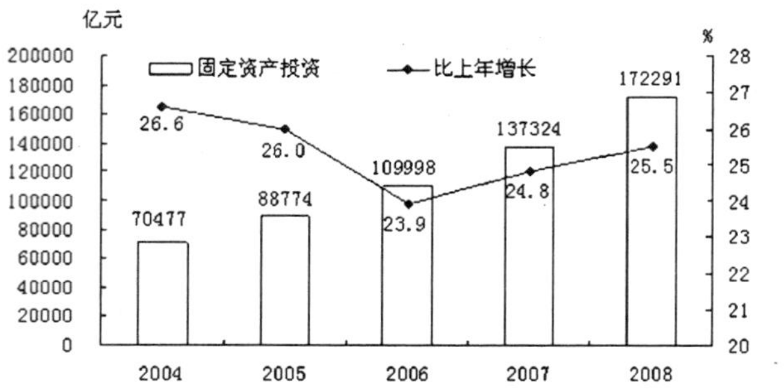

在城镇投资中,第一产业投资2256亿元,比上年增长54.5%;第二产业投资65036亿元,增长28.0%;第三产业投资80875亿元,增长24.1%。

表4　2008年分行业城镇固定资产投资及其增长速度

单位:亿元

行　业	投资额	比上年增长%
总　计	148167	26.1
农、林、牧、渔业	2256	54.5
采矿业	6913	31.5
其中:煤炭开采及洗选业	2411	33.6
石油和天然气开采业	15	2.0
制造业	46345	0.6
其中:农副食品加工业		
其中:农副食品加工业	2058	25.7
食品制造业	1137	17.8
纺织业	1534	1.3
纺织服装、鞋、帽制造业	896	19.0
石油加工、炼焦及核燃料加工业	1832	29.4
化学原料及化学制品制造业	4787	35.5
非金属矿物制品业	4113	46.6
黑色金属冶炼及压延加工业	3240	23.8
有色金属冶炼及压延加工业	1854	43.1
金属制品业	2189	38.5
通用设备制造业	3224	38.3
专用设备制造业	2265	34.1
交通运输设备制造业	3787	39.1
电气机械及器材制造业	2334	45.1
通信设备、计算机及其他电子设备制造业	2463	17.6
电力、燃气及水的生产和供应业	10484	15.4
其中:电力、热力的生产与供应业	9045	14.4
建筑业	1294	30.4
交通运输、仓储和邮政业	15552	19.7

信息传输、计算机服务和软件业	2130	17.1
批发和零售业	3166	29.2
住宿和餐饮业	1735	30.5
金融业	247	62.6
房地产业	35215	23.0
租赁和商务服务业	1296	50.6
科学研究、技术服务和地质勘查业	708	35.9
水利、环境和公共设施管理业	12262	32.2
居民服务和其他服务业	316	34.2
教育	2355	6.0
卫生、社会保障和社会福利业	1057	30.6
文化、体育和娱乐业	1423	26.0
公共管理和社会组织	3411	23.2

表5　2008年固定资产投资新增主要生产能力

指　　标	单　位	绝对数
新增发电机组容量	万千瓦	9051
22万伏及以上变电设备	万千伏安	23222
新建铁路投产里程	公里	1719
增建铁路复线投产里程	公里	1935
电气化铁路投产里程	公里	1955
新建公路	公里	99851
其中:高速公路	公里	6433
港口万吨级码头泊位新增吞吐能力	万吨	33099
新增光缆线路长度	万公里	99
新增数字蜂窝移动电话交换机容量	万户	28855

全年房地产开发投资30580亿元,比上年增长20.9%。其中,东部地区18325亿元,增长17.1%;中部地区6287亿元,增长31.7%;西部地区5967亿元,增长22.7%。按工程用途分,商品住宅投资22081亿元,增长22.6%;办公楼投资1112亿元,增长7.4%;商业营业用房投资3200亿元,增长14.9%。

表6　2008年固定资产投资新增主要生产能力

指　　标	单位	绝对数	比上年增长%
投资完成额	亿元	30580	20.9
其中:住宅	亿元	22081	22.6
其中:90平方米以下住宅	亿元	6416	50.7
其中:经济适用房	亿元	983	19.7
房屋施工面积	万平方米	274149	16.0
其中:住宅	万平方米	216671	16.0
房屋新开工面积	万平方米	97574	2.3
其中:住宅	万平方米	79889	1.4
房屋竣工面积	万平方米	58502	-3.5
其中:住宅	万平方米	47750	-4.2
商品房销售面积	万平方米	62089	-19.7
其中:住宅	万平方米	55886	-20.3
本年资金来源	亿元	38146	1.8
其中:国内贷款	亿元	7257	3.4
其中:个人按揭贷款	亿元	3573	-29.7
本年购置土地面积	万平方米	36785	-8.6
完成开发土地面积	万平方米	26033	-5.6
土地购置费	亿元	5795	10.9

五、国内贸易

全年社会消费品零售总额108488亿元,比上年增长21.6%。分地域看,城市消费品零售额73735亿元,增长22.1%;县及县以下消费品零售额34753亿元,增长20.7%。分行业看,批发和零售业零售额91199亿元,增长21.5%;住宿和餐饮业零售额15404亿元,增长24.7%;其他行业零售额1885亿元,增长3.7%。

在限额以上批发和零售业零售额中,粮油类零售额比上年增长22.7%,肉禽蛋类增长22.3%,服装类增长25.9%,汽车类增长25.3%,石油及制品类增长39.9%,日用品类增长17.1%,文化办公用品类增长17.9%,通讯器材类增长1.4%,家用电器和音像器材类增长14.2%,建筑及装潢材料类下降12.0%,家具类增长22.6%,化妆品类增长22.1%,金银珠宝类增长38.6%,中西药品类增长14.8%。

图9　2004－2008年社会消费品零售总额及其增长速度

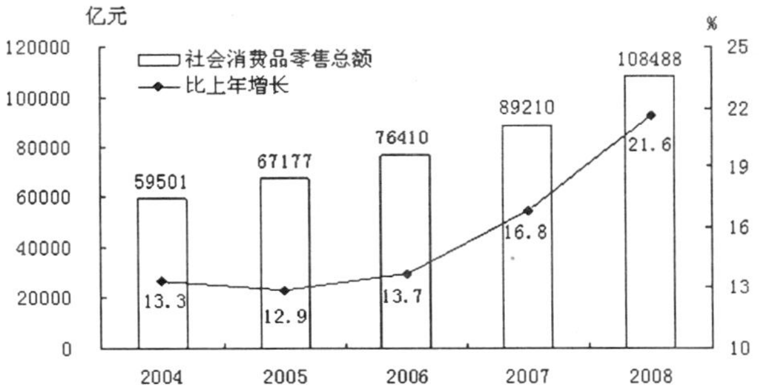

六、对外经济

全年货物进出口总额25616亿美元,比上年增长17.8%。其中,货物出口14285亿美元,增长17.2%;货物进口11331亿美元,增长18.5%。进出口差额(出口减进口)2955亿美元,比上年增加328亿美元。

表7　2008年货物进出口总额及其增长速度

单位:亿美元

指　　标	绝对数	比上年增长%
货物进出口总额	25616	17.8
货物出口额	14285	17.2
其中:一般贸易	6626	22.9
加工贸易	6752	9.3
其中:机电产品	8229	17.3
高新技术产品	4156	13.1
其中:国有企业	2572	14.4
外商投资企业	7906	13.6

其他企业	3807	27.9
货物进口额	11331	18.5
其中:一般贸易	5727	33.6
加工贸易	3784	2.7
其中:机电产品	5387	7.9
高新技术产品	3419	4.3
其中:国有企业	3538	31.1
外商投资企业	6200	10.8
其他企业	1593	25.7
进出口差额(出口减进口)	2955	—

表8　2008年主要商品出口数量、金额及其增长速度

商品名称	单位	数量	比上年增长%	金　额(亿美元)	比上年增长%
煤	万吨	4543	-14.6	52	58.9
钢 材	万吨	5923	-5.5	634	43.8
纺织纱线、织物及制品	—	—	—	654	16.6
服装及衣着附件	—	—	—	1198	4.1
鞋 类	—	—	—	297	17.2
家具及其零件	—	—	—	269	21.5
自动数据处理设备及其部件	万台	143236	-1.2	1350	9.1
手持或车载无线电话	万台	53284	10.2	385	8.2
集装箱	万个	303	-3.3	91	3.6
集成电路	百万个	48477	19.1	243	3.3
液晶显示板	万个	202666	7.8	224	13.9
汽车(包括整套散件)	万辆	64	9.4	89	32.5

表9　2008年主要商品进口数量、金额及其增长速度

商品名称	数量(万吨)	比上年增长%	金额(亿美元)	比上年增长%
谷物及谷物粉	154	-1.0	7	37.0
大豆 3744	21.5	218	90.1	
食用植物油	816	-2.6	90	44.0
天然橡胶(包括胶乳)	168	2.0	43	32.0
合成橡胶(包括胶乳)	120	-15.0	33	17.5
铁矿砂及其精矿	44356	15.9	605	79.1
氧化铝	459	-10.5	18	-9.7
原油	17888	9.6	1293	62.0
成品油	3885	15.0	300	82.7
初级形状的塑料	1771	-6.7	341	5.3
纸浆	952	12.4	67	20.9
钢材	1543	-8.6	234	14.0
未锻造的铜及铜材	264	-5.1	192	-2.3

表10　2007年对主要国家和地区货物进出口总额及其增长速度

单位:亿美元

国家和地区	货物出口额	比上年增长%	货物进口额	比上年增长%
欧盟	2929	19.5	1327	19.6
美国	2523	8.4	814	17.4
中国香港	1907	3.4	129	0.9
日本	1161	13.8	1507	12.5
东盟	1141	20.7	1170	7.9
韩国	740	31.0	1122	8.1
俄罗斯	330	15.9	238	21.0
印度	315	31.2	203	38.7
中国台湾	259	10.3	1033	2.3

图10　2004－2008年货物进出口总额及其增长速度

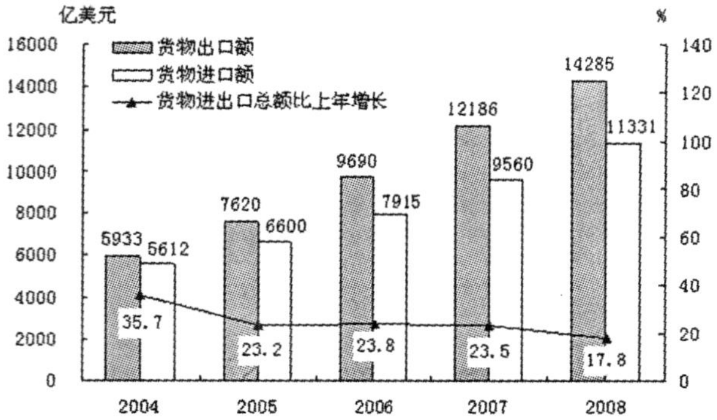

全年非金融领域新批外商直接投资企业27514家,比上年减少27.3%。实际使用外商直接投资金额924亿美元,增长23.6%。其中,制造业占54.0%;房地产业占20.1%;租赁和商务服务业占5.5%;批发和零售业占4.8%;交通运输、仓储和邮政业占3.1%。

表11　2008年分行业外商直接投资及其增长速度

行　业	企业数(家)	比上年增长%	实际使用金额(亿美元)	比上年增长%
总　计	-27.3	924.0	23.6	
农、林、牧、渔业	917	-12.5	11.9	28.9
采矿业	149	-36.3	5.7	17.0
制造业	11568	-39.7	498.9	22.1
电力、燃气及水的生产和供应业	320	-9.1	17.0	58.1
建筑业	262	-14.9	10.9	151.6
交通运输、仓储和邮政业	523	-20.5	28.5	42.1
信息传输、计算机服务和软件业	1286	-7.6	27.7	86.8
批发和零售业	5854	-7.6	44.3	65.6
住宿和餐饮业	633	-32.5	9.4	-9.9
金融业	25	-51.0	5.7	122.5
房地产业	452	-68.7	185.9	8.8
租赁和商务服务业	3138	-11.3	50.6	25.9
科学研究、技术服务和地质勘查业	1839	7.2	15.1	64.2
水利、环境和公共设施管理业	138	-10.4	3.4	24.7
居民服务和其他服务业	205	-24.1	5.7	-21.1
教 育	24	60.0	0.4	12.2
卫生、社会保障和社会福利业	10	-23.1	0.2	63.1

文化、体育和娱乐业	170	-17.9	2.6	-42.8
公共管理和社会组织	1	—	0.0	—
国际组织	—	—	6.0	—

全年非金融领域对外直接投资额407亿美元，比上年增长63.6%。

全年对外承包工程完成营业额566亿美元，比上年增长39.4%；对外劳务合作完成营业额81亿美元，增长19.1%。

七、交通、邮电和旅游

全年交通运输、仓储和邮政业增加值16590亿元，比上年增长7.6%。

表12　2008年各种运输方式完成货物运输量及其增长速度

指　标	单　位	绝对数	比上年增长%
货物运输总量	亿 吨	249.0	9.4
铁路	亿 吨	33.1	4.7
公路	亿 吨	181.7	10.9
水运	亿 吨	29.7	5.7
民航	万 吨	407.6	1.4
管道	亿 吨	4.5	15.4
货物运输周转量	亿吨公里	105512.9	3.8
铁路	亿吨公里	25111.8	3.7
公路	亿吨公里	12998.5	14.5
水运	亿吨公里	65218.2	1.5
民航	亿吨公里	119.6	2.8
管道	亿吨公里	2064.7	19.5

表13　2008年各种运输方式完成旅客运输量及其增长速度

指　标	单　位	绝对数	比上年增长%
旅客运输总量	亿人	239.7	7.8
铁路	亿人	14.6	11.0
公路	亿人	220.7	7.6
水运	亿人	2.4	6.0
民航	亿人	1.9	3.6
旅客运输周转量	亿人公里	23372.2	8.2
铁路	亿人公里	7778.6	7.8
公路	亿人公里	12636.0	9.8
水运	亿人公里	74.8	-3.8
民航	亿人公里	2882.8	3.3

全年规模以上港口完成货物吞吐量58.7亿吨，比上年增长11.5%，其中外贸货物吞吐量19.2亿吨，增长7.0%。港口集装箱吞吐量12835万标准箱，增长12.2%。

年末全国民用汽车保有量达到6467万辆（包括三轮汽车和低速货车1492万辆），比上年末增长13.5%，其中私人汽车保有量4173万辆，增长18.1%。民用轿车保有量2438万辆，增长24.5%，其中私人轿车1947万辆，增长28.0%。

全年完成邮电业务总量23841亿元，比上年增长20.7%。其中，邮政业务总量1402亿元，增长15.5%；电信业务总量22440亿元，增长21.0%。全年减少局用交换机156万门，总容量5.1亿门。固定电话年末用户34081万户。其中，城市电话用户23200万户，农村电话用户10881万户。新增移动电话用户9392万户，年末达到64123万户。年末全国固定及移动电话用户总数达到98204万户，比上年末增加6909万户。电话普及率达到74.3部/百人。互联网上网人数3.0亿人，其中宽带上网人数2.7亿人。

图11　2004－2008年年末电话用户数

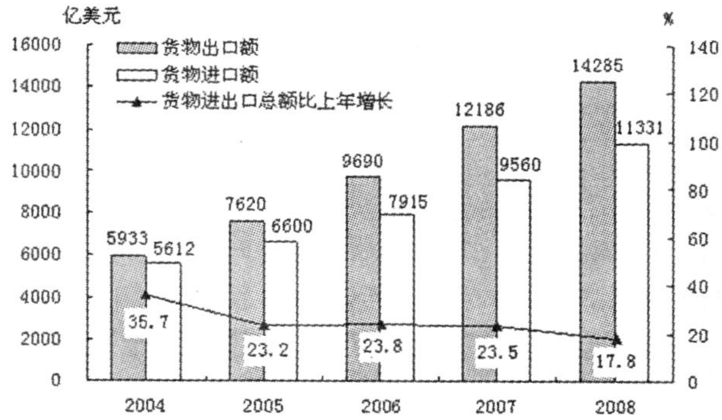

全年入境旅游人数13003万人次，比上年下降1.4%。其中，外国人2433万人次，下降6.8%；香港、澳门和台湾同胞10570万人次，下降0.1%。在入境旅游者中，过夜旅游者5305万人次，下降3.1%。国际旅游外汇收入408亿美元，下降2.6%。国内居民出境人数达4584万人次，增长11.9%。其中因私出境4013万人次，增长14.9%，占出境人数的87.5%。国内出游人数达17.1亿人次，增长6.3%；国内旅游收入8749亿元，增长12.6%。

2008 年河南省国民经济和社会发展统计公报

河南省统计局

2009 年 2 月 28 日

2008 年是近几年来河南经济发展面临形势最复杂、困难最多的一年。全省人民在省委、省政府的正确领导下，积极应对复杂多变的国内外经济发展环境，深入贯彻科学发展观，认真落实国家宏观调控政策，着力解决经济运行中的突出矛盾和问题，国民经济总体上保持了较快增长，各项社会事业全面进步，人民群众生活继续改善。

一、综合

初步核算，全年生产总值 18407.78 亿元，比上年增长 12.1%，增速比上年回落 2.5 个百分点。其中：第一产业增加值 2658.80 亿元，增长 5.5%；第二产业增加值 10477.92 亿元，增长 14.9%；第三产业增加值 5271.06 亿元，增长 10.2%。人均生产总值 19593 元，增长 11.9%。三次产业结构为 14.5:56.9:28.6，二三产业比重比上年提高 0.3 个百分点。非公有制经济增加值占生产总值的比重由上年的 58.1% 提高到 60% 左右。

全年居民消费价格比上年上涨 7.0%，其中，食品类价格上涨 16.3%。商品零售价格上涨 7.5%。工业品出厂价格上涨 12.1%。原材料、燃料、动力购进价格上涨 11.9%。固定资产投资价格上涨 9.0%。农业生产资料价格总水平上涨 20.9%。

表 1：2008 年居民消费价格指数

以上年为 100

类　别	指　数
居民消费价格指数	107.0
# 城市	106.5
农村	107.9
# 食品	116.3
# 粮食	107.7
肉禽及其制品	124.7
蛋类	106.3
鲜菜	113.1
烟酒及用品	103.0
衣着	101.2
家庭设备用品及服务	103.1
医疗保健及个人用品	103.6
交通和通信	100.1
娱乐教育文化用品及服务	100.9
居住	106.3

2008 年各类物价指数月变动情况

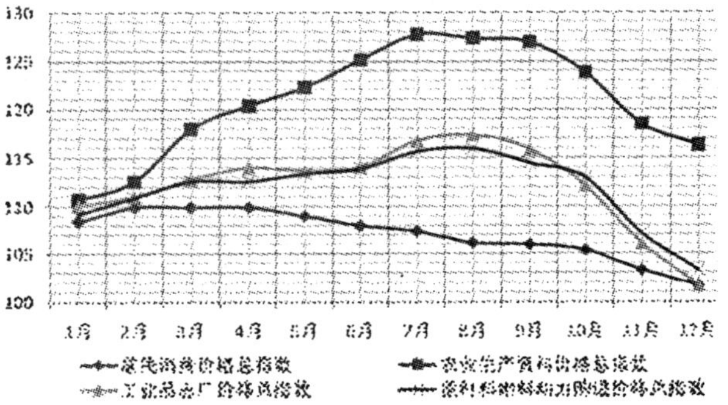

年末从业人员 5829.27 万人。全年城镇新增就业人员 119.43 万人；下岗失业人员实现再就业 45.58 万人，其中，“4050”人员实现再就业 16.12 万人。新增农村劳动力转移就业 181 万人。

全年地方财政一般预算收入 1009.14 亿元，比上年增长 17.1%，其中：税收收入 742.18 亿元，增长 18.8%，税收占地方财政一般预算收入的比重为 73.5%，比上年提高 1.0 个百分点。地方财政一般预算支出 2283.91 亿元，增长 22.2%，其中：教育支出增长 22.1%，社会保障与就业支出增长 17.1%，医疗卫生支出增长 46.7%，一般公共服务支出增长 14.9%。

全年中原城市群九市生产总值 10562.45 亿元，比上年增长 13.2%，占全省的比重为 57.4%。黄淮四市生产总值 3595.28 亿元，增长 11.9%，占全省的 19.5%。全省 108 个县（市）中，有 105 个县（市）地方财政一般预算收入超亿元，有 8 个县（市）超 10 亿元。全省城镇化率达到 36.0%，比上年提高 1.7 个百分点。

二、农业

全年粮食种植面积 9600 千公顷，比上年增长 1.4%，其中：小麦种植面积 5260 千公顷，增长 0.9%，优质专用小麦种植面积 3472 千公顷，占小麦种植面积的比重为 66.0%；棉花种植面积 606 千公顷，下降 13.4%；油料种植面积 1521 千公顷，增长 1.6%；蔬菜种植面积 1714 千公顷，增长 1.5%。

全年粮食产量 5365.48 万吨，比上年增产 2.3%；棉花产量 65.08 万吨，减产 13.2%；油料产量 505.34 万吨，增产 4.4%。

表2:2008年主要农产品产量

产品名称	产量(万吨)	比上年增长(%)
粮食	5365.48	2.3
夏粮	3060.00	2.2
秋粮	2305.48	2.4
油料	505.34	4.4
# 花生	384.59	2.9
棉花	65.08	-13.2
烤烟	26.72	13.5
蔬菜	6394.31	2.6
水果	714.09	7.6

年末农业机械总动力9429.30万千瓦,比上年增长8.2%;农用拖拉机383.93万台,增长13.3%;农用运输车215.51万辆,增长0.9%;农村用电量237.36亿千瓦小时,增长6.0%。

三、工业和建筑业

全年全部工业增加值9546.08亿元,比上年增长15.6%,增速比上年回落4.0个百分点。其中,规模以上工业增加值7305.39亿元,增长19.8%,回落4.4个百分点;产品销售率98.4%;轻工业增加值增长24.8%,重工业增长17.6%,轻、重工业比例为30.7:69.3。

表3:2008年规模以上工业增加值主要分类情况

指标	增加值(亿元)	比上年增长(%)
规模以上工业增加值	7305.39	19.8
# 轻工业	2239.33	24.8
重工业	5066.06	17.6
# 国有及国有控股企业	2087.06	11.6
非公有制工业	4646.32	24.9
# 国有企业	775.88	10.2
集体企业	428.84	7.6
股份制企业	4337.18	20.6
股份合作制企业	106.96	20.3
外商及港澳台投资企业	482.14	19.3
其他	1174.39	29.8
# 高技术产业	262.32	23.3

规模以上工业39个大类中,增加值居前10位的行业为:非金属矿物制品业776.85亿元,比上年增长19.8%;煤炭开采和洗选业675.40亿元,增长13.5%;农副食品加工业560.57亿元,增长23.6%;黑色金属冶炼及压延加工业510.92亿元,增长6.0%;有色金属冶炼及压延加工业466.29亿元,增长20.4%;电力、热力的生产和供应业444.34亿元,增长9.6%;化学原料及化学制品制造业374.12亿元,增长12.3%;通用设备制造业301.38亿元,增长22.7%;纺织业259.84亿元,增长26.6%;专用设备制造业250.32亿元,增长30.3%。

"十一五"期间着力培育打造的食品、有色、化工、汽车及零部件、装备制造、纺织服装等六大优势行业实现增加值3726.77亿元,比上年增长22.6%,对全省工业增长的贡献率达到60.4%,比上年提高7.4个百分点。高技术制造业实现增加值262.32亿元,增长23.3%。煤炭、化工、建材、钢铁、有色金属、电力等六大高耗能行业实现增加值3247.92亿元,增长13.9%,比规模以上工业增长速度低5.9个百分点。

主要工业产品产量中,畜肉制品产量比上年下降10.3%,速冻米面食品增长14.5%,原煤增长11.0%,发电量增长2.2%,钢材增长3.9%,铝材增长38.7%,汽车增长15.5%。

表4:2008年主要工业产品产量

产品名称	单　位	产　量	比上年增长(%)
纱	万吨	305.2	23.7
布	亿米	23.0	-11.7
化学纤维	万吨	46.5	-1.4
卷烟	亿支	1586.1	2.2
畜肉制品	万吨	105.8	-10.3
速冻米面食品	万吨	156.1	14.5
味精	万吨	38.2	-19.5
原煤	万吨	20888.3	11.0
天然原油	万吨	475.8	-1.9
发电量	亿千瓦小时	1952.8	2.2
粗钢	万吨	2187.8	-3.4
钢材	万吨	2570.8	3.9
十种有色金属	万吨	475.1	8.2
# 原铝	万吨	327.5	3.6
氧化铝	万吨	856.6	14.1
铝材	万吨	271.1	38.7
水泥	万吨	10227.0	10.3
平板玻璃	万重量箱	3208.9	-10.6
硫酸(折100%)	万吨	177.0	13.9
碳酸钠(纯碱)	万吨	226.5	13.0
农用化肥(折含N100%)	万吨	536.0	2.3
金属切削机床	万台	0.7	-8.5
大中型拖拉机	万台	5.2	-1.9
汽车	万辆	8.2	15.5
发电设备	万千瓦	67.4	-5.4
家用电冰箱	万台	290.9	-1.0
彩色电视机	万部	101.3	-0.7

全年规模以上工业企业主营业务收入25292.02亿元,比上年增长33.5%,增速比上年回落3.6个百分点;利润总额2179.10亿元,增长12.9%,回落57.1个百分点。分所有制看,国有及国有控股工业利润247.37亿元,下降34.9%;集体及集体控股工业利润233.73亿元,增长22.2%;非公有制工业利润1697.99亿元,增长24.9%。分行业看,39个行业大类中利润总额居前10位的行业为:非金属矿物制品业288.75亿元,增长34.8%;煤炭开采和洗选业278.20亿元,

增长62.0%；农副食品加工业193.27亿元，增长24.0%；有色金属冶炼及压延加工业129.97亿元，下降33.2%；化学原料及化学制品制造业117.04亿元，增长19.8%；有色金属矿采选业112.21亿元，增长15.2%；通用设备制造业91.45亿元，增长30.8%；专用设备制造业87.87亿元，增长25.5%；黑色金属冶炼及压延加工业86.65亿元，下降20.3%；纺织业82.20亿元，增长35.4%。

全年全社会建筑业增加值931.84亿元，比上年增长7.3%。全省具有资质等级的建筑企业利润总额70.31亿元，增长22.4%；税金总额97.42亿元，增长31.1%。

四、固定资产投资

全年全社会固定资产投资10469.57亿元，比上年增长30.7%，增速比上年回落4.9个百分点，其中：城镇投资8700.11亿元，增长31.6%，回落4.8个百分点；农村投资1769.46亿元，增长26.3%，回落5.4个百分点。

在城镇投资中，国有及国有控股投资2323.54亿元，比上年增长14.4%；民间投资6095.30亿元，增长41.8%；港澳台投资172.41亿元，增长1.3%；外商投资164.83亿元，增长18.9%。第一产业投资256.54亿元，增长90.9%；第二产业投资4901.46亿元，增长33.5%；第三产业投资3542.11亿元，增长26.4%。

表5:2008年各行业城镇固定资产投资完成情况

行　业	投资额（亿元）	比上年增长（%）
合　计	8700.11	31.6
农林牧渔业	256.54	90.9
工业	4885.10	33.6
煤 炭	275.85	35.7
石 油	72.75	6.4
电力、热水	423.78	28.4
燃气、水	74.83	3.4
冶 金	570.83	32.5
建 材	685.66	46.8
化 工	649.02	28.8
机 械	943.54	38.7
电 子	79.07	70.3
食 品	508.37	41.1
纺 织	257.86	17.3
其他工业	343.53	25.7
建筑业	16.36	-1.0
交通运输、仓储和邮政业	389.43	-8.6
信息传输、计算机服务和软件业	53.80	-7.0
房地产业	1786.75	41.2
水利、环境和公共设施管理业	522.32	31.9
教育	139.61	4.5
卫生、社会保障和社会福利	69.75	31.5
文化、体育和娱乐业	78.41	32.6
其他	502.04	22.3

全年房地产开发投资1185.64亿元，比上年增长41.6%，其中，住宅投资946.16亿元，增长48.0%。房屋施工面积13566.96万平方米，增长28.5%，其中，住宅11347.82万平方米，增长31.4%。房屋竣工面积2758.69万平方米，下降1.0%，其中，住宅2372.54万平方米，增长1.4%。商品房销售面积2971.02万平方米，下降24.5%，其中，住宅2742.99万平方米，下降23.3%。

全年159个重点项目投资683.93亿元，完成年度目标的111.2%。二广高速公路河南段、安阳至南乐高速公路、鸭河口电厂二期、省人民医院门诊医技楼等一批重大项目建成投用。

全年新增主要生产能力：原煤开采585万吨，高速公路通车里程285公里，发电装机容量603万千瓦，日污水处理能力38.5万吨。

五、国内贸易

全年批发和零售业增加值902.30亿元，比上年增长9.6%；住宿和餐饮业增加值611.09亿元，增长10.7%。

全年社会消费品零售总额5662.55亿元，比上年增长23.2%，扣除物价因素实际增长14.6%。分城乡看，城市消费品零售额3140.09亿元，增长23.7%；县及县以下消费品零售额2522.45亿元，增长22.6%。分行业看，批发和零售业零售额4601.18亿元，增长22.6%；住宿和餐饮业零售额966.20亿元，增长26.4%；其他行业零售额95.16亿元，增长20.6%。

25个销售大类中，限额以上批发和零售企业销售额居前5位的类别依次为：石油及制品类比上年增长29.8%，食品饮料烟酒类增长22.6%，汽车类增长22.9%，金属材料类增长32.5%，中西药品类增长30.8%。分产品销售量看，增速居前5位的依次为：木材增长189.7%，化学农药增长79.3%，粮食增长77.0%，家用电冰箱增长60.5%，白酒增长42.0%。

六、对外经济

全年进出口总额175.28亿美元，比上年增长37.1%，增速比上年提高7.2个百分点，其中：出口总额107.14亿美元，增长27.9%；进口总额68.14亿美元，增长54.5%。机电产品、高新技术产品分别出口26.79亿美元和4.04亿美元，增长52.9%和72.7%。

全年新批准外商投资企业364个。全省实际利用外商直接投资40.33亿美元，增长31.7%，增速比上年回落34.2个百分点。实际利用省外资金1849.20亿元，增长21.5%。

全年对外承包工程、劳务合作和设计咨询业务新签合同额13.73亿美元，比上年增长31.8%；营业额12.77亿美元，增长27.3%。

七、交通、邮电和旅游

全年交通运输、仓储和邮政业增加值1043.87亿元，比上年增长11.7%。

年末铁路通车里程3989公里，高速公路通车里程4841

公里。全年各种运输方式货物运输量比上年增长15.2%，增速比上年回落1.9个百分点；货物周转量增长8.8%，回落4.2个百分点。旅客运输量增长13.6%，提高1.2个百分点；旅客周转量增长14.2%，提高0.7个百分点。

表6:2008年各种运输方式运输量

指标	单位	绝对量	比上年增长(%)
货物周转量	亿吨公里	2969.05	8.8
铁路	亿吨公里	2009.64	2.4
公路	亿吨公里	848.22	24.4
水运	亿吨公里	110.69	31.8
民航	亿吨公里	0.51	-10.5
货物运输量	亿吨	11.69	15.2
铁路	亿吨	1.62	1.3
公路	亿吨	9.84	17.8
水运	万吨	2226.00	19.8
民航	万吨	4.09	-11.2
旅客周转量	亿人公里	1439.99	13.9
铁路	亿人公里	662.93	6.8
公路	亿人公里	734.96	22.1
水运	亿人公里	0.89	15.0
民航	亿人公里	41.20	0.9
旅客运输量	亿人	13.93	13.6
铁路	亿人	0.75	13.5
公路	亿人	13.13	13.7
水运	万人	167.00	4.4
民航	万人	355.99	1.0

全年邮电业务总量1127.98亿元，比上年增长20.9%，其中：邮政业务47.04亿元，增长14.2%；电信业务1080.94亿元，增长21.2%。年末局用电话交换机总容量1204.70万门，本地固定电话用户1562.40万户，移动电话用户3498.90万户。电话普及率为51.3部/百人，增长3.7%。年末计算机互联网用户494.40万户，增长22.6%。

全年共接待境内外游客20025.60万人次，比上年增长17.2%，其中：接待国际游客104.30万人次，增长18.4%；接待国内游客19921.30万人次，增长17.2%。旅游总收入1591.96亿元，增长17.7%。年末共有A级旅游景区170处，其中，4A级以上景区69处；中国优秀旅游城市21个，星级酒店507个，旅行社1005家。

八、金融、证券和保险业

年末金融机构人民币各项存款余额15255.42亿元，比上年末增长21.3%，其中，城乡居民储蓄存款余额9515.82亿元，增长21.8%。人民币各项贷款余额10368.05亿元，增长15.8%，其中：短期贷款余额5180.84亿元，增长9.7%；中长期贷款余额4302.41亿元，增长17.0%。农村信用社贷款余额1951.97亿元，增长13.4%。金融机构个人消费贷款余额666.45亿元，增长21.9%。

全年有7家企业在境内外首发上市，其中境内上市公司2家，境外5家。全年首次发行和再融资募集资金67.8亿元，其中，通过境内市场募集资金48.1亿元。截至年底，全省已有61家境内外上市公司，发行股票62只，其中境内发行股票38只，境外24只，募集资金总额达516.15亿元。年末，境内市场流通股总市值739.12亿元。

全年保险公司保费收入518.92亿元，比上年增长60.4%，其中：财产险保费收入77.85亿元，人身险保费收入441.07亿元。全年赔付128.77亿元，其中：财产险赔付45.13亿元，人身险赔付83.64亿元。

九、教育和科学技术

全年研究生招生8507人，在校生23551人，毕业生7238人。全年普通高等学校招生44.51万人，在校生125.02万人，毕业生30.25万人。成人高校招生11.01万人，在校生26.88万人，毕业生8.2万人。中等职业技术教育招生67.64万人，在校生171.75万人，毕业生45.79万人。普通高中招生68.42万人，在校生207.26万人，毕业生74.98万人。初中学校招生165.13万人，在校生484.20万人，毕业生183.07万人。普通小学招生186.92万人，在校生1036.60万人，毕业生168.90万人。“新机制”安排资金80.1亿元，资助困难学生1312万人次。

全年研究与试验发展(R&D)经费支出111.70亿元，比上年增长10.4%。年末拥有科学研究与技术开发机构1600个，从事科技活动人员19.6万人；共有国家级研发中心35个，省级研发中心438个，省重点实验室47个。年末共有国家级创新型试点企业8家，省级创新型试点企业73家。全年共取得国家科技进步奖14项，省级科技进步奖348项；申请专利18411件，授权专利9133件，分别增长23.4%和30.5%；签订技术合同4478份，成交金额25.4亿元。

年末共有产品质量监督检验机构201个，其中，国家检测中心20个；法定计量技术机构130家，全年强制检定计量器具158.7万台件。制定、修订地方标准达到46项。年末共有61种产品拥有“中国名牌产品”称号，418种产品拥有“河南名牌产品”称号，33种产品获得国家地理标志产品保护。

年末共有天气雷达观测站点20个，卫星云图接收站点28个，气象公益服务站134个，地震台站62个。测绘部门编制各类地图及专题数字产品3469幅，专题地图册2种。

十、文化、卫生和体育

年末共有艺术表演团体199个，文化馆202个，公共图书馆141个，博物馆82个，建成乡镇文化站82个。河南博物院等27家博物馆、纪念馆面向公众免费开放，接待观众170余万人次。成功举办第十届亚洲艺术节。广播电台18座，中、短波广播发射台和转播台30座；电视台18座，教育台10座；有线电视用户583.76万户，广播综合人口覆盖率和电视综合人口覆盖率均达到97.1%。全年出版图书2.35亿册，出版杂志0.89亿册，出版报纸21.26亿份。年末共有综合档案馆178个，已开放各类档案194.33万卷。

年末共有卫生机构11660个，其中：医院、卫生院3263个，妇幼保健院、所、站167个，疾病预防控制中心(防疫站)181个，卫生监督检验机构133个。病床床位26.8万张，其中，医院、卫生院25.2万张。卫生技术人员31万人，其中：执业医师和执业助理医师11.9万人，注册护士9.7万人，疾病预防控制中心（防疫站）技术人员1.3万人，卫生监督检验机构技术人员4225人。农村乡（镇）卫生院2089个，床位6.9万张，卫生技术人员6.9万人。新型农村合作医疗参合率达到91.8%。

全年运动员在国内外重大比赛中，共获得世界冠军9个、亚洲冠军11个、全国冠军89个，共获得金牌109块。北京奥运会火炬接力河南省传递活动获得圆满成功。在北京奥运会上，河南16名运动员参加了14个大项的比赛。成功承办第18届亚洲跆拳道锦标赛等各项赛事。

十一、人口、人民生活和社会保障

年末总人口9918万人，常住人口9429万人。出生人口113万人，出生率11.42‰；死亡人口64万人，死亡率6.45‰；自然变动净增人口49万人，自然增长率4.97‰。

全年农村居民人均纯收入4454元，扣除价格因素，比上年实际增长7.2%；农村居民人均生活消费支出3044元，实际增长5.4%。城镇居民人均可支配收入13231元，实际增长8.3%；城镇居民人均消费支出8837元，实际增长6.0%。农村居民家庭恩格尔系数为38.3%，城镇居民家庭恩格尔系数为34.8%。

年末参加城镇基本养老保险人数971.63万人，比上年末增加58.53万人，其中：参保在职职工732.56万人，参保离退休人员239.07万人。参加基本医疗保险人数840.72万人，增加59.75万人，其中：参保在职职工620.13万人，参保退休人员220.59万人。参加失业保险人数689.70万人，增加6.80万人。

全年共发放城镇居民最低生活保障金20.72亿元，享受最低生活保障146.27万人。发放农村低保金13.98亿元，农村低保对象270.46万人。发放城乡医疗救助资金2.57亿元，救助357.32万人次。

年末各类收养性社会福利院床位18.77万张，收养16.98万人。城镇建立各种社区服务设施3308个，其中，社区服务中心339个。全年销售福利彩票19.14亿元，筹集社会福利资金6.43亿元；接受社会捐赠8.29亿元。

十二、资源、环境与安全生产

年末已发现的矿种127种。查明资源储量的矿种75种。已开发利用的矿产86种，其中：能源矿产7种，金属矿产18种，非金属矿产59种，水气矿产2种。全年新发现大中型矿产地12处。

在监控的7979.4公里河段长度中，Ⅰ～Ⅲ类水质河段长4528.2公里，占监控河段总长度的56.7%，比上年提高3.3个百分点；Ⅳ类水质河段长801.1公里，占10.0%，降低1.0个百分点；Ⅴ类水质河段长294.6公里，占3.7%，提高0.4个百分点；劣Ⅴ类水质河段长2355.5公里，占29.5%，降低2.8个百分点。

初步测算，全省单位生产总值能耗比上年下降5.1%，圆满完成年度目标。全省省辖市城市环境空气质量优、良天数比例为90.8%，比上年提高1.5个百分点，环境空气质量级别均为良。

全年共造林400.91千公顷，其中，人工造林327.91千公顷。全省参加义务植树4960万人次，完成义务植树2.06亿株。年末共有自然保护区35个，面积754.9千公顷，其中，国家级自然保护区11个。森林公园97个，其中，国家级森林公园30个。23个县（市、区）达到林业生态县建设标准，全省林业生态县总数达到45个。

全年共发生各类生产安全伤亡事故15695起、死亡3448人，比上年分别下降23.9%和18.8%。全省亿元GDP生产安全事故死亡人数为0.85人；煤矿百万吨死亡人数为1.16人。

注：1. 本公报为初步统计数。

2. 地区生产总值、各产业增加值绝对数按现行价格计算，增长速度按可比价格计算；人均生产总值按常住人口计算。

3. 教育中“新机制”资金包括公用经费、免教科书费、寄宿生生活费及校舍维修改造费用。

4. 居民家庭恩格尔系数指居民家庭食品消费支出占生活消费支出的比重。

洛阳市党政机关主要领导人名单

（截止 2009 年 6 月）

中国共产党洛阳市委员会

省委常委、洛阳市市委书记　连维良

副书记　郭洪昌　李兴太

常　委　连维良　郭洪昌　李兴太　高凌芝

　　　　李少敏　吴中阳　刘应安　万功民

　　　　郭丛斌　尚朝阳　田金刚　胡广坤

　　　　王立林　宋殿宇

秘书长	尚朝阳
组织部长	李少敏
宣传部长	王立林
统战部长	胡广坤
纪检委书记	刘应安
政法委书记	郭丛斌
信访局局长	王玉峰
经济工作部长	宋殿宇
610 办公室主任	赵德文
市直工委书记	李新社
市委党校党委书记	雷　清(副)
党史研究室主任	耿占云
档案局局长	耿庆莲
机要局局长	马建中
老干部局局长	赵建武

洛阳市人民代表大会常务委员会

主　任　常振义

副主任　王全乐　李柳生　杨玉龙　石海钦

　　　　吴喜照　王树仁　白志刚　黄元元

秘书长	高维勋
办公室主任	王卓林
调查研究室主任	张　涛
信访办公室主任	乔文献
法制工作委员会主任	宋　莉
内务司法工作委员会主任	李建生
财经工作委员会主任	韩国防
教科文卫工作委员会主任	闫晓山
民族侨务外事工作委员会主任	方双建
农村工作委员会主任	张法政
城市建设环境保护工作委员会	李诚如
人事任免代表联络工作委员会主任	郭素玲
预算工作委员会主任	段立新

洛阳市人民政府

市　长　郭洪昌

副市长　吴中阳　高凌芝　宋殿宇　杨　萍

　　　　杨炳旭　沈庆怀　史秉锐

秘书长　谭建忠

政协洛阳市委员会

主　席　周宗良

副主席　任海航　李良龙　陈卫平　师清翔

　　　　李胜平　谢留峰　王亦丁　魏险峰

　　　　肖宏滨　雷雪芹

秘书长	王世东
办公室主任	高　明
调研室主任	刘孟挺
提案委员会主任	张金彪
经济委员会主任	王占锁
农业委员会主任	王文英
教科文卫体委员会主任	赵新平

民族宗教委员会主任　阎起云
台港澳侨联络委员会主任　马月玲
社会与法制工作委员会主任　张海深
学习文史资料委员会主任　王文英
人口资源环境委员会主任　耿占云
政协委员管理联络委员会主任　徐香兰

洛阳市中级人民法院

院　长　王树茂

洛阳市人民检察院

检察长　种松志

洛阳市政府组成部门及直属单位主要领导人

洛阳市政府办公室主任　许新皎
洛阳市农村经济委员会主任　李雪峰
洛阳市建设委员会主任　孟红兵
洛阳市发展和改革委员会主任　李跃民
洛阳市金融工作办公室主任　刘孟林
洛阳市工业发展与项目建设局局长　徐　新
洛阳市教育局局长　侯超英
洛阳市科学技术局局长　吴振卿
洛阳市宗教事务局局长　王晓辉
洛阳市公安局长　郭丛斌
洛阳市监察局局长　姜　涛
洛阳市民政局局长　张建平
洛阳市司法局局长　王家贞
洛阳市财政局局长　谷树森
洛阳市人事局局长　邬晓芒
洛阳市劳动和社会保障局局长　苗欣欣
洛阳市城市规划局局长　黄清旭
洛阳市公用事业局局长　张好富
洛阳市园林局局长　蒋　勤
洛阳市民营企业服务局局长　王永兴
洛阳市交通局局长　赵　震
洛阳市水利局局长　王长忠
洛阳市农业局局长　王须才
洛阳市林业局局长　张玉琪
洛阳市商务局局长　曾丹梅
洛阳市投资促进局局长　魏险峰
洛阳市文化局局长　徐建莉
洛阳市文物管理局局长　郭引强
洛阳市卫生局局长　朱其昌
洛阳市人口和计划生育委员会主任　张水利
洛阳市审计局局长　乔卫国
洛阳市环境保护局局长　李明智
洛阳市广播电视局局长　王宇振
洛阳市体育局局长　左发勤
洛阳市统计局局长　张尚君
洛阳市粮食局局长　史运升
洛阳市旅游局局长　魏立峰
洛阳市人民政府外事侨务办公室主任　王建军
洛阳市安全生产监督管理局局长　陈亚利
洛阳市畜牧局局长　梁忆东
洛阳市国有资产监督管理委员会主任　唐　超
洛阳市人民防空办公室主任　石　磊
洛阳高新技术产业开发区管委会主任　王忠道
洛阳经济技术开发区管委会主任　李新红
洛阳伊洛工业园区管委会主任　刘冠瑜
洛阳市新区开发建设办公室主任　刘德胜
洛阳市扶贫开发办公室主任　孙晓伟
洛阳市房产管理局局长　王运洲
洛阳市住房公积金管理中心主任　王建敏
洛阳市人民政府牡丹花会办公室主任　孙海平
洛阳市地方史志办公室主任　来学斋
洛阳市小浪底水库移民安置局局长　王长忠
洛阳市黄金管理局局长　沈光荣

洛阳市农业机械管理局局长　裴万赢
洛阳市供销合作社主任　冯社志
洛阳市人民政府发展研究中心主任　李文俊
洛阳市接待办公室主任　余信祥
洛阳市煤炭工业局局长　陈亚利
洛阳市地震局局长　孙海洋
龙门文化旅游园区管理委员会主任　王永兴
洛阳市新闻出版局局长　赵建洛
洛阳市行政服务中心主任　李秋阳
洛阳市市场发展服务中心主任　李春平
洛阳市市直机关事务管理局局长　戴志梅
洛阳市人民政府法制局局长　张体健

洛阳市市级新闻单位主要领导人

洛阳日报社社长　王建立
洛阳人民广播电台台长　黄动生
洛阳电视台台长　李余良

中央和省属市级机构主要领导人

国税局局长　齐群跃
地税局局长　王学荣
气象局局长　荆自谋
河南省电力公司洛阳供电公司经理　贾志杰
邮政局局长　郭洪杰
中国电信集团河南省洛阳市电信分公司总经理　王永志
中国移动通信集团河南有限公司洛阳分公司总经理　汪国选
中国联合网络通信有限公司洛阳分公司总经理　罗智友
烟草专卖局局长　张　宏(副)
中国人民银行洛阳中心支行行长　程亚男
中国银行业监督管理委员会洛阳监管分局局长　马银定
中国农业发展银行洛阳分行行长　赵　臻
中国工商银行洛阳分行行长　郭自来
中国银行洛阳分行行长　闫建儒
中国建设银行洛阳分行行长　范大勇
中国农业银行洛阳分行行长　刘仁举
交通银行洛阳分行行长　李恒义
中国人民保险公司洛阳分公司经理　苏建中
中国人寿保险公司洛阳分公司经理　李郑华
中国太平洋财产保险股份有限公司洛阳中心支公司经理　任　伟
中国太平洋人寿保险股份有限公司洛阳中心支公司经理　吴希贵
中华人民共和国洛阳海关关长　梁乐民
中华人民共和国洛阳出入境检验检疫局局长　王凤楼
豫西地区黄河河务局局长　程存虎
洛阳市工商行政管理局局长　和剑光
洛阳市技术监督局局长　赵晓政
洛阳市国家安全局局长　陈志坚
洛阳市药品监督管理局局长　司志华
洛阳市国土资源管理局局长　赵建国
国家统计局洛阳调查队队长　刘凤林

洛阳市主要人民团体负责人

洛阳市总工会主席　张冀昌(副)
洛阳市团委书记　朱晓伟(副)
洛阳市妇联主席　张月玲
洛阳市科协主席　卢忠实
洛阳市社联主席　刘红旗(副)
洛阳市文联主席　王经华
洛阳市侨联主席　范树鹰
洛阳市残联主席　刘峥伟
洛阳市工商联会长　李振刚

洛阳市市属各县(市、区)主要领导人名单

（截止2009年8月）

	党委书记	人大主任	县(市、区)长	政协主席
偃师市	尚英照	丁朝龙	刘英进	张振涛
孟津县	吉振华	聂　军	张书卿	郭西赞
新安县	王敬林	秦智琛	张生伟	郭轩子
宜阳县	王琰君	宋来法	黄晓玲	张景彦
洛宁县	孙君奎	刘永林	张献宇	雷俊杰
伊川县	郭宜品	梁光照	吴立刚	李其超
嵩　县	马振宇	李德清	李大伟	常文广
栾川县	樊国玺	赵世营	昝宏仓	郝明献
汝阳县	侯俊义	马占标	马春强	尚荣彬
涧西区	刘湖镜	田益武	王自文	符保钦
西工区	张世敏	王耀斌	陈淑欣	杨志立
老城区	翟应征	杨振轩	陈金剑	魏世庆
瀍河区	马志强	洪浩敏	张文选	张聚民
洛龙区	张建慧	马成信	李钢锤	郭绍安
吉利区	于建庄	乔国华	李焦峰	李小斐

中国统计出版社最新图书简目

（仅供参考，以最后出书为准）

统计资料

中国统计年鉴－2009	中国统计摘要－2009	国际统计年鉴－2009
2009 中国发展报告	中国第三产业统计年鉴－2009	中国区域经济统计年鉴－2009
长江和珠江三角洲及港澳特别行政区统计年鉴－2009	中国社会统计年鉴－2009	中国城市统计年鉴－2008
中国劳动统计年鉴－2009	中国人口和就业统计年鉴－2009	中国工业经济统计年鉴－2009
中国建筑业统计年鉴－2009	中国房地产统计年鉴－2009	中国能源统计年鉴－2009
中国商品交易市场统计年鉴－2009	中国贸易外经统计年鉴－2009	中国基本单位统计年鉴－2009
中国民政统计年鉴－2009	中国农村统计年鉴－2009	中国农产品价格调查年鉴－2009
中国建制镇统计资料－2009	中国教育经费统计年鉴－2008	中国农村贫困监测报告－2009
中国高技术产业统计年鉴－2009	中国科学技术协会统计年鉴－2009	工业企业科技活动资料－2009
全国农产品成本收益资料汇编－2009	中国棉花年鉴－2007/2008	中国城市（镇）生活与价格年鉴－2009
中国县（市）社会经济调查年鉴－2009	中国农村住户调查年鉴－2009（中、英文）	中国农村全面建设小康监测报告－2009
中国国内生产总值核算历史资料（1952－2004）	中国季度国内生产总值核算历史资料（1992－2005）	中国零售和餐饮业连锁企业统计年鉴－2009
大中型批发零售和住宿餐饮企业统计年鉴－2009	2005 年中国 1% 人口抽样调查系列资料	第二次全国残疾人抽样调查资料系列

2009 年省级综合统计年鉴系列

北京　天津　河北　山西　内蒙古　辽宁　吉林　黑龙江　上海　江苏　浙江　安徽　福建　江西　山东

河南　湖北　湖南　广东　广西　海南　重庆　四川　贵州　云南　西藏　陕西　甘肃　青海　宁夏

新疆　新疆生产建设兵团

2009 年市（县）级综合统计年鉴系列

石家庄　唐山　邯郸　太原　大同　长治　阳泉　晋城　朔州　晋中　运城　忻州　临汾　呼和浩特

包头　沈阳　大连　长春　吉林市　四平　延吉　哈尔滨　齐齐哈尔　黑龙江垦区　上海浦东新区

苏州　无锡　常州　徐州　南通　盐城　镇江　江阴　丹阳　杭州　宁波　绍兴　台州　舟山　温州

金华　嘉兴　衢州　安庆　福州　福州经济技术开发区　厦门经济特区　南昌　上饶

济南　青岛　潍坊　东营　郑州　洛阳　三门峡　南阳　武汉　宜昌　十堰　荆州　黄冈　长沙　广州

东莞　惠州　深圳　桂林　南宁　柳州　来宾　河池　海口　成都　贵阳　昆明　西安　庆阳　银川

“十一五”规划教材

非参数统计　医学统计学	概率论与数理统计　统计学	现代金融投资统计分析
多元统计分析　经济计量学教程	应用时间序列分析	统计指数理论及应用
统计数据处理概论	质量管理统计方法　社会统计学	多元统计分析实验
企业经营管理统计	市场调查与预测	统计学原理（非统计专业使用）
统计学：从数据到结论	国民经济核算教程（国民经济统计学）	概率论与数理统计（经济、管理类专业使用）

重点图书

新中国六十年　　挑大学选专业 2010—高考志愿填报指南　　挑大学选专业 2010—考研择校指南

欲购以上图书请与中国统计出版社发行部联系

电话：（010）63376907　63376908　　同楫行书店电话：68783171　68783172

通讯地址：北京市西城区三里河月坛南街 57 号　　邮政编码：100826